1 MONTH OF
FREE
READING

at

www.ForgottenBooks.com

By purchasing this book you are
eligible for one month membership to
ForgottenBooks.com, giving you
unlimited access to our entire
collection of over 1,000,000 titles via
our web site and mobile apps.

To claim your free month visit:

www.forgottenbooks.com/free997615

ISBN 978-0-260-98462-3
PIBN 10997615

An den

erlauchten, gelehrten und ruhmvollen

Herrn

Martin von Maytens,

Ihro, Kaiserl. Königl. Apostol. Majestät
erſten Kammer = und Kabinetsmaler,

wie auch

Allerhöchſt Deroſelben

freyen Akademie der Malerey, Bildhauerkunſt
und Architectur zu Wien gevollmächtigten
Director.

Ingenio nobilis, arte, domo.

FRESNOY.

—— —— Princeps dramatis vltro
Profiliat media in tabula fub lumine primo.

Theurer Freund!

ero gepriesener Name vor diesen
Blättern wird Ihnen vielleicht
Anlaß geben, mich einer Ver=
wegenheit zu beschuldigen. Allein, eine
schmeichelhafte Ahndung läßt mich vielmehr
hoffen, Sie werden es dabey nicht beruhen,
sondern mir Gerechtigkeit wiederfahren lassen.

Der Innhalt dieser Schrift redet für
mich das Wort. Meine Absicht ist keines=
weges, Sie, hochgeschätzter Freund!
durch eine feyerliche Zueignungsrede mit Lo=
beserhebungen zu überhäufen. Ich bemühe
mich bloß, Anfängern, welche in den Kün=
sten sowohl mündlichen Unterricht anzuhö=
ren, als auch zuweilen geschriebne Anweisun=

gen

gen zu lesen begierig sind, in der Dunkelheit
ihrer erwählten Lieblingsarbeit, womit sie
sich oft martern und quälen, einiges Licht
aufzustecken, und ihnen damit den Weg zur
Kunst zu zeigen, damit sie nicht nur zerstreute
Stücke und Trümmern von Kunstsachen,
sondern noch vielmehr, nämlich auch ein
Ganzes übersehen können.

Eine gewisse Art von Genie hat mir
verschiedene Hülfsmittel zu meinem Vorha=
ben an die Hand gegeben. Da ich aber be=
sorgte, daß junge Künstler, bey denen Fähig=
keit und Lehrbegierde, nebst andern zu diesen
Künsten erforderlichen Eigenschaften ver=
spürt werden, einen unbekannten Wegweiser
mehr für einen Schatten, als für ein Licht
halten möchten; so gab Dero seit gerau=
mer Zeit mir zugewendete aufrichtigste
Freundschaft meinem Geiste gleichsam einen
Fingerzeig auf den Glanz Dero ruhmvol=
len Namens. Unter diesem Schilde sollte
ich meine Arbeit lehrbegierigen Schülern vor
Augen legen, wenn Sie, **mein Freund,**
als ein großer Kenner, Lehrer und Beförde=
er der Künste, derselben die Ehre auch nur
eines geringen Beyfalls vergönnen würden.

In

In der That, wer sollte nicht ein Werk
mit Aufmerksamkeit betrachten, welches mit
dem Namen eines so berühmten Mannes geziert ist? Erlauben Sie mir, wenn ich sage:
Eines Mannes, der einer der größten Künstler ist, und der länger als ein halbes Jahrhundert unermüdet beflissen gewesen, den
unermäßlichen Umfang der Malerkunst nicht
nur zu erforschen, sondern alle ihre Geheimnisse und Vollkommenheiten, so viel es jemals einem erleuchteten Künstler möglich
seyn konnte, mit so gelehrten Augen, mit so
erwünschtem Erfolge, mit so erworbenem
Ruhme sich bekannt zu machen, daß er als
ihr glücklicher Besitzer und Beschützer von
ihr selbst verehrt wurde? Eines Mannes,
wiederhole ich noch einmal, den deswegen
Schweden, Rußland, Italien, England,
Deutschland und andre Reiche schon fast von
seinen Lehrjahren her hochschätzen und bewundern; den Kaiser und Könige ehren;
ja was noch mehr ist, den unsre unsterbliche
und große Kaiserinn = Königinn Theresia
als Beschützerinn, und selbst als eine Kenne-
rinn der Künste und Wissenschaften, noch
bis diese Stunde mit Huld und Gnaden

über=

überschüttet, und ihm Allerhöchst **Dero** eigne
Akademie der Malerey, Bildhauerkunst und
Architectur, mit beygefügter Vollmacht, dar=
inn eben so zu befehlen, wie zu lehren, aller=
gnädigst anvertraut? **Mein Freund!**
Sie sind ein großer Kenner und Liebling der
Kunst, und dieses läßt mich hoffen, daß Sie
mir keinen Einwurf machen werden. Sie
selbst würden einen solchen Künstler hoch=
schätzen, welcher sich durch den Umgang und
Wetteifer mit einem **Benedetto Lutti,**
Solimene, Giuseppe Chiari, Trevi=
sani, Conca, Pietro Bianchi, Gia=
como Frey, Benesiali, und andern be=
rühmten Männern, sowohl in Rom, als in
andern Städten Italiens, den erhabenen Ge=
schmack des Alterthums, der Griechen und
Römer, der ältesten und besten, der neuern
und berühmtesten Künstler so eigen gemacht
hat, daß ganze Gallerien und Kabinetter ver=
schiedener Monarchen und Fürsten mit den
prächtigsten und zahlreichsten Gemälden von
seiner Hand verherrlichet worden. Niemand
wird dieses läugnen können, daß derjenige
verehrungswürdig sey, welcher sogar bey dem
schönen Geschlechte das Vergnügen erweckt
hat,

hat, unter den Künſtlerinnen, wie bey dem
griechiſchen alten Adel die **Timareten,
Irenen, Olympien** und andre geweſen
ſind, mit Ruhm zu erſcheinen? Wer ſollte
demjenigen ſeinen Beyfall nicht zu erkennen
geben, welcher ganze Schaaren von ſo genannten Kunſtverwandten und Märtyrern
aus der Zahl der Muſen verſcheucht, andern
aber den Schleyer vor den Augen wegge-
nommen hat, welche ehemals fleißige, fähige
und lehrbegierige Schüler auf Irrwegen her-
umgeführt, und die Fortpflanzung der Künſte in die größte Verwirrung geſtürzt haben.
Nur diejenigen, welche über andre eine er-
höhte und weite Ausſicht haben, ſind vermögend, dasjenige wiederum herzuſtellen, was
groß und erhaben geweſen, durch das den
Wiſſenſchaften mißgünſtige Verhängniß aber
von ſeiner Blüte wieder in den äußerſten Verfall gerathen iſt.

Was für ein entzückendes Vergnügen
muß ein Monarch nicht empfinden, wenn er
die verſcheuchten oder verwahrloſten Künſte
und Wiſſenſchaften, allen hochtrabenden und
unwiſſenden Geiſtern zum Trotz, wiederum
zurück rufen und ſelbſt zuſehen kann, wie ſie
im

im Kraiſe ſeiner Macht neue Wurzeln faſſen, und die Pracht ihrer Aeſte wie die herrlichſten Früchte ausbreiten? Wenn er, ſage
ich, überzeugt wird, und ſelbſt wahrnimmt,
daß ſein huldreiches Wohlgefallen und gnä-
digſtes Bezeigen denenſelben weit mehr, als
ſeine Schätze, zum Wachsthum gedeihet, und
der neu gepflanzte Fleiß und Arbeit ihm bereits den Weg zur Unſterblichkeit mit un-
verletztem Eifer bahnet?

Niemals würde das Reich der Künſte
mit einem **Apelles**, mit einem **Leonardo
da Vinci**, mit einem **Raphael**, **Bonarotti** und **Titian** geprangt haben, wenn
die hohe Gnade und Schutz eines **Alexanders** aus Macedonien, eines Königs **Franciscus**, eines Pabſtes **Leo**, eines Kaiſers
Carolus, dieſen Männern nicht noch mehr
Eifer für ihre Kunſt eingeflößt, und ſie alſo
noch größer gemacht hätten.

Könnten die Schutzgötter der Muſen
von der Gewalt ſtets dringender Staatsge-
ſchäffte frey und ungeſtört bleiben; ſo würden auch wir zu unſern Zeiten dergleichen
unnachahmliche Künſtler unter uns ſehen,
und nicht zu klagen Urſache haben, daß ſeit

vielen

vielen Jahren niemand mehr den Pinsel von
einem **Rubens**, **van Dyck** oder **San-**
drart, und niemand fast mehr das Eisen
von einem **Fiamengo** oder **Raphael**
Donner in die Hand bekommen habe.
Allein, nur Geduld, **mein Freund!** ich
glaube sicher, daß wir dergleichen erwünschte
Zeiten wiederum zu hoffen haben, in welchen
die Mißgunst, der Neid, der Stolz, die Unwissenheit, die Eifersucht, und der erfindsame
und geschäfftige Ehrgeiz, der stets auf Mittel sinnet, seinen Endzweck zu erreichen, vergeblich sich bemühen werden, neue Verwirrungen anzuspinnen. Es wachsen bereits
schon vor unsern Augen junge Sprossen in
die Höhe, welche uns die schönste Blüte und
die schmackhaftesten Früchte versprechen.
Und wie? Sind wir nicht bereits wiederum,
wie vormals, so glücklich wahrzunehmen, daß
die Künste, diese edlen Kinder des Verstandes, in denen Majestäten unsrer Monarchen
ihre besonders huldreiche Beschirmer verehren, und bis zu Höchst-Deroselben Thron
gelangen? Möchten doch diese angenehmen
Lieblinge des Friedens alles dasjenige, was
Pinsel und Meisel, Farben und Marmor,
Grab-

Grabstichel und Kupferplatten, Sichel und
Sensen um das verwüstende und landverderb=
liche Werkzeug vertauschet, wie leider oft
geschiehet, auf ganze Jahrhunderte weit von
uns verbannen! Jedoch, je mehr wir die un=
umschränkte Macht im Vaterlande betrach=
ten; desto mehr fühlen wir in unsern Herzen
und Gedanken eine neue Ermunterung und
neue Kräfte. Der immer hervordringende Zu=
sammenfluß aller Kenntnisse beschäfftiget un=
sre Monarchen nicht nur mit dem allgemeinen
Heil, und mit der gewünschten Wohlfahrt,
sondern auch mit der Zierde des Staates.
Eine unermüdete Klugheit herrscht mit den
erhabensten Absichten; nichts entgeht ihren
Blicken; daher es denn kömmt, daß die vortref=
lichsten Grundsätze an das Licht treten, und
der menschliche Verstand erleuchtet wird, der
uns die herrlichsten Beyspiele vor Augen stellt.
Diese Zeugen einer allgemeinen Zufriedenheit
dienen zu beständigen Triebfedern, wodurch
die Einbildungskraft des Volks in ordentli=
che Bewegung gesetzt wird. Ein wirksamer
Muth zur Arbeitsamkeit wacht auf; der Witz
und Scharfsinn zur Erfindung ermuntert sich
selbst; die furchtsame und noch umnebelte,

ober

oder allzuvoreilige Beurtheilungskraft wird
in das Gleis einer klugen Wahl eingeleitet;
die glücklichsten und ansehnlichsten Muster der
Künste treten nach und nach aus der Dunkelheit hervor, auf deren Erblickung eine
Kunst, die an einem oder dem andern Orte
noch im Gedränge ist, ihre Augen öffnet, ihr
verzagtes Gemüth neu belebt, und das Vaterland sowohl mit Zierde, Glanz, Ruhm und
Ehre, als mit vorzüglichem Nutzen verherrlichet.

Das immer in Bewegung stehende und
niemals ruhende Staatswerk hat innerlich
keinen andern Trieb, als das wachsame Auge
und die heitere Scharffsinnigkeit der Majestät. Dadurch kommt alles munter und lebhaft in Bewegung. Mitten im Zusammen-
lauf unzähliger Geschäffte wird auf die Ermunterung und Erziehung der Jugend gedacht; ihre Lehrbegierde frohlocket bey ihrer
Nahrung; der aus dem Vaterlande hinweg-
lockende Reiz verschwindet; das Genie verschafft sich selbst seinen Unterhalt.

Bey diesen herrlichen Umständen veranlasset uns nichts, weiter nachzuforschen, warum geschickte Patrioten sonst fortgeeilet und
das

das Vaterland verlaſſen haben; warum viele
andre tüchtige Köpfe zu Hauſe in der Finſter=
niß geblieben; hingegen viele ihres gleichen in
fremden Ländern ruhmvolle Künſtler gewor=
den ſind: warum unterdeſſen die Künſte bey
uns geſchmachtet, und mächtige Liebhaber der
Wiſſenſchaften oftmals Anlaß bekommen ha=
ben, Fremde zu ſuchen, welche in Deutſchland
dasjenige nicht zu bewirken vermochten, was
ein deutſches Genie anderwärts oft glücklich
geleiſtet hatte.   Wie ſehr werden wir nicht in
den Harniſch gebracht, wenn man uns fremde
Werke im Vaterlande mit Fingern zeigt, und
wenn wir Arbeiten von unſern Deutſchen aus
andern Ländern herkommen ſehen; wenn wir,
ſage ich, dabey überzeugt werden, daß Fremde
von unſern Landsleuten weit übertroffen
worden? Darf ich, wertheſter Freund!
Ihnen noch dieſes ſagen, daß wir zuweilen ge=
ſeufzet haben, wenn ungeſchickte Fremdlinge
unſern fähigen und belobten Patrioten
Ruhm, Ehre und Nutzen vor den Augen weg=
geräumt, ſie verfolgt, und aus ihrem Aufent=
halte verdrängt haben?

Dieſe und dergleichen vormals ſchwermü=
thigen, nun aber aufgeheiterten zufälligen Ge=
danken

danken haben mich bewogen, ein wenig nach=
zuforschen, wie es möglich wäre, das beständ=
dige Bewundern des Fremden zu verhindern,
die deutsche Erfindungskraft zu verehren, den
Pinsel und Meisel in deutschen Händen rege,
weit geschäfftiger und ansehnlicher zu machen.
Ich fieng an zu sammeln, und je weiter ich
meine Schritte fortsetzte, desto unerschöpflicher
kamen mir die Quellen vor, welche mir weit
mehr verborgne Schätze und Geheimnisse der
Künste darboten, als meine Kräfte zu errei=
chen vermögend waren. Was mir zu Theil
geworden, schenke ich unsern Lieblingen der
Künste, damit sie das schöne Antike erkennen,
die alten Italiäner bewundern und zur Nach=
ahmung erwählen, überhaupt aber allen denen
nachfolgen lernen, welche den größten Meistern
jederzeit zum Muster gedient haben. Dieser
fast allgemeine Wunsch wird meine Zuversicht
rechtfertigen, mit welcher ich Dero ruhm=
vollen Namen diesen Blättern vorgesetzt habe.

Erreichet nun meine Bemühung diesen so
schweren Endzweck nicht; so ist es mir schon
genug, wenn ich hierdurch, Ihnen, theurer
Freund! meine ergebenste Hochachtung eben
so bezeugen kann, wie solche ein jeder mit die=

b　　　　　　　　　　sen

ſen ſchönen Künſten in Verwandtſchaft ſte-
hender Patriot, Lehrer und Schüler Ihnen
zu allen Zeiten ſchuldig iſt.

Der überwägende Beweis Ihrer unge-
ſchminkten Gewogenheit, womit Sie mich beehren und darauf ſtolz machen, iſt allzu ausnehmend groß und überzeugend, als daß ich
deſſelben Erkenntniß, die mir zur Pflicht geworden, mit Stillſchweigen übergehen, und
denſelben nicht mehr als alle Schätze achten,
auch in Anſehung Ihrer weltbekannten Verdienſte Sie nicht als einen der vortrefflichſten
Kenner, Lehrer und Beförderer dieſer Künſte
verehren ſollte.

Laſſen Sie mir Gerechtigkeit wiederfahren, und glauben Sie ſicher, daß ich nichts ſo
ſehnlich wünſche, als daß die Allmacht Sie
uns zu noch erſprießlicherer Fortpflanzung der
Künſte erhalten, und Ihnen das langwierig-
ſte Wohlergehen angedeihen laſſen möchte.
Ich bin mit aller Hochachtung

Theurer Freund!

Dero

treu ergebenſter Verehrer,

Koremon.

Köremons Freund

an den

kunstverständigen Leser.

Daß Jupiter, mit einer trotzigen und zornigen Zu-
sammenrümpfung seiner
grauen und sträubigen Augenbraunen den
über alle Berge des Erdbodens erhöheten
Olymp erschüttert habe, dieses ist eine Fabel,
welche ihren Ursprung der unerschöpflichen
und begeisterten Einbildungskraft des in aller Welt beliebten, jedoch armen Homer zu
verdanken hat. Daß aber auf einen einzigen
huldreichen und freundlichen Wink der grossen und weisen Minerva unsers Vaterlandes neben fruchtbaren, ob zwar wenigen, doch
prächtigen Pflanzen, unzählige neue Zweige
und blühende, laubreiche Bäume und Gebüsche von Künsten und Wissenschaften unvermuthet in die Höhe geschossen sind; dieses ist

keine

keine Erdichtung, sondern eine Begebenheit,
welche faſt alle Patrioten, alle Kenner und
Freunde ſo reizender Gewächſe in Erſtaunen
geſetzt hat.

So mächtig iſt ein einziger holder Blick
eines klugen Monarchen; ſo fruchtbar zeigt
ſich eine mit Ernſt und Huld erfüllte Regung
des himmliſchen Auges einer unſterblichen
Schutzgöttinn der ſchönen Künſte. In ſo
glücklichen Umſtänden befanden ſich ihre verſchiedenen Felder, als der Verfaſſer gegen-
wärtiger Blätter ſeine Bemühung zu vollenden im Begriffe war. Mit Verwunderung
nahm er wahr, daß unverſehens an allen
Orten neue Wege zum guten Geſchmacke gebahnt werden; und die Erfindungskraft bereits
ſchon in Bewegung ſey, um die Wette zu
ſtreiten, den Staat weit mehr zu verherrlichen, demſelben viel mehr Anſehn, Ehre und
Nutzen zu verſchaffen, als es bisher durch die
zu dünn gepflanzten fruchtbaren Bäume geſchehen iſt.

Dieſe glückliche Veränderung brachte den
Verfaſſer auf die Gedanken, ſeine Blätter
der Vergeſſenheit zu überliefern, weil ſie meiſtens nur dem ehemaligen unſeligen Schick-
ſale der Künſte gemäß wären.

Die Begierde, die hin und wieder ungemein
ſchwachen und ſehr langſam hervorwachſen-
den Pflanzen aller Gegenden zu vermehren,
und

und ihrer Aufnahme durch Ausstreuung eines fruchtbaren Saamens zu Hülfe zu kommen, gab ihm die Feder in die Hand. Er
sah damals, wie nothwendig es wäre, die
wahren, guten und nützlichen Kunstlehren
auszubreiten; daher richtete er sein Augenmerk auf Mittel und Wege, wodurch man
den Pinseln und Eisen eine andre Natur, eine
andre Gestalt geben, und die Kenntniß des
griechischen, römischen und italiänischen herr-
schenden Geschmacks mit Nutzen wiederum
erneuern und aufmuntern könnte. Er seuf-
zete, wenn er ganze Schaaren von mühsamen, fleißigen und gutwilligen, jedoch dabey
unerfahrnen Künstlern, hingegen eine sehr
eng eingeschränkte und geschickte Ausübung
der Künste erblickte. Bald aber frohlockte
er, als ihm die erwünschte Wirkung des so
glücklichen Winkes einer anbetungswürdigen
Beschirmerinn aller Lehrbegierigen unversehens bekannt wurde. Er verließ die Ausführung seines Vorhabens, als ein nunmehr
unnöthiges Mittel, welches er da vor verloren schätzte, wo schon alle Hülfe vorhanden
war.

Allein, Freunde, Kenner und Gönner der
Künste glaubten, daß mein Unternehmen dem
Vaterlande nicht schädlich seyn würde; der
Staat könnte es mit gleichgültigen Augen
ansehn, wenn gleich unnöthige, doch nützliche;
überflüßige, aber nicht gemeine; schon bekann-

te,

te, jedoch niemals genug geprüfte Mittel an
die Hand gegeben, und aller Orten der frucht-
barste Saame ausgestreuet, Distel, Dornen
und Unkraut ausgerottet, verschiedene empor
steigende nützliche Gewächse und das ganze
Lustgefilde aller anmuthigen Künste mit Sorgfalt gewartet, auch frische Zweige mit aller
Aufmerksamkeit eingepfropft würden. Sie
ließen also dem Verfasser keine Ruhe, und
drangen darauf, daß er seine Bogen wenigstens ihnen mittheilen möchte. Er widersetzte
sich mit der Einwendung, daß er sich vielleicht
dadurch einen unzeitigen Tadel zuziehen
könnte. Seine einschläfernde Fähigkeit, die
Mißgunst, Verachtung und dergleichen gewöhnliche Schreckbilder schienen ihm die Un-
terdrückung seiner Schriften zu rechtfertigen.
Er glaubte, sein Eifer wäre in Ausschweifung
gerathen, viele Künstler, ja das Jahrhundert
selbst würde sich für beleidigt achten, weil es
beynahe für barbarisch würde angesehen werden. Viele Wahrheiten wären zu beißend, andre zu ungeschickt und ohne Schminke vorgetragen, daher müßten sie entweder aus allem
Andenken verbannet, oder nur in der Stille
unter vertrauten Freunden gelesen werden.
Seine aufrichtigsten Anhänger, welche sich
bey allem dem des Lachens nicht enthalten
konnten, sagten: Er habe ja berühmte Künstler erhoben, lehrbegierige Schüler aufgemuntert und gelobt, ungeschickte, verstockte Arti-
sten

sten aber nur allein getadelt; und so groß ihre
Anzahl auch sey; so würden sie ihm doch nichts
abhaben können, sondern, wenn sie noch biegsam und gelehrig wären, ihm es Dank wissen
müssen, weil sie dadurch ihr eingebildetes
Ansehn verbessern und bewähren könnten.
Je weiter sich also die Unwissenheit ausgebreitet, und die Verdienste großer Männer
verdunkelt habe, desto muthiger müsse man
sich angelegen seyn lassen, diesen zu helfen,
und die Anzahl jener nach Möglichkeit zu
schwächen. Er gab endlich dem billigen Eifer seiner aufrichtigen Freunde nach, welche
nicht nachließen, ihn zu überführen, daß er dem
Beyspiel Titians nachfolgen sollte, welcher
dem Tadel, der Eifersucht und der Mißgunst
zum Trotz sich sehen ließ, als man ein von seiner Hand verfertigtes Gemälde über die
Maaßen heruntermachte. Titian hatte seinen Namen damals noch nicht darunter geschrieben; nachdem es aber genug verachtet
worden war, so ergriff er herzhaft den Pinsel, und schrieb seinen Namen darunter. Er
setzte aber nicht mit gewöhnlicher Bescheidenheit hin: Titianus faciebat; sondern den Lä-
sterern zum Possen: Titianus fecit, fecit,
durch welche Wiederholung er ihnen zeigen
wollte, daß eine große Menge von Ignoranten sein Gewissen nicht gerührt habe. Sie
fragten ihn, ob ein Günther nicht zum Lachen bewegt werden müßte, wenn er von den

heuti-

heutigen Dichtern verſchmäht würde, welche
bloß mit holprichten Verſen, mit ſchwindeln-
den Gedanken und verwegenen Ausdrücken
zu Markte kommen, auf demſelben ſich mit
lauter halsbrechenden und auf Stelzen einher-
gehenden Einfällen und Worten verrathen?
Ob Raphael von Urbino mit unſern Zeiten
nicht ein Mitleiden haben und den Untergang
der Kunſt beweinen würde, wenn er wahrnehmen müßte, daß man dem heutigen Pittoreſco den Vorzug vor dem ſeinigen einräu-
me, daſſelbe ein altväteriſches, verächtli-
ches Gedärme nenne, und weder der Natur,
noch der Kunſt folge, ſondern ſich in die Sklaverey der Mode fortreißen laſſe? Mit einem
Worte: Ob denn die Wahrheit nicht beſtändig kämpfen und ſiegen müſſe?

Dergleichen Vorſtellungen bewogen endlich unſern Verfaſſer nachzugeben, und er
überließ alſo ſeine Blätter dem Schickſal.
Ich ſchrieb zum Zeitvertreibe, ſagt er, nun mögen ſich auch andre mit der Auswahl des Guten und Verwerfung des Schlechten zu ihrer
Unterhaltung beſchäfftigen, welche mir vielleicht auch ein fecit ablocken wird.

Hier haſt Du alſo, kunſtverſtändiger
Leſer, eine umſtändliche Nachricht, wie ich
es angeſtellet habe, daß ich Dir dieſe Schrift
habe in die Hände liefern können. Biſt Du
vielleicht mit allen dieſen Künſten nicht genug
bekannt;

bekannt; so versichre ich Dich, daß, wenn Du
alles wirst durchgelesen haben, Deine Augen
sich erheitern und die Geheimnisse der Natur
und Kunst deutlich einsehen werden. Ihre
Mannichfaltigkeit wird Dich reizen. Die
Beobachtungen sind in der Wahrheit gegründet. Die Nachforschung, das Lob und der
Tadel beseelen das Werk. Der Verfasser
sucht alles hervor, den Künsten auf den rechten Weg zu helfen. Seine Lehren werden
auch Künstlern selbst nicht undienlich seyn,
welche nach der schönen Natur zu arbeiten
verlangen, und Lehrbegierde genug besitzen,
eine nichtswürdige Gewohnheit zu verlassen.
Seine Unterweisungen sind zwar kurz; allein
für Schüler, welche unter Anführern arbeiten, hinlänglich genug. Gelehrige Jünglinge
fassen und merken kurze Anweisungen leichter, als weitläuftige Grundlehren. Ueberhaupt liest man nicht gern, und will doch
gleichwohl alles wissen.

Seine Malerey wird auch schon geübten
Malern manche Sachen entdecken, welche ihnen unbekannt sind.

In der Bildhauerkunst findet man eben
das, was der Malerey gemäß ist. Diese beyden Künste reichen einander als Schwestern
liebreich die Hände, und können vielen Stein-
und Metallverderbern eine Anweisung zu
dem Wege ihrer Besserung geben.

b 5 Das

Das Perspectiv-Wesen ist gründlich und vermögend genug, manchen fleißigen Verehrer eines irrigen Augenpunktes aus vielen ängstlichen Schwierigkeiten heraus zu reißen.

Vielleicht sind auch seine **Gespräche** von der Malerey für diejenigen nicht ohne Nutzen, welche Landschaften und Geschichte vorstellen wollen.

Die Betrachtungen über den **Laokoon** reden für sich selbst das Wort. Seine Abhandlungen von den Farben, vom Zeichnen, von verschiedenen Malern und Bildhauern, vom Kupferstechen, Radiren und von der Schwarzkunst, insonderheit sein Elysium vom Portraitmalen, und seine Nachricht vom Mosaik, alle diese Abhandlungen mögen ihren Werth oder Unwerth zu erkennen geben, wie sie wollen; so werden dennoch einige Liebhaber und Kenner darinn etwas nach ihrem Geschmacke antreffen, was ihnen vielleicht unbekannt ist, und nützlich seyn wird.

Sein **Bauwesen** kann den Bauherren eben so vortheilhaft werden, als den Baumeistern. Diese können daraus bauen, jene aber sparen lernen.

Sein Vortrag zeigt an, daß sein Augenmerk bloß gewesen sey, für Anfänger und Schüler, keinesweges aber für Gelehrte zu schrei-

schreiben, mithin sich mit aller möglichsten
Deutlichkeit zu erklären. Die Bearbeitung
des fast unübersehlichen Feldes beschäfftigte
ihn so sehr, daß er nichts anders thun konnte,
als sich in Acht nehmen, damit seine Lehren
in kein schwülstiges, gekünsteltes, oft nichts
bedeutendes Wortspiel, in keine rednerische
und neu=ersonnene Zierathen eingekleidet
würden, welche ein junger Leser nicht nur
schwer begreift, sondern auch dadurch mei=
stens verblendet wird. Irrige, falsche, neu=
modische und eigensinnige Grundsätze verab=
scheuet er. Vom Stolze, seine Leser durch
einen gelehrten Vortrag in Verwunderung
zu setzen, ist er weit entfernt, wodurch zwar
die Liebhaber solcher Zierathen viele Nach=
richten erfahren, die ihnen unbekannt sind, die
Künstler aber wenig oder gar nichts lernen
können. Denn was hilft es dem Schüler
bey der Maler= oder Bildhauerkunst, wenn
man ihm erzählt, daß schon lange vor den
Zeiten des Homer Maler gewesen sind?
Daß die Gemahlinnen der Helden im Alter=
thume schon ganze Schlachten in Tapeten
gestickt haben? Daß der Borghesische Se=
neka im Bade kein Seneka sey? Daß im
Olympischen Tempel ein vom Phidias ver=
fertigter so großer Jupiter gesessen habe, und
bewundert worden sey, welcher, wenn er vom
Thron aufgestanden wäre, mit seinem Hau=
pte durch die Kuppel des Tempels hindurch=
gedrungen

genden erquicken, und im Kabinette alles,
was man will, vor Augen sehen können.

Beruhet aber alles dieses nur auf einem
eiteln Wunsche; so schmeichelt sich unser Köremon dennoch, daß durch seine Schrift der
Weg gefunden werden könne, auf dem man
dahin gelanget, wo dergleichen Vergnügen
anzutreffen ist.

Diejenigen Freunde, welche in dieser Gattung von Gelehrsamkeit, das ist, in der Malerey, Bildhauerkunst, im Perspectivwesen, im
Kupferstechen oder Schaben, und in der Architectur bewandert sind, und diese Blätter
durchgelesen haben, sind der Meynung, daß
der Verfasser eine Gallerie von lehrreichen
Kunststücken gesammlet habe. Der Leser mag
hierüber seine Gedanken zu Rathe ziehen, wie
er es vor gut hält. Wenn er an dergleichen
Gegenständen ein Vergnügen findet, so wird
er bald gewahr werden, daß es auch bey ihm,
wie sonst gemeiniglich geschieht, vieles zur
Bildung und Nahrung seines guten Geschmacks beyträgt, und die Aufmerksamkeit
lehret, mit welcher ungeübte Zuschauer die
Kunststücke betrachten sollen.

Ich meines Orts habe nichts, als noch
den Wunsch hinzuzusetzen, daß andre Künstler und Gelehrte in Deutschland hervortreten möchten, welche sowohl die Geschicklichkeit, als die Einsicht hätten, der Jugend nicht

nur

nur die Reißfeder, den Pinsel und das Eisen
in die Hand zu geben, und ihr zufällige Muster vorzulegen; sondern ihr auch sowohl
schriftliche als mündliche Unterweisungen
nach dem ausgesuchtesten antiken und italiänischen Geschmack mitzutheilen, und nicht
zuzusehen, wie sie sich durch gewisse Schriftsteller verführen lassen, welche schon eine geraume Zeit sich ein Geschäffte daraus machen, das Antike fast überhaupt unter dem
Vorwande, daß nicht alles gut sey, in Verachtung zu bringen; solchergestalt aber zu erkennen geben, daß sie unter denjenigen Haufen zu zählen sind, in welchem fast alle dasjenige, was sie nicht wissen oder nicht verstehen,
zu verspotten pflegen, und alles verachten,
was sie nicht nachahmen können.

Andrer zu geschweigen, welche alles, es
sey griechisch oder italiänisch, antik oder modern, unter einander mengen, weil sie in ihrem Leben keinen griechischen Apollo, oder
Antinous, viel weniger einen Raphael oder
Sarto gesehen, sondern ihren Hunger allezeit
nur durch das übel verstandne, einfältig ausge-
legte, nichtswürdige, wider die Vernunft laufende Pittoresco mancher hitziger, blinder,
stolzer und flüchtiger Farbenhelden gestillt
haben.

Die unermäßliche Menge von unwissenden Künstlern, der Eigensinn vieler Arbeiter,
und

und die Menge unerfahrner Liebhaber, ja
selbst viele von denjenigen Künstlern, welche
ihre zusammengehäufte eigne Bemühungen
allein nur nachahmen, sind Ursache, wesswe-
gen in ganzen Ländern kein wahrer Begriff
von der Malerey und Bildhauerkunst herrschet, auch niemand mit gesunden Augen
wahrnimmt, was für eine verwunderungswürdige Kunst aus einem Herkules, Borghesischen Fechter, Laokoon, aus einer Flora,
aus der Transfiguration des Raphaels und
unzähligen andern Kunststücken aller Zeiten
hervorblicken, welche man ohne Unterlaß
zum ewigen Modell seiner Bemühungen vor
Augen haben sollte. Mein Freund konnte es
nicht begreifen, warum die simple, schöne und
wahre Natur vielen als ein schlechtes Werk
vorkomme; hingegen ihnen gezwungene, ver-
drehte und verstümmelte Figuren als ein herrliches Pittoresco wohl gefallen.

Wie sehr muß nicht ein Auge, welches alle
Schätze der Künste viel Jahre zu sehen, und
nur dergleichen zu bewundern gewohnt war,
sich vor Verdruß verwenden, wenn es ganze
Reihen von höchstbelobten Gemälden und
Bildhauereyen sehen muß, welche alle zusammen den Pantoffel des Apelles nicht werth
sind? Wie sehr muß ein solches Auge sich ent-
rüsten, wenn es wahrnimmt, daß ein nichtswürdiges Stück bis in die Wolken erhoben
wird?

wird? Wie oft erfähret ein Kunstverständiger
das empfindlichste Aergerniß, wenn er einen
Michelagnolo, einen Raphael oder Guido, ja fast alles, was seit zwey, drey bis auf
zwanzig Jahrhunderte im Besitz des höchsten
Ruhmes ist, mit Verachtung überschütten
hört? Wie empfindlich mußte einem Carlo
Maratta die Benennung seyn, womit thörichte Spötter ihn beehrten, wenn sie ihn den
kleinen Frauenzimmer-Carl, ital. Car-
luccio delle Madonnine nannten, welcher doch
Rom mit so viel großen, prächtigen und kunst-
reichen Gemälden verherrlichet hatte? Man
sehe die Werke des Jacob Frey, in welchen
sie durch den Grabstichel auch Abwesenden
von Rom zum Vergnügen können gezeigt
werden. Warum wurde aber Maratta so
sehr verkleinert? Der Neid wollte ihm den
heiligen Carolus im Corso entreißen, welches
aber vergebens war. Er verfertigte dieses
schöne Altarblatt zum Erstaunen aller Kenner, und bekam dafür eine Belohnung von
acht tausend Scudi, das ist, sechzehn tausend Gulden.

So kunstreich übrigens Maratta seine
Madonnixen verfertigte, so wenig schmei-
chelte er sich, und so vielmal seufzte er, daß
er die Mutter Gottes dennoch nicht malen
könne, wie er wünschte. Denn es wäre ihm
unmöglich, das Gesicht auszudrücken, in-

ε   welchem

welchem eine himmlische Schönheit und eine
göttliche Heiligkeit glänzen sollte.   Frey
selbst hat gegen Köremon diese Klage sehr
oft wiederholt, und der heutige berühmte
Mengs ist auch daran verzweifelt. Er be=
kennt aber hierinn noch seine Schwäche, und
von diesem Maratta unterstehen sich Leute
mit Verspottung zu reden? Unser Verfasser
hat es nicht vergessen, dergleichen Beyspiele
anzuführen, die er selbst in Rom gesehen, ge=
hört und erfahren hat; wie es aber unter
uns Deutschen zugehe, das hat er uns in
seinem Schreiben nach Rom ziemlich deut=
lich vor die Augen gemalt.

Werden aber neu vermehrte und häufig
wachsende Pflanzen so, wie der alte herrliche,
aber kleine Krais der Künste, in die gewünsch=
te Blüte ausschlagen und schmackhafte
Früchte bringen; so haben wir Hoffnung,
daß das Vaterland mit eben so viel Annehm=
lichkeit, Ansehen und Zierde prangen werde,
als andre Länder, wo es aber meistens nur
auf viel Rühmens ankömmt. Köremon ist
der Meynung, daß viele deutsche Künstler
fast in allen Städten diejenigen wären, wel=
chen man den Rang vor allen andern nicht
streitig machen könne. Er wollte ein langes
Verzeichniß derjenigen deutschen Meister
aufsetzen, welche in fremden Ländern trium=
phiren, und eben so viel Genie und Fleiß,

Erfin=

Erfindungskraft und Gaben der Natur an sich wahrnehmen lassen, als die Aufgeblasenheit gewisser hochmüthiger Megabisen für andern beständig von weitem her ausposaunt.

Wie sehr oft habe ich meinen Freund seufzen hören: Möchte doch, sprach er zuweilen, möchte doch ein Schutzgott der Künste, wie dort Jupiter vom Olymp unter die fürchterlichen Riesen herabdonnern; möchte er doch alles verjagen, was den schönen Wissenschaften und Künsten im Wege steht, und was sogar die Majestät des Jupiters selbst entweihet! Sieh nur, sagte er, wie dieses Bildniß seiner Gottheit, welche mitten im Kraise der wichtigsten und ernsthaftesten Handlungen zum Heil des Olympischen Reiches in ihrer Macht glänzen sollte, durch einen stolzen, ungeschickten, unbiegsamen und unwissenden Handlanger der Künste auf eine so ausschweifende Art unsern Augen vorgestellt wird, so daß, wenn Phidias oder Raphael das Werk sehen könnten, in ihren Augen alles eine Raserey, und nichts weniger als eine witzige Erfindung seyn würde. Was bedeuten solche elend erdichtete Figuren, unkenntliche Tugenden, gezwungene Verzierungen und Fratzen, wenn sie von verächtlichen und gekritzelten Umrissen und Profilen umgeben sind? Wie schickt sich denn Jupiter mitten in einen solchen abendtheuerlichen Haufen?

ç 2 　　　Derglei-

Dergleichen Kunſtſtuͤcke moͤgen ohne
Zweifel Alexander den Großen bewogen
haben, daß er keinem andern Kuͤnſtler,
als dem Apelles, die Erlaubniß ertheilt hat,
ſeine Abbildung zu ſchildern. Wo Pinſel,
Meiſel und andres Kunſtgeraͤthe, wo Belohnungen und Ehre den Vorzug behaupten,
ſollten dieſe nicht einen Trieb empfinden, den
Ausdruck eines majeſtaͤtiſchen Gegenſtandes
mit aller Macht der Kunſt auszuarbeiten,
und die Verwegenheit ungeſchickter Haͤnde
zu vertilgen?

Sind nun dieſe Empfindungen eines
wahren Patrioten und Liebhabers der Kuͤn-
ſte fruchtlos; thut ſich die Gewalt der Unwiſſenheit immer hervor; ſo waͤre zu wuͤnſchen,
daß alle diejenigen Kuͤnſtler, welche mit der
Zierde des Staates beſchaͤfftiget ſind, und
mit den ſchoͤnen Kuͤnſten in Freundſchaft ſtehen, die nicht allzu weiten Graͤnzen ihrer
Ausſicht und das unermaͤßlich weite Feld der
Malerey und Bildhauerkunſt mit ihrem Anhange erblicken und betrachten moͤchten; mit
was fuͤr Erſtaunen wuͤrden ſie wahrnehmen,
daß man erſt da anfaͤngt, eine Kunſt einzuſehen und zu lernen, wo man anfaͤngt, ſeine eigene Schwaͤche und ſeine Unwiſſenheit in dem
Innerſten ſeines Herzens zu empfinden? Wie
ſehr wuͤrden ſich Bauherren nicht verwundern,
wenn ſie uͤberzeugt werden koͤnnten, daß die
Maͤngel und Gebrechen eines Gebaͤudes weit
mehr

mehr kosten, als die Vollkommenheit der
Kunst? Es würde ihnen bald bekannt werden, daß ihr Baumeister die Architectur niemals studiert, wie Köremon dieses sattsam
beweiset, sondern nur handwerksmäßig in
Uebung gebracht habe; folglich sey es rathsam, daß man vorher, ehe man große Schätze
und häufige Säcke voll Geld dem ungefähren
Schicksal auf ein Gerathewohl überlieferte,
genau überlegte, was nach unserm Wunsche
aus dergleichen Goldsand empor wachsen soll;
ob der Karnies das Gebäude nur nach einer
neuen Mode zierlich verherrlichen, oder desselben Vorlage vor allem Ungemach des Wet-
ters bewahren soll. Vitruvius sagt:

Si sententiae, scientiaeque disciplinis auctae,
perspicuae, et perlucidae forent, non gratia, ne-
que ambitio valeret, sed si, qui veris certisque la-
boribus pervenissent ad scientiam summam, eis
vltro opera traderentur.

Köre-

Köremons Schreiben
an
seinen Freund in Rom.

Ob die Maler = und Bildhauerkunst in
Deutschland eben so wie in Rom im
Flor, Ansehn und Hochachtung stehe,
dieses hast Du schon oft von mir zu
wissen verlangt. Eben so oft war ich auch
bereit, Dir zu antworten, wenn mich nicht
jederzeit ein plötzliches Schrecken überfallen
hätte, welches mich von meiner Schuldigkeit
zurück hielt. Alle Augenblicke stellte ich mir
die Wahrheit bloß und entdeckt vor Augen,
und diese benahm mir vollends allen Muth,
und riß mir die Feder wiederum aus der
Hand. Ich dachte dieser Erscheinung nach,
und errieth die Ursache bald. Sie wollte mir
zu erwägen überlassen, ob ich, wie sie, meiner
Kleider wollte beraubt werden, wenn ich das,
was nicht zu läugnen ist, aufrichtig hinschriebe.
Ich entschloß mich also, der Wahrheit einen
Mantel umzuhängen, und allerhand Kunst=
griffe anzuwenden, das Wahre und Falsche,
das Gute und Schlechte, so viel es möglich
wäre, als eine Caricatur zu vermengen, aus
welcher die Aenlichkeit des Urbildes hervorblicken

blicken könnte. Wie mir nun mein Vorsatz
gelungen sey, wirst Du aus folgender Nach=
richt abnehmen. Bey uns geht es fast eben
so zu, wie in Rom. Der Unterschied zwischen
Künstlern und Künstlern fällt deutlich in die
Augen. Einer ziemlich kleinen Anzahl muß
man die gebührende Ehre wiederfahren lassen,
weil man in ihrem engen Kraise verschiedne
Werke sieht, in welchen sich Kunst, Nachsinnen,
ja sogar die Neigung zum Antiken verrathen.

Diese kleine Zahl von Lieblingen der
Kunst wird aber vom großen Haufen, wel=
cher sich mit hohen Verdiensten und Vorzü=
gen, mit äußerlichem Ansehn und Ränge
brüstet, nur von Vortrefflichkeit träumet und
andrer spottet, so sehr eingeschränkt, daß sie
zwar ämsig, aber nicht ungestört; stille, aber
nicht ohne Sorgen; voller Genie und Kunst,
aber fast ohne Ansehn und unbekannt, ihrer
Arbeit obliegt. Von dieser will ich also nichts
erwähnen, weil sie mir allzu schätzbar ist, als
daß ich sie nicht eines besondern Ruhmes
würdig achten sollte, ob sie schon durch die
beständigen um sie herum blasenden Winde
auf das äußerste eingeschränkt wird, und vor
beständigem und so zu sagen gefesselten Kum=
mer mehr seufzet, als mit heiterm Gemüthe
arbeitet.

Du siehst nun schon im voraus, daß ich
nicht von Bildersammlungen und alten be=
rühmten

C 4

rühmten Künstlern, welche verschiedne Gallerien so prächtig zieren, sondern nur von dem
heutigen gemeinen Wesen dieser Künste zu
schreiben, und sowohl Dich als mich zu überzeugen willens bin, daß es wegen unzähliger
Umstände niemals möglich gewesen, unter
uns einem geschickten Manne, wenn er in
seinem Fleiß auch noch so unermüdet wäre,
die Pallete eines **Titians**, die Reißfeder eines **Raphaels**, und einem der fleißigsten
Bildhauer das Eisen eines **Fiamengo** oder
Bernini in die Hand zu spielen, und dieses
um so weniger, als die meisten sich schmeicheln, daß sie dergleichen altes Zeug leicht
vermissen können.   Ich will Dir überdieses
noch beweisen, daß diese Leute in keinem Irr-
thume stecken, sondern vielmehr überzeugt
sind, daß die Alten ihre Geheimnisse mit ihren
Körpern haben begraben lassen.

Hochgeschätzter Freund! wie glücklich
waren die Maler, Bildhauer und andre
Künstler zu den Zeiten, als man ihnen den
freyen Eingang in die Bildersäle verstattete,
sie in denselben nach ihrem Gefallen studiren,
und nicht schmachten ließ, sondern ihnen ihre
Arbeit belohnte! Sind nicht oft Anfänger
und Schüler hinein gegangen, die bald als
große Meister sich empor geschwungen haben?
Haben wir beyde nicht selbst in der Gallerie
des Hauses **Bracciano** zu Rom achtzehen
Kopien

Kopien von einem Stücke des Correggio ge=
sehen, welche der Herzog junge Leute malen
ließ, ihnen den Unterhalt zur Arbeit dar=
reichte, und durch eine solche Großmuth so
viele Künstler erzog?

In unsern Gegenden giebt es keine Gär=
ten, in denen die schönsten Blumen mit Zah=
len bemerkt sind, deren Verzeichniß man äm=
sigen Bienen überliefert, damit sie aus den=
selben ihr Honig nach ihrem Wohlgefallen
sammeln können. Man wird nicht leicht ei=
nen solchen Wettstreit sehen, mit welchem ei=
ner vom andern lernte, als Bonarotti und
Raphael vom Leonardo da Vinci, und
Raphael vom Michelagnolo. In
Deutschland ist man schon geschickter und li=
stiger; denn man nimmt seine Zuflucht zu
der so genannten Camera obscura, zeichnet
ungeschickte Umrisse ab, und wirft nach Gut=
dünken Schatten darein; oder man sammelt
Kupferstiche, wählt sich daraus die Figuren,
setzt sie zusammen auf die gegründete Lein=
wand, untermalt sie beherzt, zieht noch einige
Striche auf ein Gerathewohl darein, verei=
niget die Farben mit dem Vertreib= oder, da=
mit ich mich deutlicher ausdrücke, mit dem
Verderbpinsel, und ziehet dadurch Käufer an
sich, die eben so scharfsichtige Liebhaber, als
dergleichen Künstler selber sind. Der Han=
del nimmt seinen Anfang, und nach und nach
häufen sich solche Kunststücke so sehr, daß es

beynahe

beynahe nöthig wäre, ein **Barocci** gienge
von Haus zu Haus, um sich Brod zu ver=
schaffen.

Aber, armer **Leonardo da Vinci!** wie
konntest denn du, da du aller dergleichen Vor=
theile beraubt warest, ein so großer Künst=
ler werden? Wir wissen mehr als zu wohl,
mein Freund! daß dieser große Mann nur
die Natur nachgeahmt hat; denn ein jeder
Gegenstand, der seine Augen an sich zog,
diente ihm zum Muster seiner Arbeit. Er
rieth es auch seinen Freunden, welche die
Geschicklichkeit besäßen, das Schöne in Acht
zu nehmen. Sie sollten, sagte er, wo sie könn=
ten, allerhand Nasen, Mäuler, Lippen, Au=
gen und Ohren von verschiedenen Formen,
Verhältnissen und Umrissen, so wie sie ihnen
zufälliger Weise in der Natur vor Augen kä=
men, fleißig zusammen zeichnen, weil dieses
die vorzüglichste Art wäre, gute Köpfe zu
malen. Er selbst befand sich nirgends ohne
Reißzeug, damit er das, was ihn reizte, gleich
abzeichnen könnte. Dadurch machte er sich
die angenehmsten, artigsten und sonderbarsten
Gesichtsbildungen so eigen, daß man durch sie
seinen Stil und seine Gemälde unterscheidet,
und überall die Hand des **Vinci** erkennet.
So studierte auch **Correggio,** daß man in
Italien oft zu sagen pflegte: Betrachte nur
den reizenden Mund des **Correggio!** (quei
bei Bocchini di Correggio.) Obgleich die

Umrisse,

Umriſſe, die Vinci ſich in ſeiner Zeichnungs-
decke anmerkte, zwar nur in wenig flüchtigen
Linien und übertriebenen Strichen oder Caricaturen beſtunden; ſo konnte man dennoch
in verworren und ungeſchickt ſcheinenden Zügen die ſchöne Natur, den Charakter der Leidenſchaften, die Lebhaftigkeit des Ausdrucks,
der Bewegung und der Geberden deutlich
wahrnehmen, die er ſich hernach in ſeinen Gemälden zu Nutze machte. Man erſtaunt,
wenn man ſeine angenehme Mannichfaltigkeit der Formen betrachtet, welche die Haupt-
zierde der Natur ſind, und die ihn haben begreifen lehren, daß darinn das Hauptweſen
der Kunſt beſtehe.

Da nun manche lehrbegierige Anfänger
oben erzählte Hülfsmittel entbehren müſſen;
ſo wäre es ihnen ſehr nützlich, wenn ſie den
guten Rath des Leonardo da Vinci mit gehörigem Eifer verfolgten. Dieſes iſt aber ein
fruchtloſer Wunſch; denn ſie bleiben mehrentheils nur an gefärbten Leinwanden hängen,
welche ſie da und dort an den Wänden gewahr werden, vor denen ſie, aller abendtheuerlichen Ausdrücke ungehindert, zuweilen
voll Entzückung ſtehn, mit der Zunge klatſchen, dieſelben auch in aller Geſchwindigkeit
nachmalen, dadurch nichts lernen, ſich das
Verwerflichſte angewöhnen, und das Gute
nimmermehr kennen oder unterſcheiden.

Sey

Sey froh, liebſter Freund! daß Deine
Augen in Rom niemals durch dergleichen
Erſcheinungen beleidiget werden. Ich ſehe,
wie Du die Flucht nehmen würdeſt, wenn
Du nichts als ſchwere Pinſel, hökerichte
Reißfedern, ungeſchliffene Grabſtichel, ſtum-
pfe Meiſel, keine Maler, keine Bildhauer, und
dennoch eine ungeheure Menge von Gemälden, Statüen und Bruſtbildern antreffen ſoll-
teſt. Dergleichen Schätze prangen vor uns
reihen= und ſchaarenweis auf Dachgeſimſen,
in Gärten, auf Mauern, Treppen und Ge-
ländern ſo vortrefflich, daß, wenn **Phidias,**
Apelles, Leucippus und **Scopas** wieder
aufſtehen und ihre Gottheiten in ſo viel ſteinerne Geſpenſter verwandelt ſehen ſollten, ſie
vor Erſtaunen und Schrecken wiederum zu
ihren Vätern eilen, und ſich zum Jupiter be-
geben würden, um ſich von ſeinem Throne
an unſern geſchäfftigen Pinſeln und Streich=
beſen, unſern Haken und Bohrern, Meiſeln
und Stemmeiſen, und an ihrem unbeſchreiblichen Eifer zu beluſtigen. Sie würden eben
die Ergötzlichkeit empfinden, in welcher ſich
Juno und Jupiter nebſt allen andern Göttern befanden, als ſie auf dem Olymp der
Batrachomiomachia, oder der zwiſchen Frö-
ſchen und Mäuſen vorgefallenen berühmten
und erſchrecklichen Feld= und Seeſchlacht mit
herzlichem Lachen zuſahen.

Dies

Dies ist fürwahr ein betrübter Zustand für die meisten lehrbegierigen Anfänger! Alles, was ihnen vor die Augen und unter die Hände kömmt, muß gut genug seyn, zu ihrer Nachahmung zu dienen. Und da sie alles ohne Wahl und ohne Unterschied ergreifen; so wimmelt es von brodlosen Künstlern, von Mäusen und Fröschen; alles ist bewaffnet, alles ist in voller Bewegung; man sticht und gräbt, man zankt und streicht an, man haut und bohrt; ein jeder ist ein Anführer, und ein jeder befiehlt; man eilet und greift an, ob man sich gleich um den rechten Weg nicht bekümmert, und guter Rath und Hülfe theuer sind. Dennoch gehen die Werke so gut von der Hand, daß ein Raphael, ein Vinci und Correggio lernen könnten, wie man bey dieser Kunst die Hände allein brauchen, und das Kopfbrechen ersparen könne, und wie ungeschickt ein Carracci, Dominichino, Fiamengo und andre durch ihr Studiren sich das größte Unglück von Krankheiten und Lebensgefahr zugezogen haben.

Wende Dein Auge, wofern ich Dich bitten darf, von diesem Schauspiele ab, und erwäge, ob diese fleißigen und mühsamen Leute nicht weit glücklicher wären, wenn sie, wie Vinci, sich mit Caricaturen lustig machten. Sie würden in übernatürlichen Dingen von Zeichnungen die Aenlichkeit ihrer Gegenstände mit Frohlocken wahrnehmen. Ja es
könnte

könnte vielleicht gar kommen, daß sie in ver=
worrenen Farben und Zügen nützliche Merk=
maale von unverwerflichen Figuren wahr=
nähmen.   Wer aber, oder wie viele sind mit
einem so geschickten und gelehrten Auge ver=
sehen, daß sie die Natur mit Nutzen beobach=
ten können? Laufen sie nicht nur immer dem=
jenigen nach, was dieser oder jener kurz vor=
her mühsam oder hurtig ausgeheckt hat?
Das Gewissen wird dabey an den Nagel ge=
henkt.   Jede Mißgeburt der Hände, jedes
Abendtheuer und in der Geschwindigkeit hin=
gefärbtes Stück dient ihnen zur Anweisung,
wenn es nur Brod bringt.   Es bahnt auch
allein den Weg zur Nahrung; denn wenn
die glücklichsten Besitzer alles Reichthums
Denkmaale zu stiften gleichsam gezwungen
werden, so fragen sie niemals nach demjeni=
gen, welcher es zu ihrer Ehre am allerbesten
verfertigen könnte, sondern sie sind, wie ich es
mit Seufzen erfahren und gesehen habe, un=
gemein sorgfältig, einen Menschen zu finden,
welcher es gleich und nach ihren Begriffen, de=
müthig, jedoch um den wohlfeilsten Lohn fer=
tig hinzustellen erbötig ist.   Wegen einiger
Münzen muß Apelles oder Phidias einem
Anstreicher oder Krautschneider weichen.
Wer sollte sich also noch bedenken, bey so rei=
zenden Umständen und einem so bewunder=
ten Haufen von Handkünsten nicht je eher je
lieber einen Schüler, einen Liebhaber, Ken=

ner

ner und Gönner abzugeben? Wer sollte
nicht? —— Hast Du, geehrtester Freund!
an dieser dem Scheine nach zwar übertriebenen, der Sache selbst aber sehr ähnlichen Caricatur genug? Nein, Du mußt mit mir noch
weiter gehen und sehen, wie diese Leute ihre
Gesellen, ihre Lehrlinge und Zunftladen be-
handeln; wie man ihnen die Ehre wiederfahren läßt, und ihnen den Platz unter den Hand-
werksgenossen einräumet. Auf diesen rühmlichen Gedanken sind weder die Griechen noch
die Römer, viel weniger die Italiäner verfallen. Ein neuer Vorzug für unsern Pinsel und Meisel; denn diese haben den Frey-
brief, sich mit Ahlen und Biegeleisen nützlicher zu vergesellschaften, als Apelles, da er
durch den Pantoffel seiner Helena mit dem
Schuster bekannt wurde.

Nun will ich Dich noch weiter führen.
Richte Deine Augen auf denjenigen geschickten Mann, den das Verhängniß und die
Noth zu uns geführt hat. Er ist zwar kein
Guido, kein **Carracci** und kein **Cignani,**
dennoch aber des Titels eines Malers würdig, welcher die Künste anderwärts in voller
Pracht gesehen, gelernet und ausgeübt hat.
Will er Unterricht geben, so ist er genöthiget,
dasjenige, was er von der Kunst Neues antrifft, meistentheils unter den Pöbel zu ver-
weisen und zu verwerfen. Wiederum ein
Unglück für unsre guten Schüler. Man ver-

höhnt

höhnt und verlacht diesen fremden und neuen
Meister, der sich aufrecht zu erhalten an seiner
Besserung anfängt, und seine Zuflucht zu
Lobsprüchen und zur Verwunderung nimmt.
Er läßt sich alles gefallen; auch die verwerflichsten Sachen nennt er Kunststücke. Also
bleiben junge Leute standhaft im ruhigen Besitze ihres Vorurtheils, das immer weiter
Wurzel fasset. Der gute Mann aber er-
barmt sich ihrer, und giebt sich bloß; er stellt
ihnen die wahre Kunst vor Augen, er unterscheidet sich, und siegt. Was gewinnt er aber
damit? Nichts! denn boshafte Ohrenbläser
streuen wider ihn lauter Verachtung aus; die
schalkhaften Augen der Unwissenheit schielen
herum; der Neid entzündet sich; alles ist wider ihn bewaffnet; jedes Wort überhauchet
ihn mit Spott und Hohn; er verliert den
Muth, nimmt die Flucht, und räumet dem
vorigen Schlendrian den Platz, auf welchem
die nichtswürdigsten Irrwische, welche noch
immer ihre Verehrer finden, alles so sehr verblenden, daß neue Anfänger nebst ihren
Wegweisern im verschwendeten Weihrauch
fast ersticken möchten. Die alte Gewohnheit
herrschet; der blinde Mißbrauch kömmt wiederum an seine Stelle; die Kunst ver-
schmachtet, und aus Noth sieht sie sich um die
Flucht um.

Hieraus erhellet, wie schwer es sey, gewisse Gegenden mit dem italiänischen Geschmack

schmack anzustecken. Ich thue es mit gutem
Vorbedacht, daß ich mich hier dieses Ausdrucks bediene. Denn ein unter uns berühmter Maler hat mich vor dreyßig Jahren, da ich aus Italien kam, hoch und theuer
versichert, daß die Italiäner bey uns Deutschen die Malerey lernen müßten. Er selbst
habe zu Venedig lauter nichtswürdiges Zeug
angetroffen, so sie daselbst Paul oder Ton-
taretto nennten. Als ich ihn an Rom erin-
nerte; so lachte er und sagte: Was wird da
viel Gutes zu sehen seyn, wenn in Venedig
nichts anzutreffen ist, von da ich bald wiederum nach Hause gekehrt bin. Die Verachtung der antiken und aller andrer Künstler
war die Grundveste des Ruhms, in welchem
dieser Mann lebte, und nach seinem Tode darinn noch stehet, bey alle dem aber wahre
Kenner nicht lüstern macht.

Es ist Dir bekannt, wie man in Italien
allen Künstlern Gerechtigkeit wiederfahren
läßt; wie man sie nach dem Maaße ihrer Verdienste hochschätzet, liebt und unterscheidet;
wie man Anfängern hülfreiche Hand leistet,
sie aufmuntert, tüchtige hervorzieht, und ungeschickte und einfältige abweiset; wie sogar
alte berühmte Künstler in Rom zuweilen von
jungen Liebhabern Anweisungen annehmen;
wie beynahe so viel Schulen der Kunst, als
Meister da sind, und so viel Beschützer und

D   Gön-

Gönner aller Künste, als Gallerien und Kä-
binette angetroffen werden.

In Deutschland sind unschätzbare Kunst-
und Bildersäle. Es giebt erlauchte Liebhaber, welche den guten Geschmack auszubreiten wünschen. Dennoch bleibt der oben
erwähnte kleine Kunstkrais in seiner Verachtung, und der große Haufen stehet ohne Kunst
im höchsten Flor. Vielleicht ist es nur die
Mode, welche jenen zu wenig, und diesen zu viel
ehrt. Das ist aber kein Wunder! Ein solcher
Modegeschmack wird durch eine kurze Gewohnheit leicht erlernt, folglich ohne Mühe
fortgepflanzt. Oder sind es die Nebel und
Winde im Lande, welche die Augen blöde
machen, und die schönsten Künste verdunkeln?
Oder sind es Neid und Stolz, welche nur alles
nach dem Maaß ihrer Erkenntniß erheben?
Ach nein! alle diese seichten Umstände sind
zu ohnmächtig, Talente, Genie und gute Eigenschaften zu vertilgen. Der Hochmuth,
seinen eingebildeten Witz zu verbreiten; die
Thorheit, seinen Eigendünkel über die Künste
und Wissenschaften und über die richtige
Denkungsart eines andern lange schon veststehenden Künstlers zu erheben; den in den
Grundsätzen mehr bewanderten, als man
selbst ist, zu verachten: Diese Nebendinge tragen das meiste dazu bey, daß die edlen Kinder eines geläuterten Verstandes dort niemals vesten Fuß fassen und ruhig arbeiten
                                        können,

können, wo nicht entweder der gute Geschmack oder die Kunst, sondern eine volle
Börse haushält; weswegen sie auch nicht
dahin zu gelangen vermögend sind, wo vielleicht ein Schutzgott sie mit offnen Armen erwartet.

Liebhaber und Kenner von großer Einsicht
werden immer hinter das Licht geführet.
Kaum erblicken sie den Schein einer Hoffnung, daß die Künste besser zu blühen anfangen; so verschwindet dieser Trost schon wieder. Was thun aber die Deutschen? Sie
schwingen sich empor, sie zeigen ihre Geschicklichkeit eben so vorzüglich, als andre aus fremden Ländern; auch dieses wird nicht widersprochen. Allein solche ruhmwürdige deutsche
Künstler sind nirgends zu Hause. Deutschland muß sich nur mit dem Wiederhall ihres
aus andern Ländern erschallenden Lobes begnügen. Rom selbst bekennet, daß allda die
Deutschen seinen vortrefflichsten Künstlern
so nahe kömmen, daß man sie bisweilen höher,
als ihnen gleichschätzet. Man muß erstaunen,
mein Freund! wenn man alles betrachten
will, was das Wachsthum der Künste verhindert. Entweder man läßt Schätze im
Staube unter den Zähnen der Motten und
Schaben, oder in der Fäulniß zu Grunde gehen; oder man flieht, was vergnügen könnte;
anderwärts ist man stets mit der Verachtung
beschäfftiget, und will keine Vermahnung an-

D 2 nehmen;

nehmen; man bleibt in der Finſterniß ſeiner
Vorurtheile und Leidenſchaften ſtecken; man
wird ſchamroth, eine Meynung zu ändern.
Der Stolz und Hochmuth ſuchen ihren Rang
zu behaupten; die verwerflichſten Stücke
muß man entweder herausſtreichen, oder ſich
um die Flucht umſehen. Man bewundert einen **Guido**, und denkt doch dabey daran
nicht, daß der Beſitzer nur um das Lob eines
andern verächtlichen Gemäldes ängſtlich buh-
let. Ueberhaupt ſcheint es, als wenn man
ſich in den Winkeln der Unwiſſenheit verſte-
cke, damit man dem in ſeiner Ruhe ſitzenden
Schlendrian deſto hartnäckiger nachhängen
könne: wie oft hat nicht die wahre Kunſt den
Schätzen, welche ihr ſind entriſſen worden,
Seufzer nachgeſchicket, ohne daß jemand in
Empörung gerathen wäre?

Bey dergleichen Verluſt zeigt ſich zuweilen etwas, das wir für einen Troſt anſehen.
Dort kommt ein Fremder daher geſchlichen,
welcher ſein Haupt zu erheben bemüht iſt,
wobey er aber errathen läßt, daß er in ſeinem
Vaterlande unter den mächtigen Schutzgöttern weder Ehre noch Nutzen habe erlangen
können, folglich unter uns zu ſuchen gekommen ſey, was er dort zu erwerben nicht vermögend geweſen. Es gelingt ihm. Allein er
iſt ein ämſiger Beförderer des alten oder eines neuen Irrthums. Seine Neigung für
das Neue hilft ihm auf, und erwirbt ihm Anhänger.

Der

Der Mammon beschäfftiget sich damit
nicht, einem Manne unter die Arme zu greifen, welcher den Namen eines solchen künstlichen Malers verdient, wie derjenige ist, der
Talente besitzt, dessen Genie fruchtbar und erhaben ist, und der durch eine lebhafte Einbildungskraft und einen erleuchteten Verstand
sich Bewunderer erwirbt; der das Edle, Angenehme, Reizende und alle Fähigkeit in seiner Gewalt hat, und überhaupt mit solchen
Gaben versehen ist, die man bloß von der Natur erlanget, und nur durch einen anhalten-
den Fleiß und durch eine ununterbrochene
Uebung zur vollkommenen Kenntniß bringen
muß. Ein solcher Mann ist ein getreuer
Nachahmer, ein Mitbuhler der Natur, und
nicht zufrieden, dieselbe so, wie sie ist, auszudrücken: Er weis sie schöner und in ihrer
Vollkommenheit vorzustellen. Seine stumme
Sprache gefällt, weil sie von aller Welt verstanden wird. Sie setzt in Verwunderung;
sie unterrichtet; durch wenige Züge und Farben erreget er beym Zuschauer die Empfindung des Herzens; er macht die Leidenschaften der Seele kenntlich und sichtbar.

Aus solchen Gaben entsteht diejenige
Kunst, welche, da sie die menschlichen Kräfte
zu übersteigen scheint, jederzeit für eine solche
Gabe gehalten worden, welche, damit sie so
große Wunderdinge wirken könne, gewiß nicht
ein von Menschen ererbtes Vermögen, son-

dern

dern eine Beschaffenheit und Macht der Seele
ist, welche, wie die alten Griechen davor hielten, von der göttlichen Kraft eingeblasen
worden. Der Mammon scheuet sich deswegen vor einem dergleichen begeisterten Künstler, weil er ihm vielleicht etwas von seinen eiteln Schätzen ablocken, und nur Kunststücke
dafür liefern möchte.

Damit ich aber meinen Endzweck nicht
ganz verfehle; so will ich mich nach dieser
kurzen Ausschweifung demselben wieder nähern, und Dir melden, daß, wer zu dieser
himmlischen Kunst den Weg auch nur von
weitem mit dem Finger zeigt, derselbe schon
zu ihrer Beförderung und Ausbreitung etwas beyträgt. Wird aber auch der Lehrbegierige auf seiner Reise von ihm durch allerhand Beobachtungen begleitet; so verschafft er
ihm unvermerkt die schmackhaftesten Früchte
seiner Bemühung, und reizt seinen Eifer, den
erhabenen Schönheiten immer näher zu kommen, und höhere Stufen der Kunst zu besteigen. Er lehrt den Schüler die Mutter aller
schönen Künste finden, sie erkennen, verehren,
bewundern und ihr nachahmen. Er wird sie
nicht nur, wie die alten Griechen, für eine
Mutter, sondern für eine Königinn aller Wissenschaften und Künste ansehn, und ihr mit
Ehrfurcht huldigen.

E3

Es ist Dir, geehrtester Freund! zur
Genüge bekannt, was uns große Männer zu
Rom noch in die Ohren gesetzt haben. Der
Schüler, sagten sie, welcher hieher kömmt, um
sich mit antiken Früchten zu bereichern, muß
alle vorgefaßte Meynungen, alle übel ange=
wöhnte Arten und Gebräuche vergessen; ge=
schicktere Wegweiser, als seine vorigen gewe=
sen sind, sich zeigen lassen, sie anhören, ihnen
gehorchen, ihre Werke betrachten, ihre Lehr=
sätze merken, sie studiren, in Uebung bringen,
und überhaupt ihnen in allem nachahmen
und seine Lehrbegierde niemals schmachten
lassen. Er muß auch, wenn es die Zeit er=
laubt, Schriften von diesen Künsten lesen.
Dieser letzte Satz aber ist für Deutsche ein
großer Stein des Anstoßes. Nur die Ita=
liäner und andre Nationen sind mit solchen
Büchern versehen. Die Deutschen sind sol=
cher Sprachen mehrentheils nicht mächtig,
und in ihrer eignen Sprache finden sie einen
sehr kleinen Vorrath von solchen Schriftstel=
lern, welche ihnen zur Kunst dienlich sind;
liefert man ihnen ja deutsche Kunstbücher;
so sind es Lebensbeschreibungen der Künst=
ler, welche zwar eine Nacheiferung erwecken,
keinesweges aber die Kunst lehren. Andre
sind gelehrte, sinnreiche und reizende Vorstel=
lungen von ganzen Bildersälen, welche den
Reichthum und den guten Geschmack des Be=
sitzers zu erkennen geben und ihm Ehre machen.

Und

Und noch andre Schriften sind Abhandlungen, oder starke mit aller Gelehrsamkeit ausgearbeitete Betrachtungen, Gedanken, Anmerkungen oder Erzählungen, welche die Gelehrten zwar noch mehr unterrichten, den Künstler aber verblenden. Und in der That, wer aus solchen Büchern einigen Nutzen schöpfen will, muß den ganzen Umfang der Geschichte, das ganze Reich der Wissenschaften und Künste schon lange vorher, ehe er sich zum Lesen anschicket, durchwandert, oder bereits darinn die höchsten Berge überstiegen haben.

Wie viel andre schrieben aus keiner andern Absicht, als ihre Schätze, ihre Sammlungen und ihren Geschmack anzurühmen und auszuposaunen, oder entweder sich groß zu machen, oder Käufer an sich zu ziehen. Hierdurch wird man zwar begierig, ein Freund der Malerkunst zu werden: wie man aber zu Werke gehen soll, das zeigen dergleichen Schriften nicht.

Wie glücklich sind doch die Italiäner! Sie können alle Bücher entbehren, und dennoch große Künstler werden. Gallerien, Tempel, Paläste, Gassen, Vorhöfe, ja sogar Winkel prangen mit so vielfältigen Kunststücken, daß man aller Orten nach Belieben, auch ohne jemanden darum zu begrüßen, seine Lehrbegierde sättigen und seine Kenntnisse vermehren

ren kann. Ich sehe noch diese Schätze des
griechischen und römischen Alterthums, nämlich: den Herkules und die ungemein schön
bekleidete Flora im Hofe des Farnesischen
Palastes; den unnachahmlichen Löwen auf
dem Rasen vor dem Gebäude Barberini; das
schöne Pferd auf dem Platze vor dem Capitolio, nebst der Statüe von Porphyr, welche
Rom vorstellt, und wo Castor und Pollux
stehen. Warum rede ich aber hier von solchen Sachen, die Du alle Tage vor Augen
hast? Unzählige Gemälde von allen, auch den
ersten und vornehmsten Künstlern aller Zeiten
sind in etlichen hundert Kirchen anzutreffen,
wo jedes gelehrte Auge frey nach seinem Wohlgefallen und ungehindert sich ergötzen kann.

Was von antiken Marmorn in Rom noch
übrig ist, das könnten wir uns in Deutschland eben so leicht zu Nutze machen, als andre in Rom. Man hätte daher nicht nöthig,
antike Marmor allda um große Schätze zu
erhandeln; abgeformte Köpfe, Bruststücke
und Statüen von Gyps wären uns zum
Studiren vortheilhafter und nützlicher, deutlicher und geschickter, als die Urbilder selbst.
Diese sind mehrentheils beschmutzt und mit
einem verehrungswürdigen Rost des Alterthums überzogen; jene aber prangen mit einer weißen, hellen und gleichen Farbe, durch
welche auch sogar die feinsten Züge, Muskeln,

Sen-

Sennen, Adern und kleinsten Theile sich vor
Augen stellen. Zu Rom, Florenz und Venedig sind die Modelle fast von allen solchen
antiken Kostbarkeiten vorhanden. Ein
freundschaftliches Wort an Fürsten, Minister und Künstler würde Abgüsse und Formen von so schätzbaren Denkmaalen der
Griechen und Römer ohne große Kosten und
in kurzer Zeit nach Deutschland verschaffen.
Dieser alte Wunsch, welcher schon lange der
Vergessenheit anvertrauet, von mir aber hier
wieder aufgewärmet worden, macht bereits
viel lehrbegierige junge Leute vergnügt, weil sie
so viel Vortheil zu hoffen haben, als die Italiäner, und sich schmeicheln, daß sie vielleicht auch
Leucippe, Phidias Praxitele, Raphaele
und **Poussine** werden könnten. Das bereits vorhandene Genie, die wirklich beschäfftigte Arbeitsamkeit, die Lust, welche bey vielen unersättlich ist, etwas Gutes an das Tagelicht zu bringen, sehnen sich nach solchen
Hülfsmitteln. O Himmel! rufen sie, wenn
werden doch diese Esculapii erscheinen, uns
in unsrer Krankheit beyzuspringen! Bis dahin aber hält sich der kleine Krais in seinen
Gränzen, und beschäfftiget sich mit dergleichen Schätzen in der Stille, wo inzwischen
die große Schaar zu keiner Besserung angereizet wird.

Ist nun diese Menge von allerhand Gedanken
und die tägliche Erfahrung nicht hinreichend,
mein

mein erwählter Freund! ein ganzes Buch,
geschweige denn ein Sendschreiben zu verfas-
sen? Dieses wirst Du bald erhalten, und jenes soll gleich nachfolgen. Unser deutscher
Eifer für die Kunst hat mir in der That Anlaß gegeben, keine Mühe zu sparen, womit
jungen Leuten noch mehr Licht vorgetragen
werde. So weit meine alten Flügel sich
schwingen konnten, so weit herum habe ich,
wie die amsigen Bienen, das Honig aus allerhand Blumen gesammelt, und dieses ist es,
welches ich Anfängern in der Kunst mittheilen will. Wie weit es mir gelungen sey, eine
gute Wahl zu treffen, das wirst Du am allerbesten einsehen. Alle andre Beurtheilungen sind mir ganz gleichgültig, und ich bin
schon zufrieden, wenn meine Bemühung nur
einigen Nutzen verschaffen kann. Ich bin
ohne Sorgen, wenn einem dieses, dem andern
jenes gefällt oder mißfällt. Horaz lehret
mich so denken, wenn er sagt:

Tres mihi conuiuae prope diſſentire videntur,
Poſcentes vario, multum diuerſa palato.

Quid dem? quid non dem? Renuis tu, quod pe-
tit alter:

Quod petis, id ſane eſt inuiſum acidumque
duobus.

Indessen wünsche ich, daß andre nach oder
neben mir dergleichen Arbeit auf eine höhere
Stufe bringen möchten. Ein solches Unternehmen

nehmen würden ſie mit leichter Mühe ins
Werk ſetzen können, wenn ſie dazu mit allen
möglichen Vorbereitungen verſehen wären:

Wenn man ſowohl große Kenner und
Künſtler, als ihre Wunderwerke beſucht, und
dieſe zu empfinden anfängt; wenn man ſo
große Männer in ihren Kunſtzimmern bey
ihren Stafeleyen und Marmorn nach ihrer
Art ſtudiren und arbeiten ſieht; das Antike
beſtändig zu bewundern Gelegenheit hat; die
beſten und ſeltſamſten Schriftſteller von dieſen Künſten lieſt; wenn man ſo viel auserleſene
Kupferſtiche, als in Rom in der zwölf hundert
Schritte langen Gallerie der Certoſa geſehen
werden, nebſt allen Gemälden der ganzen
Stadt, gleichſam auswendig gelernt und dergleichen Spatziergänge zu ſeiner einzigen Ergötzlichkeit unzählige mal in Geſellſchaft großer
Künſtler und gelehrter Kenner gethan hat;
ſo kann man endlich andern Freunden die
Augen eröffnen, damit ſie dasjenige verſtehen, empfinden und ſehen, was ſie vielleicht
vorher entweder ſchon geſehen oder niemals
geſehen, oder nur überſehen zu haben gedenken.

Mit dieſen ſchmeichelhaften Gedanken beſchäfftiget ſich zwar ein wahrer Kenner und
Liebhaber der Künſte; allein ſein Beſtreben
iſt eine verlorne Mühe. So wie die Ketzerey
und die Freygeiſterey fromme Gemüther in

Irr-

Irrthum führen, so schwärmen dieselben nun
auch gebietherisch in der Dicht- und Malerkunst herum.   Weder der Satyr, noch seine
Ruthe sind mehr vermögend, dem Schwarm,
der die Gesetze verspottet, oder dem Wahnwitz
neuer Regeln Einhalt zu thun.

Es wird hexametrirt, gepsalmet und geobet;
Gehymnet und gestaunt, erbärmlich hoch gemodet.
Und wenn ein Maler dort bey der Begeistrung
denkt,
Berninens Feuer fühlt, Natur und Kunst nicht
kränkt,
Die Farben nicht verderbt, in Zeichnungen nicht
lärmet;
Im Nackenden nicht schwillt, und nicht in Falten
schwärmet;
So sitzt ein andrer dort, nennt ihn einfältig, seicht,
Und, weil die Kunst ihn lobt, matt, trocken, hart zu
leicht.
Er selber schwillt vor Stolz, verschmähet die Natur;
Er malt, er schnitzt, er sticht, und flieht der Wahr-
heit Spur.
Man läßt nicht den Genie, nein! das Genie dort
walten,
Wo sich Verstand und Witz erhaben sollen halten.

Mein Freund! ich weis, daß Du Dich
unsrer Lust auch noch heute mit neuem Vergnügen erinnerst, und so wie ich, die damals
erlangten Kenntnisse in deinem sechs und sie-
benzigjährigen Alter deine Unterhaltung seyn
lässest.   Ich weis auch, daß Du noch zu lachen Ursache hast, wenn Du Dir vorstellest,
was

was ich gewissen römischen Professoren vom
Zustande unsrer Künstler und ihrer Art zu
arbeiten vorgeschwatzt habe. Wie sehr wür=
dest Du Dich aber verwundern, und wie
fremde würde es in Rom sowohl den römi=
schen, als deutschen großen Künstlern, Dei=
nem **Pompejo Battoni,** Deinem deutschen
Maron, Mengs und **Pichler** vorkommen,
wenn sie den neuen Modeton unter uns hör=
ten? Die größten Künstler reden eine neue
Sprache, und ihr Kunstgeräthe soll neue
Werke hervorbringen, welche das ganze Jahr=
hundert eines **Leo X.** und **Julius** verdun=
keln müssen, weil man damals vom Helldun=
keln, von Nüancen, von Verflößungen,
und andern Modewörtern weder in Italien
noch in Deutschland etwas wußte. Nun ha=
ben wir zwar diesen Vorrath von Benen=
nungen; was sie aber bedeuten, das werden
vielleicht unsre Enkel erfahren. Die neuen
Pinsel haben uns noch nichts vor Augen ge=
bracht, und wahre Verehrer der Künste se=
tzen sich in Gefahr, wenn sie reden.

Nein! Es geht in Rom nicht so, wie da=
mals und heute noch zu; wo lehr=und kunst=
begierige Fremde ihre bereits schon gekrönte
Manieren verlassen, mit Eifer dem römi=
schen Geschmacke nachstreben, und ihre mit=
gebrachten Pinselmuster zu ihrer Besserung
wegwerfen, wie es heute vor Deinen Augen
geschieht,

geschieht, da die vornehmsten Akademisten
von Paris ihre Art verlassen und einem
Pottani oder **Battoni** von Rom nacheifern. Es geht unter uns nicht so zu, wie in
Rom, wo die geschicktesten und berühmtesten
Künstler einen Liebhaber anhören, und nach
seiner Meynung einiges Versehen; einige
Züge und Umrisse, ja wohl gar ganze Entwürfe mit Lust verbessern, und dadurch zu
erkennen geben, daß ihnen das vereinigte
Paar, nämlich der Stolz und die Unwissenheit, welche anderwärts fast ohne Abwechselung immer Wache halten, vollkommen unbekannt ist.

Hier unter uns giebt es Orakulsäulen,
welche, weil man ihnen aus rühmlichen
Absichten häufig zu opfern angefangen hat,
sich muthig empor heben, aber nicht, wie der
moabitische **Moloch**, Feuer speyen, sondern,
von der Hitze einer gewissen Mode entbrannt,
alles vernichten, was man ihnen von Italien,
von Rom und von dem so genannten Antiken zeigt. Alles, was ihrem manierirten
Geschmacke nicht gemäß ist, verwerfen und
verachten sie, folglich setzen sie alle **Raphaele**, **Titiane**, **Guido**, **Maratten**, **Batto-
nen**, **Virgilien** und **Maronen** weit unter
den gothischen und barbarischen Horizont.
Weil aber solche Vorlesungen vor einer
Schaar junger Leute geschehen; so stelle Dir
vor,

vor, mein Freund, ob die Ketzerey in den
Künsten sich nicht weiter ausbreiten werde, als
die Zaubermacht neuer nach der Mode mattirirten Meisterstücke.

Hiermit vollführe ich den letzten Zug an
meiner Caricatur, und wünsche, daß, wenn
Du sie gleich eine **Bambocciata** nennest,
sie bey Dir dennoch so viel gelten werde, als
ein Zeugniß meiner Hochachtung, mit welcher ich Deine uralte, sonderbare Gewogenheit höchlich verehre, als Dein alter römisch=
deutscher Freund. 1770.

Erklärung

Erklärung der Kunstwörter
in der
Malerey.

Gleichwie die Künste nach und nach aus Italien nach Deutschland gewandert sind, und sich daselbst ausgebreitet haben; also sind mit ihnen auch die Kunstwörter allda bekannt, aber nicht allezeit verstanden worden. Ich will hier nicht untersuchen, ob sie bey uns nicht bereits noch mißhandelt werden; ob manche Bildhauer und Maler sich vielleicht andre gemacht und angewöhnt haben; ob nicht oft ein ganzes Gemälde nur nach einem solchen verstümmelten Worte beurtheilt werde; ob gewisse hochmüthige kunstrichterische Liebhaber solche Wörter nicht sehr oft vermengen, und eines für das andre in einem unrechten Verstande gebrauchen; alles dieses sind Sachen, um die ich mich hier nicht bekümmere; sondern meine Absicht geht lediglich dahin, ein jedes gewöhnliches italiänisches Wort deutsch zu erklären, damit es so, und nicht anders verstanden und gebraucht werde. Denn die Wörter sind eben so gültig und bedeutend, als die Pinselstriche, welche im Verstande dasjenige Bild ausdrücken, das man durch Farben zu erkennen geben will. Daher ist den Künsten nichts so unentbehrlich und dienlich,

e als

als wenn man die Bedeutung eines jeden Kunst-
wortes nach seinem wahren Sinne begreift. Ohne
diesem kann man weder dem Künstler etwas auf-
tragen, was er verfertigen soll; noch von seiner Arbeit richtig urtheilen. Es wird einer den andern
schwer verstehen, wenn nicht bereits das Werk ausgeführt vor Augen steht, und nicht mehr verbessert
werden kann.

Allievo, französisch *Elevé*.

Ein Anfänger in der Kunst, ein Zögling, ein
Lehrbursch, ein Schüler, der unter einem geschickten
Künstler und desselben Anweisung, oder selbst in
einer Akademie sich in der Kunst übet, und die ihm
vorgelegten Muster und Grundsätze sich so zu Nutze
macht, daß er endlich nach seinem Genie alles verfertigen kann, was ihm unter die Hände kommt.

Antico, franz. *Antique*.

Das Alte, das Antique oder Antike heißt, was
nämlich von der Maler-Bildhauerkunst und Architectur zu Zeiten der alten Griechen und Römer,
das ist, vor und während der Regierung Alexanders des Großen bis auf des griechischen Kaisers
Phocas, also über tausend Jahre, aus allerhand
Materien verfertiget worden. Von dieser Zeit an,
nämlich vom fünften und sechsten Jahrhunderte
nach unsrer Rechnung wurde ganz Italien durch
die Gothen verheeret und die Künste unterdrückt, so,
daß davon bis in das zwölfte Jahrhundert, mithin
fast sieben bis achthundert Jahre, nichts mehr ans
Licht getreten ist.

Attitu-

Attitudine, franz. *Actitude.*

Die Stellung, der Act, oder die Action, die Handlung, Bewegung, Wendung oder die Gebärde einer Figur, sie mag nun einen Menschen oder ein Thier vorstellen.

Bassorilievo, fr. *Bas-relief* od. *basse-taille.*

Eine halberhabene Arbeit. Diese ist ein Werk der Bildhauerkunst auf einen Grund, aus welchem es sich empor hebt. Man unterscheidet es vom Rilievo rondo franz. ronde basse; oder rund um erhabenen, welches an keinem Grunde hängt, sondern rund herum auf allen Seiten gesehen werden kann, wie eine Statüe oder dergleichen. Weil man aber das Bassorilievo oder Halberhabene auch nur mit einer Farbe durch Schatten und Licht zu malen pflegt, wobey man nur die Regel der Lichter und Schatten genau in Acht nimmt; so werden diese zwey Wörter Bassorilievo und Chiaroscuro, das ist, halberhabene Arbeit, und Grau in Grau, oder Schatten und Licht von den Malern nicht selten eines für das andre gebräucht und verstanden, siehe weiter unten Chiaroscuro.

Campo del Quadro, franz. *Champ du tableau, Fond* oder *Derriere.*

Das Feld eines Gemäldes, nämlich der Grund hinter den Figuren, das ist, was man hinter einem jeden Gegenstand insbesondre sieht, und sagt: diese Sache dient der andern zum Grunde oder zum Beyspiel: Ein Gewand dient einem Arme zum Grunde.

Die

Die Erde, der Boden dient einer Figur zum Grunde. Eine Figur dient der andern zum Felde oder Grunde. Der Himmel und die Wolken dienen dem Baum zum Grunde u. s. w. Also dient alles einem Portrait zum Grunde, was hinter demselben angebracht ist. Spaliere, Vorhänge, Bücherbehältnisse u. d. g.

Caricatura, franz. *Charge* oder *charges*.

Uebertriebener Umriß einer Figur, das ist, wenn man gewisse zur Aenlichkeit behülfliche Theile vergrößert, übertreibt, dabey aber Achtung giebt, daß die Person, die man also abzeichnen will, dadurch nicht verstellt werde, sondern dennoch kenntlich bleibe. Solche Arbeit wird die Caricatur eines Portraits genannt. Die Franzosen nennen dergleichen Köpfe *têtes de charges*. Andre sind zufällige, eigensinnige Köpfe von allerhand Ideen, Gestalten, Leidenschaften und Formen, die man in der Natur zwar antrifft, jedoch weit mehr übertreibt, und mehrentheils nur im Profil abzeichnet. Von solchen Köpfen hat Leonardo da Vinci sehr viele hinterlassen, welche Hr. Coypel im Jahr 1730 in Kupfer gestochen hat. Noch andre sind ganze Figuren, welche nach allen Gliedmaaßen wunderliche Stellungen und Gesichter haben.

Herr Ghezzi zu Rom, mein Freund, hat auf dergleichen Art zu Frascati auf den Mauren eines Palastes die ganze Familie des fürstl. Besitzers gemalt. Der Cardinal Polignac erhielt von ihm viele Folianten von Caricaturen. Sie stellten

insges

insgesammt nichts als gute Freunde und Bekannte Seiner Eminenz vor, die Ghezzi, wenn er
sie zur Tafel eingeladen hatte, ins Gesicht faßte,
und zu Hause hernach in Caricaturen verwandelte.
Eine gleiche Ehre wiederfuhr auch mir. Was für
Geschichte hat nicht ein Akademiste zu Rom cari-
caturmäßig erfunden und hingezeichnet? Ich geschweige die Versuchung des heiligen Antonius
vom Callot, und andre engländische in Kupfer gestochene, vielfältige satyrische Gemälde. Dergleichen Scherze erfordern und zeigen sowohl Muth
und Feuer, als auch Witz des Künstlers.

Carnaggione, franz. Carnation.

Dieses Wort bedeutet das Fleisch im Gemälde.
Je änlicher es dem natürlichen Fleisch ist, desto
vollkommener ist es gemalt. Also hat ein Maler,
wie die Italiäner sagen, ein schönes Fleisch, das
ist, er weis das Fleisch natürlich zu malen. Man
wird es ohne Erinnerung einsehen, daß hier die
Rede nicht vom rohen Fleisch, sondern von nacken-
ben Figuren ist. Hieher gehören alle Körper von
allerhand Nationen, die braunes, rothes, weißes,
auch wohl gar schwarzes Fleisch haben, des Unterschiedes des Fleisches unter dem gemeinen Volke
nicht einmal zu gedenken. Titian malte den heil.
Sebastian. Als Pordonone ihn zu sehen verlangte, so sagte er: ich glaube, Titian habe diesen
Heiligen von Fleisch gemacht, und nicht von Farben,
welches braun, gelb, bleich, schwarz, von der Sonne

gebraunt,

gebrannt, oder roth erscheint. Io stimo, che in quel nudo abbia posto carne, non colori.

Chiaroscuro, franz. Clair-obscur.

Die deutschen Maler nennen dieses Grau in Grau, wenn es mit einer Farbe gezeichnet ist. Licht und Schatten aber kann mit allen Farben erscheinen. Es ist also die Kunst, das Helle und Dunkle an seinen rechten Ort zu bringen. Wenn nun ein Maler die Figuren wohl aus einander zu setzen, und alle Gegenstände in seinem Gemälde wohl zu unterscheiden weis, da er die Lichter und Schatten geschickt anlegt, und die Leiber mit solcher Aufmerksamkeit stellet, daß sie dort große Schatten, hier aber große Lichter haben; so nennt man ihn einen großen Künstler im Licht und Schatten. Die berühmte Nacht des Correggio dient hier zum Muster. In der größten Finsterniß dieses Kunststückes sieht man doch die deutlichsten Figuren in Licht und Schatten. Siehe oben Bassori-lievo.

Colore, franz. Couleur.

Deutsch heißt dieses Wort die Farbe. Diese aber ist zweyerley: die natürliche, und welche durch Kunst zubereitet wird. Die natürliche ist dem Gegenstande der Natur gemäß, welche die Maler nachahmen. Die zubereitete aber ist diejenige, deren sich der Maler bedient, die natürliche nachzuahmen. Also werden die Gemälde schwerlich für gut gehalten, in welchen die Gesichter nur weiß wie Gyps,

Gyps, und roth wie Zinnober erscheinen, weil die Natur zum wenigsten nichts dergleichen zeigt.

Color rotto, franz. *Couleur rompue.*

Gebrochene Farbe, welche nichts anders ist, als eine durch die Vermischung andrer veränderte Farbe. Die weiße Farbe kann an den andern Farben nichts verändern, wohl aber selbst verändert oder gebrochen werden. Also kann man sagen, daß Azur oder Ultramarin blau durch den Lack und die helle gelbe Erde gebrochen sey, wenn auch nur ein wenig darunter gemischt worden, und so auch von andern. Die gebrochenen Farben dienen nicht nur in den Umrissen und in den Schatten, sondern auch in ganzen Massen, dieselbigen zu vereinigen, auch den Zusammenfluß der Farben zu bewirken. Titian, Paul Veronese und andre von der lombardischen Schule brachten diese Gattung von Farben mit Vortheil in Uebung.

Colorito, franz. *Colorit.*

Dieses ist einer von den Haupttheilen der Malerkunst, wodurch man die Lichter und die Schatten sowohl, als die im Gegenstande befindlichen Farben ähnlich anzubringen weis. Daher ist das Colorit nicht die Kunst, ein schön rothes, grünes, blaues oder gelbes Stück zu machen, welches endlich nur eine Schönfärberey seyn würde. Das Colorit zeigt, wenn alles dem gemalten natürlichen Gegenstande den Farben nach ähnlich ist. Andre halten irrig und lächerlich davor, daß, wenn alles glühet und glänzet, ohne die Natur vorzustellen,

e 4   das

das Colorit genennt werde. Man kann es zwar
davor halten, allein es taugt nichts.

Contorno, franz. Contour.

Der Umriß, wodurch die obere Fläche und die
Linien des Körpers, so denselben umgeben und ein-
fassen, verstanden wird. Dies ist die Zeichnung
überhaupt, die in bloßen Linien besteht. Paul
Veronese pflegte zu sagen: "Zeichne vortrefflich
und menge darein was du willst, so wird es gut. „

Contrasto, franz. Contraste.

Dieses ist der Unterschied in der Zusammensetzung und Stellung der Figuren und ihrer Gliedmaaßen. Wenn man z. B. in einer Gruppe von
drey Figuren, eine vorwärts, die andre rückwärts,
die dritte seitwärts betrachtet; so nennt man dieses
einen Contrast, Gegensatz oder eine Gegenstellung.
Man sagt auch, dieses oder jenes sey eine gut con-
trastirte oder wohl gestellte Figur, wenn in ihrer
Bewegung, in ihrer Stellung, in ihrer besondern
Wendung die Glieder einander gut entgegen gesetzt sind, weil sie sich gleichsam überkreuzen, oder
sich sonst auf verschiedne Seiten wenden.

Costume, franz. Coutume.

Es ist nicht genug, daß der Maler in seinem
Bilde nichts wider den Gebrauch oder das Uebliche
des Landes erscheinen lasse, in welchem der Auftritt
des Gemäldes vorgeht. Er muß auch zu erkennen
geben, wo die Handlung der Figuren vor sich gehe,
damit der Zuschauer gleich, ohne sich lange zu besinnen,

sinnen, wisse, ob er in Italien, in Griechenland, in
Spanien, oder in England sey, ob er am Meer,
am Nil, am Rhein oder am Po stehe. Titian
und Masson haben sogar im heil. Abendmahl zu
Emmaus das kaiserl. Wappen hervorblicken lassen,
damit man wahrnehmen könnte, daß es einen kaiserl. Saal und das Bildniß Carls des Fünften
vorstelle. Plinius erzählt, daß, als Nealces, ein
sinnreicher und ämsiger Maler, eine Seeschlacht
zwischen den Aegyptiern und Persern gemalt hatte,
welche am Nil, der ein dem Meere gleiches Wasser
hat, geliefert worden, nicht gewußt habe, wie er
diese Gegend durch die Kunst zu verstehen geben
sollte oder könnte; so habe er sich eines natürlichen
Beweises bedient, und am Ufer des Flusses einen
jungen Esel, der aus dem Flusse säuft, und in der
Nähe ein Crocodill, welches auf den Esel lauert,
hingemalt, und also Aegypten angedeutet.

Dipingere, franz. Peindre.

Dieses Wort bedeutet malen: das heißt überhaupt Farben mit einem Pinsel anlegen. Insbesondre aber besteht es im Farbenmischen, und mit
dem Pinsel auf die gegründete Leinwand hinstrei-
chen. Wenn dieses leicht, frey und mit Kunst geschieht; so sagt man: Das Gemälde sey gut gemalt. Wenn man aber darinn nicht die ungezwungene Geschicklichkeit der Hand, und die Leichtigkeit
des Pinsels wahrnimmt, die Farben aber nur durch
den Vertreibpinsel vereinigt, und so mühsam als
ängstlich ausgearbeitet sieht; so nennt man es ein

geleckgeleeftes Werk, oder eine gelekte Malerey: una pittura leccata, oder wie die Spanier in der Verwunderung zu ſagen pflegen: es pintura fina, ein feines Gemälde, wenn gleich die Kunſt darinn mangelt.

Diſegno, franz. Deſſein.

Heißt die Zeichnung. Dieſe kann man in der Malerey auf zweyerley Art verſtehn: die Zeichnung oder der Umriß beſteht in dem genauen Maaß, in den Verhältniſſen und in den äußerlichen Formen, welche die zum Nachahmen vorgeſetzten natürlichen Gegenſtände haben müſſen. In dieſem Falle gehört ſie zu den Theilen der Malerkunſt. Man nimmt aber die Zeichnung auch für den Entwurf eines größern Werks, ob er gleich nur durch die äußern Umriſſe oder durch Lichter und Schatten, oder mit allen Farben verfertiget worden.

Dergleichen ſind die erſten auf Papier oder Leinwand angelegte Gedanken zu einem Gemälde, wovon unten bey dem Worte Schizzo mehr vorkommt.

Diſegno tratteggiato.

Bedeutet eine entworfene Zeichnung, in welcher die Schatten mit der Reißfeder ſehr deutlich angelegt worden. Tratteggiare heißt alſo etwas mit Fleiß und mit gutem Vorbedacht ausführlich entwerfen.

Diſegno sfumato, franz. *Deſſein eſtompé.*

Eine gleichſam wie von Rauch gemachte Zeichnung, worinn die Schatten mit der Reißfeder zwar gemacht, jedoch hernach durch Papier, Leder, oder durch den Vertreibpinſel vertrieben worden, daß keine Linie mehr zu ſehen iſt.

Diſegno granito, franz. *Deſſein grainé.*

Eine körnichte oder getüpfte Zeichnung, in welcher die Schatten zwar mit der Reißfeder gemacht ſind, darinn man aber keine Linien, ſondern faſt nichts als Punkte oder Sandkörner ſieht.

Diſegno lavato, franz. *Deſſein lavé.*

Eine ſo zu ſagen gewaſchene Zeichnung, in welcher die Schatten durch den Pinſel entweder mit Saftfarben oder mit chineſiſcher Tuſche und Waſſer gemacht worden, welches die Italiäner aquarella und aquarellare, Waſſer oder wäſſern nennen.

Diſegno colorito, franz. *Deſſein colorié.*

Eine mit allen Farben gemachte Zeichnung, wie ſolche in dem Hauptwerk erſcheinen ſoll, deſſen Entwurf man gemacht hat.

In den großen Gallerien, hauptſächlich zu Wien in dem Fürſt-Lichtenſteiniſchen Palaſt, ſieht man die ſchönſten, koſtbarſten und künſtlichſten Zeichnungen von den berühmteſten italiäniſchen Meiſtern in ſolcher Anzahl, und von ſo vielerley Arten, daß man ſagen kann: eine jede Hand, ein jedes Genie ſo viel großer Künſtler habe ſich von dem andern in allen

erſinn-

erſinnlichen Dingen unterſchieden. Andres Papier, andre Farben, andre Pinſel oder Reißfedern. Ein jeder Künſtler zeigt eine andre Art, ſeine Gedanken auszudrücken.

Figura, franz. Figure.

Obſchon dieſes Wort in einem ſehr weitläuftigen Verſtande alles bedeutet, was durch mehr Linien kann beſchrieben werden; ſo verſteht man doch in der Malerkunſt dadurch gemeiniglich nur eine menſchliche Figur.

Freſco, franz. Freſque.

Dieſes iſt eine Art zu malen, bey welcher man die Farben durch bloßes Waſſer einem friſchen Anwurf von Kalk auf der Mauer gleichſam einverleibt. Daher muß der Maler mit Farben, und der Maurer mit Anwerfen des Kalkes denſelben Tag fort arbeiten, damit die Farben mit dem naſſen und friſchen Grunde vereiniget werden. Auf dem trocknen Kalk iſt alle Mühe verloren. Auf obige Weiſe vermengen ſich die Farben mit Kalk und Sand dergeſtalt, daß ſie nicht anders, als mit der Mauer können verwüſtet werden. Hier aber iſt es nicht genug, nur zu malen. Der Künſtler muß ſchon im voraus die Proben gemacht haben, um zu wiſſen, wie die naſſen Farben ſich hernach, wenn ſie trocken ſind, ungemein verändern, damit er nach der Art ſolcher Veränderung ſeine Anlage machen könne. Es giebt Freſcomaler, welche ihre vor vielen Jahren verfertigte, und damals bewunderte Arbeiten herab-

herabgeworfen zu sehen wünschten, um sie nun anders und besser zu machen.

Gruppo, franz. Groupe.

Ein Grupp ist nichts anders, als ein von mehr Figuren oder andern Sachen zusammengesetzter Häufe; er mag nun entweder aus Menschen, Thieren oder Früchten, und so weiter bestehen. Es können auch Gruppen von allen diesen Sachen zugleich seyn. Menschen, Pferde und andre Dinge können einen Grupp machen. Ist dieses, so sagt man: diese Figuren machen mit jenen Sachen einen schönen Grupp.

Dieses Wort Grupp wollen einige vom lateinischen Globus herleiten, welches ein Haufen heißt, wie man unter globus militum einen Trupp Soldaten versteht. Wenn man betrachtet, wie die lateinische Sprache in Italien zermartert worden, bis die italiänische nach und nach empor gekommen; so darf man sich nicht wundern, daß aus globus grobo, grubo und endlich gruppo geworden.

Wenn ein Grupp allzu groß und zu zahlreich ist; so wissen geschickte Maler daraus mehr Gruppen zu machen und sie in einen schönen Contrast zu setzen. Auf solche Weise hat Michelagnolo in seinem jüngsten Gerichte zu Rom im Vatican aus viel hundert Figuren fünf oder sechs Gruppen gemacht; dergleichen Composition andre Meister in eine bloße Zerstreuung der Figuren verwandelt, und wenig Ehre dadurch erlangt haben. Hiervon werde

ich

ich in dieſem Werke ſelber ausführlicher handeln, und die Weintraube zum Muſter vorſtellen.

Guazzo.

A Guazzo malen heißt, wenn man die Farben mit Leim= oder Gummiwaſſer vermiſcht, und eben auf dergleichen gegründete Leinwand malt. Zu Rom im Ottoboniſchen Palaſt ſieht man die Feld-züge des Prinzen Eugenius von Savoyen alſo gemalt. Leander, ein wackerer deutſcher Künſtler, der gedachten Kriegsverrichtungen als Soldat bey-gewohnt hat, erwarb ſich durch dieſe leichten, ange-nehmen, herrlichen und muntern Gemälde ein groſ-ſes Lob, das noch beſteht. Zwiſchen der Art a guazzo zu malen und der Miniaturkunſt findet man faſt keinen andern Unterſchied, als daß man in jener alle Freyheit braucht, in der Miniatur aber ſich nur mit kleinen Punkten behilft. Roſalba, eine berühmte Miniaturmalerinn aber hat ſich, in ihrer Kunſt auch in kleinen Stücken eben der freyen Art des Pinſels bedient, wie à guazzo. Ich habe zwey Stück davon auf Elfenbein, wie à guazzo, ohne Punkte gemalt. Sie ſind mit freyen, muntern, maſſenweiſe hingelegten Farben ausgeführt.

Guſto, franz. Gouſt oder goût.

Dieſes Wort, welches unter den Deutſchen end-lich in Geſchmack verwandelt worden, iſt nichts anders, als ein Begriff, welcher mit der Zuneigung übereinſtimmt, die ein Maler zu gewiſſen Sachen hat. Man ſagt: das iſt ein Werk von größem

Guſto,

Gufto, um anzuzeigen, daß darinn alles erhaben und edel ist; daß die Theile mit Freyheit gezeichnet sind; daß die Köpfe in ihrer Art und Gattung nichts niederträchtiges blicken lassen; daß die Falten in den Gewändern weit und groß sind; daß die Lichter und Schatten wohl ausgetheilt und verbreitet erscheinen.   In dieser Bedeutung verwechselt man das Wort Gufto oder Geschmack sehr oft mit dem Worte Mänier; denn man sagt: dieses Werk ist von großer Manier, siehe diesen Artikel.

Imbevuto, franz. Embu.

So nennen die Italiäner ein Gemälde, worinnen das Oel vom Grund und der Leinwand eingesogen worden, folglich dadurch alle Farben eingetrocknet und gleichsam abgestorben erscheinen. Man nennt es auch deswegen pregiugato, asciuto, appannato, als wenn alles mit einem Nebel überzogen wäre. Die Farben sind eingeschlagen. So versteht man es von Gemälden, welche des Saftes und Glanzes beraubt sind; auch von Glas, Metall und Marmor, wenn sie nicht glänzend geschliffen sind, welches in diesen Materien meistens mit Fleiß geschieht, damit das Schimmern, Blinken und der Glanz keine Verblendung verursache.

Impastare, franz. Empaster.

Die Farben frisch, munter, dick und fett anlegen. Also heißt man es ein wohl impastirtes Gemälde, wenn es mit viel Farbe und Freyheit gemalt ist; sonst versteht man auch dadurch, daß jede Farbe

für

für ſich an ihren Ort gebracht; und ſich mit ändern
nicht vereinige. Alſo ſagt man: der Kopf iſt nicht
gemalt, ſondern gut impaſtirt. Man ſehe den Rubens und van Dick, wie ſie manchmal die natürlichen Farben neben einander hingelegt, eine durch
die andre erhoben, und gleichſam glühend gemacht
haben. Man betrachte die Landſchaften des Artois,
wie er das Gebüſche und die Bäume durch lauter
lebhafte und neben einander geſetzte vielerley Farben
der Natur änlich gemacht hat.

Iſtoria, franz. Hiſtoire.

Es giebt vielerley Gemälde von Früchten, Blumen, Landſchaften, Thieren und menſchlichen Figuren, welche letztern man Iſtoria oder die Geſchichte
nennt, und ſagt: der Maler ſey ſtark in der Hiſto-
rie, wenn er die Figuren wohl zuſammen zu ſetzen
und ſchöne Gruppen zu machen weis. Ob ein Portraitmaler in dieſe Klaſſe gehöre, läßt ſich nur alsdann mit Nein beantworten, wenn er nichts als einen Kopf malen kann. Denn ein jeder guter Hi-
ſtorienmaler würde ſich ſchämen, wenn er nicht auch
ein Bild nach dem Leben malen könnte, nachdem er
ſo viele lebhafte Idealköpfe zur Bewunderung dar-
geſtellt hat.

Lume, o chiaro, franz. Lumiere, Jour.

Heißt das Licht, der Tag oder die Helle. Dieſe
Wörter braucht man nicht nur bey der Sache, die
erleuchtet wird, ſondern auch bey Gegenden und
Oertern, die helle ſind. Daher ſagt man: die
Lichter

Lichter sind in diesem Gemälde gut angebracht, wohl ausgebreitet, oder der Tag ist gut eingetheilt.

Maniera, franz. Maniere.

Die geschickte Leichtigkeit, welche sich ein Maler im Gebrauche des Pinsels sowohl, als in der Erfindung, in der Zeichnung und Colorirung angewöhnt hat, wird Manier genennet. Nachdem nun diese Gewohnheit durch mehr oder weniger Fleiß und Studiren, durch mehr oder weniger Kenntniß des Natürlichen und der schönsten Kunststücke, die man von der Maler- und Bildhauerkunst sehen kann, angenommen worden, so nennt man eine solche Manier gut oder schlecht. Vermittelst dieser Manier erlangt man die Erkenntniß der Werke eines Malers, von dessen Hand man schon einige Stücke gesehen, so, wie man die Buchstaben und die Schreibart eines Menschen erkennt, von welchem man schon Briefe erhalten hat. Man sagt auch, die Manieren kennen, das ist, unter vielen Malereyen die Stücke eines jeden Malers insbesondre unterscheiden. Einer malt pastoso, der andre leccato, der dritte unbestimmt und ängstlich.

Manierato, franz. Manieré.

Diesen Ausdruck brauchen die Kenner bey Gemälden, welche nicht am besten gefallen, weil sie immer in allen Gegenständen nur mit einerley Geschmack verfertiget sind. Also malt einer allezeit schwarz, ein andrer beständig grau, ein dritter stets

f   bleich,

bleich, gelb, grün oder roth, ja wohl gar kothigt, der
die Farben durch das Mischen zu sehr martert.
Nicht wenige gewöhnen sich an einerley gespitzte
Mäuler, einerley Hand und Gebärde, weil sie nur
eine Form von Gyps besitzen, nach derselben fleißig
fortarbeiten, und in ihrer eignen Erfindung nichts
anders sehen können. Ein jeder von diesen giebt
zu erkennen, daß er die Farben nicht nach der Natur zu mischen wisse; daher hat mancher Maler in
seiner Jugend gut gemalt, mit der Zeit aber, vielleicht durch Verführung, sich eine Art angewöhnt,
die seinem Ruhme nachtheilig geworden. Ein andrer hingegen ist vom Schlechten in das Gute übergegangen. Nachdem Raphael die Arbeit des
Buonarotti kaum erblickt hatte, so verließ er seine
kleine Peruginische Manier, und ward in kurzer Zeit
sowohl groß, als erhaben. Nirgends kann man das
Wort manierato besser anwenden, als bey den
Kupferstechern. Wie sie die Art zu stechen gelernt
haben, so wird sie auch beständig bleiben. Keinem
fällt es ein, daß eine jede Sache, jeder Stoff und jeder
Gegenstand einen andern Stich erfordre, wie solches
Anton Masson in dem Titianischen Heil. Abend-
mahl zu Emmaus deutlich gezeigt hat. Leinwand,
Seide, Tuch, Gläser, Brod, Hände, Gesichter,
Haare u. s. f. sind natürlich vorgestellt. Eine jede
Sache zeigt einen ganz unterschiednen Stich, bis
zum Erstaunen der gelehrten Kenner. Es scheint,
Masson habe sowohl dem Titian, als sich selbst
Ehre machen wollen, wie er denn auch in seiner
Kunst bisher noch nicht übertroffen worden, ob-
schon

schön unser deutscher Künstler, Herr Will zu Paris, in dem Portrait des Marquis Marigny, Massons Griffel nachzuahmen scheint.

Masse, franz. Masses.

Große Lichter und starke Schatten werden Massen genennt. In der Abenddämmerung sieht man in den Malereyen beynahe nichts als diese Massen; das ist, man nimmt nur die großen Lichter und die starken Schatten wahr. -

Meschino, franz. Meschin.

Dieses Wort dient, einen armen, kleinen und niedrigen Geschmack anzudeuten. Die Deutschen sagen: das ist schlecht gemalt. Meschino aber ist noch mehr, als schlecht. Also malte Raphaels Meister meschino, das heißt, zwar ziemlich gut, aber kleine, unstudirte Figuren, die Raphael bald hernach besser schilderte.

Mezza Tinta, franz. Demi-teinte.

Diese Benennung hat mit Schatten und Licht mehr Verwandtschaft, als mit den übrigen Farben. Denn die mezza Tinta, d. i. eine Mittel-Farbe oder Tinte ist der Ton zwischen Licht und Schatten. Wenn man also voraussetzt, daß es fünf Töne oder Stufen von Licht und Schatten giebt; so werden der zweyte und dritte Ton, welche auf das größte Licht und auf den größten Schatten folgen, mezze tinte, oder Mittelfarben genennet. Dieser Ausdruck

f 2

druck

druck schickt sich sonst nur zur Carnaggione, oder Fleischfarbe; daher sagt man: das Fleisch gut zu malen, darzu sey erforderlich, die mezze tinte wohl anzuwenden, denn darinn bestehe die Kunst.

Modello, franz. Modele.

Durch dieses Wort versteht man alles, was der Maler in der Natur zum Gegenstande seiner Nach= ahmung vor Augen hat. Insbesondre aber bedeu= tet es entweder einen nackenden oder gekleideten le= bendigen Menschen, den man in den Akademien der Maler- und Bildhauerkunst für die Schüler zum Studiren und Zeichnen vorstellt. Auch dieses ist ein Modell, was man von Wachs oder Holz macht, und daran die Glieder durch die Gelenke in belie= bige Stellung richten kann, welches man einen Gliedermann, oder eine sogenannte Gliederdocke nennet. Eines der schönsten von solchen Modellen sieht man in der kaiserl. königl. Akademie zu Wien. Alle Gebeine oder Knochen sind nach der Natur von Holz durch den geschickten Bildhauer, Herr Franz Xaver Messerschmidt, einem Akademi= schen Mitgliede, geschnitzt, und die Gelenke von Messing gemacht; also, daß es wie ein Skelet oder ein vollkommnes, natürliches, bewegliches Men= schengerippe des ganzen Körpers nach allen Vorstel= lungen und Bewegungen dienen kann. Jedes Bein ist auch mit seinem anatomischen Namen be= zeichnet. Dieses Werk hat man auf Veranlassung des Herrn von Maytens, K. K. Directors der

Akade-

Akademie, gedachtem hierzu erwählten vortrefflichen Bildhauer zu verdanken.

Panneggiatura, gettare una panneggiatura, franz. *Draperie, jetter une draperie.*

Heißt ein Gewand, und etwas in Falten legen. Durch das Gewand versteht man alle Gattungen von Kleidern und Stoffen, womit man die Figuren bekleidet, und dieses nennen die Italiäner *gettare una panneggiatura,* das ist, die Falten gut anordnen. Man sieht und begreift leicht, daß eine jede Gattung von Stoffen nach ihrer Eigenschaft andre Falten werfe: Wolle, Seide, leinen Zeug, Tuch, Taffent und Sammet, sie mögen nun entweder trocken oder naß seyn, werfen ganz verschiedne Falten.

Pastello, franz. *Pastel.*

Dieses ist eine Gattung von Teige, welcher durch die Vereinigung der Farben, Wasser oder Milch in kleine länglichte Stücke zusammen gerollt wird. Jedes derselben hat eine andre Farbe, deren man sich, wie sonst der gemeinen Kreide, bedient, und damit solche trockne Gemälde ve.fertiget, wie die in Oel oder Leimwasser sind. Günther Pastellmeister zu Nürnberg hat hierzu erst im Jahre 1762 eine Anweisung herausgegeben. Er liefert auch die Pastellfarben zur Arbeit fertig. Weit brauchbarer und schöner sind aber die Pastelle des Herrn Vernezobre, eines Malers zu Paris, wovon ich alle Schattirungen besitze.

f 3 *Profilo,*

Profilo, franz. Profil.

Bedeutet insgemein die seitwärts gemachten Köpfe, wie man sie auf den Münzen zu sehn pflegt. Also ist auch eine ganze Figur im Profil, wenn man sie seitwärts betrachtet. Zuweilen nennt man die Aussicht einer Gegend auch Profil, wenn sie von der Fläche unterschieden ist. Daher sagt man: das Profil einer Stadt, wie man sie im Vorbeygehen sieht, oder im Prospekt wahrnimmt. Man sagte auch vormals: Er profilirt eine Figur, das ist, er macht derselben Umriß. Dieser Ausdruck aber ist nicht mehr gewöhnlich. Profilo bleibt also überhaupt bey dem, was man nach den Seiten sieht.

Pronunciare, o segnare, franz. Prononcer.

Dieses heißt aussprechen, und wird in der Malersprache von jedem Theile des Leibes verstanden. Als wenn der Maler sagte: das Knie spricht gut, anstatt: es ist gut gemalt. Die Sprache der Malerey ist der Sprache eines stummen Menschen änlich, den man nicht verstehen kann, außer, daß gewisse Theile zusammen stimmen und so eingetheilt sind, daß sie, wie die Sprache, die Empfindungen des Herzens zu erkennen geben. Also sagen die Franzosen: prononcer une main, das ist, eine Hand, einen Arm, ein Knie, eine Achsel aussprechen, anstatt dessen die Italiäner sagen, segnare oder zeichnen, andeuten, unterscheiden, oder vollkommen zu erkennen geben. Man sagt zwar: ein
Wort

Wort aussprechen, um es deutlich und ohne Stottern verständlich zu machen. Die Italiäner aber behalten ihr segnare, und sagen niemals pronunciare. Kann es einem Deutschen wohl in den Sinn kommen, zu sagen: der Fuß spricht gut, anstatt: er ist gut gezeichnet? wie würde es denn klingen, wenn er sagte, die Hand ist gut ausgesprochen?

Proporzione, franz. Proportion.

Dadurch wird das Verhältniß oder die Richtigkeit des Maaßes eines jeden Gegenstandes in Ansehung seiner Theile und derselben insgesammt gegen das Ganze verstanden. Vom menschlichen Körper sagt man gemeiniglich, daß man, wenn man denselben gut zeichnen will, desselben Verhältnisse, das ist, ein jedes Maaß wohl verstehen müsse. In dieser Bedeutung ist das Verhältniß ein Theil der Malerkunst, und wird die Zeichnungskunst genennt.

Riflesso, franz. Reflet.

Heißt ein Wieder- oder Gegenschein, oder ein gewisses Licht, welches von den nächsten hellen Sachen in die Schatten hinüber fällt.

Riposi, franz. le Repos.

Die Ruhe besteht in den Massen des Gemäldes, und in den hellen großen Theilen sowohl, als in denen Schatten, welche, wenn sie wohl angeordnet

sind,

sind, die Verwirrung der Gegenstände verhindern, auf welche sie das Auge nicht zu gleicher Zeit hinziehen lassen, sondern verursachen, daß es sich einige Zeit bey einem schönen Grupp mit Vergnügen aufhalte, und nach und nach ohne Unruhe von einer Sache zur andern komme.

Schizzo, franz. Esquisse.

Hierdurch verstehet man einen Entwurf, oder die erste Zeichnung und leichte Anlegung eines Gedankens oder Werkes, das man unternehmen will. Die Franzosen nennen dergleichen Entwürfe une Esquisse, oder Ebauche.

Secco, duro, tenero, midollofo, franz. Sec, dur, tendre, mo lleux.

Secco, oder trocken, duro, oder hart, heißt, wenn in einem Gemälde die Lichter allzu nahe beym Braunen liegen, und die Umrisse nicht vermischt genug sind. Tenero, oder zärtlich, und midollofo, oder weichlich, sind also das Widerspiel von obigen.

Soffito, o. volta, franz. Platfond.

Ist ein Gewölbe oder eine Decke eines Gebäudes, welche sonst auch Cupola, eine Kuppel genennet wird. Dieses sind Gemälde, welche man über seinem Kopfe in einem Gewölbe sieht. Die Italiäner nennen sie auch di sotto in sù, von unten hinauf, wenn die Figuren verkürzt erscheinen, wie

wie des Correggio seine zu Parma; des Annibal Carracci im Palast Farnese zu Rom; des
Pietro Berettino da Cortona im Palast Barberini zu Rom, und viele andre.

Stampa, franz. Estampe.

Also wird ein Kupferstich, das ist, eine Zeichnung genennet, welche mit dem Grabstichel in Kupfer gebracht worden, endlich aber auf Papier gedruckt erscheint. Was also der Künstler mit seinem Grabstichel, mit der Reißnadel oder mit dem
Schabeisen in die Kupferplatte gestochen oder eingegraben hat, das stellt sich in schwarzer Farbe
mit Licht und Schatten auf dem Papiere abgedruckt
vor Augen.

Hier ist der Ort nicht, von dieser so hoch getriebenen und beliebten Kunst umständlich zu handeln.
Dennoch kann ich für Anfänger eins und das andre
nicht unerwähnt lassen, worinn manche noch heute
vor unsern Augen sich sehr ungeschickt vergangen haben. Die Anfänger in der Kupferstecherkunst sind
also zu ermahnen, daß alles, was sie in die Platte
schneiden, stechen, graben, schaben oder ätzen, im
Abdrucke umgekehrt, oder das Rechte links, und
das linke rechts erscheine; folglich überhaupt alles, nämlich Licht und Schatten, alle Bewegungen
und Kleidungen das Auge beleidigen. In der
That, wem sollte es nicht befremden, wenn er sieht,
wie die Figuren mit der linken Hand fechten,

f 5 hauen,

hauen, essen und schmieden; wie in Portraiten
Rockknöpfe, Ordensbänder und alle übrige prächtige Nebensachen verkehrt vorgestellt werden?
Solche Ungereimtheiten kann man nichts anders
schuld geben, als der Unachtsamkeit des Kupferstechers. Ja, ich will noch mehr sagen: Man
sieht in den Niederlanden Gemälde, welche durchaus links entworfen sind, weil sie, da sie zu Tapeten bestimmt sind, hernach in diesen rechts erscheinen. Ein Kupferstecher aber, welcher seine Kunst
gar zu genau nach dem Original zeigen will, macht
sie im Kupferstiche wiederum links, wo er doch
dieselbe, wie in den Tapeten, rechts hätte können
sehen lassen. Wir haben dergleichen Beyspiele
täglich vor Augen. Zur Warnung junger Leute
dient auch die Ungeschicklichkeit gewisser Maler,
welche linke Kupferstiche abcopirt haben. Auf
diese Art habe ich den Erzengel Raphael des
Guido Reni gemalt gesehen, wie er mit der Lanze
in der linken Hand den Lucifer stürzt.

Stentato, franz. Pené.

Ein Gemälde ist ängstlich, genöthigt, mühsam
und gezwungen, in welchem man eine langsame,
mühselige, schwere Arbeit und Hand wahrnimmt,
welche, da sie von einer männlichen Munterkeit
weit entfernt ist, den Pinsel mit Zwange, Furcht
und Ungewißheit führt.

Studio.

Studio.

Ein Stück von einem vorgenommenen Gemälde, welches der Maler auf einer besondern Leinwand entworfen und ausgearbeitet, um es hernach
in das Hauptwerk zu übertragen.

Suelto, franz. Suelte.

Eine ansehnliche, lange, geschickte, muntre und
geschmeidige Figur eines Menschen.

Tela imprimita, franz. Toile imprimée.

Eine gegründete Leinwand, die zum Malen zubereitet ist. Man bedient sich verschiedener Farben
zum Grunde. Viele Maler sind aber so unacht-
sam, daß sie ihre Beschaffenheit gleichgültig ansehen, ob gleich ein schlechter Grund der Arbeit sehr
nachtheilig seyn kann. Er verderbt nicht selten
alles Colorit. Titian und andre malten auf Leinwand, Breter und Kupferplatten, welche mit Kalk
gegründet waren. Ghiotto hat, wie Vasari berichtet, einen heiligen Franciscus auf Gold gemalt, und ich besitze eine kleine Magdalena vom
Titian, auch auf einem Goldgrunde kunstreich geschildert.

Tinta, franz. Teinte.

So nennen die Italiäner die durch Kunst zu-
sammengemischte Farbe, mit welcher man die natürliche Farbe eines Gegenstandes treffen will.
Daher

Daher sagt man zum Beyspiel: Ein Gewand von guter Tinte, ital. una panneggiatura di bona tinta. Die Franzosen nennen die Leibfarbe Teint. Siehe oben Mezza tinta.

Tocchi d'Alberi, franz. *Touches d'Arbres.*

So nennen die Italiäner die gemalten Baumblätter, die Deutschen aber den Baumschlag. Daher sagt man: die Bäume in dieser Landschaft haben einen unterschiedlichen Schlag. Dieser Maler schlägt seine Blätter gut. Ich habe in Rom den Herrn Hellmann mit beyden Händen die Baumblätter links und rechts zugleich, und mit Beyfall des berühmten Malers van Blum, sonst der Orient genannt, malen sehen. Man sehe zum Beyspiel den Claudio Lorenese, den Jaques Artois, den Poussin, den van Uden und andre.

Tuono di colore, franz. *Ton de couleur.*

Dieser ist der Ton oder Grad einer Farbe im Schatten oder Licht, wie sie dunkler oder heller wird.

Tuttassieme, franz. *Tout-ensemble.*

Die ganze Anlage und Verfassung eines Gemäldes nennen die Italiäner Tuttassieme, alles

les zusammen, oder das ganze Stück.　Obschon
diese Dinge wege nach ihrem Ausdruck asdrucke eine gute
oder schlechte Wirkung eines Gemäldes bedeuten
kann, dessen Theile zusammen dieselbe ausmachen;
so versteht man dadurch dennoch gemeiniglich, daß
das Stück gut sey.　Es heißt nämlich so viel,
als die gute Zusammenstimmung und Harmonie,
welche aus der guten Eintheilung Stützen-Gegen-
stände stand Gemäl Gemäl springt splaßt mnuß oftan also
auch los sagtes sagen Dieses Gesmäl Gemälde ist
nach allen Theilen Thbtbauß schöns schön.　Allein
der Zusammgewhang has Ganze Ghuga, il tuttassieme, ist sehr übel ausgedacht.

Unione, franz. *Union.*

So nennen die Italiäner eine Zusammenstimmung, welches unter dem Farben Herbsth herr Daher Daher
sagt msagt Dieses Dieses Gemäl Gemälten ergröser grossen Unson Unudn wand die uill diese blnaordioferl Diese Ue-
bereinstharminsisyn darch Farben Farben anusigh Dacht gMacht ist;
so nennen wir Künstler dieselbe Salbei Salbei Anmuth Anmuth
oder Lieblich keitblichkeit.

Hiermit beschließe ich die Erklärung der Kunstwörter mit der Anmerkung, daß, wenn man alles erklären wollte, man, wie Protogenes, Tag und Nacht arbeiten und nichts als Rosent dabey trinken müßte. Er malte bey solcher Lebensart nichts als den Jäger Jalysus, welcher Ursache war, daß Demetrius die Belagerung von Rhodus aufhob.

Köremons

Natur und Kunst
in Gemälden.

Erster Theil.

Innhalt
des ersten Theils.

Die Malerey.

Das erste Kapitel.

Das zweyte Kapitel.

Das dritte Kapitel.

*

Das

Innhalt.

Das vierte Kapitel.

Das fünfte Kapitel.

Das sechste Kapitel.

Das siebente Kapitel.

Das achte Kapitel.

Das neunte Kapitel.

Das zehnte Kapitel.

Das eilfte Kapitel.

Das

Innhalt.

*2   Das

Innhalt.

Das neunzehnte Kapitel.

Das zwanzigste Kapitel.

Das ein und zwanzigste Kapitel.

Die Malerey.

Einleitung.

Von der Annehmlichkeit, dem Nutzen
und der Nothwendigkeit
der Malerey.

Unter den Werken der menschlichen Geschicklichkeit sind mehrentheils diejenigen, welche das Nützliche mit dem Angenehmen verbinden, die schwersten und würdigsten, daß man sie bewundere und hochachte. Kann man diesen Vorzug der Malerey wohl mit Billigkeit absprechen? Wenn ich aber von der Malerey rede, so verstehe ich dadurch nicht eine mechanische Arbeit, oder ein Handwerk, welches man durch eine Art von einer bloßen Angewöhnung und Uebung zu erlernen pflegt.

A

pflegt. Mein Augenmerk ist eine Kunst, welche
das artige und scharfsinnige Alterthum für etwas
Himmlisches gehalten, und als eine Gottheit verehrt hätte. Ich rede von einer Kunst, welche
die Unwissenheit zuweilen mit ihren abentheuerlichen Erscheinungen und Mißgeburten vermenget, die bloß ein Werk sind, so durch die schwer-
müthigsten Nachgrübelungen und die gröbsten ungeschicktesten Hände verfertigt worden. Daher
kömmt es, daß manche Leute, welche von dieser
Kunst keinen wahren Begriff haben, und solche
mit der Niederträchtigkeit derjenigen vergleichen,
welche, da sie sich der Farben und Borstenbesen
bedienen, sich eben so stolz für Maler ausgeben,
als Maurergesellen sich groß genug dünken, Architecten genennt zu werden; daß solche Leute, sage
ich, einen Maler sich nicht anders vorstellen, als
einen bloßen Handwerksmann, dem sie weder Gelehrsamkeit, oder gute Sitten, noch einige
Erziehung zutrauen, folglich in der That jenen
Spruch bestätigen; daß ein Maler ein Maler:
Raphael aber ein Raphael sey. Man findet zwar
Augen, welche der Malerey als einer angenehmen
Sache ihre Achtung schenken; allein sie setzen
der Kunst allzuenge Schranken, und scheinen, als
wenn sie behaupten wollten, daß sie zu nichts an-
ls das Auge zu ergötzen; daß ihre
eines jeden Gegenstandes der Na-
wären, wenn sie ihnen wohl gefielen,
Begriffen übereinträfen. Sie
bestimmen geradehin das Verhältniß zwischen
dem

dem Werth oder Unwerth eines Gemäldes, und
zwischen ihrem Geschmack, oder ihrer Kenntniß.
Von jenen ist nichts zu erwähnen, welche die
Malerey nur ein Opfer ihres Wuchers seyn lassen.
Ich werde mich also bemühen, die Begriffe aus
einander zu setzen, welche dieser vortrefflichen
Kunst weit richtiger anstehn, ihrer würdiger, ihr
geziemend und mehr eigen sind, als jene seich=
ten und wahnwitzigen Vorurtheile.　Ihr Nu=
tzen, ihre Annehmlichkeit, ihre Nothwendigkeit,
die ich beweisen will, werden sie weit empor he=
ben, und ihren Vorzug vollkommen behaupten.

Die Malerey ist eine Kunst, welche durch
Linien und Farben auf einer bloßen Fläche alles
vor Augen zu stellen vermag, was nur auf dem
ganzen Erdboden Sinnliches gefunden wird; ihr
Gegenstand ist die Materie und der Geist; mit
einem Worte, die ganze Natur, die sie nicht nur
nachahmen, sondern auch öftmals übertreffen
kann; sie ist die Mutter aller Künste, weil sie
die Kunst der Zeichnung selbst ist.

Philostrat sagt im Leben des Apollonius, daß
die Malerey nicht nur in Farben bestehe; denn
bey den Alten sey eine einzige Farbe genug ge=
wesen. Ihre Nachkommen setzten hernach vier
andre hinzu; und ob sie schon ihre Anzahl nach
und nach vermehrten, so bleibt es doch wahr,
daß man durch bloße Linien, Striche oder Züge
ohne Farben malen könne. Diese Art aber stellt
nur das Licht, oder den Tag, und den Schatten

vor,

vor, worinn doch die kenntlichsten unverfälschten
Zeichen der Sache sich ganz deutlich unterscheiden;
die man anzeigen will; denn man entdecket darinn
nicht nur die Form der Figur, sondern auch den
Gedanken. Man erkennet darinn sowohl das Züch-
tige, als das Verwegene, auch andre Leidenschaften, ob sie schon in keine Farben eingekleidet
sind.   Durch diese Kunst kann man zu gleicher
Zeit das Geblüte, die Haare, den Bart ausdrücken, wenn er auch gleich nur hervorzuschießen
anfängt. Man sieht darinn den Unterschied der
Menschen, die von einem weißen, bleichen oder
weißgelben Fleische sind.   Alles geschieht zuweilen durch einen Zug und durch eine einzige Art.
Wenn wir mit dem Bleyweiß einen Mohren vorgestellt haben, so wird er in den Gedanken des Zuschauers, ob er gleich da weiß ist, als ein schwarzer Mensch erscheinen. Man wird ihn an seiner
flachen eingedruckten Nase, an seinen sträubigen
krausen Haaren, und an seinen dicken Lefzen und
Wangen erkennen.   Zeigt nicht alles dieses an,
daß eine Kunst nützlich, ja nothwendig sey, die
durch bloße Linien und Züge durch eine flache
Nachahmung des Wahren so viel vorstellen kann?
Wie viel überzeugt sie uns dessen noch mehr, wenn
sie uns ganze Landschaften vor Augen stellet, und
uns gleichsam in dieselbigen übersetzet? Landschaften, welche nicht nur die Sitten, die Gebräuche,
die Kleidertracht, sondern auch die Begebenheiten,
und gewissermaaßen die Geschichte der Völker,
und was die Menschen insonderheit angeht, die
verschie-

verschiedenen Gebäude, auch die Bäume, die
Pflanzen, die Blumen, die Erde, die Gewässer,
alle Gattungen von Thieren, die in einem solchen
Lande sich aufhalten, ja alles, was der Schöpfer
selbst dort hat verschaffen wollen, uns deutlich vor
Augen stellet.

Ist die Rede- und Schreibekunst wohl vermögend, so mannichfaltige Gegenstände auszudrücken, und in ihrer ungekünstelten Natur uns vor-
zumalen? Ist nun dieses unmöglich; so folget ja,
daß die Malerey nicht nur nützlich und angenehm,
sondern nothwendig anstatt der Erzählungen müsse
gebraucht werden. Was bekommen wir durch
die Beschreibung eines Palmbaumes für einen
Begriff, wie stellt ihn uns die Einbildungskraft
vor? Fürwahr, sehr unrichtig; so eilet die Zeichnung und die Farbe zu Hülfe, welche eine Sprache sind, die den Völkern gemein werden kann,
da sie so gar von Gehörlosen verstanden wird, und
die Stummen ihre Gedanken dadurch verständlich
machen können.

Dieses ist vermuthlich die Ursache, welche
dem Kaiser Augustus, einem großen Liebhaber der
Malerey, Anlaß gegeben hat, den jungen Quintius
Pedius, einen Enkel des Consuls Pedius, der die
Ehre eines Triumphs erhalten, und welchen Julius Cäsar nebst dem Augustus zu seinem Erben
eingesetzt hatte, die Kunst der Malerey lernen zu
lassen. Was kann aber auch einem Fürsten oder einem großen Feldherrn nützlicher und mehr zum

A 3 Behuf

Behuf dienen, als die Zeichnungskunst, durch wel=
che er in seinem Cabinet die Lage der Oerter, der
Vestungen und Städte bezeichnen kann, um de=
nenjenigen, welchen er befehlen will, davon einen
richtigen Begriff zu geben, wie ein Lager soll aus=
gesteckt, wohin das Heer den Weg nehmen soll,
ja selbst alles zu zeichnen weis, was die ganze
Kriegskunst betreffen kann.

Die Helden, welche auf dem Wege des Ruh=
mes und der Ehre sich schmeicheln, eine Art von
Unsterblichkeit zu erlangen (diese Ehrsucht ist fast
allen Menschen gemein) können in der Malerey
alles dasjenige finden, was ihre Tugend zu den
größten Thaten zu reizen und aufzumuntern ver=
mögend ist; denn die Malerey weis nicht nur so,
wie die Redekunst und die Poesie, dem menschli=
chen Witze die merkwürdigsten Begebenheiten
und die herrlichsten Thaten großer Männer, die
der Ruhm der Nachwelt bekannt macht, vorzustel=
len; sondern, da sie auch ihre ihnen ganz ähnliche
Bildnisse verfertiget, sie aus der Vergessenheit
hervor zu ziehen, sie gleichsam wiederum zu er=
wecken, und sie, so zu sagen, unter den Menschen
wiederum lebendig erscheinen zu lassen.   Diese
Kunst bietet aber auch Beyspiele dar; so belebet
sie die Tugend, sie giebt ihr neuen Muth, präget
würdigen Gemüthern den lebhaftesten Eifer ein,
jenen nachzufolgen, ihnen auch gleich zu werden,
oder sie gar zu übertreffen.

Cäsar

Cäſar hat unbeſchreiblich mehr Herz gefaſſet, und in ſich deutlich empfunde , daß er faſt augenblicklich über ſeine Ruhmbegierde ſehr weit erhaben ſey, als er das Bildniß Alexanders des Groſſen erblickte.　Er betrachtete daſſelbe tiefſinnig, und ſtellte ſich vor, daß dieſer Held in demjenigen Alter, in welchem er damals ſich befand, ſchon beynahe die ganze Welt bezwungen, er aber ſelbſt noch nichts dergleichen vollbracht habe; dieſer Gedanke und die Ehrſucht preßte ihm Thränen aus, und erhiste in ihm die Begierde, alle dieſe großen Thaten zu unternehmen, welche ſeinen Namen hernach bis an die Sterne erhoben, und ihn faſt unſterblich machten.

Ein Menſch, welcher unter der Laſt eines alten ererbten, und durch ſeine erlauchten Vorfahren erworbenen Adels faſt verſchmachtet, verfinſtert deſſelben Glanz durch ſeine Unthätigkeit von Tag zu Tage ſtärker.　Sollte ein ſolcher nicht in ſich gehen, ſollte er nicht gerühret werden oder einige Regungen empfinden, wenn ihm die Abſchilderung der Thaten und die Bildniſſe jener Helden vor Augen kommen, von welchen er abſtammet, und deswegen ſich groß dünkt? Dieſes ſind die Urſachen der Pflicht, welche die Römer dem Adel vom erſten Range auferlegt hätten, die Bildniſſe ſeiner Vorältern aufzubehalten; daher kam es auch, daß man bey ihrem Leichengepränge die Abbildungen der verſtorbenen Helden öffentlich mittrug, um die Nachkommen zur Nach-

A 4   ahmung

ahmung ihrer Tugenden aufzumuntern.   Ist also
der Schmerz nicht billig, den wir empfinden,
wenn wir herrliche große Bildniſſe von Helden,
denen wir die Rettung des Vaterlandes verdanken müſſen, zuſammengerollt der Fäulung überlaſſen ſehen?

Man weis, daß die Redekunſt ſich über alles dasjenige ausbreitet, was den Witz, den Verſtand und das Herz betrifft.   Die Malerkunſt
hat eben dieſelbige Macht, und Plutarch ſagt, die
Dichtkunſt ſey eine Nachahmung, welche mit der
Malerkunſt in gleichem Paare gehe; also, daß die
Dichtkunſt eine redende Malerey, und dieſe, ein
ſtummes Gedicht heiße. Da nun dieſe Künſte die
Helden gleichſam unſterblich zu machen vermögen; ſo kann man auch beyfügen, daß die Malerey nicht nur ein Buch der Gelehrten, ſondern
auch der Unwiſſenden ſey.   Sie rühret auf gleiche Weiſe dieſe und jene; ſie zieht zu gleicher Zeit
die Blicke der Großen, und des ganzen Volkes
an ſich; ſie giebt ſich allen Nationen auf einmal
zu verſtehen; ſie weis die Augen zu hintergehen;
die Vernunft, den Witz, das Herz zu reizen; ſie
weis durch die Lebhaftigkeit der Einbildung das
Erhabene, die Richtigkeit der Gedanken, den getreuen Fleiß der Nachahmung mit der Natur ſo
enge zu vereinigen, daß, da ſie die geheimſten
Triebfedern der Leidenſchaften in Bewegung
bringt, ſie ſich ſo wohl des Herzens, als der Seele
zu bemächtigen ſcheinet.   Die Malerey, da ſie
alle

alle Gegenstände der Natur vor Augen bringt,
beschäfftiget gleichsam alle Sinnen durch die Einbildung, die sie reizet und täuschet. Sie bekömmt aber das Lebhafteste unter allen, nämlich
das Auge, in ihre Gewalt. Durch ihre geheimen Allegorien oder Vorspiegelungen weis sie un-
sichtbare Dinge in körperliche Bilder einzukleiden,
daß sie von dem Auge so wohl, als vom Verstande
zugleich können erblickt werden.

Die Nutzbarkeit einer so schönen Kunst, welche vergangenen Sachen wiederum ihr Daseyn
verschafft, besteht nicht nur darinn, daß durch
sie die Menschen zu sittlichen Tugenden aufgemuntert werden; sie macht, daß sie auch zu jenem
Ruhm gelangen, welchen das Weltgerüchte der
Nachkommenschaft vorposaunt und überliefert.
Sie kann auch die Seele zur Erkenntniß noch
weit nützlicherer und gegründeterer Wahrheiten
erheben: nämlich zu jenen der wahren Religion.
Ich erkühne mich, es zu sagen, daß, gleichwie
Gott seine Stimme durch die Worte der apostolischen Redner, welche mehr durch ihren Eifer,
als durch ihre Wohlredenheit wunderbar sind,
vernehmen und hören lässet; auch die Malerey
zuweilen die verstocktesten Herzen durch die Empfindungen rühre, welche die Gemälde, die seine
heiligsten Geheimnisse und Geschichte vorstellen,
in denenselben augenblicklich erregen können.
Welcher Mensch, welcher Christ wird nicht von
einem heilsamen Schauer und von einer tiefen Ehr-

furcht

furcht eingenommen; wenn er die edle und
wahre Vorstellung der Standhaftigkeit, und das
nothdringende Elend jener Helden des Christen-
thums, jene Wunder der Heiligkeit, jene erstaunliche Beyspiele der höchsten Tugend vor seinen
Augen sieht? wenn er wahrnimmt, mit was für
einer Gemüthsruhe, da sie sich der Wuth ihrer
Feinde Preiß geben, sie auf den Trümmern des
Heydenthums die herrlichsten Siegesgerüste der
wahren Religion gleichsam aufzuführen scheinen?
Wer muß nicht auf die lebhafteste Art gerührt
werden, wenn er das bewegende Spectakel des
Gottmenschens erblickt, welcher für das Heil
des menschlichen Geschlechts sich der grausamsten
Peinigung, ja der Gewalt des Todes selbst über-
läßet?

☀ Ich finde in der Malerey noch einen andern
niemals geprüften vorzüglichen Nutzen; da
man durch diese Kunst viel hundert Armselige,
meistens schuldige, auch manchmal unschuldige
Menschen von Pein und Martern befreyen kann,
zu welchen sie durch die Verläugnung ihrer
Missethaten und Laster oftmals in Eisen und Ban-
den hingerissen und zur Bekenntniß ihrer Diebes-
Schand- oder Mordthaten gezwungen werden.
Wenn der Monarch durch vortreffliche Maler,
welche mit starken Lichtern und Schatten, mit der
Zeichnung der heftigsten schmerzlichen Leidenschaften, mit der Erfindung der beweglichsten Stellungen der leidenden lebensgroßen Figuren umzu-

gehn

gehn wissen, alle ersinnliche Martern, die
kläglichsten Wendungen, die schmerzlichsten Ver-
drehungen der Gesichtszüge, theils in wahren Fol-
tern, Schnürungen, Peitschen, Zwickungen, Klem-
mungen und Feuersgewalt, nach denen einem
solchen Künstler vorgewiesenen Werkzeugen, und
gezeigten Arten zu torquiren, verfertigen, und solche erschreckliche Schildereyen (gesetzt es wäre
zur Probe nur eine Gattung) bey seinen Landes-
und Blutgerichten verwahren ließe; so würden
durch solche Vorstellungen die wirklichen so genannten Torturen unterlassen; die Frage, ob mit
solchen vorzugehn sey; entschieden, und der arme
Sünder bekennen, folglich von Schmerzen frey
bleiben.

Man dürfte dem Missethäter solche Gemälde nur Stück vor Stück nach und nach jederzeit
in schärferer Peinigungsart vor Augen stellen, die
Henkersknechte dabey zur Arbeit fertig stehen lassen; so würde er durch den Anblick so ungeheurer
Erscheinungen sich gewiß zum Bekenntniß entschließen, und von der wirklichen Marter losge-
sprochen werden. Verharrete er aber in seiner
Verläugnung dennoch starr und hartnäckig, so
müßte er ein Mensch ohne Augen, ohne Gemüth
ohne Sinnen, ohne Seele, ohne Begriffe, folglich entweder aller menschlichen Barmherzigkeit
unwürdig seyn, oder sich vielleicht in einer solchen
Dummheit befinden, daß die Tortur nicht Statt
haben könnte. Die Sache selbst verspricht die
gehoffte Wirkung.

Es

Es liegt nur an einem geschickten Pinsel und
an der wohl ausgesonnenen kläglichen Art, solche
Schildereyen dem Ruchlosen vor Augen zu legen, und durch unversehenes Schrecken sein Gewissen zu rühren. Der Leib eines so gemalten
Sünders, mit Düsternheit und Finsterniß umrungen, mit Fackeln aber beleuchtet, würde den Auftritt sehr fürchterlich und entsetzlich machen. Die
gemalten Fackeln aber müssen nur durch ihr starkes Licht am Gegenstand erscheinen, die Flammen aber vor den Augen des Zuschauers etwan
hinter einigen Pfosten verdeckt seyn, und nur
durch die Beleuchtung der Figur erscheinen.

Der berühmte Kupferstecher Picart hat in
seinen Ceremonies dergleichen vorgestellt. Diese
würden einem Maler zur Erfindung solcher Schilderey helfen, und ihm, dieselbe noch erschrecklicher
auszudrucken, Anlaß geben. Laocoontens Gesichtsbildung wäre zum Beyspiel viel zu glimp-
flich. Die Marter des heiligen Andreas vom
Dominichino Zampiari; der Regulus vom Salvator Rosa, und andre könnten zu einigem Muster dienen; allein der Künstler müßte den Schmerz,
und die verzweifelnde Gesichtsbildung weit ungeheurer ausdrucken; wozu der über die Maassen aufgerissene Mund allein nicht genug beyträgt;
die Augen und alle Züge müssen den Schmerz andeuten; das Gemälde müßte mit solcher Einsicht ausgeführt seyn, daß die Natur hervorblickt,
selbst so große Gewalt aussteht, daß der unschul-

dige

dige Zuschauer auf desselben Erblickung fast selbst
auch alle vorgestellte Schmerzen mit zu fühlen
vermeyne. Könnte nun der Unschuldige sein
Auge dabey fast nicht aufhalten; um wie viel
mehr müßte der zuschauende Missethäter gerührt
seyn, wenn es ihm noch vorkäme, als hörte er den
gemalten Märtyrer seüfzen, jammern, schreyen
und heulen. Sollte der zu gleicher Märter bestimmte Bösewicht, wenn er noch eine menschliche
Empfindlichkeit bey sich verspüret, nicht erstaunen, seiner Verstockung nicht entsagen, um dergleichen Martern zu entgehen, mithin bekennen?
Aus allen diesen Umständen lässet sich abnehmen,
daß bloße Zeichnungen des Torturwesens, wodurch man die Henkersknechte nur zu den Hand-
griffen der Marter abrichtet, zu unsrer Absicht
nicht genug sind. Das Gemälde aber wird ihm
in das Herz greifen. Er wird die Schmerzen
bereits empfinden, bekennen, von der Tortur sich
befreyen, und den Nutzen der Malerey in dieser
traurigen Begebenheit erweisen.

Ich verlasse diesen unseligen Schauplatz, und
schreite zur Annehmlichkeit der Malerey. Was
nothwendig und nützlich ist, muß zu gleicher Zeit
auch annehmlich seyn. Die Natur selbst giebt
immer zu erkennen, daß sie nichts erzeuge, was
nicht seinen Gebrauch und seine Annehmlichkeit
mit sich bringt. Alles was zur Erhaltung mit
wirket, dient auch gemeiniglich zur Zierde und
Verschönerung so sehr, daß dieses die Bewegur-
sache

sache zu seyn scheinet, weswegen die Menschen
zur Erfindung der Wissenschaften und Künste veranlasset worden. Allein die Künste, deren
Hauptentzweck die Nachahmung der Natur ist, müssen sich mit derselben in eine weit engere Verbindung einlassen. Plato und Cicero sagen, daß
alle Künste untereinander eine gesellschaftliche
Vereinigung haben; daher kann auf die Malerey jenes schöne Gesetz des Horaz von der
Dichtkunst angewendet werden, daß der Punkt
der Vollkommenheit in der Verknüpfung des Nützlichen mit dem Angenehmen bestehe. Dieses ist
auch so wahr, daß man die Malerey und die
Dichtkunst Schwestern nennt, weil, was einer
ansteht, auch der andern zugehöret. Unter ihnen
herrschen einerley Begeisterung, einerley Genie,
einerley Grundsätze.

Warum sieht man aber so viele Maler, ja berühmte Maler, welche bey den Schönheiten der
Poesie unempfindlich sind, und weit mehr Dichter,
welche bey der Malerey ungerührt bleiben? Vermuthlich geschieht es, weil solche unerregte, unbewegliche Maler und Dichter von dem ganzen
Umfange ihrer Kunst sich keinen Begriff zu machen wissen. Die Maler sind das Erhabene ihrer Werke denen vortrefflichen Zügen der Dichtkunst schuldig; gleichwie die Dichter ihre Arbeit
durch die Malerey begeistern müssen. Dieses
ist es, was in beyden Künsten jene vollkommene
Uebereinstimmung auf gleiche Weise hervorbringt,
wo-

wodurch die Augen, der Verstand, die Einbildung
und das Herz gleichsam bezaubert werden. Und dieses ist es, sage ich, wodurch diese zwo Künste vermittelst ihrer Hülfe und Gegenhülfe den Geist in
die Stellung eines anmuthigen Nachsinnens und
einer reizenden Betrachtung setzen, mithin die
Seele nach Beschaffenheit der Bilder nicht nur
zur Freude, zur Hoffnung, zu Begierden, sondern
auch zu allen liebreichsten Leidenschaften bewegen;
da sie sich aber auf die Seite der Traurigkeit wenden, dieselbe Seele in ihrer Unlust etwas Gewisses finden lassen, was sie mit Reiz und Anmuth beschäfftiget; und eben dieses ist eine Gattung von einem ergötzlichen Vergnügen, welches
viel angenehmer für diejenigen ist, die es zu empfinden fähig sind, als jene unruhigen, aufrüh-
rischen, stets bemühten, oft gefährlichen Entzückungen, welche diejenigen, denen das Geräusch
der Welt wohlgefällt, für eine wahre Gemüths-
belustigung halten. Ich habe einen in den Wissenschaften und Künsten sehr bewanderten Mann,
der dort in tiefer Betrachtung eines Gemäldes
sich aufhielt, sagen hören: dieses Stück muß
fürwahr schön seyn, denn es bewegt mich zum
Nachsinnen, und bringt mich in ein angenehmes
Träumen. Nicht alle Menschen sind zu dergleichen Betrachtungen fähig; doch verspüren alle
von sich selbst, daß Gemälde den Ort zieren und
beleben, wo sie an den Wänden herum prangen;
und wenn sie ihren Geist nicht beschäfftigen können,

so

so gefallen sie ihnen doch, und unterhalten ihre Augen, ohne daß sie die Ursache einsehen.

In der That, die Schildereyen scheinen uns in der stillesten und traurigsten Einsamkeit jederzeit eine Gesellschaft vorzustellen, und man ist, so zu sagen, in seinem Cabinette niemals allein, ausser wenn die Gemälde verschwinden; dieses ist jedermann bekannt; denn die Menschen werden gemeiniglich nur durch dasjenige gerührt, was ihnen in die Augen fällt. Diese Gesellschaft ist zwar stumm; die Sprache der Augen aber wird deswegen nicht allezeit weniger lebhaft. Es ist auch ein nicht geringes Vergnügen, wenn man sich mit Lust unterhalten, und sowohl den Verdruß oftmals nichtswürdiger Gespräche zu hören, als die Antwort darauf vermeiden kann; man gewinnt sicher sehr oft dabey.

Die Malerey macht, daß wir uns gewisser maassen sogar mit Abwesenden, mit Aeltern, Freunden, und mit allen denen, die uns lieb sind; ja nicht nur mit denjenigen, die noch zu unsrer Zeit leben, sondern auch mit denen, die vor geraumer Zeit gelebt haben, gleichsam in ein Gespräche einlassen. Die Gemälde zeigen uns solcher abwesenden oder verstorbenen Bekannten ihre Sitten, ihre Gewohnheiten, ihre Kriegsthaten, ihre Waffen, ihre Kleidung, ihre Gebäude, ihr Land, ihren Pracht, ihre Religion. Also unterrichten sie, ohne daß es jemand die geringste Mühe kostet. Man irret nicht, wenn man die Malerey eine Lehrmei-

Lehrmeisterinn nennet, welche Vergnügen, anstatt
der Unlust verschafft; und da man sich mit
ganz etwas anders beschäfftiget zu seyn glaubet, unsre Kenntnisse vermehret, auch fast, ohne daß wir
es gewahr werden, unsre Einsicht erleuchtet.
Was für eine zufriedene Regung erwecket nicht
diese Kunst bey denen, welche zu denken und zu
betrachten tüchtig sind, und sich das Vergnügen
der Gemüthsruhe zu Nutzen zu machen wissen,
so die einzige, und wahre Glückseligkeit ist, welcher der Mensch nachstreben kann, und die er doch
flieht, wenn er sie zu suchen gedenkt, und die so
nahe mit der Klugheit verwandt ist, daß die Alten sie für eine Gottheit angesehen, und ihr zu Ehren
Tempel und Altäre aufgebaut haben.

Diejenigen, denen ihre Leibes= und Ge-
müthsbeschaffenheit es nicht verstattet, dieser Göttinn zu opfern, werden Gegenstände genug finden,
ihre Lebhaftigkeit, ihre ungestüme Lebensart in den
Zänkereyen zu üben, zu welchen fast alle Gemälde
Anlaß geben. Denn ein jeder hat seinen Kopf vor
sich, und seine besondern Vorurtheile. Diese erheben
das Colorit, die Farbengebung, oder die Art sie anzuwenden, auf Kosten der Zeichnung oder der
Umrisse; jene sind eifrige Bewunderer der Zeichnung, und bekümmern sich wenig um die Annehmlichkeit des Colorites. Ein andrer ist ein über-
mäßiger Verehrer und Anbeter alles desjenigen,
was den Namen des Alterthums, oder der Antiquität mit sich führet, und verachtet mit gebiete-

B   rischem

rischem Tone (welcher oft so viel als Witz und Geschmack heißen sollte, auch zuweilen bis zur Verblendung der Vernunft getrieben wird) alles, was
zu seiner Zeit, und in seinem Vaterland verfertiget worden.

Indessen muß man nicht glauben, daß die
Alten, wie Tacitus sagt, uns in allen Sachen
übertroffen haben: man sieht auch zu unsern Zeiten Werke, welche das Lob und die Nachahmung
unsrer Enkel verdienen. Man sieht andre
abgesagte Feinde der Alten, welche den Ruhm
der größesten Männer den gemeinesten heutigen
Mißgeburten aufopfern, und alles, was das Ver-
ehrungswürdigste beym Alterthum ist, ihrem noch
lebenden Freunde zu gefallen auf die Seite werfen. Soll ich es wagen zu erzählen, was un-
glaublich zu seyn scheinet? Als wir uns zu Rom im
Belvedere vor den dortigen griechischen Statüen
mit eben der Bewunderung befanden, mit welcher
alle Kenner dieselben zu sehen pflegen; so trat ein
fremder Hochmüthiger vor den Antinous, und
nannte dieses antike Kunststück ein tölpelmäßiges
Werk: da steht er, sagte dieser Kunstrichter, wie
ein dummer Geck; sollte er nicht munter, prächtig
und aufgerichtet da stehn? diesem gab ich zur Antwort: die Griechen wußten damals nichts von französischen Tanzmeistern, sie suchten nur die einfältige
schöne Natur nachzuahmen, wie man sie hier fast
lebendig sieht.

Plinius

Plinius der jüngere sagt, es sey ein glücklicher Irrthum, wenn man glaubt, daß die
Freunde vollkommner, als sie sind. Ich bin
mit ihm einerley Meynung; allein ich denke
inzwischen, daß dieser Irrthum gefährlich sey;
denn sehr viele Menschen räumen den Leidenschaften,
ihrer Neigung und ihrem Vorurtheil den Rang
vor der Vernunft ein. Es giebt auch Leute, welche sich anstellen, als wenn sie nichts achteten, was
andern wohlgefällt, und welche durch eine besondre
stolze höhnische Art dasjenige loben, was sie ihres
Anblickes würdigen, und glauben Jemanden eine
Gnade wiederfahren zu lassen, wenn sie reden. Man
sieht andre dermaßen Unempfindliche, daß man bey
ihnen fast nichts menschliches wahrnimmt. Sie sind
es nicht so wohl aus Unverstand, als vielmehr aus
Dummheit. Sie schauen alles an, und sehen nichts.
Der große Haufe, der durch die Einbildung ande-
rer seines gleichen sich verleiten lässet, dorthin eilet, wohin andre laufen, und nur da stehn bleibet,
wo er den größesten Zulauf antrifft, vermehret
oftmals die Wege zum Irrthum, und macht, daß
dieser über die Vernunft, ja wohl gar über die Billigkeit selbst obsieget. Man kann sagen, daß
die Sachen nur nach dem Eigensinn des gemeinen Pöbels für gut oder schlecht gehalten werden, welcher heute das widerspricht, was
er gestern gutgeheißen hat, und in einem Augenblicke seiner Gesinnung eben so verändert, als seine
Gemüthsregung; sonst aber gemeiniglich mehr
durch Leidenschaft als Vernunft handelt. Das

Volk

Volk zu Athen lobte und bestätigte einstens den
Rathschluß des Phocions, als er seine Freunde fragte, ob er vielleicht eine Thorheit begangen hätte?
So schlecht war seine Meynung von dem Beyfall
des Volkes. Man muß aber die Sache nicht zu
weit treiben: denn ob es schon richtig ist, daß die
schönsten Werke, welche die größeste Mühe gekostet, wenn sie von fremder Einbildung abhangen, sehr oft bey großen Männern unendlichen
Widerwillen erweckt haben, und als etwas Abge-
schmacktes verachtet worden; so wurden sie doch,
nachdem sie also von einigen verworfen waren,
von andern wiederum alles Beyfalls und alles Lobes
würdig befunden. Man muß also weder den Muth
sinken lassen, noch stolz werden, sondern in einem
glücklichen Fortgange seiner Arbeit sich auf das widrige Urtheil gefaßt machen, und in der Arbeit nichts
anders zum Augenmerk haben, als gerechten und billigen Gelehrten und Kunsterfahrnen wohl zu gefallen.
Indessen sage ich nicht, daß ein geschickter Mann
nicht vernünftig und klug handle, wenn er sich
nach dem allgemeinen Geschmack des Publicums,
dem er gefallen muß, zu richten trachtet, wenn er
sich nur dabey in Acht nimmt, daß er nicht aus einer
niederträchtigen Gefälligkeit die wahren Kunstregeln mißbrauchet. Jedoch es ist schwer, hierin-
nen das Mittel genau zu treffen. Ich meyne
aber, das eine wohlausgesonnene Mannichfaltigkeit, ein sonderbarer und wohl angebrachter Geschmack von Annehmlichkeit, zuweilen auch ein am
gehörigen Ort angebrachter Scherz, jedoch ohne
die

die Vernunft, die Wahrheit und die Wahrscheinlichkeit zu beleidigen, die Hoffnung eines guten
Erfolges und eines allgemeinen Beyfalls zuwege
bringen können und müssen.

Weil aber auf den gewünschten und vortrefflichen Fortgang gemeiniglich der Neid folget; so
werden oft die herrlichsten Werke durch ein einziges übelgerathenes verdunkelt. Die rohe und
grobe Unwissenheit bemühet sich jederzeit mit benebelten Augen herum zu flattern, um nur Fehler zu errathen, ohne jemals die erhabensten
Schönheiten wahrzunehmen. Es dienet also nichts
so sehr zur Richtschnur einer Beurtheilung, als
was auf der Waagschale der Gelehrten abgewo-
gen wird, und dadurch geschieht die gerechte
Auseinandersetzung, welche das Auge und das
Vergnügen eines scharffichtigen Kenners verschaffen kann.

Ein Mensch, den sein weitaussehendes Genie, und die Macht seines Verstandes zugleich auf
alle Kenntnisse führet, und welchen die Vortrefflichkeit der Malerkunst einnimmt, hat in seiner
Wohnung die seltsamsten Kunststücke der größesten Männer zusammen bringen können, mehr
seinem Geschmacke und seiner Kenntniß ein Genüge zu thun, als seine Zimmer durch so kostbare
Auszierungen prächtig zu machen. Kann dieser
Mann, dieser so erleuchtete Mann, nicht in
großen, wichtigen und ernsthaften Arbeiten eine
nützliche und angenehme Erquickung finden, wenn

B 3   er

er seine Wißbegierde dahin lenket, um solche
Stücke zu untersuchen, und durch eine billige Beurtheilung aller Theile einer so weitläuftigen
Kunst, als jene des Pinsels ist, zu erkennen?
Was für eine Zufriedenheit muß er nicht empfinden, wenn er alles zusammen halten und durch
einander in Vergleichung bringen kann, was so
viele Meister unterscheidet? Die Verschiedenheit
der Talente unzähliger Künstler; die Theile, worinn sie von einander abweichen; ihre Denkungsart, die Stärke und Lebhaftigkeit ihrer Einbildungskraft; ihre erhabenen Ideen, ihre gemeine
und niederträchtige Erfindung; die Kunst und
Wissenschaft ihrer Zusammenverbindung; die
Treu und die Züge in der Geschichte; die Sitten
und der Gebrauch oder das Uebliche, das Wohlanständige, das Edle, Geziemende, und Große
des Ausdrucks überhaupt, und die verschiedenen
Regungen der Seele; mit einem Worte, der Geschmack in der Zeichnung; ihre Unverbesserlichkeit,
ihr Annehmliches, und alles dasjenige, welches einen Kenner bezaubert, Schatten und Licht, das
Colorit, oder die Art der Farben, welches alles
zusammen eine reizende Uebereinstimmung oder
Harmonie hervorbringt, wodurch das Auge entzückt wird; die Localfarben, welche einem jeden
da stehenden Theile sein ihm gehöriges wahres
Kennzeichen (Charakter) zueignen: ist dieses nicht
mit Recht ein Lustgarten zu nennen, in welchem
ein witziger Kopf mehr Unterhaltung findet, als
zwischen bunten Blumenbeeten? Was für ein
Vergnü-

Vergnügen muß ein begieriger wahrer Kenner, der Kunst nicht empfinden, wenn er, frey von allen Vorurtheilen, die alten und heutigen Künstler vergleichet, um auf den Grund und den Geschmack zu kommen, nach welchem die Neuern von den Alten ihren Unterricht erlangt haben. Er nimmt wahr, wie jene sich mit diesen in Freundschaft eingelassen, sich also genährt, ihre Kunst sich zugeeignet, und dennoch die sonderbaren erhabenen Schönheiten ihrer Lehrmeister nicht haben erreichen können. Er sieht, wie sie einige Fehler der Alten erkannt, wie die heutigen berühmtesten Meister dieselben verbessert, und einige ihnen bekannte Vorzüglichkeiten beyzufügen gewußt haben.

Es ist wahr, die Künste müssen ihren Ursprung und ihre Vortrefflichkeit den alten Griechen und Italiäner verdanken: dieses kann man ohne eine verdammliche Halsstarrigkeit nicht läugnen. Allein die Künste verlassen oftmals, wie fremde Vögel, ein Land, um in ein andres zu wandern. Es ist schon sehr lange, sagt Cicero, daß Athen für die Wissenschaften dasjenige nicht mehr ist, was es vormals gewesen; seine eignen Bürger haben auf dieselbigen sich zu legen aufgehört, indem Fremde, durch den Ruhm einer so berufenen Stadt angereizt, dahin reisen, um dieselben zu lernen.

Wird ein Mensch von Geschmacke, Witz und Fähigkeit nicht ein wahres Vergnügen empfinden,

wenn

wenn er die Kunststücke von diesen ersten und
großen Meistern des griechischen Alterthums mit
den berühmten Werken vergleichen kann, welche
Italien hernach ans Licht gebracht hat? wenn er
den Unterschied des alten und neuen italiänischen
Geschmacks vor Augen sieht? wenn er nicht nur
den Geschmack der Zeiten, der Nationen, das
Auf= und Abnehmen der Künste, die verschiede=
nen Denkungsarten und Manieren der Ausfüh=
rung von allerhand Leuten, sondern so gar von ei=
nem und demselbigen Künstler nach seinem ver=
schiedenen Alter und nach der Veränderung sei=
ner Leibesbeschaffenheit untersuchen, und in den
Werken, welche oftmals nicht im geringsten ein=
ander gleich sind, verwunderungswürdige Sa=
chen wahrnehmen kann?

Es ist nur eine einzige Bildhauerkunst, sagt
Cicero, welche mehr, als die Malerkunst, zu
Rom im Flor war, und in welcher Myron, Po=
lidat und Lysippus durch den großen Werth ih=
rer Arbeit unter sich ganz unterschieden sind, den=
noch aber ein jeder in seiner Art vortrefflich ist,
auch durch seine Kunst mit großem Ansehen und
Ruhm pranget. Es ist auch nur eine Maler=
kunst, worinn Zeuxes, Aglaophon und Apelles
ihre Vollkommenheit gewiß erreicht haben;
dennoch aber sind sie in der Manier von einander
weit unterschieden.

Man muß gestehen, daß die Malerey die Au=
gen, den Verstand und die Einbildung zugleich so
ange=

angenehm beschäfftiget, daß sie oftmals durch eine
Art von Bezauberung die Erinnerung vergange-
ner Schmerzen und die Empfindung einer gegenwärtigen Bedrängniß lindert. Diese vortreffliche Kunst schafft nicht allein ihren Liebhabern
und Kennern ein unendliches Vergnügen, sondern
diejenigen, welche sich darinn vorzüglich üben,
finden in ihrer Arbeit eine solche Reizung, die
man nicht beschreiben kann. Was für eine heimliche Zufriedenheit muß es nicht in der That seyn,
wenn man eine Gattung von einem Geschöpfe unter seinen Fingern empor wachsen sieht, und wenn
man durch die Bemühung seiner Einbildung,
durch bloße Linienzüge und die Zusammenstimmung des Lichtes und Schattens Körper und andre Gegenstände erscheinen läßt, welche weder
sind, noch auch ein Daseyn haben, und wenn man,
seine eigenen Augen angenehm betrügt, folglich
sich schmeicheln kann, auch andre täuschen und
hintergehen zu können? was für ein Vergnügen
muß es nicht seyn, wenn man durch die Munterkeit seines Genie und seiner Gemüthsart, den Witz
und Verstand mit den höchsten Ideen, und mit allem, was die ganze Natur in sich begreift, anfüllen kann. Diese Arbeit ist ein so entzückendes
und angenehmes Vergnügen, daß, wenn Be-
freundte und Bekannte den Cavalier Bernini von
seiner übermäßigen Arbeit wider seinen Willen
vertrieben, er fast seufzend ausrief: Warum verjagt ihr mich von meiner Geliebten, von meinem
Freunde! Er nannte auch den Tempel des

B 5 Jesui-

Jesuiternovitiates zu Rom seinen Sohn, und die
Fontana auf dem Plaze Navona seine Tochter,
die er fleißig besuchte. Dieses sind zwey der
prächtigsten und künstlichsten Gebäude, in welchen die Malerey, Sculptur und Architektur um
den Vorzug streiten. Es muß für große Künstler eine ausnehmende Zufriedenheit seyn, wenn sie
Tempel, Paläste und Pläze durch ihre Arbeiten
und Erfindungen verherrlichet, gezieret und prächtig sehen; wenn sie wahrnehmen, daß sie die Augen, den Wiz und das Herz, nicht nur erleuchteter Zuschauer, sondern zuweilen auch des gemeinen, einfältigsten und ungeschicktesten Pöbels entzücken, bezaubern und beschäfftigen. Wie schmeichelhaft muß das Vergnügen nicht seyn, welches
der Künstler empfindet, wenn er sich erinnert, daß
er seine Vaterstadt gezieret und schöner gemacht
habe, daß er so gar fremde Nationen herbey locket, daß seine Kunst den Glanz, die Kostbarkeit
des Goldes, des Azurs, Smaragds und aller
Materie übertrifft, und seinen Namen der Nachwelt bekannt macht. Die Kunst ist es, weswe-
vom Apelles, dem würdigen
Alexanders des Großen, vom Zeures,
Phidias, und vielen andern mit Verwunderung
redet.

Ich weis es, daß dieses Vergnügen sehr
oft durch Verdruß unterbrochen wird: bald
sind es eine große Menge entweder von unbekannten oder schlecht belohnten Arbeiten, bald ist es
die

die stolze Unwissenheit, oder eine schnöde Verachtung, welche, da sie durch falsche Entscheidun-
gen alles für nichtswürdig angeben, Trost, Lust
und Zufriedenheit in Verwirrung bringen. Wer
sich der Kenntniß dieser Kunst nicht rühmen kann,
der ist, wie es Cicero wohl bemerket, weit entfernt, denjenigen zu bewundern, welcher dieser
Kunst obliegt. Jedoch, der große Mann, welcher allezeit die Ehre allein vor Augen haben muß,
sollte vielmehr trachten gute Arbeit zu liefern, als
belohnt zu werden. Er muß vielmehr den Angriffen der Ungerechtigkeit und des Neides entgegen sehen, und sich selbst die Erinnerung thun:
daß die Bitterkeit unsrer Bemühungen und ausnehmenden Geduld durch die Ehre, zu der wir
einstens dadurch noch sicher gelangen, mit der
Zeit könne versüßet werden; denn die Malerey
und die großen Meister sind in der That an allen
Orten und zu allen Zeiten in großen Ehren gewesen. Diese Kunst ist auch so edel und erhaben,
daß es scheint, sie habe ihren Ursprung vom Himmel selbst, wie die Menschen. Die Alten sagten
auch, diese Kunst sey eine Erfindung der Götter,
weil sie alles vorstellet, was die vier Jahrszeiten
auf Erden hervorbringen, und alles, was am
Himmel erscheint, dergestalt, daß man glauben
sollte, sie schwingen sich bis zum Aufenthalt der
Unsterblichen.

Die Aegyptier, sagt Plinius, sind die ersten
unter den Menschen, welche sich die Ehre zugeeignet

net haben, daß sie derselben Erfinder sind, ja daß sie
so gar sechs tausend Jahre, ehe sie in Griechenland bekannt worden, in ihrem Besitz gewesen
sind. Was die Griechen anbelangt, so sagen einige, sie wären zu Sicyon, andre zu Korinth erfunden worden. Alle aber stimmen darinn überein, daß ihr Ursprung vom Schatten eines Menschen, wovon man den Umriß des Gesichtes gezeichnet habe, hergekommen sey. Andre sagen,
daß ein Mägdchen, welches auf der Mauer den
Schatten ihres Liebsten gesehen, demselben mit einer Kohle nachgefahren sey, und also seine vollkommene Aehnlichkeit geformt habe.

Hesiodus giebt ihr einen weit edlern Ursprung, da er ihn von einer Gottheit herleitet,
welche das Chaos der verworrenen Elemente aus
einander und in Ordnung gesetzt; und, nach der
Sprache der Dichter, nicht nur alle Menschen,
sondern auch alle Götter, so gar ihren Allerhöchsten
selbst, der durch einen zornigen Blick den Olymp
erschütterte, unter ihre Bothmäßigkeit gebracht
hat.

Plinius erwähnet, daß die Erfindung dieses
Abrisses vom Philokles aus Aegypten, oder vom
Kleantes von Korinth herkomme.

Man fieng also an mit einer einzigen Farbe
zu zeichnen; bald gaben Licht und Schatten einige
Erhabenheit; alles aber geschah so unvollkommen,
daß man billig sagen kann: daß, wenn die Alten
die Ehre der Erfindung gehabt haben, ihren Nachkommen

kommen die Ehre der Verbesserung zuzuschreiben
sey, so, daß man mit Wahrheit sagen kann, daß
das Alleraͤlteste, ob es schon das Seltsamste ist,
nicht allezeit das Vollkommenste koͤnne genennet
werden.

Die Malerey ist wahrscheinlicher Weise aus
Aegypten nach Griechenland, und von dort in Italien gekommen: und da dieses verehrungswuͤrdige
Alterthum den Nutzen und die Annehmlichkeit
dieser schoͤnen Kunst eingesehen hatte; so uͤber-
haͤufte es nicht allein die Maler mit Ehren, sondern sah keine Kosten an, ihre seltsamen, ja einzigen
Kunststuͤcke an sich zu bringen. Man liest, daß
sie ihre Erkenntlichkeit bis zur Abtretung ganzer
Staͤdte getrieben, die sie großen Meistern der
Kunst uͤberantworten ließen. Es wurde auch
durch oͤffentliche Befehle kund gethan, daß keiner,
der sich in der Dienstbarkeit befaͤnde, sich erkuͤh-
nen sollte, diese nur dem Adel anstaͤndige Kunst
zu uͤben. Aristoteles, der sie von den Haͤnd-
werken unterschieden, sagte, man sollte sie dem
jungen Adel in oͤffentlichen Schulen lehren.
Pamphilus, ein in der Malerkunst, in den schoͤ-
nen Wissenschaften und in der Mathematik sehr
erfahrner Mann, hat die Malerey niemals wohl-
feiler, als in zehen Jahren um ein Talent, so ihm
ein jeder Schuͤler zahlen mußte, lehren wollen.
Er lebte zu Zeiten Philipps und Alexanders, war
auch des Apelles Meister, der ihm selbst so viel
bezahlte. Melanthus und Apelles ließen sich
eben so viel entrichten; Apelles aber wurde so
sehr

sehr geehret und begünstiget, daß Alexander von
keinem andern als von ihm abgeschildert seyn wollte, mithin solche Arbeit allen andern verbiethen
ließ. Dieser große König fand in der Malerey
eine so große Ergötzlichkeit, daß, weil sie unter
den wichtigsten Arbeiten entzückt, und dem Witze
schmeichelt, er den Apelles in seinem Arbeitzim-
mer oft besuchte, bey ihm sich aufhielt, durch sein
Gespräche sich zu vergnügen, ihn zu ehren, und
ihn arbeiten zu sehen. Dieses ist der große Alexander, welcher vom Aristoteles in der Welt-
weisheit und in den erhabensten Wissenschaften bereits schon unterrichtet war, und keinen andern
Ruhm vor Augen zu haben schien, als den man
durch die Waffen erlangt; mithin keinem andern
Ziel entgegen sah, als Schlachten zu liefern, zu
siegen, und sich die ganze Welt unterwürfig zu
machen. So wurden berühmte Maler geehrt,
und so herrlich wurden sie auch von ganzen Staaten und Republiken belohnt. Man sparte nichts,
ihre Arbeiten sich zuzueignen. Attalus gab für
ein Stück des Malers Aristus von Thebe hundert
Talente, Cantaulas zählte dem Bularchus weit
mehr. Man weis auch, daß viele griechische
Maler, besonders Zeures, da sie ihre Arbeiten
über Gold und Silber schätzten, dieselben lieber
verschenkt als verkauft haben. Die Gemälde,
welche in großem Rufe waren, wurden unter der
Beute der überwundenen Nationen nach Rom
gebracht, und als die kostbarsten Kleinodien und
Wunderwerke der Kunst im Triumph öffentlich
mitge-

mitgetragen. Die Römer, welche allezeit ämsige Nachahmer der Griechen waren, verschwendeten das Gold, um Gemälde aus Griechenland zu bekommen. Julius Cäsar und Augustus eröffneten auch ihre Schatzkammern, eben dergleichen zu erhalten. Man weis auch, daß Tiberius ein Stück um sieben tausend Sesterzen gekauft hat. Je größer man selbst ist, desto mehr ächtet man große Leute. Es ist bekannt, daß Demetrius vor Rhodus sich gelagert, und sich der Stadt ganz leicht hätte bemächtigen können, wenn er sie in der Gegend, wo Protogenes wohnhaft war, mit Feuer und Schwerd angegriffen hätte. Dieser große Künstler begab sich selbst zum Könige, und sagte zu ihm: er wüßte wohl, daß des Demetrii Waffen nur wider die Rhodier, aber nicht wider die Künste gerichtet wären; worauf Demetrius Befehl gab, die Belagerung aufzuheben.

Er beschloß lieber, einem so herrlichen Siege zu entsagen, als geschehn zu lassen, daß die Gemälde des Protogenes ein Raub des Feuers werden sollten. Hieraus erhellet also, daß Demetrius die Gemälde des Protogenes weit höher, als die Stadt Rhodus und seinen eigenen Ruhm geschätzt habe.

Was hat nicht Titian, der berühmte Maler von Kaiser Karln dem V. für Ehre genossen? Er schenkte ihm den goldenen Schlüssel, machte ihn zum Comes Palatinus, gab ihm verschiedene Freyheiten, und überhäufte ihn mit Reichthum.

Leonar-

Leonardo da Vinci, den Philippus, Herzog von Meyland hochschätzte, ward vom Könige Franciscus in Frankreich auch so sehr geehrt, daß er ihn manchmal besuchte, und endlich ihn, weil er von einem sehr hohen Alter beschweret, und mit Leibesschwachheiten behaftet war, auf seinem Bette sitzend antraf, wo er, in der Meynung dem König seine Ehrfurcht zu bezeigen, in eine Ohnmacht sinkte, und in den Armen des Königs seinen Geist aufgab.

Wurde nicht Raphael von Urbino, welchem der voreilige Tod in der Blüte seines Alters den ihm vom Pabst schon verheißenen Cardinalshut raubte, von allen Fürsten seiner Zeit unterschieden und geehret?

Michelagnolo Bonarotti, ward auch von allen Päbsten, Kaisern, Königen, und von ganz Europa hoch geachtet.

Der Cavalier Bernini, Lanfrancs, und Pietro Berettino da Cortona, genossen eben so viel Glück; und zu was für großen Ehren gelangte nicht Rubens bey allen Fürsten? wurde er nicht in den wichtigsten Staatsgeschäfften so gar endlich als Botschafter gebraucht? Der König, und andre Große in England, auch Fremde, ehrten solchergestalt die Verdienste des van Dyck, daß sie so gar mit ihm in seiner Wohnung an seiner Tafel speiseten.

Carlo

Carlo Maratta, wurde zu Rom im Capitolio vom Pabste selbst öffentlich zum Ritter geschlagen. Man hat von so großen Künstlern
wenige gesehen, welche nicht entweder geadelt oder
durch Ritterzeichen geziert worden.

Durch eine besondere Denkungsart haben einige dergleichen Vorzüglichkeiten ausgeschlagen;
andre durch Leichtsinnigkeit vernachläßiget. Warum soll man gewisse in der Wahrheit gegründete
löbliche Handlungen nicht einer Achtung werth
schätzen? Was nutzet es, besonders schöne Talente besitzen, und sie nicht mit Vortheil zu zeigen
wissen? warum sollen wir es nicht gestehen dürfen,
daß die unsterbliche Theresia, Kaiserinn = Königinn, einen von Meytens nicht selten bey seiner
Staffeley besucht habe? Solche Männer haben von
der ohnmächtigen Mißgunst kleiner Geister nichts
zu fürchten, absonderlich, wenn sie durch ihre Einbildungskraft, durch ihre Erfindsamkeit und durch
ihr Nachsinnen, die Figuren der Gegenstände, die
Natur selbst so, wie sie ist, ja weit schöner vorstellen können, worinn die Vollkommenheit der
Kunst besteht, bey welcher indessen die Hand zur
Vortrefflichkeit des Gemäldes den geringsten
Beytrag thut. Sie muß nur den Gedanken nachgeben, wie es Michelagnolo sehr oft an seine
Freunde wiederholte: Aver la mano ubbidian-
te all'intelleto. Daher kann man sagen, daß
die Hand nur eine Dienerinn der Kunst sey, weil
sie, wie das Schreiben, zu Verfassung eines Ge-
dichtes wenig hilft.

So viele Hochachtung man den Künstlern erwiesen hat, so viel Ehre wiederfuhr auch der Kunst selbst. Fürsten und Helden wollten sogar das Vergnügen haben, sich darinn zu üben: Fabius, einer von den edelsten Familien zu Rom, schätzte die Malerey so hoch, daß er sich selbst darinn übte, und nachdem er den Tempel der Gesundheit mit gutem Erfolge im Jahre nach Erbauung der Stadt Rom 450. ausgemalt hatte; so wurde er Fabius Pictor genennet; welcher Zuname hernach allen seinen Nachkommen geblieben ist. Julius Cäsar, Augustus und Antonin, schämten sich nicht, mit eben den Händen den Pinsel zu führen, mit welchen sie den Zepter des Reichs hielten. Wie viel andre Weltbeherrscher sind ihnen in spätern Zeiten nicht nachgefolgt, welche so gar Denkmäler ihrer Neigung, ihres Genies und ihrer Talente für die Malerey hinterlassen haben? Wie viele Lobreden müßte man nicht halten, wenn man jeden Pinsel, jede Reißfeder, welche denen allerhöchsten Herrschaften am Kaiserl. Königl. Hofe, und sonst dem großen Adel zur angenehmsten Lust dienen, nur zu nennen, geschweige zu erheben sich erkühnen sollte? Die Früchte ihres kunst- und huldreichen Bemühens geben durch ihren erhabenen Vorzug der Malerey einen so vorzüglichen Glanz, welcher nicht nur zur Aufmunterung der Künstler, sondern auch zur Verherrlichung des Vaterlandes gereichet. Man würde kein Ende finden, sie zu beschreiben und zu bewundern. Genug, daß sie uns deutlich vor Augen sind.

Daß

Daß aber so viel Hohe der Welt wahre und geschickte Liebhaber dieser unvergleichlichen Kunst sind, darf man sich nicht verwundern. Die Malerey erhebt diejenigen, welche ihr einige Stunden widmen, über den größesten Theil der menschlichen Gesellschaft. Denn die erlauchten Personen, welche ohnedies die Hoheit ihres Standes zieret, erleuchten dadurch ihre erhabene Aussicht noch mehr, weil sie durch eine Art von Entzückung den Pinsel, oder die Reißfeder in die Hand nehmen, um den Künsten zu zeigen, daß ihre Bemühungen ihnen wohlgefallen, und sie folglich denselben ihren Schutz wollen angedeihen lassen; welches denn der Malerkunst eben so sehr, als ehemals Städte und Goldschätze den griechischen Künstlern, zur Aufnahme, zur Ehre und Belohnung gereichet hat.

Die

Die Malerey.

Erstes Kapitel.
Von der Begierde zu malen.

Man kann eigentlich nicht in Abrede seyn, daß
derjenige, welcher in der Maler- oder
Dichtkunst einen Vorzug zu erlangen geneigt ist,
durch sein eignes Genie, oder durch den Trieb
der Natur selbst gleichsam gezwungen werden
müsse, sich einer so schweren Last zu unterziehen.
Diejenigen, welche ohne eine besondre Gabe der
Natur, die von einer glücklichen Geburt ihren
Ursprung nimmt, sich derselben zu widmen entschlossen sind, sie mögen sich bemühen so sehr sie
wollen, können nichts anders thun, als sich in
dem Staube der Niedrigkeit, des Frostigen, Un-
edeln und Matten herumwälzen. Sie reissen
oftmals die edelsten von allen Künsten bis auf
den Stuhl des schlechtesten Handwerkers herunter. Dieses ist auch die Ursache, warum das gemeine Volk für die Malerey mit derjenigen Bewunderung nicht eingenommen ist, welche erleuchtete
Personen ihr nicht versagen können.

Die

Die meisten beurtheilen die Kunst durch den
Charakter einiger Leute, die derselben obliegen;
und da es sich zutragen kann, daß jemand durch
einen eingeschränkten Verstand eine Gewohnheit zu
zeichnen erlangt hat; so glaubt man, daß man durch
eine, vielleicht zuweilen schädliche, von aller
Kunst und von gründlichen Regeln entblößte
Uebung, des so schwer zu verdienenden Namens eines Malers sich anheischig machen müsse.

Was für ein weit aussehender Begriff und
Verstand ist nicht erforderlich, in einer Kunst sich
empor zu heben, welche nicht nur alles enthält,
was in der Natur sichtbar ist, sondern auch noch
die innersten Empfindungen des Herzens durchsehen muß, um sie dem Auge der Menschen kenntlich zu machen? Viele bilden sich ein, die Vollkommenheit der Malerkunst bestehe nur in der
Vergleichung und Aenlichkeit des Gemäldes mit
dem natürlichen Gegenstande. Aber keinesweges; sie erstreckt sich viel weiter. Sie muß mit
der Wahrheit der Geschichte auch das Erhabene
und den hohen Schwung, wie die Tragödie, vereinigen. Sie muß Triebfedern ausfindig machen, welche die Leidenschaften in eine lebhafte
Regung bringen, und nach Erheischung der Kunst,
die Freude, das Vergnügen, die Traurigkeit, das
Misvergnügen, die Gelassenheit, den Zorn und
den Abscheu einflößen. Sie muß uns durch ihre
Zauberkraft in jene Länder, unter jene Nationen
versetzen, welche sie vorstellen will. Kurz, sie

muß

muß auf einer Fläche das Auge täuschen, in das
Herz dringen, den Verstand und Witz unterrichten, die Vernunft vergnügen, und wie ein Hel-
dengedicht, sich oftmals in den Himmel schwingen,
um von dorther dem Menschen göttliche Gedanken beyzubringen, so die Macht ihres Genies ihr
gleichsam hat sehen lassen.   Alles, es sey auf
der Erde, in der Luft, oder im Wasser, alles steht
unter dem Triebwerke der Malerkunst.   Ein
großer Maler nimmt selbst so viele Charaktere an
sich, als er vorstellen will.   Durch künstliche Allegorien muß er selbst den Ideen einen Leib verschaffen, und so wohl die Augen, als den Geist
hintergehen, daß sie dasjenige für wahre körperliche Dinge ansehen, die es niemals gewesen sind,
und auch niemals seyn können.

Man kann mit Rechte behaupten, daß das
Genie der Malerey die Seele aller schönen Künste sey.   Denn wollen wir nur von einer einzigen
reden, so nimmt die Architectur allen Reichthum
ihrer Gedanken von der Malerkunst her: der
nämliche Witz, den man Pituresco nennt, wirft
ihr alles dasjenige zu, was zu einer künstlichen
und edeln Verzierung dienlich ist, welche die Trockenheit der allzu genauen und strengen architecto-
nischen Regeln übergeht, und auf die Bauwerke
das Große, das Edle, das Angenehme ausstreuet,
so zusammen allein das Genie, und weder Bücher noch Meister, sie seyn wer sie wollen, zu lehren vermögen.   Auch nur die vortrefflichsten
Maler

Maler haben die herrlichsten Gebäude aufgeführt, und sind wider ihren Willen Architecten geworden, wie ich anderwärts darthun werde.

Man kann also mit Recht behaupten, daß es ein großer Mißbrauch ist, denjenigen mit dem Namen eines Malers zu beehren, welchem die Natur alle Gaben versagt hat, die zu dieser Kunst gehören. Noch mehr kann man beyfügen: daß das einzige Vermögen zu zeichnen und zu malen in Ansehung der Malerkunst nichts anders sey, als was die Sprache in Absicht auf die Dichtkunst und Wohlredenheit ist. Jedoch, was der Malerey noch zum Vorzuge dienet, besteht darinn, daß das Reden dem Menschen natürlich und leicht ankomme; hingegen das Zeichnen und Malen erst mit vieler Mühe erlernt werden müsse.

Ich sage also, daß, gleichwie ein Mensch, wenn er sich in seiner Mundart zu verstehn geben kann, deswegen doch weder ein Dichter, noch ein Redner ist; also ist es auch mit einem Menschen beschaffen, der, wenn er gleich die Leichtigkeit zu zeichnen und zu malen erlangt hat, dennoch in der That nichts anders besitzt, als die Sprache der Malerkunst, wenn er gleich das Natürliche ausdrückt, das er hat nachahmen wollen: denn er weis nichts, als die Ideen seiner Kunst zu entwerfen, wenn anders sein Genie sich so hoch zu schwingen groß und stark genug ist.

Damit

Damit man also den gehörigen Grad dieser Kunst erreichen möge, so ist nicht nur sehr viel Verstand, ein natürlicher und feiner Geschmack, eine fruchtbare und lebhafte Einbildungskraft, eine Empfindung des Herzens, eine edle Denkungsart, Gelehrigkeit und Muth erforderlich, alle Bemühungen im Nachsinnen, die Verfolgungen des Glückes und die Stacheln des Neides auszustehen.

Dieses ist, wie mich dünkt, der nothwendige Zusammenhang so vieler Sachen, welcher einst bey den Griechen verursacht hat, daß nur der Adel in dieser so edlen Kunst, die so überschwengliche Eigenschaften erfordert, sich üben durfte. Daher kommen auch die Lobeserhebungen, die man zu allen Zeiten denjenigen wiederfahren ließ, welche sich in dieser Kunst vor andern vorzüglich hervorgethan haben.

Zweytes

Zweytes Kapitel.
Von freundschaftlichen Kunſtrich-
tern der Malerey.

Der gute Rath, welchen uns Männer geben,
deren Freundſchaft wir verſichert ſind, macht
gewiß mehr Eindruck, als der Rath andrer Leute.
Denn in das ſchmeichelhafte Vergnügen, ſeine
Meynung zu eröffnen, ſchleicht ſich oft nicht wenig Eigenliebe mit ein. Wie viele giebt es nicht,
welche überzeugt zu ſeyn glauben, daß die Ehre eines
Gemäldes, in welchem ſie vielleicht einen Fehler
entdeckt haben, dem hernach der Meiſter des Werkes verbeſſert hat, ihnen allein gebühre? Dieſer
Zufall giebt ſchon Anlaß, deſto freyer alles zu tadeln, ſich in der Welt allein den Ruhm eines
Kenners und Richters des guten Geſchmackes zuzueignen. Ihr Ausſpruch koſtet ſie hernach nichts
mehr; ſie urtheilen, ohne dasjenige zu ſehen,
oder zu unterſuchen, was ſie tadeln. Die Unwiſſenden hören zu, die Einfältigen bewundern
ſie, und die aufgebrachten Meiſter ſolcher Gemälde dienen jederzeit zum Schlachtopfer. Alsdenn
werden die Ermahnungen überläſtig, und der beſte
Rath ſcheint verdächtig zu ſeyn. Wenn ein ſolcher Maler gewahr wird, daß man ihm nur hochmüthig zu pralen anräth; ſo überläſſet er ſich hernach ſeinem eigenen Stolz, er wird halsſtarrig,
eigenſinnig, er brüſtet ſich ſo gar, wenn er gleich

die Wahrheit selbst erblickt. — Wie leicht ist es
doch inzwischen, das, was aus Freundschaft geschieht, von demjenigen zu unterscheiden, was der
eitle Hochmuth ausposaunet?

Dominichino, welchen sein Feind Lanfranco
sehr getadelt hatte, scheint überzeugt gewesen zu
seyn, daß die Nachwelt ihm werde Gerechtigkeit
wiederfahren lassen. Lanfranco stellte ihm unzählige Fehler vor, und sagte endlich: Dieser
Arm ist ja zu kurz! Dominichino aber antwortete sanftmüthig: In einigen Jahren wird er
lang genug seyn. Dominichino konnte also leicht
einsehen, daß Lanfranco ihn nicht aus Freundschaft so sehr critisirte.

Ein wahrer Freund lobt öffentlich, was zu loben ist, und tadelt ingeheim, was er für schwach
und fehlerhaft hält. Der Eitle und Stolze hingegen lobt in stillem Vertrauen, wird aber dabey
kaltsinnig, oder ein unbarmherziger Kunstrichter,
wenn er sich vom großen Haufen umrungen sieht.

Wenn man aber den Rath derjenigen hören
muß, welche uns lieben; so kann man auch den
Tadel derjenigen sich zu Nutze machen, die uns
hassen, und solchergestalt mitten in den gröbsten
Unbilligkeiten die wichtigsten Wahrheiten auseinan-
ander setzen, welche die Leidenschaft und der Neid
oft blicken lassen.

Das sicherste Mittel indessen ist, wenn wir
uns einen getreuen Freund, einen billig denkenden
Rich-

Richter erwählen, der uns offenherzig und ohne
Heucheley das Mangelhafte in unsern Arbeiten anzeigt; der uns in unsern Zweifeln ein Licht auf-
steckt, und unsre Gedanken aufzumuntern sucht.
Wir müssen also bey seinen Anmerkungen uns
gelehrig erweisen; wie er es selbst auch seyn wird,
wenn wir ihm zuweilen auf seine Ausstellung, so
richtig und witzig sie auch immer seyn mag, bescheiden antworten. Von jenen Künstlern ist
hier nichts zu erwähnen, deren Eigensinn, Stolz
und Blindheit fremde Meynungen überhaupt verwerfen, und sich für beschimpft halten, wenn auch
Freunde ihnen zu Verbesserung eines Striches Anleitung geben. Wir hüten uns demnach, denenjenigen nachzuahmen, welche, von ihrer Arbeit
eingenommen, mehr Zeit verschwenden, ihre
Lobsprüche einzuérndten, als dieselben zu verdienen. Die Höflichkeiten und das Glückwünschen
hat kein Ende, man schmeichelt, man umarmet,
man liebkoset einander, um sich einen Beyfall her-
auszuküssen; man setzt sich den Lorber selbst auf
die Scheitel, welchen andre ihnen aufzusetzen allzu nachläßig sind.

Drit-

Drittes Kapitel.

Von verschiednen Meynungen und
Anmerkungen über die Malerey.

Unter den Absichten der Künste ist diejenige, wohl zu fallen, die vornehmste; daher findet man fast keinen Menschen, der sich nicht des Rechtes anmaßet, darüber seine Meynung zu erklären. Es ist kein Zweifel, daß, zu diesem Ziel zu gelangen, gewisse Grundregeln gemacht worden sind. Diese Regeln sind durch die Zeit nach und nach in der Vernunft und Erfahrung gegründet worden, auch insgemein fast bey allen schönen Künsten immer dieselbigen und einetley; wenn man sie aber nicht zugleich recht versteht, so führen sie unzählige Menschen in Irrthum. Denn anstatt, daß man sich durch die natürliche Wirkung, so ein Kunststück zuwegebringt, hinreißen läßt; so will man durch eine gewisse andre Manier gerührt seyn, und alle Empfindung, so die Natur in Wallung bringt, beyseite stellen, um seinen Geschmack gewissen Regeln zu unterwerfen, welche, weil man sie unrecht versteht, sich in ein Vorurtheil verwandeln, alsdenn verblenden, und weder erleuchten, noch unterrichten.

Wer sind nun aber diejenigen, welche gemeiniglich von Gemälden urtheilen? Sind es nicht entweder selbst Maler, oder andre Personen, bey

denen

denen man Witz und Verstand voraussetzt? Es
sind ~~~~~~~~~G Gelehrte, die eine starke Belesenheit ~~~~~~~~~ besitzen ~~~~~~~~ Liebhaber, Vorwi-
~~~~~~~~~~~~~~~~~~~~~~~~~~~~~~~~~~~~~~ Volk.   Wenn
wir ~~~~~~ womit ~~~~~~
~~~~~~
~~~~~~
~~~~~~
~~~~~~

Zweifel die klügsten und weitfäsesten Kunstrichter
und das wahre Orakel ~~~~~~~~~~~~ zu Rathe ziehen ~~~~~~~~. Sie ~~~~~~~~~~~~~~~~~~~~~ andre gemein ~~~~~~
Leichtigkeit ein ihrer ~~~~~~~~~~~~~~~~~~~~~~~~~~~~
eine ~~~~~~ ver-
schleyert, und sie das ~~~~~~~~~~~~~~~~~~~~~~~~ ,
was was die Natur selbst, ~~~~~~~~~~~~~~~~~~~~ und
~~~~~~~~~~~~~~~~~~~~~~~ vorstellt. Die Die Malerey ist
wie eine ~~~~~~~~~~~~~~~~~~~~~~~ auf fünf verschiedenen
Saiten ~~~~~~~~~~~~~. Die Meisten schlechterdings bey
denjenigen ~~~~~~~~~~~~~~~~~~~~~~~~~~~~ ihr ihre
Fähigkeit ~~~~~~~~~~~ Erziehung hingestellt hat und
werfen ihr ihr ~~~~~~~~~~~ gar selten auf eine andre.

Da folglich ein jeder nur sein Talent, das er zu besitzt ~~~~~~~~~~~~~~~~ zu schätzen ~~~~~~~~~~~~~~ ;
so ~~~~~~~~~ der ~~~~~~~~~~~~~~~~~~~~~~~~~~~~~~~~~
wiederfahren, die er allzu ~~~~~~~~~~~~~~~~~~~~~~~~
haben.   Daher entstehen die verschiedenen Meynungen und falschen Empfindungen, welche der
Ursprung von so vielen heimlichen Zusammenver-
schwö-

schwörungen, von so vielen bittern und gefährlichen Zänkereyen unter verschiedenen Malerschulen
sind, die man hier anpreiset, dort aber nach dem
Verhältniß der Vorurtheile und des Eigennutzes
verachtet.

Diejenigen, welche mit der Welt umgehen,
Personen von Witz und Verstand, welche nur
durch einen natürlichen Geschmack, und durch die
ihnen eigenen Begriffe urtheilen, von keinem andern als von dem natürlichen Eindruck eingenommen sind, man mag auch sagen, was man will, erkennt man für diejenigen nicht, welche das Ziel
am wenigsten recht treffen. Sie lassen sich durch
fremde Urtheile nicht irre machen, und sind keine
Sklaven der übermäßigen Ehrerbietigkeit, die man
zuweilen verstorbenen Künstlern schuldig ist. Die
Länder, wo die großen Meister geboren sind, reizen sie nicht; sie lassen sich nur von demjenigen
fortreißen, was ihnen wohlgefällt; nur die Wahrheit rühret sie, und bemächtiget sich ihrer Sinnen;
sie urtheilen oft von der Nachahmung; sie werden
durch die Charaktere, und Ausdrücke gerührt, die
Schönheit der Gedanken; der feinen und wohler-
sonnenen Erfindung des Unterschiedes, der Mannichfaltigkeit und des Wohlstandes nimmt sie ein;
kurz, sie werden bey allem entzückt, was die Vernunft, den Witz und die Empfindung rührt. Ich
muß bekennen, daß sie sich nur an die Wirkung
halten, ohne in die Auseinandersetzung der Geheimnisse der Kunst zu dringen, welche nur grossen,

sen, im Fleiß, Nachsinnen und Erfahrung alt ge-
wordenen Meistern vorbehalten sind. Die Gelehrten und in den schönen Wissenschaften geübten
Leute, welche ein großer Meister oftmals zu Rathe
ziehen und verehren muß; diese Gelehrten, sage
ich, soweit sie andre Menschen übersehen, auch
richtig zu urtheilen wissen, sind dennoch zuweilen bey den größesten Schönheiten der Kunst
unempfindlich. Ein Meßkünstler urtheilt nach
seinen Grundlinien und dem Gesichtspunkt, oder
nach dem perspectivischen Risse. Ein Geschicht-
kundiger sieht bloß auf die Richtigkeit alter Begebenheiten, auf die Ordnungen der Gebräuche und
Gewonheiten. Der Redner und Dichter giebt
auf die Erfindung, auf das Erhabene der Gedanken, und überhaupt auf die Leidenschaften Achtung.
Wenige von diesen sinnreichen Gelehrten werden
es gewahr, daß die Einrichtung der Redekunst
und der Poesie sich in einem wohlangeordneten
Gemälde befinden muß.

Alle Künste haben in der That fast einerley
Grundsätze. Zum Beyspiele dienet, daß die
Dichter die Aenlichkeit einer Tragödie mit ei-
nem heroischen Gemälde nicht läugnen können.

Die Theile, welche nach der Vorschrift der
Alten der Tragödie unentbehrlich sind, und welche
einem solchen Gedichte so wie der Malerkunst, zur
Nachahmung einer anständigen und wichtigen Begebenheit dienen, sind die Fabel, die Sitten,
der Vortrag, die Auszierung und die Musik.
Die

Die Fabel ist die Begebenheit, welche der Dichter nachahmen muß, und welche zur Abfassung oder zum Zusammenhange des Gedichts nöthig ist. Und eben diese kömmt auch mit der Erfindung und Zusammensetzung eines Gemäldes überein: denn da herrschen einerley und dieselbigen Regeln einerley Ausführung und Verbindung aller Sachen. Zu dieser Begebenheit kommen die dahin gehörigen Sitten; denn der Maler muß diese sowohl, als die Charaktere, Costume, oder das Sittliche und die Gebräuche vorstellen. Die Sitten erregen Empfindungen, welche ihnen gemäß sind; die Maler müssen durch eine stumme Sprache, durch bloße Stellungen oder Leibesbewegungen, mit eben der Stärke, als die Poesie, dieselbigen Regungen und Leidenschaften ausdrücken.

Das Gespräch und die Rede mangelt zwar dem Maler; deswegen sind aber doch seine Wunderwerke um so viel erstaunlicher, weil seine Sprache nur im Zeichnen und Malen besteht, welches durch Linien, Striche, Züge und Farben den Nachdruck und die Stärke der Sprache verschafft. Die Schönheit des Verses ist in der Dichtkunst eben das, was das angenehme Colorit und die Zierlichkeit des Pinsels in Gemälden ist.

Die Auszierung der Schaubühne kömmt gleichergestalt mit diesen beyden Künsten in der Erfindung und Anständigkeit überein. Allein der Dichter weis nichts, als in seinen Gedanken sich
etwas

etwas vorzuschildern; der Maler thut noch mehr.

Die Musik, welche bey den Alten einen Theil der Tragödie ausmachte, folgt auch eben den Grundregeln der Malerkunst. Der Maler muß in seinen Werken eine fortwährende Zusammenstimmung, bald durch Licht und Schatten, bald durch den Ton der Farben, oder Tinten herrschen lassen.

Der Maler sowohl als der Tonkünstler hat die höchsten, die tiefsten, und alle Zwischentöne, welche stufenweise bald in das Helle, oder Graue, bald in das Zusammenfließende gerathen. Die Verschiedenheit solcher Töne und ihrer Theile wird bis in das Unendliche vervielfältiget.

Was bey den Tonkünstlern eine Art von Manier, Ausführung oder Mode genannt wird, das ist, angenehm, stark, oder erschrecklich; eben solche Sätze findet man auch in der Malerey. Was das Herz durch das Gehör bewegen muß, bringt dasselbe auch durch das Auge in Bewegung. Der Anblick eines Gemäldes muß desselben Charakter bestimmen.

Die Hauptarbeiten eines Tonkünstlers geschehen durch eben dergleichen Kunstgriffe, als des Malers, nämlich durch Schatten, Licht und das Angenehme des Colorits.

Die vollkommene Zusammenstimmung der Musik muß in Gemälden durch die vollkommene

D   Harmo-

Harmonie der Farben ausgedrückt werden, und
der große Maler sowohl, als der Tonkünstler muß
zur rechten Zeit, und am rechten Orte so gar einen Mißklang anbringen und einschleichen lassen,
welcher das Licht, den Schatten und das Colorit
von einander zu trennen scheint, dadurch aber das
Kunststück von Zeit zu Zeit, von Ort zu Ort weit
lebhafter und reizender macht, solches auch mit
einer angenehmen Abwechselung so wunderbar
zieret, daß es in Erstaunen setzt, und den Zuhörer oder Zuschauer überraschet und bezaubert.

Weil nun dieser entzückenden Aenlichkeit zwischen der Malerey und den schönen Künsten nicht
kann widersprochen werden; so muß man sich verwundern, daß doch zuweilen die Gelehrten ihre
Augen nicht anders auf die Gemälde richten, als
wenn sie nur eine Handarbeit wären, ohne gewahr zu werden, daß derjenige Witz, welcher ihre
Werke belebet, auch eben derselbige ist, welcher
die Gemälde begeistert.

Was die Liebhaber, Curiösen, und Lehrbegierigen betrifft, so sind ihrer verschiedene Gattungen: jene, welchen eine wahre Neigung zu
den schönen Künsten Anlaß giebt, und keine Kosten sparen, alles zu sammeln, was sie von der
Kunst schätzbares finden, und was ihrem Geschmack, den die Natur und die Vortrefflichkeit
ihres Genies ihnen eingeflößet hat, ein Genügen verschaffen kann; jene, sage ich, die mit ihrer vortrefflichen Gemüthsneigung die Kenntnisse
verei-

vereinigen, welche sie durch den Umgang mit
Kunststücken und großen Meistern erlangt haben;
diese müssen ohne Zweifel besser, als andre urtheilen können. Jedoch, wie viele trifft man nicht
an, welche die Malerey besser kennen, als die
Malerkunst, und ihr auf die Hochachtung der Alten billig gegründetes Vorurtheil so weit treiben,
daß sie nichts bewundern können, als was der Tod
geheiliget hat? Dergleichen curiöse Leute verehren so gar die größesten Fehler der Alten, und geben sich nicht die geringste Mühe, auf die Schönheiten derjenigen Stücke ihr Augenmerk zu richten, die von denjenigen herkommen, welche so
zu sagen das Unglück haben, noch beym Leben zu
seyn.

Will man von allen Menschen überhaupt reden, so sind ihre Beurtheilungen ungewiß, sie ändert sich und richtet ihre Meynungen, nachdem
sie Anlaß darzu bekommen.

Eine kleine Anzahl ziehet den großen Haufen
nach sich; dieser hat Augen, und sieht nichts, auf-
ser durch die Blicke andrer Leute; er ist voller
Vorurtheile, schwach und veränderlich; er handelt nicht eher der Billigkeit gemäß, als bis er
lange Zeit seine Beurtheilung fest zu setzen gelernt
hat.

Viertes

Viertes Kapitel.

Von dem Wege, zur Malerkunst zu gelangen.

Ein Wandersmann, der den rechten Weg verfehlet, weis nicht jederzeit, wo er hinkommen werde, wenn er mitten in einem Walde aus verschiedenen Wegen den unrechten erwählt; je weiter er fortgeht, destomehr entfernt er sich von dem Orte, wohin er verlangt. Auf gleiche Weise verhält es sich mit dem Wege der Schulen. Ein junger angehender Mensch hoffet und trachtet in die sicherste Straße einzuschlagen: er sieht allerhand Wege um sich herum, und wenn er nicht einen verständigen Wegweiser antrifft, welcher von allen Vorurtheilen frey ist, die fast alle Menschen verblenden, und sie auf irrige, auch oft gefährliche Steige und Abwege führen, so ist es ihm unvermeidlich; er muß irre gehen; je mehr er fortarbeitet, destomehr entfernt er sich von seinem Vorhaben und gesuchten Ziele.

Im Vatican zu Rom arbeiteten einige Schüler nach Raphaelen mit so großer Hochachtung, und mit so entzücktem Eifer, daß sie, weil sie ohne Einsicht in die erhabensten Schönheiten dieses großen Meisters nicht eindringen konnten, sich auf das roheste und trockenste, das man hin und wieder von raphaelischen Schülern angebracht sieht,

legten

legten, auch einer von ihnen seine lächerliche Aufmerksamkeit und seinen haargenauen Fleiß so weit
trieb, daß er die Spalten im Kalke getreulich
nachmalte, welche er für Muskeln oder Falten
der Kleidung angesehen hatte. Daß man also,
wenn man die vortrefflichsten Kunststücke von Malereyen, Statüen, oder andern erhabenen Arbeiten ohne Geschmack nachahmet, nichts anders ver-
richtet, als daß man mit aller seiner Mühe bloß
seine Verwegenheit und seinen eingebildeten
Hochmuth verräth, und also seine Unfähigkeit
vermehret.

Diejenigen, welche ihre Lehrjahre verkehrt
angefangen haben, werden von der Art eines Um-
ganges, den sie mit großen Meistern gehabt zu
haben gedenken, und die ihnen doch nicht einmal
bekannt waren, so sehr aufgeblasen, daß sie nicht
nachlassen sich mit einem so gefährlichen Stolze zu
brüsten, und keinen andern Weg einschlagen können, als den, welchem sie bereits nachgegangen
sind. Dieses macht, daß ihnen andre blindlings
nachfolgen, welche von gleichen Vorurtheilen angesteckt sind, und die schädlichsten Schulen, den Ursprung unzähliger Fehler, aufrichten.

Ich glaube, daß ein Anfänger, welcher mit
einem ziemlichen Genie versehen ist, vor allem
trachten müsse, sich der Unterweisung eines solchen Meisters anzuvertrauen, welcher nicht allein
scharfsinnig, sondern von derjenigen Eigenliebe
weit entfernt ist, die meistens verursacht, daß

D 3   man

man sich ganz allein zum Beyspiel, zur Vorschrift,
zum Muster darbietet. Mir wäre es lieber, wenn
dieser Meister seine Schüler nach bewährter Schönheiten der Kunststücke großer Künstler und nach
dem Verhältniß der Natur und Vernunft unterrichtete; daß er sich bemühete, ihnen dasjenige
begreiflich zu machen, was man in einem Stücke
nachahmen, im andern aber vermeiden soll; daß
er ihnen alles aus einander setzte, was von bloßen
Muthmaßungen herrührt, und ihnen jenes erklä-
rete, was auf erwiesene und überzeugende Wahrheiten gegründet ist. Denn ich bin gänzlich überzeugt, daß man von allen Sachen Rede und Antwort geben müsse, und daß die großen Kunstwörter, Licht und Schatten, das Saftige, das
Markichte, das Körnichte, die Localfarbe, das
Pistolo, oder das Farbenreiche, die Strenge des
Umrisses, das Pittoresco, Empfindung, Geschmack, Wahrheit, Freyheit und viele andre
Wörter jungen Leuten keinen Begriff beybringen
können, folglich nicht viel zu bedeuten haben, wenn
man sie nicht durch eine rechte Anwendung, durch
das Vernünftige und Wahre unterstützet, und solche Wörter ihnen begreiflich macht. Was man
Licht und Schatten nennt, ist manchmal dasjenige, worinn man das Flitterwesen für Gold ansieht. Was keine Form und keine Genauigkeit hat, nennen viele das Markichte; die Trockenheit und das Harte heißet bey andern die
Vestigkeit der Zeichnung, oder des Umrisses, und
man mißbraucht oftmals das Wort Pittoresco so

sehr,

sehr, als im Reiche der Unwissenheit das Wort
Philosoph. Ein fauler, träger, bey aller Ehrsucht unempfindlicher, unbeständiger, ungearteter
Mensch will seine Mängel mit dem Schein der
Philosophie bemänteln und verhüllen; wie man
oft Maler ohne Kenntniß der Anfangsgründe sieht,
welche, durch einen unordentlichen Trieb fortgerissen, die verwerflichsten Geburten ihrer Einbildung mit dem Namen des Pittoresco verschönern.
Ihr Gemälde ist durch eine Menge Figuren verworren; nichts kann man aus einander setzen;
eine Figur verstimmelt die andre, und verdeckt
ihr ungeschickt das halbe Gesicht, welches doch
ganz erscheinen sollte. Die Lichter sind ohne Einsicht und Wahl ausgetheilt. Die Farben beleidigen sich unter einander, und die Harmonie ist
dem Zuschauer verdrüßlich. Dergleichen mißver-
ständige Anlagen unüberdachter Zusammenfügungen erhalten ihren Werth durch das Wort Pitturesco; da doch nur dasjenige solche Benennung
verdient, was in einer reizenden, eingreifenden
sonderbaren Wahl der natürlichen Wirkungen besteht, die man mit Witze, Geschmack und Verstand gleichsam gewürzt, ausgedrückt und unterstützt hat. Die Malerey ist eine Sprache, die
jedermann verstehen kann; ihre allzu gezwungene
und große Phantasterey ist wie das Dunkle in einem Gespräche; man schreibt und redet, um verstanden zu werden. Die Unwissenden bewundern
sehr oft nur das, was sie nicht verstehn. Männer von Geschmack und Scharffinn verlangen nur
verwe-

verwegene, ſonderbare und erhabene Sachen;
allein ſie ſind von der Wahrheit ſo ſehr eingenommen, daß man ſie ihnen nicht vorſtellen muß,
wenn ſie nicht wahrſcheinlich vorkömmt. Dieſe
liebenswürdige Wahrheit iſt es alſo, welche uns
durch das fleißige Nachſinnen kenntlich werden
muß; und nur die guten Stücke des Alterthums
ſind es, durch welche man den wahren Geſchmack
erlangen kann; und dieſer giebt uns die Fackel in
die Hand, wodurch wir die Wahrheit entdecken,
alles wohl einſehen, gut wählen, und das Erwählte recht anwenden können.

Man muß, zum Beyſpiel, zu ſich ſelbſt ſpre-
chen: Auf was für eine Art hat Michelagnolo
die Stellungen und Bewegungen ſeiner Figuren
gemacht, um an ihnen das Erhabene und die ſchönen Theile ſehen zu laſſen? Man muß die Gedanken mit ſeinem erſchrecklichen und trotzigen Geſchmack anfüllen, die Einbildungskraft damit erhitzen, und Grundregeln daraus ziehn; man muß
nachforſchen, mit was für einer Klugheit Raphael die Schönheiten der Natur angebracht hat;
wie er ſo gar durch das Niedrige und Ungekünſtelte zum Erhabenen gelangt iſt, und ſolches in
Acht genommen hat, damit, wenn er es hat nachahmen wollen, das Niedrige nicht erhaben ſey;
denn obſchon das Erhabene faſt jederzeit einfach
iſt, ſo kann man doch das Niedrige nicht jederzeit
erhaben nennen. Man muß ſeine Wahl und die
Natur ſeines Ausdruckes der Stellungen nachahmen,

men, dabey sich aber hüten, daß man nicht in
gar zu heftige und gar zu gekünstelte Contraste
oder Gegenstellungen verfalle, welche von Ferne
in eine Schilderey einiges Feuer und einige Lebhaftigkeit zu bringen, vielmehr das schwache Genie eines Malers zu erkennen geben, der sich zu
ermuntern Gewalt braucht, und überall eine verworrene Kaltsinnigkeit ausstreuet, welche dem
Auge verdrüßlich ist, und dem Verstande wider-
stehet. Kurz, man muß den Bienen nachahmen,
aus allen Pflanzen einen Nützen ziehen, und sich
bemühen, alles aus einander zu wickeln, was Ursache ist, warum Titian in Erstaunen setzt, das
Auge täuschet, und durch die Annehmlichkeit seines Colorits alles entzücket; er mag auch bloß
die Gegenstände der Natur nachahmen, oder sich
der Hülfe seiner Kunst allein bedienen, oder beyde
zusammen brauchen; so muß man sich doch bemühen, die Kunstgriffe seiner übereinstimmenden erhabenen Manier einzusehen, und auf die Spuren
zu kommen, welche er uns, damit wir eben dahin gelangen, wo er gewesen ist, zurück gelassen
hat; denn überhaupt hat dieser große Mann gezeigt, daß die Malerkunst darinn bestehe, die
Schönheiten der Natur zu begreifen, und zu wissen, welche man wählen soll, was man unterlassen, was man lebhaft ausdrücken, und eine Sache
durch die andre künstlich erheben müsse.

Durch dergleichen Art und klug fortgeführtes
Arbeiten und Studieren kann man sich die Schön-

heiten

heiten der Alten zu eigen machen, ohne dieselben
knechtisch abzumalen, oder ihnen pünktlich zu folgen. Man kann so gar durch die Anstrengung
eines glücklichen Genies, und durch Anleitung der
in der Natur befindlichen Schönheiten es wagen,
auch einige Schritte voraus zu thun. Denn
wer immer nachfolgt, geht niemals voraus,
sagte der große Buonarotti.

Ehe aber ein junger Maler in die Laufbahn
einschlägt, welche zur Vollkommenheit seiner
Kunst führet; so wird erfordert, daß schon eine
Leichtigkeit, alles durch Linien, Striche, Züge und
Farben auszudrücken, was die Natur vor Augen
stellt, zum Grunde gelegt sey. Dieses betrifft
die Gewohnheit zu zeichnen, das Perspective, die
Nachahmung der Farben, und die Führung des
Pinsels, welches alles man durch tüchtige Anfangsgründe zuwege bringen muß, aus Beysorge,
daß sonst eine übel angewöhnte Uebung zugleich
mit der Wurzel auszureissen allzuschwer seyn dürfte. Denn in einer unzähligen Menge von Anfängern, welche die Schulen zu überhäufen scheinen, sieht man eine so einförmige, schädliche, und
obenhin geübte Manier herrschen, daß man glauben sollte, daß in dem Durste nach der Malerkunst alle aus einem und demselbigen Geschirr
trinken, ohne wahrzunehmen, ob das Wasser darinn fähig genug ist, ihnen den Durst zu löschen,
oder ob das Gefäße nicht etwan vorher durch ein
andres übles Getränke verunreiniget worden.

Fünftes

Fünftes Kapitel.

Von der Neigung zu einer Art zu malen.

Die brennende Neigung zu gewissen Gemälden, bey denen man alle andre gering schä-
zet, ist ein Uebel, dessen man sich kaum erwehren
kann. Ein solches Vorurtheil entspringt meistens aus der Erziehung, und wird durch die Gewohnheit vestgesetzt. Zuweilen kömmt es von
den engen Gränzen her, worinn der Verstand derjenigen eingeschlossen ist, welche, da sie nicht vermögend sind sich etwas anders gefallen zu lassen,
als wofür man ihnen die Zuneigung eingeprägt
hat, sich nicht die Mühe nehmen, ihre Blicke auf
etwas zu werfen, so ihnen fremde vorkömmt.
Dieses Vorurtheil hat auch, ohne daß man es
gewahr wird, seinen Ursprung oftmals entweder
in einer persönlichen Freundschaft, welche man
dem Urheber des Kunststückes zu bezeigen pflegt,
oder in der Eigenliebe, die man vor sich selbst zu
empfinden gewohnt ist. Denn es giebt viele Menschen, welche, wenn sie sich durch ihre eigene
Kräfte nicht empor schwingen können, sich durch den
Ruhm ihrer Freunde Platz machen, und sich einigen Vorzug in der Welt zu verschaffen suchen.
Um sich sodann selbst zu schmeicheln, ergreifen sie
begierig die Partey derjenigen, welchen sie geneigt
sind, mit solcher Verwegenheit, daß sie alles,

was

was sich ihrer Ehrsucht entgegen zu setzen scheinet,
zunichte zu machen trachten. So gar diejenigen,
welche von ihrem eigenen Ruhm ihnen etwas mittheilen könnten, werden ihnen verhaßt.

So rotten sich heimliche Feinde zusammen.
Beym Zuschauen sucht man einen Winkel, man
dinget sich Bewunderer seiner Freunde und Kunstrichter wider andre dahin, und also bemächtiget
sich oft die verwegene Ungerechtigkeit mit vordringender Macht der Stelle, welche nur der Vernunft gehört.

Die verflossenen Zeiten sind wie die itzigen,
voll Unordnung gewesen. Man hat durch heimliche Verständnisse und Cabalen der würdigsten
Künstler, selbst den Michelagnolo in der Malerkunst weit über den Correggio, Titian und Raphael erhoben gesehen. Die berühmtesten
Schriftsteller haben ihn vor allen andern vorzüglich mit dem Namen eines göttlichen Malers be-
ehret. Die folgende Zeit hat seinen großen Ta-
lenten, in der Maler- und Bildhauerkunst, auch
in der Architectur Gerechtigkeit verschafft, und
ihm den Rang angewiesen, der ihm in allen diesen Künsten gebührte. Er war ein großer Maler, ein größerer Bildhauer, und der größeste
Architect.

Man sah zu Rom, daß der Cavalier Giosepino eine Zeit lang über den Annibal Carracci
gesiegt hat, welcher, ungeachtet seiner unsträflichen
Sitten und natürlichen Eingezogenheit, doch bey

bem

dem Stolz und Hochmuth des Giosepino oft sehr empfindlich wurde, weil Rom dem Giosepino weit mehr Ehre, als ihm, wiederfahren ließ.

So haben die größesten Männer in allen Jahrhunderten und in allen Künsten die betrübtesten Vorzüge und häßlichsten Vergleichungen ausstehen müssen. Jene, welche ihre großen Eigenschaften und Talente mit einer löblichen Bescheidenheit vereinigten, wurden nicht jederzeit des ihnen gebührenden Lobes theilhaftig. Ihr Verdienst ward andern verhaßt, und zog ihnen die Wuth des Neides auf den Hals, die sie zu bestreiten und ihre Angriffe von sich abzuwenden sich keine Mühe nahmen.

Dominichino wurde genöthiget, Rom und Neapel zu verlassen, weil er dort allzu vortreffliche und allzu herrliche Gemälde verfertigt hatte. Wunderbares Schicksal! Arbeiten, und durch unverbesserliche Werke sich nichts als Feinde machen! Seine berühmte Malerey vom heiligen Hieronymus, welche in der St. Peterskirche zu Rom noch heutiges Tages so, wie ehemals, unter die schönsten der Welt gezählet wird, hat ihn zum Schlachtopfer der ungerechtesten Verfolgung gemacht, woran ein fürstlicher Beschützer andrer Maler Ursache war. In ganz Rom erscholl damals nur eine Stimme, dieses Gemälde in dem Augenblicke, da es erschien, zu verachten. So wahr ist es, daß viele Menschen nur fremden Gesinnungen nachlaufen, und alles, was sie sagen,

hören

hören und viel lieber glauben, als der Sache ihren gehörigen Werth beylegen. Als der Cavalier Bernini gedachte Schilderey betrachtete, so
sagte er zu einem Freunde: Gott soll ihm verzeihen, daß er zur selbigen Zeit sich nicht getraut
hätte, über die Kunst dieses Bildes seine Meynung zu eröffnen; er hätte in Furcht gestanden,
sich mit jenem Fürsten, der sonst sein Gönner
wäre, zu entzweyen.

Wie schwer ist es nicht, von seinen Gesinnungen eine Meynung zu entfernen, welche von
der Leidenschaft herstammt; besonders, wenn die
Zeit noch beygetragen hat, daß sie noch tiefere
Wurzeln schlagen konnte?

Man sah in Italien den Geschmack eines
Caravaggio so sehr überhand nehmen, daß alles,
was der Schwärze seiner übertriebenen Schatten
nicht gleich gewesen, für nichtswürdig geachtet
wurde. Annibal Caracci, von dieser neuen
Phantasterey aufgebracht, sah wohl ein, daß sie
sich nicht anders, als durch den Reiz der Neuigkeit
oder der Mode erhalte; er sagte daher einsmals
zu seinen Schülern: „Ihr sehet, wie sehr die
„Manier des Caravaggio durch die Aufmutzung
„seiner übermäßigen Schatten itzt Mode gewor-
„den. Wenn jemand auf den Einfall geriethe,
„sich des Widerspiels zu bedienen, und eine eben
„so klare, helle und ausschweifende Manier zu
„erfinden, als jene dunkel ist; so glaube ich, daß
„der Reiz der Neuigkeit oder Mode, ihr gleich-
　　　　　　　　　　　　　　　　„falls

„falls einen glücklichen Fortgang zuwege bringen
„würde.

Guido Reni, der damals dem Geschmack
des Caravaggio ganz ergeben war, hörte dieses,
und machte sich Annibals Gedanken zu Nutzen,
veränderte seinen Stil, seine vorige Manier zu
malen, und, um gefällig zu werden, lag er der
neuen Art so fleißig ob, daß er seinen Geschmack
schwächte, mithin vielen, die ihm nachfolgten,
schädlich wurde.

Wie gefährlich ist es nicht, ein Muster, worinn man Fehler nachahmen kann, zu wählen, und
sich nach demselben zu richten? Man könnte durch
die Vergleichung der Werke, in welchen
dergleichen fehlerhafte Muster anzutreffen sind,
ein vernünftiges Mittel treffen und vestsetzen. Einer, der eine Stärke hat erreichen wollen, ist in
das Schwarze verfallen; der andre, welcher dem
Hellen nachstrebte, wurde abgeschmackt: also geschieht es oft, daß, da man etwas übertreiben
will, was doch gut seyn kann, man in eben den
Fehler verfällt, welcher jenem entgegen steht.

Giorgione und Correggio sind die wahren
Muster, die man in diesem Falle nachahmen muß.
Man sieht darinn das Erhabene und Starke mit
der Annehmlichkeit vereiniget, und das Wahre
leuchtet überall hervor.

Benefiali zu Rom ließ seine Schüler beym
Licht einer Lampe das vorgestellte Modell abmalen,

len, damit sie bey dem Gebrauch starker Lichter
und Schatten nicht in das Schwarze zu verfallen lernten,

Was ich nun hier vom Caravaggio und
Guido erwähnt habe, muß deswegen die Hochachtung nicht vermindern, welche wir diesen zween
großen Männern allezeit und mit größestem Recht
schuldig sind; Caravaggio hat sich durch die
starke, oder besser zu sagen, durch die allzuschwarze
Manier dahin reissen lassen, welche nicht jederzeit
der Sache, die er malte, gemäß war.   Man
weis, daß er, um die Natur zu sehen, die er vorstellen wollte, die Mauren seines Zimmers hat
schwarz anstreichen lassen, damit die Schatten
des natürlichen Gegenstandes ohne Wiederschein
jene Schwärze erlangten, von welcher seine
Freunde, wie er selbst, so sehr eingenommen, waren.   Wenn er einmal was anders gemalt hätte,
als Höhlen, Keller, Gefängnisse, Grotten und
dergleichen, so würde alles von der äussersten Vollkommenheit gewesen seyn; denn was an einem
Orte vortrefflich ist, findet deswegen bey einer andern Gelegenheit nicht statt. Alles liegt daran,
daß jede Sache ihren anständigen Platz bekomme,
und der Stil, oder die Manier nach den Gegenständen, und den Oertern verändert werde. Niemand hat diese Kunst besser gezeigt, als Correggio in seiner berühmten Nacht oder Christi Geburt. Eben so vortrefflich ist die vom Raphael
verfertigte Befreyung des heiligen Petrus, welche
man zu Rom im Vatican über einem Fenster, folglich

lich in der Dunkelheit so herrlich angebracht sieht,
daß man erstaunt, wenn man den Heiligen im
Schlaf, in der Finsterniß des Gefängnisses, welches durch ein eindringendes vom Engel ausge-
streutes Licht beleuchtet wird, durch ein gemaltes
Gatter betrachtet, zugleich aber Tag und Nacht
beysammen fast nicht ohne Blendung sehen kann.

Was nun von der Schwäche des Guido,
welche schnurstracks der Stärke des Caravaggio entgegen gesetzt ist, hier gemeldet worden,
verhindert nicht, daß man die Schönheit seines
leichten, witzigen und fertigen Pinsels hochschä-
tze und bewundere, daß man, sage ich, durch die
göttliche Annehmlichkeit seiner Köpfe, und seine
überall ausgestreute Anmuth sowohl, als durch seinen großen Geschmack der Kleiderfalten bezaubert
werde. Man kann an ihm weiter nichts tadeln,
als, wie gewisse Kunstrichter urtheilen, seinen übermäßigen Eigensinn, der gemeiniglich mit Hitze
dasjenige gewählet haben will, was zuweilen der
Billigkeit entgegen ist. Dieses mag auch eigentlich die Ursache seyn, daß er den Stil und die
Manier so sehr geändert hat, daß man vielmehr
wünscht, alle seine Gemälde nur in seiner besten
Manier zu sehen. Wie vortrefflich ist nicht seine
Aurora im Pallast Rospiliosi, und sein Erzengel
Michael zu Rom in der Capucinerkirche, itzo aber
im St. Peterstempel! wie schön sein heiliger Be-
nedictus zu Bologna! wie unnachahmlich seine
heilige Dreyeinigkeit zu Marino bey Rom! seine
Hochzeit des Bacchus, und andre mehr, welche

E   Jacob

Jacob Frey in Kupfer vollkommen nachgeahmt und ans Licht gebracht hat!

So viel Unordnung der Neid in Italien gestiftet, so viel hat auch zu Paris diese Leidenschaft Haß und Ungerechtigkeit erregt. Dort hat man alles, was nicht vom Poußin war, verachten gesehen. Albano kam an die Reihe. Rubens van Dyck und Bassano wurden verwiesen. Hernach vertrieb Rubens den Poußin, ob man schon die seltsamsten Schönheiten in seinen Werken antrifft. Nur Rimbrand ward endlich das Muster, das man nachzuahmen sich angelegen seyn ließ. Alles änderte sich, und die Lobsprüche, die man nach und nach diesem gepriesnen Künstler gegeben hatte, waren jederzeit ohne Ausnahme, und auf Kosten derjenigen, die nicht mehr in Ansehn stunden, oder die man schon genug gesehen hatte.

Es wäre inzwischen viel vernünftiger und nützlicher, wenn man alles, was schön ist, hochschätzte, und sich durch das Mangelhafte nicht verblenden ließe. Damit ich dasjenige beweise, was ich hier sage, so frage ich: ob es nicht wahr sey, daß ein Gemälde, so Poußin auf eine bloße und getreue Zeichnung des Rimbrands würde gemalt haben, ein sehr schlechtes Stück wäre? und daß ein andres, welches Rimbrand auf den genauen und gelehrten Umriß des Poußins gemalt hätte, ein vortreffliches Werk heißen würde, absonderlich, wenn er in solcher Arbeit die Kunstgriffe seines Lichtes und Schattens wohl angewendet hätte?

Sechstes

Sechstes Kapitel.

Vom Urtheil des Publicums, der Schmeichler, und der seichten Bewunderer der größten Fehler.

Man kann, wie mich dünkt, das Beyspiel des Apelles nicht genug nachahmen, welcher seine Gemälde öffentlich sehen ließ, sich selbst aber dabey verbarg, um nur die Meynungen andrer Leute ohne Heucheley zu erfahren, und daraus Nutzen zu schöpfen. Er hielt sich deswegen verborgen, damit die Urtheile desto freymüthiger und natürlicher wären. Denn was ist für ein Mittel übrig, hinter die Wahrheit zu kommen, wenn mitten im großen Haufen, welchem ein Stück zum Ansehen vorgestellt worden, man sich selbst auch mitsehen lässet? Man wird von seinem erwählten Anhange umrungen; man zeigt offenbar eine deutliche Eitelkeit und verdächtige Einfalt, um einen Beyfall oder einen Zuruf zu erbetteln, da man doch heilsame Ermahnungen vonnöthen hätte. Man giebt darauf nicht Achtung, daß der mit Recht verdiente Ruhm sich verdunkelt, und ein solcher zu seyn aufhört, wenn man ihm allzu eifrig nachlauft.

Sind unsre Werke gut, so wird ihnen früh oder spät, ohne unser Gesuch, Gerechtigkeit wiederfahren. Sind sie aber schlecht und fehlerhaft, so

E 2   mögen

mögen wir trachten, sie zu verbessern, anstatt uns
zu vertheidigen. Es nützet nichts, wenn wir uns
des Beyfalls einer geringen Anzahl von eingebildeten Kennern zu rühmen Anlaß haben. Wir
müssen den allgemeinen Geschmack in Bewegung
bringen, sonst sind unsre Bemühungen fruchtlos.
Das Publicum ist allezeit der stärkste Theil, und
weil es unser Richter ist, so müssen wir es auch
um Rath fragen. Wenn es hernach durch heimliche Verständnisse oder durch Eifersucht und Neid
das Falsche für wahr annimmt, so geschieht es
nur auf einige Zeit, und die Wahrheit dringt
bald wieder durch.

Das sicherste Mittel, das Publicum zu befriedigen, besteht darinn, daß man ihm allezeit die
Wahrheit vor Augen stelle. Man bemüht sich
umsonst, entweder seine oder seiner Freunde
Wohlredenheit anzuwenden, damit dasjenige, was
der Wahrheit zuwider ist, unter dem Vorwande
der Geheimnisse der Kunst behauptet werde. Alles, was von der Natur und der Wahrheit ab-
weichet, wird die Menschen nicht lange hintergehn.

Derjenige, welcher die Wahrheit ungekünstelt und natürlich darstellt, wird jederzeit den
Preis erhalten; vielleicht trägt auch der Reiz der
Neuigkeit vieles darzu bey. Diejenigen Sachen,
welche ganz was besonders zu seyn scheinen, sind
manchmal ganz simpel, ungekünstelt, und jederzeit
diejenigen, welche ein vortrefflicher Geschmack
und ein natürliches Genie aus der Natur selbst
geschöpft

geschöpft und sich zu eigen gemacht hat. Die Aenlichkeit mit der Natur gefällt den Menschen insgemein; denn in den geringsten genau nachgeahm-
ten Gegenständen erreicht sie allezeit ihre Wirkung; man kann ihr in großen Sachen nicht genug nachspüren. Nur Halbgelehrte, oder mit
Vorurtheilen angefüllte, und Maler, welche der
Schlendrian verderbt hat, verstehn nichts davon.

Die kleinen Gemälde aus Flandern und Holland verdienen in diesem Theile allen Beyfall, und
es muß uns billig kränken, wenn man sie unter den
großen alten italiänischen Meistern nicht Platz
nehmen lässet.   Ich weis, daß bey jenem die
Wahl, das Edle und das Erhabene mangelt,
das man bey den Italiänern antrifft; allein darinn, was ihnen gemäß ist, sind sie zuweilen vollkommen, besonders in dem Natürlichen ihres
Ausdruckes.

Man muß gestehn, daß alles in der Malerey
nichts als Nachahmung ist.   Man malt mit Linien und Farben alles, was man vor Augen hat.
Man zeichnet alles nach, was man in der Einbildung entworfen sieht.

Aristoteles sagt, daß die Maler so wohl als
die Dichter in ihrer Nachahmung die Menschen,
in Absicht auf uns, entweder besser, oder schlimmer, oder uns gleich schildern.   In der That,
setzt er hinzu, Polignotus malte sie gesitteter, Pauson malte sie boshafter, Dionysius
aber uns gleich.   Durch das Gleichmalen ver-

E 3   stund

stund er, wie es scheint, was Aelian bestätiget, da
er vom Polignotus redet, und sagt, daß er jederzeit große Gegenstände erwählt, und der Vollkommenheit nachgetrachtet. Dionysius aber
ihm in allem bis auf die Größen nachgefolgt habe.
Sie lebten beyde zu den Zeiten des Xerxes, Sophokles und Sokrates.

Aristoteles bemerket auch, daß durch den
Homer die Menschen besser geschildert worden.
Michelagnolo und Raphael haben durch die
Größe ihres Geschmackes, und durch das Erhabene ihrer Ideen die Menschen besser, Titian
aber sie gleich gemalt. Durch die Flamländer
Niedrigkeit ih-
rer Gegenstände und ihres seichten Geschmacks
schlechter geworden.

Ich weis nicht, ob ich in dieser Anmerkung
über die Nachahmung nicht zu weit gehe. Allein, da ich zu behaupten suche, daß man das
Publicum auch zu Rathe ziehen müsse, so halte
ich mich gern dabey auf, von dem zu reden, was
das Publicum rege macht. Wenn es wahr ist,
daß die meisten bey dem Reize der Nachahmung
empfindlich sind; so folget, daß ihnen die Charaktere und Leidenschaften auch gefallen müssen.
Man muß also sehr darauf Acht haben, und in
den Augen des Zuschauers wahrnehmen, was
dasjenige, so man vorgestellt hat, für eine Wirkung nach sich zieht.

Die

Die Geschichte von zwey Gemälden, welche Guido Reni, ein Mann von 40, und Dominichino von 27 Jahren seines Alters bey St. Giorgio zu Rom in Fresco um die Wette gemalt hatten, kann uns vielleicht davon überzeugen.

Diese zwey Kunststücke wurden vor den Augen der Welt zugleich aufgestellt. Ganz Rom war schon zugegen, gleichsam einem Zwey-kampfe zwischen zween großen Meistern beyzu-wohnen. Dieser Wettstreit war von des Apelles und des Protogenes seinem weit unterschie-den; diese beyde zeigten ihre Geschicklichkeit nur durch drey schöne und fein auf einander gezogene Linien, wodurch Protogenes sich für überwun-den erkannte, und Rhodus verließ.

Die Wahlstimmen, so Guido bereits schon sehr fleißig gesammelt hatte, und die Annehmlich-keit seines Pinsels löschten in dem Gemüthe der Menschen schon alle gründlichen Schönheiten ganz aus, welche in dem Werke des Domini-chino herrschten. Dieses zog, wie es bey der-gleichen Umständen zu geschehen pflegt, viel Zank und Streit nach sich, und dieses um so mehr, weil Lanfranco dem Dominichino sehr ungeneigt war. Annibal Caracci aber sagte: unter so verschiedenen Gesprächen von diesen zweyen Ge-mälden habe er durch ihre Wirkung urtheilen ge-lernt, welche sich bey einem guten alten Weibe geäussert habe. Diese Alte sah die vom Domi-nichino gemalte Geiselung des heiligen Andreas.

E 4 Sie

Sie betrachtete das Gemälde und sagte zu einem
kleinen Mägdchen, das sie an der Hand führte,
alles, was sie in Entzückung brachte.   „Siehe,
sprach sie, „mit was für einer Wut diese Hen=
„kersknechte die Arme und die Peitschen erheben,
„diesen Heiligen zu geiseln! Gieb Achtung, mein
„Kind, mit was für einer Raserey jener dort ihm
„noch mit der Faust droht! Siehe, betrachte dort,
„mit was für einer Gewalt dieser ihm die Füße
„mit Stricken zusammen knüpft! Bewundre die
„Standhaftigkeit, mit welcher dieser verehrungs=
„würdige Greis so viele Plagen aussteht, und
„mit was für einem Vertrauen er gegen den
„Himmel sieht!„ Dabey vergoß das gute Weib
einige Zähren, und seufzte von Herzen.   Hier=
auf kam sie zum Gemälde des Guido, sah es
an, sagte kein Wort, und gieng vorbey.   Die=
ses Gemälde stellt den heiligen Andreas vor, wie
er vor dem Kreuze kniet, an welches er sollte ge=
heftet werden.

Dadurch wollte Annibal Caracci zu erken=
nen geben, worinn die Vollkommenheit eines
Gemäldes bestehe, und wie weit es Dominichi=
no in den Charakteren und Leidenschaften, ja in
allem, was das Malen bey dem Publicum wirket,
welches nur das, wodurch es gerührt wird, em=
pfindet, gebracht habe.

Allein, die feindliche Rotte, welche Domi=
nichinen stets verfolgte, schien ihm den verdien=
ten Palmzweig aus der Hand zu reissen, welchen
                                                    ihm

ihm die Zeit nach seinem Tode wiederum zuge-
stellt hatte. Denn so lange er lebte, so lange ward
er immerfort weit unter den Guido herabgesetzt,
so gar auch schlechter geachtet, als die mittelmäf-
sigsten Maler selbiger Zeit.

Ich weis nicht, ob die Schmeichler, die sich
mit dem Guido über seinen vermeynten Sieg er-
freuten, ihm nicht mehr schädlich als nützlich, und
daher Ursache gewesen sind, daß er sein Studiren
vernachläßiget, und sich allzu stark auf seine glückliche Leichtigkeit verlassen habe. Wenn er, wie
Apelles, sich verborgen hätte; so möchte er vielleicht wohl das Gespräche des guten alten Weibes
gehört, und es sich zu Nutzen gemacht haben. Er
würde mit seinen großen Eigenschaften auch jene
vereiniget haben, in welchen ihn Dominichino,
sein Gegner, weit übertraf.

Sieben-

Siebendes Kapitel.

Von Betrachtung großer Meister-stücke.

Ein Gefäße, sagt Horaz, behält den Geruch eine lange Zeit von dem Getränke, welches gleich anfangs darein gegossen worden. Eben so ist auch der erste Eindruck beschaffen, den wir bekommen; denn dieser bestimmet gemeiniglich unsern Geschmack. Man hat weit mehr Mühe, die Fehler, die man sich durch eine schlechte Uebung angewöhnt hat, wiederum los zu werden, als große Vollkommenheiten zu erlangen; und gleichwie man solche Vorzüge nicht erwerben kann, man sey dann vorher von entgegenstehenden Mängeln entfernt; so muß man sich sehr hüten, aus einer trüben, vielleicht gar vergifteten Quelle zu trinken, wenn man in der Nähe zum reinsten und heilsamsten Brunnen gelangen kann.

Annibal Caracci spazierte zu Rom in der Gegend von der Anhöhe S. Pietro montorio, wo man im Tempel auf dem hohen Altar Raphaels vornehmstes Gemälde, die Transfiguration sieht. Er wurde dort einen jungen Menschen gewahr, der am Fuße des Berges gewisse mittelmäßige Gemälde sehr fleißig nachzeichnete, die dort auf der Mauer von Giovanni Battista della Marca und andern hingemalt sind. Annibal

nibal sah ihm zu, und sagte: Mein Sohn, halte
dich nicht soweit hierunten am Berge auf, geh
gleich hinauf, und studire dort Raphaels Wun-
derarbeit. Die arme Einfalt antwortete: Ich
will vorher meine Finger ein wenig gelenk und
biegsam machen. Geh, versetzte Annibal, sie
werden dort geschwinder geschickt und geschmeidig.

Man kann sich nicht früh genug nach den besten Mustern richten. Der halbe Weg ist gethan, wenn man gut anfängt.

Ein erhabenes Genie muß den edlen Trieb
empfinden, großen Männern des Alterthums gleich
zu werden; und es ist für uns ein ausnehmender
Vortheil, daß sie uns den Weg gebahnt haben,
worauf man zu ihnen kommen kann; So mache
man sich dieses Glück zu Nutze, durch welches
man die Früchte seiner Arbeiten für sich selbst ein-
erndten kann.

Es ist nicht möglich, daß unter so viel großen
bereits vergötterten Meistern, nicht einer seyn
sollte, den man sich nicht zum Muster, zur Vorschrift, zu seinem Führer sollte wählen können,
und der unserm Geschmacke nicht vorzüglich gemäß
wäre. Man kann sich einer solchen Neigung ruhig überlassen. Ein solcher kann, da ihn sein
Genie leitet, in dem Wege sicher fortschreiten;
denn in einem andern würde er gewiß irre gehn.
Man muß der Unentschlossenheit jener Witzlinge
ausweichen, die nicht wissen, wo sie sich aufhalten

ten follen. Sie find, wie diejenigen, welche sich
in einem durch die Winde getriebenen Schiffe befinden, bald hin bald her geworfen werden, und
nicht wissen, wo sie anlanden sollen, und immer
vom Gestade entfernt herum irren. Man muß
sich also entschließen, lieber den Manieren dieses,
als eines andern Meisters nachzugehen, in diesem
Fall aber die Kräfte seines Genies zu rathe ziehen. Ist das Erhabene und Heldenmäßige über
unsre Kräfte, so müssen wir trachten, uns in einem andern Wege hervor zu thun.

Erwählet, sagt Horaz, allezeit solche Gegenstände, welche nicht über eure Kräfte sind; un-
tersuchet lange Zeit, was eure Schultern tragen
oder nicht tragen können. In der That, man
kann in einer Sache vorzügliche Eigenschaften haben, und in einer andern nicht die geringsten Eigenschaften besitzen. Man muß sich keinesweges schmeicheln, daß man in die Trompete stoßen
könne, wenn man ein wenig auf der Schalmey
geblasen hat. Man untersuche also seine Kräfte
und sein Genie; man wähle ein Muster, welches
beyden anständig ist, und mit ihnen ein Verhältniß
hat. Ein solches Muster mag aber seyn, was
für eines es wolle; so muß man sich davon nicht
so sehr einnehmen lassen, daß man es so gar in
seinen Fehlern nachahmet.

Man muß nicht jenen verblendeten Liebhabern nachfolgen, die sogar in den Untugenden ihrer
Göttinnen erstaunliche Reizungen wahrzunehmen
schei-

scheinen. Denn diese Leidenschaft stellt auch die mangelhaftesten Sachen schön und unverbesserlich vor.

Man muß auch ziemlich auf der Hut seyn, damit man nicht in das Netze des Neides, des Vorurtheils, der Zuneigung und Freundschaft verfalle. Diese pflegen alles verkehrt auszulegen; und in solchen Umständen geht die letzte Manier des Guido zu viel ins Graue, und hat nichts Erhabenes, sagt ein gewisser Schriftsteller, dem dieser antwortet: dieses geschieht deswegen, weil sie das Angenehme ausdrückt.

Der Geschmack der Rubensischen Zeichnung ist allzu weichlich, und sieht, wenn man so sagen darf, wie das Gedärme aus; die Antwort ist, weil er Fleisch malen wollte.

Dominichino ist zuweilen trocken. Das kömmt daher, weil seine Umrisse genau und unverbesserlich sind.

Giulio Romano ist oftmals hart und steif. Dieses rühret von der strengen Genauigkeit seiner Zeichnungskunst her.

Poußin verfiel ins Graue und Steinigte; warum? Er ahmte stets das Antique nach.

Der unbeständige oder ungleiche Tintoretto hat die meisten seiner Werke übereilet, und wenig bearbeitet: dieses sind die Meisterstriche und der große Schwung seines Pinsels. So redet allezeit die blinde Zuneigung, dasjenige zu verschönern, wodurch sie verführt worden.

Allein,

Allein, da die Billigkeit der Vernunft dieses
nicht in Abrede stellt, daß man bey großen Meistern auch Fehler antreffe; so wird sie ihren erhabenen Schönheiten, die man bey ihnen bewundern
muß, jederzeit Gerechtigkeit wiederfahren lassen.
Sie wird uns die göttliche Art der Köpfe, das
Annehmliche, das Edle, den Pinsel, den ausnehmenden Geschmack in den Gewänden und Falten
des Guido zur Nachahmung vorstellen.

Das erstaunenswürdige Genie des Rubens,
sein Colorit, in so weit es nicht übertrieben ist, den
Ueberfluß und Reichthum seiner Ideen, den Geist,
so er seinen Werken eingeflößet hat, die Lebhaftigkeit seiner Ausdrücke, so man nicht vortrefflicher
machen kann, den Kunstgriff seines Lichtes und
Schattens, in so fern es mit der Wahrheit über-
eintrifft, die Harmonie aller seiner großen Werke,
alles dieses wird die Vernunft uns zur Nachahmung vor Augen stellen.

Giulio Romano wird durch das Große und
Erhabene seiner edlen Ideen, durch seine starke
Einbildungskraft und Poesie bewundert, womit
er seine Werke auszuschmücken gewußt hat. Denn
er war im Stande, die Hoheit, Pracht und Herrlichkeit des Antiquen ungemein auszudrücken.

Pouſſin bleibt allezeit durch das Zierliche
und Unverbesserliche seines Umrisses zur Verwunderung und zum Nacheifer unsrer Zeiten;
durch seine kluge und edle Anständigkeit, die man
in allen seinen Arbeiten wahrnimmt; durch die

Rich-

Richtigkeit, durch das Vortreffliche und das Feine
seiner Gemälde; durch die Sitten und Gewohnheiten der Alten; endlich durch den harmonischen
Charakter, welcher die Seele aufmuntert, das Herz,
und den Verstand der Gelehrten bezaubert, wird
er zu allen Zeiten bewundert werden.

Tintoretto wird durch sein vortreffliches
Feuer, welches ihn zuweilen fortriß und ihn erhob, durch seinen Geschmack in der Farbe, und
seine sonderbare Gedanken immerfort zum Vergnügen und Nachahmung bleiben.

Wenn man auf solche Weise von allen Vorurtheilen frey ist, so kann man von großen Meistern sichere und gewisse Grundsätze der Kunst lernen, ohne daß man ihnen hernach knechtisch nach-
malet.

Man hüte sich, sagt Horaz, denjenigen gleich
zu werden, welche sich einer dienstbaren Unter-
würfigkeit überlassen, sehr wenig Herz und Muth
haben, und sich nicht getrauen, selbst etwas zu
wagen und zu unternehmen. Auch denen muß
man nicht folgen, welche aus bloßer stolzer Verwegenheit sich allezeit anmaßen, dasjenige besser
zu malen, was andre vor ihnen gut gemacht haben.

Das sicherste Mittel zur Vollkommenheit der
Kunst zu gelangen, ist der Fleiß, bey den Alten
die wahren Regeln zu suchen, und denselben Folge
zu leisten. Man kann die unbekannten Länder
nicht entdecken, wenn man nicht vorher durch die
bekannten gewandert ist. Es ist unmöglich, daß,
wenn man auf einem andern Wege fortschreitet,
als

als den uns die Alten durch ihr eignes Genie gemacht und gezeigt haben, man nicht gleichsam mitten in der Finsterniß irre gehe. Es ist umsonst, sich zu schmeicheln, daß die Talente allerdings mit uns geboren werden, und daß man von den schönen Künsten nichts fassen könne; die Natur allein erzeuge alle schönen Werke; man habe keine Muster vonnöthen; es sey genug, einem gewissen innerlichen Triebe und einem gewissen natürlichen Vermögen nachzugehn, welches man in der Seele empfindet, und einen Gedanken, eine Bildung, oder eine Idee nennet: Diese Idee mag entweder schlecht oder gut seyn, so ist es doch billig, daß, wenn sie gut ist, man sie zu verbessern und zu verschönern trachten soll, daß man sie ziere, und durch eifriges Nachsinnen beleuchte; welches andre über erhabene Ideen angestellt haben, dergleichen hernach von der Nachkommenschaft gleichsam vergöttert worden, und die wir für weit erhabener als die unsrigen erkennen.

Achtes

Achtes Kapitel.

Von ungeschickten und unwissenden Kennern und Kunstrichtern.

Megabises, ein Hoherpriester der Diana zu Ephesus, befand sich in Alexanders Gesellschaft beym Apelles. Dort lobte er eine sehr mittelmäßige Schilderey, und verachtete andre Gemälde, welche doch eine sonderbare Hochachtung verdienten. Die Schüler des Apelles, und so gar die Farbenreiber, erregten unter sich ein heimliches Gelächter über die verwegenen Aussprüche dieses hoffärtigen und stolzen Mannes. Apelles nahm sich also die Freyheit, ihm zu sagen: so lange du schwiegest, so bewunderten diese jungen Leute den Pracht deiner Kleidungen; das Gold, der Purpur, und was an dir glänzet, zog ihre Augen an sich: da du aber von einer dir ganz unbekannten Kunst urtheilen wolltest, so vergaßen sie die Ehrerbietung, die sie dir schuldig sind, und lachten über deine Beurtheilung. Diese Begebenheit findet man in einem vom Salvator Rosa in Kupfer gestochenen Blatte feurig und lebhaft ausgedrückt.

Dieser Zufall hat noch bey vielen andern keine Besserung nach sich gezogen. Es scheint auch, das Megabisische Geschlecht erhalte sich noch bis auf unsre Zeiten. Diese Art eines verwege-

F nen

nen Tadels, welcher ein Kind des Hochmuthes
ist, scheint hauptsächlich jungen Stutzern angebo-
ren zu seyn; denn sie suchen jederzeit in der Verachtung der vortrefflichsten und erleuchtesten Personen sich ein Ansehn und einigen Ruhm zu verschaffen. Kaum kommt ein Werk zum Vorschein,
so verdammen sie es schon, sie wiederholen zur Unzeit gelernte Kunstwörter, wovon sie sich eine abgeschmackte und ungeschickte Mundart zusammen
geflickt haben, und thun mit einer höhnischen
Mine den Ausspruch wider einen Künstler, entweder ihn zu stürzen, oder sich ein Ansehn zu verschaffen.

Das schöne Geschlecht, dessen Partey nur allzu fürchterlich ist, entscheidet zuweilen nach dem
Ausspruch ansehnlicher Richter; daß endlich die
mehrern Stimmen die Oberhand behalten, und
die Gemälde so wohl, als deren Urheber, sie mögen so vortrefflich seyn als sie wollen, Schiffbruch
leiden. Und wenn ja jemand das Herz hat, auf
die Seite der Vernunft zu treten, mithin dieser
vor ihrem seltsamen Vorurtheil den Platz einzuräumen; so wird er zum Gelächter, und in eben
den Zusammenkünften, in welchen so abscheuliche
Kunstrichter um die Wette frohlocken, durch ein-
hellige Stimmen verachtet.

Verschiedene Personen suchen sich dadurch ein
besondres Ansehen zu verschaffen und als große
Kenner verehrt zu werden, wenn sie bey den
größesten Schönheiten eines Kunststückes unempfindlich

pfindlich ſcheinen, und nach einem tiefen und un-
freundlichen Stillſchweigen endlich kaltſinnig anfangen, die Fehler, oder was ſie für ſolche halten, aus einander zu klauben. Sollten dergleichen angenommene und gezwungene Manieren
nicht vielmehr eine Wirkung ihrer Unwiſſenheit,
als ihrer Fähigkeit ſeyn? Sind ſie nicht mehr ein
Beweis ihres eiteln Stolzes, den diejenigen, welche am wenigſten verſtehn, an ſich nehmen, um
zu zeigen, als wenn ſie große Kenner wären, ja
ſich anſtellen, als könnte man ſie nicht ſo leicht,
als andre, befriedigen? Solche Leute ſind jenen
gleich, welche in der Sonne Flecken zu ſehen ſich
einbilden, da doch ihre ſchwachen Blicke nicht vermögend ſind, zugleich den Glanz ihres Lichtes
auszuhalten. Der Hochmuth verführt ſolche
Leute. Es iſt mit einem Ignoranten, welcher
für geſchickt will angeſehn werden, wie mit der
Pracht eines ſchlechten Menſchen, den die allgemeine Trübſal und das blinde Glück wunderlich
empor gehoben hat. Sein unerträglicher Stolz
macht, daß man ſich aus der Unterſuchung ſeines
Herkommens ein Vergnügen macht. Eben alſo
thun ſolche abgeſchmackte Tadler gemeiniglich das
Gegentheil von dem, was ſie thun wollen; und
da ſie allzu gelehrt zu ſcheinen trachten, ſo entdecken
ſie ihre Unwiſſenheit. Sie wiſſen nicht, daß in
den ſchönſten Gemälden zuweilen Fehler angetroffen werden, welche die größten Ignoranten
wahrnehmen können. Hingegen, daß die größeſten Schönheiten über die Begriffe des ungeſchlif-

F 2 ſenen

fenen Pöbels sind; daß, um dieselben in Acht zu
nehmen und sie zu empfinden, eine feine Urtheilskraft, ein vorzüglicher Geschmack und Verstand
erfordert wird. Ein Mensch von Geschmack
wird durch das Schöne so sehr gerührt, daß er
die Fehler nicht wahrnimmt, die sich zuweilen darunter einschleichen, ausser vielleicht eine Zeit hernach, wenn er, so zu sagen, von seiner Entzückung
gleichsam aufwacht und zu sich selber kömmt.

Es giebt Fehler, sagt Horaz, die man gern
verzeiht. Denn eine Saite eines musikalischen
Instruments giebt nicht jederzeit den Ton von
sich, den ein Spielender verlangt.

Wenn die Schönheiten in einem Werke vortrefflich sind, so werden mich gewisse Fehler nicht
irre machen, welche entweder von einer unschul-
digen Nachläßigkeit, oder von einer Schwachheit,
welche den Menschen immer natürlich ist, herrühren.

Man findet Gemälde, welche fast von allen
Fehlern frey sind: Die Verhältnisse und das
Maaß sind darinne richtig, ihre Plane regelmäs-
sig, und der Gesichtspunkt trifft mit ihnen genau
überein; Licht und Schatten lässet nichts Unrich-
tiges erblicken. Sie sind mit Annehmlichkeit gemalt, jedoch von jenem göttlichen Feuer, welches
alle Künste beseelet, solchergestalt entblößet, daß
es sie anzusehn so viele Mühe kostet, als ihre Ausarbeitung vielleicht erfordert hat.

Man

Man ſieht andre Stücke voller Unregelmäßig-
keit, und voller allzu großer Freyheiten, daß ſie
faſt nur deswegen ausgeführt zu ſeyn ſcheinen, um
diejenigen, welche eine ſtrenge Beurtheilung ergö-
ßet, angenehm zu unterhalten, und, ungehindert
ihrer Fehler, dennoch Regung, Erſtaunen und
Empfindung verurſachen.

Es giebt auch etwas Erhabenes, ſagt Longin,
welches ſo unendlich reich iſt, daß man auſſer
Stande geſetzt wird, alles genau zu beobachten,
und, wo man wider Willen viel vernachläßigen und
auſſer Acht laſſen muß. Hingegen iſt es gemeiniglich faſt unmöglich, daß ein mittelmäßiger und
kriechender Witz Fehler mache. Denn weil er
nichts wagt, und ſich niemals erhebt, ſo bleibt er
unaufhörlich in Sicherheit, weil das an ſich ſelbſt
Große und Erhabene ſchlüpfrig und gefährlich iſt.

Ich halte dafür, daß, wenn man ſeinen guten
Geſchmack zu erkennen geben will, es vonnöthen
ſey, bey Erblickung eines Gemäldes ſich von denen Schönheiten, die ſich etwa äuſſern, einen entzückten Begriff zu machen, hernach mit Höflichkeit,
welche niemals zu unterlaſſen iſt, dem Urheber,
deſſen Arbeiten gut genug ſind, eine Critik zu verdienen, ſeine Umſtände und Zweifel vorzutragen.
Auf ſolche Weiſe kann man überzeugen, ohne zu
mißfallen, und dieſes iſt es, was ich bey vielen
wahrgenommen habe, welche ſo wohl durch ihren
weit ausſehenden Verſtand, als Muth und ihre
Geburt groß waren: welche ohne Beyhülfe frem-

der

der Beurtheilung niemals anders, als mit unendlicher Vorsicht entschieden; diese folgten in diesem Fall der Klugheit eines noch größern, welcher, wenn er den Meister eines Werkes durch seine vernünftige Critik beehrte, es allezeit mit einer so gütigen Gelassenheit geschah, daß er ihm das Herz rührte, und den Verstand erleuchtete. Was für ein Glück ist es nicht für die Künste, wenn ihr Beschirmer mit solchen Eigenschaften versehen ist? Er wird allezeit aufmuntern und niemanden verdrüßlich werden. Er wird zeigen, daß nichts den Muth großer Künstler mehr aufmuntert, als die Hoffnung, ihren Vorgesetzten zu gefallen. Die gütige Art, womit man ihnen begegnet, giebt neue Kräfte, sie erweckt bey ihnen eine lebhafte Empfindung der Ehre, welche zum Eifer des Vorzuges Anlaß giebt. Denn man ist mitleidenswürdig genug, wenn man aus Mangel des Talentes, das die Natur sparsam mittheilt, das Unglück hat, mit Verachtung gestraft zu werden. Was würde es nutzen, wenn man sich mühsamen Arbeiten widmete, und nichts anders als Verdruß, ohne Hoffnung einiger Ehre, vor Augen sehen müßte?

Darf man wohl zweifeln, daß die Ehrenbezeigungen, so Alexander dem Apelles erwies, nicht viel zur Vollkommenheit der Kunst dieses großen Meisters beygetragen haben? Daß die glänzenden Vorzüge, so Raphael von verschiedenen Päbsten, Titian vom Kaiser Karl dem Fünften, und Philipp dem Zweyten erlangte, diese vortrefflichen

lichen Genies, jene Kunſtſtücke hervor zu bringen, in welchen man ihre vordringende Geſchicklichkeit noch bewundert, nicht weit ſtärker aufgemuntert und begeiſtert haben? Die Ehre beſeelet die Tugend; große Gönner machen große Männer. Man kennt das Jahrhundert eines Alexanders, man kennt auch jenes eines Auguſtus und andrer Monarchen, welche Männer hervorbrachten, denen man es nicht abſprechen kann, daß ſie die Zierde ihrer Zeiten geweſen ſind.

Zum Beſchluß dieſes Kapitels dient noch die Erfahrung, daß manche fleißige und geſchickte Künſtler von der Kenntniß großer Schönheiten in den erhabenſten Gemälden dennoch zuweilen, noch ſehr weit entfernt ſind. Jacob Frey, einer der berühmteſten Zeichner und Kupferſtecher zu Rom, von Geburt ein Schweizer, hat mir erzählt, daß er einsmals im Vatican über Raphaels göttliche zwölf Tapeten eine Betrachtung angeſtellet, und von ſeinem Freunde, dem vortrefflichen Treviſani überraſcht worden ſey. Dieſer fragte ihn, was er da mache? Hier ſitze ich, ſagte Frey, und thue Buße; weil ich bey meiner Ankunft allhier dieſe Gemälde lange verachtet, hernach aber alle Jahre mehr und mehr darinn wahrgenommen, endlich ſo viel geſehen habe, daß alles über meine Kräfte und unmöglich nachzuahmen ſey. Ich kann meine Augen daran nicht genug ſättigen; ein jeder wiederholter Blick zeigt mir in einerley Figur eine neue Kunſt.

F 4 　　　Das

Das ist kein Wunder! Carl Maratta bekannte gar, daß er als Verwahrer der Raphaeli-schen Schätze im Vatican dieselben bis 76 Jahre studiert, und doch Archimedens Kopf nicht so, wie er ausgedruckt ist, durch seinen Pinsel habe errei-chen können. Archimedes zeichnet auf dem Bo-den einige geometrische Figuren; daher sieht man seinen ganzen Scheitel, das Gesicht aber in Ver-kürzung so sehr erhaben und rund, daß der ganze Kopf von der Mauer entfernt zu seyn erscheinet.

Jacob Frey hat zu seiner Buße Raphaels Familia Sacra, welche Anton Masson unnach-ahmlich in Kupfer gebracht, mit seinem Grab-stichel so genau und künstlich nachgestochen, daß man den Masson und Frey nicht unterscheiden kann. Beyde sind noch vorhanden. Frey mußte für Massons Abdruck sechzig Scudi oder dreyßig Ducaten bezahlen. Diese Vergleichung setzte mich oftmals in Erstaunen. Wie viele Künstler giebt es nicht noch heut zu Tage, denen es unbe-wußt ist, daß sie sehr wenig, oder gar nichts ver-stehen, sich aber dennoch von ihrem Eigendünkel so sehr verblenden lassen, daß sie ohne Ausnahme alles verachten, was ihren Werken nicht ähnlich scheint.

Neuntes Kapitel.
Von den Vortheilen des Pinsels.

Wenige Leute haben von dem, was man Pinsel, oder so gar von dem, was man Malen nennt, einen richtigen Begriff. Es ist beynahe genug, wenn man mit Farben und mit einem Pinsel umgeht, sich einen Maler zu nennen; und dadurch eben geschieht es, daß man die berühmtesten Maler mit Handwerksleuten vermenget.

Ein Maler ist derjenige, welcher sich mit Kunst und Geschicklichkeit gewisser Mittel bedient, etwas, es mag auch seyn was es will, wenn es auch ein oder kein Daseyn hat, natürlich vorzustellen. Alles, was den Farben, Formen und Umrissen, auch unsichtbaren Eigenschaften der Natur durch die Nachahmung ähnlich ist, wird Malerey genennt. Daher sagt man alle Tage: Homer und Virgil sind große Maler. Was haben diese nicht für Bilder verfertiget? Man sagt, der Schauspieler habe die Charaktere der Menschen so zu malen gewußt, daß viele Leute, an die er niemals gedacht hatte, dasjenige für ihre genaue Abschilderung gehalten, was er der Natur überhaupt ähnlich vorgestellt hat. Solche Personen sind seinen Schauspielen ausgewichen, um sich dem heimlichen Verdrusse nicht zu überlassen, welcher ihnen das lebhafte Bild ihrer Fehler, das sie bey sich wahr-

F 5

wahrnahmen, und unglücklicher Weise allzu lieb
hatten, vor Augen gebracht.

Die Malerkunst ist also eine Nachahmung.
Damit man aber eine Sache so nennen könne, so
muß man darinn auf vier verschiedene Stücke se=
hen, nämlich: 1) Was nachahmt; 2) was nach=
geahmt wird; 3) was man dazu für ein Werk=
zeug gebraucht; 4) was für eine Art, Weise oder
Manier dabey angewendet worden.

Was nachahmt, ist die Kunst des Malers.
Was nachgeahmt wird, ist die Natur. Das
Werkzeug ist der Pinsel, die Manier aber ihn zu
brauchen, ist die Gewohnheit einer leichten, ange=
nehmen und ringfertigen Hand.

Die angewöhnte Leichtigkeit, die man bey den
Malern den Pinsel nennt, erlangt man durch die
Uebung. Wenn aber diese Uebung nicht von der
Beyhülfe des Verstandes unterstützet wird; so bleibt
sie stets gemein, und ist oft mehr schädlich, als
nützlich. Es verhält sich mit dieser Fertigkeit,
wie mit dem Reichthum, welcher nur in den Hän=
den eines klugen Besitzers etwas zu bedeuten hat,
der sich desselben mit Maaß und Ziel zu gebrau=
chen weis. Es giebt eine Fertigkeit des Pinsels,
welche nicht allezeit eine tiefe Kenntniß bedeutet;
denn der Kopf eines Mannes, der es versteht, läßt
die Hand oft inne halten; und wenn man auf
die Vollkommenheit der Gestalt oder Form, auf
das Feine der Charaktere, auf das Erhabene, Runde,
und

und auf die genaue Wahrheit der Farbe will Achtung geben, so kömmt die Hand mehr als einmal
auf einen und denselbigen Platz zurück; denn der
Verstand ist nicht jederzeit mit demjenigen zufrieden, was die Hand mit allzu großer Leichtigkeit
verfertiget hat.   Man arbeitet nicht nur geschwinde, weil man, langsam zu arbeiten, nicht
genug versteht; sondern man ist begierig, wegen
eines eiteln Gewinns bald fertig zu werden. Der
Geiz trägt allezeit viel darzu bey, die schönsten
Künste zu vernichten."   Der Geiz macht, daß
man eher dem Gewinne, als der Ehre nachstre-
bet; und da er die Sorge, gut zu arbeiten, auf
die Seite legt, und der Begierde viel zu thun
Platz macht; so ist er auch Ursache, daß man das
Nachsinnen im Zimmer vernachläßiget, um durch
niederträchtige, auch zuweilen durch ungerechte
Schliche sich Arbeit zu verschaffen, dieselbe andern wegzunehmen, und sich mit einer Last zu be-
laden, die man nicht ertragen kann.

Was soll man endlich von jenen sagen, welche
studieren, und Hunger leiden? welche gestern bereits verzehrt haben, was sie heute verdienen wollen? Wie wenige finden wir, die voller Geschicklichkeit und Kunst nicht mehr um die Nahrung
als um Farben herumlaufen müssen? Wie viele
sind hingegen, die sich ohne Kummer und Sorgen zur Kunst hinsetzen können? Sind nicht die
meisten genöthiget, durch rechte oder unrechte
Wege, durch eine edle oder unedle Art, Gelegenheit

heit zu suchen, entweder ihre Talente, oder ihre
Unwissenheit an den Tag zu bringen, und den
Maaßstab ihrer Kräfte beständig liegen zu laßen?
In solchen Umständen müssen oftmals die besten
Talente unterliegen, oder sie verschwinden aus
dem Vaterlande.

Will man sich in den schönen Künsten hervorthun, so muß man in seiner Seele einen gewissen Trieb empfinden, welcher der wahren Ehre
nachzustreben beeifert ist, und wenn man zu seiner Absicht weiter nichts hat, als den Gelehrten
und Meistern der Kunst zu gefallen; ohne den
Unwissenden zu mißfallen; wenn man einen guten
Namen erlangen, oder solchen behalten will, und
sich bemüht, die Angriffe des Neides zu überwinden, und mit Ruhm der Nachwelt zuzueilen; so
kostet es größen Fleiß, und viele durchgewachte
Nächte, seine Werke auszuarbeiten.   Man ist
auch selten mit sich selbst zufrieden, wenn es gleich
andre bereits schon sind.   Dieses ist es, was dem
Zeures Anlaß zu sagen gab: Ich arbeite viel an
dem, was ich male, denn ich male für die Nachkommen.

Jene, welche sich einbilden, sie haben nichts
mehr zu lernen, sind gemeiniglich die Ungeschicktesten; denn je geschickter ein Mensch ist, destomehr kennt er den weiten Umfang seiner Kunst,
folglich die Beschwerlichkeit, darinn fortzukom-
men, und dieses Schwere hält die nichtswürdige
Hurtigkeit der Hand zurück.

Indes-

Indeſſen hat man doch Maler geſehn, bey denen dieſes Talent der Geſchwindigkeit, und jenes, gute Leute zu verblenden, ihre ganze Kunſt ausmachte. Sie wußten ſolche hinter das Licht zu führen, welche auf fremdes Trauen und Glauben, und durch Vorurtheil ſolche Werke erhoben, die ihnen im Grunde des Herzens niemals würden gefallen haben, wenn ſie nach dem Lichte der Natur, das den gemeinen Verſtand erweckt, geurtheilt hätten.

Man ſieht andre, welche geſchwinde verfertigte Werke bewundern, und ſie einen herzhaften Schwung nennen, der nichts anders iſt, als in Wahrheit frech hingeworfene, jedoch trocken angebrachte Pinſelſtriche, welche niemals ihre Wirkung thun, und Schreibmeiſtern, nicht aber Malern anſtehn, deren Ziel die Nachahmung der Natur iſt, und endlich die Kunſt, das Auge zu täuſchen.

Die Maler, welche dergleichen frechen Zügen nachſtreben, und darinne die Kunſt ihrer Arbeit beſtehen laſſen, ſind wie jene verwegene Stutzer, die ſich zeigen, überall durchdringen, und für nichts eine Achtung haben. Sie ſind in der Malerkunſt, wie jene überläſtigen Plauderer, welche durch Großſprechen nichts ſagen, und im Zanke ſehr oft die Stärke ihrer Kehle der Vernunft entgegen ſetzen.

Auf ſolche Weiſe verurſacht ein reiſſendes Waſſer Erſtaunen, und überraſcht ſo gar durch

das,

das, was es Erschreckliches mit sich führt; jedoch
es dauret nicht lange.   Ein Fluß macht weniger
Geräusche; er rinnt jederzeit sanft dahin, und
bringt den Zuschauern lauter neues Vergnügen.

Eine Sache, welche gut vorgetragen werden
soll, muß genau überdacht seyn.   Daher sagt der
Poet: Lerne denken, ehe du schreibest; also kann
man auch billig sagen: Lerne denken, ehe du ma-
lest.   Wenn man richtig denkt, so kommen die
Wörter von sich selbst an ihre rechte Stelle, und
dann, je mehr man sich im Reden erhitzt, destomehr wird man sagen, daß es vom Witze oder
von der Empfindung herkomme, und von etwas
Natürlichen, so an den Worten zu kleben scheinet.
Eben diese Beschaffenheit hat es mit der Malerey,
welche eigentlich die Sprache des Malers ist; der
Pinsel lauft und setzt die Farben lebhaft hin, wie
der Maler denkt, und seine Vorbildung in seinem
Verstande mehr oder weniger nett und richtig ist.

Man muß also mit richtigem Vorausdenken
sein Werk anfangen; und mit noch lebhafterm
Hinzu = und Nachdenken dasselbe vollenden. Der
Verstand muß anfangen, die Urtheilskraft fortfahren, und der Witz noch das Feuer darein bringen, welches dem Werk ein Ende machen soll;
der Witz, wie man zu sagen pflegt, muß die letzte
Hand anlegen.   Allein dieser Punkt der Vollkommenheit, welcher in allen Sachen so schwer
zu finden ist, wird auf allzu viel abgekürzten Wegen nicht leicht angetroffen.

Wir

Wir haben gesehen, sagt Petronius, wie die
Malerkunst nach und nach abgenommen hat, seit-
dem die Aegyptier frech genug gewesen sind, dieselbe durch eine kürzere und leichtere Art, als des
Zeures und Apelles, zu lehren. Es ist also eine
niederträchtige Eitelkeit, sich zu rühmen, daß man
geschwinder laufen könne, als ein andrer. Die
Zeit trägt zur Sache nichts bey, sagt der Comi-
cus; also dachte auch Annibal Caracci.

Sisto Badalochi malte einstens mit dem
Dominichino um die Wette, und rühmte sich,
daß sein Bild schon fertig gewesen sey, als Dominichino an seinem noch etliche Monate zugebracht habe. Hierauf sagte Annibal Caracci:
Rede nicht! Dominichino ist geschwinder fertig
geworden, als du; denn er hat es gut gemacht!
Um gut zu arbeiten, ist es nicht genug, geschwinde
zu seyn: aber geschwinde zu seyn, ist es genug, gut
zu arbeiten, sagt Quintilian. Hierdurch aber
will ich nicht zu verstehen geben, daß eine glückliche Leichtigkeit in der Ausführung eines Werkes
zu verdammen sey, sondern ich sage nur, man soll
keine Arbeit allzu geschwinde vollenden. Eile mit
Weile, sagt Horaz.

Ich bewundre diesemnach diejenige Fertigkeit, welche die Regeln zum Grunde legt, so
sehr, als ich jene verwerfe, die von einer übel an-
genommenen und eingewurzelten Gewohnheit herrühret, und fast jederzeit die Regeln übergeht, ja
gar zernichtet. Ich weis es, wir müssen behutsam seyn, wenn wir einer Klippe ausweichen wollen,

len, daß wir nicht an einer andern scheitern. Denn,
gleichwie manche Arbeiten allzu lebhaft sind, und
eine unregelmäßige Geschwindigkeit haben, so sind
andre zuweilen gar zu langsam und in gros-
ser Angst, sie martern sich allzu schwermüthig,
und können nichts zu Stande bringen. Muß man
also jene, so zu sagen, im Zaum halten, so ist bey
diesen der Sporn vonnöthen, um sie anzutreiben.
Die große Vollkommenheit hält zwischen diesen beyden sich einander widerstreitenden Fehlern das Mittel. Wenn man also die übereilende Leichtigkeit, welche alles vernachläßiget, zurück halten muß, so muß
man auch eine allzu genaue Langsamkeit aufmuntern, durch welche alles, was man nur macht, traurig, matt, kaltsinnig und kraftlos wird. Die meisten unter den Malern, sagt Apelles, wissen sich
davon keinen richtigen Begriff zu machen, was
genug heisset.

Wenn man nun wohl vorausgedacht hat, und
weis, was man machen will; so wird es niemals
ein unnützliches Werk, und man nimmt darinn
die Kunst so wohl, als die Wissenschaft in Obacht,
weil mit der Lebhaftigkeit eines feurigen und arbeitsamen Genie jede Sache an ihre rechte Stelle
gebracht wird. Ein solches Genie weis durch den
Glanz seines Pinsels die Mühe und Arbeit desselben selbst zu verbergen.

Für sanfte Leidenschaften und angenehme Gegenstände ist kein so reizvoller und anständiger Geschmack, als des Correggio: Von seinem zarten
und

und lieblichen Pinſel ſcheint eine friſche und reine
Quelle zu fließen. Er ſcheint auch durch die
Hand der Gratien geführt zu ſeyn. Er iſt unmittelbar demjenigen entgegen geſetzt, was ich
ſchon oben in den verwegenen und gedehnten Zügen verdammt habe. Man ſieht beym Correggio nichts von dieſer Art. Alles iſt bey ihm gelinde und fließend, auch in ſeinen größeſten Werken, ohne dem Charakter des Umriſſes nachtheilig zu ſeyn; denn es iſt ein Irrthum, wenn man
glaubt, daß die ſtrenge Genauigkeit des Umriſſes
oder der Zeichnung in der Härte der Linien beſtehe, dergleichen man oft in verſchiedenen Gemälden auf Kalk oder in freſco wahrnimmt. Sie
beſteht auch nicht in der gekünſtelten Art, die Umriſſe ſcharf abzuſchneiden, um ſich für einen genauen und großen Meiſter in der Zeichnungskunſt
auszugeben. Ein ſolcher kömmt mir vor, wie
ein Gelehrter, welcher mit ſeiner Wiſſenſchaft zu
pralen ſuchet, oder wie ein Hochmüthiger, der
Reichthümer beſitzt, und ſeine Schätze auskra-
met. Wenn die tiefe Einſicht der Kunſt nicht
mit einer gefälligen Art verbunden iſt, ſo wird ſie
froſtig, trocken, abgeſchmackt und verdrüßlich;
der Reichthum, der Liebling des Glücks, verurſachet oftmals Ekel und Abſcheu, wenn die Beſitzer
deſſelben ihn nicht anders gebrauchen, als durch
einen mit ihrem Glück pralenden Stolz, um
gleichſam uns unſer Unvermögen vorzuwerfen.

Ob man ſchon jederzeit zärtlich malen und
ſo malen muß, daß ſich das Licht mit Lieblichkeit

G   unter

unter dem darauf folgenden Schatten verliert; so
müssen doch die lebhaften Leidenschaften jederzeit
mit aller glänzenden Ringfertigkeit, so die Stärke
und Leichtigkeit des Pinsels zuwege bringen kann,
ausgedruckt werden; und da diese Leichtigkeit von
der Einbildung, welche von ihrem Gegenstand
eingenommen ist, herkömmt; so wird sie dem
Werk ein solches Feuer mittheilen, daß alles voller Leben seyn wird. Wenn die Gedanken von
ihrem Bilde lebhaft eingenommen sind, so kann
die Hand nicht eilfertig genug seyn; man muß
sich das reizende Feuer gleich zu Nutzen machen,
welches ermuntert. Denn der Gegenstand, welcher lebhaft, beseelet und in Bewegung seyn soll,
wenn man allzu langweilig daran malt, bringt
diejenigen zum gähnen, welche ihn ansehn, und
kostet ihren Augen so viel Mühe, als der Maler
dazu angewendet hat.

Man sollte die Art zu malen nach den Charakteren, die man vorstellen will, zu verändern
trachten. Gelinde, glänzende und reinliche Sachen muß man nicht so malen, wie etwas grobes, rauhes und höckerichtes. Eine gewisse Art
vom Trotze des Pinsels schickt sich bey Gelegenheit sehr gut. Die Sachen müssen zuweilen erscheinen, als wenn sie nur von ungefähr wären
angebracht worden.

Man kann sich hier an das erinnern, was
dem Apelles wiederfuhr: Er malte ein in der
Schlacht abgemattetes Pferd, und blieb am Ge-
bisse

bisse so zweifelhaft, daß er vor Verdruß den
Schwamm ergriff, und ihn darauf warf; der
Schwamm war aber mit vielen Farben angefüllt,
welche, einem blutigen Schaum ähnlich, dasjenige
plötzlich ausdrückten, was Apelles so tiefsinnig
gewünscht hatte. Daher sagt auch Dio Chrysostomus: Die Kunst und das Glück haben einander lieb. Dieser ungefähre Zufall bewirkte, was
die Kunst nicht vermochte.

Man muß auch oftmals einen Ort vernachläßigen, um einen andern mehr empor zu heben.
Allein in dieser Art von Ungestüm und Nachläß-
sigkeit, welche von der Kunst herrührt, muß man
die harten und abgeschnittenen Züge vermeiden;
denn man kann niemals körnigt genug malen.

Rimbrands Gemälde scheinen sehr künstlich, so gar auch ungestüm gemalt zu seyn; dennoch zeigen sie ein großes Nachsinnen, und sind
mit so viel Lieblichkeit und Rundung ausgeführt,
als des Correggio seine, in welchen man keinen
Pinselstrich wahrnimmt.

Giorgione ist in der Haltung oder erhabenen Rundung wunderbar, und gleichet im Zusammenfluß der Farben dem Correggio sehr viel.
Die schönen Gemälde, welche Raphael selbst gemacht hat, sind im Grunde eben dasselbige, man
mag auch davon sagen, was man will. Annibal sagt: Titian male zum Entzücken; Raphael zum Erstaunen.

Der

Der Pinsel des van Dyck hat eine sonderbare Schönheit. Jener, des Guido nämlich, ist von einer angenehmen Anwendung der Farben, und von einer künstlichen Ringfertigkeit, welche in seinem ganzen Umrisse alles nach seinem Charakter ausdrückt.

Es ist also allezeit bloß der Verstand, welcher die Hand führet. Da die Manier zu malen die Farben allemal witzig anlegt, welche die Eigenschaft der Zeichnung und des Colorits ausdrückt, so scheint mir dieses vortrefflich zu seyn. Man mag also die Sachen aus einander suchen, die Reinlichkeit der Farben erhalten, und seinem Gemälde einen Geist einflößen wie man will, so muß man doch in dieser Manier zu malen allezeit das rechte Mittel treffen.

Hier kann man bemerken, was Vasari von drey Gemälden sagt, welche Titian für den König Philippus gemacht hat. Titian, sagt er, malte eine Calisto und Diana, welche in einem Brunnen mit andern Nymphen badet, und den Aktäon in einen Hirsch verwandelt. Er malte auch eine Europa, welche auf einem Stier über Meer setzt. Diese Gemälde werden in Spanien als Schätze verwahrt und bewundert, weil Titian seinen Figuren so lebhafte Farben gegeben, daß man sie fast für lebendig und natürlich ansieht. Es ist wahr, setzt Vasari hinzu: daß seine Manier zu malen in seinen letzten Werken von jenen, die er in seiner Jugend verfertigte, ganz unterschieden

schieden sind; denn die erstern verrathen einen großen Fleiß, und eine unglaubliche Zärtlichkeit. Man mag sie entweder in der Nähe oder in der Ferne betrachten, so sind sie dem Auge allezeit angenehm. Die letztern aber zeigen harte, sich gleichsam stoßende Pinselstriche und weniger Tinte oder gemischte Farben, also, daß sie weder in der Nähe noch in der Ferne kein solches Vergnügen, wie jene, verschaffen. Diese letzte Manier, welche von ihrem hohen Alter herrührt, ist schuld, daß viele Maler, weil sie ihm nachzuahmen, und dadurch mit einer großen Praktik zu pralen suchten, Werke von schlechtem Werth ans Licht gebracht haben, und dieses aus keiner andern Ursache, als weil sie sich in der Meynung betrogen, seine letztern Stücke wären ohne Fleiß und Mühe hingemalt worden. Sie haben es also gewaltig versehen; denn wenn man sie wohl betrachtet, so nimmt man wahr, daß sie Titianen viel Mühe gekostet haben.

Die vollkommene Ausführung besteht also darinn, daß man durch eine gelehrte und angenehme Kenntniß alles das herausbringe, was in der Natur verborgen ist; denn eine Schilderey angenehmer machen wollen; oder sie mit Zwang und Kaltsinnigkeit gleichsam durchlecken, dies heißet nicht ausführen und vollenden. Dergleichen Stücke, die der gemeine Mann ausgearbeitet nennt, sind eigentlich nichts anders, als Entwürfe, wenn man darinn nicht das Erhabene, die

G 3 Run=

Rundung, die Wirkung und den Geist antrifft.
Wenn man die letzte Hand anlegen will, so muß
man das Bild, so zu sagen, gleichsam verderben,
nämlich durch ringfertige und witzige Pinselstriche
die abgeschmackte Nettigkeit und die kaltsinnige
Gleichförmigkeit wegbringen. Dieses macht den Unterschied zwischen einem langsamen und schläfrigen
Genie, das oft etwas knechtisch nacharbeitet, was
es nicht versteht, und zwischen einem sonderbaren
Genie, welches durch einen glücklichen Gemüths-
trieb das ihn aufmunternde Feuer über alles aus-
streut, was er malt. In der That, man muß
durch eine Art von einem göttlichen Feuer dem
Leibe, den man durch die Zeichnungskunst und
durch das Colorit regelmäßig erschaffen hat, einen
Geist einblasen. Man muß, wie ein andrer Pro-
metheus, mit Beyhülfe der Minerva, wie er selbst
im Trauerspiel Thyrstos sagt, dem Leibe ein
himmlisches Feuer einhauchen: Die Menschen,
spricht er dort, waren wie andre Thiere, ohne
Kenntniß und Vernunft erschaffen; ich habe sie
durch das himmlische Feuer, so ich ihrer Seele
eingeblasen, von der thierischen Sinnlosigkeit befreyet.

Also machen wir den Schluß, daß der Pinsel munter und beseelt, und nicht ungestüm oder
trotzig; ausgeführt, nicht trocken; herzhaft, nicht
hart; markicht und gelinde, nicht geleckt seyn
müsse. Ueberhaupt muß man bekennen, daß in
der Malerey alles Verstand und Witz seyn, die-

sem

sem aber die Hand schlechterdings gehorsamen
müsse.

Man werfe mir nicht vor, daß ich hier nur
bekannte, und großen Künstlern schon gewöhnliche Lehrsätze anführe. Die Gelehrten verschmä-
hen es nicht, dasjenige mit anzuhören, wie sie bereits schon wissen, und selbst ausüben. Uebrigens verlange ich nur jungen Leuten dasjenige beyzubringen, was man bey großen Meistern in Italien wahrnimmt; ihnen auch zu zeigen, daß Sachen, welche die Ausübung betreffen, zuweilen sich
auch durch das Achtunggeben lernen lassen, und
viele andre so gar durch bloßes Redenhören einem Anfänger nützlich werden.

Diejenigen endlich, welche sich einbilden, daß
sie schon alles wissen, und dergleichen Schriften
für unnütz halten, verhindern nicht, daß andre, welche bereits erleuchtet und von dem Reiz
der Malerey eingenommen sind, in denselben nicht
etwas neues antreffen, welches ihren Beyfall erlangen kann. Vielleicht begreifen dergleichen Leute
nicht genug, daß die Malerkunst einen weitern Umfang habe, als daß man sich dabey nicht eine lange Zeit aufhalten, und stets einen neuen Stoff davon zu schreiben, finden könne.

Jene, welche dieser Kunst geneigt sind, gleichen den Verliebten, denen man von ihrem Gegenstande niemals genug vorreden kann. Wenn
es einige giebt, welche nicht durch Grundsätze,
sondern nur durch ihren eigenen Trieb und Genie

G 4 dasje-

dasjenige zu verstehn gedenken, was sie niemals gelernt haben; solche müssen sich bey diesen Schriften nicht aufhalten, welches ich ihnen wohlmeynend rathen will; denn sie möchten von ihrer Liebeskrankheit gesund werden, welche ihr ganzes Glück ausmacht.

Ein Zufall, welcher dem Thrasyllus Aexoneus zu Athen betraf, ist hier vielleicht keine unzeitige Erinnerung. Sein Verstand gerieth in einen solchen Wahnwitz, daß er am Seehafen sich aufhielt, alle Schiffe und Schätze für die Seinigen aufschrieb, und mit diesem eingebildeten Reichthum voll Freude und Zufriedenheit lebte. Seine Verwandten ließen ihn von dieser Krankheit glücklich heilen. Allein er schrie aus vollem Halse: Ach! versetzet mich wieder in meinen vorigen angenehmen Zustand! so lebe ich wiederum glücklich und vergnügt.

Zehn-

Zehntes Kapitel.

Von der Richtigkeit des Umrisses,
und von dem Verhältniß des menschlichen Körpers.

Die Umrisse, oder der Contorno, sind nichts als Linien oder Striche und Züge. Diese bestehen nur in dreyerley Gattungen: in geraden, krummen und vermischten. Viele zusammenhangende Linien machen eine Oberfläche; diese begreift oder umfängt die Länge und Breite eines jeden Körpers, er mag auch beschaffen seyn wie er will.

Die Flächen sind auch dreyerley: Eben oder flach, rund und hohl. Die Fläche, oder Ebene ist, wenn man ein Linial darauf legt, und dieses alle Theile und Puncte der Fläche berührt; zum Beyspiel: ein geschliffenes Spiegelglas, oder ein stillstehendes Wasser. Die runde Fläche ist, wie das äußerliche einer Kugel; die hohle aber wie das innwendige derselben. Die zusammenhangenden oder vermischten Flächen bestehn in geraden, kugelförmigen und hohlen Flächen.

Was diese Flächen einschließen, stellet Sachen vor, die in der Meßkunst Figuren heißen, und eben dies, was diese Linien ausmachen, ist das, was einige Künstler die Schlangenlinie,

G 5   die

die Maler insgemein aber einen Umriß nennen,
wovon die Zusammensetzung unzählige Male kann
vervielfältiget werden, welche sodann die ganze
Verbreitung eines gezeichneten Entwurfes nicht
nur für die Malerey, sondern auch für die Bildhauerkunst, und für die Architectur enthält, deren Abrisse sonst nirgends erlernt werden können.
Weil aber die Verzierung, und die geschnittene,
ausgestochene und gegrabene Arbeit der Baukunst
hauptsächlich in der Geometrie gegründet ist; und
solcher Arbeit nur dreyerley Gattungen sind, nämlich das Viereckigte, Runde, und die von beyden Vermischte; so ist die Verbindung der
Bauzeichnungen nicht so manichfaltig, als die
Umrisse der Malerey und der Sculptur, und zwar
um so weniger, als man in diesen beyden, so viel
es nur möglich ist, ganze Figuren von der Geometrie, insonderheit aber Winkel, Runden und
parallele Linien in Gemälden, oder in der Vorstellung lebendiger Figuren vermeiden muß; denn,
wie schon anderwärts gemeldet worden, so ist die
Zierlichkeit ihrer Form ungewiß, wellen- und
flammenmäßig, welche ihnen einen Geist einflös-
set, der sie lebhaft zu machen scheinet. Indessen
besteht die Vollkommenheit architectonischer Zeichnungen so wohl als der Maler Umrisse in einer
anständigen, edlen, angenehmen, ringfertigen und
witzigen Auszierung, die nur von der Vortrefflichkeit des Geschmackes eines bauverständigen
Meisters kann bestimmt werden, und wovon es
fast unmöglich ist, überhaupt gewisse Grundre-

geln

geln zu geben, ob man sie schon aus der Richtigkeit und Schönheit der Verhältnisse ziehen kann.

Das Verhältniß ist eine richtige Zusammenstimmung der Theile unter einander, und des Ganzen zugleich; es ist die Uebereinstimmung des Maaßes, welches sich zwischen den Gliedern und dem übrigen Körper befindet. Es ist das, was in allen Künsten, wie in der Natur selbst, jene reizende Verbindung hervorbringt, wodurch die Augen, Ohren, der Verstand und das Herz erquickt werden. Ich kann so gar ohne Ausschweifung sagen, daß, gleichwie in der Musik das Verhältniß durch die Zusammenstimmungen und Anordnung verschiedener Töne jene himmlische Harmonie hervorbringt, welche die Ohren bezaubert; also auch das Verhältniß der menschlichen Gesellschaft durch richtige Triebe die Höflichkeiten, bürgerlichen Obliegenheiten und Pflichten in Ordnung bringet, und uns das rechte Maaß dessen vorleget, was wir andern in Ansehung unsrer selbst schuldig sind. Dadurch wird es nicht nur der Ursprung oder die Urquelle des Friedens und unsrer freundschaftlichen Verbindungen, sondern es giebt auch Maaß und Regeln der Vorsichtigkeit, Klugheit und der natürlichen Billigkeit.

Weil nun das Verhältniß das Haupttriebwerk der Natur ist, und alle Harmonie verschafft; so muß es auch der vornehmste Gegenstand des Malers seyn, welcher die Natur nachahmt. Denn es ist nicht nur die Grundveste der Malerkunst, so

weit

weit diese die Vollkommenheit der Form der Körper,
und alles, was von der Zeichnung abhängt, betrifft; sondern das Verhältniß oder die Proportion ist auch allen übrigen Theilen der Malerey
nothwendig, und allerdings wesentlich, mithin unentbehrlich, nämlich der Composition, der Anständigkeit, den Sitten, den Charakteren, den Leidenschaften, dem Licht und Schatten, und dem
Colorit.

Durch das Verhältniß wird auch die Idee
des Malers meistens viel edler; denn, da er die
Gegenstände der Natur vorstellet, welche an sich
selbst zwar vollkommen, zuweilen aber auch durch
einen Zufall unvollkommen ist; so schwinget er
sich gewisser maaßen oft über dieselbe, wenn er
die darinn vorkommenden Fehler etwan verbessert,
und denen darinn befindlichen Schönheiten andre
neue beygefüget. Daraus entsteht die edle rührende Regelmäßigkeit, welche, da sie Ehrerbietung
und Bewunderung an sich zieht, in unsern Herzen
einen so tiefen Eindruck macht, daß sie uns überraschet, rühret, einnimmt und so sehr trifft, daß
wir uns davor nicht erwehren können. Ihre
Macht und Stärke vermehret sich sehr durch die
Untersuchung ihrer Kräfte, durch die Vernunft
und durch die Zeit.

Man muß sich nicht verwundern, wenn das
gelehrte Griechenland und andre der Welt gebie-
tende Nationen vorzeiten die Malerey und die
Bildhauerkunst auf die höchsten Ehrenstufen erhoben

hoben haben. Denn von diesen zwo schönen
Künsten, welche die Urquelle der Proportionen,
folglich auch der Zeichnung sind, müssen alle andre Künste, welche mit der Zeichnung einige Ver-
wandschaft haben, ihre vornehmsten Schönheiten
erlangen.

Wie viel berühmte Leute haben nicht alle ihre
Kenntnisse und alle Wissenschaften der Malerschule mehr als andre zu verdanken? Hat es nicht
Architecten gegeben, welche ihre Wissenschaft auf
das höchste getrieben, und allezeit bekennt haben,
daß ihre ganze Kenntniß der Architectur eine
Frucht der Maler- und Bildhauerkunst sey. Ich
habe es schon erwähnt, daß sehr viele der vortrefflichsten Architecten nur Maler, Bildhauer, oder
beydes zugleich gewesen sind, und bloß mit diesen
Künsten versehen, die prächtigsten Gebäude aufgeführt haben. Ich übergehe andre mit Stillschweigen, welche durch diese Schule hernach alle schönen Künste und Wissenschaften wiederum zur
Blüte und in den höchsten Flor gebracht haben.

In der That weis ja jedermann, daß die Architectur ihre genauesten Maaßregeln und die edle
Harmonie, welche ihren prächtigen Gebäuden und
Denkmaalen die vorzüglichsten Schönheiten verschafft, aus dem Bau des menschlichen Körpers
hergenommen, und allein darauf gegründet hat,
welcher der Hauptgegenstand und das edelste Augenmerk der Malerey und der Bildhauerkunst ist.

Nach

Nach den Verhältnissen oder Proportionen dieses menschlichen Leibes hat die Architectur ihre Säulenordnungen bestimmt. Um also die männliche Stärke und Kraft wohlgestalteter Menschen nachzuahmen, deren ganze Höhe gemeiniglich ihren wohlgeformten sechs Füßen gleich ist, haben die Alten eine Bauordnung erfunden, zufolge welcher die Höhe der Colonnen oder Säulen mit ihren Theilen der einfachsten und ansehnlichsten Verzierungen sechs mal so hoch; als dick seyn müssen. Sie nannten diese erste Ordnung toskanisch, weil ein aus der asiatischen Landschaft Lydien ausgezogenes Volk in Toskana am Flusse Arno sich niedergelassen und den Gebrauch solcher Säulen angefangen hat.

Die Proportion oder das Verhältniß der schönsten Leiber von jungen Leuten, welche gemeiniglich mehr als sechs Füße der Höhe nach haben, machte bey den alten Griechen eine zweyte Ordnung von Säulen, welche sammt ihren gezierten Theilen mehr als gedachte erste Ordnung hat, auch sechsmal so hoch als dick war, weil junge Leute am Bau ihres Leibes etwas zierlichers und angenehmers haben, als ältere und stärkere Männer; diese nannte man die dorische Ordnung, denn die Dorier hatten vor Zeiten zu Argos im Peloponnes, izo Morea, zu Ehren der Juno einen Tempel nach gedachter Proportion erbauet.

Das

Das Verhältniß eines weiblichen Körpers nachzuahmen, dessen Höhe acht ihrer Füße fast gleich ist, erdachten sie eine dritte Säulenordnung, und gaben ihrer Höhe ein achtfaches Maaß ihrer Dicke, nebst zärtlichern Verzierungen. Diese Ordnung wurde die ionische genennt, weil die Griechen, welche unter der Anführung Jons von Athen nach Asien übergesetzt, und zu Ephesus einen Tempel nach dieser Ordnung erbaut hatten. Lucian schreibt von der syrischen Göttinn, daß ihr Tempel von ionischer Structur gewesen sey. Jon war ein Statuarius oder Bildhauer. Er lebte zu den Zeiten Alexanders des Großen, 324 Jahre vor Christi Geburt.

Sie machten ferner eine vierte Ordnung, welcher sie ein neunfaches Maaß ihrer Dicke, und viel zärtlichere Verzierungen nach der Art und Gestalt eines Mägdchens gaben, die viel feiner und zärtlicher ist, als der Weiber. Weil aber dieses zu Corinth geschah, so wurde diese Ordnung die korinthische genant.

Italien erfand endlich die fünfte Ordnung, und nannte sie Ordinem compositum, oder die zusammengesetzte Ordnung, welche zehnmal höher als Dick ist, und wie die andern verziert werden kann.

Ein Werk ist ein Ganzes, das aus seinen Theilen zusammengesetzt ist. Eben dieses finden wir in der Malerey, in der Dichtkunst, in der Wohlredenheit und Musik. Die Leiber oder Körper haben

Das

haben verschiedene Glieder, und zwischen diesen
muß eine gemeinschaftliche Verbindung und
gleichförmige Ordnung, Symmetrie oder
Ebenmaaß herrschen; denn wenn man diese mit
dem Verhältniß vereiniget, so bringt sie die Ordnung, Eintheilung, das prächtige Ansehn, ja selbst
die Majestät hervor.

Wenn man auf einen kleinen Leib einen Rie-
senkopf setzt; einen kleinen Arm mit einem allzugroßen, einen starken Fuß mit einem schwachen
Schenkel zusammenfügt; wenn man in einem Gesicht ein kleines und großes Auge, eines höher und
das andre niedriger anbringt; (dergleichen Beyspiele es doch genug giebt) wenn man Glieder
eines Jünglings mit denen von einem alten Greiße,
magere Theile mit fetten, den Kopf eines Mägdchens mit Armen eines starken Kerls vereiniget;
wenn man den Herkules, wie einen Apollo; den
Adonis wie einen Crotoniaten, den Ganimedes wie
einen Hannibal vorstellt; und kurz, wenn man
in diese Ungleichheiten, in diese Fehler, in diese
Mißverhältnisse, in solche Ungereimtheiten verfällt; so kann man nichts als ungeheure, häßliche
und abscheuliche Mißgeburten, und vielleicht auch
diese noch mit großer Mühe zu Stande bringen.
Man muß diese Mißhandlungen nicht nur in den
Formen, sondern auch in den Farben vermeiden,
und nicht auf einen von der Sonne verbrannten
Leib einen weißen Kopf setzen:

Auf

Auf gleiche Weise kann man einer jeden Ordnung der Baukunst nichts anders zueignen, als
die Verzierungen, welche ihrem Verhältnisse gemäß sind.

Auch die Kleidungen wollen nach dem Charakter und Alter eingerichtet seyn. Wenn man
z. B. einen Held oder Greis in Seide, ein junges
Mägdchen in schweres Tuch kleiden wollte, was würde wohl so gar der Pöbel davon urtheilen? würde
er nicht alles für eine dumme Maske ansehn?

Man muß also allezeit auf seiner Hut seyn,
und in keine dergleichen Thotheiten verfallen, welche man oft nur gering und eine Nachläßigkeit
nennt; denn was man bisweilen für nichts hält, das
zieht oft sehr große und schädliche Folgen nach sich.

Mit den Fehlern in den Verhältnissen oder
Proportionen verhält sichs eben so, wie mit den
Rechnungen und den Sitten selbst. Ein kleines
Versehen zieht oft andre Fehltritte nach sich, die
man nimmermehr verbessern kann.

Man hüte sich also in den Fehler zu verfallen, welchen Horaz bey einem Bildhauer wahrgenommen hat; dieser Künstler wußte die Nägel
an seinen Statüen überaus gut auszuarbeiten, auch
die Natur, und so gar die Flüchtigkeit der Haare
nachzuahmen. Seine Statüen überhaupt aber
waren schlecht; weil er kein Ganzes zuwege bringen konnte, dessen Theile wohl zusammengetroffen
hätten.

H   Eilftes

Eilftes Kapitel.

Von der Zusammenfügung vieler
verschiedener Theile in ein zierliches Ganzes.

Die Kunst, aus verschiedenen Theilen ein zierliches Ganzes zu machen, giebt zu vielen
Anmerkungen und Betrachtungen Anlaß, welche
alle Theile der Malerey betreffen. Wenn in einem Gemälde eine jede Sache für sich insönder-
heit die Augen und das Herz ergötzt, wenn gleich
das Ganze glücklich zusammengefügt ist, eine Sache
aber an einem Orte steht, wo sie nicht hingehört,
so wird die Anlage der Theile, so schön sie auch
immer seyn mag, doch zuweilen abgeschmackt.
Wenn nämlich Schatten und Licht unrecht angebracht ist; wenn eine falsche Uebereinstimmung die
Augen beleidiget; wenn aller Orten ein Misver-
hältniß, eine Falschheit der Charaktere und der Leidenschaften herrschet, an welche die Vernunft sich
stößet, das ganze Werk aber selbst gewisser Maf-
sen steif wird; welcher Kenner sollte wohl daran
ein Vergnügen finden? Zwischen den Sachen und
ihrem Ausdrucke; zwischen den Auszierungen und
Leidenschaften; zwischen den Geberden und Stellungen des Geschlechtes, des Alters und der verschiedenen Charaktere muß ein richtiges Verhältniß beobachtet werden. Man muß die Klugheit

eines

eines Alten nicht in einem jungen, lebhaften und
ungestümen Menschen vorstellen. Die natürliche
Einfalt eines Kindes schickt sich nicht auf ein
männliches Alter; und die Munterkeit einer scher-
zenden Jugend würde einem klugen und sittsamen
Manne nicht anstehen. Müssen nun die Charaktere von mancherley Art seyn; so kann das Verhältniß in allen Leibern auch nicht einerley werden.
Hierinn hat Raphael sich von andern Künstlern
unendlich unterschieden. Er konnte nicht nur in
unterschiedlichen Charakteren sich ändern, sondern
er vermied auch die Einförmigkeit in derselben;
Er war ein genauer und kluger Nachahmer der
Natur; und diese war stets sein Hauptaugen-
merk.

Durch verschiedene Proportionen muß die
Schönheit selbst auch mannichfaltig werden: man
kann durch verschiedene Reizungen gerührt werden, und dieselben empfinden: es giebt Schönheiten, von denen man die Ursache beybringen
kann; es giebt andre, welche nur willkührlich
sind; ob sie schon denenjenigen, welchen sie durch
gewisse angenehme Züge, die ihnen bekannt sind,
wohlgefallen, so vorkommen, als ob sie allerdings
so, und nicht anders seyn müßten.

Zuweilen verschafft eine besondre Schönheit
eines einzigen Theils dem ganzen Werk einen Beyfall. Ein gewisses Etwas, das gefällt, macht
oftmals, daß man gewisse Unregelmäßigkeiten in
der Proportion für Vollkommenheit ansieht. Die-

ses

ſes nimmt man in der Geſichtsbildung der jüdi-
ſchen Tänzerinn wahr, welche Guido Reni,
als ſie den Kopf des heiligen Johannes in einer
Schüſſel hält, vorgeſtellt hat.   Sie gefällt Jedermann, ob ſchon alle Stücke im Geſichte wider
die gewöhnlichen Verhältniſſe hingezeichnet ſind,
damit ſie eine auſſerordentliche Geſtalt; jedoch eine
wahre hebräiſche Schönheit vorſtelle.   Jacob
Frey hat ſie mit Vergnügen in Kupfer geſtochen,
und ſie mir oft gezeigt, gelobt und mit Erſtaunen
zu erkennen gegeben.

Man muß in den Regeln der Schönheiten
alles beobachten, was einem jeden Alter anſtändig
iſt; denn gleichwie eine jede verſchiedene Jahrs-
zeit ihre beſondern Schönheiten hat; alſo hat ſolche auch ein jedes Menſchenalter.   Auf dieſe
Kenntniß ſo großer Mannichfaltigkeit in der Natur
muß der Maler ſeinen guten Geſchmack gründen,
welcher ihm in ſeinen Arbeiten einen Vorzug verſchaffen ſoll.

Es iſt nicht genug, ſich an die gemeinen Regeln zu binden, die man jedoch wiſſen, und zu
Verhütung des Tadels in Acht nehmen muß; ſondern man ſollte durch die Vortrefflichkeit des Wi-
ßes und des Verſtandes ſich nur Regeln machen,
um zur Vollkommenheit der Kunſt zu gelangen,
welche Beyfall und Lob erwerben.   Da ich keine
Fehler begangen habe, ſagt Horaz, muß man
mich deswegen loben? In der That, wie viele
Maler, welche die Anatomie verſtehn, und alle
                                                    Glied-

Gliedmaaßen des Leibes auswendig wissen, zeichnen dennoch mit einer trockenen, schlechten, faltsinnigen, armen und abgeschmackten Art, ohne Fehler zu begehen, die in die Augen fallen? Faſt dergleichen wiederfuhr dem berühmten Bildhauer Cornachini, welcher Karl den Großen zu Pferde in der St. Peterskirche zu Rom gebildet hat. Er studierte die Zergliederung des Pferdes so eifrig, daß endlich der Pferdekopf allzu mager ausfiel.

Ich will wegen einer hier vielleicht unnützen Weitläuftigkeit von der Zergliederungskunst nichts anführen, sondern mich nur mit dem beschäfftigen, daß ich sage: um daß Maaß aller Glieder der Thiere zu kennen sey die Osseologie oder die Beschreibung der Gebeine das sicherste Mittel; denn die Gebeine sind die Haupttheile, welche den Bau des Leibes, so zu sagen, aller Orten unterstützen, aufrecht halten und in Ansehung desselben dasjenige sind, was das Zimmer- oder Bauholz in einem Hause ist. Jedoch die Gebeine sind mit Fleisch, Haut und Muskeln bekleidet, welche ihren verschiedenen Theilen die gehörige und eigene Dicke geben; wenn man also sich bemühet, ihre Lagen, ihre Verbindung, und ihre besondern Verrichtungen zu verstehen; so wird man auch kennen, welche quellen, schwellen oder sich blähen, welche nachgeben, oder nachlassen; welche in gewissen Bewegungen etwas verrichten, und welche ganz unbeweglich sind; denn ihre verschie-

H 3 denen

denen Formen richten sich nach ihren verschiedenen
Verrichtungen. Durch diese an sich nothwendige
Beobachtung, um die Ausmessung und das Verhältniß des menschlichen Leibes genau zu verstehn,
kann man sich zur großen Kunst der Zeichnung
einen festen und zureichenden Grund legen. Allein man muß sich in Acht nehmen, daß dieses genaue Nachforschen der Anatomie nicht verleite, die
Muskeln auf eine allzu scharfe und trockene Manier anzubringen, wie ich oben erwähnt habe.
Denn die größten Meister sind oft in diese Ausschweifung verfallen. Michelagnolo ist in der
Bildhauer und Baukunst bisweilen den Griechen ähnlich, und hat in seinen Gemälden sich sehr
angelegen seyn lassen, alle Muskeln deutlich zu
machen. Es scheint aber zuweilen, als hätte er
gleichsam vergessen, daß eine Haut darüber gezogen sey, daß diese Muskeln nach ihren Verrichtungen und nach dem Geschlecht oder Alter mehr
oder weniger zu bemerken sind.

In der Bildhauerkunst hat er sich in diesem
Fall nicht vergangen; seine Denkmaale von dieser Kunst sind auch die vornehmsten seines grossen Ruhmes.

Die Malerey richtet sich nicht nach den Verhältnissen, welche die Geometrie oder Meßkunst
anderwärts in Künsten bestimmt, die vermittelst
der Materie, so man vermehrt oder vermindert,
wirkliche Körper, wie sie von Natur sind, darstellen. Da die Malerkunst durch eine betrüge-
rische

rische Erscheinung sehen läßt, was nicht ist; so bezaubert und verführt sie zugleich die Augen und den Verstand. Zu dieser Absicht hat sie nicht nur gewisse Regeln der Perspectivkunst vonnöthen, wodurch sie unterschieden wird, und ohne welche sie nichts Gutes hervorbringen kann, sondern sie muß dieser Wissenschaft auch die Kunstgriffe beyfügen, die Lichter und die Schatten regelmäßig anzubringen, und künstlich auszutheilen; denn die Malerey ohne Licht und Schatten ist so unvollkommen, als eine Musik ohne Parthien oder Abtheilung. Daß die Proportion die Regel der Zusammenstimmung ist, dieses ist so gewiß, als Schatten und Licht.

Also machen wir den Schluß, daß, weil die Proportion nicht nur der Grund der Zeichnung, sondern fast aller Theile der Malerey ist, man sich niemals Mühe genug geben könne, in ihre Grundsätze zu dringen.

Junge Leute müssen also alles studieren, was dahin führet: nämlich die Geometrie, die Anatomie, die Perspectivkunst, so viel, wie Maratta in einem Kupferstiche ausdrücken ließ, als diese Künste zum Malen nothwendig, genug und vortheilhaft sind. Dabey aber kömmt die Kenntniß der Natur am meisten zu statten. Sie müssen sich in allem steif in den Kopf setzen, daß die Practik oder Uebung ohne Wissenschaft nichts anders erzeugen könne, als einen bloßen Tagelöhner, die Wissenschaft hingegen mit der Uebung einen Ma-

ler

ler mache. Denn gleichwie zwischen einem Plauderer und Redner ein großer Unterschied ist; also
kann man auch sagen, daß es sich zwischen einem
Menschen, der malt, und einem Maler eben so
verhalte. Wenn die Leichtigkeit der Hand durch
die Kunst nicht unterstützt wird, so ist dieselbe das
Talent vieler mittelmäßiger, auch wohl oft der ver-
wegensten Leute.

Man mag vom langen Gebrauche, von der
Uebung und von einer langen Gewohnheit sagen,
was man will, daß sie nämlich der sicherste Wegweiser der Künstler sind; so ist es doch gewiß,
daß sie zwar mehr Leichtigkeit, aber keine Richtigkeit verschaffen; und was entsteht hieraus?
Nichts, als eine verwegene und stolze Aufgeblasenheit, daß man dadurch nicht selten seinen Sturz
und Fall findet.

In der That, man hat viele junge Leute gesehen, welche sich ein künftiges großes Ansehen
zu versprechen schienen, die dennoch, weil sie das
Studiren vernachläßigten, und ihrem natürlichen
Talent allzu viel zutrauten, alle Hoffnung, die
man von ihnen hatte, dermaßen verloren, daß ihr
Name in dem Gedächtniß ihrer eifrigsten Gönner
völlig erloschen ist. O daß doch die Vorstellung
einer Gefahr, in welche man sich so leicht stürzen
kann, dem ungestümen Laufe einer allzu glänzenden Jugend Einhalt thun könnte! Wie glücklich
wären nicht junge Anfänger, wenn sie sich durch
das Studieren, durch Bedachtsamkeit, und durch
die

die Vernunft leiten ließen, und bedenken möchten,
daß die Natur ohne Mithülfe der Kunst zuweilen
nichts hervorbringt, als Disteln und Dornen, wo
man doch Blumen und Früchte zu sehen hoffte?
Was für ein Wachsthum, sage ich, würden diese
Künste nicht haben, wenn ihre Schüler sich vorstellten, daß man nicht anders, als durch diese
erst erwähnte Mittel, nämlich durch eine reife
Ueberlegung, durch Nachsinnen und durch den
Gebrauch der Vernunft die Vollkommenheit erreichen kann, welche sie zu ihrem Augenmerk haben müssen, wenn sie sich einen zu aller Zeit bestehenden Ruhm erwerben wollen! Denn in Ansehung der Nachwelt ist nichts angefangen, was
nicht ausgearbeitet, ausgeführt und vollendet ist.

Zwölftes

Zwölftes Kapitel.

Von der Eigenliebe eines Malers,
und von desselben durch die Lobeserhebungen vermehrten Fehler.

Die Eigenliebe ist ein Fehler, welcher den
Fortgang im Studiren gemeiniglich verhindert. Gleichwie man sich selbst allezeit lieb hat, also
schmeichelt man sich auch selbst oftmals allzu viel,
und ist alsdenn nicht selten mit sich selbst zufrieden, wenn man andern ein Genügen zu leisten,
noch sehr weit entfernt ist. Es ist nichts so gemein, als ein mittelmäßiges Verdienst mit einer
übertriebenen hochmüthigen Einbildung zu vere-
nigen. Es hilft nichts, und ist umsonst, über
sich selbst zu frohlocken, nach Lobsprüchen zu laufen, Lorbern einzusammeln, sein eigenes Lob auszubreiten, und das vermeynte Denkmaal seines
Ruhms auf den Untergang derjenigen, die uns
mißfällig sind, aufzubauen; alles ist umsonst!
Wenn dieser eitle Hochmuth betrügt, und zuweilen den großen Haufen verblendet; so reisset endlich die Zeit der Wahrheit den Schleyer vom Gesichte; die Menge von Unwissenden wird ihren
Irrthum gewahr; sie sieht ungefähr sich hintergangen, und schämt sich, daß sie sich so ungeschickt hat verführen lassen. Es mag sich bey uns
ein oder andres Verdienst hervorthun; so kommt
es

es uns nicht zu, dasselbe andern vorzuschwatzen. Es ist auch sehr gefährlich, ε sich selbst davon zu überführen; denn diese schmeichelhafte Einbildung entzücket uns, und schläfert uns ein; sie ist eine Sirene, die uns endlich zu Grunde richtet. Die stolze Zuversicht, welche wir auf unsre eigene Fähigkeit setzen, machet, daß wir in einer unseligen Unempfindlichkeit schmachten, und verhindert uns durch ihre Schmeicheley, die Vollkommenheit zu suchen, weil wir uns einbilden, daß wir sie schon besitzen. Da nehmen alle Sorgen ein Ende; man studirt nicht mehr; man sucht weder bey der Natur, noch bey der Vernunft sich mehr Raths zu erholen; man hat keine Zweifel mehr; die Beschwerlichkeit einer Wahl höret auf sich zu beschäfftigen. Alles was unter den Fingern hervorwächst, befriediget uns gleichfalls durch die einzige Ursache, daß man selbst Vater derselben Geburt ist. Endlich verläßt man sich auf eine gefährliche Gewohnheit, welche von Tag zu Tage in der Nichtswürdigkeit zunimmt, und man lässet sich einfallen, sie sey der wahre Besitz aller Regeln der Kunst, die man kennen zu lernen noch nicht einmal Zeit gehabt hat. Man glaubt, es wäre dem Ruhme nachtheilig, und hieße sich allzu viel erniedrigen, wenn man noch aus den Werken und aus dem Unterricht jener verehrungswürdigen Alten sich einen Nutzen zu verschaffen suchte, welche zu allen Zeiten die Wegweiser seyn müssen: Kaum nimmt man sich die Mühe, daß man jene billige Stimme, welche die ehrlichen Alten bewundert,

dert, anhört, und man empfindet einen heimlichen Kitzel, wenn man sie verachten hört. Dieses ist so wahr, daß es uns Mühe kostet, diejenigen zu achten, welche uns zwingen, sie zu bewundern; denn man wendet alles an, ihr Verdienst
zu vermindern, um sie, wenn es möglich ist, zu
uns herab zu setzen, und dieses durch einen Trieb
des Hochmuthes, aus dem die niederträchtige Eifersucht entsteht, welche macht, daß wir glauben,
man wolle uns dasjenige rauben, was man andern, die man lobt, zueignet; und hingegen uns
dasjenige zutheilen, was man andern, die man
tadelt, entwendet. Dieses macht, daß man sich
selbst alles, andern aber nichts verzeihet, oder, wenigstens, daß man Lust hat, das Lob zu unterdrü-
cken, das man andern nicht versagen kann. Denn
wenn man bekennen muß, daß sie einiges Talent
haben, so eilt man ganz hitzig auf die Fehler los,
welche man bey ihnen zu finden glaubet; man
stammelt mit einem schwachen Tone, wenn man
lobt, und erhebt die Stimme sehr, wenn man das
Vergnügen zu verachten hat. Unnütze Bemühungen! Große Männer im Besitze ihres bestä-
tigten und bewährten Ruhmes stören wollen, ist
eben so viel, als wenn ungestüme Wellen sich mit
rauschender Wuth erheben, unbewegliche Felsen
und Klippen zu stürzen, an denen sie gleich selbst
so zu sagen, mit Seufzen und Heulen zerstieben.

Der Neid muß endlich der Schwere des Verdienstes unterliegen, und der Mensch, welcher sich

durch

durch die Tugend empor hebt, unterdrückt, sagt Horaz, durch das einzige Gewicht seiner Ehre das Verdienst andrer, die er zurück läßt. Pindar singt: das Verdienst könne mit dem Pantoffelholz verglichen werden: Man mag es im Wasser untertauchen so weit man will; so schwimmt es dennoch gleich wieder auf die Oberfläche empor.

Je mehr ein Mann die Beschwerlichkeit seiner Kunst einsieht, und je stärker seine Urtheilskraft ist; desto mehr macht er sich eine Ehre daraus, gegen andre mit Glimpf und Nachsicht, mit sich selbst hingegen strenge zu verfahren. Je weiter er auf der Bahn der Malerey gekommen ist, destomehr hat er entdeckt, und destomehr nimmt er durch seine eigene Einsicht wahr, wie weit er von der beständig gesuchten Vollkommenheit noch entfernt sey.

Die Wissenschaft und die Bescheidenheit der vornehmsten gelehrten Versammlungen erlaubt es zu behaupten, daß kein Mensch ohne verdammlichen Hochmuth sich rühmen könne, daß er alle in der Malerey erforderlichen Kenntnisse und Eigenschäften besitze. Ein Maler, welcher überzeugt wäre, so mächtig zu seyn, würde sich desjenigen Ausspruches würdig machen, der zu Athen gemein war: daß nämlich kein so vermessener, und mit sich selbst so zufriedener Mensch sey, als ein schlechter Maler; weil er weder seine Unwissenheit, noch den weiten Umfang seiner Kunst begreife.

Wenn die Gedanken des Urhebers eines Gemäldes sich nicht weiter erstrecken, als seine Arbeit, so wird er darinn schwerlich seine Fehler verbessern, und denselben neue Schönheiten einverlei-
ben. Der Geschickteste ist jederzeit der Furcht-
samste. Welcher ehrbegierige Maler erstaunt
nicht, oder geräth vielleicht nicht gar in Schrecken, wenn er eine bloße Fläche, oder eine nackte
Leinwand erblickt, auf welcher er so viele verschiedene Sachen, auch solche, die nicht vorhanden sind,
und keinen Körper haben, dennoch mit Fleisch
und Beinen vorstellen soll? und zwar mit solchen
Leibern, welche durch die Macht seines glücklichen
und reichen Genie hernach lebhaft erscheinen?
Man mag so gelehrt seyn, als man will, so kann
man auf jene glücklichen Augenblicke keine Rechnung machen, in welchen das Genie, welches
gleichsam von der Minerva selbst ins Feuer gebracht worden, jenes glänzende ja nothwendige
Feuer, um glücklich zu erfinden, ausbreitet. Kann
man versichert seyn, in seinem Verstande zugleich
jene Richtigkeit und Stärke der Gedanken versammeln zu können, welche so nothwendig sind,
alles voraus zu sehen, was die Einrichtung, die
Anordnung und die Zusammenfügung erfordern,
auch was der Wahl gehöriger Stellungen und
Geberden, dem Ausdruck, und der Schönheit
der Zeichnung oder des Umrisses gemäß sey? kann
man vorhersehen, was für eine Wirkung aus der
Eintheilung der Gruppen oder der Zusammenverbindung vieler Figuren, aus dem gehäuften Schat-

ten

ten und Licht entstehen werde? Kann man die
Wahl der Farben vorher wahrnehmen, wodurch
die Zusammenstimmung oder Harmonie und die
liebliche Beruhigung der Augen muß verschafft
werden, welche zugleich gefallen, reizen und hintergehen? denn man muß sich nicht einbilden, daß,
wenn alles dieses im Verstande nicht gegenwärtig
ist, die Zusammenfügung des so weitläuftigen Ge-
máldes nicht mühselig und fruchtlos seyn werde.
Die ganze Verfassung wird nichts anders seyn, als
eine Verwirrung und ein fürchterliches Chaos;
alles wird kaltsinnig uud kriechend; alles wird sich
vom Vergnügen des Auges und des Verstandes
entfernen; alles Zeichnen, alle Farben helfen
nichts.   Man verliert die Wirkung dieser reizenden Sachen, wenn die Erfindung, die Ordnung,
die Zusammenfügung nicht zum Grunde des Werkes gelegt worden.

Mit diesen Sachen verhält es sich, wie mit
einem Redner, der durch seinen gekünstelten Vortrag nur dem Ohr seiner Zuhörer durch abgemes-
sene Sätze und Perioden, durch ungefähr hinge-
streute Blumen seiner Redekunst gefallen will,
und sich nicht bekümmert, ob die Ordnung des
Zusammenhangs zureichend sey, durch die Stärke
seiner Beweise den Witz und Verstand der Zuhörer zu überzeugen.   Denn ein jedes Gespräche,
dem es an Beweisen mangelt, hat weder Kraft
noch Annehmlichkeit, und die schönsten Wörter,
die leer und nichtsbedeutend sind, wirken nicht
mehr,

mehr, als die Luft- und Wafferſtreiche.   Gleichwie die erſten Schritte eines Jünglings in der
Welt faſt alle künftigen beſtimmen; alſo zeigen
die erſten Züge, wodurch die Anlage oder Verfaſſung eines Gemäldes entworfen wird, im voraus
ſchon ſeine Schönheit, und durch dieſen Anfang
ſehen die Kenner oft voraus, wie dieſe Arbeit gelingen werde.

Es muß alſo, ehe man die Reißfeder in die
Hand nimmt, der Verſtand ſchon die ausgeſuchteſten Gedanken gefaßt haben; die Kunſt aber muß
durch eine kluge Eintheilung alles an die gehörigen Stellen bringen, wenn ſie ein zierliches Ganzes verſchaffen will.   Wer wird wohl auf ſein
Genie ſo ſtolz ſeyn, und jederzeit auf ſeine Ideen
ein Vertrauen ſetzen, die gemeiniglich aus einem
glücklichen und günſtigen Ungefähr entſtehen, und
zuweilen ſich nicht einſtellen, wenn man ſie ſucht;
ein andermal aber zugegen ſind, wenn man ſie
nicht vermuthet? Dieſes muß die geſchickteſten
Meiſter beynahe demüthigen, welche auch gemeiniglich die beſcheidenſten ſind.

Mit wie viel Kenntniſſen muß nicht der Verſtand eines vollkommnen Malers verſehen ſeyn?
Er ſollte nicht nur eine große Bekanntſchaft mit
den gewöhnlichen Jugendlehren haben, ſondern
auch ein mittelmäßiger Redner ſeyn, um ſich eben
derjenigen Regeln bedienen zu können, welche der
Redner braucht, wenn er unterrichten, wohl gefallen und ans Herz greifen will: Drey Sachen,
welche

welche zur Stärke einer Malerey das meiste beytragen, und welchen man mit größestem Eifer
nachstreben sollte; die man aber am wenigsten in
Acht nimmt. Ein großer Maler muß auch ein
Dichter seyn. Ich sage nicht, daß er Verse
machen soll; sondern daß er nur verstehe, daß
man nicht allein mit dem Witze, welcher die Dichtkunst beseelet, müsse versehen seyn, und die Regeln wisse, welche mit der Malerey, wie oben
schon erwähnt worden, fast einerley sind. Denn
die Malerey und die Dichtkunst sind Schwestern,
die einander in allen Stücken ähnlich sind, und
einander Hülfe leisten.

Die Malerkunst muß eben das für die Augen
verrichten, was die Dichtkunst für die Ohren und
den Witz thut: beyde haben einerley Grundsätze,
einerley Gegenstand, und einerley Begeisterung.

Einem Maler muß auch die geistliche und
weltliche Geschichte nicht fremde seyn: Denn
er hat nicht nur die Geographie oder die Beschreibung der Erdkugel, sondern auch die Geometrie oder Meßkunst, die Perspective, die
Optick oder Sehkunst vonnöthen. Diese be-
rückt uns, wie bekannt, auf eine anmuthige Art;
sie verblendet die Augen auf unzählige Arten, vermittelst der Farben, der mancherley Figuren und
Gestalten, durch die Vergrößerung oder Verjüngerung der Dinge, nachdem sie weit oder nahe
sind; zu welchem Ende sie eigene Regeln vor-
schreibt.

Man

Man weis, wie unentbehrlich auch die Baukunst oder Architectur einem Maler ist;
diese kann er nicht genug studiren. Nicht weniger sollte er auch die Naturkunde verstehn, und
dabey ein Physicus seyn. Wird er wohl die
Sachen geschickt vorstellen können, wovon ihm
weder die Ursache, noch die Wirkung derselben bekannt ist?

Wenn der Maler denjenigen Theil der Sit-
tenlehre nicht versteht, welcher die Leidenschaften
kennen lernt, wie wird er die rührenden Bilder
der Gemüthsbewegungen zeichnen können? Wie
kann er das malen, was man Lust, Freude, Traurigkeit, Vergnügen, Schmerz, Liebe, Furcht,
Haß und andere Leidenschaften nennt, welche das
menschliche Herz in Verwirrung und in Bewegung bringen? Denn er muß den Menschen nicht
nur äusserlich durch die Verhältnisse und durch
die Anatomie kennen; sondern er muß auch vermittelst der Philosophie bis in desselben Seele
eindringen.

Wie wird er die Charaktere malen, wenn er
von der Physionomie oder von den äusserlichen
Kennzeichen der menschlichen Natur keinen Begriff hat?

Dem Maler müssen auch die allgemeinen Regeln der Tonkunst nicht unbekannt seyn. Die
Zusammenstimmung, oder die Harmonie, welche
aus dem Verhältniß der Töne entsteht, ist eben
in denselbigen Regeln gegründet, welche die Pro-
portiô·

portionen des Leibes, und die verschiedenen Verbindungen der Farben zum Grunde haben.

Die Regeln, öffentlich zu reden, zu peroriren, oder zu declamiren, oder eines Schauspielers, sind bey der Malerkunst unentbehrlich, um die Bewegungen des Leibes mit dem Ausdruck des Angesichts zu vereinigen.

Wenn der Maler seinen Figuren die Rede mittheilen will, so muß er solche durch den lebhaften Ausdruck der Bewegungen, Geberden und Handlungen andeuten, deren sich gemeiniglich die Stummen, um sich zu verstehn zu geben, zu gebrauchen pflegen.

Die Maler müssen auch von der Tanzkunst einige Kenntniß haben, nicht nur, wo es sich geziemet, eine edle und angenehme Wahl in den Stellungen und Geberden des Leibes zu treffen, sondern auch zum Theil die berühmte Pantomime nachzuahmen, mit welcher die alten Griechen durch regelmäßige Schritte und Bewegungen ganze Geschichten vorstellen konnten. Hände und Füße redeten bey ihnen, und in ihren Geberden herrschte eine solche Kunst, ein so lebhafter Ausdruck, daß die Zuschauer alle, auch die geheimesten Umstände und Handlungen ihrer Götter leicht auslegen und verstehen konnten.

Man würde kein Ende finden, wenn man alle einem Maler nöthige Kenntnisse aus einander setzen wollte. Indessen wird alles dieses fruchtlos,

J 2 wenn

wenn man sowohl dasjenige, was ich schon gesagt
habe, als die Einrichtung des ganzen Werkes,
durch die Schönheit und das Erhabene der Gedanken, durch eine edle und reizende Art, die Sachen vorzustellen, nicht recht aus einander zu wickeln
weis; da man hingegen die Richtigkeit der Geschichte wohl beobachten, und die Sitten, die Länder und
die Gebräuche durch den edlen und lebhaften Ausdruck, durch eine leichte und angenehme Ausführung vor Augen stellen, und eine aller Orten wohl-
angebrachte angenehme Mannichfaltigkeit, den
lieblichen Ueberfluß der Gedanken, einen ausnehmenden Geschmack, ja alles, was gefallen, mißfallen, überdrüßig, oder reizend seyn kann, eintheilen sollte.

Ich glaube nicht, daß diese Beschreibung eines vollkommenen Malers, wie ich ihn hier abschildere, übertrieben seyn wird; denn man muß
bekennen, daß sie nicht nur die Gränzen der Wahrheit nicht überschreitet, sondern auch noch viele
Sachen beygefüget werden können. Was hat
nicht Vitruv von einem Architecten für eine
Menge von Wissenschaften, Künsten und Eigenschaften verlanget? Ich muß gestehn, daß ich einen mit ausnehmenden Kenntnissen versehenen
Mann beschreibe; allein man muß sich auch erinnern, daß ich hier die Bildung eines großen Malers abschildere. Will man mir also Vorwürfe
machen, daß sehr wenige, so gar auch unter den
Alten, die doch den höchsten Ruhm verdient haben,

ben, zu einem so hohen Grade der Vollkommenheit gestiegen sind; so werde ich antworten, daß wenige gewesen sind, denen nicht etwas gemangelt habe; folglich sey es zu einer Pflicht geworden, sich in allen Anständen bey Gelehrten Raths zu erholen, und eben dieses ist es, weswegen viele andre in sich gehn müssen, welche stolz heraus sagen, daß sie ihre Kunst verstehn, und nichts mehr zu lernen haben. Carlo Maratta übte sich in seinem 72jährigen Alter täglich, wie ein Schüler, in der Zeichnung so ämsig, daß seine Freunde ihm deswegen oftmals Vorwürfe machten, er aber auch manchmal aufgebracht antwortete: Ihr Thoren, wer kann denn jemals auslernen?

Leonardo da Vinci, Michelagnolo, Raphael d'Urbino, Albrecht Dürer, Dominichino, Rubens, und Poußin, welche es in diesen Wissenschaften am weitesten gebracht hatten, waren weit entfernt, sich so viel, als jene, einzubilden. So oft die Alten ihre Namen auf ihre Gemälde setzten, so fügten sie denselben jederzeit bey: pingebat, nicht pinxit; Faciebat, nicht fecit. Er malte oder machte das Stück, und nicht: Er hat es gemalt, oder gemacht, weil sie niemals mit sich selbst zufrieden waren, und dieses der Nachwelt dadurch zu verstehn geben wollten. Pingebat finde ich auf Raphaels Arbeit, und auf griechischen Statüen liest man ΕΠΟΙΗΣΕ oder ΕΠΟΙΕΙ, fecit und faciebat. Titian aber schrieb seinen Feinden zum Troß auf ein Bild fecit, fecit, zweymal.

J 3　　　Diese

Diese großen Männer waren viel zu verstän-
dig, als daß sie nicht hätten begreifen sollen, daß
sie nicht alles wüßten.   In allen Künsten kennen
die mittelmäßigen und kurzsichtigen Witzlinge
nicht allein den Umfang ihrer Kunst nicht, sondern
sie sind sich auch sogar selbst unbekannt. Sie be-
eifern sich mit diesen Gedanken noch weniger, als
mit jenen ihr Glück zu machen; es liegt ihnen weniger daran, wahrhaftig gelehrt zu seyn, als den
falschen Ruhm zu erlangen, daß sie es sind. Denn
wenn sie es inne werden, daß strenge Kunstrichter
ihnen den Beyfall versagen, dem sie nachstreben,
und diese kleine Zahl, welche das Gute und Schlechte mit Billigkeit abzuwägen weis, ihnen nicht günstig ist; so wenden sie alles an, um diejenigen,
welche weniger Einsicht haben, zu verblenden, und
dieselben zu gewinnen: sie suchen alle Mittel hervor, um von der ungeheuren Menge, oder vom
großen Haufen bewundert zu werden. Alsdann
wird der großsprecherische bejahende Ton ange-
stimmt, man schreitet herzhaft zur Ankündigung
des Urtheils in seiner eigenen Sache, und man
gewöhnt sich liebreich an, alles das Gute, so man
von ihnen sagt, und wovon man andre überführen
will, mit der größesten Zuversicht zu glauben.

Wie viel giebt es nicht Leute, welche das unwissende Volk auf ihr Wort für gelehrt hält?
Denn die Menge schlechter Kenner, glaube ich,
ist in allen Künsten weit zahlreicher, als die von
einsichtsvollen Richtern. Als Sophokles, ein
                                         tragi-

tragischer Dichter, einstens einem andern begegne=
te, welcher auch Trauerspiele verfertigte, und öf=
ters durch den Beyfall des Volkes über ihn siegte,
so sagte er ganz freundlich zu ihm: Schämest
du dich nicht, daß du durch die Mehrheit der Stim=
men mich so oft überwunden haft? Dieser eitle
Zuruf ist um so viel gefährlicher, als eifrige Igno=
ranten jederzeit es schlecht errathen, und oft die
größesten Fehler unsrer Werke bewundern. Da=
her zieht man aus allem falsche Folgerungen und
Schlüsse, was dem sogenannten Publico gefallen,
oder nicht gefallen kann; und man liebt mit Zärt=
lichkeit die Fehler, welche man alle Tage durch die
gefährlichen Schmeichler loben hört, die, wie
Horaz sagt, alle Augenblicke ausrufen: O das
ist schön! Das ist unvergleichlich! Das ist vortreff=
lich! Das ist göttlich! Sie fallen in Entzückung;
sie weinen vor Zärtlichkeit; sie springen über ih=
ren Stuhl; sie stampfen vor Freuden; mit einem
Worte, sie machen es wie jene, welche man bey
Leichengepränge zum Weinen miethete, und die
sich weit kläglicher anstellten, als die Leidtragen=
den selber. Also sind die Schmeichler weit mehr
in Bewegung, als wahre Freunde. Also nährt
ein knechtisches Lob oftmals den Hochmuth, und
also unterhält die Unwissenheit denselben, wenn sie
falsch und niederträchtig schmeichelt.

Es wäre also zu wünschen, daß junge Leute,
welchen die Geburt ein glückliches Genie verlie=
hen hat, trachten möchten, diese lange Laufbahn

der

der Malerkunst mit Nutzen zu betreten, und allem auszuweichen, was der Eigenliebe schmeicheln kann. Denn diese ist die gefährlichste Klippe des Fleißes im Studiren. Sie würden auch dieses Hinderniß leicht aus dem Wege räumen, wenn sie die Beschwerlichkeiten und den Umfang ihrer Kunst zu kennen sich bemühen wollten.

Man muß gestehn, daß, wenn ein alter Meister, der für die Jugend arbeitet, sich alles dieses vorstellt, er sich gewiß der Demuth befleißigen wird; zumal, wenn er siehet, daß sich sein Ziel nahet, und weis, daß er nicht mehr Zeit genug habe, ein höheres zu erreichen.

Es wäre also zu wünschen, daß die Schüler die kostbaren Augenblicke ihrer Jugend wohl in Acht nähmen; denn man kann bey der Malerey mit Grunde die Worte hier anwenden, welche Hippokrates auf die Arzneykunst deutete: Die Kunst währt lange; das Leben ist kurz und die Erfahrung schwer.

Jedoch man lasse sich in seiner Laufbahn nichts verhindern. Die Schätze der Malerey sind unerschöpflich, sie können viele Menschen auf unterschiedliche Art bereichern. Es giebt mehr als einen Lorber auf dem **Parnaß,** auch Schutzgötter und Gönner, welche ihre Belohnungen nach der Billigkeit auszutheilen wissen; sie ahmen dem trojanischen Helden Aeneas weislich nach, welcher, da er zu Ehren des Anchises, sei-

nes

nes Vaters, herrliche Feste und Feyerlichkeiten anstellte, dem Ueberwinder in den Spielen den ersten Preiß zutheilte, und zween andre denjenigen überreichte, welche dem ersten am nächsten gekommen waren. So viele Stufen der Wissenschaften in einem Staat angetroffen werden; so vielerley Arten des Geschmackes und der Belohnungen hat man zu erwarten. Ein jeder vortreflicher Künstler aber findet seinen Gönner und freygebigen Beschirmer.

Dreyzehntes Kapitel.

Vom besondern Geschmack und einer
glücklichen Wahl im Zeichnen.

Der erhabne und ausnehmende Geschmack
kömmt von der Hoheit eines natürlichen Verstandes her, der in uns ist, und vielmehr, für
eine Gabe des Himmels angesehn werden muß, als
für eine Eigenschaft, die man ganz erwerben kann,
in so fern sie die Größe der Ideen und die Vortrefflichkeit der Einbildung angehet. Allein,
weil das Erhabene auch in andern Theilen der
Kunst gefunden wird, so ist der Klugheit gemäß,
daß man weiter nachforschet und siehet, ob man
nicht Regeln, dahin zu gelangen, bestimmen
könne.

Das Erhabne findet man in der Wahl des
Gegenstandes, und in der Art und Weise, densel-
ben auszuführen; ferner in der Anordnung, in dem
Ausdruck, im Geschmack der Umrisse und in der
Zeichnung.

Wenn dem Maler freygelassen wird, seinen
Gegenstand nach eigenem Belieben zu wählen,
wie er jederzeit nach einer solchen Freyheit sich
bestreben sollte; so muß er genau Achtung geben,
daß er besondre, berühmte und ausnehmende Begebenheiten wähle, deren Handlung lebhaft und
voll von Charakteren ist. Wenn man darinn

dem

dem Erhabnen auch das Pathetische oder Gemüthsrührende beyzufügen Gelegenheit hat, so kann
man sich davon einen reichen und glücklichen Erfolg versprechen. Obschon das Erhabene den
Verstand und den Geschmack angeht; so steht es
doch nicht in eines jeden Gewalt, desselben Schönheiten empfinden zu können. Wenn aber die Leidenschaften damit verknüpft und mit der gehörigen
Stärke angebracht werden; so bringen sie alle
Zuschauer in eine allgemeine Bewegung. Das
Pathetische nimmt das Herz viel eher ein, als das
Erhabene den Verstand. Man kann den Witz
bewegen, ohne das Herz in Regung zu bringen;
und ohne in den Verstand zu bringen. Alle
Handlungen sind mit gewissen Umständen begleitet; also wird man ohne Zweifel zum Erhabnen
gelangen, wenn man die vornehmsten Umstände
künstlich zu wählen, und sie so zusammen zu
ordnen weis, daß ein schönes Ganzes daraus
wird.

Ein großer Maler muß nicht nnr in seine
Composition nichts einschleichen lassen, was nicht
zur Hauptsache gehört, und zur Haupthandlung
des Gemäldes nichts beyträgt; sondern es muß
alles dabey hülfliche Hand leisten, um darinn die
Stärke und den Charakter zu vermehren. Alles
was man dem Gegenstande beyfügt, muß das
Werk vergrößern und verschönern, jedoch so, daß
bey dem Erhabenen nichts überflüßiges angetroffen werde.

Man

Man muß sich auch sorgfältig hüten, absonderlich in die Geheimnisse der Religion zu dringen, nichts einzumischen, was niederträchtig,
scherzhaft oder kindisch ist; dergleichen Dinge verdunkeln die Charaktere. Zum Beyspiele, Affen,
Mohren oder andre lächerliche Fratzen zwischen
heiligen und ernsthaften Versammlungen, bey denen solche Figuren als Lichtstöcke erscheinen, dergleichen ich gesehn habe und noch alle Tage sehen
kann. Alles muß in demselben nichts als Ehrfurcht und Heiligkeit einflößen. In einen änlichen Fehler ist der obengemeldete Dominichino
zu St. Giorgio zu Rom verfallen. Sein Gemälde stellt die Marter des heiligen Andreas vor.
Darinn sieht man einen Henkersknecht, welcher
einen Strick an den Füssen des Heiligen so gewaltig anzieht, daß er zerreißet, und er auf den Erdboden zurückstürzet, mithin seinen Gehülfen zum
Gelächter Anlaß giebt. Dieses scheinet eine un-
verantwortliche Ausschweifung zu seyn, besonders
an einem Maler, der sonst gemeiniglich wohlanständig, richtig und erhaben dachte.

Jedoch wollen andre diesen Umstand dem
Dominichino nicht so sehr zur Last legen, sondern
ziehen daraus vielmehr den Schluß, daß er dadurch die Heftigkeit der Peiniger und Henkersknechte sowohl, als ihr Gespötte und ihre Verachtung gegen den Heiligen, folglich desselben Marter desto erschrecklicher vorzustellen gesucht habe.

Das

Das Lachen eines unempfindlichen Zuschauers
vermindert zwar den Werth des Gemäldes nicht;
dem ungeachtet aber bleibt doch dieses ausgemacht,
daß kurzweilige Fratzen der Majeſtät eines verehrungswürdigen Gegenſtandes gar nicht anſtehn.
Denn das Spaßhafte mit dem Traurigen, oder
das niedrigſte Burlesco mit der beweglichſten Tragödie vermengen, ſey ſo viel, als mit einem Fuß
im Stiefel und mit dem andern im Pantoffel einher treten. Dergleichen Fehler findet man bey
den Alten ſowohl, als bey den Neuern. Jedoch in den Künſten iſt man geneigt, den Todten
alles, den Lebendigen aber nichts zu verzeihen,
weil dieſe noch Gelegenheit hätten ſich zu beſſern.
Wenn niedere Umſtände in einem Gemälde nothwendig und unentbehrlich ſind; ſo muß man ſie
geſchickt anzubringen wiſſen, daß ſie im Gemälde
keinen Hauptplatz einnehmen, und die Schönheit
der Haupthandlung, welche mitten im Gemälde
und im größeſten Lichte erſcheinen muß, nicht etwan verdringen, ſondern erheben helfen. Wie
eine lächerliche Kleinigkeit wäre es nicht, wenn
man bey der Geburt unſers Erlöſers Thiere aus
dem Stalle mitten ins Gemälde ſetzte, als wenn
ſie einen Haupttheil dieſes heiligen Spectakels
ausmachten. Wenn ſolche niedrige Dinge in einem Stück unvermeidlich ſind, ſo iſt es ein groſ-
ſer Fehler, dieſelben wider allen Wohlſtand in
das ſchönſte Licht zu ſetzen, und daraus faſt das
Hauptweſen zu machen, da ſie doch gerade der
Verfaſſung, die man vorhat, zuwider ſind.

Cor-

Correggio dient hier vor andern zum Beyspiel, da er bey der Geburt des Heylandes, oder in seiner so genannten berühmten Nacht (la famola notte di Correggio) die zwey Thiere in die entfernte Finsterniß deutlich hingemalt hat.

Man mag aber in diesem Fall Regeln vorschreiben, so viel man will, so werden sie allezeit fruchtlos bleiben, wenn sie nicht durch den Verstand und seinen Witz des Malers unterstützt werden. Die Sache erklärt sich von sich selbst, daß man nämlich keine fremde Nebenhandlungen allda müsse Platz finden lassen, sondern trachten, daß die nothwendigen an ihren gehörigen Ort kommen; denn eben dieses ist es, was man die Disposition, die Composition oder Anordnung, die ganze Anlage oder die Verfassung nennt.

Die Ordnung in einem Gemälde ist eine richtige Eintheilung aller verschiedenen Sachen, die man dergestalt an ihre gehörigen Stellen bringt, daß sie untereinander eine liebliche Verbindung machen, und sich zugleich empor zu heben einander Hülfe leisten. Das Genie würde sich umsonst mit den lebhaftesten und erhabensten Vorbildungen beschäfftigen, wenn es sie nicht ordentlich an ihre Stellen zu bringen wüßte. Ohne diese Anordnung würde eine Schilderey nichts seyn, als ein verworrener Haufen von Figuren, welche das Gemüth, den Verstand und die Augen beleidigen. Doch muß die Anordnung zu keiner gezwungenen Eintheilung werden: als wenn man

z. B.

z. B. ſagte: linker Hand hat der Maler ſechs
Köpfe angebracht; alſo muß auf der rechten
Seite auch eine Reihe von ſo viel Köpfen ſtehen.
Dieſes würde ein Kram von Figuren, als wenn
man ſie zur Schau hingeſtellt hätte.

Alle Sachen müſſen ſo künſtlich da ſeyn, als
wenn ſie durch ein glückliches Ungefähr, oder zufälliger Weiſe dahin gekommen wären. Man
muß die Kunſt mit Kunſt verbergen. Was groß
iſt, ſcheint leicht, und was leicht ſcheinet, iſt am
ſchwerſten zu machen. Nur durch die Grundſätze
der Kunſt kann man ſolches erlangen.

Wenn zuweilen ein erhabener Geiſt, durch
einen feurigen Trieb fortgeriſſen, die Gränzen der
Kunſt zu überſchreiten ſcheinet; ſo geſchieht es nur,
um ſie ſchöner zu machen, und beſſer in dieſelbe
einzudringen.

Man muß nicht erwarten, daß die Regel eine
Begeiſterung erwecke, welche das Erhabene ausdrückt; ſondern die Regel muß die Begeiſterung
berichtigen und in Ordnung bringen.

Die Mannichfaltigkeit und Menge der Sachen verſchaffen der Verfaſſung eine beſondre Annehmlichkeit. Allein man muß hierinn weder zu
verſchwenderiſch, noch zu ſparſam ſeyn, ſondern
allezeit den Charakter der Wohlanſtändigkeit beybehalten. Es iſt für den ausnehmenden Geſchmack ſo ſehr nöthig, die Verwirrung der Sachen zu vermeiden, daß es beſſer iſt, einige Dinge
wegzu-

wegzulaſſen, als die Augen durch eine abgeſchmackte Ausfüllung zu begnügen. Hierzu iſt
ein beſondrer Geſchmack und eine genaue Richtigkeit erforderlich. Man muß die Nebendinge mit
Witz und Klugheit wählen, welche zur Sache
taugen können. Man muß nur die lebhafteſten
und vorzüglichſten Dinge mitnehmen, ſie mit
Kunſt an ihren Ort und Stelle bringen, und alles
verwerfen, was kindiſch, abgeſchmackt und un-
nützlich ſeyn kann. In Italien werden ſo vielerley Dinge, welche im Gemälde überflüßig ſind,
und nur einen Platz ausfüllen, Botteghini oder
Kramläden genannt.

Es giebt Gegenſtände, deren Werth in der
Einfalt, wie die Majeſtät eines Fürſtens in einem
kurzen Ausdruck ſeiner Worte beſteht. Eben ſo
giebt es auch Gemälde, worinn das Erhabene
durch wenig Figuren beſſer ausgedruckt wird, als
in andern die Annehmlichkeit durch das überhäufte
Mannichfaltige.

In wichtigen Handlungen von Ceremo-
nien, Geprängen und dergleichen, iſt zuweilen eine Anordnung vonnöthen, welche oft
das Erhabene, Herrliche und Majeſtätiſche ausmacht. Eine ſolche Anordnung muß aber indeſſen
einen ſanften, klugen und faſt unvermerklichen
Contraſt haben. Man kann hierinn den göttlichen Raphael von Urbino zu Rathe ziehen: man
ſehe nach, wie er den Streit vom heiligen Sacrament; ſeine Schule zu Athen; ſein Abendmahl;
ſeine Pfingſten; ſeine Feuersbrunſt; ſeine Geſchichte

schichte der Apostel vorgestellt hat.   Was für
eine Vereinigung der Handlungen, was für eine
gelehrte Einfalt und Ungezwungenheit herrscht
nicht darinnen!   Alles ist groß, erhaben und
edel; alles ist voller Majestät.   Raphael malte
aber nichts ohne guten Rath gelehrter und kunstverständiger Leute, welche sowohl, als er, das Antique und die Gemälde studiren konnten; er besuchte auch ihre gewöhnlichen gelehrten Zusam-
menkünfte ohne Unterlaß.   Diese Gelehrten hatten zwar von dem Pinsel keinen Begriff, doch durchdrang ihr Auge seine Arbeit scharfsichtiger, als sein
eignes, der sich munter und willig ihren Meynungen unterwarf.

Dadurch ist dieser große Mann, weil er sich
von dem, was andre ungeschickt il gusto pitturesco, oder den malerischen Geschmack nannten, jederzeit weit entfernte, der größeste Maler in der
Welt geworden.   Seine im Vatican zu Rom befindlichen Gemälde werden zu ewigen Zeiten alle vernünftigen Augen in Erstaunen setzen.   Sieht man
vor ihnen, so glaubt man, sich selbst unter lebendigen Personen von unendlich verschiedenen Würden,
Charakteren, Nationen und Eigenschaften zu sehen.

In Schlachten und andern ungestümen Handlungen formiren die Unordnung, die Mannichfaltigkeit und eine gewisse Sorglosigkeit den erhabnen Charakter.   Dort herrscht eine schöne Unordnung, eine Wirkung der Kunst; denn alles,
was dort verworren scheint, muß durch die Kunst
selbst charakterisirt werden.   In dieser Art von

K   Unord-

Unordnung, welche so zu sagen den Verstand und die Einbildung erregt, muß durch die zusammenhangenden Haufen, oder Gruppen, durch die Massen der Lichter und Schatten, durch die Gegen- oder Widerlagen der Farben für die Augen eine Beruhigung verschafft und erhalten werden. Dieses ist es, woraus jederzeit das Erhabene entsteht, und dieses ist das erhabene Ganze (Il Tuttalsieme) welches man in den Gedanken haben muß, wenn man componirt.

Dieses Erhabene besteht auch darinn, daß man von einer weit größern Menge, als man wirklich vorstellt, einen Begriff gebe. Der Zuschauer muß Gelegenheit bekommen, seine Einbildung auch in Bewegung zu setzen. Die Eigenliebe macht, daß er mit uns zufrieden ist, und uns um so viel mehr bewundert. Er hat das Vergnügen, sich selbst für den Urheber einer Sache zu halten, die wir gewissermaaßen in der Kunst, wohl zu gefallen, nur entworfen haben. Es wird viel Witz und Verstand erfordert, ein solches Vergnügen auch bey andern zu erwecken.

Der erhabene Geschmack in dem Ausdruck besteht darinn, daß man beym ersten Anblick den Charakter der Sache wahrnehme, welche man vorgestellt hat: Die Kleider, die Oerter, die Regung und Art der Köpfe, die Verhältnisse, die Stellungen, alles vermehrt oder vermindert das Erhabne einer Sache. Man muß sich bis zum Erhabenen oder Sublimen erheben, wenn man Gottheiten vorstellen will. Alles muß in den

Hand-

Handlungen der Helden und Könige, so gar auch
in den gemeinsten und gewöhnlichsten Gegenständen prächtig und herrlich seyn. Man muß jederzeit die größesten, sonderbaresten und edelsten
Wirkungen der Natur erwählen; und dieses ist das
eigentliche sogenannte Pitturesco, oder der malerische Geschmack. Sogar die niedrigste Art muß
edel seyn. Doch muß man das Wahrscheinliche
nicht vergessen, um dem Ausserordentlichen und
Erhabnen nachzustreben. Man gebe jeder Sache
ihren gehörigen Charakter, welcher ihr eigen ist
und gebührt, es mag nun entweder durch die Ausdrücke, durch die Gesichtsbildungen, oder durch
besondre Geberden geschehen. Die Regungen
eines alten Mannes müssen von Regungen eines
hizigen jungen Menschen unterschieden werden.
Die Geberden und Bewegungen der Weiber müssen eine weit angenehmere Manier haben, als der
Männer. Die Kinder behalten ihren natürlichen,
niedlichen, naifen und zarten Charakter, der ihnen eigen ist, nämlich so, wie solche der leibrei-
zende und angenehme Correggio vorgestellt hat.

Ungeachtet alles Unterschiedes in den Handlungen und Bewegungsarten muß man doch jederzeit eine Gattung von Einigkeit erhalten. Nichts
ist dem Erhabnen so sehr zuwider, als unter das
Ernsthafte, wobey sich alles nach einem Theil richtet, gewaltsame oder ungestüme Handlungen zu
mischen und zu vermengen. Eine allzustarke und
zuweilen viel zu frostige Regung erzeugt einen übertriebenen, und den Augen sowohl als der Vernunf̃t

unter-

unerträglichen Contraſt. Hier iſt Raphael wiederum ein großes Muſter zur Nachahmung.

Der erhabne Geſchmack in der Zeichnung iſt
von demjenigen unterſchieden, was man ſonſt correct oder regelmäßig nennt, auch von demjenigen,
was man nach Ellen ausmißt, und deswegen groß
nennt. Ein coloſſenmäßiger Kopf kann der Kunſt
nach ſehr klein ſeyn. Man kann genau und regelmäßig, doch mit einem ſehr niedrigen Geſchmacke
zeichnen. Man kann auch mit einem erhabnen Geſchmacke, ohne ſehr correct zu ſeyn, Umriſſe machen; welches man zuweilen in den Gemälden des
Correggio gewahr wird. Dieſer erhabne Charakter der Zeichnung, welcher im Genie des Malers
verborgen ſteckt, iſt nicht leicht zu beſtimmen. Indeſſen beſteht er doch darinn, daß man große Theile
durch große Maaße erhebe und ausdrücke; hiernächſt aber alles vermeide, was trocken, hart, zer-
hackt, oder abgeſchnitten iſt. Die Winkel in den
Umriſſen machen das Niedrige, Kleine, Schlechte
und Harte aus. Eine geſchlängelte wellen- und
flammenförmige Art beſeelet den Umriß, und ſtreut
das Erhabene, das Zierliche und die Wahrheit
darein. Dieſes nennt man den Geiſt des Contórno,
oder des Umriſſes, worinn man den Correggio
nicht genug nachahmen kann. Alles, was dieſem
Charakter entgegen iſt, kann man barbariſch,
abentheuerlich und gerade der Natur und dem Geſchmack aller großen Meiſter zuwider nennen.
Man folge dem Michelagnolo, Leonardo da
Vinci, Raphaelen, und denen Caraccien; dieſe
haben

haben das Gegengift eines Lucas, eines Dürers und eines Pietro Testa hinlänglich gezeigt.

Das Erhabne entdeckt man auch im Geschmack der Kleidungen; es befindet sich daſſelbe darinn ſolchergeſtalt, daß oftmals das Hohe und Edle einer Figur auf der Wahl einer Falte und eines ſo oder anders hingeworfenen oder angeordneten Gewandes beruhet. Zuweilen iſt es eine gewiſſe Unordnung von großen, gleichſam ungefähr hingelegten Falten, welche das Erhabne ausmachen, und welches man in den Arbeiten des Correggio ſehen kann. Zuweilen iſt es auch eine Gattung von Ordnung der Falten, welche mit Kunſt gemacht worden, wodurch das Edle und Prächtige hervor gebracht und dem Antiquen gleich iſt. Man ſehe die heiligen Ausleger des Guido, welche Jacob Frey in Kupfer geätzt, und zu Rom erhalten hat; denn das Urbild iſt vom Hauſe Angelis nach England um ſechstauſend Scudi verkauft worden. Man ſehe, ob der Geſchmack in den Falten höher könne gefunden werden. Niemand aber hat die Ordnung und Unordnung wunderbarer zu vereinigen gewußt, als Raphael.

Allein, dieſe Sprache von Gewand und Falten iſt nur allein den Malern bekannt. Denn die meiſten Leute bilden ſich ein, daß das Gewand nur den Schülern überlaſſen werde, ſo, wie ſie glauben, daß in der Muſik die Parthien und die Harmonie die Arbeit der Schüler ſey. Dieſes giebt zu erkennen, daß in allen Künſten ſich Geheimniſſe befinden, welche nur denjenigen vorbehalten ſind, die ſich in denſelbigen üben.

K 3 Vierzehn-

Vierzehntes Kapitel.

Von dem Gratiösen oder Anmuthigen, vom Naifen und Reizenden des Pinsels.

Die regelmäßigsten, gelehrtesten, und so zu sagen, die tiefsinnigsten Werke, welche mit dem größesten Fleiß ausgearbeitet sind, haben ohne Zweifel ihren Werth in sich selbst. Allein sie haben nicht allezeit das Glück, wohl zu gefallen; besonders, wenn sie von jenem göttlichen Reize entblößet sind, welchen man die Anmuth, oder die Grace nennt, und welche, da sie die Schönheit beynahe selbst verschönert, das Herz weit eher, als eben diese Schönheit den Verstand einnimmt.

Es giebt etwas Gratiöses, oder eine Anmuth und Holdseligkeit, durch welche man auf das lebhafteste, ohne zu wissen wie oder warum? gerührt wird. Man findet sehr oft gewisse Weibspersonen, die nach allen Regeln schön genennet werden können, welche aber den Verdruß empfinden, daß ihre Schönheit nichts als Bewunderung, keinesweges aber einige Liebe, Gunst, Reiz und Gemüthsbewegung verursachet, weil ihnen die Anmuth mangelt, welche das Herz auf einmal und plötzlich überwältiget. Man sieht hingegen andre, welche, ihrer unregelmäßigen Gesichtszüge ungeachtet, doch mit Anmuth oder Grace so stark

verse-

verfehen find, daß fie bey dem erften Anblick uns
einnehmen.

Diefer Theil in der Malerey verurfachte, daß
Apelles fich nicht enthalten konnte, über fich felbft
zu frohlocken. Denn er bekannte, daß ihn Amphion in der Anordnung, und Asklepiodor in
der Richtigkeit der Verhältniffe überträfen; er
aber in der Anmuth keinem Künftler zu weichen
habe. Eben diefe Anmuth war der Charakter
feiner Gemälde, welcher ihn über alle feine Mitbuhler der Kunft erhob. Diefer große Maler
war von derjenigen niederträchtigen Mißgunft,
womit fo viele fonft wackere Leute angefteckt find,
fo weit entfernt, daß er in fremden Werken die
Schönheiten, die er darinn fand, jederzeit aufrichtig bewunderte. Er konnte fich aber doch
nicht enthalten, dabey zu erinnern, daß darinn die
Annehmlichkeit oder Gratia, welche die Griechen
χαριτια und die Lateiner die Venus oder Venu-
ftas nannten, und die Holdfeligkeit vermiffet werde, welche er allein über dasjenige auszubreiten
wiffe, was er male.

Inzwifchen, obfchon diefe Holdfeligkeit oder
die Grace insgemein jedermann zu rühren pflegt;
fo hat diefes dennoch feine Richtigkeit, daß, was
die Kunft anbetrifft, ein jeder davon fich nach
feinem Gefchmack oder nach feiner Gewohnheit,
oder auch nach dem Gefchmack feines Vaterlandes einen Begriff und eine Vorbildung oder Idee
machen könne. Was einer Nation anmuthig zu

K 4 feyn

seyn scheint, ist bey einer andern vielmal das Gegentheil.   Die Rubensischen Gesichter gefallen
den Italiänern nicht, und antique Nasen sind den
Flamländern gleichgültig.

Einige wollen, die Anmuth müsse lebhaft
und feurig seyn; andern gefällt sie bis zur Ausschweifung, wenn sie zärtlich, sanft und sittsam
ist.   Das Abgeschmackte selbst verbirgt sich bey
vielen unter dem Schein der Holdseligkeit, und
einer natürlichen Schönheit.   Allein, wenn viele
Maler, welche in diesem Irrthum stecken, die
Wahrheit anzutreffen gedenken, so erhaschen sie weiter nichts, als eine leere Einbildung.   Diejenigen sind also zu bedauren, welche durch die Schwäche ihrer Kenntnisse sich davon einnehmen lassen;
denjenigen aber ist es nicht zu verzeihen; welche
ihren Geschmack der schmeichelhaften Begierde,
dem Unwissenden zu gefallen, willfährig aufopfern,
und auf Kosten der Wahrheit, die sie kennen, oder
zum Schaden eines guten Rufs, den sie gewiß erlangen würden, auf eine abgeschmackte Art sich
einbilden, ihr Glück zu machen.   Es kostet ihnen
oftmals sehr viel; denn gleichwie man stufenweise zum Erhabnen gelangt, also verfällt man
auch nach und nach in das Kleine.   Gleichwie
eine Vollkommenheit einer andern gleichsam die
Hand bietet, also zieht auch ohne Zweifel ein Fehler den andern nach sich.   Auf diese Art verfällt
man unvermerkt vom Mittelmäßigen in das
Schlechte, und von diesem in das Nichtswürdige.

                                    Man

Man muß sich also sorgfältig hüten, daß man nicht das Erhabene aus den Augen verliert, um der Holdseligkeit nachzustreben. Man muß sich hauptsächlich bemühen, die Holdseligkeit durch Beyhülfe großer Meister, denen sie schon lange vor uns bekannt gewesen, in der einfältigen und ungekünstelten Natur zu suchen und zu wählen: Denn ihr glänzendes Verdienst muß uns zur Fackel dienen, bey deren Vorleuchtung wir sie gewiß entdecken werden.

Man kann nicht in Abrede seyn, daß Correggio und Albani die anmuthigsten Maler sind; allein das Holdselige des Correggio ist weit lebhafter und feuriger, es erhebt sich jederzeit bis ins Große; der liebliche Albani aber neigt sich bisweilen auf die Seite des Kleinen. Wenn Correggio dann und wann den Fehler begangen hat, in der Art der Köpfe allzu vielmal sich selbst gleich zu seyn; so ist dieses ein Vorwurf, welchen man dem Albani beynahe allzeit machen kann. Es scheint, er habe sich, so zu sagen, stets nur einer Gratie gewidmet, und sich niemals getrauet, auch denen andern zu opfern.

Die Gratien des Raphaels sind meistens vervielfältiget, und wenn er die Lebhaftigkeit und Naisetät des Correggio nicht übertroffen hat, welcher sie oft in unregelmäßigen Zügen anbrachte; so hat er doch mit der regelmäßigsten Schönheit edle und erhabene Gratien zu vereinigen gewußt, die zugleich ins Herz und in den Verstand drin-

K 5 gen.

gen. Es scheint, als wenn er jenen alten griechischen Statüen habe wollen den Geist einblasen, welche allezeit die Regeln der vollkommensten Schönheiten sind und bleiben werden.

Die Gratie des Guido unterscheidet sich durch eben denselbigen Charakter. Diese entzückende Schönheit, welche er in der Art und Wendung seiner Köpfe ausgedrückt hat, bestehet in der Regelmäßigkeit der Züge, und in einer rührenden, und feurigen Lieblichkeit, welche, wenn sie das Mittel zwischen dem Zärtlichen und Muntern hält, jederzeit das Edle und eine unendliche Erhabenheit behauptet. Seine Weiberhände haben eine unübertreffliche Annehmlichkeit. So gar in den Schwung seiner Falten hat er die Gratien eingestreuet. Ich glaube, darinn habe ihn noch kein Meister übertroffen. Dieses aber sind Schönheiten, die sich weit mehr empfinden, als beschreiben lassen.

Parmiggiano ist ebenfalls ein Muster der feurigsten Gratien, sowohl in Ansehung seiner Köpfe als der Stellungen.

Man muß sich aber nicht so weit verführen lassen, daß man nicht wahrnehmen könne, wie er nicht selten in das Gezwungene verfalle, und in den Fehler, welchen die Maler Manier nennen.

Ich bin überzeugt, daß der Charakter der Gratien mit uns erzeugt worden, und fast nicht erlernt werden könne. Die einzige Kunst, sie zu erlan-

erlangen, besteht also darinn, daß man darinn geboren sey; denn man irret sich nicht, wenn man glaubt, daß der Maler in den Werken seines Witzes sich gemeiniglich selbst schildere.

Guido Reni besaß einen sittsamen und bescheidenen Witz; seine Manieren waren edel und groß; und dieses ist auch der Charakter seiner Gemälde.

Raphael vereinigte mit seinen edeln und angenehmen Manieren eine Hoheit des Verstandes, welche sowohl seine Person schätzbar machte, als auch seine Gemälde in Hochachtung setzte.

So verhält es sich auch mit andern; man sieht in den Werken des Michelagnolo Buonorotti den Charakter seines Verstandes und Witzes; er war gelehrt, stolz, hart, herzhaft, fleißig und melancholisch. Die Beyspiele der Charaktere haben kein Ende. Denn einer ist entweder eigensinnig, jähzornig, oder frech, trotzig und wankelmüthig; ein andrer hingegen andächtig, freundlich und munter; alle aber bestimmen durch ihren persönlichen, den Charakter der Gemälde von den größten Männern. Die Philosophen sagen nicht ohne Grund, der Mensch sey nichts anders, als was er sich einbilde.

Wir geben nicht nur unser Temperament, die natürliche Beschaffenheit unsers Leibes und unsrer Sinnen zu erkennen; sondern wir gewöhnen uns auch die Denkungsart derjenigen an, mit welchen wir den meisten Umgang haben. Man nimmt
von

von niederträchtigen und gehäßigen Leuten eben einen solchen Charakter an, und erhebt seine Einbildung mit Leuten, welche durch ihren Verstand, durch ihre Gelehrsamkeit oder Geburt erhaben sind. Es ist vergebens, daß eine widerwärtige Gemüthsart sich oft wider den allgemeinen Geschmack eines Hofes oder des Adels empöre. Die Erziehung giebt großen Herren jederzeit mehrere Vorzüge, als den meisten andern Menschen: und wenn sie schon in den schönen Künsten und Wissenschaften nicht alle gleich gelehrt sind; so steckt doch ihre Einsicht oftmals andern ein Licht auf. Uebrigens sind der Umgang mit dem schönen Theile der Menschen; die Gewohnheit alles zu sehen, was vortrefflich ist; die auserwählten Meister, welchen es aufgetragen ist, sie von Jugend auf zu unterrichten, die rechten Wege, worauf insgemein auch die nicht allzu glückliche Gemüthsfähigkeit eine Gattung von Geschmack erlangen kann, welcher, wenn man sich ihn besonders in der Wohlanständigkeit, im Edlen, Großen und Angenehmen zu Nutze macht, einen ausnehmenden Vorzug verschaffen kann.

Besitzet man nicht Einsicht genug, die Schönheiten der bloßen Natur zu begreifen; so nimmt man seine Zuflucht zu fremden Zierathen, um seiner Arbeit ein holdseliges Ansehen zu verschaffen; denn man kann leicht in den Fehler verfallen, welchen ein Schüler des Apelles begieng, der eine Helena malte, und mit Schmuck so häufig

belud,

belud, daß Apelles, ſein Meiſter, zu ihm ſagte: Weil du ihr keine Schönheit geben konnteſt, ſo überhäufteſt du ſie mit Reichthum.

Unterdeſſen weis ich gar wohl, daß Gold, Schmuck, die Mannichfaltigkeit der Stoffe und andre Schäße eine wohlgefällige und angenehme Wirkung verſchaffen, wenn ſie mit Geſchmack angebracht ſind; und daß es Gegenſtände giebt, bey welchen dergleichen Pracht allerdings erforderlich iſt. Man muß ihn aber nicht zur Unzeit verſchwenden, ſondern vielmehr mit ſolchen Auszierungen ſparſam umgehn; denn der allzu große Ueberfluß macht allzu kleine Theile, und benimmt dadurch dem Auge die angenehme Ruhe, welche bey dem beſondern Geſchmack der Malerey, der Bildhauerkunſt und Architectur nothwendig iſt.

Man muß ſich auch wohl in Acht nehmen, daß man nicht den Geſchmack unſrer Zeiten nachahme, um der Natur eine Anſtändigkeit zu geben. Denn die Verzierungen, mit welchen man ſie ſchöner zu bilden gedenket, verſtellen ſie dermaßen, daß man ſie nicht mehr kennet.

Der Cavalier Ghezzi zu Rom malte eine Magdalene, welche einen allgemeinen Beyfall erhielt, auſſer, daß ſie ſeinem fürſtlichen Gönner wegen ihrer natürlichen Schönheiten nicht anſtändig war. Ihm alſo ein Genüge zu leiſten, und ſeinem Geſchmack zu ſchmeicheln, malte er ſie noch einmal, mit ſo viel Schmuck ausgeziert, daß man im Gemälde nichts als Pracht von Kleinodien,

Perlen,

Perlen, Diamanten und bunten Stoffen sehen
konnte, deren Schimmer und Glanz er rückwärts
einen Fuchsschweif anhieng, dadurch anzudeuten,
daß dieses Gemälde der Unwissenheit zu schmeicheln verfertiget worden. Sowohl das Publicum
als die Kenner hielten sich bey der ersten auf, und
lachten über die zweyte. Beyde sind noch in
Rom vorhanden, mit welchen die Maler noch heutiges Tages ihren Scherz treiben.

Man muß die Reizungen in der Natur selbst
suchen, wenn etwas schön gerathen soll. Die Kunst
besteht aber eigentlich darinn, daß man der Natur
zu helfen wisse, und ihr allezeit dahin folge, wo sie
sich hinneigt. Alles, was ausser ihr ist, kann kein
wahres Wohlgefallen erwecken. Ein alter Mann
mit einem ehrwürdigen Bart und mit grauen
Haaren ist weit angenehmer, als wenn er mit falschen, gekrausten, und gepuderten Locken gemalt
ist. Ich wollte auch so gar behaupten, daß Frauen
mit ihren natürlichen Farben unendlich angenehmer sind, als wenn man sie mit allen Farben, die
sie auf ihr Gesicht verschwenden, kunstmäßig vorstellt. Dieses ist es auch, was große Maler oft in
Verzweiflung setzt, wenn sie gezwungen sind, ihnen zu gefallen, sie so, und nicht anders abzumalen.

Wie glücklich wären doch vorzeiten die Maler! Die Natur stellte sich ihnen allezeit in ihren
unverfälschten und ungekünstelten Schönheiten vor
Augen; sie durften sie nur sehen und nachahmen;
wir

wir aber können ihr nicht getreu folgen, weil wir
ſie nicht anders als verſtellt, oder ich dürfte faſt
gar ſagen, maſkirt und vermummt ſehen. Indeſſen müſſen wir, ſagt ein vortrefflicher Maler, einen ſolchen Gegenſtand dennoch nachahmen; das
iſt aber betrübt!

Die Annehmlichkeiten, die Gratien oder die
Holdſeligkeiten müſſen gemeiniglich in allen Theilen des Gemäldes herrſchen; das heißt: Sie
müſſen aus der Compoſition, aus den Charakteren, aus den Leidenſchaften, aus der Zeichnung,
aus den Farben und aus der Arbeit des Pinſels
hervorleuchten.

In einer ſchon von Natur und von ſich ſelbſt
angenehmen Sache muß die Erfindungskraft gewiſſe Gegenſtände hinzufügen, welche ſo beſchaffen
ſind, daß die Annehmlichkeit mit Gewalt unterſtü-
ßet, und das Abgeſchmackte, ſo ſich in dergleichen
Sachen leicht einſchleichet, vermieden werde.
Alſo kann man durch einen lieblichen Contraſt, der
aber hierzu ſchicklich iſt, in ſeine Arbeit eine Mannichfaltigkeit bringen, welche darinn das Angenehme vermehret, ohne die Einheit oder Verbindung zu verwirren. Man kann z. B. den lieb-
reicheſten Nymphen einige Satyren, Faunen oder
Waldgötter entgegen ſetzen, welche häßlich genug
ſind, einen Contraſt zu machen. Aber auch dieſe
beſitzen in ihrer muntern Häßlichkeit, ſo zu ſagen,
eine Gattung von Holdſeligkeit. Dieſer Grundſatz, welcher von der Erfindung herrühret, trägt
zur

zur Vortrefflichkeit der ganzen Composition unendlich viel bey, in welcher man trachten muß, daß
in der Stellung der Gruppen eine Gattung von
Zierlichkeit, von einem witzigen und graciösen
Schwunge herrsche, welchen man durch den Geschmack erkennet, und wovon man fast keine Regel
vorzuschreiben im Stande ist. Er ist das glänzende und angenehme Talent, so man in den
großen Gemälden des Pietro Beretino da Cortona wahrnimmt, von welchem die Italiäner zu
sagen pflegten, daß, wenn Raphael zu desselben
Zeit gelebt hätte, er aus seinen Gemälden etwas
hätte lernen können, wie er das Große und Erschreckliche aus des Michelagnolo Gemälden gelernt hat. In der That, er würde vielleicht, wie
einige vorgeben, die Form seiner Gruppen in der
Glorie des berühmten Streites über das heilige
Sacrament nicht so gedrängt vorgestellt haben,
ohne den Charakter der Eintheilung zu verändern,
welcher dort die Größe und Majestät ausmacht.
Denn die ganze Vollkommenheit besteht oftmals
nur in einem etwas mehr, oder etwas weniger,
(plus vel minus).

Die Composition des Lanfranco führet einen
änlichen und lieblichen Charakter mit sich; und
die Composition des Cavaliers Bernini glänzet
durchaus von dieser feurigen Annehmlichkeit; absonderlich, wenn er mit so glücklichem Erfolge das
Reizende der Sculptur und Architectur vereiniget
hat, welches man in der Novitiatkirche der Jesui-
ten

ten und am Brunn auf dem Platz Navona zu
Rom mit Vergnügen findet.

Wie viel wäre nicht vom Le Brun zu sagen,
dessen berühmte Schlachten uns durch den Grabstichel eines unvergleichlichen Audran bekannt
sind? Man kann mit Recht behaupten, daß in
diesen großen Stücken, wenn er sie wie Audran
ausgeführt hätte, die Composition auf das höchste
gebracht, und in seiner Art der Köpfe, auch in der
Zeichnung das Regelmäßige, Angenehme, Edle
und Prächtige auf das geschickteste vereinigt wäre.
Vielleicht hätte er alles mit mehr Mannichfaltigkeit ausdrücken können; allein man verzeihet diesen Fehler auch so gar den Alten. Es scheinet,
man müsse ihm besonders in diesem Fall einige
Nachsicht gönnen, weil es gar seltsam ist, daß jemand so, wie er, einen gratiösen Geist, das Richtige, das Sanfte und das Mäßige mit dem Ungestümen vereinigen konnte, welches ihn bey der
Wuth des Kriegsvolkes und seinen ämsigen Verrichtungen in der Schlacht fortriß. Dieser Le
Brun, der sich in den Leidenschaften und Charakteren wohl zu unterscheiden wußte, hat sich sehr
in Acht genommen, da eine Gratie anzubringen,
wo sie nicht hin gehört. Die Gratie eines Helden ist nicht weibisch; sie besteht in einem männlichen edeln Ansehn, in Stärke und Kraft des Gemüthes sowohl als des Leibes. Die Gratie eines
Kriegsmannes leuchtet entweder aus dem Trotz, oder
zuweilen aus der Wuth hervor. Wie schön und

L   unver-

unvergleichlich würde es nicht laſſen, wenn man
den Mars bey der Venus liebreich, gratiös, als
einen freundlichen, ſüßen Stutzer mit gekrauſten,
erſt aus den Papilloten hervorgekrochenen einge-
ſtäubten ſchneeweißen Locken vorſtellte, oder einen
ſo reizvollen Kriegsgott einem heutigen ſiegreichen
metallfärbigen Heerführer änlich malte? Wer
würde nicht zum Lachen bewegt werden, wenn ihm
häßliche, zottigte Waldgötter ſo zärtlich, als junge
Schäfer entzückt und verliebt vor Augen kämen?
Der Charakter muß in ſolchen Leidenſchaften
allemal der Sache gemäß ſeyn. Man muß
dahero den Wohlſtand nicht verletzen, ſondern trachten, daß alle Unanſtändigkeiten und Ungeberden vermieden werden. Es iſt höchſt verdrüßlich, wenn man
die ſchönſten Gemälde verfertiget, die man hernach
oft weder ſehen laſſen, noch vielweniger für ſeine
eigene Arbeit erkennen darf.
Die Grätie und Annehmlichkeit der Zeichnung und des Umriſſes beſteht meiſtens in der
Wahl der Stellung, und alles deſſen, was man
dabey anbringt. Sie beſteht auch in der Zierlichkeit des Contorno. Dieſes iſt aber aus dem
Grunde ſchwer zu beſtimmen, weil man davon
keine gewiſſen Regeln geben kann. Sie hat mit
der Richtigkeit und Verbeſſerung keine Verwandſchaft, weil etwas auch ohne Grace correct ſeyn
kann. Ein Stück mag im Contorno ſo unverbeſſerlich ſeyn, als es wolle; ſo wird es dennoch abgeſchmackt, wenn darinn keine Annehmlichkeit angetroffen wird, welche der Natur ſelbſt nicht jederzeit
an-

anklebt, die man vor Augen hat. Dieſe Grace kömmt
nicht von der Handarbeit her; ſondern ſie hat lediglich ihren Sitz im Verſtande und dem Geſchmack
desjenigen, der arbeitet. Denn ein guter Zeichner,
der faſt nur über die nämlichen Linien oder Züge
fährt, giebt ungeſchickten und unverſtändigen Umriſſen einen Geiſt, ein Leben und eine Grace. Dieſes erfahren die Lehrmeiſter, welche die Zeichnungen ihrer Schüler corrigiren, ſehr oft.

Es iſt nicht allezeit hinlänglich, daß das Colorit ſeine Richtigkeit habe, wenn es gratiös iſt. Man
muß in der Wahrheit das Lieblichſte wählen, und
ſeinen Ton nach der Sache richten, die man unter
den Händen hat, und nach dem Orte, für den oder
an dem man malt. So lieblich auch das trotzige,
ſtarke und kräftige Colorit des Giorgione iſt, ſo
wenig wird es ſich auf einen Plafond ſchicken, auf
welchem lauter angenehme Sachen vorkommen, welche nur das Liebliche und die Helle oder ein ſtarkes
Licht erfordern.

Titian hat das gehörige Mittel zu beobachten
gewußt; alles ward mit unbeſchreiblicher Annehmlichkeit ſowohl durch die Wahl der Wahrheit, als
durch die Anmuth ſeiner Harmonie erfüllt.

Das Colorit des Correggio hat etwas Natürliches und Zärtliches. Er hat unter ſeine Figuren im Licht, durch helle Wiederſcheine die ange-
nehmſten Durchſichtigkeiten eingeſtreut, welche,
nebſt dem erſtaunlich Erhabenen und einer reizenden Lieblichkeit, alle Grätien des Colorits und des
Pinſels zugleich entdecken.

Funf-

Funfzehntes Kapitel.

Von Vermeidung des übertriebenen Eigensinns.

Wenn ich mich hier unterfange, auf dasjenige, was beym Correggio mit Grunde getadelt werden kann, einen Angriff zu wagen; so geschieht es deswegen, weil die Fehler, welche grossen Künstlern sich in ihre Arbeit eingeschlichen haben, viel geschickter als andre sind, uns in unsern Fehlern zu verbessern. Sie rühren uns viel lebhafter, und sind im Stande, uns von der Eigenliebe zu befreyen, welche uns die Kenntniß raubt, womit wir uns heilsame Grundsätze, die man uns mittheilt, zu Nutze machen könnten. Es ist eben so nothwendig, die Fehler der großen Meister zu bemerken, als ihre größten Talente zum Beyspiel vor Augen zu haben.

Die Ehrerbietung, welche man den Verstorbenen schuldig ist, muß uns nicht soweit verblenden, daß wir glauben, es sey ihnen unmöglich gewesen, einen Fehler zu begehn. Nicht der Ruhm macht das Verdienst eines Werkes, sondern das Verdienst eines Werkes muß den Ruhm erwecken und nach sich ziehn; und ich wünschte, daß die Liebhaber der Kunst sich eifriger bemühten, das Gute und Schlechte wahrzunehmen, als allein sich zu beschäfftigen, daß ihnen die Namen, die Charaktere

tere und das Original bekannt würden. Denn
die meisten getrauen sich nicht, etwas zu loben,
oder zu tadeln, bevor sie nicht diese Vorsichtigkeit
gebraucht haben, nach welcher sie sodann ihre Meynung sagen.

Das Große, das Angenehme, die Gratien,
das Natürliche, das Naife, das Ungezwungene
und der Reiz des Pinsels sind die Theile beym
Correggio, welche wir von diesem großen Maler
lernen müssen. Allein, man muß deswegen seine
manchmal übertriebenen Thätigkeiten oder Stellungen weder bewundern, noch nachahmen; vielweniger seine unverbesserten und nicht gut zusam-
menpassende Figuren, auch die Verwirrung, welche er zuweilen unter seine Gruppen gebracht hat,
sich gefallen lassen. Seine Kupel zu Parma ist
ein Beweis und Beyspiel davon. Als er noch
lebte, haben die Leute mit dem nämlichen Vorurtheil, wie es noch unter Modernen geschieht, davon gesprochen; sie haben nichts betrachtet, als
was ihnen vorwerflich schien, ohne sich zu würdigen, ihre Augen dahin zu wenden, wo Correggio Lob verdienen konnte. Durch diesen unerhör-
ten Irrthum war die Kupel so sehr im üblen Rufe,
daß man bereits den Schluß gefaßt hatte, ohne
auf die ungemeinen Schönheiten Achtung zu geben, die eine lange Zeit so sehr bewundert worden,
das ganze Gemälde herunter zu werfen. Man
war im Begriff, ein Werk zu vertilgen, nach welchem sich die Caracci unter andre berühmte Män-

L 3 ner

n:r in der Folge der Zeit gebildet hatten; weil sie
aus dieser Quelle das Große, das Annehmliche,
das Liebliche, so man anderwärts nicht findet, zu
schöpfen gewußt haben.

Es ist Jedermann bekannt, daß Titian damals am Hofe Kaiser Carls des Fünften die Ver-
heerung dieses wundenwürdigen Werkes verhindert
hat. Er kam nach Parma in den Tempel, das
vortreffliche Werk des Correggio zu sehen, und um
es mit bequemer Aufmerksamkeit betrachten zu
können, ließ er sich eine Matratze bringen, legte
sich darauf, und betrachtete von unten bis oben die
ganze Arbeit. Während dieser Stellung trat
einer von den Geistlichen derselben Kirche zu ihm,
und sagte zum Titian: Sie sehn hier einen rechte Mischmasch von abgeschmacktem Zeuge, welches einer solchen Mühe nicht werth ist: man wird
es ehester Tages vertilgen. Titian erschrack,
und antwortete: Hütet euch, dieses zu thun:
wenn ich nicht Titian wäre, so wünschte ich Correggio zu seyn!

Meine Absicht ist hier nicht, den Titian und
Correggio in eine Vergleichung zu setzen; sie
konnten beyde mit Recht um den Vorzug des Verdienstes streiten. Allein Titians Ruhm war bereits schon sicher gegründet und bevestiget; er
stund auch in einem besondern Ansehn und Würde, und war überdieses noch ein Günstling des
Kaisers; Correggio hingegen war noch unbekannt, und hatte zu seinem Behuf nichts, als sein
Ver-

Verdienſt. Wie ſchwach aber iſt nicht dieſes
Hülfsmittel, die Gunſt der Menſchen zu erlangen,
wenn es nicht von dem Glück unterſtützt wird!

Ich kann mich nicht enthalten, hier dem Titian das ihm ſchuldige Lob mitzutheilen: Was
für eine ausnehmende Ehre iſt es nämlich nicht
für einen Mann von Anſehn, ein wahres Verdienſt, welches das phantaſtiſche Verhängniß noch
nicht ans Licht hat kommen laſſen, aus der Finſterniß, oder vielleicht aus den Händen des Neides zu retten? Eine That, welche um ſo viel
ruhmwürdiger iſt, als man ſieht, daß ſie dem
gemeinen Gebrauch und der gewöhnlichen Politik
ſehr entgegen ſteht. Der Eigennutz und die Eigenliebe aber rechtfertigen öftmals eine dergleichen Politik auch in der Geſinnung der ſonſt
ſchätzbarſten Perſonen.

Nun eile ich zum Beſchluß, und ſage, daß es
um ſo nothwendiger ſey, die Fehler großer Männer
aufzudecken, als ſie denjenigen, welche dieſelben
nur durch ihre eigene Fehler nachzuahmen wiſſen,
oft zum Anſehn dienen, abſonderlich, wenn phan-
taſtiſchgewagte Sachen denen außerdem verworrenen Einbildungen zur Regel werden, und dieſelben durch Schmeicheley in den Abgrund fortreißen, aus dem ſie ſich hernach nicht wieder heraus zu helfen wiſſen. Man nimmt mehr als
zu oft dasjenige für eine pittureſkiſche Begeiſterung an, was man mit Recht eine Gattung von
Narrheit nennen könnte. Eben dieſes iſt es,

L 4   was

was vielen Leuten den unzeitigen Wahn beygebracht hat, daß der Maler- und Dichtkunst etwas
närrisches ankleben und eigen seyn müsse. Deswegen beklagt sich Horaz mit Recht, wenn er
sagt, daß, wenn die Narrheit einen Poeten macht,
derjenige ein rechter Thor sey, der sich alle Früh-
jahre von der Galle reinigen lasse, da er doch,
wenn er seine Galle beysammen behielte, endlich
davon soviel Vorrath haben würde, der ihm das
Maaß der Narrheit verschaffen könnte, welches nöthig ist, ein tüchtiger Poet zu werden.

Sechzehn-

Sechzehntes Kapitel.

Von dem reizvollen Colorit des berühmten Titians.

Man wird sich noch wohl der Zeit erinnern, in welcher die Maler- und Bildhauerakademien durch den berufenen Zwiespalt vom Colorit und von der Zeichnung getrennt waren. Einige von der Zeichnungskunst eingenommene, setzten das Colorit aus aller Achtung, und wollten es vernichten. Andre hingegen schätzten das Colorit so hoch, daß sie gegen die gründlichsten Schönheiten der Zeichnung eben so viel Haß blicken ließen. Die Schüler nahmen an dem Streit ihrer Meister so sehr Theil, daß sie dasjenige gleichsam mit Füssen traten, was sie ihren Meynungen entgegen gesetzt zu seyn glaubten. Man streute Satyren und Schmähschriften aus, wodurch man die Wissenschaft der oder jener Künstler angriff, und so gar ihre Personen verhöhnte. In diesem pittoresken Kriege wurde von einigen die Standarte des Rubens, von andern des Poussins ausgesteckt. So lange die Anhänger des Rubens den Poußin mit Verschmähungen überhäuften, so lange wurde Rubens von den Verehrern des Poussins nichtswürdig herumgezogen. Allein, obschon diese zween großen Maler die einzigen Gottheiten gewesen sind, die man anzubeten schien; so setzten die Eigenliebe und der Neid doch alles in Gährung.

L 5

rung.

rung.   Ein junger Maler war damals nicht im
Stande, die Bosheit so heimlicher Triebwerke
einzusehen, und könnte nicht begreifen, wie und
warum man eine Seite verderben wolle, um eine
andre empor zu heben.   Dieses hieß eben so viel,
als sich einen Arm abschneiden, damit der andre
sich besser befinde; oder sich ein Auge ausstechen
lassen, damit das andre besser sehen könnte.

Es ist zwar ausgemacht, daß ein Gemälde
ohne Colorit nicht vollkommen seyn kann; allein,
wie kann man denn verlangen, daß das Colorit
ohne Zeichnung bestehen soll?

In der That, das Licht, welches macht, daß
die Farben erscheinen, läßt sie nicht anders als
auf bereits schon gestalteten Körpern sehn. Ohne
Licht kann man nicht erkennen, ob ein Baum grün
ist, oder nicht.   In der Finsterniß aber kann man
hingegen wohl bemerken, wie dick und von was
für einer Form er sey.

In der barberinischen Gallerie zu Rom sieht
man das von Thon gemachte Portrait eines Pabstes aus dem Hause Barberini, welches ein blinder Bildhauer modellirt hat.   Er griff dem heiligen Vater stets ins Gesicht, und machte im Thone,
was er dort empfunden hatte.   Ganz Rom gestund,
das es vollkommen getroffen sey.   Wenn also
die Zeichnung die Form einer Sache ist, so ist sie
auch die Grundlage der Malerey, und kann
ohne Farbe bestehn; da hingegen das Colorit ohne
Zeich-

Zeichnung, nämlich ohne Form des Gegenstandes, nichts ist; denn obschon in der Natur das Licht und die Farbe unzertrennlich sind, weil überall, wo Licht ist, auch Farben sind; so hat es auch jederzeit seine völlige Richtigkeit, daß ein bloßer Umriß von Licht und Schatten ohne Beyhülfe des Colorits könne verstanden werden, und zwar um so viel mehr, weil die bloße Kenntniß des Grades der Schatten und Lichtes so stark verführt, das unbetrügliche Augen zuweilen in einer bloßen Zeichnung gewisse Farben zu sehn sich einbilden, die nicht vorhanden sind.

Die Zeichnungen und Umrisse des Titians und Rubens beweisen sowohl, als die Kupferstiche, worinn Schatten und Licht wohl angebracht sind: denn in Gemälden sind weiß und schwarz keine Farben. Jenes dient, das Licht vorzustellen, dieses aber die Finsterniß und Schatten.

Man setze demnach voraus, daß Licht und Schatten, welche man mit Recht für einen Theil der Zeichnung hält, wohlangeordnet sind; so ist der Haupttheil des Colorits gewiß dieser, einer jeden Sache ihre wahre Farbe zu geben, die man Localfarbe nennt. Allein diese Localfarbe verändert sich nach dem Charakter des Lichts, welches die Sachen nach der Entfernung, worinn sie sich befinden, beleuchtet; auch nach dem Ton, welcher einer Gegend anständig ist, und sich nicht jederzeit zu einer andern schickt.

Die

Die so genannte Nacht des Correggio kann hier zum Beyspiel dienen, welche vormals im herzoglichen Palast zu Modena zu sehen war, itzt aber die Gallerie zu Dreßden verschönert. Dieses Gemälde kann man, ohne sich lange zu besinnen, in Ansehung des Lichtes und Schattens, für das erste Stück in seiner Art halten, das in der Welt zum Vorschein gekommen ist. Es stellt die Geburt Christi vor: die Mutter Gottes und das Kind sind eine Masse von Licht, welches die Augen blendet, und sich auf die Hirten ausbreitet; die Luft ist ziemlich heiter; doch ist das Licht um viele Grade schwächer, als gedachtes Hauptlicht. Mitelli hat es in Kupfer gestochen. In Ansehung der Composition kann man nichts schöners hoffen oder wünschen, ausser, daß der Mond in einem Winkel in der Höhe, ob er schon nichts beleuchtet, hätte können weggelassen werden, weil er doch im Licht eine Irrung macht.

Richardson berichtet, daß Correggio dieses Gemälde um 208 Lire alter Währung von Reggio, das ist ungefähr nach römischem Gelde 8 Doppien, oder nach deutscher Münze 48 fl. zu einem Altar in Sant Prospero zu Reggio verfertiget habe. Es sind verschiedene Entwürfe davon vorhanden; in meinem Cabinet aber befindet sich eine auf Kupfer gemalte Kopie. Diesen hat, wie Bellori versichert, Annibal Caracci mit seiner Hand verfertiget. Sie befand sich anfangs in der Gallerie des Don Lelio Orsini, Fürstens zu Nerola.

Nerola. Von diefem bekam fie der Herzog von Uzedo, deffen Sammlung von Gemälden zu Wien verkauft worden, wo ich fodann das Glück hatte diefen Schatz für mich zu erftehen. In diefem Gemälde hat Caracci den Mond weggelaffen, und einige von der Mitten des Bildes entfernte Lichter fchwächer gemacht. Man fieht in der Dunkelheit den Horizont, und in der nächften Finfterniß den heiligen Jofeph und noch verfchiedene Figuren, nebft denen Stallthieren fo, wie die natürliche Nacht es zuläßt.

In dergleichen Umftänden, wo vom Colorit die Rede ift, befteht die große Kunft darinn, daß man die Natur genau nachahme, und einen Gegenftand in Vergleichung des andern, da man eine Farbe der andern entgegen fetzt, empor bringe. folche Gegenfätze oder Contrafte vermehren allezeit die Stärke, das Natürliche und die Uebereinftimmung des Gemäldes. Allein, diefe wunderbare Kunft hanget nicht nur von einem beftändigen Nachfinnen ab, fondern fie erfordert auch einen guten Gefchmack und eine fcharfe Erfindungskraft, welche, fo zu fagen, eine Gabe der Natur ift, und durch die Betrachtung fchöner Sachen fich verftärket. Diefe Kunft ift eine Art von Zauberey, welche noch wenige begriffen haben, dergeftalt, daß es fcheint, fie wäre nur dem Titian allein vorbehalten gewefen.

Uebrigens muß man fich nicht einfallen laffen, daß die Wirkung der Localfarben als ein fonderba-

derbares Geheimniß, nur einer kleinen Anzahl
von Personen bekannt sey, welche glauben, sie allein hätten das Recht, davon zu urtheilen; denn
da diese Wirkung auf der Nachahmung der Natur beruhet; so muß sie für alle Menschen gehören. Ich rede von der Wirkung, und nicht von
der Kunst; denn man wird wohl wenig andre,
ausser wirkliche Künstler, antreffen, die im Stande
sind, von dieser Kunst Rede und Antwort zu
geben.

Ich sage also, daß ein junger Mensch, der
Augen hat, einsehen und empfinden müsse, ob
in der Nachahmung, welche das einzige Ziel des
Malers ist, zum Beyspiel: das Fleisch der Farbe
eines Fleisches, die Leinwand der Leinwand, und
die Erde der Erde änlich sey, welches sich auch
von allen andern Gegenständen der Natur sagen
läßt.

Man könnte sich hierinn vielmehr nach der
Gesinnung derjenigen richten, welche nur nach ihrer natürlichen Empfindung urtheilen, als nach
vielen andern, welchen ein angenommenes Wesen
oder ein Vorurtheil den Schleyer über die Augen
gezogen hat. Ein solches Vorurtheil geht oft so
weit, daß wir Personen sehen, welche ihre natürlichen Kenntnisse zur Unzeit hintangesetzt haben,
um dem Vorurtheile derjenigen zu folgen, welchen
die angenommene Art zur Regel, und das Ansehen anstatt der Vernunft dient.

Wenn

Wenn dahero einige von den Anhängern des
Giorgione höreten, daß er allein die Kunst des
Colorites besitze, sie aber indessen selbst von diesem großen Meister vielleicht nur Stücke gesehen
hatten, worinn das Kräftige und Starke denen
darauf gemalten Sachen, auch der natürlichen
Farbe des auf diesen Stücken etwan vorgestellten
Landes anständig und gemäß war; so haben sie
die wahren von der Natur und Vernunft herge-
leiteten Grundsätze nicht untersucht, sondern geglaubt, daß alles, was nicht von einem verbrannten Geschmack wäre, wider das Colorit verstoße.

Andre, welche vor die Gemälde des Rubens
ganz und gar eingenommen sind, welcher berühmte
Mann aus eben gedachten Gründen dasjenige hell
vorstellte, was Giorgione braun machte, und
ein jeder zugleich die Natur seines Landes nachahmte, haben geglaubt, daß, weil sie nur das
Liebreizende hochschätzten, alles, was stark ist,
übertrieben sey, und nahmen weder die Oerter,
noch die Sachen in Acht, denen verschiedene Charaktere zugehörten.

In allen Sachen muß man den geziemenden
Ton erwählen, und demselben solchergestalt folgen, daß daraus eine vollkommene Harmonie ent-
springe, wenn jede Sache mit ihrem wahren Charakter vorgestellet worden.

Indessen glaube ich, daß eine starke Manier
gemeiniglich durch das Erhabene, so sie in den
Werken hervorbringt, die vortheilhafteste sey.
Was

Was ich stark nenne, das will ich nicht für schwarz
gehalten wissen; denn das Schwarze ist sehr schädlich, und so hart es ist, eben so abgeschmackt lässet es auch, als das Weiße.

Man mag aber einen so starken Ton nehmen,
als man will; so kann die Stärke doch ohne den
Liebreiz nicht bestehn, welchen die Natur uns allezeit vor Augen stellt.

§. Jemehr verschiedene Parthien in einem musikalischen Chor sind, dessomehr nähert sich die
Harmonie der Vollkommenheit. Jemehr Töne
von mannichfaltigen Farben in einem Gemälde
angetroffen werden, destomehr wird es zusammenstimmen und harmonisch seyn. Wenn in
einem musikalischen Chor alle zusammen gut sin-
gen, so vermehrt sich die Uebereinstimmung des
Ganzen unendlich: Je schöner und besser die
Theile einer Schilderey ausgesonnen sind, desto
vortrefflicher wird das Ganze. Eine große Maschine kann niemals bestehn, wenn das Triebwerk,
wodurch sie in Bewegung gebracht wird, irgendwo mangelhaft ist. Man muß also in einer sorg-
fältigen Untersuchung des Colorits nicht nachläs-
sig seyn. Dieses findet man in der genauen
Nachahmung der Natur. Man muß also sich
befleißigen, wie Titian, alle Schönheiten auszudrücken, welche die Natur vorstellt. Jedoch
hier hat man sich wohl in Acht zu nehmen, daß
die unzähligen Veränderungen der Farben dermaßen verbunden werden, damit die Massen derselben

selben in keine Verfälschung, oder gar ins Verderben gerathen. Ueberhaupt hüte man sich vor der Trockenheit, welche durch eine allzugroße Genauigkeit entstehn kann. Man muß sich Mühe geben, daß aller angewandte Fleiß in der Kunst gleichsam durch eine höhere Kunst verdunkelt werde.

Vermittelst des Schwarzen werden nicht durch zwey oder drey von einander abgesonderte Farben in großen Arbeiten die Massen erhalten; sondern durch die Kenntniß des Lichtes und des Schattens sowohl, als durch die Lieblichkeit der Farben bringt man die größesten Wirkungen hervor. Die Kupel des Correggio ist körnig und wohl ausgesonnen; sie ist wie ein Bild, das auf der Staffeley verfertigt worden; sie giebt die Wahrheit, von der ich hier rede, so gut zu erkennen, als Gemälde von andern großen Meistern.

Will man mir den Tintoretto vorwerfen, dessen allzu nachläßige Arbeiten zuweilen ein sehr gefährliches Muster sind; so werde ich antworten, was Annibal Caracci seinem Vetter Ludovico Caracci schrieb. Dieser große Mann sagt: Er habe Stücke vom Tintoretto gesehen, welche bald über den Titian, bald sehr weit unter ihm wären: Dennoch hat er in denen am wenigsten ausgearbeiteten Sachen, welche von seinem Pinsel herkommen, jederzeit das Harte und die Trockenheit durch eine verwunderungswürdige Kenntniß der lieblichen und harmonischen Stellen zu vermeiden gewußt.

M   Die

Die Vermischung der Töne und der Farben muß einem Regenbogen gleich seyn; sie ist durch unzählige Manieren vervielfältiget. Allein ihr Zusammenfluß ist so gelinde und so unmerklich, daß, was sich zusammen vereiniget, nur eines scheinet, und als ein Ganzes nur diejenige liebliche Zusammenstimmung formirt, welche die Augen bezaubert. Das Auge sowohl, als alle übrigen Sinnen können dergleichen Dinge nicht vertragen, die einander äusserst zuwider sind. Sowohl in der Malerey, als in der Musik winkt immer ein Ton dem andern. Die Augen können das schöne Blaue oder Azur neben dem glühend Rothen nicht ohne Verdruß ansehen; und man muß sich dieser äussersten Dinge nicht anders bedienen, als die Tonkünstler den Mißklang oder falsche Töne gebrauchen, welche man in der Musik duldet, um die Annehmlichkeit des vollkommenen Zusammenklangs desto lieblicher auszudrucken, und dieselbe desto empfindlicher zu machen. Selbst solche Rauhigkeiten verursachen oftmals eine große Wirkung, und zwingen das Auge durch eine gewisse Macht, sich nach besondern Gegenden des Gemäldes, wohin man es haben will, zu wenden. Eine solche Rauhigkeit kann auch zuweilen der Stärke des Ausdruckes zu Hülfe kommen. Es erfordert aber viel Geschicklichkeit, sie an die gehörige Stelle zu bringen, und sich jederzeit zu bestreben, damit eine so seltsame Uebertreibung durch eine kleine und klug angebrachte

Stelle

Stelle eines Ueberganges künstlich in Sicherheit gestellt werde.

Obschon das Sonnenlicht, oder ein jedes andres, es sey von was für einer Beschaffenheit es wolle, in der That keine Farben erzeugt, so lässet es doch nicht nach, dieselbigen auf eine oder die andre Art zu verändern. Die Sonne macht, daß sie dem Auge des Beobachters sehr gelblicht, der Mond viel weisser und bleicher, und das Feuer viel röthlicher erscheinet.

Zu Rom pflegt man jährlich die neu verfertigten Gemälde öffentlich und nach der Reihe in großen Höfen sehen zu lassen, wo gemeiniglich der Neid, die Mißgunst und die Eifersucht herrschen. Man hängt die vortrefflichsten Stücke vielmal aus Bosheit in die Sonne, damit sie andern im Schatten den Werth nicht streitig machen. So sah ich ein Stück des Pietro Bianchi, und Pompeo Battoni, die sich mit mir da befanden und von Herzen lachten, daß man sie durch die Sonne habe verkleinern wollen. Ihre Stücke aber behaupteten doch durch ihre Vortrefflichkeit, ob sie gleich in der Sonne hiengen, vor allen andern den Vorzug. Zuweilen ereignet sich aber ein solcher Zufall auch nur von ohngefähr, nachdem nämlich die Sonne scheinet, oder sich hinter die Wolken verbirgt. Das aber ist ein vor allemal gewiß, daß sie große Veränderungen verursachet.

Ueberdieses brechen die Farben der Gegenstände, welche auf andre einen Wiederschein werfen,

M 2

fen, nothwendiger Weise den wahren Charakter;
und dieses sind solche Nebendinge, welche, wenn
sie gut angewendet werden, in einem Gemälde
die unentbehrliche Zusammenstimmung zuwegebringen.

Was für Wirkungen kann nicht die unzählige Menge von Verbindungen der Farben nach
sich ziehen? Denn sie übertrifft die Noten in der
Tonkunst, und alle Buchstaben im Alphabet.
Wenn diese Verbindungen mit verschiedenen Stufen und Graden des Lichtes und des Schattens
zusammen vereiniget werden; so verursachen sie
eine so verführerische Wirkung in den Augen des
Beobachters, daß man zuweilen deswegen andre
Theile des Gemäldes gar zu leicht der Nachläs-
sigkeit aufopfert und dieselben übergeht.

Indessen muß man sich sorgfältig hüten, zu
glauben, daß der ganze Vorzug und Verdienst
dieser schönen Kunst nur in diesem Theile der Harmonie bestehe; denn es ist gefährlich, die andern
ausser den Augen zu setzen, um nur jener allein
anzuhangen.   Die Vollkommenheit eines Gemäldes besteht nicht nur in einer reizenden Erscheinung, die den Anblick reizet, ob sie gleich
darinnen herrschen muß; sondern es müssen nächst
diesem allerdings nothwendigem Reize auch noch
andre vollkomme Schönheiten vorhanden seyn,
welche aufhalten und lange beschäfftigen, auch das
Herz und den Verstand so entzücken, daß man wün-
schet,

schet, dasjenige immer wieder zu sehen, was man
schon oftmals gesehen hat.

Wenn man in einem Werke bald durch liebliche und verbundene Farben, bald durch herzhafte
und starke Gegensätze auf einmal, so zu sagen, alle
Töne der Malerey zusammenfassen kann; so wird
das Gemälde eine Gattung von Wunderwerk.

Die Platfonds müssen auf eine annehmliche
und helle Art gemalt werden, damit sie durchsichtig und durchgedrungen scheinen. Dieses verhindert nicht, daß, wenn das Gewölbe hoch genug ist, man nicht starke und kräftige Sachen
darinn anbringen könne, welche, da sie von oben
gleichsam unsern Augen sich entgegen herabzu-
schwingen scheinen, alle übrigen nach und nach zurück treiben, und machen, daß sie gleichsam in die
Höhe fliegen, dergestalt, daß das natürliche Gewölbe dasjenige nicht mehr zu seyn scheinet, was
es in der That durch seinen Bau ist.

Die wahren Muster, denen man in der Kunst
zu coloriren folgen muß, sind Giorgione und
Titian. Jener ist den frischen und springenden
Wassern gleich, welche sich durch Kunst mit Gewalt und Ungestüm in die Luft erheben; der andre aber den angenehmen Quellen, die durch ihre
bloße Natur schön sind, und mit einem angenehmen Geräusche mitten durch Wiesen und Blumen fortrinnen, ohne ihren natürlichen Lauf im
mindesten zu verlassen. Es ist also unwider-

M 3 sprech-

sprechlich, daß der wahre Begriff, den wir von
der Malerey haben müssen, demjenigen gleich
sey, den Horaz von der erhabnen Dichtkunst
giebt, wenn er sagt, daß ein Gedicht wie ein schöner Fluß seyn müsse, welcher zwar stark, aber doch
reinlich fortfließet.

Wenn man unterdessen einem Gemälde mehr
Stärke, Haltung, Erhabenheit und Rundung zu
verschaffen weis, und dasjenige beobachtet, welches verursachet, daß sich die platte Fläche einer
Leinwand und die Entfernung des Auges verlieret; so glaube ich, daß man sich über die Natur
selbst erheben könne, wenn man die Farben, welche sie dem Auge vorstellt, nach Gelegenheit schär-
fet, höher treibet, schwächet und lindert. Michelagnolo, welcher in der Anatomie die tiefste
Kenntniß besaß, verstärkte seine Contorni, oder
Umrisse, oft so sehr, daß er zuweilen die Muskeln
mehr erhaben, viel größer und ansehnlicher
machte, als sie gemeiniglich die Natur zeigt.
Auf gleiche Weise kann ein großer Meister in der
Kunst, die Farben zu brauchen, absonderlich in
großen Werken, den Glanz derselben höher treiben. Er kann zuweilen, jedoch vorsichtig, ihre Lebhaftigkeit, absonderlich, wo das stärkste Licht ist,
vermehren, und manchmal noch mehr Erhöhung
zuwege bringen, und die Wiederscheine sichtbarer
machen, wenn er denen Massen der Schatten solche Sachen entgegen setzt, deren Licht und Farbe
jenen ein Ansehn geben, und sie rechtfertigen.

Wenn

Wenn die röthlichten und ſtarken Schatten am gehörigen Ort angebracht ſind, ſo beleben und beſeelen ſie ein Werk. Man muß auch Achtung geben, daß die bräunſten und ſtärkſten Farben, die man auf der Palette hat, und die man auf der Leinwand braucht, jederzeit durch das natürliche Licht hell werden, und daß die äuſſerſten Schatten der Natur, die man nachahmen will, von ſolchem Licht allerdings entblößet ſind. Ein ſchwarzes Kleid z. B. iſt eigentlich, wie die ſchwarze Farbe auf der Palette. Dieſe Farbe aber hat Schatten, welche die Malerkunſt nicht erreichen kann. Eben ſo verhält es ſich mit dem Glanze des Lichtes, welchem die Kunſt nicht beykommen kann. Ein jeder kann hierüber ſeine eignen Betrachtungen anſtellen und ſehr nützliche Folgerungen daraus ziehn. Ich will nur z. B. anmerken, daß man zuweilen mit der Wirkung einer Sache ſich begnügen müſſe, wenn man die Sache ſelbſt nicht malen kann: Dergleichen ſind der Geruch, die Glut, das Feuer, das Licht, der Mond, und die Sonne. Die Wirkung des Geruches iſt eine Blume vor der Naſe; der Glut, die dahin geſtreckten Hände zum Wärmen; des Feuers der Rauch; des Lichtes eine dabey ſtehende ſehr helle Sache; des Mondes und der Sonne die wohlangebrachten Lichter und Schatten, welches alles ein geſchickter Maler ſehr vielfältig anzubringen wiſſen wird. Das Licht in der Nacht des Correggio wird ſtark, weil das gegenüberſtehende Weib ihre Hand vor die Augen hält.

M 4   Gleich-

Gleichwie ein großer Zeichner sich nicht befriediget, dem menschlichen Körper die gehörigen
Verhältnisse zu geben, und ihn durch Annehmlichkeiten sowohl als durch die Vortrefflichkeit des
Geschmackes schöner zu machen trachtet, wenn er
nicht nur in der Natur das Schönste, sondern
auch das Vortrefflichste erwählt; also muß ein
großer Colorist auch diejenigen Farben hervorsu-
chen, welche zur Wirkung seines Gemäldes die
geschicktesten sind. Er muß seine Gegenstände
nicht nur natürlich, sondern auch reizend, gratiös
und anständig, so wohl in Absicht auf die Harmonie, als die Zusammensetzung, Composition und
Anordnung, das Ganze, den Charakter, die Sache selbst, und den Ausdruck der Leidenschaften
schildern. Man muß, wie die Tonkünstler, sich
eine Mode angewöhnen, welche sich zur Sache
schickt, und auf den ersten Anblick den wahren Charakter, entweder der Freude, oder des Schreckens,
der Traurigkeit u. d. g. ausdrücken. Denn das
Colorit hat seine Richtigkeit und Correction oder
Unverbesserlichkeit sowohl, als die Zeichnung; es
besitzt auch das Vermögen, sowohl Leidenschaften
durch das Ganze, als durch besondre Gegenstände auszudrucken. Horaz nennet durch ein von
der Malerey hergenommenes Gleichniß dasjenige Farben, was man in den gelehrten Wissenschaften verschiedene Stile oder Schreibarten
heißet.

Man

Man kann also sicher den Schluß machen,
daß, weil die Gemälde nicht anders, als in so
fern sie sich ihrem Ziel nahen, vollkommen sind,
dieses Ziel aber nichts anders, als die Nachahmung ist, die Malerey oder solche Gemälde ihre
ganze Vollkommenheit dem Colorit schuldig sind,
welches, wie andre Theile, seine Regeln und Vorschriften hat. Allein der Grund einer Regel
wird unthätig, wenn das Genie und der Geschmack nicht Mittel an die Hand geben, eben
die Regel anzuwenden. Ich für mein Theil, sagt
Horaz, verstehe nicht, was die Kunst ohne Naturel, oder das Naturel ohne Kunst auszurichten
vermögend ist. Beyde haben unter einander
ihre Hülfe und Gegenhülfe vonnöthen, und müssen jederzeit mit einander verbunden seyn. Wie
seltsam ist es, solche weit aussehende, große und
erhabene Genies anzutreffen, welche andern die
Sorge überlassen, Regeln zu sammeln; selbst
aber dieselben bereits in Uebung haben, ohne daß
sie sich jemals bemüht hätten, dieselben zu kennen, oder sich dadurch einen Unterricht zu verschaffen.

Die bloße Stimme des Unterrichtes aber ist
verdrüßlich und ekelhaft anzuhören. Die
Waage, auf welcher man das Gute und Schlechte abwägt, macht, daß man das gewöhnliche
Wohlgefallen, das man auch gemeiniglich mit
sich selbst hat, duldet, diese Waage aber wirft
die sündhaften Lobeserhebungen, die man uns

M 5 andich-

andichtet, sehr oft allzu grausam über einen
Haufen.

Da ich für mich diese Regeln nur in der
Ausübung andrer Künstler bewundern kann; so
erkläre ich hiemit öffentlich, daß ich solche nur für
Schüler hier anführe, und dieses Kapitel mit
demjenigen beschließe, was Plutarch vom Sokrates sagte, welcher, da man ihn fragte, wie
es möglich wäre, ohne Wohlredenheit andre dennoch zu Rednern zu machen? antwortete: Obgleich die Schleifsteine selbst nicht schneiden können, so machen sie doch den Stahl zum Schneiden scharf.

Siebzehn-

Siebzehntes Kapitel.

Von dem zierlichen Umriſſe der anti-
ken Bildhauerkunſt.

Unter die hochachtungswürdigſten Denkmaale
der Bildhauerkunſt zählet man billig diejenigen, welche in der Zwiſchenzeit des peloponneſi-
ſchen Krieges, und des Verfalls der altrömiſchen
Monarchie ſind verfertiget worden. Man weis,
daß die Maler- und Bildhauerkunſt bey den Aegyptiern ihren Anfang genommen, und hernach zu
den Griechen übergegangen ſind. Dieſe haben
durch die Hoheit ihres Genies, oder ihrer ſonderbaren natürlichen Gemüthsgaben, durch ihren
Fleiß im Nachſinnen, durch ruhmwürdige Belohnungen und andre vielfältige Anlockungen, dieſe
zwo Künſte zu einer Vollkommenheit gebracht, zu
welcher, wie es das Anſehn in der That beweiſet,
die folgenden Jahrhunderte und andre Völker niemals haben gelangen können. Sollte uns dieſes
nicht zur Lehre dienen, daß wir niemals entſcheiden ſollten, was für Werke gut ſind, und was
für welche in das Alterthum oder in unſre Zeiten
gehören? Die Griechen, welche zwar an Fähigkeit die Aegyptier übertrafen, hatten doch denſelben das Antike zu danken; gleichwie die Römer
daſſelbe hinwiederum von den Griechen ererbet
haben, ob ſie gleich dieſen niemals überlegen geweſen ſind.

Es

Es ist der natürlichen Billigkeit gemäß, daß
man das gegenwärtige Verdienst so ehre und lobe,
wie es billig ist; daß man große Männer bewundere, und ihnen sowohl Ehre, als Gerechtigkeit
wiederfahren lasse, deren Werke durch eine lange
Reihe von Jahren der Nachwelt sind geweihet
worden.

Ich bewundere die Alten, sagt Plinius der
jüngere; allein ich bin keiner von denjenigen,
welche das Gegenwärtige verachten. Ich kann
mir nicht vorstellen, daß die Natur so sehr erschöpft
und unfruchtbar sey, daß sie nichts Gutes weiter
hervorbringen könne. Wenn jedermann sich an diesen vernünftigen Ausspruch hielte, und der Verstand,
welcher von denen oft verblendenden Vorurtheilen
befreyet wäre, sich geschickt machen könnte, die
Wahrheit einzusehen; so würde man nicht in den
Irrthum verfallen, mit dem einige das Verdienst
der Werke nur nach dem Alter abwägen; andre
aber durch eine allzulebhafte Neigung zum Gegenwärtigen und zu guten Freunden, vielleicht auch
zu sich selbst, die Talente, welche sie von ihrer
Geburt an unterscheiden, vernachläßigen, um nur
jederzeit wider die vornehmsten Todten Krieg zu
führen; mit Bitterkeit die geringsten Fehler, so
sie antreffen können, oder da zu finden gedenken,
vergrößern, und mit flüchtigen Augen über die
ausnehmenden Schönheiten hinweg eilen, welche
der gute Geschmack, der Verstand und die durch
Jahrhunderte bewährte Erfahrung selbst allezeit
gebil-

gebilliget und gut geheißen hat, und welche Schön-
heiten eben diejenigen ſind, die gemeiniglich den
Werken derjenigen, ſo ſie verachten, einen guten
Erfolg zuwegebringen.

In der That, wir ſehen alle Tage, daß die
nämlichen Meiſterzüge, welche in modernen Werken den Menſchen am meiſten gefallen haben, gerade dieſelbigen ſind, welche Urſach geweſen, daß
man die Kunſtſtücke berühmter Meiſter des Alterthums bewundert hat. Denn man findet den
Verſtand und die Vernunft in allen Jahrhunderten und zu allen Zeiten, und die Wahrheit wird
immer Wahrheit bleiben.

Iſt es nicht wahr, daß ein Maler, welcher
in ſeiner Kunſt vollkommen werden will, ſich jederzeit die vornehmſten alten Meiſter zu ſeinen
Muſtern vorſtellen, ſie ſtudiren, und einem jeden
in den Theilen nachahmen müſſe, welche dieſelben
in Abſicht auf die Natur und Vernunft allezeit
von andern unterſchieden haben?

Kann man wohl im Colorit vortrefflich werden, es mag nun durch eine beſondre Nachahmung natürlicher Gegenſtände, oder durch die allgemeine Zuſammenſtimmung, durch die Stärke
und Lieblichkeit, durch das Angenehme und Gra-
tiöſe geſchehen, ohne mit dem Geſchmack des Titians, oder des Giorgione übereinzutreffen, nach
deren Grundſätzen ſowohl, als nach des Correggio,
man ſich noch zu richten trachtet, wenn man in
ſeiner

seiner Arbeit das Runde, das Erhabene, die Haltung, wie man alles dieses in den Werken dieser
großen Männer wahrnimmt und sieht, anbringen will?

Man wird niemals correct oder richtig und
mit Zier- und Reinlichkeit zeichnen, wenn man
nicht mit Raphaelen, mit Dominichinen und
mit den Alterthümern einige Gleichheit erlangt.

Der gute Geschmack dieses nämlichen Contorno oder Umrisses wird sich vom Geschmack der
Caraccien, des Correggio und des Michelagnolo nicht unterscheiden. Das Edle, das ungezwungen Einfältige und Mannichfaltige der
Charaktere, das Feine, und das Richtige im Ausdrucke, die klugen und erhabenen Ideen, werden
die Denkungsart des Dominichino, und insonderheit des göttlichen Urbino zu Hülfe rufen.

Wollen wir, daß man unsern Geschmack in
Kleidungen und Falten loben soll, so wird er von
dem Geschmack des Raphaels von Urbino des
Andrea del Sarto, des Guido und Correggio
nicht abweichen.

Will man in seinem Gemälde die Anmuth
herrschen lassen; so muß man bald den Schwung
des Correggio und Parmiggiano, bald die
regelmäßige Schönheit des Raphaels und die
entzückenden Reize des Guido sich vorstellen.

In

In der Kenntniß des Schattens und Lichts, und in der Wirkung des Ganzen, muß man auf den Rubens, van Dyck und Rimbrand einen Blick werfen.

Auf gleiche Weiſe muß man ſich in der Compoſition, Anlage, oder Zuſammenſetzung, in der Schönheit des Pinſels, und in allen andern Theilen der Kunſt, wenn man ſich dadurch Ruhm verſchaffen will, niemals von einem großen Meiſter entfernen, der ſchon vor uns gelebt hat, und von welchem wir unſre Einſicht und unſern Geſchmack haben bekommen müſſen.

Es iſt alſo unſre Pflicht, daß man in Beurtheilung der Arbeiten von großen alten Meiſtern nicht nur ſehr behutſam gehe, weil ihr Andenken bereits geheiliget iſt; ſondern man muß ſie ſo zu ſagen durch eine Art von Erkenntlichkeit als unſre alten Anverwandten und Freunde anſehn, welche uns einen Theil ihres Reichthums vermacht, und uns in unſern Lehrjahren erzogen haben. Da nun in Freundſchaftshandlungen das bloße Wiedergeben nicht genug iſt; ſo wird man denjenigen, die uns ein Vergnügen verſchafft haben, eine Wiedervergeltung ſchuldig, und die Pflicht erheiſchet, daß man ſeinen Freunden aus Hochachtung ihrer guten Eigenſchaften einige Fehler nachſehe.

Man muß bekennen, daß die Alten, die man ſo ſehr bewundert, auch ihre Fehler haben, welches wohl niemand in Zweifel ziehen wird; jedoch

Ja

doch überwiegen ihre vortrefflichen Eigenschaften
dieselben bey weiten.

Kann man es natürlicher Weise wohl glauben,
daß Männer, welche von so vielen Jahrhunderten
her in Ehren gewesen sind; Männer, sage ich, welche von andern an sich schon verwunderungswürdigen
Männern, die sie für ihre Meister erkennt und
verehrt haben, nachgeahmt und bewundert worden, unsrer Lobeserhebungen, unsers Zurufes
und unsers Beyfalls nicht würdig sind? Heißet
es nicht, sich zuviel in Gefahr setzen, wenn man
so viel fürchterliche Gegner anzugreifen sich er-
kühnet? Ich meines Orts glaube, daß, wenn
man schon in einige Ausschweifungen verfallen
sollte, es eher zu verzeihen wäre, wenn man in
Gesellschaft einer erleuchteten Menge irre gienge,
als wenn man es bloß wagte, auf so wenig ge-
bahnten Wegen fortzugehen.

Wenn man jederzeit lieber nach Grundsätzen
und nach Geschmack, als nach Eigensinn urtheilte,
so würde man ohne Zweifel ein vernünftiges Mittel finden, welches uns auf gleiche Weise von beyden gegeneinander gesetzten äußersten Seiten entfernen würde. Denn da einige das Verdienst
des Alten mit allzu großem Eifer angreifen, so lassen andre für Leute unsrer Zeiten eine allzu große
Verachtung spüren. Man rühmet und verdammt
oftmals, was man nicht versteht. Die mit Vorurtheilen behafteten Ignoranten bewundern die
Alten bloß deswegen, weil sie alt sind; die Kennet

ner ſchätzen ſie hoch, weil ſie viel Kunſt darinn
wahrnehmen; welches macht, daß ſie nicht von
allen bewundert werden. Die Unwiſſenden verachten die Werke unſrer Zeiten, weil ſie ſo zu
ſagen unter ihren Augen verfertiget worden; die
wahren Beſitzer der Kunſt haben Hochachtung
für die Modernen, wenn ſie ſolche verdienen, und
verwerfen ſie, wenn die Verachtung ihnen vielleicht noch zur Aufmunterung dient. Vom Antiquen habe ich nichts zu erwähnen, auſſer daß
man es leichter, als das Schöne wahrnehmen
könne.

Was uns Anlaß giebt, auf eine oder die andre Weiſe zu urtheilen, iſt das Vorurtheil, welches man uns durch die Erziehung in unſrer Jugend eingeprägt hat. Dieſes iſt der fruchtbare
Urſprung unſers Irrthums und unſrer Verblendung.

Es iſt wahr, daß, weil wir von Jugend auf
gewiſſe alte Meiſter mit Verehrung zu ſtudiren
erzogen worden, wir gewöhnt ſind alles zu bewundern; daher glauben wir, daß ihnen niemals etwas gleich kommen könne, ehe und bevor wir noch
von ihnen einige Kenntniß erreicht haben. Dieſes durch eben dieſe Urſache in unſern Sinnen er-
zeugte Vorurtheil wird faſt allgemein. Alſo
nähret man ſich mit der Meynung dieſes Haufens,
und unterwirft ſich derſelben mit der größeſten
Ehrerbietung weit lieber, als der Macht der Vernunft.

N   Der

Der größeste Theil der Menschen ist einiger=
maß:n jenen kleinen Figuren von Holz änlich, de=
ren sich die Mäler zu Einrichtung des Gewandes
und Anordnung der Falten bedienen. Diese
Gliedermännchen bewegen sich nicht aus innerli=
chem Triebe, sondern bloß durch äusserliche frem=
de Hülfe. Dieses macht, daß man auf fremdes
Trauen und Glauben die Modernen überhaupt
der Verehrung aufopfert; welche man sonst allen
Alten insgemein zu bezeigen pflegt.

Die Todten sind auch noch einen Theil des
Lobes, welches man ihnen zu Ehren zu viel ver=
schwendet, der heimlichen Mißgunst schuldig,
welche man gegen die Lebendigen heget, denen man
nicht den mindesten Fehler verzeiht, und für wel=
che man jederzeit in der Untersuchung ihrer Arbei=
ten eine boshafte Zärtlichkeit annimmt.

Die Alten, die wir itzt am meisten bewun=
dern, und die man in der That nicht genug ehren
kann, haben sich selbst in unzähligen Gelegenhei=
ten wegen der Ungerechtigkeit, womit man zu ih=
rer Zeit wider sie zu verfahren pflegte, sehr be=
klagt. Horaz sagt in einem Schreiben an den
Kaiser Augustus: daß derjenige Held, welcher
die vielköpfige Schlange getödtet, und alle Aben=
theuer, welche das Verhängniß ihm entgegen=
schickte, überwunden hat, überzeugt worden sey,
daß der Neid allerdings nicht eher als nach dem
Tode gebändiget werden könne. Er setzt hinzu,
da er mit Augusto spricht: „Dein Volk, welches
„darinn

„darinn ſo gerecht, billig und klug iſt, daß es dich
„allen griechiſchen und römiſchen Helden vorzieht,
„urtheilt von allem übrigen nicht mit gleicher Bil-
„ligkeit. Denn es bezeigt gegen alles, was noch
„nicht geſtorben iſt, überhaupt nichts, als Ver-
„achtung und Haß.„

An einem andern Orte ſagt eben dieſer Horaz:
„Wenn es ſich mit den Arbeiten verhält, wie
„mit dem Wein, welcher durch die Zeit beſſer
„wird; ſo möchte ich wiſſen, was für eine Zeit
„genau erfordert würde, um unſern Werken ei-
„nen Werth zu verſchaffen. Muß denn ein Au-
„ctor, welcher ſeit hundert Jahren todt iſt, unter
„die Alten und Beſten gerechnet werden? oder,
„gehört er nicht noch unter die ſchlechten Moder-
„nen? Wir wollen einen gewiſſen Zeitpunkt ſetzen
„über den man nicht mehr ſtreiten kann: Wenn der-
„jenige, welcher ſchon ſeit einem Jahrhunderte
„bekannt, gut iſt; ſo iſt die Frage, in welchen
„Rang man denjenigen ſetzen müſſe, dem von
„hundert Jahren noch ein Monat oder ein Jahr
„abgeht? Gehört er unter die Alten, oder unter
„diejenigen, welche die Verachtung unſers Jahr-
„hunderts ſind, und die es auch in den künftigen
„Jahrhunderten ſeyn werden?„ Ich müßte die
ganze Epiſtel des Horaz B. 2. K. 1. an den Kaiſer anführen, wenn ich zeigen wollte, wie dieſer
große Mann diejenigen angreift, welche durch ein
falſches Urtheil das Verdienſt der Schriftſteller
durch die Zahl der Jahre ausmeſſen, und nichts

für

für gut halten, als was durch den Tod geheiliget
worden.

—— —— Virtutem aestimat annis;
Miraturque nihil, nisi quod libitina sacrauit.

In eben dieser Epistel erzürnt er sich, daß
man für die Alten nicht genug Willfährigkeit, Ge=
fallen und Rücksicht habe, sondern nur nach Be=
lohnungen und Ehren strebe:

Indignor quidquam reprehendi, non quia crasse
Compositum illepideve putetur, sed quia nuper:
Nec veniam antiquis, sed honorem et praemia posci.

Nach meiner Meynung, sagt Plinius der jün=
gere, thun die Menschen nichts unbilligers, als ei=
nem Menschen ihren Beyfall und ihre Bewun=
derung nur deswegen zu versagen, weil er noch
nicht todt ist; und weil es ihnen erlaubt ist, nicht
nur ihn zu loben, sondern auch zu sehen, ihn zu hö=
ren, sich mit ihm zu unterhalten, ihn zu umarmen
und ihn lieb zu haben.

Ich weis nicht gewiß, ob das, was ich hier
von diesen berühmten Alten anführe, nur bloß von
der Dicht= und Redekunst zu verstehen ist, welches
hier zu untersuchen mein Vorsatz nicht ist. Viel=
weniger ist es mir eingefallen, mich in den berühm=
ten Streit einzulassen, welcher die Gelehrten über
das Verdienst der Alten und Neuern in solche
Streitigkeiten verwickelt hat, die der Hochmuth
vor vielen Jahren in gewissen Ländern so muthig
ange=

angeſponnen hat, daß heute noch dort eine geſtern
erfundene Modefigur die antike Urania und Flora
verdringt. Ich thue von dieſen eigenſinnigen
und ſtolzen Streitigkeiten nur in ſofern Erwähnung, als ſo weit ſie die Malerey und Bildhauerkunſt angehn. Ich will alſo nur zwey Bey-
ſpielen anführen, welche allein auf gedachte zwo
Künſte paſſen, und begreiflich machen, wie weit
es die Macht der vorgefaßten Meynung bringen
könne:

Der Cardinal Farneſe, welchem Annibal
Carracci am Herzen lag, und ihm ſo ſchätzbar
war, als wenn er einer von den alten Abgelebten
geweſen wäre, mußte faſt täglich Stürme abſchla-
gen, um den Geſchmak und das Verdienſt dieſes vortrefflichen Modernen wider verſchiedene
Tadler, die nicht begreifen konnten, wie ein noch
lebender Menſch einer Achtung würdig ſeyn könnte, zu vertheidigen. Nachdem aber dieſer Fürſt
durch alle gelehrte Bataillen, wie es gewöhnlich
iſt, nichts gewann; ſo bediente er ſich folgender
Liſt: Er ließ ingeheim durch den Carracci einige Gemälde verfertigen, welcher ſeine Manier
unter einem ungewöhnlichen Pinſel zu verbergen
wußte. Der Cardinal fand endlich Mittel, das
Gerücht auszubreiten, daß er einige koſtbare antike Gemälde von einem gewiſſen Ort erwarte.
Carracci war beſorgt, daß ſie nicht neu, ſondern
alt ausſehen und dadurch ſchätzbar werden möchten. Sie wurden ſo liſtig eingepackt, als wenn

ſie

sie eine ungeheure Reise gethan hätten. Es
wurde endlich bekannt, daß sie angelangt wären.
Die Neugierigen kamen mit der größten Begierde gelaufen, sie zu sehen. Man reisset sie einander aus den Händen; man giebt ihnen verschiedene Namen; ein jeder findet darinn etwas nach
seinem Geschmack und Einsicht; einige sehn und
bewundern sie; andre erheben sie, ohne sie zu sehn,
bloß nach dem Hörensagen; alle aber insgesammt
wollen den Fürsten überzeugen, daß sein moderner Favorit Carracci, aus diesen Stücken seine
Kunst zu verbessern, Hülfe genug finden würde,
wenn er den Geschmack dieser antiken Werke fleiß-
sig studiren würde. Der Cardinal stellte sich
an, als wenn er gänzlich überführt wäre, und
nachdem er sich einige Zeit an ihrem Eigensinn ergötzt hatte, so konnte er endlich sich nicht länger
zurück halten; sondern erklärte ihnen, daß, was
sie so sehr über den Carracci erhoben, und ihm zum
Muster seines Fleißes anpriesen, eine Arbeit von
seinen eigenen Händen sey; Carracci selbst habe
sie verfertiget. Ueber diese unvermuthete Nachricht wurden einige so unwillig und verdrüßlich,
daß sie viel darum gegeben haben würden, wenn
sie die Stücke nicht so sehr erhoben hätten; andre
kostete es viele Mühe, es zu glauben; bald zank-
ten sie sich unter einander, und bald herrschte unter ihnen ein tiefes Stillschweigen. So schwer
ist es, sich von seinen Vorurtheilen loszureissen.

Eine

Eine andre faſt gleiche Begebenheit wiederfuhr dem Michelagnolo Buonarotti. Dieſer
berühmte Mann hatte für die antike Sculptur
alle Hochachtung; er ſtudirte dieſelbe mit Nutzen, ſo lang er lebte, und hatte von der Stärke
derſelben einen vollkommenen Begriff. Weil er
aber ein Menſch, folglich für ſeinen Ruhm ſehr
beſorgt und empfindlich war; ſo konnte er es nicht
ertragen, wenn man ſeine Arbeit ſo ſehr unter
die Bildhauereyen des Alterthums herunter ſetzte.
Um alſo Rom auf eine beſſere Meynung zu bringen: ſo fiel ihm ein, ingeheim eine Statüe des
Gottes des Schlafes aus Marmor auszuhauen.
Er verfertigte ſie, und ſchlug einen Arm davon
weg; dieſen verbarg er in ſeinem Cabinette; die
Statüe aber überzog er mit einem ehrwürdigen
Roſt, und ließ ſie an einem Orte, wo er wußte,
daß man graben würde, unter Staub, Trümmern
und Schutt heimlich einſcharren. Nach einiger
Zeit wurde daſelbſt, wie es gewöhnlich iſt, um
andre Antiken nachgegraben, und endlich die ſchla-
fende Figur gefunden. Die größeſten Kenner in
Rom bewunderten ſie gleich, und betrachteten ſie
als eines der ſchönſten Stücke des Alterthums.
Hier, ſagten ſie, kann man den Unterſchied zwiſchen dieſem Antiken und den Arbeiten des Buonarotti ſehen: Er iſt zwar in der That als ein
Neuerer ein geſchickter Mann; jedoch hat er noch
einen weiten Weg zurück zu legen, wenn er dieſes
Antike erreichen will. Viele legten dieſer Statüe auch noch andre Lobeserhebungen bey.

N 4   Michelan-

Michelagnolo, der dadurch aufgebracht und ungeduldig wurde, mochte auch sagen, was er wollte, um sich für den Meister der Statüe anzugeben, so konnte er doch keinen Glauben finden, und
wenn er den verborgenen Arm nicht wiederum
daran bevestiget hätte; so wüßte man heute
noch nicht, daß diese Statüe nicht antik, sondern
vom Meissel des Michelagnolo sey. Dergleichen listige Fälle haben sich öfters zugetragen.
Daß selbst die geschicktesten Männer betrogen werden können, davon könnten viele Beyspiele ange-
führet werden.

Es giebt vielleicht noch Leute, welche wider
das Moderne nur deswegen eingenommen sind,
weil es modern ist, und weil man es leicht zu sehen bekömmt; denn die Schwachheit vieler Menschen besteht darinn, daß sie demjenigen mit der
größten Begierde nachstreben, was man schwer
erlangen kann. Daher rührt auch gemeiniglich
der Eigensinn, daß man nur nach dem, was fremd
ist, ein Verlangen trägt. Horaz beklagt sich
an vielen Orten über den Eigensinn der Römer,
den sie für die Griechen äusserten. Plinius der
jüngere hat uns davon eine Nachricht hinterlassen, die hier einen Platz verdienet.

Wir sind gewohnt, sagt er, weite Reisen zu
thun, um Dinge zu sehen, welche wir unsers An-
schauens nicht würdigen würden, wenn wir sie bey
uns vor Augen hätten; entweder, weil wir für alles, was um uns herum ist, kaltsinnig sind, und
für dasjenige eine Begierde hegen, was von uns
weit

weit entfernt ist; oder daß alle unsre Leidenschaften, denen man leicht ein Genüge thun kann, jederzeit lau oder abgeschmackt scheinen; oder daß
wir dasjenige, was wir nach Belieben, wenn wir
wollen, ansehen können, von Tag zu Tage auf-
schieben, es einmal anzusehen. Dem sey aber
wie ihm wolle, so giebt es doch um Rom herum
Sachen, welche die Römer nicht nur niemals gesehen, sondern auch davon niemals reden gehört
haben; die sie aber ohne Zweifel gesehen, oder
davon gesprochen, und sie zu sehen fortgeeilet wären, wenn sie in Griechenland, in Aegypten, in
Asien, oder in andern Ländern befindlich wären,
welche an Wunderwerken fruchtbar und solche auszuposaunen gewohnt sind.

Doch muß man gestehn, daß das Vorurtheil,
welches die Menschen gemeiniglich verführt, dasjenige nicht ist, was uns die Kunststücke der antiken Sculptur bewundern läßt; in der Vernunft
selbst ist die Ehrerbietung gegründet, welche man
diesen kostbaren Denkmaalen bezeigt; und der
hohe Begriff des Genies der großen Männer,
welche sie verfertigt haben, giebt Anlaß, sie hoch
zu schätzen. Man müßte ohne Augen, ohne Geschmack, ohne Empfindung und fühllos seyn, wenn
man die erhabenen Schönheiten nicht wahrnehmen, nicht kennen, und nicht empfinden sollte,
welche die vortrefflichsten und berühmtesten antiken Werke der Vernunft, dem Geist und der
Seele vorstellen, und welche man niemals mehr

N 5   bewun-

bewundert, als wenn man sie noch genauer kennet. Jemehr man dadurch gerührt wird, destomehr kann man sie sich zu Nutze machen. Wir lieben nichts, als was wir kennen, und wir suchen nichts, als was uns lieb ist. Was ist dies für eine Wohlanständigkeit! was für eine Ordnung! was für eine Schönheit! was für eine Zusammenstimmung der Verhältnisse! was für Nettigkeit, Zierlichkeit und Geschmack der Umrisse! was für hohe und erhabne Begriffe, Ideen und Vorbildungen! was für eine edle Einfalt! was für eine Erhabenheit und Majestät! was für Charaktere! Alles dieses ist die Urquelle und Regel der Schönheit, sowohl in Ansehung der Art und Gratie der Köpfe, als auch ganzer Figuren. Nach diesen antiquen vollkommenen Modellen muß man seinen Geschmack formiren, um die gehörigen, einfältigen, ungezwungenen und edlen Stellungen zu wählen, welche dem Auge nichts, als die vornehmsten Theile des Leibes, und die größten vortheilhaftesten Glieder zur Nachahmung darstellen. Auf diese Weise kann man den trockenen und barbarischen Geschmack derjenigen vermeiden, welche das schlechteste Natürliche ohne Wahl gleich so nachahmen, wie sie es sehen, nämlich, auf die Art, wie die gothischen und andre Schulen, die niemals nach dem Antiken studiren konnten, in Uebung hatten.

Die griechischen Bildhauer waren jederzeit mit einem tiefen Nachsinnen beschäfftiget, und

durch

durch den edlen Eifer, die Kunſt vollkommener
als die Natur nachzuahmen, angetrieben; daher
ſuchten ſie allezeit in den ſchönſten Körpern die
Theile, welche ſie für die vollkommenſten hielten,
und bedienten ſich dieſes glücklichen Unterſchiedes
mit ſo viel Einſicht und Kunſt, daß ſie durch eine
richtige Verbindung der Glieder ein ſolches Ganzes formirten, welches voll Harmonie und ſo vollkommen war, daß man einhellig geſtehn muß,
ihre guten Statüen ſind an Schönheit weit vollkommner, als die ſchönſten Menſchen, und einige davon haben bereits verdient, die Muſter der
Schönheit genannt zu werden.   Der Werth,
welchen man dieſen ſo ſeltſamen Werken beylegte,
ſtieg auch ſo hoch, daß eine Statüe vom Ariſti-
des, einem Schüler des Polykletus, für dreyhundert und fünf und ſiebenzig Talente, das iſt beynahe eine halbe deutſche Million Gulden, verkauft
ward.   Eine andre vom Polykrates für 120
tauſend Seſterzen*). Der König Nikomedes
wollte von den Gnidiern die Venus des Praxiteles erhandeln, und alle Schulden der ganzen Stadt
damit bezahlen.   Jedoch ſie entſchloſſen ſich, eher
alles Ungemach auszuſtehn, als ihre Venus zu
vermiſſen; weil ſie ihre Stadt Gnidus verherrlichte, und jährlich unzählige Fermde dahin zog.
                                      Praxi-

*) Ein Talent war nach unſrer deutſchen Währung
    300 Ducaten.   Ein Seſterz war 3 Kreuzer.
    Der gröſſe Seſterz aber war 12 und ein hal-
    ber Ducaten.   Jener wurde Seſtertius, dieſer
    aber Seſtertium genannt.

Praxiteles lebte um das Jahr 364 vor Christi Geburt.

Parrhasius von Ephesus meynte, er habe seinen Mitbürgern eine Gnade wiederfahren lassen, als er für ein Gemälde von seiner Hand eine goldene Krone und ein Purpurkleid von ihnen angenommen hatte. Er pflegte auch beyde stets zu tragen, um ein ruhmwürdiges Kennzeichen zu geben, daß er von seinem Vaterlande so hoch geachtet worden. Er arbeitete munter, leicht und ohne Mühe; aber er war dabey so stolz, daß er nur immer von sich selbst und seiner Kunst redete; weswegen er auch nach und nach von aller Welt gehasset wurde.

Man sehe nach, wie herrlich Pindar die Vortrefflichkeit der Bildhauerkunst bey den Rhodiern anrühmet und erhebt: Alle Gassen, sagt er, waren von Statüen gleichsam bevölkert, die zu leben und zu gehen schienen.

Es geschieht also vermittelst eines fleißigen Nachsinnens über die verwunderungswürdigen Arbeiten der Alten, wodurch der Maler erkennen lernt, was in der Natur des menschlichen Leibes das vollkommenste sey, damit er eine gute Wahl treffen und wahrnehmen könne, was für Fehler, die sie zufälliger Weise hervorbringt, er zu meiden habe. Also wird er durch gelehrte Nachforschungen ihr bester Nachahmer, sowohl durch das, was sie gemeiniglich an sich hat, als was sie zu erzeugen vermögend ist. Weil aber das Natürliche nicht

nicht allezeit vollkommen iſt; ſo muß man ſich
nicht verwundern, wenn alles, was antik heißet,
auch nicht jederzeit unverbeſſerlich genennet werden kann. Denn es iſt am Ende doch nichts anders, als Menſchenarbeit, und ich verlange nicht
alles Antike, ſondern nur die Anzahl der Figuren
zum Modell anzuempfehlen, deren Schönheit man
nicht läugnen kann, und welche durch einen allgemeinen Beyfall und Ruf für Wunderwerke der
Kunſt gehalten werden.

Unter der großen Menge der Statüen, welche die Zierde von Griechenland und Italien, auch
die vornehmſten Denkmaale geweſen, wodurch die
Götter geehrt und die Helden des Alterthums unſterblich wurden, kann man ohne Zweifel die verſchiedenen Grade der Fähigkeit derjenigen Bildhauer wahrnehmen, welche ſie gemacht haben.
Caſſiodor ſagt, daß innerhalb den Mauren der
Stadt Rom ein ſo zahlreiches Volk von Marmor
und Metall als von Bürgern geweſen. Es iſt
nicht möglich, daß eine ſo erſtaunliche Menge von
Statüen, Bruſtbildern und Köpfen mit einer
gleichen Schönheit habe prangen können. Doch
muß man geſtehn, daß ſo gar an denen heute noch
übrigen, auch ſogar ſchlechten Stücken eine gewiſſe
Art vom Edlen und Einfältigen wahrzunehmen
ſey, welches ihnen Reſpect und Hochachtung zu-
zieht. Denn es herrſchet unter mittelmäßigen
Antiquen dennoch auch die Kunſt in ihrer Gleichförmigkeit der Charaktere. Wenn darunter gleich

faſt

faſt nur einerley Geſichtsbildungen, einerley Züge
und Linien, einerley Stellungen und Falten des
Gewandes beobachtet werden; ſo kann man von
ihnen doch allezeit etwas lernen. In vielen aber
erſcheinet das Harte und Trockene, welches für
diejenigen ſehr gefährlich iſt, welche das Antike nur
aus allzu übertriebnem Eigenſinn, und ohne das
Griechiſche und Römiſche zu unterſcheiden, nachahmen, und nur deswegen bewundern, weil es antik iſt, auch ihre Meynung um ſo ſchwerer ändern
können, als ſie bey ihnen durch lange Zeit oft
ſchon allzu ſtarke Wurzeln gefaſſet hat; denn die
Neigung für das Alterthum iſt gemeiniglich bey
alten Leuten ſtärker, als bey andern. Alles was
neu iſt, gefällt ihnen nicht, ſagt Horaz: denn ſie
finden nichts für gut, als was das Glück gehabt
hat, ihnen in ihrer Jugend zu gefallen, oder weil
ſie ſich ſchämen, der Meynung junger Leute nachzugeben, und zu geſtehn, daß ſie in ihrem Alter
dasjenige vergeſſen ſollten, was ſie vormals mit
großem Fleiße erlernt haben. Wenn die Neuigkeit beym Alterthum auch ſo verhaßt geweſen wäre,
wie bey uns; woher hätten wir heute etwas
altes? und was könnte man denn bewundern und
ſtudiren?

Obwohl das ſchöne Antike die Regel der Verhältniſſe, der Form und der Schönheit iſt, und
uns nicht allein zur Vollkommenheit der Zeichnung
anführet, ſondern auch unſre Begierde zum Erhabnen und Großen erhebt; ſo muß ein Maler
ſich

ſich hiermit allein nicht allezeit befriedigen, und nur aus dieſer Quelle ſchöpfen. — Sein Gegenſtand und Muſter muß die ganze Natur ſeyn, wenn er das weite Feld ſeiner Kunſt nach Würden bearbeiten will; denn, ohne von allen Theilen der Malerkunſt zu reden, welche er allein bey ihr ſelbſt ſtudiren muß, ſo geſchieht es nicht anders, als wenn er ſich damit ſeine Gedanken recht lebhaft anfüllt, und die natürlichen Manieren, welche ſie zeigt, fleißig nachahmet; damit er die Wahrheit in ſeine Werke bringe, und allen Figuren, beſonders aber den Köpfen, Geiſt und Leben einflöße, welche ſich kenntlich ſehen, und den Körper gleichſam zu bewegen, athmen und zu leben ſcheinen.

Wir müſſen uns aber dabey wohl vorſehen, daß unſre Gemälde nicht der Idee des Marmors, oder des Metalls änlich werde, welche die Materie der vornehmſten Bildhauerey ſind. Wir werden alſo beſſer thun, wenn wir durch die Stärke des Pinſels die Figuren in unſern Gemälden viel eher lebendige Modelle der antiken Statüen, als dieſe Statuen wie Urbilder oder Originalien der Figuren, die wir malen, erſcheinen laſſen.

Michelagnono ſchrieb an ſeinen Freund, Benedetto Varchi, daß er der Meynung ſey, die Malerey ſollte um ſo viel, als ſie ſich dem Baſſorielievo, oder halb erhabenen nahet, für gut gehalten, des Baſſorilievo hingegen für ſo viel ſchlechter

ter angesehen werden, als es der Malerey näher
beykömmt: Jo dico, sind seine Worte, che la
pittura mi par piu tenuta buona, quanto piu va
verso il rilievo, ed il rilievo piu tenuto cativo,
quanto piu va verso la pittura.

Wenn Poussin, der so ruhmwürdige als in
der Kenntniß des Alterthums tiefsinnige Künstler
mit seinen ausnehmenden Schönheiten, die er nach
dem Antiken studirt hatte, die ungekünstelte Nachahmung der Natur hätte vereinigen können; so
wäre er zuweilen in seinem Umrisse und Pinsel
nicht so hart gewesen; sein Colorit wäre der Wahrheit näher beygekommen, stärker und einstimmi-
ger geworden. Seine Falten und Gewände wären weichlicher, von besserer Manier, weniger
trocken und mannichfaltiger; eben das würde man
auch in seinen Köpfen wahrnehmen, welche, wie
manche von seinen Landsleuten es dafür halten,
fast allezeit dieselbigen zu seyn scheinen, als wenn
sie alle von einerley antiken Köpfen genommen
wären. Die Mannichfaltigkeit ist in der Malerey, wie in allen andern Künsten, nöthig. Die
schönsten Sachen hören auf zugefallen, wenn man
sie gar zu oft wiederholt. Das Vergnügen,
welches man gar zu lange nach einander empfindet, wird oftmals zur Last und zum Ekel. Diese
Mannichfaltigkeit findet man nirgends, als in der
Natur, die immerfort etwas andres und neues
zeigt, auch sich selbst gleichsam wohlgefällt, wenn

er

er beſtändig etwas unterſchiedenes an den Tag
bringet.

Aus den Händen des Cavaliers Bernini hat
man Werke hervortreten geſehen, welche, ob ſie
ſchon dem ſchönen Antiken weder in der Verbeſſerung und Nettigkeit des Umriſſes, noch in der
edlen Einfalt beykamen, dennoch durch die Ideen,
welche er von der Natur ſelbſt gelernt hatte,
Feuer, Leben, und wahres Fleiſch von ſich blicken
ließen, welches man im antiken Marmor nicht jederzeit antrifft. Sonſt aber iſt ſein Schwung
angenehm, das Lebhafte und Pittureſco leuchtet in allen ſeinen Arbeiten hervor; dieſes vereinigte er in ſeinen Bildhauereyen mit den ſtarken Ideen der Architectur ſo ſehr, daß man ſeinen Geſchmack ſonderbar nennen kann, um ſo
mehr, als er denſelben durch neue Wege und
andre vom Antiken verſchiedene Abweichungen
erlangt, und ſo glücklichgewagte Denkmaale ans
Licht geſtellt hat, welche Rom vorzüglich verherrlichen, und ſeinen Ruhm allen Angriffen des
Neides zu Trotz der Nachwelt überliefern. Seine
Wegweiſer waren Correggio und Parmiggiano.
Freylich hat er ſich manchmal durch die Gewalt
ſeines beſondern Genies dahin reißen laſſen, der
ſeinen Schülern hernach ſehr nachtheilig geworden, wenn ſie aus einer übermäßigen Neigung
gegen ihn, ſeine Werke ohne Klugheit und Mäſ-
ſigkeit unüberlegt nachgeahmt haben.

O   Die

Die Fehler, welche große Leute begehn, werden zwar ihnen selbst, andern aber nicht verziehen.

Neue Manieren reizen an, ihr Glanz verblendet, und locket andre zur Nachfolge. Allein man muß sich allezeit von der Vernunft führen lassen; außerdem sind solche Stücke den Irrwischen zu vergleichen, welche den Reisenden bey der Nacht begegnen, und sie oft unvermerkt in gefährliche Abwege verleiten.

Ich mache daher den Schluß, daß man mit den standhaften und erhabenen Schönheiten des Antiken, das Nachforschen, die Mannichfaltigkeit, das Ungekünstelte und das Leben der Natur, so wie man sie in den herrlichen Denkmaalen der Alten wahrnimmt, vereinigen müsse.

Achtzehn-

Achtzehntes Kapitel.

Von dem guten Geschmack in der Kleidung und den Falten.

Die Kunst, die Kleidung wohl anzuordnen und in Falten zu bringen, welche die Italiäner Panneggiamento, panneggiatura, gettare una panneggiatura, und die Franzosen Drapperie nennen, ist in der Malerey ein vorzüglich unentbehrlicher und schwerer Theil, auf welchen sehr wenige Meister, auch in den herrlichsten Gemälden, ihr Augenmerk richten. Man glaubt so gar, als wenn die großen Künstler dergleichen Arbeit durch ihre Schüler verfertigen ließen; so schlecht und obenhin urtheilt man von den schönen Künsten, und weil die meisten Menschen ihr weites Feld nicht kennen, so werfen sie kaum einen Blick auf dasjenige, was in der Ausarbeitung so viel Kunst, Mühe und Zeit gekostet hat.

Ich habe in der französischen Akademie zu Rom den Director Monf. Vleugels und zwölf Akademisten beysammen gesehen, welche, ihr lebendiges Modell zu bekleiden, und die Falten in eine gehörige Ordnung zu legen, einen ganzen Nachmittag zubrachten, bis ihrem Geschmacke und Vorhaben ein Genüge geschehen war. Unzählige Biegungen, Falten, Schatten und Lichter wurden verworfen, bis der rechte, natürliche, unge-

ungezwungene und anständige Schwung sich endlich fast von ungefähr darstellte, welcher machte,
daß man sich endlich zur Abzeichnung geschickt machen konnte. Da nun dieser Theil so viel Mühe
kostet, so will ich also hier zeigen, daß die Kunst,
gut zu bekleiden, nicht nur ein Theil der Malerey,
sondern einer von den wesentlichsten, unentbehr-
lichsten und schweresten sey, der fast alle andre Theile, nämlich: die Erfindung, die Composition oder Zusammensetzung, die Zeichnung, die Anmuth, den Contrast, die Nachahmung, den Pinsel, die Farbe, die Harmonie,
das Licht und den Schatten, das Costume oder
das Anständige, Gebräuchliche und Uebliche in
sich begreift.

Die Einbildungskraft erfindet das Edle, das
Schöne und das Mannichfaltige in der Zusam-
menlegung; und wenn die Maler bey der Natur
Hülfe suchen, um ihre Kleidungen in den gehörigen Stand zu setzen, so geschieht es oft nach den
ersten Gedanken, wovon der gute oder schlechte
Erfolg abhängt. Auch in diesem Falle giebt es
mehr oder weniger glückliche Augenblicke, wie
überhaupt in allen Sachen, bey denen es auf die
Erfindung ankommt. Man trifft zuweilen von ungefähr eine Sache, welche man oftmals in langer
Zeit und mit vielem Nachdenken nicht gefunden
hätte. Ein Maler erblickte vor sich einen Menschen im Mantel eingeschlagen, dessen Falten ihm
so wohl gefielen, daß er ihm plötzlich zurief, er
möchte einen Augenblick unbeweglich stehen bleiben,

ben, damit er die schönen Falten seines Mantels zeichnen könnte, dergleichen er schon lange gesucht und niemals gefunden habe. Es giebt in der That gewisse flüchtige und reizende Schönheiten, welche die Natur nur Leute von ausnehmendem Geschmack einsehen zu lassen scheinet, die sodann sich derselben plötzlich zu bemächtigen wissen, welche Schönheiten, sage ich, hingegen langsamen und kaltsinnigen, obschon sonst genauen und fleissigen Genien, fast allezeit vor den Augen verschwinden und entwischen.

Wie oft verfallen nicht mittelmäßige Tonkünstler und Dichter auf Töne und Gedanken so glücklich, daß sie ihrer Arbeit einen Beyfall zuwege bringen. Auf gleiche Weise können auch die Maler auf schöne Falten und Fugen ihrer Kleider verfallen; doch sind sie nicht allezeit sicher, daß sie es gut treffen, wenn sie mit der Art ihres Genie nicht gewisse Grundsätze zu verbinden wissen, welche auf den Fleiß großer Meister gegründet, und aus der unerschöpflichen Quelle der Natur hergenommen sind.

Das Faltenwesen hat seine gewisse Ordnung und Zurechtlegung, welche man Composition nennt. Allein diese Kunst muß unter dem Schein der Einfalt, zuweilen gar der Nachläßigkeit verborgen stecken. Da muß das Gezwungene und Gekünstelte gänzlich verbannt werden, worein diejenigen verfallen, welche sich nur der kleinen Figuren, oder Modellchen zu bedienen pflegen, welche die Flam-

O 3   länder

länder Männchen, die Franzosen Marequins, andre insgemein Gliederdocken oder Gliedermänner heißen, auch zuweilen nasse Leinwand darauf legen, und sie in Falten legen.

Man wird mir hier vielleicht den Einwurf machen, daß sich Poußin dieser kleinen Modelle fast allezeit bedient habe. Ich aber antworte, daß die Composition, Ordnung und Zurechtlegung seiner Falten edel und gelehrt sey, und der Zusammenhang seines Gewandes und seiner Draperie noch weit vollkommener wäre, wenn dieser große Mann demjenigen, was er vielleicht allzu gewissenhaft nachgeahmt hat, nebst denen antiken Statüen einen mehr natürlichen, weniger trockenen und leichtern Geschmack beygefügt hätte, wovon ihn vielleicht die nasse Leinwand und ohne Zweifel gedachte Gliedermännchen entfernt haben. Er hätte in diesem Stücke dem großen Raphael nachgeahmt, welcher, da er die Schönheiten des Antiken weit klüger einsah, und sich eigen machte, desselben majestätisches Wesen mit den Annehmlichkeiten und mit der reizenden Einfalt der Natur verbunden hatte.

Die Composition des Gewandes besteht aber darinn, daß die Zusammenfügungen und Biegungen der Falten gut, doch mäßig und so künstlich ausgedrückt werden, daß man glaube, die Falten waren natürlicher und zufälliger Weise um die Glieder hingeworfen worden, wo sie das Nackte nur gleichsam schmeichelhaft und nachläßig umfassen,

sen, und, ohne darauf gepapt zu seyn, desselben
Umriß doch kennen lassen.

Giulio Romano machte es oftmals auf die-
se Weise; jedoch verfiel er zuweilen dadurch in eine
Trockenheit und in das Wunderliche, welches man
sorgfältig vermeiden muß.

Michelagnolo selbst ist zuweilen in diesen Fehler gerathen; dem ungeachtet herrschet doch in
seinen Werken ein so großer, so erschrecklicher und so verführerischer Geschmack, daß man
durch die besondern Schönheiten, die er den Augen wahrer Kenner vorstellt, so gar an seinen Fehlern ein Vergnügen findet. Man kann dieses in
seinen Propheten und Sibyllen wahrnehmen, welche er im Gewölbe der päbstlichen Kapelle im
Vatican gemalt hat, und wo auch sein jüngstes
Gericht zu sehen ist. Es scheint, dieser große
Mann habe zuweilen von der Natur und von der
Wahrheit abweichen wollen, um nur die Kunst in
ein herrlichers Ansehn zu bringen. Von seiner
tiefen Einsicht in die Anatomie und die Kleidertracht war er so eingenommen, daß er nur trachtete, das Nackte, und so gar die vornehmsten Muskeln nebst dem ausnehmenden Geschmack der Falten sehen zu lassen. Die Alten, welche beständig aufmerksam waren, die Sachen in ihrer ganzen Vollkommenheit auszudrücken, waren so sinnreich, das Nackte ihrer Figuren durch das Panneggiamento zu zeigen, daß man absonderlich
zu Athen den Vulcanus, welchen Alkamenes,

ein

ein Schüler des Phidias in Marmor gebildet
hatte, bewunderte. Er stund aufrecht und ange-
kleidet, und dennoch konnte man durch die Kunst der
Faltenlegung wahrnehmen, daß er mit einer Art
von einer der vulcanischen Gottheit gemäßen Anmuth hinke.

Wenn die Augen die Falten so zu sagen von
ihrem Ursprunge bis an ihr Ende betrachten, so
müssen sie gewahr werden, daß sie die Glieder, die
sie bedecken, angenehm umfassen und zeichnen.

Vor allen Dingen muß man sich hüten, solche Falten zu wählen, welche durch Linien, oder
durch übel angebrachte Schatten die wahre Form
des Körpers, der darinn eingewickelt ist, brechen,
oder verhüllen. Je mehr das Gewand an dem
Orte, wo es zusammengezogen ist, gedruckt wird,
je mehr fällt es in das Natürliche, und je mehr
wird es ausgebreitet.

Das Gewand muß auf eine solche Art angeordnet werden, daß es nicht scheinet, als wäre es
ein ansehnlicher, verworrener, oder vom Wind
aufgeblasener Haufen von Stoffen, welche den
Menschen, den man hat bekleiden wollen, zu ent-
blößen scheinen; noch einem so vorkommen, als wenn
sie fast allezeit von den Gliedern, so sie bedecken, entfernt wären. Es ist mir unbegreiflich, daß manche Künstler den menschlichen Körper gleichsam mit einem Sacke überziehen; auf diesem
Sacke anstatt der Falten nur helle Streife
durch das höchste Licht ausdrücken, welches nichts

anders

anders als so viel hin- und herschweifende, liegende oder hangende schmale Bänder zeigt, welche mit dem Stoffe der Kleidung nicht die geringste Verbindung haben.

Nun suche ich eben die Pracht und Zierlichkeit der Falten nicht zu verbitten; man muß sie nur um die Figur herum legen, und dieses mit solcher Geschicklichkeit zuwege bringen, daß sie die Figur gut zeichnen, ihren Umriß wahrnehmen lassen, sie zieren und schmücken helfen.

Man nehme sich in Acht, daß die Falten nicht überhäuft und verworren aussehen: ein Fehler, in welchen auch große Männer verfallen sind. Ich habe ein kostbares Gemälde gesehen, welches eine ganze menschliche bekleidete Figur vorstellt: wenn wir das Gesicht und Hände derselben bedeckten, so könnte der dritte nicht mehr errathen, was das übrige Bild voll Gewand und Falten bedeuten sollte. Er hielt es für eine Menge zum Verkauf hingeworfener Stoffe. Gute Falten kann man da nur anbringen, wo das Kleid durch den Arm, durch die Hände, oder durch andre zusammenziehende Theile gedruckt oder geklemmt wird. Durch diese Einfalt entsteht in den Figuren das Erhabne und das Edle; man behauptet dadurch eine angenehme Ruhe, welche die vollkommene Schönheit verschafft; selbst die Augen des Beobachters empfinden dabey ein Vergnügen, und nehmen den guten Geschmack wahr. Bey diesen Umständen kann man durch Verminderung des zu vielen nicht nur

O 5

einem

einem Werke, sondern auch den schönen Wissenschaften, der Malerey, Bildhauerkunst, und der
Architectur die äusserste Schönheit beybringen.
Wie oft hat man Ursache zu sagen: Dieses Vorgebäude wäre weit herrlicher und prächtiger, wenn
es einige tausend Gulden weniger kostete, nämlich,
wenn es nicht mit einer so ungeheuren Menge von
Verzierungen überhäuft wäre?

In der That, die allzu starke Zusammenhäu-
fung der Gegenstände und die aller Orten gleich
ausgestreuten Zierathen verursachen eine so seltsame Verwirrung, daß sie nicht sowohl die Erfindsamkeit des Künstlers und seines Genies, als vielmehr die Schwäche seines Geschmackes verräth.
Das ist der beste Redner, welcher mit wenig Worten viele Sachen vorträgt; und man könnte für die
Künste jenen Spruch: Ne quid nimis, nichts zu
viel, auch hier anwenden. Sokrates gab ihn
jungen Leuten zur Richtschnur ihrer Aufführung.

In den Kleidungen giebt es eine Richtigkeit
und einen Geschmack der Zeichnung, welcher darinn
eine der vornehmsten Schönheiten verschafft, die
um so viel nöthiger sind, als sie die Kenntniß des
Nackten voraussetzen, das sie andeuten, und sehen
lassen müssen. Die Falten der Kleider, welche
die Gliedmaßen umgeben, müssen ihrer Dicke
nach gegen die äussersten Theile der Sache, die
sie umgeben, sich allezeit vermindern; sie müssen
denen abweichenden Theilen regelmäßig folgen,
wie jene, welche hervorgehn, oder sich verkürzen.

In

In der Form der Falten sowohl als im Nackten
muß man die allzu parallelen oder gleich weitlau-
fenden Linien, die geometrischen Figuren, als Drey-
und Vierecke vermeiden, weil sie allzu scharfe, allzu gekünstelte Falten machen, mithin dem Auge
eine gewisse kaltsinnige, dürre und frostige Gleichförmigkeit vorstellen, die den Figuren das Leben
und die Regung so sehr benimmt und raubt, daß
es scheint, sie dürften sich nicht rühren, damit sie
die gekünstelte Einrichtung ihrer Kleidung etwan
nicht verwirren möchten.   Es geht hier eben so
zu, wie bey der Redekunst: Die allzu ordentlich
gesetzten Stellen machen ein Gespräche oftmals
kaltsinnig und matt, und wenn sie dem Gehör
vielleicht auch wohlgefallen; so greifen sie doch
nicht ans Herz.

Einige sind für allzu geklemmte Falten und
für gespitzte, oder abgeschnittene Umrisse besorgt;
andre machen sie rund und schwülstig; wiederum
andre machen sie allzu trocken oder gar zu weich.
Die Annehmlichkeit besteht also in einem gewissen
fließenden, edlen und zierlichen Umrisse, wovon
man keine eigentliche und genaue Regel geben
kann; denn es ist ein gewisses Etwas, welches
von einem mehr oder weniger zärtlichen Geschmacke
dessen abhängt, der da arbeitet, und welches mehr
im Verstande als in der Hand des Malers beruhet.

Wenn man das Edle, das Einfältige und
Herrliche oder Majestätische, welches im Antiken
und im Raphael betrügt, mit einem gewissen
zarten,

zarten, angenehmen und lebhaften Contraste, der
im Correggio und Guido entzückt, genau verbinden und mit einander vereinigen könnte, so
würde man vielleicht den höchsten Punkt der Vollkommenheit erreichen.

Der Contrast giebt den Figuren ihre Bewegung und Leben; man muß aber damit vorsichtig umgehn. Die modernen Italiäner übertreiben oftmals die Materie, wenn sie das Begei-
sterte und Angenehme, wovon ich hier rede, erreichen wollen. Ich nehme davon den Cignani,
Pietro Bianchi, Benedetto Lutti, Trevisani
und Maratta aus, welche sich desselben oft mit
Erfolge bedient haben. Der Cavalier Bernini,
welcher von der Art der Kleidungen des Correggio und des Guido eingenommen ist, hat in
seinen Werken, die er in seinem kräftigen und
muntern Alter verfertigte, jene Annehmlichkeit
oft anzubringen getrachtet; allein jene lebhaften
Schönheiten haben sich hernach in das, was die
Maler Manier nennen, und vieles in allzu merk-
liche, auch allzu oft wiederholte Gezwungenheiten
verwandelt, welches vielleicht hernach durch seine
allzu verschiedene Verrichtungen, und durch das
Ungestüme seines ihn begeisternden Feuers, das
ihn fortriß und ihm die Zeit benahm, die ein vollkommenes Werk erfordert, geschehen seyn mag.
Dieses muß man einem so weit aussehenden und
neuen Genie, wie das seinige in der Malerey,
Sculptur und Architectur gewesen, eben so verzeihen,

zeihen, wie man es andern nicht nachsehn kann.
Viele von seinen Schülern waren durch das Vorurtheil so verblendet, daß sie dasjenige fast knechtisch nachgeahmt haben, was durch seinen Pinsel
oft übertrieben war. Sie haben auch Gelegenheit gegeben, daß man sie tadelte, wenn sie diejenigen von ihm gewagten neuen Sachen, die ihm
Beyfall zuwegebrachten, auch übertrieben. Es
scheint in ihren bizarren oder wunderlichen Künsteleyen, als wenn immer die Stürme darinn wü-
theten, um die gröbsten Stoffe nicht nur im offnen Felde, sondern auch sogar in geschloßnen Zimmern hin und her zu werfen. Diejenigen, welche sich einbilden, sie geben dadurch ihren Schildereyen Leben und Feuer, stecken in einem großen
Irrthum. Dieses sind gemeiniglich die Hülfsmittel, wodurch die kaltsinnigsten und frostigsten
Genies sich zu ermuntern suchen. Allein, der
vernünftige Zuschauer, welcher nur durch die ungekünstelten Schönheiten der Natur gerührt wird,
weigert sich billig, seinen Beyfall jenem Frohlocken beyzufügen, womit sich diese übermäßigen
Genies untereinander zu erfreuen pflegen.

Es ist gefährlich, von den Regeln abzuweichen, welche große Meister in der Vernunft und
in der Natur gefunden und endlich festgesetzt haben. Wenn man nur die stolze Begierde hat,
etwas neues ans Licht zu bringen; wenn diese
freche Bemühung großen Männern zuweilen gelungen ist; so unterscheiden sich darinn Leute von
einem

einem niederern Range nur durch übertriebenen Eigensinn, welcher zuweilen bis zur Ausschweifung gebracht wird.

Indessen ist hier meine Absicht keinesweges, in den Drapperien einen lebhaften und angenehmen Contrast zu verwerfen; er muß nur mit Vorsicht und Mäßigkeit ausgeführt werden. Man weis, daß mancherley Tücher und Stoffe auch mancherley Schwere haben, und auf allerhand Art sich biegen und falten, sich schmiegen oder ausbreiten. Also kann man zuweilen voraussetzen, daß der Wind sie bewege. Denn diese Bewegung kann oftmals die größesten Schönheiten verursachen.

In der St. Peterskirche zu Rom sieht man eine Statue, wodurch Francesco Mocho die heilige Veronica in Marmor vorgestellt hat. Das Kleid und das Schweißtuch sind so stark verwehet, daß es scheint, der Wind durchflattere alles, und treibe es seitwärts. Bernini fragte den Mocho: woher denn in der Kirche der Wind so stark blasen könnte? Mocho, den diese spöttische Frage stark beleidigte, antwortete: Der Wind komme dort durch die Spalte in der Kuppel herein. Dies war auch ein Vorwurf für den Bernini, weil das Publicum ihn damals, obschon unrecht, beschuldigte, daß er durch seine verschiedene in diesem majestätischen Tempel angebrachte Verbesserungen die Kuppel schadhaft und fast baufällig gemacht habe. Beyde sind durch diesen verdrüßlichen

Scherz

Scherz billig sehr empfindlich beleidiget worden.
Mocho stellte die heilige Veronica so vor, wie sie
am Calvariberg erschienen, wo der Wind blasen
konnte, auf welchen bald hernach das Erdbeben
erfolgte. Bernini aber könnte die Spalte nicht
verursacht haben, denn sie war viele Jahre vorher
schon wahrgenommen worden, wie Bonanni bezeugt. Dieser Vorfall giebt zu erkennen, wie
sehr ein Künstler auf alle Umstände genau Achtung geben müsse, wenn sein Werk untadelhaft
seyn soll. Die Kleidertracht, welche bald dem
Nackten sehr anzuliegen, und sie schmeichelhaft
anzudeuten scheinet, bald aber in die Luft weg-
fliegt, oder hinschwebet, kann die lieblichsten,
nothwendigsten und herrlichsten Falten hervorbringen. Man muß aber keine solche Stoffe
machen, welche auf verschiedene Seiten hinflat-
tern, als wären sie durch den Wind in solche Bewegung gebracht, welche, wenn sie an windstillen
Oertern und in Ruhe sind, nicht statt haben
kann.

Außerdem muß man auch besorgt seyn, daß
die Bewegungen, die Würfe, die Biegungen, die
Fugen, die Vertiefungen und Erhöhungen der
Falten in einem Gemälde, so viel es möglich ist,
manichfaltig werden. Diese Vernachläßigung ist
beynahe ein größerer Fehler, als wenn man überall
einerley Art von Köpfen wiederholet. Die Natur ist niemals schöner, als in der Manichfaltigkeit. Gleich große, gleichlaufende, gleich weite,

te, oder gleich enge Falten machen, daß das
Werk ungemein trocken, abgeschmackt und ungeschickt erscheinet.   Wie sehr müssen nicht Falten
den Zuschauer zum Abscheu reizen, welche mehr
Eisenblech, Papier oder Bretern, als Leinwand,
Tüchern oder Stoffen änlich sind? Des Plunders
zu geschweigen, welcher einen Haufen von Gedär-
men vorstellt.

Der Unterschied der Stoffe giebt einem Werk
auch einen unendlichen Vorzug von Annehmlichkeit; nicht nur, weil nichts eine zierlichere
und angenehmere Wirkung in den Augen macht,
als verschiedene wohl zusammen geordnete Gegenstände von mehrerley Natur; sondern, weil allerhand mit Kunst hingesetzte Sachen untereinander
sich erheben, und die Augen reizen, da sie durch eine
getreue Nachahmung der Natur dieselben gleichsam
hintergehn.   Diese Natur muß man so oft es
möglich ist, vor Augen haben; denn es ist umsonst, sich nur auf die Erinnerung dessen, was
man gesehen hat, zu verlassen, und mit der Gewonheit, welche man oft allzuleicht bekommen hat,
sich zu behelfen.   Das Natürliche zeigt allezeit
denjenigen, welche es zu schätzen wissen, neue
Schönheiten und Wirkungen, die man sich schwer
einbilden kann; jedoch aber den Augenblick gefallen, so bald man sich ihrer bemächtiget, und
welche in die Ausübung eine so glänzende, natürliche und ungezwungene Stärke bringen, daß sie
schei-

ſcheinen, dem Pinſel eine Seele einzuflößen, die
er im ganzen Werk ausbreiten ſoll.

Man trachte alſo ſeine Pinſelart nach dem
wahren Charakter der Stoffe, die man nachahmen will, zu verändern. Denn obſchon die Artigkeit und Leichtigkeit des Pinſels überall prangen muß; ſo giebt es doch Sachen, die bald einen
gelinden, bald einen trotzigen und frechen Pinſel erfordern. Sowohl Sammet, Atlas und Leinwand,
als Häute Tuch und Rauchwerk, müſſen eben ſowohl mit andern Pinſelſtrichen gemalt werden, als
Gold und Silber: Stoffe, Stickereyen und koſtbare Steine zur Unzeit zu verſchwenden, muß ſich der
Maler wohl hüten. Sie können nur in ſoweit Statt
haben, als der Gegenſtand dergleichen erfordert,
und wo dadurch eine große Wirkung entſteht.
Man läſſet ſich ſehr oft durch den Schein des
Schönen verführen; man glaubt ſein Werk zu
bereichern, da man es doch arm macht, und es
von der edlen Einfalt entblößet, welche ihm gehöret, und ſeinen Charakter ausdrückt.

Antonius Maſſon, der berühmteſte Kupfer-
ſtecher, hat gedachten Unterſchied in dem Abend-
mahl zu Emmaus des Titians genau beobachtet.
Dieſer große Maſſon hat in dieſem Stück ſo viel
Arten ſeines Grabſtichels angebracht, als ver-
ſchiedene Stoffe und andre Gegenſtände darinn
vorkommen. Brod, Gläſer, Kraut, Gewand,
Tiſchtuch, Teppich, Hund, Katze, Hände, Geſichter,
Leinwand, Seide, Feld, Bäume, Mauren,
Schüſ-

P

Schüsseln und Speisen, überhaupt jedes Stück,
jedes Ding scheint von einer ungemein Verschiedenen Hand in der sichtbarsten Anordnung ohne Verwirrung, so zu sagen, nach dem Unterschiede der Farben gestochen zu seyn.   In Rom nennt man dieses Blatt il quadro della Tovaglia, das
Bild mit dem Tischtuche, weil es durch seine
Falten, durch sein Gewebe und die Einwirkung
das Auge betrügt.   Ein Abdruck davon ist zu
Rom vor 120 Gulden bezahlt worden. Man kann
auch einen in meinem Cabinet sehen, den ich unter Leuten, bey welchen die Künste zwar unnütze
Grillen hießen, dennoch theuer gekauft habe.
Des Paul Veronese des Rubens und Van
Dyck Geschmack zu malen ist nach meinem Begriff derjenige, welchem man in der Nachahmung
und in der Pracht folgen sollte.   Ihre Leichtigkeit
aber ist schwer zu erreichen, weil ihr größester
Kunstgriff gewesen, dieselbige zu verbergen; zu
geschweigen, daß sie durch eine erstaunliche Erkenntniß mit geringer Mühe ein Werk erscheinen
lassen, welches insgemein viel Zeit, Sorge und
Nachsinnen, viel Unlust, Langmuth und Geduld
gekostet hat, ohne es kenntlich zu lassen.   Dergleichen mühsames, jedoch übel angebrachtes Wesen sieht man in vielen Gemälden von andern Malern, worinn die entferntesten, umgewendeten, tiefen und schattichten Gegenstände so fleißig ausgearbeitet sind, als jene, welche unsern Augen am
nächsten und im stärksten Licht stehn.   Dieses
aber ist ein eben so großer Fehler, als jener, wenn
man

man nicht weis, wie man den Glanz und die Lebhaftigkeit der Farben am gehörigen Orte verstär-
ken oder vermindern soll.

Das Kleiderwesen hat seine Localfarben, nämlich diejenigen, welche ihm natürlich sind; z. E. des
höchsten Lichtes; der Krümmungen; der Reflexen,
oder Wiederscheine, und der stärksten Schatten. Der
Zuschauer muß nicht sagen, wie es doch viele Maler,
wenn sie von ihren Arbeiten reden, wiederholen: Dieses ist eine Kleidung von Ultramarinfarbe; dieses
von rother Farbe, von Lackfarbe, vom Massicot
oder gelb, u. d. g. Es ist für ein Gemälde keine
Empfehlung, wenn man die Farben auslegen
muß.

Es ist also nicht genug, einer jeden Sache
durch die genaue Nachahmung des Natürlichen
ihre wahre Farbe zu geben, und so, wie es vor
Augen steht; sondern man muß es zuweilen durch
den Begriff, den man von der Vollkommenheit
der Natur hat, verbessern, und das Natürliche
nach den wahren Regeln der Kunst wählen, und
alles, was zur Schönheit etwas beytragen kann,
aufsuchen; dasjenige hingegen mit wohl unter-
scheidender Einsicht weglassen, was derselben nachtheilig ist, damit aus verschiedenen Theilen ein
liebliches Ganzes und eine vollkommene Harmonie formirt werde, welche die Augen so stark reize,
als ein musikalisches Chor das Gehör entzücket.

Die Verbindung der starken und lieblichen
Gegensätze trägt nicht nur zur Harmonie in einem

Gemäl-

Gemälde vieles bey, sondern giebt demselben auch
Kraft und Ansehn.　　Man muß aber die Sympathie und Antipathie, wovon ich anderwärts handeln werde, kennen, die unter den Farben herrschet, damit man sie in den Draperien gut anzuordnen wisse, und unter ihnen durch eine gelinde
Zusammenfügung der gebrochenen Farben und
Massen des Lichts, wenn sie gleich aus angenehm
vervielfältigten Theilen bestehn, gleichsam eine
freundschaftliche Verbindung zuwege bringe, und
folglich ganz vereiniget scheinen, um durch etwas
dunklere und nicht so lebhafte Farben sich unvermerkt denen starken Gegensätzen zu nähern, welche
von Massen der Schatten unterstützt sind, deren
unbegreifliche Mannichfaltigkeit auf gleiche Weise
mit den Lichtern übereinstimmen werden.

Man muß bisweilen lebhafte, glühende und
glänzende Farben neben andre weniger helle und
viel dunklere von verschiedener Gattung hinlegen;
durch die Zusammenhaltung erhebt eine die andre.
Es ist oftmals ein großer Kunstgriff, wenn man
herzhafte und so trotzige Widersätze wagt, daß sie
bis in einen Mißklang verfallen.　Wenn man
das Auge des Zuschauers in eine gewisse Gegend
ziehen, und da sich aufzuhalten veranlassen will;
so darf man nur unter den angenehm vereinigten
Farben eine andre anbringen, welche jener ihre
Ruhe störet, und ihnen geradehin zuwider ist.
Jedoch, da muß man eben so, wie große Tonkünstler, durch einige unvermerkte Töne, welche

sie,

sie, ohne daß man es wahrnimmt, verbinden, den äussersten Mißton vermeiden. Denn man muß sich bemühen, es dahin zu bringen, daß die unter sich allerdings widrige äusserste Theile, sowohl der Farbe als dem Licht nach, allerdings sich vereinigen.

Giorgione hat durch sein glückliches Genie das Colorit auf einen so hohen Grad gebracht, daß er die stärksten und trotzigsten Farben mit den lieblichsten und harmoniösesten vereinigen konnte. Titian, der sich diesen scharfen und starken Geschmack zu Nutze zu machen wußte, scheinet, er habe denselben durch mehr Mannichfaltigkeit noch höher getrieben. Seine Harmonie scheinet aus mehr Theilen zusammengesetzt zu seyn; und wenn Giorgione mit vier Chören arbeitete, so trat Titian mit 8, und wohl gar mit 16 Chören auf, wie es in den Tempeln zu Rom gewöhnlich ist. Niemand verstund die Natur der Farben besser, als Titian, die er in seinen Draperien so geschickt angebracht hat, daß nicht nur eine die andre empor hebt, sondern daß sie jeder Figur ihren Platz bestimmen, und so viel bewirken, daß ohne Beyhülfe der Gruppen, der Lichter und der Schatten, im Gemälde alles entsteht, was durch die Kenntniß des Lichtes und des Schattens zuwege gebracht werden kann. Licht und Schatten erhält von der Kenntniß der Draperien eine große Hülfe, sowohl in Ansehung besonderer Körper, als des ganzen Zusammenhanges. Also muß man Achtung geben, daß die

P 3 Gewän-

Gewänbe in Bekleidung der Figuren die Glieder
auf eine solche Art umgeben, damit in denen meistens erhöhten und lichtesten Theilen die Wahl der
Falten keine starken Schatten verursachen; denn
diese sowohl, als die allzu hellen Falten in denen
natürlicher Weise beschatteten Theilen würden die
Form brechen. Die mit Kunst angebrachten
Draperien können auch dem Licht und Schatten zu
statten kommen. Sie können durch Verbindung
und Setzung der Lichter und Schatten die Massen
ausbreiten, und die leeren Räume künstlich ausfüllen, welche in Stücke zertheilte Löcher machen
würden, die den Augen beschwerlich sind; weil sie
dieselben aller Orten auf gleiche Sachen von Licht
und Schatten hinziehen, und ihnen die angenehme Ruhe, die sich darstellt, benehmen; wenn
die in großen Theilen bestehenden Sachen unter
einander verbunden, durch die Massen der Lichter
und der Schatten aber von einander abgesondert
und zerstreut sind.

Rubens und van Dyck haben die Kunst des
Lichtes und Schattens vollkommen, und vielleicht
besser, als andre, inne gehabt. Ihre edle und
kluge Eintheilung macht einfältige und zierliche
Falten, welche angenehm um das Nackte herum-
schweben, und es, ohne darauf gepapt zu seyn,
deutlich sehen lassen. Sie sind hierinn stärker,
als Titian, dem sie zuweilen in der Harmonie
und Zusammensetzung der Farben gleich, wo nicht
gar zuvorgekommen sind, wenn er seine Figuren
allzu

allzu bunt gemacht hat, welches ihnen ihre Form
und Ruhe benimmt: ein Fehler, in welchen Rubens und van Dyck nicht gefallen sind.

Man muß in der Kleidertracht die Wohlanständigkeit, die Sitten, und das Costume, das
Sittliche, oder den Gebrauch genau beobachten; man muß sich nicht in den Kopf setzen, nackte Figuren dahin zu stellen, wo sie nicht hingehören, und dieses vielleicht nur aus einer Ehrsucht,
seine Kunst in diesem Theile der Zeichnung sehen
zu lassen. Die florentinische Schule ist oft in diesen
Fehler gerathen. Sie war mehr vor die Kenntniß des Nackten und der Anatomie, als vor alle
andre Theile der Malerkunst eingenommen. Ihre
Leidenschaft verführte sie so weit, daß sie auch sogar die vernünftigste Wohlanständigkeit des Raphaels tadelte, den sie aus einer Art von übel-
gegründeter Mißgunst Il gran fattore di abiti,
den großen Kleidermeister nennte. Raphael
richtete die Form seiner Falten nach dem Nackten, und wo das Gewand frey war, da bezeich-
nete er die Falten durch weite Augen, tiefe Brüche, oder andre Formen, welche keinem Glied anständig seyn konnten, weil da keines verborgen
war. Er verbarg darinn alle Mühe und Wahl,
um sie unscheinbar zu machen. Man betrachte
nur seine Werke, so wird man überzeugt werden,
daß man mit der Wahrheit ein Gespötte getrieben habe.

Der

Der Maler hat ja Gelegenheit genug, seine Kunst im Nackten und in der Anatomie sehen zu laſſen; es giebt Stellen genug, wo ſie ſich gehörig zeigen kann. Zu was iſt es alſo nöthig, ſie zur Unzeit, und wider alle Art, am unrechten Ort anzubringen? Die Fabel in ihren Allegorien, die Geſchichte ſelbſt giebt hierzu Anlaß; man darf ſich nur die Zeit, das Land und die Sitten deutlich vorſtellen.

Die erſten Menſchen haben ſich gleich im Anfange mit Fellen von Thieren bedeckt; man glaubt ſogar, daß Kain das Wollſpinnen erſt nach ſeiner Flucht in Indien erfunden habe; gleichwie man ihm auch Maaß, Gewicht und Markſteine zuſchreibt. Raphael aber hat im Vatican dem Kain ein Gewand von Stoff angelegt, welches ein Beweis iſt, daß große Männer zuweilen auch Fehler begehen können, die andern von höherer Einſicht der Geſchichte nicht entwiſcht wären; jedoch werden ihnen dieſelben wegen ihrer beſondern und reizenden Schönheiten von Männern eines höhern Geſchmackes gern verziehen. Dergleichen Fehler geben oft Gelegenheit, den Tadel ſolcher Leute in Bewegung zu bringen, welche mehr mit den Flecken der Sonne, als mit ihrer unermäßlichen Größe, und mit ihrem Glanze, den ſie über die ganze Welt ausbreitet, beſchäfftiget ſind.

Man muß die Stoffe nicht allein nach den Charakteren unterſchiedlich vorgeſtellter Perſonen verändern, ſondern auch die Falten ſo, wie

ſie

sie ihnen gemäß sind, anordnen. Die schweren Zeuge oder Tücher, welche zwar weit sind, aber wenig Falten machen, schicken sich für Propheten, Philosophen und Magistrate, und scheinen mit dem Ansehn ihres Charakters und ihres Antlizes überein zu kommen. Diese taugen also nicht zur Munterkeit, zur lebhaften und glänzenden Artigkeit der Nymphen und junger Leute, welche man in zarten, feinen und leichten Stoffen vorstellen muß. Jedoch, obschon ihre Falten klein sind, so müssen sie doch nicht zusammengeklemmt seyn, ausser um die Gegend, wo sie etwan geschnürt oder gedruckt werden, und von dort breiten sie sich nach und nach aus, um, wo es nöthig ist, große Theile und Massen von Licht und Schatten zu formiren. Die mittelmäßigen und weder zu schweren noch zu leichten Kleider gehören für die Majestät der Götter, Könige, Fürsten, Fürstinnen und Frauen von einem verehrungswürdigen Charakter.

Alle diese Wohlanständigkeit muß man nicht nur in der Kleidung, sondern auch in allen andern Zurichtungen der Figuren beobachten; mithin jederzeit auf die Würde, auf das Geschlecht, auf das Alter, auf die Zeit, auf das Land, auf die Sitten und die Gebräuche Achtung geben. Wenn man nun alte Griechen oder Römer zu malen und vorzustellen hätte, würde es da wohl anständig und geschickt seyn, sie in Kleidungen, Kopfpuz und Waffen der heutigen Deutschen, oder einer andern

Nation

Nation vorzustellen? Ich sage nein! denn anders müssen die Persier, und anders die Griechen
gekleidet seyn, wie dieses le Brün, zum Beyspiel,
in Alexanders Geschichte genau in Acht genommen hat. Aus eben dieser Ursache muß man bey
Gegenständen des Alterthums ja keine heutigen
Kleidungen anwenden. Wer wird wohl moderne
Personen, oder andre Sachen, in antiken Kleidern oder Gestalten zum Vorschein bringen?
Dennoch aber bedienen sich die Maler bisweilen
einer solchen Freyheit in Portraiten. Hier ist
aber meine Meynung ganz und gar nicht, als
wenn ich mich mit großen Meistern wegen ihrer
Willfährigkeit, die ihnen zu dergleichen Ungereimtheiten nicht selten Anlaß giebt, einen Streit anfangen wollte, und dieses um so weniger, als dieses unsern Malern, die sich empor heben, manchmal Gelegenheit an die Hand giebt, edle, angenehme und mannichfaltige Draperien auszusinnen:
Sind aber diese Künstler nicht jederzeit so zu sagen gebunden? müssen sie nicht immer sich nach
dem Eigensinn derjenigen richten, für die sie arbeiten? wird ihnen nicht zuweilen gar auferlegt,
Runzeln mit Schmuck zu bedecken, graue Locken
in weiße Blumen zu verwandeln, Bürgerswei-
ber wie Fürstinnen zu schildern, einen Stutzer
oder Prahlhans wie einen Cäsar, einen Rathsver-
wandten wie einen Adonis vorzustellen? Wer
kann aber hierüber etwas entscheiden? Indessen
zeigen uns die Portraite und Abbildungen eines
Raphaels, Titians, Giorgione, Rubens und
van

van Dyck die Leute so, wie sie damals gewesen sind. Solche Bildnisse scheinen gleichsam lebendig zu seyn und zu athmen.

Die Länder, in welchen die Maler gebohren sind, und deren Clima oder Himmelsgegend an ihren lebhaften, kaltsinnigen oder schwermüthigen Werken Ursache ist, geben auch starken Anlaß, wider die Anständigkeit zu sündigen. Dieses geschieht nicht nur in Absicht auf die Kleidungen, sondern auch der Charaktere, der Form, der Gestalt der Personen, der Gesichtsbildungen, und der Art ihrer Köpfe.

Albrecht Dürer, ein durch seine Kunst hochgeschätzter Mann, welcher die Lobeserhebungen des Raphaels von Urbino so sehr erworben hatte, daß dieser große Meister der Kunst seine in Kupfer gestochene Werke, wovon er die ganze Sammlung besaß, sehr oft nicht ohne Nutzen zu betrachten sich mit Vergnügen beschäfftigte; dieser Dürer, sage ich, war, seines großen Genies ohngeachtet, von den Gegenständen seines Vaterlandes, die ihm beständig vor Augen schwebten, so sehr eingenommen, daß er in allen seinen Gemälden, sowohl durch die Kleidung, als die Art der Köpfe, jederzeit fast nur die deutsche Nation vorstellte.

Viel wunderlicher aber dachte jener Künstler, welcher den zu Maynz ins Deutsche übersetzten gedruckten römischen Titus Livius mit Holzschnitten geziert, und in allen Schlachten, Belagerungen,

gen, oder Kriegsverrichtungen des Fabius, Marcellus; Hannibals und andrer römischer und puni-
scher Kriegshelden lauter deutsche Trachten und moderne Waffen, nämlich Kartaunen, Schwerter, Hel-
leparden und Feldschlangen angebracht hat. Vermuthlich bildete er sich ein, in der ganzen Welt
sey zu allen Zeiten nur einerley Volk gewesen;
und ein guter Rath mag ihm vielleicht allzu theuer
gewesen seyn.

Rubens und van Dyck haben die antiken
und heldenmäßigen Sachen der Griechen und Römer durch die Kleidertrachten, Stoffe, Waffen,
Formen und Arten von Köpfen sehr oft nach Flandern in ihr Vaterland überbracht.

Wenn man die Gemälde des Giorgione,
Titian, Tintoretto, und absonderlich des Paul
Veronese betrachtet, so kömmt man selten von
Venedig weg. Diese Fehler, oder diese Gewohnheit, welche manche große Männer fortgerissen hat,
dienen zur Warnung, daß man die durch Künsteley zuwege gebrachte Natur überhaupt, die uns
gemeiniglich vor Augen schwebt, nicht jederzeit in
Acht nehmen müsse: Wenn sie die Trachten durch
ihre Formen, so vorstellen, wie der Anstrich
durch seine Farbe; so muß man sie in der richtigen Vorbildung der Vollkommenheit und in den
Werken des edlen, und ungekünstelten, einfältigen
oder simpeln Alterthums zu finden trachten.

Die Maler und Bildhauer der Alten waren deswegen vor andern glücklich, weil sie mehrere Vortheile

theile als wir hatten? Sie lebten in den Zeiten, in welchen die Natur sich ihnen allezeit in ihrer Blüte, in ihren Kräften, in ihrer ungezwungenen oder naifen Einfalt darstellte: Sie durften nur nachahmen, was sie sahen. Wir aber müssen dasjenige, was wir sehen, fast allezeit zu vermeiden suchen. Die Maler, welche da gebohren und erzogen sind, wo man die Ueberbleibsel des Antiken findet, wovon Rom die vorzüglichste Schatzkammer ist, waren in ihren Gesinnungen von solchen verwunderungswürdigen Kunststücken immer so angefüllt, daß sie dergleichen Fehler niemals begangen haben oder begehen konnten.

Solche Männer waren Raphael, Lionardo da Vinci, Giulio Romano, Michelagnolo, die Carracci, Dominichino und andre, welche aus dem Antiken die Erfindung, das Erhabene, und Edle ihrer Ideen, die Stärke des Ausdruckes, die kluge und vernünftige Genauigkeit des Anständigen und Gebrauchmäßigen geschöpft haben.

Wenn man der Vollkommenheit nachzustreben trachtet, so ist es noch nicht genug, nur die groben Fehler wider die Gebräuche zu vermeiden, in welche die würdigsten Männer nicht selten gerathen sind; sondern man muß vielmehr glauben, daß es unstreitig ist, die Malerkunst sey unendlich und unermeßlich.

Man muß sich also Gewalt anthun, den Ausdruck seines Gegenstandes durch besondre sinnreich angebrachte Sachen zu vermehren, welche demselben

selben seinen Charakter stark beybringen. Man
muß sich einbilden, daß, wenn man in dieser so
schweren Kunst sich mit Ehre und Ruhm empor
heben will, die einzige Gewohnheit zu zeichnen
und zu malen den großen Maler nicht ausmache;
und daß es nicht genug sey, wenn ein Gemälde
dem Zuschauer allein gefällt, und seine Augen ergötzt, sondern es muß auch in die Augen des
Verstandes dringen. Wenn ein Gemälde, es
mag auch Schönheiten haben, was für welche es
wolle, wider die Anständigkeit und wider das
Costume verstößt; so giebt es gerechten und
schreckbaren Kunstrichtern zur billigen Kritik Materie genug an die Hand, sie mag hernach herkommen, von wem sie will; ob es Tadler sind, welche
sich nur durch das Licht des Verstandes und der
Vernunft leiten lassen, oder Gelehrte, welche mehr
durch diesen Theil der Malerey gerührt werden,
als durch alle andre. Dieser Theil allein hat unter den Franzosen hauptsächlich für den Poußin
die Stimmen gesammlet, daß er den rühmlichen
Zunamen eines Malers für Leute von Witz und
Verstand, oder Peintre de geus d'esprit verdiene.

Neunzehn-

Neunzehntes Kapitel.

Von dem Ausdruck der natürlichen
Schönheiten, und derselben getreuen
Nachahmung.

Die Kunst, sichtbare Dinge der Natur nachzuahmen, bestimmet allerdings die Ehre
und das Ansehn eines Malers. Was aber die
Malerkunst fast von allen andern Künsten und den
Maler vom Maler unterscheidet, ist nicht nur eine
gewisse Hoheit des Verstandes und des Witzes,
welche die Sachen in den Gedanken glücklich vorstellt; sondern auch die Begeisterung und das
Pathetische oder Gemüthsrührende, welches den
Verstand entzückt, durch eine richtige Vorstellung
der Charaktere und durch die Nachahmung der
Leidenschaften das Herz rege macht, welches von
der Großmuth und von der Einbildungskraft herkömmt. Die Gedichte müssen nicht nur mit
einerley Schönheit versehen seyn, sagt Horaz,
sondern sie müssen auch ans Herz greifen, und in
demselben alle Leidenschaften derjenigen, welche sie
anhören, und welche der Dichter erwecken will,
in Bewegung setzen.

Wenn man die Vollkommenheit und das Erhabene der Kunst zu erreichen gedenket, so ist es
nicht genug, daß ein Gemälde angenehm colorirt,
mit Leichtigkeit und Anmuth gemalt sey, auch
eine

eine Art von Richtigkeit in den Umrissen, habe, welche mehr von Regeln, als vom Genie abhängt, und wodurch ein sonst untadelhafter Meister wegen seiner großen Eigenschaften selten ein Lob verdient hat; sondern man muß in der Kunst das Beste und Vortrefflichste aufsuchen, und demselben nachstreben. Der vollkommenste Maler ist aber derjenige, welcher, da er den Augen des Zuschauers ein Genügen leistet, auch den Verstand desselben nachdrücklich zu erregen weis. Wer dieses nur mittelmäßig zuwegebringt, ist nur ein mittelmäßiger Maler; und der es gar nicht vermag, maßet sich des Nahmens eines Malers mit Unrecht an.

Indessen, sagt Cicero, werden die Maler, so ungeschickt und so schlecht sie auch sind, dennoch Maler genennt, und diese werden untereinander nicht durch eine besondre Gattung oder Art zu malen, sondern durch ihre Geschicklichkeit und Kunst unterschieden.

Da es also zur Vollkommenheit der Kunst nicht genug ist, nur allein den Augen zu gefallen; so muß die Malerey auch in uns eine gewisse mit Erstaunen und mit einer Ueberraschung vermischte Verwunderung erwecken, welche uns entzückt, und uns gleichsam außer uns selbst setzt. Ohne dieses schöne Feuer, welches sie beseelen muß, ist sie auf das höchste eine Maschine, an welcher die Haupttriebfedern mangeln. Der Maler muß seine größte Stärke von der großen Kunst, die ans Herz greift, hernehmen; er muß

es hin und her treiben, bewegen, so gar durchdringen, aber nicht quälen: Denn es ist eben so
gefährlich, sein Ziel zu überschreiten, als dasselbige nicht zu erreichen.

Es giebt in den Ausdrücken eine Zierlichkeit,
deren sich wenige Leute zu bemächtigen, und sie zu
kennen wissen. Denn sowohl unter den Künstlern, als Zuschauern, entscheidet gemeiniglich das
Temperament. Einige sind zu kaltsinnig, andre
zu hitzig und zu übereilend, und dieses ist es, was
für die Werke des einen oder andern den Ausspruch bestimmet. Es ist eben so viel Zärtlichkeit des Verstandes vonnöthen, zu urtheilen, und
das Schöne zu empfinden, als es hervorzubringen.
Wenige Leute verstehn die Sache, wovon gehandelt wird; und noch wenigere kennen die Wirkungen der Natur, und gemeiniglich verachtet man,
was man nicht kennet. Dieses ist es eben, was
diejenigen oftmals ihres Muthes beraubet und sie
niederschlägt, welche um die Ehre arbeiten, oder,
mit dem Plato zu reden: dieses ist es, was dem
Witze die Flügel beschneidet, und ihn zur Vollkommenheit, wo er als zu seinem Augenmerk hin-
zielt, zu gelangen verhindert.

Wenn der Maler seinen Gegenstand erwählt
hat, so muß er sich durchaus bestreben, denselben
nach allen seinen Umständen wohl auszudrucken,
um die Blicke eines auch sogar unempfindlichen Zuschauers hinzulocken und dort aufzuhalten. Nichts
kränkt den Arbeiter mehr, als ein von aller Sinn-

Q   lichkeit

lichkeit entblößter Zuschauer, sagt Horaz, und nichts ermuntert ihn mehr, als wenn er wahrnimmt, daß er durch Beyfall geehrt wird. Ein Maler, der dahin gelangen will, muß zwo Arten von Ausdrücken genau in Acht nehmen, den allgemeinen, und den besondern. Durch den allgemeinen versteht man den Charakter des Gegenstandes, welcher gleich in die Augen fallen muß, und von demselben sich in den Verstand und dann in das Herz einschleichet. Fast alle Theile der Malerkunst, nämlich die Erfindung, die Anordnung, der Charakter der Umrisse, das Colorit, der Pinsel, das Licht und der Schatten müssen hierzu ihre Kräfte vereinigen.

Durch die Erfindung trifft man eine lebhafte Wahl, und forschet so wohl wahrscheinlichen als anständigen Sachen nach, welche den vorgenommenen Gegenstand am besten charakterisiren und ausdrucken.

Durch die Disposition oder Zusammensetzung, welche die Ordnung und die Austheilung der Sachen ist, muß man die Gruppen und Gegenstände auf die vortheilhafteste und geschickteste, dem Charakter der vorzustellenden Sache angemessene Art an ihren gehörigen Platz bringen.

In einem Gegenstande von Getümmel muß alles in Bewegung und geschäfftig seyn. Der Contrast muß da lebhaft vorgestellet werden; die Zeichnung muß herzhaft, voll Feuer, das Colorit stark und glänzend, der Pinsel ringfertig, doch heftig,

heftig, die Gegensätze in Licht und Schatten deutlich seyn, und glückliche Mißtöne müssen sowohl in
der Harmonie, als im Ganzen wahrgenommen
werden.

Ein majestätischer und edler Auftritt muß
gleich durch die Wahl der Gegenstände, durch die
simple und große Ordnung der Composition, durch
die Vortrefflichkeit der Stellungen in ihrer ganzen Pracht, durch ihre Würde, durch den natürlichen, ohne Zwang oder Künsteley übertriebenen
Contrast, durch die Wahl der herrlichsten und
übereinstimmenden Farben, durch den Geschmack
einer großen und genauen Zeichnung, durch eine
mäßige Ruhe im Licht und Schatten das Auge
entzücken, überraschen, und, so zu sagen, hintergehen.

In tragischen und barbarischen Gegenständen
müssen die Gegensätze des Lichtes und Schattens
viel deutlicher und sinnlicher, als des Colorits
seyn, dessen traurige und melancholische Wahl der
Handlung ihren Charakter einflößen wird.

In anmuthigen und gratiösen Gegenständen
muß alles lachen, und gefallen; dazu helfen die
Wahl der erfundenen Sachen, eine gewisse Art
von Zärtlichkeit in der Composition, die Zierlichkeit der Umrisse, das angenehme und glänzende
Colorit, das gelinde und mäßige Licht und Schat-
tenwesen, der ringfertige, markichte und fliessen-
de Pinsel. Mit einem Worte, ein jedes Gemälde
muß eine Art haben, die desselben Charakter be-

Q 2   stimmt.

stimmt.

ſtimmt. Die Harmonie muß bald ſcharf, bald
gelinde, bald traurig, bald munter ſeyn, nachdem ſolches verſchiedene Charaktere der Sachen
erfordern, die man vorſtellen will; man kann hierinn die Zauberkunſt der Muſik nachahmen.
Denn alle Künſte haben, wie ſchon oben gemeldet worden, faſt einerley Grundſätze. Man
darf aber nur die Verwandſchaft der Tonkunſt mit
der Malerey darinn unterſuchen, was den Ausdruck und die Harmonie betrifft, ſo werden wir
nicht weit davon abweichen.

Die Menſchen haben eine natürliche Neigung,
durch ihre Stimme Töne zu formiren; man ſingt
von Jugend auf, ehe man noch reden kann. Das
Alter ſtärket dieſe Gewohnheit, und das Temperament beſtimmt ſie. Man ſingt, und denkt doch
dabey etwas anders. Derjenige, der ein zar-
tes und empfindliches Herz hat, formirt zarte
und ſchwache Töne. Der Jähzornige ſtößt heftige, muntere und leichte Tonarten heraus,
und alles dieſes oft, ohne es wahrzunehmen, daß
man ſingt. Hierinn wirket nichts, als das Naturel und das Temperament, und man kann nicht
ſagen, daß die Tonkunſt daran Theil habe, ob man
ſchon darinn eine glückliche Eigenſchaft, ein Mu-
ſikus zu werden, wahrnimmt.

Wie viel Leute haben nicht die ſchönſten Lieder
verfertigt, ohne eine Note von der Muſik zu verſtehn? Wie viel andre hat man nicht geſehn,
welche

welche sich den Namen eines Musikus zugeeignet
haben, weil es ihnen einige natürliche Lieder her-
zulallen gelungen, und denen das Temperament
anstatt der Kunst gedient hat, wenn sie zuweilen
den Verstand der Wörter glücklich ausgedrückt
hatten?

So leicht ist es nicht, durch bloße Linien der
Reißfeder in den Zügen eines Gesichts die Leidenschaften auszudrücken. Sollte aber wohl sich jemand, wenn er seine ganze Kunst in dieses Talent einschränkte, einen Maler nennen können?
Was ihn zum Maler macht, das besteht darinn,
daß er mit den Linien das Licht, den Schatten,
das Colorit und die übrigen schon oben erklärte
Theile der Malerkunst vereinigen könne. Wenn
daher auf gleiche Weise derjenige, der schöne Lieder gemacht hat, auch schöne Nebenstimmen mit
Kunst beyfügen kann, und eine gelehrte wohlaus-
gearbeitete Harmonie, wahre und mannichfaltige
Charaktere, eine gehörige Mode zu vereinigen
weiß; so kann er sich billig einen Musikus nennen.
Also ist dieses die wunderbare Kunst, die den
wahren Musikus ausmacht, und die ich dem Maler zum Muster anpreise, damit er daraus den
Ausdruck, das Entzückende der Harmonie, und
die gehörigen Moden nach verschiedenen Gegenständen daraus begreife. Die Malerkunst zeigt
ihre Moden durch die Farben, wie die Tonkunst
die ihrigen durch die Töne.

Q 3　　　　Die

Die Farben, welche am meisten ins Weiße fallen, flößen Vergnügen ein; die sich aber dem Schwarzen am meisten nahen, versetzen die Einbildung in Traurigkeit. Jede Sache hat ihren Gegenstand. Das Licht des Tages erweckt die Natur; die Finsterniß der Nacht aber unterdrückt dieselbe, und verursachet nichts, als Schwermuth, Furcht und Schrecken.

Ueberhaupt muß man in der Malerey eben so aufmerksam seyn, als in der Musik, damit der allgemeine Charakter durch so starke Linien angemerkt werde, wodurch so gar jene, welche von dem Gegenstande nichts wissen, gerührt und getroffen werden. Dieses mag nun entweder durch das Große, durch das Rührende, Angenehme, Muntere, oder durch andre Charaktere geschehen, daran liegt ganz und gar nichts: denn eine jede Sache, die man unter den Händen hat, muß ihren besondern, und einen ihr eigenen Charakter bey sich haben. Es ist hiebey nicht nur genug, den Augen wohlzugefallen, sondern das Werk muß auch überraschen und in Erstaunen setzen.

Nachdem ich von dem geredet habe, was ich den allgemeinen Ausdruck nenne; so will ich nun auch von den besondern Ausdrücken handeln, welche, alle zusammen genommen, zu der allgemeinen vollkommenen Vorstellung oder Erscheinung das ihrige beytragen müssen. Alles, sowohl die Auszierung oder der Schauplatz, die Sitten, die Gebräuche oder Gewohnheiten, als der Charakter

rakter der Personen, die durch die Geberden ausgedrückte Leidenschaften, die Bewegungen der Leiber und die Gesichtszüge, müssen hier einander zu statten kommen.

Der Auftritt eines Gemäldes erhebt den Ausdruck der Sache, welche vorgestellt wird. Man muß sich also vornehmlich hüten, etwas Angenehmes, und was Freude, Lust und Vergnügen einflößen sollte, in einem düstern, traurigen und melancholischen Orte, z. E. die Bellona oder Kriegsgöttinn unter Blumen; die Venus, mit ihren Liebreizen und Scherzen zwischen abscheulichen Felsen in der erschrecklichsten Wüsteney vorzustellen. Man hüte sich, sage ich, in anmuthigen Gegenden, wo nur Munterkeit, Lust und Ergötzung herrschet, eine tragische, unglückselige, klägliche und entsetzliche Begebenheit aufzuführen.

Die Alten hatten nur drey Stücke, das Tragische, Komische und Satyrische, oder das Traurige, das Lustige und das Spottende, nebst den Auszierungen, die sich zu diesen Charakteren schickten. Das Tragische bestund in herrlich und prächtig gezierten Palästen und Gebäuden. Das Komische stellte nur Bürgerhäuser vor, wie man sie in Städten sieht. Die Satyre aber wurde in Landgegenden unter Bauernhäusern und bloßen Hütten, oder etwan bey einigen Trümmern von zerfallenen alten Tempeln angebracht.

Die

Die Sitten sind eigentlich diejenigen Neigun-
gen, welche die Menschen zu guten, bösen oder
gleichgültigen Handlungen verleiten. Sie sind
nach der Leibesbeschaffenheit, nach dem Geschlecht,
nach dem Geburtsort und dem Land unterschieden.
Daher kommen die vielerley Gebräuche der völker. Einige sind artig und höflich; andre grob
und barbarisch; einige listig, andre aufrichtig;
einige dumm und plump; andre unruhig und
unbeständig, und so weiter. Dieses sind die verschiedenen Charaktere, welche der Maler mit allem Fleiße studiren muß. Man suche also bey
Hof und in großen Zusammenkünften die Charaktere der Würden, des Adels, der Wohlanständigkeit und der Gestalten. Man suche in den Gesellschaften und im Umgange der Stadt, auf dem
Land, unter gemeinen Leuten das Einfältige, das
Aufrichtige, das Ungezwungene, und das Wahre,
nämlich die Natur selbst in ihrer Unschuld.

Hier wird man vielleicht fragen: Wie? soll
man denn bey Hofe studiren? oder: soll man
denn die Zeit dort mit warten verlieren, wenn
man in seinem Cabinet ruhig studiren kann?
Dieses ist es eigentlich, was, wie ich mir einbilde,
viele Leute, die den Wissenschaften ergeben sind,
betrügt. Denn in der That, sie irren sich, wenn
sie glauben, daß ihr Cabinet und ihre Bücher ihnen
genug wären. Die Welt, welche eine lebendige Bibliothek ist, dient der Bibliothek des Cabinets am
meisten zur Aufmunterung. Ich weis, daß ein gros-

ses Talent und viel Zeit, erfordert wird, diese zwo
Nothwendigkeiten zu erfüllen, um zur Vollkommenheit der Kunst zu gelangen. Derjenige,
welcher niemals aus seinem Studierzimmer gekommen ist, verachtet jenen, welcher niemals in
daſſelbe hineinkömmt, oder, beſſer zu ſagen, der
kein Studierzimmer hat. Aus einer gleichen
Unbilligkeit halten diejenigen, welche ſtets in
Geſellſchaften ſind, niemals zu ſich ſelber kommen, und allezeit zerſtreut leben, denjenigen für
einen lächerlichen, wunderlichen und närriſchen
Menſchenfeind, welcher nachſinnt und ſich mit ſeinen Gedanken zu beſchäfftigen weis. Der
Weiſe, ſagt Horaz, wird oft für einen ſeltſamen und wunderlichen Kopf gehalten, und
das Stillſchweigen eines beſcheidenen Mannes heißet oft ſo viel, als ein beißender Tadel.
Alles, was auf das äußerſte getrieben wird, iſt
unanſtändig und fehlerhaft. Man muß in allen
Sachen ein Mittel treffen. Schlachten gewinnen, ſagt Horaz, und mitten unter ſeinen Bürgern die überwundenen Feinde im Triumph aufführen, heißet bis zur Ehre des Jupiters gelangen,
ja es reichet bis an die Gottheit ſelbſt. Es iſt
alſo kein geringes Lob, ſolchen Helden oder Erden-
göttern zu gefallen. Allein, man hat ein Sprüch-
wort: Nicht jedermann kann nach Corinth kommen. Derjenige, der in Sorgen ſtund, es möchte
ihm dort nicht gelingen, iſt in ſeiner Unthätigkeit
geblieben, und er hat auch wohl gethan. Iſt
aber wohl derjenige zu tadeln, dem es gelungen iſt?

Q 5   hat

hat er nicht als ein herzhafter Mann gehandelt?
Denn was wir suchen, ist entweder dort, oder
nirgendswo. Einer scheuet sich, eine Last anzugreifen, weil er sie für seine Kräfte und seinen
Muth zu schwer achtet. Ein andrer hingegen
ergreift die Bürde mit der größten Begierde, und
trägt sie wirklich fort. Man muß es bekennen,
daß entweder die Tugend ein eitler Name sey,
oder derjenige, welcher alle seine Kräfte zur Tugend anwendet, Ehre und Belohnung verdienet.

Ich weis wohl, daß alle Charaktere überhaupt unter den Menschen anzutreffen sind; allein
sie versammeln und vereinigen sich weit mehr an
großen Höfen. Dort kann man sie mit stärkerer
Lebhaftigkeit, und zwar auf einen Augenblick studiren. Die Sonnenstralen, die sich auf dem
Erdboden ausbreiten, haben weniger Stärke, als
wenn sie im Mittelpunkt eines Brennspiegels beysammen sind.

In solchen Welttheatern kann man das Wahre
der Sitten, der Charaktere und der Leidenschaften
studiren. Man trifft alle Beyspiele, nämlich die
Höflichkeit, Freundlichkeit, Gütigkeit und Würde;
die manierlichen Sitten, und das Ungezwungene
der meisten Großen; den Stolz der Niedern und
den Hochmuth der Kleinen überhaupt an; jedoch
findet man überall eine Ausnahme; bey einigen die
ansehnliche Art, und bey andern die geheimnißvol-
len Blicke; bey manchen die unzeitige Aufmerksamkeit und verdrüßliche Aemsigkeit; die Unruhe
und

und Geschäfftigkeit derjenigen, welche nach Wohlthaten, und Gnaden streben; die Eifersucht andrer, welche andern gutes thun sehen; die falschen Geberden der Complimente, Verbeugungen
und Umarmungen; die Ringfertigkeit und das
Vertrauen junger Leute; ihre entscheidende Art,
alles, was sie nicht kennen, und nicht zu kennen
verlangen, dennoch zu beurtheilen; den Geiz und
den Hochmuth derjenigen Alten, welche zur Unzeit um Gnade sich bewerben, die sie nicht genies-
sen können; ihre Klagen über das Verflossene
und ihre Verachtung des Gegenwärtigen; ihre
Schmeicheley und Niederträchtigkeit; ihre Frechheit und verwegenen Stolz; mit einem Worte,
man kann auf dem großen Schauplatz eines jeden
Hofes alles studiren, was die Seele und das Herz
der Menschen in Bewegung setzt, und beunruhiget.

Wie? bey Hofe zu studiren? wird man wiederholen: das ist ein ungestümes Meer, wo man
jererzeit in Gefahr schwebt, seinen Untergang zu
finden. Was giebt es da nicht für heimliche An-
schläge, gefährliche und gleichsam unterirrdische Gänge, verdächtige, falsche und eigennützige Liebkosungen,
unerträglichen Hoch- und Uebermuth. Setzen
wir voraus, wie ich es gern zufrieden bin, daß
diese Abbildung ihre Richtigkeit habe; so ist es,
wenn man die gesuchten Charaktere malen will,
nicht erst nöthig, sie nach der Natur zu studiren; sondern nur zu verhindern, daß man nicht in gefährliche Oerter gerathe, welche zuweilen mit schönen Blu-

men

men bedeckt sind, da sollte es ohnstreitig erlaubt
seyn, sich gewisse und sichere Führer zu suchen,
welche so gut, als die Wahrheit und Klugheit
selbst zu leiten wissen. Denn diese beyde muß
man genau vereinigen können: Redet man ohne
Vorsicht die Wahrheit; so lauft man Gefahr sich
zu stürzen. Man handle nur getreu, und mische
sich nicht in geheime Geschäffte, weder in des
Herrn, noch der Bedienten, so ist man weise
und klug. Man muß weder stolz noch niederträchtig seyn. Glücklich ist also derjenige, der
vor seiner Obrigkeit, ohne sich zu schmiegen, erscheinen, und mit Niedern ohne Stolz leben kann.
Man gebe einem jeden, was man ihm schuldig
ist; man übertreibe auch zuweilen die Höflichkeit
gegen Niedrigere, weil sie aufmerksamer als andre sind. Man gehe seinen Verrichtungen genau,
treu und eifrig nach, und begehe niemals die
nichtswürdige Niederträchtigkeit, sich in die Angele-
genheiten eines andern zu mischen, und sie anstatt
desselben zu besorgen. Man bediene sich der Gelegenheit, für andre mehr als für sich etwas gutes auszu-
wirken. Begehet man zuweilen etwas für sich, so
muß das Begehren nicht ungelegen und verdrüßlich,
sondern voll Ehrfurcht, jederzeit geziemend und recht-
mäßig seyn. Man muß endlich sich nicht nur ein Gesetze machen, still zu schweigen, wenn man befürch-
tet, daß irgend ein Uebel daraus entstehen könnte;
sondern alsdenn den Mund aufthun, wenn man
gutes zu thun Gelegenheit hat. Niemals muß
man sein Glück auf fremde Ungerechtigkeit, oder

auf

auf den Untergang andrer Leute bauen. Wenn
man sich also aufführt, und dennoch Schiffbruch
leidet; so muß sein Glücksstern sehr böse und unglücklich seyn. Demungeachtet soll man doch allezeit den Trost und die Zufriedenheit übrig behalten, daß man sich selbst im Gewissen keinen Vorwurf zu machen habe.

Auf diese Weise muß man sich im gemeinen
Leben ohne Stolz und Niederträchtigkeit der
Wahrheit und Einfalt befleißigen. Alsdann
werden die Menschen uns günstig, und da sie sich
uns ohne Maske sehn lassen, so stellen sie uns ihre
Natur ohne Schminke vor, und lassen uns dieselbe
mit leichter Mühe sehen. Manche Dichter waren große Maler der Sitten und der Charaktere,
sie malten oft, so zu sagen, die Masken und die
Gesichter, weil sie bey Hofe und in den Städten
ihren Umgang gehabt haben. Ich gehe weiter:
Der Maler muß sich durch die Geschichte und
durch die Geographie oder Erdbeschreibung sowohl
die Manichfaltigkeit der Sitten, der Religionen,
der Gebräuche und Kleidertrachten, als auch die
Gegenden des Erdbodens, des Meeres und der
Himmelskreise bekannt machen. Die Reisebe-
schreibungen zeigen den Unterschied der Gebäude,
der Bäume, der Thiere, der verschiedenen Charaktere, welche zum Ausdruck nöthig sind; diese
aber müssen ihrer Sache änlich, gehörig und anständig seyn. Man nimmt sie entweder aus der
Geschichte, oder aus der Fabel. Die Charaktere
aus

aus der Geschichte müssen der Sache gemäß, die
aus der Fabel oder derselben angemessen und zu-
gehörig seyn. Alle folgen, wie Horaz sagt,
dem Ruf der Welt, und die Historie zeigt uns die
Gesichtsbildung und Gestalt der Helden, wovon
sie redet. Wenn man dem Alexander den Julius Cäsar, Augustus, Pompejus oder andre malen will, so ist es nicht genug, sie nach ihren blos-
sen Portraiten zu schildern; man muß ihnen durch
die Kunst auch eine Seele einflößen. Dieses geschieht durch die Stellung, Wendung, durch das
Gesicht, und alles, was ihren Charakter kenntbar
machet. Denn man ist begierig, große Leute bis
in das Innerste des Herzens zu kennen, und man
muß den Zuschauer durch die Vorbildung einnehmen, die er sich durch das gemeine Gerücht davon
gemacht hat. Man kann auch zuweilen von dem
Wahrscheinlichen abweichen, und zum Anständigen übergehn. Allein, man muß dahin trachten,
daß, ohne die Charaktere aus den Gesicht zu lassen, diese Schildereyen allzeit schöner und zierlicher werden.

In den Erdichtungen, oder in der Fabel, ist die
Frage nur von dem Anständigen und Geschickten;
zum Beyspiel: das Große, das Herrliche, das
Majestätische in der Vorstellung des Jupiters
muß den Zuschauer eben so einnehmen, als das
majestätische Ansehn der Würde in der Juno; die
Weisheit und das Edle in der Minerva sind Eigenschaften, welche diese Göttinnen unterscheiden;

das

das Schöne, das Wollüstige, und die Gratien müssen in der Venus eben so stark reizen, als das Erschreckliche im Mars, und der Grimm in der Bellona Furcht und Schrecken verursachen.

Will man den Achilles auf den Schauplatz bringen; so muß er, wie Horaz sagt, unermüdet, zornig, unerbittlich, und dermaßen auser sich seyn, daß er weder Gerechtigkeit noch Gesetze achtet, sondern alles von seinem Degen erwartet. Die Medea muß barbarisch, hart und unerweichlich; die Juno in Zähren gebadet; Irion treulos; Jo herumirrend; Orest von Unsinn, Rache und Furien aufgebracht erscheinen.

Alle diese Charaktere der Fabel ins Werk zu setzen, muß man durch die Belesenheit der großen Dichter der Griechen und Lateiner des Alterthums seine Einbildung erhitzen, und dieselbe darnach richten. Diese Dichter sind Homer, Virgil, Anakreon, Theokrit, Ovid, Horaz und andre, die man auch ins Deutsche übersetzt finden kann. Was für eine unerschöpfliche Quelle von großen, erhabenen, lieblichen, natürlichen und reizenden Bildern wird man bey ihnen nicht antreffen?

Acesileus, der Philosoph, las täglich, ehe er schlafen gieng, etwas im Homer, den er seine Geliebte nennte. Eben so muß man diesem nachahmen, und diese vortrefflichen Männer täglich zu studiren sich ein Gesetz machen. Wenn man sie liest, so hat man sie lieb; liebt man sie, so liest

man

man sie wieder, und ahmt ihnen nach. Man muß also ihre Schriften aufrichtig lieben, und man hat schon davon einen großen Nutzen, wenn man daran ein Vergnügen empfindet.

Um uns hierzu aufzumuntern, darf man sich nur erinnern, daß der vom Homer beschriebene Jupiter dem Phidias zum Modell gedient habe. Gleichwie Virgil seinen Laocoon nach der Statüe der drey rhodischen Künstler, des Agesanders, Polydors und Athenodors in, seiner Aeneis abgeschildert hat. Hier wäre es eine Ausschweifung, wenn ich behaupten wollte, daß Agesander den Virgil nachgeahmt, weil Laokoon ganz anders vorgestellt worden wäre. Wie viel andre schöne Bilder sind nicht in diesen großen Dichtern nachzusehen, welche dem Leser noch mehr zur Nachahmung reizen würden. Man lese z. B. seine Beschreibung eines Seesturms, wie man die durch das Wetter erregte Wellen auf ein ihrer Wuth widerstehendes Schiff losstürmen sieht; wie der Wind in den Seegeln raset, und bebt, das Meer schäumet, und die Luft von weitem herheulet, der Schiffsmann voller Bestürzung seine Kunst verläßt, und in jeder Welle den ihn verfolgenden Tod zu erblicken glaubet.

Longin thut von dieser Schilderey in seinem Buche vom Erhabenen Meldung, und setzt hinzu, daß Homer die Gefahr des Schiffsvolkes keinmal vor Augen stelle, wo er es nicht gleichsam in einem Gemälde schildert, wie es von allen brausenden

senden Wellen gleichsam verschlungen erscheinet, und daß er nicht so gar in seinen Wörtern und Sylben das Bild der Gefahr ausdrücke.

Lesen wir aber überdieses noch die Stelle, wo er die Größe und Majestät des Neptuns malt, der in seinem weit und breiten Feldern herumgeht, unter seinen Füßen Berge und Wälder erschüttert, seinen Wagen anspannt, denselben trotzig besteigt, und die Fluthen damit durchschneidet. Kaum sieht man ihn auf diesen nassen Ebenen einherziehn, so spürt man mit Vergnügen, wie die ungeheuren Fische sich erheben. Das Meer zittert unter diesem Gott, der es unter seiner Bothmäßigkeit hat, das aber mit Lust ihn für seinen Monarchen zu erkennen scheinet.

Plato hat sogar mehr als andre Weisen dem Homer nachgemalt, wie Longin bezeuget. Man lese die Beschreibung derjenigen Landschaft, in welcher sich Phädrus und Sokrates in einem Gespräche unterhalten. „Was für eine angenehme Gegend! ruft Sokrates; wie beliebt und angenehm ist nicht dieser hohe, dicke und schattichte Baum? Jener reizet die Augen nicht weniger durch die Höhe seines Gipfels, als durch das dicke Gebüsche seiner Blätter. Diese Blumen auf jener Gegend breiten ihren lieblichen Duft in die Weiten aus. Wer sollte bey derjenigen Brunnquelle nicht entzückt stehn, aus welcher ein so frisches, helles und reines Wasser fließt? Die am Rande herumstehenden Töpfe und Verzierungen

R   geben

geben zu erkennen, daß dieser Brunnen den Nym=
phen und dem Fluß Achelous geweiht ist. Empfin=
dest du den sanften Zephyr nicht, der die Luft er=
frischt, die wir athmen; der seinen Hauch mit dem
tönende n Geschwirre der kleinen Grasthiere ver=
menget? Sieh jene sanft abhängige Gegend, wel=
che die Natur mit frischen Wasen bedeckt zu ha=
ben scheinet, um die Vorbeygehenden zum Ra=
sten und Aus ruhen zu reizen. Dergleichen Be=
schreibungen aus den besten Dichtern helfen den
Geschmack d er Maler formiren, und ihr Genie
dermaßen erhitzen, daß sie sich selbst zurufen kön=
nen: Was für eine gelehrte und heilige Trunken=
heit schreit mi r heute Gesetze vor? Keusche Mu=
sen, seyd ihr es nicht selbst, die ich sehe?

Man hat nicht leichter Gelegenheit, sich also
zu berauschen, als wenn man nach Corinth kom=
met. Es wird eine Hoheit des Genies und des
Geschmackes erfordert, wenn man von den Schön=
heiten dieser verehrungswürdigen Aten oder an=
drer erhabener Schriftsteller eingenommen wer=
den soll. Glückselig ist derjenige, welcher aus
dieser von Reichthum überfließenden Quelle zu
schöpfen, gut zu wählen, und, wenn er alles ge=
schickt an seinen Ort und Stelle bringt, auch sol=
chen großen Urbildern nachahmt, sich selbst zum
Original zu machen weis. Ein solches Urbild
ward Virgil durch den Homer, und Raphael
durch das Antike. Titian folgte dem Giorgione,
Annibal Carracci dem Correggio, Michel=
agnolo

agnolo, Parmiggiano und andern. Homer, Virgil, Euripides, Sophokles, Plautus und Juvenal erzeugten große Dichter in allen Sprachen.

Wer das weite Feld der Kunst zu bauen trachtet, muß seine Charaktere vervielfältigen, und sich in allem zugleich geschickt und groß zu machen suchen; hauptsächlich aber im Tragischen und Erschrecklichen, und im Liebreichen und Muntern. Dadurch kann man den Beyfall erhabener und gelehrter Personen, vielleicht auch des Volkes erwerben. Denn einem jeden gefällt, was ihm ansteht.

Die Vervielfältigung der Charaktere insgemein geschieht durch den Unterschied der Gegenstände, und insonderheit der Charaktere, welche einerley Sachen vorstellen. Dieses ist ein Mittel, den Maler zu erkennen, dessen Genie keine weite Aussicht hat. Er malt nicht nur weiter nichts, als Weiberköpfe; sondern er macht sie so gar noch einander gleich. Aristophanes sagte zu den Atheniensern: Er verlange sie nicht zu betrügen, wenn er einerley Sache zwey- oder dreymal ein wenig verändert vorstellte; denn er bringe nicht allein jederzeit neue Auftritte vor Augen, sondern Sachen, die einander niemals gleich, und allezeit schön sind; anstatt, daß andre Dichter in ihren Stücken immer nur den zänkischen Hyperbol und seine Mutter vorstellen.

Die Physionomie, oder die Wissenschaft, die Natur der Menschen aus der Gesichtsbildung zu erken-

erkennen, wäre einem Maler über die Maaßen
nützlich, welcher die Sitten und Charaktere ausdrücken will.   Er muß sich bestreben, dasjenige
zu kennen und anzudeuten, wofern es anders möglich ist, was in den Gesichtszügen diejenige Art
formirt, welche verursacht, daß, ohne Absicht auf
die Schönheit, gewisse Züge entweder gefallen, oder
mißfallen; dieses macht, daß man sich fast beym
ersten Anblicke schon für einige geneigt und so sehr
eingenommen zu seyn empfindet, daß es scheint,
das Herz fliege ihnen entgegen, während dem man
gegen andre einen Widerwillen hat, welcher zum
Verdruß wird, und endlich sich in Haß verwandelt.   Mit einem Worte: Dieser Mäler muß studiren und nachforschen, was in einigen die liebreiche, hohe und majestätische Art formiret; in andern
aber das Ekelhafte, Niedrige, Unedle und Grobe
verursacht.   Die Seele, oder wenn ich mich also
ausdrücken darf, diejenige Gattung von einem
göttlichen Strale, welcher in den Augen derjenigen glänzet, deren dringende Züge bis in den
Grund des Herzens einschleichen, scheint das Herz
in dem Augenblicke, da es getroffen wird, gleichsam
zu fesseln und an sich zu ziehen.   Dahingegen die
verdrüßlichen Blicke von andern nicht können
wahrgenommen werden, ohne daß die Seele des
Zuschauers in Widerwillen versetzt und unerträglich beleidiget werde.

Der Vortheil einer glücklichen Gesichtsbildung ist so beträchtlich, daß, wie **Vitruv** erzähle,
Dino-

Dinokrates, ein Architect bey Alexandern dem Großen, um die Erlaubniß eines Zutrittes zu erlangen, sich auf seine liebliche Gesichtsbildung verlassen, und von Alexandern gegen über einen Platz genommen hat. Er erreichte sein Ziel glücklich; Alexander wurde ihn gewahr, und ward durch sein hohes Ansehen und das Gefällige dermaaßen eingenommen, daß er Befehle gab, er sollte näher zu ihm kommen. Durch diese Weise erlangte Dinokrates durch sein Antlitz und durch seine prächtige Person, was er gewünscht hatte.

Durch die Wissenschaft der Physionomie muß man mit den besondern Charakteren der Personen, die man vor Augen stellen will, eine gewisse Stärke vereinigen. Dieses, nebst dem Ausdrucke, macht sie bis in das Innerste ihres Herzens kenntlich. Leonardo da Vinci, der sich die schelmische Gesichtsbildung des Iskariotes nicht vorstellen konnte, malte ihn umgewendet. Raphael wollte die Weiber bey dem Begräbniß Christi im äussersten Schmerz hinmalen. Sein Pinsel schien ihm aber zu schwach, die äusserste Betrübniß, die er wünschte, auszudrücken. Kein Gesicht weinte und seufzte ihm genug; daher malte er sie mit den Händen und Schnupftüchern auf dem Gesicht in einer so kläglichen Stellung auf die Erde gebogen, und kniend, daß der Zuschauer glaubt, er höre sie schluchzen und heulen.

In Ansehung der Gesichter muß man auch trachten, allerhand Nationen zu beobachten, wenn

R 3 man

man die Vollkommenheit der Kunst erreichen will.
Das Clima, das Land und die Lebensart unterscheiden überhaupt ihre Gesichter nicht nur in Europa, Asien, Afrika und Amerika, sondern auch
in verschiedenen Reichen dieser Welttheile. In
dieser Wahrnehmung bilden sich die französischen
Künstler ein, daß le Brun alle übertroffen habe;
und der Beweis zeige sich in Alexanders Schlachten. Das Vorurtheil hingegen, sagt ein vorneh-
mer fremder Maler und Akademist, welches vielen von meinen Landsleuten sehr anklebt, ist vielleicht Ursache, daß sie dergleichen Charaktere,
wenn sie auch könnten, niemals so richtig vorstellen, als le Brun: Sie wollen gefallen, und richten sich gemeiniglich nur nach ihren Gebräuchen,
nach ihren gekünstelten Manieren, nach ihren gegenwärtigen Moden, und sündigen dabey wider
das Costume. Die ungezwungene und simple
Natur von verflossenen Jahrhunderten, von fremden Gebräuchen und entfernten Ländern scheint
ihnen phantastisch, närrisch und thöricht. Hingegen ersetzen sie dieses durch Perücken, durch
künstlich gekräuselte und eingepuderte Haare, durch
das Weiße und Rothe, durch die Schminke der
Weiber, durch die Modetracht; und kurz, dieser Anputz allein muß nach ihrem Eigensinn und
Geschmack die Gratien, die Annehmlichkeiten und
die anmuthige Art so formiren und erschaffen, daß
die Fremden nothwendig darüber erstaunen müssen.

Nun

Nun aber würden wir gar in die Philosophie
und Mathematik gerathen, wenn wir untersuchen
wollten, ob warm und kalt, naß und trocken, weil
des Menschen Temperament dadurch formirt wird,
auch seine Sitten, seine Neigung und seinen Körper formire; oder ob dieses vom Einflusse des Ge-
stirnes im Augenblicke seiner Geburt herkomme.
Allein wir übergehen dergleichen Betrachtungen mit
Stillschweigen, und forschen auch nicht ängstlich
nach: Ob Saturn ihn bleich, mager, melancholisch
und verdrüßlich mache; ob ihm Jupiter Verehrungs-
würdigkeit, Pracht und Zufriedenheit einflöße; ob
er durch den Mars fürchterlich, zörnig, blutdür-
stig oder ein Wüterich werde; ob die Sonne ihn
großmüthig; die Venus liebreich, nachdenkend,
artig oder glücklich; Merkurius witzig; der Mond
endlich sanft, höflich und gesellig mache. Diese
sonderbare Untersuchung würde die Gränzen dieser Abhandlungen weit überschreiten: und da der
Maler bloß das Innerliche und den Charakter
der Seele durch das äusserliche des Körpers auszudrücken hat; so überlasse ich diese besondern
Studien den Gelehrten, welche darinn ihr Vergnügen finden, und befriedige mich damit, hier noch etwas vom Charakter und dem Temperament der
Menschen in Absicht auf die Thiere überhaupt zu sagen, mit welchen viele Menschen eine Aenlichkeit
zu haben scheinen; zum Beyspiel: Leute, welche
Löwen oder Adlern gleichsehen, sollen gemeiniglich
herzhaft und großmüthig seyn; die aber Ochsen
gleichen, sind träge, faul, plump und langsam

in

in ihren Bewegungen; haben sie mit den Affen
eine Aenlichkeit, so sind sie von einem blöden Verstande, boshaft, und Liebhaber von Tändeleyen;
wer Eseln gleichet, sey dumm, langsam, faul und
unwissend. Die Schweinen beykommen, haben
einen benebelten Verstand, und sind zu aller Zucht
unfähig; diejenigen, welche mit dem Fuchs einige
Gleichförmigkeit haben, sind fein und arglistig;
so wie diejenigen, die Hirschen und Hasen gleichen, natürlich furchtsam seyn sollen, u. s. w.
Auf gleiche Art verhält es sich in der Aenlichkeit
mit den Vögeln: Gemeiniglich aber sollen die,
welche ihnen änlich sind, leichtsinnig und unbeständig seyn, und weder dem Leibe noch dem Verstande nach nicht lange an einer Stelle bleiben.

Diese Aenlichkeiten, die fast nicht zu zählen sind,
findet man nicht nur in allen Theilen des Leibes,
sondern auch in allen Theilen des Angesichts, nämlich
an der Nase und Stirne, am Munde, an den Wangen und Ohren, absonderlich aber an den Augen,
welche der Spiegel des Herzens sind: Mit einem
Worte, die Kunst oder Wissenschaft der sogenannten
Physionomie nimmt man von den Bewegungen
des Leibes, und von der Gleichförmigkeit aller seiner
Theile her: Von den Zügen und von der Art
des Angesichtes, von den Haaren, von der Glätte
der Haut, vom Fleischigten, von den Farben, sogar von der Stimme, welche der Maler zwar
nicht anders, als durch die Anständigkeit und Lebhaftigkeit der Leibesbewegung, Stellung und Geberden

berden ausdrücken kann. Von allen diesen Sachen rühren die Grundsätze und Beobachtungen dieser Kunst her.

Diese noch nicht gar veralteten oder vergessenen Meynungen hat man, wie mich deucht, verkehrt angenommen, um daraus eine Kunst zu machen, die vorzeiten, wie andre Betrügereyen, vielleicht von dem Pöbel sowohl, als andern seichten Köpfen Belohnungen abgenöthiget haben. Denn anstatt zu sagen: Er ist herzhaft, wie ein Löwe, kehrte man es um, und sagte: Er sieht aus, wie ein Löwe, folglich ist er herzhaft, und dann fand man in seinem Angesichte die Bildung eines Löwens, wenn er gleich ein Hasenherz hatte. Ich kenne einen geschickten Musikus, welcher durch das Versehen seiner Mutter einem Kaninchen vollkommen gleich sieht: er hat rothe, schimmernde, stets bewegliche Augen, weiße wollförmige Haare, Augenbraunen, Augenlieder, und einen Seitenblick, wie gedachtes Thier; dennoch ist er herzhaft, ämsig, geschickt, sparsam, fleißig und freundlich, und verdient alles Lob, nicht wie ein Haase, sondern als ein wackerer Mann von 30 Jahren.

Zwan-

Zwanzigstes Kapitel.

Von den Gemüthsbewegungen oder den Leidenschaften.

Vom allgemeinen Ausdruck und von den Charakteren überhaupt komme ich zur Schilderung der Leidenschaften, welche durch die Stellungen, Bewegungen und Geberden des Leibes geschieht. Diese müssen den Figuren gleichsam eine
Seele einblasen; und ohne sie wird ein Gemälde,
so gut es immer componirt, gezeichnet, gemalt
und colorirt seyn mag; jederzeit kaltsinnig, matt
und todt seyn. Denn Cicero sagt: Die Action
oder die Geberde ist die Rede des Leibes.

Man weis, daß unter allen erschaffenen Dingen nur diejenigen, so lebendig sind, sich von sich
selbst bewegen; andre hingegen ihre Bewegung
nicht anders, als durch eine fremde oder auswär-
tige Kraft bekommen. Dergleichen sind Steine,
Marmor, Eisen, Holz und alle Körper, welche
keinen innerlichen Trieb zu einiger Bewegung haben; nur die Flamme allein bewegt sich mehr, als
alle Glieder des menschlichen Leibes, und scheint
wie der Körper, durch eine Seele sich in Bewegung zu bringen.

Im Menschen finden wir drey Theile oder
Hauptleidenschaften: den Zorn, die Begierde
und die Vernunft. Die ersten beyde sind dem
Men-

Menfchen mit andern Thieren gemein; die Vernunft aber unterfcheidet ihn, und ift ihm allein eigen. Jene beyde erwecken den Zorn und die Liebe; die Vernunft hält fie zurück, oder mäßiget fie wenigftens, welches dasjenige ift, was den Menfchen auf eine oder auf die andre Weife in Bewegung bringt.

Die Malerey, welche, wie die Dichtkunft, eine Nachahmung der Natur, jedoch ftumm ift, und fich nur den Augen des Zufchauers zu verftehn giebt, kann nicht anders reden, als durch die Geberden. Sie kann auch die Leidenfchaften der Seele, nämlich die Frömmigkeit, den Abfcheu und andre Eigenfchaften nicht anders ausdrücken, als durch die Bewegungen des Leibes, und diefe müffen jederzeit eine richtige Uebereinftimmung mit dem Kopfe, mit den Augen und andern Theilen des Angefichts haben. Sie müffen fich zu der Empfindung fchicken, die man ausdrücken will, und fo nachdrücklich, auch fo wohl charakterifirt feyn, daß, fo bald man die verfchiedenen Actionen der Perfonen wahrnimmt, man fogleich fagen könne: Diefes find die wahren Geberden eines ehrlichen Menfchen, oder die gezwungenen und falfchen Wendungen eines Scheinheiligen, eines Heuchlers; diefer hat das Anfehn eines Helden, ein andrer eines ftolzen Pralers; diefer zeigt die Stellung eines Eigenfinnigen, und ein andrer eines Wilden und Zornigen. Diefe Figur zeigt einen vernünftigen und klugen Menfchen an, und

dort

dort wird man die natürliche, einfältige und gute
Art eines wohl erzogenen Menschen gewahr, wie
er sich von dem hochtrabenden, frechen und hochmüthigen Betragen eines reichen Mammons unterscheidet, der für einen Mann von Range will
angesehn seyn.   Diese ungekünstelte, einfältige
Art bedeutet einen wackern ehrlichen Mann.
Diese falsche Mine zeigt einen listigen an. Dort
wird man die gezwungenen Geberden einer ver-
bulten Göttinn inne, welche gern schön heißen möchte.
An einem andern Orte zeigen sich die unverstellten
Bewegungen einer wahren und einfältigen Schönheit u. d. g.

..... Die Hände sind das Hauptwerkzeug der Geberden; wir brauchen sie, die Sachen gemeiniglich vorzustellen, die wir empfinden, oder von denen wir reden.   Durch die Hände zeigen wir,
daß wir uns verwundern; durch die Hände rufen
wir, schicken fort, loben, verachten, fragen, bitten, versagen, nehmen, geben, und drohen. Die
Hände sind das Instrument des Abscheues, der
Furcht, des Hasses, der Freude, der Traurigkeit
und des Schmerzens.   Ihre Bewegungen sind
unendlich, und ohne ihnen ist die Handlung matt
und todt.   Quintilian sagt, daß andre Theile
des Leibes bloß demjenigen behülflich sind, der da
redet, die Hände aber selbst reden.   Man betrachte Raphaels Transfiguration.   In diesem Gemälde erscheinet eine Menge Volk, mithin sieht man sehr viel Köpfe hinter einander,
                                                theils

theils ganz, theils halb ausgedruckt, und nicht
einer ist, dem nicht eine ganze oder halbe Hand
mit solcher Kunst beygemalt wäre, daß man in
jedem Gesicht durch die Hand eine andre Leidenschaft und Empfindung wahrnimmt.   Alle sind
voller Schrecken, Erstaunen, Furcht und Verwunderung.   Sie sehen zu, wie bey der Transfiguration einem armen Besessenen die Teufel aus-
getrieben werden.   Man lösche gedachte Hände
aus, so ist das ganze Gemälde matt und todt.
Man findet es in Kupfer gestochen, und obschon
der Grabstichel nicht viel bedeutet, so dienet doch
das Blatt zum wenigsten darzu, die Composition überhaupt anzuzeigen.

Nun ist aber zu merken, daß wir weder die
Hände, noch die Arme aller Orten und bey jeder
Gelegenheit brauchen. Denn man muß der Person
keine Geberden geben, die der Stellung, worinn
sie sich befindet, nicht anständig sind.   Eine
große Niedergeschlagenheit, die äußerste Betrübniß, eine Mattigkeit, Trägheit, Dummheit, zuweilen auch die Würde und Hoheit müssen durch
eine Unthätigkeit, ohne Bewegung der Arme und
Hände, ausgedrückt werden.   Man kann diesem
noch das ausnehmende Erstaunen beyfügen, welches fast unbeweglich macht.   Das Betragen
eines Menschen, der nachsinnt, betrachtet oder
studirt, ist sittsam und ernsthaft; der tugendhafte
Mensch hat eine ruhige Stellung, welche die Wirkung der Mäßigkeit und Gemüthszufriedenheit ist.

Bey

Bey einem Lasterhaften, wenn er in Ausschweifun=
gen verfällt, herrschen hitzige, verworrene, thätige
und jähe Bewegungen. Man muß die Hände
niemals mit Heftigkeit in Bewegung bringen; es
ist ein Fehler, den man so gar an lebendigen Red=
nern tadeln würde, wie man solchen bey den alten
Römern dem Cicero vorgerückt hat, der sich in
einer Rede ohne Maaß und Ziel bewegte und ge=
berdete, und mit den Armen und Händen so sehr her=
umfochte, daß Octavius zur Seite den berühm=
ten, mit fünf und vierzig im vordern Leib ange=
brachten Wunden, mithin von Pflastern über=
häuften Kriegsobristen Sicinius dentatus, den
man den römischen Achilles nennte, anredete, und
sagte: du mußt es dem Curio verdanken, daß dich
die Mücken nicht gefressen haben. Die übertrie=
benen Gesticulationen und gewaltsamen Bewegun=
gen sind kein Hülfsmittel, die Wahrheit lebhaft
vorzustellen. Es geschieht durch einen ungekün=
stelten, einfältigen, edlen und natürlichen Vortrag,
welchem der Maler Schritt vor Schritt nachgehn
und sich davon niemals entfernen muß. Die
Bewegungen, welche am wenigsten gezwungen
sind, kommen der Natur am nächsten, und rüh=
ren weit lebhafter und angenehmer, als andre.
Sie müssen so natürlich und so ungekünstelt seyn,
daß es scheint, sie hätten sich der Einbildung des
Malers nur ungefähr dargestellt, ohne daß er sich
darauf besonnen, oder sich dazu nur die geringste
Mühe genommen hätte.

Man

Man hat es dem Seneka vorgerückt, daß er
oftmals wütende Menschen reden lassen, als wenn
sie die ganze Nacht sich zum Ausdruck ihres Zornes vorbereitet hätten. Was einer Art von einer
vorbereiteten Mühwaltung gleich sieht, ist jederzeit
frostig und matt, und hat keine Wirkung. Nur
das wahre Natürliche kann bewegen und eingrei-
fen. Was können wir also von der Stellung des
heiligen Apostels, Paulus sagen, welchen Raphael in seiner Apostelgeschichte vorstellt? Er
steht auf einem kleinen Hügel, und predigt dem unzähligen Volk mit solcher Heftigkeit vor, daß er
beyde Arme gerade über den Kopf ausstreckt, und
den Zuschauer des Gemäldes so sehr entzückt, daß
er glaubt, er höre seine Stimme. Ein so unbe-
schreiblicher Eifer kann nichts anders, als eine so
heftige Bewegung verursachen; unsre Maler dürfen sich aber daran nicht stoßen. Sie werden
keinen solchen Apostel mehr zu sehn bekommen.
Markus de Aviano predigte unter einem deutschen Volk in italiänischer Sprache, und dennoch
bewog er durch seine Action Leute zum Weinen,
die kein Wort davon verstunden. Dieses waren
keine gezwungenen oder gekünstelten Geberden,
sondern Zeichen eines wahren apostolischen Eifers,
der nicht zuläßet, auf Arme und Hände Achtung
zu geben. Wenn die Vollkommenheit der Malerey in der Vorstellung der Begriffe der Seele
und der Sinnen bestehen, durch Geberden und
Bewegungen des Leibes aber gefallen soll; so muß
der Maler sich hüten, daß er keine zweydeutigen

Stellun-

Stellungen mache, welche unanſtändigen, unan-
genehmen, oder wollüſtigen änlich ſeyn könnten.
Nicht das Nackte, ſondern die Action, kann das
Unanſtändige bedeuten. Alſo muß der Maler
ſich in Acht nehmen, daß er keine Action vorſtel-
let, welche dem vorgenommenen Charakter nicht
geziemet. Alſo darf er die prächtigen und herrlichen Actionen des Cothurns oder des Erhabenen
nicht mit der komiſchen oder gemeinen Geſichtsbildung vereinigen. Dieſes wäre ein unausſteh-
licher Mißklang, welcher der Natur, der Kunſt
und der Vernunft zuwider liefe. Es iſt eine
Richtigkeit erforderlich, daß, wenn es möglich
iſt, man weder über, noch unter ſeinen Gegenſtand gehe. Die Stellung eines Herkules ſteht
jungen, weichlichen Leuten nicht an, auch angenehm gefünſtelte Geberden ſolcher jungen Leute
ſchicken ſich nicht zum Kriegsgott. Der Schein
des Guten betrügt ſehr oft; ſo gar zuweilen auch
da, wenn man es zu gut machen will; erwählt
man das Falſche, und fällt in lächerliche Poſſen,
welche dem Schauſpieler änlich ſind, der, um den
großen Agamemnon zu ſchildern, auf den Spitzen
der Zehen einhertrat, daß man ihm zurief: Er
mache ihn zwar lang, aber nicht groß; er ſollte
ihn tiefſinnig und in eifrigen Betrachtungen vorſtellen. Jener will das Erhabene erreichen, und
verfällt dagegen in das Rieſenmäßige, das er zur
Unzeit anbringt. Dieſer will einfältig ſeyn, und
wird kalt, kriechend, matt, trocken und dürre.
Selbſt die Schönheiten von großen Meiſtern verführen

führen manchmal, wenn man sie ohne Wahl und ohne Unterschied nachahmt. So gewiß ist es auch, daß, was oftmals etwas Gutes bemerken könnte, ein Uebel verursacht. Wenn hitzige Genies durch einen flüchtigen Trieb und durch die Begierde, etwas neues, fremdes und ausserordentliches zuwege zu bringen, sich fortreissen lassen; so können sie sich in ihrem Studiren gewaltig irren; wenn sie von gewagten Stellungen und gezwungenen Geberden eingenommen sind: ob sie schon sonst von ebenso gutem Geschmack, als des Correggio oder des Parmiggiano seyn würden. Auf gleiche Weise können allzu matte Genies, wenn sie keinen Geschmack, keine Wahl und keine Vernunft haben, von den Bewegungen und Geberden, welche in der halberhobenen Arbeit des Alterthums und in gegrabenen antiken Steinen fast einförmig sind, einen sehr schlechten Gebrauch machen. Ihre edle Einfalt, welche ihnen eigen ist, schickt sich nicht allezeit zum oft gemeldeten Pittoresco; so wie eine edle Einfalt des Stiles der Aufschriften sich nicht zur Gewalt der Redekunst und zur Begeisterung der Poesie schicken würde. Wenn man irgendswo einem Fehler ausweichen will, so verfällt man in einen andern.

Ein Maler muß also, wenn er sein Genie nach der Natur und nach der Vernunft richtet, seine Actionen und Stellungen dem Gegenstande gehörig zu geben trachten, bis er es so weit

S bringt,

bringt, die Augen des Zuschauers, wenn es möglich ist, dermaßen zu täuschen und zu betrügen,
daß er sich gleichsam selbst vergißt, und sich einbildet, er sehe die Sache, die vorgestellt wird,
selbst in ihrer wahrhaften Gestalt, und nicht derselben bloße Abbildung, oder Nachahmung.
Kurz: das Hauptwesen besteht im Betrug, und
derjenige, der das Auge am besten täuschen kann,
hat das Ziel und die Vollkommenheit seiner
Kunst erreicht. Wenn die Malerey das Auge
nicht betrügt, so beleidiget sie dasselbe.

Man beschäfftige seine Einbildung mit der
Sache, die man zu malen willens ist, so stark,
daß sie sich den Augen so vorstelle, als wenn alles wahrhaftig gegenwärtig da stünde. Dadurch
wird man auch den Zuschauer mehr oder weniger,
und so rühren, wie man es selbst gewesen ist.

Man muß seine Gedanken nicht allein durch
die Belesenheit zu allem ermuntern, was man sich
vorgenommen hat, sondern selbst auch die Actionen oder Stellungen der Figuren oder Personen,
die man vorstellen will, mit den eigenen Händen
und Geberden nachmachen. Aristoteles sagt,
der Poet müsse während der Arbeit die Actionen
und Bewegungen derjenigen, welche er reden läßt,
selbst nachahmen. Denn es ist gewiß, daß unter zween Menschen von gleichem Genie, derjenige,
welcher am meisten empfindet, und in die Leidenschaft eindringet, auch jederzeit am meisten überzeugen wird. Der Beweis liegt am Tage:
denn

denn derjenige, welcher selbst gerührt ist, bewegt auch diejenigen, die ihm zuhören; und derjenige, der wirklich zornig ist, erweckt auch die nämlichen Regungen im Herzen seiner Zuschauer. Horaz hat dieses schon deutlich ausgedrückt, wenn er sagt: „Man lacht mit Lachenden, sagt er, und vergießet Thränen, wenn andre traurig sind; darum, wenn der Zuhörer weinen soll, so muß vorher der Poet selbst den Schmerz schon empfunden haben; und so wird das Mitleiden erweckt.

Die Geberden sind eine allen Menschen gemeine Sprache, wodurch man sich so gar fremden und barbarischen Nationen zu verstehn geben kann. Daher sagt ein gewisser Alter, daß die Pantomimen redende Hände haben. Man glaubt auch zuweilen, daß der Schauspieler, welcher auf der Bühne eine falsche Bewegung gemacht hat, einen Sprachfehler begangen habe.

Bey dieser Gelegenheit will ich einen Barbaren anführen, von dem Lucian Meldung thut: Ein Fürst im pontischen Reiche kam wegen gewisser Staatsgeschäffte nach Rom an den Hof des Nero. Dort sah er einen berühmten und so geschickten Tänzer, daß, ob er schon vom Gesange dabey nichts verstund, er dennoch alles begriff, was durch das Tanzen wollte vorgestellt werden. Als er sich vom Kaiser beurlaubte, so bat er ihn, er möchte ihm diesen Gaukler oder Pantomimen schenken. Da sich Nero darüber verwunderte, so sagte der Fürst: Er habe gewisse Barbaren zu

S 2 Nach-

Nachbarn, deren Sprache kein Mensch verstünde; mithin würde ihm dieser Tänzer zum Dollmetscher dienen, und ihnen durch seine Geberden alles, was er wollte, zu verstehen geben.

Der Maler muß durch die Stellungen nicht nur die Sprache ersetzen, sondern auch ihre Stärke nachzuahmen und sowohl die Empfindungen als die Regungen der Seele auszudrücken suchen, wie es die Redekunst lehret, um sich allen Nationen des Erdbodens verständlich zu machen.

Die Bewegungen und Actionen erfordern zuweilen eine Einfalt; ein andermal eine Lebhaftigkeit; bald eine Anmuth, bald aber das Erschreckliche. Darinn besteht also eigentlich die Vortrefflichkeit der Kunst, und dadurch giebt der Maler den Unterschied zwischen Todten und Lebendigen zu erkennen. Eben denselben zeiget er auch zwischen Klugen und Unsinnigen, Traurigen und Muntern, Furchtsamen und Herzhaften, zwischen Höflichen, Freundlichen und Sanften, imgleichen den Polternden, Wilden und Rasenden. Mit einem Worte, durch die äusserlichen Leibesbewegungen zeigt er den Augen, was innerlich in der Seele und im Herzen vorgeht.

Der Maler muß seine Stellungen so verändern, wie der Redner seine Stimme; also mag er ja fleißig nachforschen, was sich zu einem jeden Charakter, und zu einer jeden Leidenschaft schickt; denn verschiedene Charaktere erzeugen verschiedene

Wirkun-

Wirkungen. Will er z. B. Helden und Könige vorstellen; so muß er majestätische Bewegungen anbringen, welche wohl aus einander gesetzt, prächtig und erhaben, doch ungezwungen und simpel sind; der Leib muß aufrecht, das Haupt vielmehr erhöht, als niedergebückt, die Arme und die Füße mehr von einander, als enge beysammen, das Angesicht edel, sanft, ruhig und ernsthaft seyn. Wenn man aber beym Könige oder Helden, dessen Herrlichkeit und Majestät prangen soll, demüthige und unterthänige Leute, oder andre, die in Verwunderung und Ehrfurcht sind, hinzufüget; so vermehrt und erhöht sich das Ansehen der Würde um so viel stärker.

Die Melancholie muß durch Unmuth und Niedergeschlagenheit in allen Bewegungen des Leibes, das Haupt gegen die Achsel geneigt, und die Augen steif gegen den Erdboden ausgedruckt werden. Die Betrübniß, welche weit heftiger, aber weniger niedergeschlagen ist, als die Melancholie, verursacht, daß man die Augen zuweilen gegen den Himmel sich erheben lässet. Die Stärke dieses Ausdruckes vermehrt sich aber dadurch noch mehr, wenn man um die betrübte Person noch Leute hinmalt, welche gegen dieselbe ihr Mitleid bezeugen.

Der Schmerz, welcher Erbarmung erwecken soll, muß in einer zarten Stellung bestehn, die sowohl den Leib, als das Haupt bieget und die Hände in einander zu flechten scheinet. Das

S 3   Mitlei-

Mitleiden zeigt einen halb offnen Mund, eine sanfte traurige Miene, steif sehende Augen, ein gebo-
genes Haupt und gefaltene Hände. Der Schmerz
aber, welcher auf Rache sinnet, hat oftmals ernsthafte und unruhige Bewegungen.

Die Gewaltthätigkeit muß lebhaft, hitzig,
dringend und stark seyn.

Großes Leiden bringt alle Theile des Leibes
zugleich in eine Erschütterung.

In der Demuth pflegt das Haupt und die
Augen niedergeschlagen zu seyn.

Die Freude hat ringfertige und lebhafte Geberden, und wird an den zarten und freyen Manieren erkannt.

Der Zorn erscheint erhitzt, seine Bewegungen sind drohend, herzhaft und trotzig, und der
Kopf ist, wie beym Hochmuth, erhaben.

Die Verzweiflung sieht gewaltig, übertrieben,
voller Bewegung und rasend aus.

Beym Eigensinn, oder bey der Halsstarrigkeit muß der Kopf gerad aufrecht, fest zwischen
beyden Achseln, die Arme und Beine aber steif
stehen, und so weiter.

Man muß allezeit dasjenige nachzuahmen
trachten, was jedem Alter und beyden Geschlech-
tern eigentlich geziemet. Daher muß man einen Alten nicht wie einen jungen Menschen handeln lassen. Langsame und gelassene Bewegungen gehören für jenen; ringfertige und hurtige
aber für diesen. Ein Kind hat keine solche Geberden, wie ein älterer Mensch. Die Männer
müssen

müssen weit stärkere und deutlichere Bewegungen
zeigen, als die Weiber. Alle Stellungen, Geberden, Wendungen und Leibsbewegungen müssen sich mit verschiedenen Sitten zusammen schicken. Ein kluger, vernünftiger und vorsichtiger
Mann bewegt sich anders, als ein ausschweifender
und leichtsinniger Bursche. Der Maler muß also
die Natur in jedem Charakter, auch die einem jeden
Alter eigene Sitten und Leidenschaften, und alles,
was demselben der Wahrscheinlichkeit nach gemäß
ist, nachzuahmen suchen. Ueberhaupt muß man Sorge tragen, alle verschiedene Lebensarten junger Leute, der Männer im besten Alter, des Greises, des
Reichen, der Fürsten, der Magistrate und andrer
vom Range sowohl, als des gemeinen Volkes zu
beobachten. Man sollte eigentlich beschaffen seyn,
wie jener große Maler, der jemanden, welcher ihn
gefragt hatte, von wem er seine Kunst gelernt
habe? zur Antwort gab: Die Menschen wären
seine Lehrmeister gewesen.

Was in diesem Fall die Grundsätze lehren
können, muß durch Beyspiele großer Meister be-
wiesen werden; absonderlich aber durch die Natur, als der Sprache der Wahrheit: Dort kann
man eine lebhafte, unverfälschte, starke und simple Wohlanständigkeit auf einmal lernen.

Ich weis wohl, daß, um etwas lebendig zu
machen, was kein Leben hat, und Personen eine
Bewegung zu geben, welche, wie die Figuren in
einem Gemälde, dergleichen kaum dem Schein

S 4   nach

nach haben, und unbeweglich sind, man zuweilen
sich einer Exaggeration oder Vergrößerung bedienen müsse. Allein, hiebey muß man die Gränzen der Wahrheit und der Wahrscheinlichkeit nicht
überschreiten. Es muß mit so viel Kunst geschehen, daß so gar diese Kunst selbst verborgen bleibt,
und nur die Reizungen der Natur, welche man
schön zu schmücken wird beflissen gewesen seyn, hervor leuchten, so wie es nämlich jene machen, die
eine ausserordentliche und wichtige Begebenheit
erzählen, und der Wahrheit gern etwas zusetzen,
um destomehr zu gefallen, und bey ihren Zuhö-
rern Verwunderung zu erwecken.

Man muß Achtung geben, sagt Lucian, wenn
er von einem Pantomimen redet, daß man von
der Wohlanständigkeit nicht abweiche, und sie
nicht übertrete. Denn in diesem Fall versehen es
die meisten in ihrer allzugroßen Künsteley,
wie in der Wohlredenheit, wenn man das Maaß
der Sachen überschreitet, die man vorstellen will,
und welche man entweder zu groß oder zu klein
macht, die doch entweder groß oder klein seyn
sollten. Also muß man sich an den Charakter
genau halten, man mag nun Fürsten oder Herren,
Bauren oder andre unter den Händen haben.
Diesen Fehler, welchen Plutarch dem Aristophanes vorrückt, muß man fliehen, obgleich ein
erleuchteter Maler sich denselben sehr zu Nutze
machen kann: „Die Rede, sagt er, hat eine un-
„endliche Manichfaltigkeit; Aristophanes ver-
„steht

„steht die Kunst nicht, einem jeden zu geben, was
„ihm gehöret, und welches eigentlich darinn be=
„steht, daß man einen König mit Würde reden
„lasse, einen Redner mit Nachdruck, ein Weib
„ungekünstelt, einen gemeinen Mann auf eine ge=
„meine Art, einen Reichen ohne Rang mit Stolz
„und Trotz erscheinen lasse. Allein Aristopha=
„nes legt allen diesen Personen jede Redensart
„von ungefähr in den Mund, und man weis nicht,
„ob ein Vater, oder ein Taglöhner, ein Gott oder
„eine Alte, ein Held oder Knecht redet.„

Die Figuren in einem Gemälde müssen so leb=
haft und anständig seyn, daß es scheint, sie könn=
ten reden; denn ohne diesem wird eine Malerey
matt, kalt, ohne Bewegung und Leben erscheinen.
Doch müssen die Bewegungen natürlich und ange=
nehm, und die Stellungen frey, leicht und jederzeit
edel seyn. Die Stellungen der Arme, der Hände
und des Kopfs müssen zusammenstimmen, und
demjenigen gleichförmig werden, was die Perso=
nen, welche man vorstellen will, denken und re=
den sollen.

Guido Rheni stellte zu Rom im Palast des
Marchese degli Angeli die 4 heiligen Ausleger so
künstlich vor, daß wir das Stück niemals ohne
Verwunderung betrachten konnten, weil wir deut=
lich wahrnahmen, was ein jeder von ihnen ge=
dachte. Einer hält das Buch geschlossen, und
giebt zu verstehn, daß er schon alles gelesen habe;
der andre mit dem offnen Buche will erst zu lesen

S 5 anfan=

anfangen; der dritte hat schon alles gelesen, und
will es noch einmal mit größerm Eifer lesen; der
vierte ist fertig, und betrachtet, was er gelesen hat.
Dieses Gemälde ist um 12000 fl. nach England ver=
kauft, vorher aber von meinem Freunde Jacob
Frey in Kupfer gestochen worden. Also ist itzo da
nur eine Kopie, wo sonst das Original gewesen ist.

Ausserordentliche und gezwungene Verwen=
dungen stellen den Augen das Wahre nicht vor.
Der Maler muß allezeit eine einfältige und unge=
heuchelte Natur in seiner Einbildung haben, und
solche niemals verlassen, mithin ihr Schritt vor
Schritt nachgehn, und immerfort das Edelste,
das Angenehmste und das Vollkommenste wäh=
len: Denn zuviel oder zu wenig verändert zu=
weilen alles, und giebt einen gewissen Schwung,
der den Sachen etwas beybringt, das den Werth
oder Unwerth des Gemäldes bestimmt.

Hierinn muß man große Meister, absonder=
lich den Raphael, Leonardo da Vinci, Do=
minichino, und andre Italiäner, unter den
Franzosen aber den Poußin, und unter den Flam=
ländern den Rubens nachahmen. Unter den
Werken der Holländer wird man in den gemein=
sten und pöbelhaftesten Gegenständen eine simple,
natürliche, naise und schätzbare Wahrheit finden,
wie im Rimbrand und andern. In Deutsch=
land hat Albrecht Dürer das nämliche Naise
und Wahre in den Bewegungen und Geberden.
Die Hochachtung, die Raphael für Dürern
hatte,

hatte, gereichet ihm zu einem weit größern Ruhm, als alle Maler für ihn aussprechen könnten. Es ist auch sehr nützlich, die lebhaften Geberden stummer Leute zu beobachten, welche manchmal sich viel deutlicher ausdrücken, als andre, die reden können.

Indessen muß man sich hüten, daß man nicht in übertriebene Stellungen verfalle, welchen gewisse zornige und unmäßige Witzlinge durch eine zur Unzeit angebrachte Wuth, welche der eigensinnigen Neigung für die Neuigkeit beständig anklebt, nachstreben, und da sie etwas ausserordentliches hervorbringen wollen, sich von ihrem Gegenstand immer weiter entfernen, auch, weil sie nur denen in ihrem Sinn eingenisteten Abentheuren unaufhörlich nachtrachten, jederzeit die Wahrheit, die Natur und die Vernunft verlassen, oder verfieren.

Allzu starke und freche Figuren in der Redekunst arten oftmals in das Frostige aus. Man hüte sich auch vor jenen unfruchtbaren, plumpen und matten Genien, denen die Natur auch die geringste Hitze versagt zu haben scheint, also, daß sie jederzeit leer, erschöpft und abgemattet sind, wenn sie gleich niemals etwas witziges ans Licht gebracht haben, mithin nichts können, als fremde Werke und Arbeiten ohne Wahl und ohne Geschmack ausplündern. Die Natur mag noch so überflüssig, reich und fruchtbar seyn, so liefert sie ihnen doch nichts. Sie sehen sie an, und kennen sie

nicht,

nicht; und ob sie gleich in der That von denen, welche, dieselbe nachzuahmen gewußt haben, die Stellungen und Geberden borgen, so geschiehet dieses doch mit einer so schlechten Vorsicht und Wahl, daß alles gezwungen, ängstlich und aus der gehörigen Stelle zu seyn scheint.

Die schönsten Sachen, welche von Leuten ohne Geschmack und ohne Genie nachgeahmt, abgemalt und nicht am gehörigen Ort angebracht worden, stimmen nicht zusammen, und sind gemeiniglich matt und frostig.

Wir haben gesehen, daß gewissen Schauspielern unter Leuten von Geschmack nichts gelungen ist, weil sie sich alle Mühe gegeben haben, die Stimme, die Geberden, die Sprache, den Vortrag oder die Declamation eines andern großen Acteurs oder Schauspielers knechtisch nachzumachen, und welche, weil sie nicht mit seinem Genie begabt waren, nichts, als seine Bewegungen und Töne nachahmten, die, da sie ihnen weder natürlich waren, noch ihnen anstunden, ihre ganze Handlung zum Gelächter machten. Man hat andre gesehen, welche sich geschmeichelt haben, sie würden dem Zuschauer wohlgefallen, wenn sie so gar die Fehler, welche bey jenem Schauspieler durch die übermäßige Gewohnheit, Tabac zu schnupfen, entstanden sind, fleißig nachahmten. Dergleichen wird von den Schülern des Portius Latro erzählt, welche, um ihrem Meister in der Bleichsucht änlich zu werden, die er durch Wachen und Arbei-

ten

ten sich zugezogen hatte, Kümmel getrunken, welcher die Kraft gleich zu machen hat. Man bildet sich oft ein, großen Leuten nachzuahmen, und
man vertieft sich nur in ihre Fehler.

Die Schauspiele scheinen mir für Maler,
welche in der Kunst vortrefflich zu werden verlangen, sehr nothwendig zu seyn. Es nimmt mich
auch nicht wunder, daß die Maler und Bildhauer
des Alterthums, welche in der Nachahmung aller
Leidenschaften, in den Bewegungen und Geberden sich haben unterscheiden und hervorthun wollen, immer in den öffentlichen Schauspielen gewesen sind, daselbst zu studiren, und die Actionen
oder Stellungen beobachtet und gezeichnet haben,
welche die Regungen der Natur durch die Schauspieler, Tänzer und Pantomimen vorstellten. Was
erzählt man nicht mit Bestande der Wahrheit von
den großen Schauspielern des Alterthums? Aus
vielen andern will ich nur ein Beyspiel anführen, das
eben so sonderbar ist, als es Kühn- und Frechheit
anzeiget: Nero hatte seinen Vater vergiften und
seine Mutter ertränken lassen. Datus, der ein
Comikus war, sang am Ende eines Schauspiels
hierauf eine Satyre ab, und sagte: Gute Nacht,
Vater! gute Nacht, Mutter; und weil Nero den
Senat auch hat wollen ausrotten lassen, so setzte
Datus zum Beschluß, nachdem er vorher einen
Menschen, der sich ersäufen will, vorgestellt hatte,
noch diese Worte hinzu: Pluto ertappt euch schon
bey

bey den Füssen, uud stellte durch allerhand Bewegungen den Senat vor.

Die Alten hatten nicht nur die Kunst des Schauspielers, sondern auch des Tänzers und des Pantomims so hochgebracht, daß ein einziger Mensch Fabeln, Geschichte, Sitten, Leidenschaften und Menschen vorzustellen vermögend war. Durch bloße Verstellungen des Angesichts ahmte er alles nach: bald den lustigen, bald den Betrübten, bald einen Rasenden, Verliebten und Vernünftigen, bald einen Zornigen und Sanften, bald aber auch das Widerspiel von dem, was er vorgestellet hatte, und dieses alles fast zu gleicher Zeit.

Plinius erzählet hierüber verschiedene Sachen, welche die Macht und Stellungen, Geberden und Bewegungen anzeigen. Ein cynischer Philosoph, welcher die Schauspiele, besonders aber den Tanz und die Pantomimenkunst nicht billigte, sagte immer, es wäre nichts als eine Folge der Musik, welcher man die Gesticulationen, Geberden, Leibesbewegungen und Stellungen beygefügt hätte, um dasjenige besser auszudrücken und verständlicher oder sinnlicher zu machen, was man spielte; es wäre aber alles nur eitles, leeres und lächerliches Wesen; man ließe sich sowohl durch die Harmonie als durch die Geberden bethören. Ein berühmter Pantomime des Nero, der eine vortreffliche Leibesgestalt hatte, und seine Kunst wohl verstund, ersuchte solchemnach den Philo-

sophen,

sophen, er möchte ihn nicht verdammen, ehe und
bevor er ihn gesehen hätte. Hierauf ließ er alle
Stimmen und Instrumente schweigen, fieng an
ihm den Mars und die Venus vor Augen zu stellen, wie die Sonne sie beyde entdeckte und Vul-
kan sie ins Garn brachte. Die Götter eilten herbey, dieses Schauspiel mit anzusehn. Venus
wurde ganz beschämt, und Mars erstaunte voller
Demuth. Das übrige der Fabel ward auch so künstlich vorgestellt, daß der Philosoph endlich ausrief:
Genug! es dünkt mich, ich sehe die Sache selbst,
und nicht bloß eine Vorstellung; denn dieser Mensch
hat einen eben so redenden Leib als redende
Hände.

Ein Barbar sah fünf Masken und fünf
Kleider zu einem Tanz bereit liegen; da er aber nur
einen Menschen zum Tanzen wahrnahm, so fragte
er: wer die übrigen vier Masken spielen würde?
und er erfuhr, daß alles nur für einen Tänzer
gehörte. So muß es, versetzte der Barbar, ein
Körper seyn, worinn mehr als eine Seele wohnt.
Daher haben sie auch die Griechen und Römer
Pantomimen genennt, weil sie alles nachahmen.

Ein alter römischer Philosoph wollte die Pantomimen sehen, um etwas zu lernen. Endlich
that er den Ausspruch: Sie haben gelehrte Hände.
Die Schauspieler und die Pantomimen des Alterthums waren nicht zufrieden, eine Leidenschaft,
eine Paßion, eine Erzählung, oder ein Wort durch
die Geberden lebhaft und natürlich vorzustellen; sie
muß-

wußten auch einerley Sache mannichfaltig zu verändern. Auf gleiche Art muß auch ein ämsiger,
kunst = und erfindungsreicher großer Maler, damit
er nicht in das, was man Manier zu nennen pflegt,
verfalle, sich alle ersinnliche Mühe geben, die Sache
auf verschiedene Art zu verändern, nicht nur, wenn er
allerley Gegenstände, sondern auch, wenn er nur
einerley oder gleiche Sachen vorzustellen hat.
Diese Verschiedenheit ist so natürlich und so
nothwendig, daß sie der Mannichfaltigkeit der
Temperamente folgen muß. Der Mensch hat
viererley Eigenschaften, welche mit den vier Ele-
menten übereinstimmen, (wenn es heutiges Tages noch so zu denken erlaubt ist) nämlich, die Gelassenheit, welche das Wasser vorstellt; die Melancholie, Schwermüthigkeit, oder die schwarze
Galle, so die Erde bedeutet; das Blut, so die Luft
vorstellt; der Zorn, so mit dem Feuer Gemeinschaft
hat. Die Menschen verhalten sich entweder nach
einer oder nach der andern Art, so wie diese Eigenschaften bey ihnen mehr oder weniger anzutreffen sind. Der Gallsüchtige wird eine plumpe
und matte Bewegung haben; seine Glieder werden oft kreuzweis, enge beysammen und die Farbe
gelblicht seyn. Der Phlegmatische hat nicht so
plumpe, doch ein wenig langsame Geberden, die
Bewegungen sind schleichend, unmerklich, furchtsam und demüthig, und die Farbe ist weißbleich.
Der Blutreiche ist in seinen Geberden mäßig,
ringfertig, hoch und angenehm; seine Farbe aber
ist frisch und lebhaft. Der Zorn zeigt sich in ge-
wal=

waltigen, ftarken, ungeftümen und unterbrochenen
Geberden, und verurfacht ein rothes und erhitztes
Angeficht, und dergleichen Augen.

Viele Maler kennen keine Charaktere, und
keine Leidenschaften, auffer denen, die von ihrem
eigenen Temperament herkommen. Sie felbft
find gemeiniglich die Modelle und Urbilder ihrer
eigenen Werke. Man kann von folchen Malern das fagen, was bey denjenigen Schriftftel-
lern oftmals eintrifft, welche die Eigenliebe eingenommen hat. Diefe ftellen ihre Helden, ohne
es wahrzunehmen, oft fo vor, wie fie felbft find.
Ein Juba wird oft reden, wie der Auctor felbft.
Eine Statue wird manchmal dem Bildhauer felbft
fo änlich, wie eine gemalte Figur dem Maler.
Ich wiederhole es noch einmal, und kann es nicht
genug einprägen, daß der große Maler die
Charaktere durch die Bewegungen, Geberden und
Stellungen fo vollkommen ausdrücken müffe, daß
der Zufchauer fich einbildet, er fehe die Sache
felbft, die er doch nur in einem Bildniffe fieht,
und fich, fo zu fagen, felbft überredet, daß er die
Worte vernehme und höre, wenn gleich niemand
redet. Die Bewegungen des Leibes und die Ge-
fticulationen müffen eben fo natürlich und paffend
feyn, wie bey den Schaufpielern, an denen der
Zufchauer feinen befondern Charakter erkennt, und
gewiß glaubt, er felbft fey das Original, welches
der Verfaffer des Schaufpiels habe vorftellen
wollen. Es gefchieht aber bisweilen, daß, wenn

T   man

man dergleichen änliche Schildereyen mit ansieht,
die Eigenliebe davon sich nur die schönsten und
vortheilhaftesten Züge zueignet, und andern ihre
Farben zutheilt, wenn sie einem mangelhaft oder
lächerlich vorkommen.

Im Schauspiel trägt alles zum Unterricht
des Malers das seinige bey, nämlich die Ideen,
die Bilder und die Leidenschaften, welche durch die
Dichtkunst und durch die Geberden großer Schauspieler, nämlich die Stellung, die Lebhaftigkeit,
das Edle und Angenehme des Tänzers ausgedruckt
werden. Selbst die Zuschauer geben uns durch
ihre Gemüthsbewegungen ein weites Feld zu bearbeiten. Denn bey einem herrscht die Verwunderung, und bey dem andern der Verdruß
und die Verachtung; bey vielen zeigt sich eine
Unempfindlichkeit, und bisweilen ist die Lebhaftigkeit einer Handlung von einer solchen Beschaffenheit, daß sie ein Vorurtheil und Streit entweder für oder wider das Stück nach sich zieht.
Das Betragen der Verfasser, ihre Unruhe, ihre
Eifersucht, ihr Vergnügen, der Ehrgeiz, der Charakter der Leute, welche die Schaubühne besuchen,
ohne sich zu bekümmern, das Schauspiel anzusehen, sondern sich bemühen, selbst gesehn zu werden; kurz, alle diese Dinge sind so verschieden, daß
man viele Mühe haben würde, die unzähligen
Charaktere hier aus einander zu setzen, welche
man in den Geberden studiren oder wahrnehmen
kann. Wenn also die Zuschauer den Malern
nützlich

nützlich seyn können, und diese die Stellungen und Actionen der Schauspieler, der Tänzer und Pantomimen studiren müssen; so können sich auch die Schauspieler durch große Maler und die Schönheit ihrer Malerey unterrichten.

Lucian sagt: der Pantomime müsse von der Malerey und Bildhauerkunst seine verschiedenen Stellungen und sein Betragen lernen, dergestalt, daß er, der Aenlichkeit nach, weder dem Phidias, noch dem Apelles zu weichen Ursach habe. Die Künste müssen also immer einander die Hand bieten. Sie sind in gewissen Sachen einander stets gleich. Aristoteles sagt: die Tragödie ist die Nachahmung einer Action oder Haupthandlung; folglich ist sie eine Nachahmung der Personen, welche in dieser Handlung vorkommen. Eben dieses schickt sich auch auf die Malerey, welche durch die Bewegungen und Geberden alles ausdrücken muß, was zur Sache gehört, die man vorstellt. Die Malerey giebt also durch eine Art von Bezauberung unbeweglichen und erdichteten Figuren eine Bewegung, und die Empfindung, ja sogar die Gedanken der Personen, die nicht reden, zu erkennen. Man würde kein Ende finden, wenn man alle Kunst durch die Geberden erschöpfen wollte. Jedoch will ich dieses durch eine Stelle, welche die Malerey und die Redekunst angeht, beweisen: Demosthenes wurde gefragt, was das erste in der Kunst wohl zu reden sey; und dieser antwortet: die Action. Man fragte ihn um das

T 2   zweyte

zweyte und dritte Stück der Redekunst, und er
sagte allezeit: die Action. Die Wahrheit dieser Antwort kann man auch in den Zeichnungen,
welche Reinecken den Fuchsen zieren, bestätiget
finden. So gar unvernünftige Thiere geben
durch ihre Action eine Gesinnung zu erkennen; sie
sind mit Charakteren wahrer Personen vorgestellt:
dort sitzt der Löwe in Majestät und Aufmerksamkeit, den Reinecke anzuhören. Dieser schlaue
Fuchs demüthiget sich so sehr, daß er die Ruthe
zwischen die Beine, und den Kopf so gut verbirgt,
als er kann, zugleich aber den ganzen Hof belügt;
anderwärts aber mit dem Löwen allein, der ihm
geneigt zuhört, unerschrocken und so frey spricht,
daß man seine Lügen für Wahrheiten hält. Der
Künstler dieser Kupferstiche wird deswegen bewundert, weil er die Geberden der Thiere beynahe
menschlich vorzustellen gewußt hat. Er nannte
sich Everding von Alkmar, und lebte vor
100 Jahren.

Ein und zwanzigstes Kapitel.

Von den Wirkungen, so die Gemüthsbewegungen im Angesichte verursachen.

Bisher haben wir von der Verbindung und vollkommenen Uebereinstimmung der Geberden des Leibes mit dem Kopf, und desselben Theilen, worinn er besteht, gehandelt; hier aber wollen wir von den Wirkungen reden, welche die Gemüthsbewegungen im Angesichte hervorbringen, und zugleich dasjenige zu Ende bringen, was vom Ausdrucke gesagt worden. Ueberhaupt werde ich mir hier angelegen seyn lassen, einen Begriff von den Leidenschaften zu geben.

Es hat das Ansehn, daß der Kopf dem Ausdrucke der Leidenschaften am meisten das Leben und die Stärke mittheile. Die Züge des Angesichts scheinen die geheimen Bewegungen der Seele äußerlich zu offenbaren, und wenn sie das Angesicht lebhaft malt; so scheinen die Augen, welche es einrichten, die Ausleger oder Dollmetscher solcher Bewegungen zu seyn. Ihre verschiedenen Bewegungen geben aber auch verschiedene Leidenschaften des Herzens zu erkennen. Man sollte fast glauben, als wenn wir die Augen von der Natur darzu bekommen hätten, daß sie unsre Empfindungen erklären sollten. Sie vervielfältigen ihre Blicke nach unsern verschiedenen Leiden-

T 3　　　　schaften.

schaften. Bald entdecken sie das Vergnügen
und die Freude; bald die Traurigkeit und die
Schwermuth; bald die Verwunderung, den Verdruß, die Ernsthaftigkeit, den Zorn, die Ver-
zweifelung, die Wuth, und kurz, alle Leidenschaften. Weil aber alle Theile des Angesichts sich
verändern und rege gemacht werden, wenn die
Seele bewegt wird; so müssen wir nun auch die
verschiedenen Leidenschaften und ihre Wirkungen,
die durch jene entstehn, untersuchen.

Alle Handlungen der sinnlichen Begierden
werden Leidenschaften genennet, in sofern sie die
Seele dermaßen erregen, daß der Körper dadurch
leidet und sich merklich verändert. Diese Regungen und verschiedenen Abwechselungen, welche
die Begierde, oder das Verlangen des Guten, und
die Furcht vor dem Uebel verursachen, müssen der
Hauptgegenstand eines Malers seyn, welcher andre übertreffen will. Denn, da er sich allezeit
nach der Natur richtet, so muß er durch diese
Richtigkeit und durch die Wirkungen, so die Leidenschaften im Körper hervorbringen, allen Theilen seines Gemäldes ein Leben einflößen, welches,
da es ein lebhaftes und begeistertes Ganzes ausmacht, den Zuschauer aufhalte, ihm ans Herz
greife, und seine Erstaunung so stark erwecke, daß
es scheine, als bemächtigte es sich seines Herzens.
Weil nun aber der Maler die Leidenschaften, ohne
sie zu kennen, nicht auszudrücken weis, ihre Anzahl aber fast unendlich ist; so wird es dienlich
seyn,

seyn, wenigstens die vornehmsten davon zu untersuchen.

Alle Leidenschaften, wie ich schon gesagt habe, entstehen aus dem Verlangen des Guten, und aus der Furcht, oder aus dem Begriffe des Uebels. Aus diesem Grunde könnte man also den Schluß machen, daß man nur zwey Gegenstände, nämlich das Vergnügen und den Schmerz zu beobachten hätte. Allein man macht gemeiniglich folgende Eintheilung der Leidenschaften, und nennet sie: Die Liebe, den Haß, die Begierde, die Flucht, die Hoffnung, die Verzweiflung, die Lust, den Schmerz, die Furcht, den Muth, und den Zorn. Andre kennen nur eine einzige, welche alle andre in sich begreift, nämlich die Liebe. Ich aber meines Orts bin zuweilen sehr geneigt zu glauben, daß es keine andre Leidenschaft giebt, als die Selbst= oder Eigenliebe. Wir hassen und lieben in Ansehung unsrer selbst; wir streben nach nichts, als was uns nützlich scheint, oder was uns zu unserm Vergnügen gereichet; wir hassen, was uns zuwider ist; die Hoffnung des Guten schmeichelt unserm Verlangen. Damit man aber durch ihre große Menge sich nicht gar zu viel zu schaffen mache; so kann man einräumen, daß nur sechs Hauptleidenschaften sind, aus welchen die übrigen ihren Ursprung nehmen; nämlich: Die Verwunderung, die Liebe, der Haß, die Begierde, die Freude und die Traurigkeit.

T 4

Ehe

Ehe wir nun aber jedes Gewitter, wodurch
die Leidenschaften Leib und Seele bestürmen, insonderheit beschreiben; so müssen wir bemerken,
daß, wenn die Seele in ihrer Ruhe ist, im Angesicht ein natürliches und heitres Ansehn herrscht;
die Gesichtsbildung und die Farbe bleibt in unver-
änderter Stille; alle Theile, die sich verändern,
sie mögen sich bewegen oder ruhen, verlieren von
ihrer regelmäßigen Uebereinstimmung nichts:
und eben dieses ist es, was man die Seelenruhe
nennet, welche der Charakter der Weisheit, der
Standhaftigkeit und aller erhabnen Tugenden ist,
welche die ungestümsten und gewaltsamsten Leidenschaften anzugreifen und zu stören niemals eine
Macht haben.

Wir wollen also die Charaktere der Leidenschaften nach einander betrachten, und den Anfang bey der Verwunderung machen. Wenn
die Seele durch den ersten Anblick eines Gegenstandes, der ihr neu, seltsam, besonders, ausser-
ordentlich, mithin betrachtungswürdig scheint, unversehens überraschet wird; so scheinet es, als
wenn die Regungen der Lebensgeister sich in der
Gegend des Gehirns, wo ein solcher Eindruck sich
formiret hat, versammelten, und dieselbe Gegend
an gewissen Theilen angriffen, wo sie nicht gewohnt ist, erregt zu werden: und dieses nennt
man die Verwunderung. Die geschwinde Bewegung, welche diese Leidenschaft verursacht,
scheint im Augenblick ihrer Entstehung alle ihre

Kraft

Kraft zu haben, weil die Ueberraschung und der
unvermuthete Eindruck die Bewegungen der lebensgeister verändern; und da ihr insonderheit
dieses eigen ist, daß ihre Stärke durch die Neuigkeit entsprungen ist, und augenblicklich weder was
Gutes, noch was Uebels, sondern nur die Kenntniß der bewunderten Sache zum Gegenstande hat;
so empfindet das Herz dabey weniger Bewegung,
als bey andern Leidenschaften. Obschon die Verwunderung die erste und der Ursprung aller andern Leidenschaften zu seyn scheinet, so ist sie doch die mäs-
sigste: das Angesicht scheinet dabey keine merkli-
chen Veränderungen zu empfinden; der Mund ist
dabey nur halb geöffnet. Die Augen sind ebenfalls nur ein wenig mehr als sonst offen; der
Augapfel zwischen den Augenliedern bleibet steif,
die Augenbraunen erhöhen sich ein wenig, und die
Nasenlöcher erweitern sich nicht sehr.

Indessen muß der große Künstler, welcher
den Unterschied der Charaktere niemals genug vor
Augen haben kann, dieselben in det Verwunderung selbst auch wahrnehmen: denn der blöde
und schwache oder stumpfe Kopf verwundert sich
ganz anders, als Leute von Verstande. Der
Thor ist gemeiniglich nicht recht fähig, sich zu verwundern. Diejenigen, welche sich mit einem hohen
Ansehn brüsten, und für geschickte Leute wollen gehalten werden, meynen, es sey wohlanständig und
eine gute Art, wenn man sich über nichts verwundert;
sie geben sich so gar die größte Mühe, ganz gleichgül-

T 5   tig

tig zu scheinen, wenn sie auch die allerschönsten
Sachen sehen, welches aber von nichts anders
herrühren kann, als von ihrem närrischen Hochmuth, vom thörichten Stolz, oder gar von ihrer
Unwissenheit. Der Mensch, der Verstand besitzt, und den die gute Meynung von sich selbst,
oder die Selbstliebe nicht verblendet, ist weit natürlicher zur Verwunderung geneigt. So bald
er in Verwunderung geräth, so nimmt man wahr,
daß er sich zu unterrichten, und die Erkenntniß zu
erlangen trachtet, was das sey, das ihn so unversehens rührt, und was er bis dahin nicht gewußt
hat. Alle diese Unterschiede dringen entweder
mehr oder weniger in die Gesichtszüge; und dieses mehr oder weniger ist es eigentlich, was die
Natur lebhaft vorstellt, die sodann rühret, ein-
greift, und an sich zieht.

Aus der Verwunderung entsteht das Erstaunen, und zuweilen die Liebe. Man kann sagen,
daß es noch mehrere Gattungen von Liebe giebt: Die
Liebe gegen gute Sachen; die Liebe für schöne Sachen; die Liebe zur Gewogenheit; die Liebe zur
Wollust, welche ein Verlangen darnach trägt, was
man liebt. Es ist eine Regung der Seele, welche
geneigt ist, sich mit demjenigen zu verbinden, was
ihr liebenswürdig scheint, und welche, da die
Schönheit ihr Gegenstand ist, die Begierde, die
Hoffnung, und andre Mittel anwendet, sie zu besitzen. Alles was wohlgefällt, scheint schön zu
seyn. Daher sagen die Italiäner: Non è bello
quel

quel ch'è bello; mà è bello quel che piace.
d. i. Es ist nicht schön, was schön ist, sondern nur
das ist schön, was wohlgefällt.

Inzwischen muß man doch dieses einräumen,
daß die wahre Schönheit ein richtiges Verhältniß
unter den Theilen sey, welches mit einer angeneh=
men Farbe und mit einer gewissen Anmuth ver=
einiget ist. Das kann man nicht in Abrede stel=
len, sondern es beweiset zur Genüge, daß die Voll=
kommenheit der Malerey in der Zeichnung, im Co=
lorit, in einer gewissen lebhaften Art zu denken
und ins Werk zu stellen bestehe, welche diejenige Be=
wegung ist, die zur Anmuth dient, die Schönheit
lebhaft macht, und ohne welcher die Schönheit
abgeschmackt, unangenehm und ohne Reiz ist.
Die mit Annehmlichkeit und Gratien vereinigte
Schönheit ist es, welche die Liebe erweckt, und die
Seele durch den geliebten Gegenstand so sehr be=
schäfftiget, daß es scheint, sie brauche alle Lebens=
geister, sich nur davon im Gehirn das Bild vor=
zustellen. Ein Liebhaber vergißt zu den Füßen
seiner Geliebten, in einer demüthigen Verehrung,
die ihn, ihr beständig treu zu bleiben, verpflichtet,
Himmel und Erden, ja sogar in dem Augenblicke
sich selbst. Die Klagen erwerben ihm Trost, und
die Zähre bezaubert, wenn sie von dem Gegen=
stand einer solchen Entzückung vergossen wird.

In der That, nichts ist in der Natur mit dem
Gegenstande, der uns bezaubert, zu vergleichen.
Das sinnreiche Herz, welches sich betrügt, findet
immer

immer falsche Scheingründe sich selbst zu schwächen; es entfernet sich, um nur die verdrüßliche
Stimme des Verstandes und der Vernunft nicht
anzuhören, und sich den ungestümen Begierden
zu überlassen, welche der geliebte Gegenstand oftmals auch so gar im Herzen der Klugen und Weisen erreget. Denn die Klügsten sind nicht allezeit klug. Zeno, welcher einstens gefragt wurde,
ob die Philosophen oder Weisen nicht lieben sollten? war bald mit seiner Antwort fertig und
sagte: es würde nichts unglückseligers, als die
Schönen zu finden seyn, wenn die Weisen sie nicht
lieben sollten; sie würden ja ausserdem nur von
Narren geliebt.

Die erste Wunde, so die Liebe in eine Seele
schlägt, ist fast unbegreiflich. Man schmeichelt
sich zuweilen, die Vernunft werde sie bezwingen
können, und eben in dem Augenblick geschieht es,
daß die Liebe, ohne daß man es gewahr wird, über-
windet; um so viel mehr, als sie in ihrer Geburt
mit nichts als mit Reizungen, Annehmlichkeiten,
Scherzen, Lachen, Munterkeit, Liebkosungen und
Freuden vergesellschaftet ist.

Die Begierde, demjenigen wohl zu gefallen,
was man liebt, zieht oft glückliche Wirkungen
nach sich: sie macht oft aus den rohesten Menschen die artigsten Leute. Sie macht den Witz
heiter und aufgeklärt. Sie erhebt die Herzhaftigkeit und den Muth. Sie leitet sowohl das Herz
als den Verstand, Ruhm und Ehre zu erlangen,

und

und was beyde am vorzüglichsten vermögen. So
war das Schicksal des berühmten Quitin Metsis,
jenes Schmiedes von Antwerpen, welcher, damit
er den Gegenstand, der ihn lebhaft eingenommen
hatte, besitzen könnte, den Ambos verließ, den
Pinsel ergriff, und ein so vortrefflicher Maler
wurde, daß er seinen künftigen Schwiegervater,
der auch ein Maler war, zur Einwilligung seiner
Liebe bewog. Er kam zu desselben Stafeley, auf
welcher eine angefangene Figur mit einnm nackenden Knie im Lichte stund; auf dieses Knie malte
er in Eil eine lebhafte Mücke hin. (Dieses Gemälde habe ich zu Antwerpen gesehen). Der Vater
kam nach Hause zu seinem Gemälde, wehete und
jagte die Fliege vergebens weg; endlich sprang er
von seinem Sitz auf, um zu wissen, wer die Fliege
gemalt hätte; er erfuhr es, und gab seine Tochter
diesem Maler, dem er sie vor kurzer Zeit als einem Schmiede versagt hatte; weswegen man noch
heute auf dessen Grabmaal folgenden Vers liest:

Connubialis amor de Mulcibre fecit Apellem.

Die ehliche Liebe vermocht den Schmidt zum Maler zu machen.

Bey dergleichen glücklichen Wirkungen der
Liebe muß man aber gestehn, daß sie vom guten
Charakter desjenigen abhangen, der liebt, und
dessen, was geliebt wird. Denn so sehr die
Schönheit, welche Fesseln anlegt, zum Guten leiten kann; so sehr kann sie auch in die verdamm-
lichsten Umstände und gefährlichsten Abwege verführen.   Man

Man kann noch dieses hinzufügen, daß, wenn die Liebe in ihrem Anfange nichts, als lauter Liebreiz zu haben scheint, sie nach dem Maaße ihres Wachsthums, und ihrer Vergrößerung, die Kräfte mißbraucht, und nicht nur als ein stolzer Tyrann in den Herzen regieret, sondern auch geheime und erschreckliche Verwirrungen und Kriege unterhält. Ihre rasende Verblendung verursachet die Zerstörung ihres eigenen Reichs. Alle Leidenschaften, welche in ihrem Gefolge sind, und sie umgeben, die unruhigen Begierden, die Furcht, der Argwohn, die traurige Wuth der Eifersucht, der Haß, der Zorn, den der Nebenbuhler einflößet, und unzählige andre, sind ihre treuen Gefährten.

Die Liebe ist um so viel gefährlicher, als sie unter dem Schein der größesten Liebenswürdigkeit, so bald sie angreift, zu überwinden weis, und wenn sie die mächtigsten Herzen, ja die Besitzer der Erden besiegt, ganze Staaten ins Verderben stürzet, blutige Kriege verursacht, oftmals ein ganzes Volk einem einzigen Menschen als ein Schlachtopfer hinschleppt, dessen blinde Leidenschaft dasselbe so wohl, als ihn selbst in die erschrecklichsten Unglücksfälle fortreißet.

Die große Feuersbrunst zu Troja ist unmittelbar und nahe auf das unerlaubte Feuer gefolgt, welches die Liebe im Herzen des Paris angefacht hat. Je mehr die Tugend der Liebe widersteht, jemehr thut diese sich Gewalt an, jene

zu

zu überwinden. Kann sie aber die Tugend
schlechterdings nicht überwältigen, und sie ins
Verderben stürzen, so gelingt es ihr doch, sie zu
schwächen; und man kann sagen, daß diese Leidenschaft der Liebe, welche die Maler und Dichter unter der Figur eines Kindes vorgestellt haben, kein Kind, sondern die Mutter, die grau-
samste Urheberinn aller Leidenschaften sey, deren
Stärke noch durch die Schwachheit der Menschen
vergrößert wird.

Es ist nicht leicht, den Malern besondre Regeln zu geben, auf was für eine Art und Weise
sie diese Leidenschaft ausdrücken sollen, weil sie alle
andre in sich schließt. Indessen scheint es doch,
daß mit dieser Unruhe der Seele alle Bewegungen der Augen übereinkommen: das Vergnügen
macht, daß sie mit einer Art von Begierde glänzet; die Traurigkeit schlägt sie nieder; das Verlangen treibt sie heraus; die Ehrfurcht und Verehrung erniedriget sie; der Widerwille erhitzet
sie; die Furcht macht sie unruhig; zuweilen lassen gleichgültige oder auch lachende Augen gleichsam heimlich oder schalkhaft einen Blick schießen;
die Augenlieder gehn sanft abwärts, und schliessen sich halb zu, und in der glücklichen Verfassung, worinn die mit Lust erfüllte Seele sich befindet, ist sie mit nichts anders beschäfftiget, als mit
angenehmen Ideen und Bildern, die sie bezaubern. Die Stirn ist jederzeit munter: es scheint,
als wenn sie lachete, sich eröffnete und erweiterte,

und

und die Röthe läßt sich oft auf ihr so wohl, als auf den Wangen und Lippen wahrnehmen. Der Maler muß auch die Augenblicke zu erforschen trachten, in welchen die Liebe, wenn sie sich mit der Traurigkeit vergesellschaftet, zuweilen eine liebreiche Verdrossenheit oder Unruhe verursacht. Sie entsteht manchmal durch das Verlangen des Guten, das man erwartet, und dessen Besitz noch ungewiß zu seyn scheint. Da läßt sich die Seele in Langmuth nieder; der Leib wird unbeweglich; die Sinne vergessen ihre Verrichtungen; die Blicke werden steif; alle thierischen Kräfte gerathen gleichsam in eine allgemeine Unthätigkeit und Stille; die sanfte Niedergeschlagenheit, welche nicht durch Ueberraschung, sondern durch die Zeit verursacht wird, wirket traurige Ueberlegungen, und nöthiget oftmals Thränen ab, die man zuweilen mit Lust vergießet.

Die Liebe, welche sich zu verbergen trachtet, ist nicht so leicht vorzustellen, weil sie schwerer erkannt wird, und wenn die Maske das Angesicht bedeckt, so wissen die Augen, welche allezeit unbedeckt sind, eine solche Liebe zu verrathen. Es geschieht auch oft, daß, wenn sie sich verbergen will, sie sich noch weit verdächtiger macht, absonderlich bey unruhigen und eifersüchtigen Liebhabern, welche jederzeit aufmerksamer und scharfsichtiger als andre sind.

Der Maler muß auch die verschiedenen Wirkungen der Liebe von einer zärtlichen Freundschaft unter-

unterscheiden, welche äußerlich zuweilen nur von
etwas mehr oder weniger herkommen; nicht allein,
weil ein wahrer Freund ein andres Ich ist; sondern weil die Leidenschaften und die Sitten öfters
von einerley Natur sind.

Die Liebe zu großem Ansehn erweckt Ruhmsucht, und nicht selten Stolz und Hochmuth; die
Liebe zum Reichthum erregt den Geiz; die Liebe
zu Kleidern macht hochmüthig und stolz u. s. w.
Gleich wie der Verstand seine Einsichten äußert, also
hat das Herz seine Leidenschaften, und so weit die
Einsicht des Verstandes reichet, so weit liebet
oder hasset das Herz. Der Haß so wohl, als
die Liebe, können der Seele durch die äußerlichen
und innerlichen Sinnen, oder durch ihre eigene
Vernunft vorgestellt werden: Also ist das Lieben
nichts anders, als das Gute wollen; hassen aber
das Uebel nicht wollen. Wir haben zwo Arten
des Hasses, wie wir zwo Gattungen der Liebe
empfinden: Wir lieben auf gleiche Weise die Sachen, welche die äußerlichen Sinnen uns schön und
gut darstellen: wir hassen hingegen diejenigen
Dinge, die uns übel oder garstig vorkommen.
Und obschon dasjenige, was durch die Sinnen in
die Seele dringt, dieselbige weit mehr erregt, als
was ihr durch die Vernunft zukömmt; so verursachet der Haß doch, der von ungestalten Sachen
entsteht, oftmals nur eine Abneigung. Der Haß
aber, den wir gegen widrige Sachen empfinden,
verursacht oftmals Abscheu und Ekel. Der Haß
U und

und Abscheu sind aber wenig von einander unterschieden.

Obschon der Haß unter den Leidenschaften
die ausschweifendste heißet, so wird er doch im Angesicht nicht allezeit am deutlichsten zu merken
seyn. Doch verrathen ihn nicht selten die Blicke
und die Bewegungen; wie die Liebe, die des Haf-
ses Gegentheil ist. Man kann ihn auch darinn
mit der Liebe in eine Vergleichung setzen, daß er
wie ein feines Gift sich in die Seele einschleicht,
und nach und nach am Herzen nagt.

Verschmähungen, Lästerungen, und die Wuth
der Eifersucht, welche durch die unruhigen Regungen der Ruhmsucht; oder durch die unselige
Bezauberung der Liebe, zuweilen auch durch eine
verborgene Feindseligkeit oder Antipathie, über
die man nicht Herr ist, erweckt wird, verschäffen
dem Hasse sein Daseyn. Der Neid nähret ihn,
die Bosheit und der Betrug, hauptsächlich aber die
Verleumdung, von welcher auch die Klügsten sich
mit aller Mühe nicht erwehren können; kurz, alles was die Seele in Raserey und in die abscheulichsten Grausamkeiten stürzet, begleitet den Haß
gemeiniglich, und geht ihm fast gar nicht von der
Seite.

Menschen von schwachem und eingeschränk-
tem Verstande, jederzeit furchtsam, blöde und
neidisch, sind zu dieser Leidenschaft weit mehr geneigt, als andre. Die Alten und Melancholischen, welche jederzeit mißtrauisch, argwöhnisch,
furcht-

furchtsam, falsch und voller Verstellung sind, bedienen sich gemeiniglich verborgener Schlupfwin-
kel und heimlicher Mittel, eine niederträchtige
Rache auszuüben. Großmüthige hingegen verachten oft solche Angriffe des Hasses, und wenn
schlechte Seelen sie zum Hasse beynahe zwingen;
so widerstehn sie ihnen öffentlich, ohne ihre Waffen zu verbergen: durch Herzhaftigkeit und das
Vertrauen auf die Wahrheit überwinden sie.

Die Blödigkeit ist das Widerspiel der Herzhaftigkeit, wie die Furcht und das Schrecken das
Gegentheil der Tapferkeit sind. Wenn der Haß
sich zu äussern anfängt, so wird das Angesichte
finster, niedergeschlagen, und die Augen sind
dunkel und steif gegen den Erdboden gekehret.
Die Augenbraunen erniedrigen sich; der Mund
ist halb offen und nachläßig; die Unterlippe dringt
hervor, und die Zähne scheinen zuweilen zusam-
mengebissen zu seyn. Jedoch nach diesem finstern Verdruß, auf welchen die Regungen des
Unwillens, der Verachtung und des Zornes folgen, wodurch der Haß seine unseligen traurigen
Ausbrüche spüren lässet, scheint er augenblicklich aus dieser Art eines Schlafes aufzu-
wachen; er bricht in die ungestümsten Bewegungen aus, man stampfet, man droht, man beisset
sich in die Lippen, die Augen sind weit aufgesperrt,
grausam und die Augenbraunen steigen gegen die
Schläfe. Wenn der Gegenstand des Hasses erscheint, so wird man blaß, man zittert, man

U 2   schau-

schauert, man verwendet den Kopf und lässet die
Blicke seitwärts auf denselbigen schießen. Bald
geht man mit starken Schritten, bald steht man
plötzlich stille, und da diese verschiedenen Bewegungen bis zum Zorn auf einander folgen, so werden
die Augen roth, sie funkeln, das Angesicht entzündet sich, die Lippen beben, und diese drohen-
den Gesichtszüge bedeuten oftmals das Verlangen nach einer ungerechten und fast jederzeit kläglichen Rache.

Obschon das Verlangen eine Leidenschaft ist,
welche der Liebe nachzufolgen scheint; so folgt es
doch auf den Haß, da es ihm auszuweichen, und
unter dem Schein des Guten sich davon retten
will. Was ist es nicht für ein Vergnügen für
einen Rachgierigen, der sich für beleidiget hält,
wenn er sich mit dem Verlangen zur Rache beschäfftigen und gleichsam darinnen berauschen
kann? In dieser Verwirrung sieht die Seele für
das Zukünftige nichts, als Dinge, welche sie ihren gegenwärtigen Umständen gemäß zu seyn glaubet, und dieselben sich also vorstellt, sie mag nun
entweder lieben oder hassen. Der Zorn, ein
Zögling und ein Kind des Hasses, jederzeit ungestüm, unruhig, durch boshafte Gesinnungen herum getrieben, lässet dem Hasse die klägliche Lust
sich zu rächen, als etwas Gutes ansehen. Jedoch, wir wollen diese schwarzen unseligen Bilde
verlassen. Die Abschilderung des Hasses ha-
mich unvermerkt bis zur Leidenschaft des Verlangens fortgerissen.

Es giebt aber noch mehrere Gattungen des Verlangens. Eine, wenn die Seele sich zu beflügeln scheinet, um sich aller Orten hinzuschwingen, wo es am meisten von Tugenden glänzet, sogar bis in den Himmel; und andre, wo die Seele fast augenblicklich niedergeschlagen scheinet, sich unterwirft, und sich allem, was das Verwerflichste und Lasterhafteste ist, überliefert. Es giebt Verlangen und Begierden, welche die Frömmigkeit selbst entzündet; andre, welche die Ruhmsucht, der Geiz und die Lüsternheit erwecket.

Ein Maler muß schlechterdings alle diese Charaktere beobachten; er muß das Verlangen, welches Gott in einer Seele anfachet, nicht wie das Verlangen einer irdischen Liebe malen. Der Ausdruck des Charakters der heiligen Theresia würde sehr unanständig vorgestellt seyn, wenn sie mit dem Antlitz der berühmten Helena des Zeuris eine Aenlichkeit hätte. Man bestrebe sich, daß der Charakter und die Gesichtszüge einander allezeit gemäß sind; denn ohne dieser richtigen Uebereinstimmung wird der Maler allezeit im Irrthum stecken bleiben.

Die Blicke sind die wahre Abbildung des Verlangens: zuweilen sind die Augen an einen Gegenstand steif angeheftet; zuweilen betrachtet man, und wirst alle seine Aufmerksamkeit so stark auf das abwesende Gute, welches man sich vorstellt, daß die Augen sich verfinstern und gleichsam vertiefen; man fällt in eine Mattigkeit, man

U 3   ist

ist niedergeschlagen und fast unbeweglich. Der
Schmerz, welchen man wegen des entzogenen und
verlangten Guten empfindet, macht, daß man
Thränen vergießet. Wenn uns ein schmeichel-
hafter und angenehmer Gedanke desselben Besitz
zuweilen hoffen läßt, so ist der Leib ganz in Bewegung, das Angesicht entzündet sich, und die
Augen scheinen voller Begierde zu seyn. Sie
lassen ein Verlangen, und eine vordringende Lebhaftigkeit blicken; die Ungeduld, die Unruhe und die
Unentschlossenheit vereinigen sich damit; öfters
kömmt die Herzhaftigkeit, die Frechheit, selbst
auch die Verwegenheit dazu. Kurz: die Begierden mengen sich unter alle Leidenschaften.
Sie können sich nicht einschränken; sie fangen an,
und haben kein Ende; man verlangt ein Ansehn
durch die Ehrsucht, den Reichthum und den Geiz
zu erlangen. Je größer man ist, desto größer
will man seyn. Je mehr man besitzt, desto mehr
verlangt man, ohne es zu genießen, und meistens
in einem Alter, in welchem man es bald verlassen
muß. Man verlangt alles, was man nicht hat;
da man indessen mit dem, was man besitzt, und
welches andre verlangen, ganz gleichgültig ist.
Woher kömmt es, Mecänas! sagt Horaz, daß
niemand mit seinem Stande zufrieden ist, und der
nicht lieber in einem andern wäre, als in dem er
sich befindet, er mag ihn nun selbst erwählt haben,
oder durch Zufall darein gekommen seyn? O ihr
Handelsleute! wie glücklich seyd ihr! sagt ein
Soldat, welcher unter den Beschwerlichkeiten der

Waffen

Waffen alt geworden ist. Ihr Kriegsleute! wie
glücklich seyd ihr! spricht dagegen der Handelsmann,
welcher den Sturm wider sein Schiff toben sieht.
Das Verlangen ist, mit einem Wort, eine der
Veränderung so sehr unterworfene Leidenschaft,
daß sie mir so schwer zu beschreiben, als zu malen
vorkömmt. Doch muß man dieses einräumen, daß
die Begierden, welche uns vom Uebel zu entfernen
Anlaß geben, uns doch zuweilen zum Zorn und
Haffe reizen, und uns oft in eine unterdrückende
Traurigkeit versenken; auch daß diejenigen, welche
uns zum Guten geneigt machen, gemeiniglich mit
der Liebe, mit der Hoffnung und Freude vergesellschaftet sind.

Die Fröhlichkeit entspringt aus der Liebe
und Hoffnung, welche man hat, das sehnlich ge-
wünschte Gute zu besitzen. Sie vermehrt sich
aber, und wird in desselben Besitze und Genuß
viel stärker und lebhafter, und erfüllt die Seele
mit so liebreichen Bewegungen, und so reizvollen
Empfindungen, daß es scheint, sie befinde sich in
demselben Augenblick in der ihr gefälligsten, an-
ständigsten und angenehmsten Lage.

Es giebt Fröhlichkeiten, an denen der Leib
sehr wenig Theil hat, und womit die Seele allein
beschäfftiget zu seyn scheinet. Dieses sind die innerlichen Freuden, welche sie mit einer sanften
Lust erfüllen, und sie durch stille Reizungen zu einem lieblichen Nachsinnen veranlassen, welches
unterhält, beschäfftiget, entzückt, einnimmt und

U 4 bezau-

bezaubert. Die angenehme Einbildung des verlangten Gegenstandes, nebst der Hoffnung, ihn zu besitzen, verursachet manchmal dieses Vergnügen, welches zuweilen nur das Andenken des verflossenen erfrischet. Es geschieht auch, daß diese Zufriedenheit nur das Gehirn allein gänzlich einnimmt, ohne daß die Seele daran einigen Theil nehme. Eine gesunde, heitere und mäßige Luft; eine angenehme und stille Gegend; eine Aue, ein Wald, Blumen, Brunnquellen und der Gesang der Vögel, bringen der Einbildung sanfte und liebliche Schildereyen bey; woraus die Lust und Frölichkeit entstehet, ohne daß die Vernunft daran Theil hat. Der große Maler muß diese verschiedenen Gattungen von Lust vervielfältigen und unterscheiden, wie Dominichino es in der Jagd seiner Borghesischen Diana glücklich gezeigt hat. Diejenigen Leidenschaften, welche lebhaft und munter sind, und vom Vergnügen herrühren, entstehn plötzlich, und scheinen, daß sie auch denselben Augenblick alle ihre Stärke bekommen. Ein dergleichen Vergnügen ist jenem änlich, welches ein Liebhaber empfindet, wenn er zur Zeit, da er alle Hoffnung bereits verloren hat, den geliebten Gegenstand wiederum zu sehen bekömmt. In dieser unvermutheten Veränderung bricht das Vergnügen aus, und leuchtet aus den Augen: Das Angesicht entzündet sich durch die Begierde, die in seinem Herzen herrschet; er erlangt ein neues Leben; er lacht, und bey dieser Freude äussert sich zuweilen eine Zärtlichkeit in den Augen, daß es scheint, sie lassen gewisse

freund

freundliche und schmachtende Blicke schiessen, auf
welche einige durch die Freude selbst verursachte
Thränen folgen, und die mit dem Feuer, wovon
die Augen entzündet sind, auch mit dem angenehmen Lächeln des Mundes, dessen nasse Lippen
durch das vermehrte Rothe und das hellere Colorit sich verschönern, sich zu vermischen und zu vermengen scheinen.

Ich erinnere mich hier eines Gemäldes vom
Correggio, da ein Mägdchen beym Licht einen
Brief liest, und so heftig weint, daß sie mich er-
barmt hätte, wenn es mir nicht vorgekommen
wäre, daß sie vor Freuden weinte; denn sie liest
so begierig, als wenn sie ihn schon dreymal gelesen hätte, und noch vielmal lesen wollte. Hieraus schloß ich also, daß es keinen Verdruß bedeuten
könnte; sonst hätte sie den Brief schon weggeworfen.

Ein solches Vergnügen empfindet auch ein
Ehrsüchtiger, wenn er unversehens zu hohen Dien-
sten, Ehren und Würden gelangt. Voll Entzückung von der Freude, welche ihn den Augenblick
überrascht, vergißt er alles, auch sogar sich selbst.
Er ist vom gegenwärtigen Umstande so entzückt,
daß er sich nicht vorstellen kann, was für Unru-
hen und Verwirrungen, vielleicht auch, was für
Verdrüßlichkeiten in diesen Aemtern auf ihn warten.   Alsdann nimmt sein Angesicht, welches
zuvor blaß, traurig und ernsthaft war, eine lebhafte Farbe an; es sieht weit gesünder aus; krank

U 5   springt

springt er aus dem Bette; hinkend wirft er die
Krücke beyseite; er fliegt, anstatt zu gehn; und
die Falten, welche auf seiner finstern Stirne immer nur träurige Wolken waren, verlieren sich augenblicklich, um nur der Heiterkeit Platz zu machen. Seine muntern und funkelnden Augen
werden plötzlich so unruhig und beweglich, wie
alle Theile seines Leibes, die ohn Unterlaß in voller Bewegung sind.

Eine dergleichen Freude herrscht auch bey
dem Geizigen, wenn er seine verborgenen Schätze,
die abentheuerlichen Haufen von Säcken voll Silber und Gold erblickt, auf denen er einschläft.
Er verschlinget sie durch seine Augen mit unaus-
sprechlicher Begierde; sein Angesicht, so blaß es
ist, befindet sich fast in allen änlichen Bewegungen eines entzückten Liebhabers bey seiner Geliebten, die er anbetet, und zugleich in Furcht ist, er
möchte sie verlieren.

Man würde kein Ende finden, wenn man alle
verschiedene Freuden und ihre Ursachen auseinander setzen wollte. Man verfiele vielleicht gar in
allzu kleine Umstände, wenn man die Freude eines Spielers beschriebe, den entweder ein Pasch
Würfel, oder die unversehene Erscheinung einer guten Karte auf einmal reich macht; da hingegen
ein Widersacher voll Schmerz und Wuth in eben
dem Augenblicke sich in dem kläglichsten und grausamsten Elende befindet. Was für eine Freude
ist es nicht für einen hitzigen, stolzen und verwegenen

genen Schriftſteller, wenn ihm ein witziger und
glänzender Einfall aus der Feder fließt? Was
für eine Luſt empfindet nicht ein ermüdeter Jäger,
wenn er einen Hirſch antrifft, und nachdem er ihn
lange genug verfolgt hat, macht, daß er Thränen
darüber vergießen muß? Was könnte man nicht
von jenen Bacchanalen oder Faſtnachtluſtbarkei-
ten ſagen, denen ſich die Seele ganz überliefert,
und ſich darinn zu verſenken ſcheint? Die Seele,
welche voller Entzückungen und ungeſtümen Regungen iſt, wird alsdann zuweilen beredtſam,
oder wenigſtens eine Plauderinn. Man ſchreyet
mit heller Stimme, man ſtreitet ſich, ohne einander zu verſtehn; man grüßet, man überhäufet einander mit Höflichkeiten, mit Liebe, mit Umarmungen, ja wohl gar mit Thränen; man froho-
cket; man überhäuft einander mit Lobeserhebungen; man bewundert ſich, und dieſe Luſt nebſt
der Verwunderung bricht endlich in ein lautes Gelächter aus, daß es ſcheint; die Seele werde
ſchalkhaft hintergangen, und von einer unvermutheten Annehmlichkeit überraſcht. Die jungen
Leute laſſen ſich insgemein viel leichter, als die
Alten durch die Luſtbarkeiten dahin reißen; ſie
ſind nicht ſo oft mit verdrüßlichen und traurigen
Gedanken beſchäfftiget; ihre Einbildung iſt
ſchnell, und fliegt, ohne ſich aufzuhalten. Jedoch
verſchafft ihnen dieſer Fehler eine Art von Verdienſt und Werth, der ſie zur Ermunterung und
Zierde der Geſellſchaft geſchickt macht. Was einem
anſteht, ſchickt ſich nicht vor den andern allemal.

Das

Das gezwungene und ernsthafte Wesen eines jungen Menschen kann eben so lächerlich seyn, als der Flattergeist, oder das scherzhafte Wesen eines Mannes von hohem Alter.

Gleichwie es aber oft geschieht, daß man die Traurigkeit mit der Freude verwechselt; so verfällt man auch aus der Freude oft in Betrübniß; und wenn das Vergnügen von der schmeichelhaften Einbildung, etwas gutes zu besitzen, herrührt; so entsteht die Traurigkeit von der Meynung, daß man etwas Uebels zu gewarten habe. Die Traurigkeit rührt vom Schmerzen her, und der Schmerz von der Traurigkeit. Das Temperament verursacht oftmals Traurigkeit, ohne die Ursache davon genau zu wissen. Es giebt auch Leute, welche selbst an ihrer Melancholie eine Lust finden. Dieses ist so gewiß, daß man natürlich ein Vergnügen empfindet, sich durch allerhand Leidenschaften in Bewegung bringen zu lassen. Indessen stürzet die Traurigkeit die Seele in eine nicht nur abscheuliche, sondern auch in eine klägliche Schwermuth, weil die unendlichen Schmerzen das Herz erregen, dasselbe gleichsam wie Zwangriemen zusammenklemmen, und wie Eisklumpen einen Schauer machen, auch dem Körper, der sich plötzlich ändert und nach und nach abmattet, die Gesundheit gänzlich raubet. Er schmachtet, und wird so geschwächt, wie der Geist, der aufhört Kräfte genug zu besitzen, ihm nur im geringsten zu helfen. Was andern ein Vergnügen verursachet,

sachet, wird uns oft verdrüßlich und unerträglich.
Man flieht den muntersten Umgang, und alles,
was einer Freude ånlich sieht.   Man vernach-
låßiget seine Pflichten, seine Freunde und seine
Geschåffte; man wird wunderlich, wankelmüthig,
unempfindlich und wilde.   Das Andenken des
Vergangenen, die gegenwårtige und zukünftige
Zeit, alles betrübet zugleich: und gleichwie die
Freude gleichsam wiederum jung zu machen scheinet; so wird durch die Traurigkeit alles ålter. In
diesem Stande, darinn man ein unglückseliges
Leben führet, und sich selbst alles dessen beraubet,
was einigen Trost bringen könnte, hat man nirgendswo ein Wohlgefallen, als in der Einsamkeit.
Man sucht Wålder und Berge; man trågt ein
Verlangen, beståndig in solchen Wildnissen herum
zu irren; man hat so gar in den Höhlen der Berge, an den tiefen und finstern Gruben und Klüf-
ten sein Wohlgefallen: Denn die tiefe Traurigkeit
flieht alles, was liebreich ist, ja so gar das Licht
selbst.   Und ob es schon scheinet, daß die Seele
vor der Finsterniß einer natürlichen Abscheu habe,
so gefållt ihr doch die Dunkelheit der Nacht, da
die erschreckliche Stille sie mit den ungestümsten
Einbildungen mehr erfüllet, als der Schmerz,
der sie peiniget, oder die Leidenschaften, von denen sie eingenommen ist, ihr einflößen. Dadurch
macht sie, anstatt ihre Martern zu lindern, alles
Uebel weit-größer, als es an sich selbst ist, und
bemühet sich, es zu verdoppeln. Die geringsten
Widerwårtigkeiten scheinen ihr ein Abgrund alles
Unglü-

Unglückes zu seyn, worein sie durch Furcht und
Schrecken, welche dazu kommen, sich zu stürzen
gedenket. Das Angesicht wird blaß und mager;
die Wangen fangen an einzufallen; der Kopf neiget sich gegen eine Achsel; die Stirne wird rauch,
strenge und runzlicht. Es scheint, als wenn die
Augenbraunen, die sich zusammen ziehen, auf die
Augen herunter fielen; zuweilen erheben sie sich
gegen den Himmel, als wollten sie denselben um
Hülfe anflehen, wie es eine dem Menschen natürliche Neigung ist, bey höhern Sachen seine Zuflucht zu demselben zu nehmen, wenn sie glauben,
daß sie von andern ganz und gar verlassen sind. Dergleichen Augen sind fast jederzeit finster, welk, vertieft, matt und trübe. Die Lippen ziehen sich
zurück, und erniedrigen sich an beyden äußersten
Theilen, als wenn man weinen will. In der That,
die Thränen fließen auch zuweilen, welches aber
gemeiniglich alsdenn geschieht, wenn die Liebe sich
mit der Traurigkeit vermenget, welches nur unter-
brochener Maaßen und in den schmerzlichen Au-
genblicken geschieht, wenn man an den Gegenstand denket, der uns zärtlich macht und uns betrübet. Wenn die Begierde und die Eifersucht
dazu kömmt; so wird das Angesicht, anstatt zu
erblassen, roth und stark entzündet. ——

Jedoch dieses sey von der Traurigkeit und
ihren Wirkungen genug gesagt; denn wenn ich
mich noch länger dabey aufhalten wollte, so müßte
ich befürchten, daß ich den Lesern verdrüßlich und
über-

überdrüßig werden möchte. Nachdem ich also
von denen Hauptleidenschaften geredet habe, welche eigentlich aller andrer Ursprung sind, und sich
unendlich vermehren können; so wird nunmehro
weiter nichts übrig seyn, als die Schüler, welche
durch den Ausdruck der Leidenschaften sich hervorthun wollen, aufzumuntern, daß sie sich an die gemeinen Regeln allein nicht halten sollen, weil man
durch diese allein, ohne Beyhülfe eines Genie,
nichts ausrichtet, welches allezeit dienen muß,
die Regeln an dem gehörigen Ort anzubringen.
Anaxagoras sagt, daß die Wissenschaft denen, welche sie nicht zu brauchen wissen, so viel
schade, als sie denen nützlich sey, die davon einen
guten Gebrauch machen. Man muß also diese
Lehrsätze durch das Antique und durch große Meister bestätigen, welche man nicht nur oft zu sehen
sich bemühen, sondern sie auch als Führer, die
uns auf der Bahn unsrer Arbeiten ins rechte
Gleis bringen, zu Rathe ziehen muß. Die Maler, welche sich im Ausdruck der Leidenschaften am
meisten hervor gethan haben, sind die schon oft gemeldeten Leonardo da Vinci, Raphael, Sarto,
Correggio, Dominichino, Poußin, Rubens
und andre, welche man in fürstlichen Gallerien
meistens ohne Anstand betrachten kann.

Man muß allezeit die Wirkungen der Natur
studiren, und ohne Unterlaß lebhafte und fertige
Anmerkungen machen, dabey aber nicht bloß stehen
bleiben, was die Natur nur gemeiniglich vor Au-

gen

gen bringt, sondern seine Betrachtungen bis zu
demjenigen erheben, was sie von dem Vollkommensten hervorbringen kann. Auf solche Weise erwecket man die Kräfte seiner Seele, und erhitzet
sich mit eben dem Feuer, womit man andre beseelen will. Denn man muß selbst vorher durch
die Leidenschaft, welche man zu erwecken gedenket,
in Bewegung gebracht worden seyn, und sich damit beschäfftigen, ja so gar sich an den Platz derjenigen hinstellen, die man zu schildern sich vorgenommen hat. Wie angenehm ist mir nicht der
vortreffliche Schauspieler vorgekommen, welchen
ich mit nassen Augen nach einem pathetischen oder
traurigen Auftritt von der Schaubühne abtreten
sah! Vor allen Dingen muß man sich vor trockenen und dürren Künsteleyen, und falschen Annehmlichkeiten hüten. Diese sind der edlen Einfalt und der ungezwungenen Art der Natur so zuwider, daß derselben Stärke und Lebhaftigkeit dadurch vermindert wird. Wie oft nimmt man
nicht den Schein für die Wahrheit? die einfältigsten Ausdrücke sind die schwersten, und gefallen
doch am meisten. Diese sind natürliche Schönheiten, welche ihre Anmuth mit sich bringen, und
keiner Schminke nöthig haben. Man besorget zuweilen, der Ausdruck sey allzuschwach; er lässet
sich aber bis zur ausschweifenden Stärke fortreißen,
ohne zu bedenken, daß das überflüßige gemeiniglich mehr mißfalle, als das zu wenige. Es giebt
einen Punkt der Genauigkeit, der so unkenntlich
ist, daß man hievon keine Regel bestimmen kann.
Er

Er hängt völlig von dem Erhabenen des Geschmackes und des Genies ab, scheint auch nur großen
Meistern der Kunst vorbehalten zu seyn, welche
die Natur niemals verlassen, und, nach dem Ausspruch des Horaz, niemals Gemälde verfertigen,
welche mit der Natur nicht übereinstimmen.

Man muß also darauf bedacht seyn, daß ein
vollkommenes Gemälde in den Verstand dringen,
das Herz rühren, und nicht in einer Menge von
Farben bestehn müsse, welche aufs höchste weiter
nichts thun, als die Augen nur obenhin unterhalten
können.

Es geschieht oft, sagt Horaz, daß ein Kunststück, worinn die Empfindungen und Sitten natürlich ausgedrückt sind, ob sie schon weder mit
Anmuth oder Kunst, noch mit Kraft geziert sind,
den Zuschauer anders ergötzet und an sich zieht,
als der falsche Schimmer und die wohlklingen-
den Verse, welche nichts bedeuten.

Der große Maler muß nicht nur gefallen,
sondern auch bewegen, und, wie die großen
Dichter und Redner, einnehmen, rühren und
entzücken. Er muß, wie jene beym Alterthum
so sehr beliebte Tonkünstler, bald Traurigkeit bis
zum Weinen einflößen, bald ein Gelächter erwecken, Zorn verursachen, und die Zuschauer
zur Verwunderung und zum Erstaunen zwingen;
er muß also die Leidenschaften nicht nur ausdrücken, sondern auch erwecken.

X   Dieses

Dieses ist in der That das Erhabene der Gemälde, und das größeste Verdienst eines Malers; und wenn er in dieser heftigen Begeisterung oder Entzückung zuweilen geringere, oder Sachen von schlechter Wichtigkeit vernachläßiget; so muß man es ihm verzeihen, und nicht glauben, als wenn er sie auszudrücken unfähig gewesen wäre.

Glaubest du, sagt Cicero, daß Polyklet, als er die Figur des Herkules gebildet hatte, unruhig und zweifelhaft gewesen sey, die Löwenhaut und die vielköpfige Schlange auszudrücken? Es mag, sagt Cicero ferner, die Statüe der Minerva gemacht haben wer da will, so wird er keinesweges, und so wenig in Sorgen stehn, als jener berühmte Bildhauer, wie er die kleinen Figuren im Schilde dieser Göttinn vorstellen soll.

Polyklet hat zwo Statüen verfertiget, und das Publicum dadurch in die Schule geführt. Eine machte er in geheim, die andre ließ er jedermann sehen; er nahm von jedem Tadler an, was er ihm daran aussetzte, und machte alles, was jeder für gut befand. Beyde Statüen kamen endlich zugleich vor die Augen des Volkes; die seinige wurde mit Verwunderung angesehen, die verbesserte aber verachtet und ausgezischet, bey welcher Gelegenheit Polyklet sich vernehmen ließ: Diese ist eure Arbeit, jene aber meine eigene; denn sie ist nach meiner gewöhnlichen Art und Kunst verfertiget worden, jene aber nach eurem Gutachten.

Schließ-

Schließlich glaube ich, daß man nicht ausser
Acht zu lassen habe, was jederzeit zu bemerken
nothwendig ist: daß nämlich, je größer und erhabener die Kunst ist, die Leidenschaften in den
Gemälden vorzustellen, und eben dieselben auch
beym Zuschauer in Regung zu bringen, dieselbe
desto gefährlicher seyn würde, wenn man sie nicht
mit einer Klugheit, Vorsichtigkeit und mit einer
sittlichen Gesinnung oder Probität anwendete,
und dieses um so viel mehr, als die Gegenstände,
welche unmittelbar vor Augen stehen, weit mehr
in das Gemüth eindringen, als alle Sachen, welche nur durch Worte und Erzählungen bekannt
werden. Die Augen sind weit getreuer, als die
Ohren, sagt Horaz. Denn man glaubt lieber,
was man sieht, als was man hört. Die Römer ließen, um ihre Richter mitleidig und empfindlich zu machen, Gemälde verfertigen, welche die Martern vorstellten, die sie haben ausstehn
müssen, damit sie ihnen gleichsam lebendig vor
Augen wären. Das Gemälde also, welches das
Thun und Lassen der Menschen vorbildet, welche entweder gut oder böse sind, muß vom Maler mit solcher
Klugheit verfertigt werden, daß er jederzeit die
guten Menschen den bösen, das Gesittete dem Un-
gesitteten, und die Tugend dem Laster vorziehe.
Denn die Nachahmung der klugen Handlungen,
sie mag nun durch das Malen oder durch das Dichten
geschehen, ermuntert die Seele edelmüthig zu großen
Sachen und zur Tugend, entweder durch das
Beyspiel, oder durch den Nacheifer, den sie ein-

X 2   flößet,

heißet. Polignot stellte die Menschen, wie Aristoteles erwähnet, allezeit gesitteter vor, als sie in
der That waren. Pauson machte sie schlimmer,
Dionysius aber ihnen selbst änlich. Allein, so
wohl der Maler, als der Dichter, pflegen hierinn
gemeiniglich fast nur ihren eigenen Sitten, ihrer
eigenen Gemüths- und Denkungsart, und ihrem
eignen Temperament nachzuarbeiten.

Zu Theben wurde durch ein öffentliches Gesetz
anbefohlen, daß die Maler und Dichter die Menschen allezeit wohlgesittet vorstellen sollten, weil man
im Gegentheil die Uebertreter dieses Gebotes zu einer empfindlichen Züchtigung verdammen würde.

Eja agite, atque animis ingentem ingentibus artem
Exercete alacres, dum strenua corda iuventus
Viribus extimulat vegetis, patiorisque laborum est.

Fresnoy.

Abhand-

Abhandlung
von der Art und Weise, die Umrisse
zu verfertigen und zu zeichnen.

So vielerley Akademien und Schüler von Malern, Bildhauern und Kupferstechern man
heutiges Tages findet; so vielerley Arten giebt es,
Tinten, Feder, Reißbley, Röthel, Tusche, weiße
und schwarze Kreide und Reißkohlen zu gebrauchen.   Obgleich dieses Reißzeug unter uns bekannt genug ist; so mögen doch vielleicht die Kohlen nach einigen, sowohl alten, als jungen Liebhabern der Kunst, nicht aller Orten bekannt genug seyn.   Sie wissen auch vielleicht nicht, wie
man sie zum Gebrauche zurichtet; dahero bin ich
geneigt, ihnen dieses Geheimniß zu entdecken, besonders aber den Schülern und lehrbegierigen Anfängern einigen Unterricht davon zu geben.

Man schneidet Pfaffenkappelholz in kleine
spannlange Stäbchen, legt oder stellt sie büschel-
weise zusammen in einen irrdenen Topf, decket
diesen zu, und verkleibt ihn aller Orten wohl, wo
irgend Luft eindringen kann, mit Laim oder Thon.
So bald dieses geschehen ist, setzt man ihn mitten
ins Feuer in einen Backofen, und lässet ihn so
lange erhitzen, bis er glühendroth aussieht. In
dieser Beschaffenheit legt man ihn auf die Seite
ein wenig vom Feuer entfernt, daß er in leidlicher

X 3   Wärme

Wärme langsam abgekühlt werde. Denn wenn
man ihn gleich in der Hitze eröffnete, so würden
sich alle Stäbchen wie Schnecken oder Würmer
zusammenrollen; abgekühlt aber findet man sie
in ihrer geraden Gestalt in Kohlen verwandelt.
Alles, was man mit diesen Reißkohlen zeichnet,
kann mit Brod wiederum reinlich ausgelöscht
werden.

Wenn also junge Lente zeichnen und diese
Kunst mit glücklichem Erfolge lernen wollen; so
müssen sie (wenigstens wäre dieses mein Rath)
gleich anfangs sich bemühen, die Hand an eine
gute Schrift zu gewöhnen. Schreibt ein solcher
Schüler schön und zierlich, so ist auch seine Hand
um so viel geschickter die Zeichnungen nachzuahmen. Durch eine solche Uebung erlange er eine
Leichtigkeit mit der Feder umzugehen, wie es ihm
beliebt, auch ohne Vorschrift endlich hinzuschreiben, was ihm seine Gedanken eingeben. Mit
dieser Geschicklichkeit ergreift er die Reißfeder,
und macht Umrisse, wie sie ihm sein Professor der
Kunst vor Augen legt. Mit Zeit, Mühe und
Fleiß werden ihm auch allerhand Umrisse, wie die
Handschrift, so geläufig, daß er dergleichen ohne
Vorzeichnung aus seinem Kopfe zu entwerfen fähig wird. Damit ihm aber etwas einfallen möge, dessen Umrisse er mit Nutzen ausarbeiten könne; so muß er Geschichte oder Fabeln lesen, welche seine Gedanken bereichern, und ihm an die
Hand geben, was er etwan durch seine von ihm
selbst ausgedachte Linien vorstellen soll. Ich rede
aber

aber hier nur von Strichen, Zügen und Linien, welche
zu einer Figur erfordert werden, ohne in die wahre Zeichnungskunſt einzudringen, wovon wir in
der Malerkunſt ſattſamen Unterricht gegeben haben. Die alten Italiäner hatten viererley Manieren zu zeichnen, welche ſie für die gewöhnlich-
ſten und beſten hielten.

Die erſte geſchieht mit der Schreibfeder und
Tinte, womit man auf dem weiſſen Papier nur
dahin zeichnet, wo die Schatten ſind. Dadurch
wird ein ſolches Unternehmen beynahe den Kupferſtichen oder radirter Arbeit gleich.

Die zweyte Art braucht die ſogenannte Tuſche oder die indianiſche Tinte, ebenfalls auf weiſſem Papier, und nur da, wo die Schatten ſeyn
ſollen.

Die dritte bedient ſich eben derſelbigen Art,
jedoch auf gewiſſen gefärbtem Grunde, um die
Lichter auszudrücken, welche da etwan häufiger
erſcheinen müſſen, als in andern Stücken.

Die vierte arbeitet entweder mit Röthel, mit
weiſſer und ſchwarzer Kreide, oder mit Reißkohlen und Bleyweiß.

Der Lehrmeiſter legt alſo dem Anfänger eine
Zeichnung gleichſam als eine Vorſchrift vor Au-
gen, welche in leichten, feinen, von einem wohlge-
übten Profeſſor gemachten Linien, Zügen und
Schwüngen beſteht, und nur bloß ſolche Sachen,
die dem Schüler bekannt ſind, als Augen, Ohren,
Naſen, Köpfe, Hände, Füße, den Mund, einen
Arm oder Fuß und dergleichen enthält. Es mag

nun

nun von gedachten Stücken vorkommen, welches
wolle, so muß der Schüler daſſelbe ſogleich betrachten, und ſich in die Gedanken einprägen,
damit er wiſſe, was er machen ſoll oder
wolle. Alsdann ergreift er den Röthel, die
ſchwarze Kreide, oder die Reißkohle, und macht
auf das allerleichteſte und feinſte, ſo viel ſeine
Hand vermag, und als wenn er das Papier kaum
berühren wollte, nach und nach die vorgelegten
Seitenſtriche, Züge, Profile und Umriſſe, ohne
noch an die Schatten zu gedenken, oder ihre Linien anzudeuten. Hat er ſolche Umriſſe in der
nämlichen Größe der Vorſchrift, ſo gut er konnte,
vollendet; ſo fängt er wiederum an, alle Striche
zu unterſuchen, die Fehler zu entdecken, ſie zu
überfahren, zu verbeſſern, und in eine richtige
Form zu bringen, mithin ſetzt er dabey die Reißfeder ein wenig feſter an, wo er glaubt, daß ſeine
Striche ſtehn bleiben können. Wird er nun gewahr, daß alle ſeine Linien mit dem Vorriſſe übereinkommen; ſo fängt bey ihm die Luſt und der
Muth an, die Reißfeder zu ergreifen, und alles
auf das zärtlichſte, auch ohne Vorſchrift, wiederum nachzuzeichnen, und die gehörigen Umriſſe
anzudeuten. Auf dieſe Weiſe wird er alle Züge
und Linien nachmachen, alle Wege und Wendungen ausdrücken, auch die allergeringſten Zeichen
genau formiren, wie ſie ſeine Vorzeichnung ihm
vor Augen ſtellt. Denn die Stärke der Arbeit
beſteht eigentlich darinn, daß man geſchickt nachzuahmen wiſſe, bis man endlich die Nachzeich-
nung

nung von der vorgelegten Hauptzeichnung faſt
nicht unterſcheiden könne. Auf ſolche Art zeich=
net der Schüler in allen Sachen ſo lange fort, bis
ſie ihm zur Gewohnheit werden, und ſich ihm in
das Gedächtniß drücken; bis er ihren Unterſchied
erkennt, und das Gute vor dem Schlechten zu
erwählen weis.

Der Profeſſor legt ihm ſodann Kupferſtiche
vor, welche der Schüler ſo lange nachzeichnet,
bis er meynt, er könne ſie vollkommen nach=
machen.

Dieſe Art zu zeichnen war vor einigen Jahr=
hunderten bey den größeſten Künſtlern gebräuch=
lich; ſie radirten auch meiſtens ihre eignen Ge=
mälde auf Kupfer. Dieſer Weg macht eine
leichte, geſchickte und ſichere Hand; ſie hält jene
zurück, welche mit einer trotzigen und muthigen
Eilfertigkeit zu Werke gehen wollen, welche in
der Eile zwar eine Stellung, aber ohne genaue
Contornen und Umriſſe zuwege bringen.

Oben gedachte Weiſe macht ſie aufmerkſam,
daß die Linien und die Züge, wenn ſie nicht rich=
tig und am gehörigen Orte ſtehen, ſchwerlich wie=
der können ausgelöſcht werden, und es iſt eine
verdrüßliche und ſchändliche Arbeit, wiederum dar=
auf hinzuzeichnen, weil ſie im Auskratzen allezeit
mehr oder weniger Schandflecken zurück laſſen.
Die flußige Art zu zeichnen iſt für diejenigen nütz=
lich und vortheilhaft, welche zur Arbeit fertige
Cartonen haben müſſen. Alſo iſt ſie für diejenigen

Ʒ 5   vortreff=

vortrefflich, welche in Fresco malen, und es gut
ausführen wollen, wie Raphael und seine
Schüler.

Allein, es giebt einige, welche sich in der Ra-
bierart zu weit verlieren und damit martern; dahero rathe ich es nicht, daß man sich bey jedem kleinen
Punkt oder Strich aufhalten soll, wie man sie in
Kupferstichen, besonders in Albrecht Dürers
Kunststücken antrifft. Man verliert dabey die
Zeit ohne Noth, weil sie nur zum Kupferstechen,
nicht aber zum Malen und Zeichnen helfen, wozu
man Wege zeigen muß, welche zur Leichtigkeit,
und nicht zu einem mühsamen Zwange führen;
die Leichtigkeit muß aber nicht in rauhen, groben
und schweren Umrissen bestehn, sondern eine ganz
natürliche, leichte, der Wahrheit gemäße und
zärtliche Hand anzeigen.

Man bedient sich zuweilen auch der sogenannten Tusche, oder der chinesischen Tinte zur obigen
Art; wenn aber die Umrisse schon gemacht sind,
so braucht man sie anstatt der Linien zum Schatten, den man mehr oder weniger helle macht.
Hierzu gehören zween Pinsel, mit deren einem
man das reine Wasser anlegt, mit dem andern
aber gleich den Schatten darein bringt, und ihn
dergestalt verstreicht, daß die Tusche nicht ein-
trockne, sondern stufenweis auseinander getrieben
und mit andern benachbarten dunkeln oder hellen
Massen vereiniget werde. Hierzu muß das Papier dick, vest und gut geleimt seyn.

Diese

Dieſe Art mit Tuſche zu Zeichnen iſt für ge-
übte Maler ſehr vortheilhaft, weil ſie mit wenigen
Zügen viel ausdrücken, und ohne große Mühe ihre
Gedanken entwerfen können.

Die dritte Art, welche die Maler Licht und
Schatten, oder Grau in Grau nennen, iſt von
dieſer in nichts weiter unterſchieden, als daß man
ſtärkere Lichter hinſetze, zuweilen auch vorher das
Papier mit einer leichten Farbe von Saft zubereitet habe. Wenn die Umriſſe und Schatten
beſtimmt ſind, ſo nimmt man feines Bleyweiß
mit ein wenig arabiſchen Gummi, und legt aller
Orten, wo die Lichter hingehören, dieſelben mit
einem feinen Pinſel an, daß alles rund und erhaben ſcheine. Zu Raphaels Zeiten war dieſes
eine ſehr gewöhnliche Art, wodurch die berühmten
Baſſirilievi des Polidoro, und andrer Künſtler
entſtunden, welche Marmor- oder Metallſtücke und
dergleichen nachahmen wollten.

Die vierte und letzte Art zu Zeichnen geſchieht
durch zarte, weiche, rothe, ſchwarze oder weiße
ſteinartige Stifte, welche die Italiäner im Alterthum eine Amatita, oder Matita, und die dazu
gehörige Reißfeder von Meßing Matitatoio nannten. Matita aber iſt ein rother oder ſchwarzer
ſehr weicher Stein aus den Gebirgen, mithin dasjenige, was wir Röthel und ſchwarze Kreide
nennen. Dieſes iſt die vollkommenſte und leichteſte Art, beſonders, wenn man ſich der nunmehr
gewöhnlichen, vormals aber unbekannten Reißkohle

kohle bedient, weil man alle übelgerathene Züge,
Linien oder Striche mit Brod leicht auslöschen
kann.   Die Matita wurde durch den Bimstein
weggebracht, daß das Papier ohne Flecken erschien. Dieses Hülfsmittel, gut zu Zeichnen, ist
zu nackenden Figuren vortrefflich, und befördert
die Vollkommenheit des Ausdrucks um so mehr,
als man sich der Kohle mit sehr leichter Hand bedient, und also bedienen muß, damit sie nicht zerbreche.   Man macht solchergestalt die Umrisse,
und arbeitet geschickt darein, damit nichts hartes,
schweres und rauches daraus zum Vorschein
komme.

Wer seine Zeichnung nicht körnicht, oder,
granirt, sondern in der Eil fortmachen will, der
setzt an die Umrisse andre ein wenig unterschiedene
Linien, und verbindet beyde mit einem feinen Pinsel zusammen; wenn er mit weißer oder schwarzer
Kreide gezeichnet hat; daraus entsteht endlich eine
Masse, anstatt der Linien.   Diese Masse vereiniget sich mit dem Schatten sehr leicht durch gedachten Pinsel, welcher besser ist, als Wolle, Papier
oder der Finger.

Michelagnolo, Salviati und andre zeichneten vielfältig auf diese Art.   Jacob Frey, der
stärkste unsrer Zeiten, ergriff manchmal in meiner
Gegenwart den Röthel, kratzte, strich und fuhr
damit auf dem Papier herum, bis er in allen diesen
verworrenen Linien seine in den Gedanken verborgene
Idee wahrnahm, worauf die Feder und Tinte die
gesuch-

gesuchten und erblickten Umrisse der Figur ausführen mußte.   Diese Art zu studiren gefiel mir so
wohl, daß ich ihm nicht selten nachahmte, und
ihm zum Lachen Anlaß gab.   Es ist in der That
leicht hinzuschreiben, was man denkt; aber sehr
schwer die Figur zu zeichnen, die man in der Einbildung sich vorstellt, es wäre denn, daß man dieselbe durch allerhand Linien suchte, in welchen man
sie beynahe zufälliger Weise und unversehens in
ihrer Vollkommenheit erblickt, und sich ihrer bemächtiget.   In solchen Umständen aber bemühet
sich der Geist mehr, als die Hand, welche ihm gehorsam ist.   Dieser Frey übte sich alle Sonntage
im Erfinden und Zeichnen.   Was er in der Kirche vom Evangelio gehört hatte, war gemeiniglich der Gegenstand seiner Reißfeder.   Ich besitze viel geschickte und ungeschickte Zeichnungen
von seiner Sonn- und Feyertagsbeschäfftigung.

Wie vortheilhaft wäre es nicht für die Künstler,
wenn sie alle diese Manieren in Ausübung bringen, und nach den Umständen sich derselben bedienen könnten, ihre Gedanken hurtig, oder langsam, flüchtig oder ämsig, obenhin oder ernsthaft
zu entwerfen, zu merken oder auszuführen?

Wenn der Schüler nun gehörig im Stande
ist, alles abzuzeichnen; so würde er wohl thun,
wenn er anfienge, große Gemälde nachzuahmen;
doch hätte er mehr Nutzen, wenn er zuvor das
Runde der antiquen Sculptur abzeichnete.   Der
Schüler muß aber vorher die gute Wahl der besten

sten Lichter verstehn und treffen, worzu seine Manier das gehörige beytragen muß. Ich verlange
deswegen nicht, daß er so gut sollte zeichnen können, als Apelles oder Protogenes; jedoch kann
ich hier nicht unerinnert lassen, daß, wenn er zum
Ab = oder Nachmalen die erforderliche Fähigkeit
nicht hätte, er auch Muster und Zeichnungen von
großen Meistern nachzumachen zu schwach, folglich
von solcher Arbeit sich zu enthalten genöthiget
seyn würde.

Die Gewohnheit, Gemälde abzuzeichnen und
zu malen, ist zu Rom und Florenz weit mehr als
anderwärts üblich. Das ist aber kein Wunder,
weil Rom uns solche Schätze vor Augen legt, welche an sich ziehen und zu solcher Bemühung reizen. Anderwärts reizet uns nichts. Zu Rom finden junge Leute an Stücken ihre Lust, welche nur
Licht und Schatten, oder Grau in Grau vorstellen,
und diese zeichnen sie fleißig nach. Polidoro
und Maturino, die gleichsam von der Natur
selbst zu diesem Ende erzogen waren, haben Rom
mit dergleichen grau gemalten Schildereyen bereichert, nachdem sie vorher nichts als antique
Marmor und Metalle studirt, und sich dadurch
eine große Geschicklichkeit zuwege gebracht hatten.
Sie waren so erfindsam und von so fruchtbarem
Geist, daß sie alle möglichen Gegenstände, von
Kleidungen, Gewändern, Falten, Verzierungen,
Häusern, Landschaften, Figuren, Thieren, Grot-
tesken und andern Sachen vorstellten. Alles
eilte

eilte auch zn dieſen Werken, um ſich dadurch die
Einbildung zu bereichern, und Kopien davon zu
ſammeln. Wie ſchön und mannichfaltig ſind doch
alle dieſe Werke! Wie geſchickt würden junge
Leute nicht werden, wenn ſie dieſelben eifrig ſtudirten, und ſo lange davon nicht abſtünden, bis
ſie nicht im Beſitze ſolcher Erfindſamkeit und
Zeichnungskunſt wären! Es iſt für Schüler nichts
ſchädlichers, als wenn ſie in keiner Art ſich veſt
ſetzen, ſondern bald dieſe bald jene Weiſe zu zeichnen ſuchen, ändern, erfinden, oder vernachläßigen.
Haben ſie aber ſowohl das ganze Reißzeug, als die
Finger in ihrer Gewalt, und iſt ihrer Vernunft
alles gehorſam; ſo fangen ſie an, Gemälde von
den vornehmſten Meiſtern zu ſtudiren und nachzuzeichnen; zugleich aber gönnen ſie dem Antiquen
in ihrem Nachſinnen und Studiren den Vorzug.
Dieſes verſchafft ihnen mehr Nutzen, als die
Kunſt ſelbſt. Sie drücken ſich alles tief in das
Gedächtniß und Einbildung, weil dort alles gewiß, richtig und unzweifelhaft vor Augen ſteht.
Dieſes macht vortreffliche Künſtler. Sind ſie
bereits ſtark und geſchickt genug; ſo nehmen ſie
die griechiſchen nackenden Statüen, das jüngſte
Gericht vom Michelagnolo, Raphaels Gemälde,
und die Anatomie vor die Hand, ohne welche
ſolche Arbeit nicht wohl gelingt. Andre machen
ſich ſelbſt Modelle nach der lebendigen Natur; ſie
erfinden und machen Cartone, malen Abbildungen oder Portraite von allerhand Gegenſtänden,
welche ihnen zu ihren Abſichten nützlich und zu einem

nem höhern Grade der Kunst behülflich sind. Sie
fliehen die üble Angewohnheit, welche nichts anders als ihr eigensinniges und falschgelerntes Wesen ist, und von der simpeln Natur keine Spur
anzeigt.

Bis hieher habe ich beyläufig zu erkennen gegeben, wie die alten großen Maler mit dem Reißzeug umgegangen sind; was soll ich aber nun von modernen Malern sagen? Diese sind mit allen gehörigen Hülfsmitteln weit überflüßiger versehen, als die
Alten. Sie haben schönere Farben, bessere Kreiden und Kohlen, starkes blau, grau und braun
Papier, welches alles so schicklich zum Zeichnen
und Malen ist, als es die Raphaele, Titiane, ja
ganz Italien gewünscht, aber niemals erlangt haben. Ich weis zwar, daß die Manieren zu zeichnen, wie unsre deutschen Künstler sich schmeicheln,
zu unsern Zeiten auf das höchste gestiegen sind;
ich weis auch, daß die Natur und Kunst in verschiedenen Ländern so vielerley, beständige, glühende, kostbare und glänzende Farben hervorbringen, daß Titian, Correggio und Tintoretto
aufs neue zu malen anfangen und coloriren würden, wenn sie wiederkommen und den reichen Vorrath unsrer Kunststücke erblicken könnten. Aber
wie sehr würden sie sich verwundern, daß mitten
im Ueberfluß aller zur Kunst gehörigen Erfordernisse dennoch in keinem Theil der Welt mehr ein
Raphael, ein Guido, ein Sarto, ein Rubens,
oder van Dyck angetroffen, sondern für ein Wun-

derwerk

derwerk gehalten wird, wenn irgendwo ein Kuͤnſt-
ler jenen beruͤhmten Maͤnnern ſich an die Seite
ſetzen will. Noch mehr wuͤrden ſie erſtaunen, wenn
ſie ganze Schaaren von uͤbermuͤthigen Zwergen in
der hitzigen Verfolgung eines verehrungswuͤrdi-
gen Rieſen wahrnaͤhmen. Endlich wuͤrden ſie
auch einſehen, daß die Materie der Farben, und
das Werkzeug und der Pinſel von koſtbarem Holz
zur Kunſt nichts helfe; weil jene mit einem
ſchlechten Vorrath von Materialien alles hoͤher
gebracht haben, als dieſe mit ihrem Ueberfluſſe.

Ich verlaſſe dieſen Auftritt, und verfuͤge mich
in der Stille in mein Cabinet, wo ich von der
Malerphiloſophie etwas zu vernehmen gedenke.
Sie ſagt mir naͤmlich, daß, je enger die Theile
eines Gegenſtandes zuſammenhaͤngen, deſto leichter koͤnne das Augenmaaß genommen werden;
folglich, je weiter die Theile von einander entfernt
und zerſtreut ſind, deſto ſchwerer faͤllt es dem
Auge, das Maaß und den Zuſammenhang ſolcher Theile genau zu beobachten. Aus dieſem
Satz entſteht die Folge, daß man dem Schuͤler
weder gar zu kleine, noch gar zu große Zeichnungen, ſondern die Natur in ihrer wahren Geſtalt
vorlegen muͤſſe; jedoch ſind die kleinen im Anfange fuͤr ihn weit zutraͤglicher, weil er das Ganze
oder die Verbindung der Theile weit leichter und
auf einmal uͤberſehen und nachzeichnen kann, welches um ſo nothwendiger iſt, als der Profeſſor
von ihm verlangt, daß er die Verhaͤltniſſe der Um-

Y   riſſe

risse genau und scharf nachahmen, und dieselben
sich in seine Einbildung eindrücken soll, damit er
sie ohne Vorzeichnung auch auswendig wiederum
finden und entwerfen könne.   Diese Malerphilosophie sagt mir auch, daß es gut sey, dem Schüler durch den Zirkel das Maaß aller Theile zu zeigen.   Jedoch müsse der Schüler ihn nicht blindlings und ohne Ueberlegung brauchen, wie jener,
welcher, wenn man ihm sagt, die Nase sey zu lang,
augenblicklich mit dem Zirkel widerspricht, obschon die Nase dennoch zu lang bleibt, weil er sie
niemals betrachtet, sondern immer nur gemessen
hat.   Er sieht nicht, wie sehr das Licht oder der
Schatten das Maaß verändert.   Alles soll rund
seyn, und er weis doch nicht, wo er den Zirkel
ansetzen soll.   Das vernünftige Augenmaaß ist
am Ende der Richter, und nicht der Zirkel, wie
Michelagnolo sehr oft wiederholt. Beobachtet man
dabey die Regel des Polyklet, wovon oben gedacht worden, so erreicht man seinen Endzweck.

Hat nun der Schüler durch die Uebung in
den Umrissen eine Leichtigkeit erlangt, so wird er
dieselben ohne Mühe auch vergrößern und wahrnehmen können, daß er in der Kunst bereits schon
einen weiten Weg mit Nutzen zurückgelegt habe.
Mit Vergnügen wird er seinen natürlichen Kopf
betrachten, der ihm wenig Mühe gekostet hat.
Wenn er nun die Genauigkeit des Umrisses, worinn die wahre Kunst besteht, sowohl im Großen,
als im Kleinen wird betrachtet haben; so kann es
sich

ſich vielleicht zutragen, daß ſogar ſein Lehrer ſelbſt
darüber erſtaunet, welches nicht ſelten geſchehen
iſt.   Hier haben wir alſo das wahre Bild eines
guten, geſchickten und fähigen Schülers. Nunmehro
wollen wir einen andern Lehrling auftreten laſſen,
dem der Profeſſor einige große Naſen, Augen, Ohren und Köpfe vorlegt, welche er ſelbſt munter,
frech, trotzig und frey mit einem dicken Röthel
hingezeichnet, und den Kopf des Achilles coloſſal-
mäßig vorgeſtellt hat.   Dieſes Muſter der Zeichnungskunſt iſt herrlich, und ſo zu ſagen meiſter-
haft, weil der Kenner durch ſein gelehrtes Auge
ſich alles einzubilden weis, was dort nicht angedeutet iſt, und was der Schüler noch nicht wahrnehmen kann.   Die manierlichen dicken Meiſter-
ſtriche verbergen den wahren und ſcharfen Umriß:
die rauhen, harten und dicken Schattenzüge ver-
decken die ſchönen, zarten und feinen Schlangen-
linien, die flammenmäßigen erhabenen und vertieften Schwünge des Fleiſches, die Rundung
und Fläche ſind vermengt; dennoch liegt der Kopf
vor Augen, und die Formen gehen aller Orten
ab.   Ein geſchickter Künſtler kann ſich ihn auch
in einem Gemälde zu Nutze machen, wenn er alles erſetzt, was in einem ſolchen Entwurfe nicht
ausgedruckt iſt.   Wie kann aber ein Anfänger
aus einer ſolchen ſtarken Zeichnung die Zärtlichkeit, die Wahrheit, die Genauigkeit eines richtigen
Contorno oder Umriſſes lernen und ſich angewöhnen? Die alten großen Maler, wie Michelagnolo, waren vollkommen überzeugt, daß der

Umriß.

Umriß oder Contorno eines jeden Körpers keine
Dicke, keine Breite, und keinen Körper habe, sondern nur in eingebildeten Linien bestehe. Viele
bildeten sich gar ein, der Contorno sey die Luft,
welche den Körper umringt. Wie ist es also
möglich, denselben anders, als durch einen spitzigen Reißstift auszudrücken? Wie kann man es
begreifen, daß eine rauhe breite Linie einem feinen natürlichen Umrisse änlich seyn könne? Wie
kann eine solche Linie mit einem dicken Röthel anders gezogen werden, als wenn man sich einbildet,
die wahre Linie stecke in einem solchen Machtstriche
verborgen, und sey mit allem Fleiße auf diese Art
entworfen worden, damit die Schüler rathen sollen, an welcher Seite von einer so breiten Linie
der wahre Contorno zu suchen sey.

Man sage mir nichts davon, daß Michelagnolo
zu Rom im kleinen Farnesischen Palast, wo Raphaels Gemälde, das Göttermahl, der fliegende
Cupido, und die unschätzbare Galathea zur Verwunderung prangen, unter den Bogen des Ge-
wölbes einen colossenmäßigen Kopf mit schwarzer
Farbe hingemalt habe, vor welchem bis auf den
heutigen Tag noch alle Maler erstaunen.

Als Raphael einsmals nicht zu Hause war;
so nahm Michelagnolo Gelegenheit, seine Arbeit
auszukundschaften, und stieg unter Raphaelischen
Schülern allein auf der Leiter hinauf, wo die
Mauer noch nicht übermalt war, und verfertigte
einen sehr großen, mit Licht, Schatten und aller

Run-

Rundung verſehenen lebhaften und verehrungswürdigen Kopf, dergleichen in der Welt nicht zu
ſehen iſt.   Ich habe ihn ſehr oft, und niemals
ohne Vergnügen betrachtet. Er iſt nicht mit einem
ſtumpfen Stiele, weder grob, noch rauh hingeſtri-
chen, ſondern mit einer einfärbigen Schärfe, lebhaft, rund und ſchön hingemacht, wie alle Köpfe
dieſes großen Mannes in ſeinen Werken ſind.
Raphael trat lange hernach einmal in den Saal,
erblickte den Pinſel, und erkañte den Augenblick,
daß Michelagnolo da geweſen wäre; und obſchon
der Platz zu etwas anders auserſehen war, ſo verbot
er dennoch ſeinen Schülern, denſelben auszulö-
ſchen.   Er mußte bleiben, und iſt heute noch ein
Kunſtſtück des Michelagnolo, welches von allen
Malern bewundert wird.

Dieſer in Eil hingemalte Kopf dient aber
ganz und gar nicht, jungen Leuten die Art zu zeichnen an die Hand zu geben; ſondern Michelagnolo wollte Raphaelen dadurch eine Anleitung geben, daß er groß, anſehnlich und ſtark, nicht aber
klein, oder nach dem Geſchmack des Pietro Perugino malen ſollte, weil ſeine Gemälde vom
Auge des Zuſchauers entfernt erſcheinen mußten;
wie er es auch im Vatican beobachtet, und endlich den Bonarotti ſelbſt übertroffen hatte.

Dergleichen freye, freche, große und trotzige
Zeichnungen ſind Erinnerungen für große Meiſter zur Ausführung majeſtätiſcher Gemälde, in
großer

großer Entfernung, in Gewölbern und Kuppeln;
nicht aber für anfangende Schüler.

Große Meister der Kunst machen dergleichen
Umrisse flüchtig hin, um eine gewisse Activität,
nicht aber die Vollkommenheit eines Contorno
auszudrucken, wie er seyn sollte; daher lernt auch
der Schüler daraus nur kaum die Stellung, und
nicht die wahren Umrisse.   Hat man sich also vorher nicht die beste Art zu zeichnen angewöhnt; so
wird man bey Abbildung akademischer Modelle
zwar verschiedene Figuren und ihre Bewegungen,
aber nicht die Unverbesserlichkeit der Umrisse lernen.   Ich überlasse es großen Künstlern, ihre
Schüler nach ihrer Art zu unterrichten, welche Anfängern nur große Zeichnungen vorlegen, die nach
berühmten Urbildern verfertigt worden.   Denn sie
sind der Meynung, der junge Zeichner könne vom
Großen leichter in das Kleine, als von diesem in
jenes übergehn, wie man aus der Arbeit der Landschaftmaler sehen könne, welche kleine Arbeiten,
aber nichts Großes zu machen fähig sind.   Dieser Beweis ist bereits durch unsern Rosa wider-
legt, welcher in beyden Manieren uns die vortrefflichsten Stücke vor Augen gelegt hat.   Er
malte beständig klein, und unversehens erschien
seine Kunst in erstaunlich reizenden weiten Feldern,
Wäldern und Figuren.   Man kann sogar in seinem Zimmer sich an der Landluft ergötzen.   Es
scheint also noch unentschieden, ob ein solcher Groß-
zeichner eine Rosische weite Landschaft in die ge-
wöhn-

wöhnliche Papiergröße verjüngern könne. Maſſon zeichnete, wie er ſtach, und dennoch machte er
aus einem großen Titian ein Wunderwerk in einem ſehr kleinen Raum.

In der Akademie von San Luca zu Rom
habe ich die großen Künſtler Pietro Bianchi,
Beneſiali, Jacob Frey und andre nach dem
Modell zeichnen geſehen; ihre Hand war leicht,
alle ihre Linien delicat, zart, gelinde und granirt; kaum konnte man die rothe Farbe ihres
Röthels erkennen; Frey zeichnete ſo fein, wie
ſeine Kupferſtiche ſind. Mit derjenigen Art,
womit er die Altarblätter von den größeſten Meiſtern in den Kirchen, meiſtens von weiten, mit
dem zarten Röthel abzeichnete, brachte er zuweilen nicht einen Nachmittag, ſondern ſechs Wochen zu. Seine ſo mühſam verfertigte Zeichnung radirte er auch ohne Verzug, ſo wie
ſie lag, mit ſolchem Fleiß in Kupfer, daß er keinen Punkt davon abwich. Sie lag auf dem
Tiſche, daß er ſie beſtändig durch den Spiegel betrachten und nachahmen konnte. Seine Kunſt
war ſo groß, daß man darinn die Manier des Malers vollkommen unterſcheidet. Anders erſcheint
ſeine Petronilla vom Guercino, anders ſein Hieronymus vom Dominichino; ſeine Aurora oder
Morgenröthe im Palaſt Roſpiglioſi zu Rom vom
Guido; ſein Opfer des Kaiſers Auguſtus vom
Carl Maratti; ſein Lieblingsblatt, der heilige
Romualdus von Andrea Sacchi; ſeine heilige

Drey-

Dreyfaltigkeit vom Guido, und alle andre Kupferstiche von seiner Hand, geben auf den ersten Anblick zu erkennen, von was für einer Manier und
von was für einem Maler sie sind. Ich habe
oft zweifeln gehört, ob Frey solche Arbeiten jemals hätte zu Stande bringen können, wenn er
sich von Jugend auf nur an den stumpfen Röthel
und an das Großzeichnen gewöhnt hätte. Edel-
nick und andre große Meister blieben bis ans Ende,
was sie in ihren Schuljahren gewesen waren. In
ganz Rom und Italien sieht man unter Schülern
nichts als natürliche Zeichnungen, und flieht das
abentheuerlich Große, weil man auf keine Colossen
bedacht ist, die doch den Künstlern vor Augen
stehn. Die Natur selbst ruft die Reißfeder
nur zur Größe die sie vorstellt, nicht aber zu Colossen, welche selten mehr Model sind. Wer
zeichnen kann, zeichnet alles, und verfertiget seinen Gegenstand im Kleinen oder Großen mit gleicher Geschicklichkeit. Also meynen große Meister, man müsse nur bey der Wahrheit bleiben,
welche ihre Verhältnisse in allen Werken behauptet.
Diese und dergleichen Betrachtungen sind Ursache,
weswegen man die vortrefflichsten Zeichner aus
der parisischen Akademie nach Rom schickt, um
daselbst den französischen Geschmack in den alten
romanischen zu verwandeln. Zeigt dieses nicht
deutlich genug, daß man Rom den Vorzug nicht
streitig machen könne? daß ein Künstler in Rom,
nicht aber in Paris, groß werden könne? daß
das Große nicht in dem Maaß, sondern in der
Kunst

Kunſt beſtehe? wie ich anderwärts erklärt
habe.

Die Lehrer der Zeichnungskunſt zu Rom legen Blätter vor, auf welchen jedes Stäubchen
von Röthel ſeinen Platz ohne Irrung mit Gelaſſenheit behauptet, und dem Zuſchauer, er mag
nun ein bloßer Liebhaber, oder auch ein Kenner
ſeyn, gleich begreiflich macht, daß es nicht von
ungefähr, ſondern nach einer ſcharfſinnigen Ueberlegung dort, und nicht anderwärts hin habe müſſen geſetzt werden, damit es einen Theil des cor-
recten Umriſſes ausmache. Was ſoll ich nun von
den muthigen, flüchtigen, ſchreibmeiſteriſchen und
groben Linien ſagen, welche rauhen, hökerichten
Röthelſtein und die Verwegenheit einer ſchweren
Hand erſcheinen laſſen, die ſcharfen und wahren
Contorni aber nicht anzeigen, ſondern derſelben
Delicateſſe in rothen dicken Strichen zeigen.

Wenn ein ämſiger und witziger Schüler
nach ſolchen künſtlich angegebenen und weit ausge-
dehnten Vorzeichnungen unterrichtet iſt und daran gewöhnt worden; wie iſt es hernach möglich,
daß er nach einem runden Kopfe von Gyps oder
Marmor, oder nach der erhabnen Natur ſelbſt
etwas gutes zeichnen könne? Schwerlich wird
er die zarten, feinen und richtigen Formen,
Scheine und Wiederſcheine der Wangen, der
Stirne, der Haare, der Naſe, der Augen, der
Ohren und das beſte Licht in Acht zu nehmen wiſſen. Ich rede ſtets vom Nutzen des Schülers,

nicht aber von Lehrern und Meistern im Reiche
der Kunst; denn diese verstehn eins sowohl als
das andre; sie arbeiten auch sowohl nach den
Umständen, als nach ihrem Belieben, und haben
meine Erinnerungen nicht nöthig, durch welche ich
wünschte, die Wahrheit vollkommen aufdecken zu
können, welche nur meistens in Italien so ansehnlich herrschet, anderwärts aber entweder in
der Maske sich sehen läßt, oder wenn sie entblößet
erscheint, gewaltig verfolgt wird.

Der junge Anfänger ist schon mit sich zufrieden, wenn er sieht, daß seine Reißfeder ein Auge
gemacht hat; fragt man ihn aber, ob dieses Auge
lache, ob es weine, ob es zornig oder schläfrig
sey? so weis er es nicht zu sagen, weil die Zärtlichkeit der Formen aller Orten mangelt.

Fragt man den Schüler ferner, wie lange er an
seiner Zeichnung gearbeitet habe; so antwortet er mit
einem wunderlichen Stolz: In einem Abend oder
Nachmittage. Fürwahr, man sieht es, sagt Carracci, man kann es auch fast mit den Händen
greifen. Ein andrer, welcher verklagt wird: er
habe an seinem Kopf acht Tage zugebracht; wird
so gar zum Gelächter. Carracci aber sieht genau
nach, und sagt zum frohlockenden Kläger:
Schweig! er hat es geschwinder gemacht, als du;
denn seine Arbeit ist besser, als deine.

Der Geschmack zu Zeichnen ist von so uner-
meßlicher Mannichfaltigkeit, daß jedes Auge zu
sagen pflegt: diese oder jene Art gefalle ihm am
besten,

beſten, ohne zu fragen, auf was für eine Weiſe
man die Sache angefangen, und wie lange man
daran gearbeitet habe, oder was ein ſolcher Saame
endlich hervorbringen werde. Zeichnet eine junge
Hand nach einem Coloſſen immerfort, ſo wird ſie
am Ende nicht ohne Zwang im Kleinen oder Natürlichen fortkommen, ſondern vom Kleinen ins
Große eine gleiche Beſchwerlichkeit ausſtehn. Ein
Auge, welches weit ſieht, nimmt einen nahen
Gegenſtand nicht gut wahr, und jenes, das nahe
Sachen ſcharf erkennt, erreichet entfernte Dinge
faſt gar nicht.   Eine Hand, welche an große
Schwünge gewöhnt iſt, kann ſich in Kleinen ohne
Angſt nicht wenden, und der geſchwinde zu arbeiten erzogen worden, iſt untüchtig, langſam zu eilen. Er iſt aber doch der beſte Zeichner in Paris geweſen.   Gut! deswegen hat ihn der König in
ſeine Akademie nach Rom geſchickt; was folgt nun
daraus? nichts, als daß er dort alles neu lernen
und ſich zur Vollkommenheit empor ſchwingen
müſſe.

Kein vernünftiger Liebhaber oder Kenner wird
alſo nicht auf die Zeit, ſondern auf die Kunſt ſehen;
er wird auch den jungen Menſchen nicht fragen,
was ihm an ſeiner Bemühung beſſer gafalle?
Weis er es nicht; ſo muß man es ihm zeigen,
was ihm beſſer gefallen ſoll.

Wenn man das uneingeſchränkte Feld der
ſchlechten Malerey oder Zeichnung, und den herrſchenden Geſchmack aller Einwohner dieſes großen
Bezir=

Bezirkes betrachtet; so erschrickt man, und zittert
vor Sorge, es möchte auch das wenige noch vor=
handene Gute bald wiederum zu Grunde gehen
und verschwinden.   Junge Leute wissen nicht,
wem sie in diesem Felde nacharbeiten sollen. Ge=
bräuche, Gewohnheiten, Mißbräuche und Irr=
thum, geschickte und verführerische Anführer, al=
les ist ihnen gleichgültig.   Unglücklich sind dieje=
nigen, welche solchen Irrwischen nacheilen;
glücklich hingegen, wenn ihnen ein erleuchteter
Mann den Weg zeigt.   Irrende Schüler, die
schon herum gewandert sind, versuchen alles, und
wenn die Gelegenheit ihnen wirklich zuruft, nun=
mehr ihre Kunst zu zeigen; so gerathen sie alle
Augenblicke ins Stocken. Die Menge der Ma=
nieren, wovon sie keine verstehen, verwirren ihre
Gedanken, Pinsel und Augen so heftig, daß sie
sich nirgends weder zu rathen, noch zu helfen wis=
sen, und sich bezaubert nennen, oder gar an aller
Kunst verzweifeln.   Sie sind gewissen irrenden
Weltgöttinnen nicht unähnlich, welche aus aller=
hand Ländern mit vielen Moden zurückkommen,
bald mit dieser, bald mit jener prangen, und sich
zum Gelächter machen, dabey aber dennoch andre
ihres gleichen verführen.   Ich nenne sie irrende
Schüler, denn, wie sie sagen, durch die Ku=
pferstiche wird ihnen alles rauh; die Gemälde
verhindern ihre Arbeit; ihre eigene Erfindung
geht hurtiger von der Hand; durch die Statüen
oder Gypsstücke verfallen sie in lauter hartes Zeug;
das Modelliren schafft ihnen nur vergebliche Hülfe;

die

die Natur macht alles ſtarr und gezwungen; ſie
werden durch alle Gegenſtände immer ſchwächer.
Dieſes ſind ihre geſammelten Kunſtregeln, und
in dieſer Finſterniß tappen diejenigen herum, welche keine gute Manier zu zeichnen gelernt haben.
Bekommen ſie den Pinſel in die Hand, ſo wiſſen
ſie keinen Strich anzulegen, der demjenigen änlich
wäre, was ſie abſchildern ſollten; ſie beſinnen ſich
darauf nicht, daß ſie nichts gelernt haben. Was
zu ihrem Vorhaben taugte, iſt ihnen unbekannt;
die Farben vergleichen ſich nicht; und dennoch ver-
ſchmähen ſie denjenigen, der ihnen den Weg zeigen will; ſie verfallen in das Unglück, entweder gutem Rathe nicht zu folgen, oder in ihrer einfältigen
Verſtockung zu verharren, und ſchlechter zu werden, als ſie ſind. Manche unter ihnen finden dennoch oft mehr Unterhalt, als Künſtler vom erſten
Range. Dieſe können mit Wahrheit ſagen:

> Durch Neid und Haß und meinen Stolz
> Hab ich gefiedert manchen Bolz,
> Damit geſchoſſen die Wahrheit.

Wie man in Reineckens Geſchichte lieſt.

Abhand-

~~~~~~~~~~~~~~~~~~~~~~~~~~~~~~

Abhandlung
vom Gebrauche der Farben.

Tintoretto erzählt dem Rubens, er habe vom Titian selbst mehr als einmal gehört, daß ihm in allen seinen großen Gemälden nichts mehr Dienste gethan hätte, als die Weintraube, welche man auf Italiänisch il Graspo d'uva nennet. Von dieser rühre das größte Geheimniß in der Malerey her, und sie sey jederzeit seine besondre Anführerinn und seine vornehmste Regel und Meisterinn gewesen. Dieses vernünftige Gleichniß wurde vom Titian, wenn er von seinen Arbeiten redete, sehr oft wiederholt, und als seine Lieblingsvorschrift erklärt. Er wollte nämlich dadurch zeigen, daß sich jederzeit vielerley Gegenstände vereinigen und in solcher Art darstellen müßten, damit sie nicht mehr als nur ein Ganzes zusammen ausmachten, in welchem viele benachbarte Theile im Licht und im Schatten, andre aber, die davon abweichen, in gebrochenen oder Mittelfarben erscheinen, und allerdings gesehen werden, wie man alles dieses in der Traube wahrnimmt, in welcher die Beeren entweder im Licht, oder Schatten, im Hellen oder Dunkeln, nachdem sie in der Rundung, Vertiefung und Höhe liegen, ihre Schattirung anzeigen. Diese Lehre schlug im Gemüthe des Rubens so tiefe Wurzel, daß er in seinen Gemälden, worinn eine Menge Figu-

Figuren vorkommen, gemeiniglich drey Haupt-
gruppen sehen ließen, welche über das ganze
Werk herrschen: und gleichwie ein einzelner Gegenstand die Augen des Zuschauers weniger beschäfftiget, als drey; so hat er alles so eingerichtet, daß die Seitengruppen der Gruppe mitten
im Bilde, welche in stärkern, hellern und schönern
Farben besteht, nachgeben und derselben weichen
müssen, diese mittlere Gruppe indessen das Auge
an sich, das ist, in den Mittelpunkt der ganzen
Composition hinziehe, als wenn diese nur ein einzelner und alleiniger Gegenstand wäre.

Hieraus entsteht der Grundsatz, daß in einem
und demselbigen Gemälde niemals zwey gleiche
Lichter statt haben sollen, und das stärkste oder das
Hauptlicht in die Mitte fallen, von dort aber seinen Schein auf die Hauptfiguren und vornehmsten Actionen ausbreiten müsse, damit die seitwärts und gegen den Rand des Gemäldes abweichenden Sachen nach dem Maaß ihrer Entfernung immer weniger oder ein schwächeres Licht erhalten. Solchergestalt machen alle erleuchteten
Theile zusammen nur ein Licht, und alle Schatten
lassen sich nur als ein einziger Schatten betrachten: doch muß alles dieses so künstlich angeordnet seyn, daß eine jede Sache so natürlich und so
ungekünstelt erscheine, als wenn sie nur zufälliger
Weise dahin gekommen wäre. Dergleichen
Kunststücke sind die Schlacht der Amazonen, die
Jagd der Löwen, Crocodillen und andrer Thiere,

der

der Raub der Sabinen, verschiedene Landschaften und der Kindermord, die **Rubens** gemalt hat.

Die Erfahrung bestätiget diese Lehre in der Natur selbst nicht nur an der Weintraube, sondern auch in andern Sachen. Man betrachte nur eine Statue auf dem öffentlichen Platz einer Stadt; so wird man gewahr, daß ihre obern Theile jederzeit heller ausfallen, als die untern. Man sieht auch, daß das Licht der aufgehenden Sonne nach dem Maaß der sich entfernenden Stralen immer schwächer werde; daher muß das Licht in der Malerey sich so vermindern, wie es sich von dem Hauptlicht entfernt. **Correggio** hat in seiner berühmten Nacht diesen Grundsatz vergessen. Sein Hauptlicht stralt aus dem Mittelpunkte des Gemäldes in die Höhe auf die Engel fast mit gleicher Stärke. **Hannibal Carracci** schwächte aber dasselbe in seiner Copie, welche er davon machte, und die ich besitze.

Bisher haben wir überhaupt von der Austheilung und Anwendung des Tages oder des Lichtes in den Gemälden gehandelt, und der Schüler hat ganz recht, wenn er nunmehr auch einen Unterricht von den Farben verlangt. Diesen will ich ihm nun nach meinen wenigen Begriffen aus einander setzen, und von der weissen Farbe den Anfang machen:

Die bloße und reine weiße Farbe ist ganz gleichgültig; sie treibt andre sowohl hinein, als
heraus,

heraus, oder vorwärts und rückwärts, also, daß
man sie sowohl tief im Bilde, als auch auf dem
Vorgrund anbringen kann. Hier fragen einige,
ob sie in der Tiefe des Gemäldes, oder rückwärts
eine gute Wirkung thue, wenn das Licht allgemein ist, und, zum Beyspiel, die Figuren im offnen Felde stehn?

Große Meister bejahen diese Frage durch ihre eigene Malerey, und sagen, daß keine Farbe
am Lichte mehr Theil habe, als die weisse. Jedes Auge wird dieses begreifen können. Hieraus folgt, daß das Licht sehr wohl auch in der
Ferne bestehn könne, wie man es täglich im Auf-
und Niedergange der Sonne wahrnimmt; daher
ist es nicht mehr in einigen Zweifel zu ziehn, daß
das Weiße auch in der Weite gut ausfalle, weil
in der Malerey der Tag und das Weisse fast einerley sind. Ich setze noch hinzu, daß der Luft
durch die Aenlichkeit nichts so nahe komme, als
das Weisse; daher auch nichts leichter gefunden werde, als die Luft; welche man aber auch alsdenn schwer
nennt, wenn der Himmel mit dicken Wolken überzogen ist, oder wenn die Leichtigkeit, die Helle,
oder der heitere Tag uns durch einen dicken Nebel
benommen wird. Titian, Tintoretto, Paul
Veronese und andre, welche das Licht meisterlich
verstanden haben, sind auf diese Beobachtungen
sehr aufmerksam gewesen: und niemand kann diesen Grundsätzen widersprechen, ohne alle Regeln
zu verwerfen, womit alle Landschaften gemalt wer-

Z   den,

den, die uns sölche Wahrheiten vollkommen bestätigen. Man sieht auch, daß alle große Landschaftmaler hierinn den Titian studirt und ihm
nachgeahmt haben, welcher sich auf dem Vorgrunde jederzeit der braunen Farben bedient, und
die helleften in die weiten und hinterften Gegenden seiner Landschaften gerückt hat.

Ich kann hier die Gelegenheit nicht vorbey
gehen lassen, von einigen Landschaftmalern zu reden, die sich eines großen Tadels schuldig machen.
Sie streuen in ihren Gemälden oder Zeichnungen
so viele Lichter und kleine Schatten aus, daß das
Ganze einem Sieb änlich scheint, und das Auge
des Zuschauers große Mühe anwenden muß, das
Ganze zusammen zu suchen. Es hat zuweilen
das Ansehn, als wenn der Maler sich befliffen
hätte, den ordentlichen Zusammenhang zu vermeiden, und alles wie einen Heckerling zu zer-
streuen, anstatt schöne große verbundene Theile
von Schatten und Licht, vom Hellen und Dunkeln,
vor Augen zu bringen. Wenn diese die Weintraube zu ihrem Muster brauchten; so würden sie
ihre Arbeiten, die sie vormals verfertigt haben,
hernach selbst verwerfen. Sie dürfen nur den
Claudio Lorenese, den Jaques Arthois, den
Poußin, Titian, Lucas van Uden und andre
betrachten; so werden sie die Kunst der Landschaft-
malerey erst gewahr werden.

Ich kehre aber nunmehro wieder zu meiner
obigen Betrachtung der weissen Farbe zurück. Es
giebt

giebt einige Maler, welche sich einbilden, daß das
Weiße in einer Entfernung nicht statt habe, weil man
sich desselben gemeiniglich nur deswegen bedient,
damit einige Gegenstände, die nahe am Vorgrunde sind, desto mehr hervordringen.

Man hat nicht zu zweifeln, daß dieses nicht
seine gegründeten Ursachen haben sollte, nämlich
die Figuren und andre Dinge, im Gegensatz der
braunen Farbe, welche die weiße begleiten und zurückhalten muß, desto kenntlicher zu machen, die
braune Farbe mag nun entweder der weissen zum
Grunde dienen, oder an dieselbe angeheftet seyn.
Wenn man z. B. auf den ersten Linien ein weißes
Pferd malen soll, so ist schlechterdings vonnöthen,
daß entweder der Grund von einer breiten, doch
mittelmäßigen braunen Farbe sey, oder daß Sat-
tel und Zeug mit sehr deutlicher Farbe prangen,
oder endlich, daß auf dem Pferd eine Figur erscheine, welche durch ihren Schatten und durch
ihre Farbe das weiße Pferd auf dem Vorgrunde
des Gemäldes heraus halte.

Nun sagen zwar andre, das Blaue sey diejenige Farbe, welche am meisten zurückweicht;
weil der Himmel und die Berge in der Weite von
derselbigen Farbe sind.   Es ist wahr, daß die
blaue eine von den leichtesten und gelindesten Farben ist, und man kann auch nicht läugnen, daß
alle diese Eigenschaften sich in der blauen Farbe
befinden, weil sie selbst mit der weißen vermischt

ist,

iſt, wie uns ſolches das Beyſpiel der Entfernungen beweiſet.

Wenn das Licht im Gemälde nicht allgemein iſt, und die Figuren etwan in einem Zimmer vorgeſtellt werden; ſo muß ſich der Maler erinnern, daß, je näher eine Sache am Licht und vor den Augen des Zuſchauers iſt, deſto heller ſie ſeyn müſſe, weil das Licht nach dem Maaß ſeiner Entfernung von ſeinem Urſprung immer ſchwächer wird. Die weiße Farbe kann ſich auch vermindern, wenn man die Luft für dick annimmt, und voraus ſetzt, daß dieſes in der ganzen Verfaſſung des Gemäldes eine gute Wirkung mache. Der Maler muß aber deswegen die Figuren nicht von ſo braunen Halbfarben oder Tinten machen, als wenn ſie vom Nebel verfinſtert, und an den Grund angeklebt wären.

Von der blauen und weißen Farbe muß ich noch aus dem Gemälde meines Poußin ein Beyſpiel anführen. Sein Moſes ſteht mitten im Bild auf einer Anhöhe, und ſchlägt an den Felſen, damit er Waſſer von ſich gebe, wie wir anderwärts noch vernehmen werden. Sein ganzer rechter Arm, die Achſel, und die Lenden ſind weiß gekleidet, und der übrige Leib iſt mit einem blauen Mantel bedeckt. Im Vorgrunde liegt ein vor Durſt ſchmachtendes Weib, deren linke Achſel und Arm weiß, der übrige Leib aber blau gekleidet iſt; alſo haben wir dieſe zwo Farben in der Entfernung und auf dem Vorgrunde mit der beſten Wirkung in einem Gemälde.

Die

Die Ordnung führt uns nun zur schwarzen Farbe, welche, wenn sie pur schwarz ist, uns am meisten in die Augen fällt; denn sie ist die schwereste und sichtbareste unter allen Farben, wenn man die ihr entgegengesetzte oder widrige weiße Farbe und ihre Eigenschaften betrachtet, welche die leichteste und gelindeste von allen Farben ist.

Einige Künstler wollen mir hier einwenden, daß das Schwarze auf dem Vorgrunde sich gleichsam in Löcher verwandle, als wenn das Gemälde durchbohrt wäre. Diesen aber muß ich erwiedern, daß das Schwarze im Vorgrund allezeit eine gute Wirkung habe, wenn man es nicht ungeschickt, sondern mit Verstand und richtig anwendet. Die Körper, welche zum Vorgrunde gehören, müssen solchergestalt angeordnet werden, daß keine Löcher erscheinen, mithin die schwarzen in Massen zertheilt und unvermerkt vermengt werden. In den Massen muß eine solche Zusammenstimmung herrschen, daß alle Schatten gleichsam nur einerley zu seyn scheinen; oder daß alle Farben in den schattichten Massen sich so vereinigen müssen, daß sie fast nur wie einerley Farbe aussehen; ob sie schon im Licht alle ganz von einander unterschieden wären.

Diese Lehre und Uebung von der weißen und schwarzen Farbe hat so wichtige Folgen, daß, wenn man sie nicht wohl in Acht nimmt, ein Gemälde kein gutes Ansehn erlangt, die Massen

Z 3   niemals

niemals gut unterschieden sind, und die Entfernungen in der Tiefe der Schilderey auf den ersten
Anblick das Auge so sehr beleidigen, daß sie niemals ohne Mühe können wahrgenommen werden.

Hieraus läßt sich die Folge ziehen, daß die
Massen von andern Farben, je mehr sie ins
Braune fallen, desto sichtbarer und verdringender
werden, wenn es nur Farben von einerley Gattung
sind. Eine gelbbraune Farbe z. B. wird sich der
weniger braunen mehr, als eine andre nahen,
und sich mit ihr vereinigen. Ich rede hier nur
von Farben von einerley Gattung; denn es giebt
auch Farben, welche einfach, und von Natur
stark, imgleichen kenntbar und vordringend, doch
aber dabey hell sind, wie es sich mit dem Zinnober
verhält. Es giebt auch andre, welche, ob sie
schon braun sind, dennoch gelind und zurückwei-
chend erscheinen, wie das Blaue, der Azur,
oder Ultramarin. Raphael setzte niemals das
Schwarze gegen das Weiße, sondern schritt unvermerkt in die Abwechselung vom Dunkelgrau
ins Schwarze, und vom Lichtgrauen ins Weiße.
Gleich große Massen von Licht und Dunkel setzte
er niemals zusammen, sondern machte einen Zwischenraum von halben Tinten, wodurch auch Correggio seine Annehmlichkeiten vermehrte.

Hieraus kann man gewahr werden, daß die
Wirkung eines Gemäldes nicht allein von Licht und
Schatten, sondern auch von der Natur und Eigenschaft der Farben selbst herkomme. Von welcher

cher Beschaffenheit also uns zu unterrichten wir
eine weitere Untersuchung der Farben vor die
Hand nehmen müssen. Wir wollen aber nur
von den Hauptfarben handeln, aus welchen alle
andre durch die Vermischung gemacht werden,
weil wir ausserdem in das Unendliche, worinn alle
Farben bestehn, gerathen möchten. Wir wollen
auch von der Materie der Farben nichts gedenken,
welche in verschiedenen Ländern schlechter und besser gefunden wird, und die allen Malern ohnedies bekannt ist. Dergleichen Materie wird entweder von der Natur erzeugt, oder durch Kunst
zugerichtet. Also haben wir die Mineralfarben, oder
andre, welche durch allerhand Vortheile verfertiget werden, wie, zum Beyspiel, das so genannte
Berlinerblau rc.

Das dunkle Erdengelb, welches die Italiäner terra gialla scura nennen, ist eine von den
schwersten Farben.

Das helle Erdengelb, italiänisch terra
gialla chiara, ist um so viel leichter, als es heller ist.

Das hohe Lichtgelbe, italiänisch Giallorino,
nahet sich der weißen Farbe, und ist deswegen
sehr leicht, weil sie so sehr hell ist.

Azur oder Ultramarin ist eine blaue, leichte
und ziemlich gelinde Farbe.

Zinnober ist dem blauen oder Azur ganz
zuwider, und gleichsam das Gegentheil davon.

Der Lack ist zwischen Azur und Zinnober
die Mittelfarbe, denn er ist mehr gelinde, als rauh.

Das

Das Rothbraune, italiänisch Bruno rosso, ist eine von den stärksten Erdfarben.

Hellgelb, beynahe wie Citronenfarbe, so die Italiäner Giallo Santo nennen, ist eine gleichgültige Farbe, weil sie die Eigenschaften andrer Farben sehr leicht an sich nimmt, womit sie vermischt wird. Mit dem rothbraunen macht sie eine starke Erdfarbe; mit dem weißen oder blauen vermengt, verschafft sie eine von den stark zurückweichenden Farben.

Grüne Erde ist leicht, und macht die Mittelfarbe zwischen dem Hellgelben und dem Azur.

Dunkle Erdenfarbe ist sehr stark, und sieht der Erde gleich. Eine Eigenschaft, welche ihr nur das äußerste Schwarze streitig machen kann.

Das stärkeste Erdenschwarz ist dasjenige, das sich vom Blauen am meisten entfernt.

Nach dem Grundsatz, welchen wir oben von der weißen und schwarzen Farbe angeführt haben, kann man eine jede Farbe mehr oder weniger erdenmäßig und schwerer machen, wenn man sie mit der schwarzen vermischt. Sie werden aber um so viel mehr oder weniger hell oder leicht, wenn man das Weiße darunter menget.

Was die schon gemischten oder gebrochenen Farben betrifft; so kann man von ihrer Kraft, Stärke und Vermischung nach den andern Farben urtheilen, aus welchen sie zusammengemischt sind.

Die

Die Maler, welche den Accord, den Zusammenklang oder ihre Harmonie verstehen, hüten sich jederzeit, bey der Kleidertracht die Farben pur und einfach anzuwenden. Sie bedienen sich derselben nur bey einer einzelnen Figur, welche etwan auf den Vorgrund zu stehn kömmt. Wenn sie aber gebrochene, gemischte und Mittelfarben brauchen, so verschaffen sie eine für die Augen angenehme Zusammenstimmung der Farben, welche unter sich eine angenehme Verwandtschaft oder Sympathie haben. Daraus machen sie ein Ganzes, welches mit den Farben der benachbarten Kleidungen eine Vereinigung heraus bringt.

Der Maler, der die Tugend, Kraft, Eigenschaft und das Vermögen der Farben kennt, wird sich also derselben so zu gebrauchen wissen, wie er es am besten befindet. Seine Einsicht und Klugheit wird ihn jederzeit in seiner Arbeit begleiten. Dieses alles aber geschieht beständig in Vergleichung andrer darinn befindlichen Gegenstände; denn ein Körper muß den andern dergestalt zum weichen zwingen, daß er selbst auch von jenem, der vor ihm, oder auf dem Vorgrund ist, könne zurück getrieben werden.

Ferner haben wir hier auch noch dieses zu beobachten, daß der Maler alles, was so wohl in Farben, als in Lichtern und Schatten einander äußerst zuwider ist, vermeide und fliehe, mithin sich bestrebe, dort eine Mittelfarbe anzubringen, welche an beyden Theil nehme. Die Augen haben

Z 5 dieses

dieses mit den übrigen Sinnen gemein, daß sie
zwey widerwärtige und äußerst unterschiedene Dinge nicht leicht vertragen können.   So
wie einer erfrornen Hand oder dem ganzen Leib
eine plötzliche Hitze unerträglich ist! also ist auch
dem Gesichte das äußerst Schwarze und äusserst Weiße so zuwider, wie es einen schönen
Azur, einen glühenden Zinnober ohne Beschwer-
niß nicht ansehen kann, wenn es gleich durch den
Glanz dahin gezogen würde.

Hieraus kann man nun deutlich erkennen,
was für Farben einander zuwider, und ganz un-
vereinbarlich sind, und was für welche einander
gleichsam freundschaftlich die Hand bieten.   Dieses Geheimniß ist sehr leicht zu entdecken, und ich
will es auch nicht, wie einige aus Mißgunst gewohnt sind, hier verhöhlen.   Man mischt nämlich zwo einfache natürliche Farben zusammen,
womit man die Probe machen will.   Der Versuch kann paarweise angestellt werden.   Wenn
aus einer solchen Vermischung eine dem Auge annehmliche, und nicht mißfällige Art einer Farbe
entsteht, so ist es ein bewährtes Zeichen, daß zwischen diesen zwoen gemischten Farben eine Sympathie, Vereinigung und Geneigtheit herrsche.
Sollte hingegen die Vermischung zwoer Farben
eine dritte rauhe und unangenehme erzeugen; so
kann man sicher schließen, daß solche Farben einander unfreundlich und zuwider sind, folglich unter
ihnen eine Antipathie oder Widerwärtigkeit herrschet.

ſchet. Weis man z. B. daß das Grüne eine beliebte Farbe iſt, die man aus der blauen und
gelben heraus bringen kann; ſo folgt, daß zwiſchen
dem Blauen und Gelben eine Sympathie oder
Geneigtheit Statt habe. Miſcht man hingegen
Blau und Zinnober zuſammen, ſo erhält man eine
rauhe, garſtige, ſaure und mißfällige Farbe; daher iſt man überzeugt, daß, weil ſie einander verderben, unter ihnen keine Zuſammenſtimmung,
ſondern ein Haß und eine Unfreundlichkeit Platz
habe. Auf dieſe Weiſe kann ein witziger Anfänger alle Farben, in ſo fern bloß von den Hauptfarben die Rede iſt, verſuchen, ſie beurtheilen,
und ſich ein für allemal dieſes Geheimniß zu Nutze
machen, folglich deſſelben ſich nach dem Umſtänden ſo bedienen, daß er, dieſem Geheimniß zu
folge, hernach der Mühe überhoben bleibt, die
armen Farben auf der Palette zu martern, und zu
verderben.

Dieſes Verfahren zieht aber die Nothwendigkeit nach ſich, daß man die Zuſammenſetzung
ſo feindſeliger Farben allezeit vermeiden müſſe;
denn dieſes kann unter wenig Figuren ohne Anſtand
geſchehen, auch ſogar, wenn dieſe oder jene Figur
unter einer großen Menge von den Hauptfiguren des Werkes ſoll unterſchieden werden, die
man auf keine andre Weiſe aus den übrigen könnte
hervorbringen und abſonderlich prangen laſſen.
Ein Beyſpiel wird dieſe Anmerkung ziemlich deutlich machen. Titian malte den Triumph des
Bacchus,

Bacchus, und stellte die Ariadne auf eine Seite des Gemäldes, wo er sie durch den Glanz des Lichtes nicht verdringend und kenntlich genug machen konnte, weil er den Tag oder das Hauptlicht mitten im Stück erhalten wollte. Seine Absicht aber zu erreichen, malte er sie mit einem Zinnoberfarbnen Mantel über ein blaues Kleid, um sie nicht nur aus dem Grunde zu heben, welcher ein blaues Meer war, sondern damit er auch die Augen des Zuschauers dahin locken könnte, weil sie eine von den Hauptfiguren der vorgestellten Fabel war.

Einer gleichen List bediente sich Paul Veronese in der Hochzeit zu Cana in Galiläa. Christus der Herr, als die Hauptperson dieses Festes, kam tief ins Gemälde. Da er ihn also durch den Glanz des Lichtes nicht wohl empor bringen konnte; so bekleidete er ihn mit blauer und Zinnoberfarbe, damit das Auge des Zuschauers durch die Stärke dieser Farben dahin gereizet und gezogen würde. Titian und Lanfranco erwählten beym heil. Abendmahl gedachte zwo Farben: In beyden sitzt Christus tief im Gemälde mit einem rothen Kleid und blauen Mantel. Die meisten Künstler folgen ihnen nach, die wenigsten aber, wie mich dünkt, wissen das geheimnißvolle Warum?

Martin Altomonte, ein vier und achtzig jähriger neapolitanischer Maler, von deutschen Aeltern geboren, ein verehrungswürdiger Mann, ver-

verfertigte in meiner Gegenwart ein sehr großes
Gemälde, welches im Kloster zum heiligen Kreuz
bey Wien im Refectorio zur Verwunderung
pranget, und auf Veranlassung des damaligen
würdigsten und gelehrten Abtes Roberts unternommen wurde. Christus theilt in einem zinnoberfarbnen Kleide nebst seinen Jüngern mitten
und tief im Gemälde Fische und Brod unter das
unzählige Volk aus. Diese schöne Arbeit war
schon beynahe fast vollendet, als ich in das Zimmer trat, und über das Werk erstaunte. Auf
sein Verlangen mußte ich alles bedachtsam durchsehen, und meine unmalerische Meynung eröffnen. Hierauf fieng ich an, meine Gedanken, so ungeschickt sie auch seyn mochten, aus dem Stegreif
her zu sagen. Die Vertiefung der Malerey, die Zusammenstimmung und Haltung einer so großen
Menge von Gegenständen, von Meer, Hügeln, Bäumen und Menschen ist verwunderungswürdig.
Christus, die Hauptfigur, dringt durch alles empor.
Alles dieses ist vortrefflich: Allein mir fällt doch etwas in die Augen, was einiger Verbesserung nöthig
hätte. Als er dieses hörte, so ließ er mir nicht eher
Ruhe, bis ich ihm meinen Zweifel entdeckte. Ich
sagte daher im Scherz zu ihm: Christus fällt mir
aus dem Bilde heraus. Ja! rief er, sie haben Recht,
ich habe das schon lange gemerkt; itzt geht mir
erst das rechte Licht auf. Der starke Schein
fängt auf dem Vorgrunde an, und geht bis zu
Christo; morgen soll er schon besser hinein gerückt
werden und dort bleiben. Den folgenden Tag
war

war ich begierig, das Werk zu sehen. Auf dem
rechten Vorgrunde saßen verschiedene Figuren
vom Volk. Von diesen an malte er über gedach=
tes Licht verschiedene andre Figuren, und haupt=
sächlich mitten im Vorgrund einen Knaben, der
mit einem Hunde scherzt, alles ziemlich braun.
Dadurch wurde Christus im zinnoberfarbnen
Kleide so künstlich mitten ins Bild hineingerückt;
daß man ihn fast im Mittelpunkt eines großen
Kreises von Volk und Land auf den ersten Anblick
des Gemäldes schon sieht, und das Auge von dort
erst auf alle übrige Theile ohne Irrung herum=
schweifen läßt.

Aus so vielerley witzigen, listigen und kunst=
reichen Gemälden, denke ich, werde ein Anfän=
ger und Schüler in der Malerkunst sich einigen
Begriff machen können, auf wie vielerley Sachen
er in einer großen Anlage oder Verfassung Ach=
tung zu geben habe. Viele sich großdünkende Ma=
ler gerathen oftmals, wie wir es nicht selten wahr=
nehmen, in unverzeihliche Fehler; besonders, wenn
sie alle Farben ohne Kenntniß, ohne Wahl, und
ohne Bedacht willkührlich, nach Beschaffenheit ihrer
armen oder reichen Pallete, anwenden. Die
einander widrigen Farben kann man zwar zusam=
men vermischen, allein man muß solche wählen,
welche unter sich vereinbarlich sind; auch mit je=
nen zusammengehören, unter denen sie eine Freund=
schaft und Einigkeit stiften sollen.

Das

Das Licht oder der Tag in der Malerey ist,
wie wir alle wissen, eine Hauptsache, die einiger
Beobachtungen würdig ist. Das Mittagslicht
in einer Schilderey anzuwenden ist eine vergebene
Arbeit, weil wir keine demselben änliche oder an=
ständige Farben haben. Sie sind niemals demsel=
ben gemäß. Es ist also rathsamer, sich eines
schwächern Lichtes zu bedienen. Des Abends,
z. B. eines solchen, wie die Sonne das Feld gleich=
sam vergoldet; oder eines hellen Morgens, da die
weisse Farbe ganz mäßig ist; oder auch ein sol=
ches Licht, wie man nach einem Regen gewahr
wird, da die Sonne wieder helle durch die Wolken
bringet; oder wenn diese im Donnerwetter einen
Theil des Lichtes überziehen, und uns dasselbe
röthlich sehen lassen. Will also der Maler sei=
nen Endzweck erreichen, welcher darinn besteht,
daß er das Auge täusche; so muß er eine Natur
des Lichtes erwählen, die mit der Schwäche sei=
ner Farben überein kommt; denn diese können
nicht mit einem jeden Lichte der Natur gleich an=
gelegt werden. Aus dieser Anmerkung kann ein
jeder Landschaftmaler einigen Nutzen ziehen.

Malereyen von lauter hellen Farben sind
bloße Mehlmalreyen, oder wie sie die Italiäner
nennen, vna pittura ſfarinata, als wenn alles
eingepudert wäre; denn so viel helle Farben kom=
men abgeschmackt heraus, weil sie den Figuren
nichts Lebhaftes, nichts Erhabenes, und nichts
Rundes geben. In diesen Fehler sind gemei=
niglich

niglich diejenigen Maler gerathen, welche das
Fleisch sehr weiß, und die Schatten grünlich, bleich
und abgeschmackt hinfärben. Die röthlichen
Farben in den zärtlichen hellen Schatten tragen
viel bey, die glänzenden Lichter noch lebhafter und
natürlicher zu machen. Hierinn aber muß man
eben so vernünftig zu Werke gehen, als Titian,
Paul Veronese, Rubens, und van Dyck,
welche natürliches Fleisch und Blut hervor
brachten.

Einige Maler martern sich mit Eyerklar und
Fürniß, ihre Gemälde aus der Leinwand heraus
zu ziehn, umsonst, weil die Farben durch die Mischung schon bey der Anlage todt gewesen ist. Sollen sich die Farben allezeit frisch erhalten; so muß
man immer Farben anlegen, ohne sie viel zu ver-
streichen. In der That, ein Gemälde würde
weit vortrefflicher ausfallen, wenn es möglich wäre, solchen Fleiß anzuwenden, daß die Farbe jederzeit genau an ihren Ort, ohne mehr berührt zu
werden, kommen könnte. Denn man kann es
nicht in Abrede stellen, daß das frische glühende
Wesen einer Farbe viel eher verschwindet und
matt wird, als dieselbe durch die Quaal, Peinigung und Marter des geschäfftigten Pinsels durch-
lauft. Die Erfahrung eines scharffsichtigen und
gelehrten Auges bestätiget dieses, daß die Farbe,
so schön sie auch sonst ist, unter solcher Tortur
endlich zu Koth und gleichsam getödtet wird. Der
Beweis liegt vielfältig vor Augen, ohne daß der
Künst-

Künstler zu ergründen weis, warum jene hundert=
jährige Arbeit noch glühet, seine noch ganz neue
aber darneben in den letzten Zügen liegt.

Titian, und andre große Männer, welche
im Colorit vortrefflich waren, bedienten sich mei=
stens der Leinwand mit einem weißen Grunde, der
Breter, blechenen oder kupfernen Platten, und
setzten jeden Pinselstrich hin, ohne denselben mehr
zu berühren, oder mit andern Farben zu überfah=
ren, so lange sie nicht trocken waren. Dieses ge=
schah, damit die Farben beständig frisch, blühend,
lebhaft, und in ihrer natürlichen Eigenschaft ver=
bleiben möchten.

Man sieht Gemälde vom Rubens, welche
wirklich auf den ersten Ansatz des Pinsels verferti=
get zu seyn scheinen, und mit einer verwunde=
rungswürdigen Lebhaftigkeit versehen sind. Auf
solche Art habe ich den berühmten Pietro Bian=
chi zu Rom drey Jahre an dem Altarblatte ma=
len gesehn, welches in der St. Peterskirche allda
seinen Platz bekommen hat. Der Pabst Cle=
mens XII. trug ihm auf, die unbefleckte Mutter
Gottes, den heiligen Chrysostomus, den heiligen
Franciscus und Antonius auf ein Blatt zu malen;
Bianchi wurde über diesen Befehl verdrüßlich,
weil er vorher sah, daß er durch viererley so sehr
verschiedene Gegenstände seine Kunst in Gefahr
setzen würde. Allein er übertraf am Ende die
Maler, denen andre Geschichte waren aufgetra=
gen worden. Dieser große Mann war meine

Aa   Freude.

Freude. Das 36 Palm hohe Bild stund aufrecht in einer Scheune, damit er es immer ganz übersehen konnte. Er selbst dachte an nichts anders mehr, als an dieses Werk. In einem groben Hemde, zwischenen Beinkleidern und barfuß saß, stund und stieg er auf Leitern herum, wo ihn die Pallete und der Pinsel begleiteten. Die Schlange um die Weltkugel zu malen, gieng er nach Ostia, und brachte eine solche zwölf Schuhe lange Bestie nach Hause, welche er geschossen und getödtet, mich aber dadurch in Schrecken gesetzt hat. Ich erzähle dieses, um jenen nur einen kleinen Begriff von dem Eifer und von der Liebe zur Kunst beyzubringen, welche ihre Grübeleyen mehr auf Pracht und Vorzug, als auf die Kunst verschwenden. Dieser große Mann bereitete seine Farbe auf der Pallete, verglich sie mit der auf der Leinwand, und legte sie hin, ohne sie jemals mehr zu berühren, so, wie er es von seinem Meister Benedetto Lutti gelernt hatte. Ich sah ihn auf solche Weise ganze dicke Striche herzhaft hinlegen, ohne dieselben anders, als mit den Augen zu übersehen und gut zu heißen. Bey solchen Künstlern ist der sogenannte Verstreichpinsel ein unerhörtes und verbanntes Hülfsmittel, wovon mein Bianchi nichts wußte.

Diesen verwünschten Pinsel aber mußte ich doch einmal in sehr großer Aemsigkeit auch bey einem andern berühmten Maler mit ansehn, der selbst darüber lachte, und mir aufrichtig erzählte, daß

daß die meisten zu Rom neu angelangten Fremdlinge mit wohl gefüllten Börsen gemeiniglich an
gewissen schön geleckten Malereyen ein Wohlgefallen haben, und darnach seufzen. Diese, sagte
er, bediene ich durch den Verstreichpinsel in einem
Tage so vortrefflich, daß ich den folgenden Tag früh
schon so viel Belohnung in meiner Hand sehe, als
ich fast auf ein Jahr zu meinem Unterhalt vonnöthen habe. Dieser war sonst ein fleißiger Nachahmer des Correggio in der Zeichnung und Erfindung; so bald aber die Guinees schimmerten, so
war auch der Verstreichpinsel schon bereit. Er
legte eine fleischige Figur eilends an, und ver-
strich sie so flüchtig, daß in kurzer Zeit eine zum
Entzücken schön geleckte Figur erschien, und die
Guinees schon von weiten daher flogen. Hieraus kann man urtheilen, was diese Stücke noch
heutiges Tages für ein Ansehn und Schicksal in
England haben.

Ich behaupte also nochmals, daß die Farben
auf der Pallete weder durch viele Farben, noch
durch starkes und vieles Mischen sollen gemartert
werden; denn dadurch entsteht das Matte,
das Braune, das Dunkle, das Kothigte, ja der Tod
der frischesten Farben selbst. Große Meister der
Kunst wünschen, daß man eine Sache gleich, ohne zu ruhen, fortmalen und vollenden könnte, damit alle Farben fett, frisch, glühend, natürlich,
und in ihrer wahren schönen Eigenschaft erscheinen,

wie

wie man solches in den Köpfen des van Dyck
und Maytens sehen kann.

Man betrachte die Landschaften des Jaques
Arthois von Brüssel, über dessen Baumschlag
man sich nicht genug verwundern kann; jeder Pinselstrich macht ein Laub, und jedes Laub hat fast
eine andre Farbe: doch machen alle zusammen einen
runden, durchsichtigen und natürlichen Busch von
allen grünen Farben. Hingegen sehe man Schildereyen von Landschaften oder Historien, worinn
gedachter Vertreibbesam Dienste gethan hat; so
wird man wahrnehmen, daß alles ins Braune,
Matte und Kothigte verfalle, und ein unangenehm
geartetes Gemälde vor Augen stelle, folglich dieser Kehrbesam ein unnöthiges Werkzeug, eine
bloß irrig angewöhnte Art zu malen, folglich eben
so nichtswürdig sey, als wenn man mit den Fingern über die Pinselstriche fährt, um sie zu verbreiten oder auszulöschen. Die Italiäner haben
ein Giallo santo, wie wir oben gesehen haben,
oder ein heiliges Gelb, weil es durch das geringste Antästen seine Reinigkeit verliert, und daher
heilig genennt wird. Ich glaube, daß beynahe
alle Farben mit dieser Tugend versehen, folglich
keinesweges durch Betastungen zu beflecken sind.

Oben angeführter weißer Grund erfordert
noch einige Anmerkungen, welche ich hier mit ein-
rücken und die Ursache davon untersuchen will.
Das Weiße behält jederzeit unter dem durchsichtigen Wesen der Farben ein lebhaftes Licht. Die

darauf

darauf gelegten Farben verhindern, daß das
Weiße der Grundlegung durch die Luft nicht verderbt werde, und der weiße Grund die auf seinem
Rücken hingelegten Farben wider den Schaden,
welchen die Luft ihnen zu verursachen pflegt, beschützen möge. Da nun der Grund und die Farben solchergestalt einander erhalten; so geschieht
es, daß alle aufgelegten Farben eine gewisse Lebhaftigkeit erlangen, welcher auch die frischesten
und glänzendesten Farben nicht beykommen, mit
denen man nach der gemeinen und gewöhnlichen
Art verschiedne Tinten bloß ausbreitet, und eine
neben der andern, jede aber an ihren Ort hinlegt.
Dieses ist so gewiß, daß das Weiße, mit andern
starken Farben vereiniget, womit man unmittelbar dasjenige malt, was man empor bringen will,
dem Werk einen Glanz und ein Leben verschaffet.

Es ist ausgemacht, daß unsre Alten dem
weißen Grunde zu allen Zeiten vor einem jeden
andern den Vorzug gegeben haben; denn ob er
ihnen schon die Augen oft verblendete, so bedienten sie sich desselben dennoch, wie die alten Griechen, von denen Galenus bezeugt, daß, wenn
die Maler auf weißem Grunde malten, sie beständig braune und andre mit blau und grün vermischte Farben, um ihre Augen zu beruhigen, vor sich
gehabt haben, weil das Weiße mehr, als andre
Farben, durch seinen Glanz das Auge blende und
beleidige.

Die

Die Ursache, daß man sich itzo des weißen Grundes nicht bedient, mag ohne Zweifel seyn, daß, ehe und bevor nicht die ganze Leinwand übermalt ist, der weiße Grund den Maler immer blendet, und in seinen Augen so wirket, daß er glaubt, seine Arbeit sey alles Glanzes beraubet, welche doch, wenn alles zugedeckt ist, am Ende prächtig erscheint.

Unter den Malern wird oft ohne Einsicht vom Spiegel gesprochen, welcher in der That viel Gutes anzeigt, und Sachen zu erkennen giebt, die man in der Natur allein wahrnehmen kann. Dergleichen Beobachtungen kann man auch Abends zwischen Tag und Nacht machen, nämlich, wie die Franzosen sagen: entre chien et loup.

Der Maler muß hauptsächlich auf die Massen und auf die Wirkung des ganzen Zusammenhangs seines Gemäldes aufmerksam seyn; worzu ihm der Spiegel eigentlich verhilft, der den Gegenstand von seinem Auge entfernt; daher läßt er ihn fast nur die Massen sehen, in welchen alle kleine Theile zerstreut und verworren erscheinen. Diese Beobachtung kann zwar Abends, wie ich schon gedacht habe, geschehen. Weil aber dieser Abendschein nur wenige Minuten dauert; so ist der Spiegel dienlicher, weil er allezeit bereit seyn kann. Man nennt ihn auch die Regel, den Anweiser, den Meister des Malers. Denn, da er alles in der Entfernung, und umgekehrt, nämlich das linke rechts, das rechte links zeigt;

so kann der Maler alle Fehler, allen Irrthum
und die Wahrheit in seinem Gemälde bald inne
werden, folglich ganz leicht wahrnehmen, was er
darinn zu verbessern, zu verändern oder wegzustrei-
chen habe. Einen gleichsam handgreiflichen Beweis kann man sich durch ein ungeschicktes Bild
vorstellen. Man erschrickt, so bald man es nur
durch den Spiegel ansichtig wird, und entdeckt
Fehler, die man vorher nicht so deutlich wahrgenommen hat. Dort ist ein Auge höher, da ist
die Nase krumm, die Stellung ist bucklicht; hier
fehlt etwas an der Achsel, der Kopf steht nicht gerade auf dem Körper, alles ist fehlerhaft.

Hieraus kann man also schließen, daß die
Malerey, die man in der Entfernung und in der
verkehrten Erscheinung betrachtet, wenn sie keine
gute Wirkung macht, mit einer Unvollkommen-
heit behaftet sey; und sie nicht vollenden soll, bevor man nicht untersucht hat, ob in der Entfernung, oder im Spiegel die Massen des Lichts und
des Schattens, auch das Farbenwerk aller Orten
wohl eingetheilt erscheine. Ich glaube, diese
Beobachtung schade auch dem Bildhauer nicht.
Er kann die Natur der Stellung und der Falten
auch andre Sachen wahrnehmen, die ihm vielleicht, wenn er diese Vorsicht etwan vorher beym
Modell nicht schon gebraucht hat, nicht angenehm
seyn werden, weil er manchen Fehler nicht mehr
ändern kann.

Gior-

Giorgione und Correggio waren große
Verehrer des Spiegels, welcher ihnen als ein
Haupthülfsmittel zeigte, die Lichter geschickt auszutheilen, die, wenn sie klein sind, in der Entfernung oder im Spiegel zerstreut und verworren erscheinen.

Alle obige Erinnerungen führen mich auf die
Malereyen, welche mit einer ausnehmenden Leichtigkeit hingemalt zu seyn scheinen, und dem Zuschauer jederzeit gefällig und angenehm, an sich
selbst aber, meistens voll Feuer, voll Geist und
voller Leben sind. Man mag aber dergleichen
Stücke für so leicht ansehen als man will, so sind
sie doch schwer zu malen. Der Künstler muß
vorher alles wohl überlegt haben, was er ins
Werk setzen will; alsdann die Kunstgriffe besitzen,
alle seine Mühe und Beschwerlichkeit zu verbergen; dieses ist es, was ihn die meiste Mühe kosten wird. Apelles übertraf hierinn den Protogenes. Er rückte es ihm auch vor, daß er
von seiner Arbeit niemals wegkommen könne, weil
er nicht wisse, was genug sey; sollte er denn
nicht gelernt haben, daß die übermäßige Sorgfalt
für die Genauigkeit dem Künstler oft mehr schädlich und nachtheilig, als nützlich sey? Dieses Genug aber recht genau zu erkennen, ist nicht leicht;
daher muß der Künstler sich nicht plagen, immer
mehr Beschwerlichkeit in seiner Arbeit zu entdecken. Hierzu muß er alle Kunstregeln besitzen, welche ihm die Leichtigkeit, die Fertigkeit
und

und die Gemüthsruhe verschaffen, die ihn dahin
führet, wo andre mit großem Genie begabte Meister sich befinden.

Bey allen diesen Anmerkungen muß jedoch
das Vorurtheil keinen Platz nehmen, daß die
Leichtigkeit in freyen, flüchtigen und verwegenen
Pinselstrichen bestehe. Denn eine solche freche
und fertige Art, den Pinsel zu brauchen, steht
zwar einem Schreibmeister, aber einem Maler
nicht wohl an. Jener kann sich damit sehen lassen; dieser aber setzt sich in Gefahr, durch jeden
Strich seine Unwissenheit noch kennbarer vorzustellen. Die Leichtigkeit des Malers erlangt man
durch eine gute regelmäßige Uebung und Kunst,
dasjenige gut nachzuahmen, was man sich vorher
in seiner Einbildungskraft deutlich vorgestellet
hat. Trifft der Maler dieses, so ist er von aller
Bemühung frey, seine Arbeit so oft zu verändern,
wiederum zu übermalen und noch ein und mehr
male zu übergehen, zu verbessern, und endlich
dennoch abermal zu verändern oder zu verderben.

Ist ein Künstler mit seiner eigenen Arbeit
selbst leicht zufrieden; so steht seine Kunst in Gefahr, andern zu mißfallen. Kann er aber davon
nicht loskommen, und sieht das Genug niemals;
so ist es rathsam, daß er sich die Meynungen gelehrter und geschickter Männer zu Nutze mache,
und nicht mit Hochmuth dasjenige verachte, was
ein andrer von seiner Arbeit etwan urtheilen mag.
Denn wir sind an unsre Werke so sehr gewöhnt,

daß

daß wir darinn blind werden, und nichts sehen, folglich in die Unmöglichkeit verfallen, dieselben zu beurtheilen, und dieses um so mehr, weil **wir** selbst die ersten Bewunderer solcher Werke zu seyn pflegen.

Parrhasius und Clito erkannten sich dem Sokrates wegen seiner Lehren von den Leidenschaften für sehr verpflichtet. Lisippus hörte nichts lieber, als die Ausstellungen des Apelles, und dieser des Lisippus seine. Auch Praxiteles zeigte ein männliches und bescheidenes Wesen, wenn man ihn fragte, welches von seinen Werken ihm selbst am meisten gefalle; denn er antwortete jederzeit: Jenes, welches mir Nicias getadelt und verbessert hat. In solcher Hochachtung war einer beym andern, und dadurch stieg bey ihnen die Kunst so hoch. Apelles ließ seine Gemälde allen Vorbeygehenden vor Augen stellen; er selbst aber hielt sich verborgen, damit man die Mängel seiner Arbeit frey heraussagen, er aber sie hören und verbessern könnte. Denn er war gänzlich überzeugt, daß das Volk ohne Heucheley die Fehler weit schärfer, als er selbst, in Acht nehmen würde. Vieler Leute Gutachten gilt mehr, als eines einzigen Menschen, und Cicero verwundert sich, wie manche sich in ihre eigene Arbeit so sehr verlieben könnten, daß, wenn sie davon miteinander sprechen, sie zu sagen pflegen: Deine Arbeit gefällt dir wohl, und die meinige mißfällt mir nicht.

Unter

Unter so vielerley Genien giebt es andre, welche aus Furcht, getadelt zu werden, oder aus
Stolz, sich ein Ansehn zu erwerben, ihre Arbeiten
nicht sehn lassen, welches allezeit üble Folgen hat.
Virgilius sagt, das Uebel nähre und vermehre
sich, wenn man es verborgen hält. Ihm stimmt
Horaz bey, welcher sagt, es gebe Leute, welche
ihre Geschwüre aus Schamhaftigkeit verhöhlten,
anstatt sie sehn zu lassen, um Heilungsmittel zu
finden.

Stultorum incurata malus pudor ulcera celat.

Andre ersuchen Fremde um ihre Meynungen.
Wenn aber ihnen jemand ihre Mängel entdeckt;
so sind sie schon gefaßt, die ungereimtesten Ent-
schuldigungen darwider zu ersinnen, oder eine solche
Aufrichtigkeit übel zu nehmen. Dadurch geben
sie deutlich zu erkennen, daß sie nicht um eine freundschaftliche Meynung, sondern um Beyfall, um
Lobeserhebungen, um Lorbern gebettelt haben.
Das beste Mittel also besteht darinn, daß man andre, die in der Kunst besser erfahren sind, als man
selbst ist, um ihre Meynung frage, auch sogar selbst
Feinde auskundschafte, welche keine Nachsicht und
keine Schmeicheley anwenden, und wenn sie gleich
Unwahrheiten vorbringen, so blitzt doch oft darinnen ein Stral der Wahrheit hervor.

Ich muß endlich hier abbrechen, damit aus
unendlich vielen andern Beobachtungen nicht eine
ganze langweilige Malerphilosophie entstehe,
Ehe ich aber aus diesem Gleiße trete; so kann ich
nicht

nicht unverwähnet laſſen, daß, obſchon einem jeden Menſchen frey ſteht, den Pinſel zu ergreifen,
die Malerſchulen dennoch eine ſolche Freyheit ein-
ſchränken, und nicht auch jeden ungeſchickten, mit
keinen Eigenſchaften verſehenen Jüngling in ihre
Zunft aufnehmen wollen. Denn es wird wohl
von niemand können widerſprochen werden, daß
die große Menge von Malern, welche kein Talent
beſitzen, auch zuweilen die Sprache der Vernunft
nicht verſtehen, die Kunſt überaus verächtlich
machen, und ſie nicht ſelten bis in den Staub
des ſchlechteſten Handwerkes hinunter ſetzen. Damit nun einer ſo mißverſtändigen Begierde Einhalt
gethan werde, ſo will ich denenjenigen, welche,
aus Hoffnung, geſchwinde reich zu werden, oder
aus einer andern blinden Luſt mit Farben zu ſpielen verlangen, einen Schrecken einjagen, und
ſolches in folgendem Verſuche bewerkſtelligen.

Verſuch,
was überhaupt für Eigenſchaften zu dieſer
ſchweren Kunſt erfordert werden.

1) Ein natürlicher guter Verſtand führet
auf den rechten Weg zu dieſer Kunſt. Ohne
dieſe Fackel geräth der Maler oftmals in Erfindungen, welche gerade wider die Vernunft, oder wider
die Wahrſcheinlichkeit laufen. Zum Beyſpiel
dient das Gemälde, in welchem eine Figur im
Thal ſteht, und am Schloßthor auf dem hohen
Berge den Schlüſſel anſteckt.

2) Ein

2) Ein gelehriger Geist und Witz, damit man sich die Lehren der Meister zu Nutze mache, und nicht mit Hochmuth oder Eigensinn alles verachte, was verständige Leute an die Hand geben. Wie denn viele so stolze Schüler oder Meister beständig denken oder antworten: Das weis ich schon!

3) Ein edles Gemüth, damit man nicht voller hoher Einbildung falsch, lügenhaft, wunderlich, und mit andern Untugenden angesteckt, sich verächtlich mache, andern schade, und alles Gute niederreiße, sondern auch auf die Ehre, und nicht auf den Gewinn allein sein einziges Augenmerk richte.

4) Ein erhabener Sinn, damit man leicht begreife, und sich gute Gedanken in den Kopf setze, mit seinem Gegenstande so umzugehn, daß darinn das Feine, Zärtliche, Schickliche und Wohlanständige erscheine, und ein gebiethender Held nicht in der Stellung eines Leyermannes hingesetzt werde.

5) Der Eifer, damit man wenigstens einen Grad der Vollkommenheit erreiche, und nicht müde werde, wenn die Kunst mehr Mühe und Nachsinnen erfordert.

6) Gesundheit, damit man in der schweren und mühsamen Arbeit eifrig fortfahren könne.

7) Die Jugend, weil man früh anfangen muß, um die lange Uebung und Erfahrung, so die Kunst erfordert, sich zu Nutze zu machen.

8) An-

8) Ansehn des Malers; denn man hat wahrgenommen, daß der Maler sich immer selbst vorstellet; weil die Natur geneigt ist, sich selbst, wo sie kann, nachzuahmen. Rigaud flößte fast in alle seine Portraite sein eigenes Betragen und Temperament ein.

9) Die Lebensmittel, damit man durch das fürchterliche, und erschreckliche Bild der Armuth nicht in der Arbeit, im Studiren und Nachdenken gestöret und beunruhiget werde, und endlich gar gezwungen werde, Leinwand um das Brod zu färben, und die ganze Kunst zu vernachläßigen.

10) Lust und Liebe zur Kunst verhindert allen Verdruß, den die Arbeit verursachen kann; und wenn diese manchmal beschwerlich wird, so ist uns die Mühe selbst angenehm und gefällig; wir werden eifriger, die Beschwerden zu überwinden.

11) Ein guter Lehrer, Anweiser oder Meister. Alles liegt an guten Anfangsgründen, weil gemeiniglich der Schüler die Manier des ersten Lehrers annimmt. Er bestrebt sich seinen eigenen Geschmack nach des Meisters seinem zu bilden; er hänge ihm auch so eifrig an, daß ihm kein andrer in der Welt mehr gefällt. Alles, was er sieht, betrachtet er durch den erlernten Geschmack so, wie man durch ein grünes oder gelbes Glas jeden Gegenstand für grün oder gelb ansieht. Man hält nur seinen Meister,

ster, seinen Geschmack und seine Manier hoch;
alles übrige ist ihm verächtlich. Dadurch sind auch
die verwerflichsten Manieren in manchem Lande
ausgebreitet, und auf lange Zeit fortgepflanzet
worden. Noch heutiges Tages kann man solchen Leuten zurufen: Mein allerliebster Maler!
wenn du gar nichts verstündest, so könntest du
bald noch etwas lernen.

Diejenigen endlich, welche behaupten wollen,
daß die Regeln und Grundsätze der Kunst dem
Schüler keine Leichtigkeit beybringen, sondern bey
seiner Arbeit ihn irre machen, sind Leute, welche
ihr halbes Leben mit einer nichtswürdigen Uebung
hingebracht haben, und so sehr an einen Schlendrian gewöhnt sind, daß, wenn sie durch Regeln
denselben verbessern, oder ihn verlassen sollten, es
eben so viel wäre, als sie unversehens zu ihrer
Arbeit untüchtig machen. Ihre alte Gewohnheit würde abgeschafft, die Regeln ihnen noch
unbekannt, und sie selbst gleichsam steif und
sinnlos seyn. Ein alter Bürger müßte stumm
werden, wenn man ihm plötzlich seine Mundart
untersagte, und ihm auferlegte, daß er nach den
Regeln der Sprachkunst reden sollte.

Da ich bisher den Schülern kein Geheimniß
verhehlt habe, so werde ich auch nicht einen Augenblick anstehen, sowohl ihnen, als ihren Lehrern,
ja selbst den Schutzgöttern der Künste einige noch
verborgene Schliche und unbekannte Seitenwege
zum Tempel der Ehre und des Ruhms zu entdecken.

cken. Und obgleich diejenigen, welche damit
ganz verschwiegen sind, mich wegen einer solchen
Entdeckung einiger Verwegenheit beschuldigen;
so will ich dennoch ihnen zum Possen diesen Schritt
wagen. Es ist ein beym verehrungswürdigen
Alterthum der Griechen und Römer, auch in mittern Zeiten unsrer größesten Meister allerdings unbekannt gewesener Kunstgriff; er zeigt in stillem
Vertrauen deutlich an, wie ehrsüchtige und geld-
begierige Leute ohne Leinwand und Farbe, ohne
Pinsel und Reißfeder, ohne Mühe und Uebung,
durch ein einziges frech hingesprochenes Wort geschickte Maler, oder ohne Meisel und Hammer,
ohne Stein und Holz berühmte Bildhauer werden
können. Ein Geheimniß, zu welchem weder
Niesewurz, noch andre Sachen, sondern nur eine
kleine Unverschämtheit erfordert wird.

Muret, Plantin, Leers und andre ruhmwürdige Buchdrucker, unterhielten gelehrte Männer, welche ruhig, bequem, ohne zerstreuende
Nebensorgen arbeiteten, und ihre Werke ihrem
Pflegevater unter die Presse lieferten. Dadurch
wurde das Reich der Wissenschaften und Künste
erweitert, der Buchdrucker mit Reichthum und
Ehre überschüttet, und der Gelehrte berühmt,
mithin einer dem andern schätzbar. Man ließ
der Feder Gerechtigkeit wiederfahren, und dem
Schriftsteller Belohnung, Ehre, und was er
wünschte, reichlich zufließen. Dergleichen Eintracht ist lobenswürdig, und beyden Theilen anständig;

ständig; allein sie verursacht große Kosten. Daher sind andre tiefer in das Geheimniß eingedrungen, um alles ämsig, leicht und wohlfeil, aber doch voller Kunst an sich zu reißen. Durch fremde Mühe, durch fremde Erfindung, durch fremde Noth sammeln sie sich Schätze. Fremde Arbeiten von allen Gattungen der Künste verherrlichen nach und nach ihre Wohnungen, indem sie einem fleißigen, mühsamen und geschickten Urheber solcher Werke zusehen, wie sorgfältig er seinen geringen Lohn ersparet, und deswegen auch zuweilen mit schwermüthiger Gelassenheit fastet. Dergleichen Beförderer der schönen Künste erscheinen mit ihren Waaren vor dem in allen Wissenschaften unerfahrnen reichen Mammon; kaum fragt dieser nach dem Erfinder und Urheber der Stücke; so erschallt augenblicklich das stolze und hochmüthige Wort Ich, und die Erhebung des vorher fremden, nun aber eigenen Lobes wird aus einander gesetzt. Niemand, als Bathyll hat im Alterthum das Herz gehabt, sich auf diese Art zu brüsten. Virgil, der größeste Dichter bey den Römern schrieb an die Thüre des Kaisers zween Verse:

Nocte pluit tota, redeunt spectacula mane
Divisum Imperium cum Jove Caesar habet.

Da der Kaiser Augustus hierinn sein Lob las, so wollte er auch den Dichter kennen. Gleich erschien Bathyll mit dem aufgeblasenen Ich, rühmte sich dieser Gedanken, und wurde großmüthig belohnt.

Bb   Dieses

Dieses der Ehre nachtheilige Verfahren des unverschämten Bathyll gieng dem Virgil so sehr zu Herzen daß er an den vorigen Ort folgende Wörter viermal hinschrieb:

Sic vos non vobis.

Und als auch hier Augustus die Bedeutung wissen wollte; so bemühte sich Bathyll nebst dem ganzes Hofe vergebens, den Kaiser zu befriedigen; endlich trat Virgil hervor, und schrieb dazu:

Hos ego Versiculos feci, tulit alter honores;
Sic vos non vobis nidificatis aves.
Sic vos non vobis vellera fertis oves.
Sic vos non vobis mellificatis apes.
Sic vos non vobis fertis aratra boves.

Hierauf wurde Bathyll am ganzen Hof und in der Stadt Rom zum Gelächter, Gespötte und Hohn.

Micon, ein berühmter Maler in Griechenland, wurde deswegen zur Bezahlung einer großen Geldstrafe verdammt, weil er in seiner Schlacht, die beym Fluß Marathon geliefert worden, die Perser größer gemalt hatte, als die Griechen. So viel lag ihnen an der Ehre des Vorzuges. Mit was für empfindlichen Strafen würden sie nicht Lügner und Betrüger, wie die obigen, belegt haben?

Wenn nun die Ehre weit mehr als alle Belohnung ist, und allein fast das Wachsthum der Künste befördert; so ist nichts verdammlichers, als
fremde

fremde Werke für die seinigen auszuschreyen, den wahren Urheber seiner Ehre zu berauben, und so gar die ihm gebührende Belohnung sich selbst zueignen. Weil nun aber dieses vielfältig geschieht, wenn junge Leute für solche Wucherer arbeiten: so wäre es rathsamer, daß sie zu Unterstützung ihres Ruhms, ihren Unterhalt viel eher durch Allmosen, als durch solche Ehrenrauber zu erwerben suchten. Ich rede aber hier von solchen Betrügern, welche in ihrem Leben keine Kunst gelernt, oder ausgeübt haben; sondern gewohnt sind, fremde Kinder für die ihrigen auszugeben.

Es ist ein Wort, wovon fast alles Unglück stammt;
Indem es Krieg erweckt, und Haß und Neid entflammt:
Was ist dies für ein Wort? wie heißt es? frägst du mich.
Es ist, vernimm es kurz: das kleine Wörtlein Ich.

Triller.

Ende des ersten Theils.

       Ver-

Verbesserungen.

In der Vorrede.

S. XXI. Z. 27. lies Sein Unternehmen.

Im I. Bande.

S. 12. Z. 21. l. Zampieri. S. 44. Z. 5. lies Gefallen. S. 54. Z. 17. l. Pastoso. S. 88. Z. 3. l. Sechzehn. S. 104. Z. 4. l. Lieblingskrankheit. S. 165.
Z. 21. l. verwerflich. S. 255. Z. 24. l. Acesilaus.
S. 270. Z. 7. l. Curius. S. 324. Z. vlt. l. Pa-
tiensque. S. 344. Z. 8. l. Edelink.

Rotembobt,
Ehrenmitgliedes der Akademie von St. Lucas in Rom, auch verschiedener andrer Akademien in Italien und Deutschland,

Natur und Kunst

in Gemälden,

Bildhauereyen, Gebäuden und Kupferstichen,

zum Unterricht

der Schüler und Vergnügen der Kenner.

Praecipúa inprimis, artisque potiſſima pars eſt
Noſſe, quid in rebus *natura* creârit ad *artem*
Pulchrius, idque modum juxta, mentemque vetuſtam.
FRESNOY.

Zweyter Theil.

Leipzig und Wien,
bey Rudolph Gräffer. 1770.

Innhalt

des zweyten Bandes.

)(§. 13.

Innhalt.

Innhalt.

)(2   Anhang.

Innhalt.

Anhang.

Der
Zweyte Band.

I.
Von der
Bildhauerkunst.

Stabunt et Parii Lapides, spirantia Signa.

FRESNOY.

Iuxta antiquos naturam imitabere pulchram.

Abhandlung

von

der Bildhauerkunst.

§. 1.

Man wird schwerlich einen Grundsatz von der Malerey und ihren Geheimnissen finden, der nicht auch in der Bildhauerkunst nützlich, anständig und nöthig wäre: und wie man in jener die eigentlichen Künstler von denjenigen unterscheidet, welche bloß Farben und Pinsel gleichsam ungefähr oder im Nebel brauchen; so muß man vornehmlich auch hier die Professoren der Sculptur von andern unterscheiden, welche die vorgefaßte Meynung hegen, ihre Faust könne schon Statuen ausmeiseln, wenn sie nur Geschicklichkeit genug besäßen, einen Eckstein auszuhauen. Aber keinesweges! denn wo alle zur Kunst erforderlichen Ei-

A 2   genschaf-

genschaften mangeln, da wird man vergebens
auch nur mittelmäßige Arbeiten erwarten. Wie
sehr eng ist nicht der Kreis eingeschränkt, in welchem
ein geläuterter Geschmack, ein feines Gefühl, eine
richtige Empfindung, eine weise und genaue Be=
trachtung der besten Werke alter und neuer Zei=
ten, eine vertrauliche Bekanntschaft mit dem An=
tiken und mit der schönen Natur, ein gelehrtes
Auge und ein Zusammenfluß von den vortrefflich=
sten Qualitäten herrschen, welche von großen
Männern durch ihre Lehren und Beyspiele nach=
drücklich anempfohlen werden!

Wie weit verbreitet sich nicht hingegen der Be=
zirk, in welchem nichts, als Gegenfüßer ersterwähn=
ter Künstler herumschweifen! Daher kommt es
auch, daß man ganze Wälder voll von steinernen
Mißgeburten sieht, worüber man sich aber gar nicht
wundern darf, wenn man bedenkt, daß die Noth
die Geschwindigkeit in der Arbeit veranlasset. Sie
vernachläßiget und verwandelt die Kunst in eine
sich nach und nach vestsetzende Manier, in eine
angenommene Gewohnheit, und endlich gar in ein
Handwerk. Anfänger sehen nichts als einerley
Bewegung der geschäfftigten Hände ihrer Mei=
ster, und werden, wie sie, nur mühsame Stein=
brecher.

Die Malerey und die Bildhauerkunst sind
Schwestern, und je änlicher sie einander in ihren
Geheimnissen sind, desto vollkommner werden sie
genennt. Man sehe den Moses und das jüngste
Gericht

Gericht eines Michelagnolo; man betrachte Raphaels Jonas und seinen Propheten. Diese Gemälde sind gleichsam Statüen, und haben einigen Charakter der Malerey. Beyde sind Nachahmerinnen der schönen Natur.

Weil aber die Gegenstände der Sculptur nicht so vielfältig, als der Malerkunst sind; so ahmet der Bildhauer nur die schöne Natur des menschlichen Körpers nach, und hat meistens nur die Schilderung großer Helden und berühmter Personen zum Augenmerk oder Modelle, welche durch ihre Thaten die Verewigung ihres Namens verdienen, und würdig sind, daß man sie der spätesten Nachwelt vor Augen stelle.

In diesem Fall sind die Maler-Bildhauer- und Dichtkunst einander beynahe gleich; ihre Arbeit hingegen ist sehr unterschieden. Der Maler bedient sich der Farben, der Bildhauer des Thons, Marmors oder Metalls, und der Poet der Wörter. Die erste ergötzet das Auge, die andre das Auge und das Gefühl, und die dritte schmeichelt dem Ohr und Verstande. Alle drey aber biethen einander ihre schwesterlichen Hände, und geben einander die Stellungen, die Geberden, die Kleider, die Geschichte, die Fabeln, die Gesichtsbildung, die Anmuth, die Grazien, das Stehen, Gehen, Sitzen, Fliehn und andre unendlich viele Regungen.

§. 2.

Von der ſchönen Natur, als dem Hauptge-
gegenſtande der Sculptur.

Das Schöne für die Bildhauerkunſt iſt das
Verwunderungswürdige, welches alle gemeine
Schönheiten übertrifft, zugleich aber auſſerordent-
lich und ſo ſeltſam ſchön erſcheint, daß es nicht
ſowohl die Augen, als auch das Gemüth an ſich
zieht, und daſſelbe zur Betrachtung und zum
Wohlgefallen reizet, in Erſtaunung ſetzet, und es faſt
gar auſſer ſich ſelbſt bringet. Dieſes wirken nicht
allein die Theile, ſondern auch das Ganze. Das
Ganze, z. B. iſt, wenn ich einen Menſchen erblicke, welcher mir anſehnlicher als andre vorkömmt, und deſſen Glieder mit ſeiner Größe ein
vollkommenes Verhältniß haben, folglich mir Anlaß zu denken geben, was für ein ſchöner Menſch
er ſey, und was für eine ſchöne Leibsgeſtalt er
habe. Eben dieſes läßt ſich auch von einem Pferde,
von Löwen, oder von andern muthigen und ſtolzen Thieren denken. Die Theile, z. B. im Angeſicht einer Weibsperſon, ſind freundliche, lächelnde ſchöne Augen, die das Herz des Anſchauers ſo
bezaubern, daß er ſich nicht enthalten kann, auszurufen: Siehe, wie die Augen reizen! ſiehe, wie
das Feuer, ſo dieſelben belebt, entzündet! Eben
dieſes verſteht man auch von der Schönheit des
Mundes, der Naſe, des Halſes, der Hände und
aller Theile des Leibes, welche die gemeine Schönheit übertreffen. Dieſes entſteht durch die Kennt-

niß des Unterſchiedes zwiſchen dem Schönen und
Allerſchönſten, welches die Griechen fleißig nachgeahmt haben; und daher kommt es auch, daß ihre
Werke jederzeit verwunderungswürdig ſind. Hiernächſt muß man auch bekennen, daß man nirgendswo einen ſchönern Jüngling antreffen wird, als zu
Rom im Belvedere; die Statüe des Antinous, und
keine ſchönere Weibsperſon, als die Mediceiſche Venus findet man in der ganzen Welt nicht, das
Vorurtheil gewiſſer Leute mag auch dawider einwenden, was es will. Auch ſo gar gewiſſe neuere
Schriftſteller mögen nach ihrem Begriffe davon
ſagen, was ſie wollen; ſo wird doch die Schönheit
durch das Wohlgefallen eines einzigen Mannes
nicht beſtimmt oder entſchieden. Einen ſtärkern
Alten, als den Farneſiſchen Herkules, und ein
ſchöneres Pferd, als das auf dem Platz in Capitolio zu Rom, wird man vergeblich ſuchen.
Was für Stärke, Muth, Gewalt und Herzhaftigkeit erblickt man nicht am Borgheſiſchen
Fechter *)? Nirgends iſt kein anſtändigeres und

A 4 ernſt-

*) In Kupferſtichen pflegt dieſe ſchöne Statüe frey
ohne Stock, in Gyps aber an einen Baumſtamm
angelehnt vorgeſtellt zu werden; daher entſtund
vor kurzer Zeit die Frage: ob das Urbild nicht
frey ſtehe? Hier kann ich nun die Liebhaber verſichern, daß die Original-Statüe mit dem linken
Schenkel an einen Baumſtock angelehnt ſtehet, auf
welchem der Name des Bildhauers zu leſen iſt.
Man lieſt daſelbſt deutlich ΑΓΑΣΙΑΣ ΔΩΣΙΘΕΟΥ
ΕΦΕΣΙΟΣ ΕΠΟΙΕΙ. Dieſes koſtbare Ueberbleibſel des griechiſchen Alterthums iſt zu den Zeiten

des

ernsthafteres Ansehn anzutreffen, als im Marphorio und andern Flußgöttern. Nirgends sieht
man so viel Zärtlichkeit, als in den kleinen Faunen, und im Pylades und Orestes des Ludovisi-
schen Hauses zu Rom. Nirgends wird man ein
so großes Ansehn, als am Orsinischen Pasquin zu
bewundern finden. Was für Vortrefflichkeit
und Kunst herrschet nicht in der Vergötterung des
Homers im Palast Colonna? Wo ist ein stärkerer Ausdruck des Schmerzens anzutreffen, als in
der Gruppe oder in den drey durch Schlangen zusammen verflochtenen und aus einem Stück von
Parischem Marmor gebildeten Figuren des Laokoons, und seiner zween Söhne, von welchem
Wunderwerk der griechischen Sculptur eine eigne
Abhandlung folgen wird. Nichts Weichli-
chers und Körnichters herrschet nirgends, als in
der Gruppe der drey Gratien der Caetaner zu
Rom. An keinem Orte trifft man mehr Wohlanständigkeit an, als im Capitolio; im Siegesbogen des Constantinus; in den Trajanischen
und Antoninischen Colonnen; keinen schönern
Kopf, kein schöneres Gewand, und kein schöneres
Faltenwesen, als an der Juno im Cesischen Palast und an der Farnesischen Flora. Es wäre aber
ein allzu weites Feld, wenn man alle Alterthümer
nur beschreiben, geschweige denn betrachten und
nachahmen wollte. Die allermeisten unter ihnen
prangen mit dem Vorzug einer ausserordentlichen
Schön-

des Pabsts Paulus V. am Meer zu Capo d'Anzi
(Antium) aus dem Schutt gegraben worden.

Schönheit, so, daß ich mit Recht behaupten kann,
die Bildhauerkunst sey bloß eine Nachahmerinn
der schönen Natur, wie sie es im griechischen Alterthum gewesen ist.

Man will uns zwar den Vorwurf machen,
als wenn dergleichen Schätze zu Rom uns Deutschen nichts nütze wären.   Ich sehe aber nicht
ein, warum? denn man giebt sich ja die Mühe, dieselben in Gyps abgeformt uns ins Vaterland zu verschaffen, um die Anzahl von dergleichen Antiken,
die wir schon besitzen, zu vermehren. Rom, Florenz
und Venedig haben weder ihre Modelle jemals
verborgen, noch auch jemanden die Abgüsse mißgünstig vorenthalten, welche in der That zu Beförderung und Erlernung dieser großen Kunst weit
mehr, als die Urbilder von Marmor dienen. Ich
rede hier von Abgüssen der Originalien, keinesweges aber von allerhand kleinen oftmals ungeschickt
nachmodellirten und abgegossenen Stücken,
worunter aber doch zuweilen nützliche Arbeiten angetroffen werden.

§. 3.

Von dem Verfall der Sculptur, und von den Mitteln, sie wiederum empor zu bringen.

Viele von unsern deutschen Vorfahren heg-
ten die vorgefaßte Meynung, daß die Maler und
Bildhauer nur der Nachahmung folgen dürften.

Sie

Sie machten dahero alles fleißig nach, was ihnen
täglich vor Augen kam, wenn gleich jeder Gegenſtand in nichts, als Unvollkommenheiten beſtund.
Auf dieſe Art verdienten ſie auch gar ſelten ein
gründliches Lob; ja man ſiehet noch heut zu Tage,
daß ihren Werken ſowohl von den Gelehrten als
Ungelehrten kaum ein Auge vergönnet wird. Wer
alſo mit Nutzen und Kunſt nachahmen will, muß
jederzeit das Wunderbare zum Augenmerk haben,
und wie Minerva ſelbſt arbeiten, welche, wie Ovidius dichtet, in ihren Stickereyen nur die gröſ-
ſeſten Heldenthaten der Götter ausdrückte. Wer
aber von jenem widrigen Geſchmacke nicht abwendig
machen laſſen will, der wir auch dabey ganz unempfindlich ſeyn, wenn wir ihn heut zu Tage der
Arachne an die Seite ſetzen, die nur verächtliche,
manchmal ungeſittete, ungebührliche und meiſtentheils ungeſtaltete Hirngeſpinnſte zu ſticken befliſſen war, und deswegen auch in eine Spinnerinn
verwandelt wurde, wo ſie nichts anders als
Spinngewebe zu arbeiten verdammt war.

Wenn die Kunſt ſich nach ihrem gehörigen
Vermögen zeigen ſoll; ſo iſt es nicht genug, daß
man nur die Gegenſtände ſo nachahmet, wie ſie
an ſich ſelber ſind: auch ſogar ein anhaltender
Fleiß allein führet nicht zur Vollkommenheit, ſondern man muß ſich, wenn man zu derſelben gelangen will, nach dem ſchönſten Antiquen richten,
und daſſelbe fleißig ſtudiren; dieſes allein hilft der
Kunſt empor.

Die

Die alten griechischen Künstler machten es
wie die ämsigen Bienen, welche aus den schönsten
Blumen ihr Honig sammlen; sie suchten aus allen wunderbaren Werken der Natur nur das
schönste, und was in vielen menschlichen Leibern
auch nur stückweise vortrefflich zu finden war.
Diese zerstreute Schönheiten vereinigten sie in einer einzigen Statue, und verfertigten durch Kunstgriffe aus vielen vorher abgesonderten Sachen ein
natürliches, vollkommenes Ganzes (Tuttassieme). Mit einem solchen Fleiß machte Polyklet von Sicyon, ein Schüler des Agelades, eine
Statue. Er beschrieb selbst ihre Verhältnisse,
und hatte sie zu einem beständigen Modell vor
Augen, wie sie denn auch für eine Maaßregel der
Sculptur gehalten wurde. Lucian beschreibt
den menschlichen Körper so, wie ihn Polyklet für
sich und zum Muster seiner Arbeit gebildet hatte.
Er muß, sagt er, nicht allzu hoch, und nicht zu
lang, auch nicht allzu klein oder zwergmäßig seyn;
sondern er muß das richtige Verhältniß eines geziemenden Maaßes genau haben, und nicht zu fleischig
scheinen, welches ungeschickt wäre. Er muß
auch nicht allzu zart seyn, weil er auf diese Art einem Skelet oder Gerippe änlich seyn würde.
Was Polyklet weiter schreibt, um der Kunst durch
Grundsätze zu Hülfe zu kommen, das nennt Lucian
Figmentum naturae, et opificium, ein er-
dichtetes Kunstwerk der Natur; als wenn er sagen wollte, daß in der Natur kein dergleichen Geschöpfe anzutreffen wäre, wovon man sagen könnte,

daß

daß es mit allen Vollkommenheiten ohne Ausnahme versehen sey.

Haben die alten Griechen so viel Mühe angewendet, die Schönheiten der Natur aufzusu-
chen, um die Kunst der Bildhauerey ihrer Götter
würdig zu machen; warum sollten wir die von ihnen noch vorhandene Werke vernachläßigen, und
sie weder nachahmen, noch darinn die Vollkommenheiten der Natur beobachten? Als Zeuxes,
wie Cicero berichtet, für die Stadt Crotona die
Helena malen mußte; so wurden ihm auf sein Begehren die fünf schönsten Weibspersonen von der
ganzen Stadt vorgestellt, deren verschiedene
Schönheiten er in seinem Gemälde zusammenset-
te, und das große Kunststück der Crotonischen Helena verfertigte. Die Modestie oder die Eingezogenheit der Mediceischen Venus scheint eher eine
solche Helena, oder eine Pallas vorzustellen, als
eine Venus. Die Stellung unterscheidet jene
geflissentlich von der Venus, welche sich vermuthlich mit mehr Frechheit wird vor dem Paris
haben sehen lassen.

Ein solcher Zeurischer Fleiß ist ganz ausser-
ordentlich, und zu unsern Zeiten unbekannt. Daher machte ein sonst geschickter Mann eine schöne,
dicke, fette, runde und große Susanna so, wie er
sie in der Natur wahrgenommen hatte; weil aber
die Statue nach einer gewissen Susanna verfertiget worden, so ward er und sie verächtlich.

Aus

Aus dieſen Anmerkungen läſſet ſich nun die Folge ziehen, daß die Nachahmung ohne Wahl jederzeit falſch, hingegen jene allein die wahre, ſichere und gute ſey, welche nur das Schönſte und Wunderbare zum Gegenſtande wählt.

Die Bildhauerkunſt hat von allen andern Künſten ſo viel Vorzüge, daß ſie ohne Bedenken für die ſchwereſte gehalten werden kann; daher trifft man auch zu unſern Zeiten ſehr wenige an, man mag auch ſagen was man will, die ſich in dieſer Kunſt berühmt gemacht haben, ob ſie ſchon faſt ihr ganzes Leben hindurch mit fleißigem Nachſinnen und arbeiten beſchäfftiget geweſen ſind. Franz Queſnoy, ſonſt Fiamengo genannt, ſtarb im Jahr 1643, und hinterließ einen ſolchen Ruhm, welcher ſonſt nur den alten Griechen eigen war, und dennoch verfolgte ihn die Bosheit bis an ſein Ende.

Obſchon der Bildhauer in vielen Wiſſenſchaften bewandert ſeyn muß; ſo will ich ihm hier nur die Geometrie, oder die Größenlehre empfehlen, damit er ſich ein Augenmaaß angewöhne, das Runde, das Eyförmige, Drey- und Viereckigte und dergleichen zu zeichnen. Von der Perſpectivkunſt werde ich weiter unten handeln, wo wir ſehen werden, daß das Antique wenig dazu dienet, und dieſe Wiſſenſchaft ſowohl den Griechen als Römern unbekannt oder unanſtändig geweſen ſey. Unzählige Baßirilievi zeigen uns davon den Beweis, weil kaum eine Spur von dieſer Kunſt darinn wahrgenommen wird.

§. 4.

§. 4.

Von dem Ursprunge und Alterthum der Sculptur.

Diejenigen Schriftsteller, welche uns vom Ursprunge dieser Kunst Nachricht zu geben gedenken, äußern mehr Belesenheit, als Unterricht. Es hilft nichts, wenn der Schüler gleich weis, daß Aulänius Evander an der Statue der Diana, welche Timotheus einstens verfertigt hatte, den Kopf ergänzt, und sie zu Rom aufgestellt habe, oder daß durch den Numa die Bildsäule des Janus auch zu Rom sey aufgerichtet worden. Der Ursprung wird dadurch nicht bekannt; denn man findet, daß die Sculptur damals schon über acht hundert Jahre vorher bekannt gewesen ist, wie das goldne Kalb der Israeliten, die Götzenbilder des Labans und die goldne Statue des Nebucadnezars zum Beweise dienen. Das Alter der Sculptur wäre schon hoch genug, wenn wir es weit über die Zeiten des Phidias setzten; allein es ist noch viel höher. Der Schöpfer der ganzen Welt hat uns diese Kunst selbst schon dadurch gezeigt, da er den Adam aus Erde gebildet und ihm das Leben eingeblasen hat. Wer wird solchemnach ihr den Rang vor allen andern Künsten, in Absicht auf ihr Alter, streitig machen? Wie aber diese Kunst unter den Menschen fortgepflanzt worden, ist vergebens zu untersuchen. Aegypten hatte anfangs viele Tempel ohne Statüen; dann fieng man an, dergleichen wie Menschenfiguren, mit zusam-

zusammengewachsenen Füssen, stehend oder sitzend
vorzustellen. In der Insel Creta war Däda=
lus der erste, welcher die Füsse von einander ab=
sonderte. Herodot giebt sodann Nachricht, daß
die Griechen ihren Göttern eine Menschengestalt
zu geben angefangen haben; die Persier hingegen
verwarfen diese Meynung. Homer aber behaup=
tete das menschliche Wesen: er schilderte alle
Götter, wie Menschen. Daher bekam Jupiter
einen Bart, Apollo ward ein Jüngling, Merku=
rius ein Knabe, Neptunus prangte mit blauen
Haaren, und die Minerva mit himmelblauen
Augen. Alle Statüen aber wurden nur aus Holz
gehauen, worzu Cedern=Cypressen=Eichen=Eben=
holz und so weiter dienten; ja so gar das Israeli=
tische Kalb war von Holz und mit Gold überzogen,
denn es wurde zu Asche verbrannt. Hieraus ist
zu schließen, daß schon damals die Goldarbeit be=
kannt gewesen ist.

§. 5.

Von dem Adel und Vortrefflichkeit der Sculptur.

Die Zeit verzehret alles; nur die Werke der
Bildhauerkunst in Marmor scheint derselben zu
trotzen. Alexander der Große, Homer, So=
krates, die Scipionen, Cäsar, und andre un=
zählige berühmte Leute sind noch in ihren Statüen,
Brustbildern, und vielen andern Vorstellungen in
Marmor, Gold, Silber und kostbaren Steinen,

so zu sagen, fast lebendig vorhanden. Zu Rom
prangen beynahe noch alle diejenigen, welche Rom
zu Rom gemacht haben, worauf diese berühmte
Stadt mit allem Rechte stolz thun kann. Was
wäre sie denn ohne solche Kunststücken und antiquen Schätze, die dort mehr, als anderwärts
glänzen? Das hohe Ansehn und die verwunde-
rungswürdigsten Thaten der Helden, die man
heute noch mit Ehrfurcht die alten Römer nennt,
werden uns fast bey jedem Anblicke solcher unschätz-
baren Ueberbleibsel der alten Künste wiederum
lebhaft gegenwärtig. Was wäre also Rom ohne
diese Zierathen? Man sehe das Capitolium ohne
die Statüe von Porphyr, welche Rom vorstellt;
Rom ohne den Markus Aurelius, und sein me-
tallnes Pferd; ohne die drey Colossen der Flußgötter; ohne die Siegeszeichen des Marius; ohne
die Colossalstatüen des Castor und Pollux mit ihren Pferden; ohne andre Antiquen in und ausser
dem Capitolio; was wäre dieser Palast und selbst
Rom ausser denselben? Was würde das Quirinal
für ein Ansehn von Künsten haben, wenn dort
nicht die Pferde des Phidias und Praxiteles
stünden, von welchen dem Berge der Name il
monte cavallo gegeben worden? Man nehme
alles Sculpturwesen und die Siegesbogen des
Constantin, des Titus, des Septimius, Domitianus und Vespasianus; man räume die Colonnen Trajans und Antonins, die Statüen aus allen
Palästen und Gärten weg; so wird man Rom in
Rom vergebens mehr suchen.   Syracusa und
Athen

Athen bestätigen ein solches Schicksal. Es kostet
viele Mühe, wenn man nur die Lage von Athen
finden, und Syracusa erkennen will. Alle Künf-
ste sind daselbst verschwunden, und man findet
nichts mehr, was die Künstler und Gelehrten an-
reizen sollte, diese Städte zu besuchen. Sie eilen vielmehr nach Rom, solche Schätze zu sehen
und zu bewundern. Die in Bilder verwandelte
Steine sind meistens Ursache solcher Reisen.
Eben also war Ephesus durch die einzige Statue
der Diana des Arcesilaus berühmt und volkreich,
welche fast alle Völker dahin lockte. Die Stadt
Gnidus hatte einen gleichen Vorzug durch die Venus des Praxiteles, Delphos durch den Apollo,
und Rhodus durch den Colossus. Wie sehr würde man nicht noch heute erstaunen, wenn man alle
antiquen Denkmaale noch ganz sehen könnte, welche ganze große Gruppen von Marmor weit schöner, als man sie in manchen Gemälden sieht, vorgestellt haben. Der einzige Laokoon ist noch gänz
übrig. Die Geschichte der Niobe ist zerstreut;
der verwundete Alexander ist zertrümmert, welcher durch zween Kriegsmänner vom Fall aufge-
halten worden war. Diese zween Männer sollen,
wie einige Schriftsteller wissen wollen, der so genannte Pasquinus, und der Rücken im Belvedere
gewesen seyn. Das Auge eines geschickten Bildhauers könnte durch die Betrachtung dieser antiquen
Ueberbleibsel und durch die Mühe, sie zu ergänzen,
uns diese Zweifel auflösen. Vielleicht würden sie
gedachte Gruppe wahrscheinlicher machen, als

manche aus dem Rücken im Vatican einen ſpin-
nenden Herkules formirt haben.

Die Bildhauerkunſt macht den Künſtler unſterblich; ſie verewiget die abgeſchilderten Perſonen, und bereichert ganze Städte damit. Es
war keine Götzenandacht, welche die Völker dahin
lockte, indem ſie aller Orten ihre Dianen, ihren
Jupiter und ihre Venus fanden; ſondern die Kunſt
gab Anlaß, nach ſolchen Oertern hin zu reiſen.
Da die Städte ſich heut zu Tage ſo ſehr bemühen,
allerhand Nutzen und Vortheile an ſich zu ziehen,
ſollten ſie nicht auch auf die Gedanken verfallen,
ſich dergleichen durch die Künſte zu verſchaffen?
Sollten die Sammlungen von Gypsſtücken, welche vom Antiquen abgeformt wären, nicht Künſtler erzeugen, welche nach und nach die Kunſt empor bringen, und dadurch das Vaterland mit
Ruhm, Ehre und Nutzen verherrlichen könnten?
Kommen unter uns fremde Liebhaber und Kenner
von dergleichen Schätzen zum Vorſchein, ſo finden
ſie nichts, was ihren Geſchmack reizen kann, und was
ihnen zufälliger Weiſe vor die Augen kommt, müſſen ſie ſich wider ihr Wiſſen und Willen gefallen
laſſen. Sollte denn der Saame ſolcher Künſte
nicht Wurzel faſſen und endlich dasjenige Unkraut
ausrotten können, welches nichts als das veraltete
Vorurtheil nähret, das man deswegen in Ehren hält;
weil es macht, daß man glaubt, ein jeder, welcher den
Meiſel in die Hand genommen hat, befinde ſich
bereits ſchon auf dem Wege, den Phidias ohne
große

große Bemühung einzuholen. In gleicher Zuverſicht leben auch andre, welche ſich einige Zeit mit dem Pinſel bekannt gemacht haben; denn ſie zweifeln gar nicht daran, daß ſie mit einem Raphael von Urbino, von dem ſie vielleicht etwas gehört haben, ſich ſchon in einen Rangſtreit einlaſſen dürfen. Die Begierde, immer vollkommner zu werden, iſt löblich; aber die Einbildung, ſchon vollkommen zu ſeyn, iſt ſo tadelnswürdig, als die Vorſtellung jenes Wahnwitzigen von Athen, wovon anderwärts Meldung geſchehen iſt.

§. 6.

Von dem Werkzeug und der Materie der Sculptur.

Der weiße Marmor allein iſt eigentlich um deswillen der Sculptur am gemäßeſten, weil die Natur ſelbſt denſelben weiß, dauerhaft und zu dieſer Kunſt tauglich hervor gebracht zu haben ſcheint. Andre Materien ſind entweder zu koſtbar, oder zu klein, die Natur in ihrer Größe vorzuſtellen. Ich will nicht einmal des Porphyrs gedenken, welcher rothe ägyptiſche Marmor ſowohl, als der Granit ſo hart iſt, daß er uns mehr zur Verwunderung, als zur Nachahmung übrig geblieben iſt. Die Aegyptier haben auch daraus mehr Klötzer, als Figuren zum Vorſchein gebracht.

Die Griechen wurden mit den ſchönſten Marmorn aus Aſien, Afrika und aus der Inſel Pa-

rys

rus im Ueberfluß versehen. Weil aber die Steinbrüche theils verlohren, theils unter der türkischen
Botmäßigkeit unbearbeitet wiederum zerfallen und
begraben sind; so müssen wir uns des Marmors
von Carrara, Luna, und von den dasigen genue-
sischen Bergen, auch der Steinbrüche in Deutschland bedienen, wo man nicht nur allerhand
der schönsten gefärbten, sondern auch schneeweiße
Marmor findet, welche, wie die italiänischen,
durch ihr äusserliches Ansehn den Bildhauer manchmal erfreuen, zuweilen aber durch inwendige
Schandflecken demselben die größeste Verdrieß-
lichkeit verursachen; jedoch, wenn sie ihm untadelhaft unter den Meisel kommen, ihm Lust und
Muth machen.

Unzählige Gattungen von Werkzeugen werden gemeiniglich durch das einzige Wort Meisel
ausgedrückt. Allein, wie vielerley Eisen werden
nicht zu dieser schweren Kunst erfordert? Das
Grobe und Rauhe wegzuhauen; den Stein in
eine gehörige Form zu bringen; diese endlich zu
vollenden, darzu ist alle Augenblicke fast ein andres Eisen vonnöthen. Daher hat man Schuh-
oder Spannlange; spitzige, zweyspitzige, auch
dreyspitzige, oder flache Eisen. Die erstern nennen sie auch Hundszähne. Den Stein endlich
glatt zu machen, braucht man Raspeln und
Schneideisen; andres Zeug zum Bohren, Graben, Vertiefen, Aushöhlen, Schaben und Poliren. Alle solche Eisen zuzurichten, muß der
Kunst-

Künstler sich nicht scheuen, in das Schlosser- und Schmiedehandwerk zu pfuschen. Er braucht also den Ambos, den Hammer, den Blasebalg, die Zange, und andre Zugehörden. Es helfen auch Zirkel, liniere, Winkelmaaß, Senkbley nebst andern Sachen, um die unbeschreibliche Zusammenstimmung aller Theile einer Statue aus dem Marmor heraus zu bringen, oder, wie Bonarotti sagt, den Stein wegzuräumen, damit die Figur könne gesehen werden.

Dieses alles aber ist noch nicht genug; es wird eine weit größere Bemühung erfordert. Wie sehr wünschen diese Künstler, ihren Eisen allezeit die sicherste und richtigste Härte zu verschaffen! Die beste wird in Italien die tempra d'Oro oder die Goldhärte, in Deutschland aber die Habergelbe Härte genannt. Die Ursache dieser Benennung ist die Farbe, welche man am Eisen wahrnimmt, wenn es glühend gemacht und im Wasser abgelöscht worden. Dieses geschieht auf allerhand Art. Das Eisen wird glühend, entweder langsam, oder geschwind, halb oder ganz, nach und nach, oder öfters, und allezeit tiefer eingetaucht. Jede Art macht eine andre Wirkung. Einige bedienen sich eines Topfs, worinn sie das Eisen in Sand eingraben, alles im Ofen glühend werden und dann wieder abkühlen lassen. Andre Proben können die Metallurgisten und Chymisten an die Hand geben. Einer von den vornehmsten Bildhauern zu Rom arbeitete in

me-

meiner Gegenwart; und brachte einen ganzen
Nachmittag in Geduld zu, um die vortheilhafte=
ste Härte zu finden.   Auf den ersten Hammer=
streich zersplitterte ihm das Eisen in der Hand in
vier Stücke; ein andres wurde gebogen, und
also in kurzer Zeit noch andre mehr unbrauchbar und
des Feuers bedürftig.   Was für unzählige Hülfs=
mittel gehören nicht zu dieser großen Kunst, welche
im Antiquen zuweilen aus Wachs formirt zu seyn
scheinet.   Diese meine beyläufige Beschreibung
kann um so viel nützlicher seyn, als man daraus
lernt, wie man mit diesen Kunststücken zu Werke
geht, folglich, wie hoch dieselben zu achten sind.
Cosmus Medices wußte das Geheimniß, gewisse
Kräuter zu distilliren, und ein Wasser daraus zu zie=
hen, in welchem die glühenden Eisen, wenn man sie
darein tauchte, von solcher Härte wurden, daß sein
Bildhauer Francesco Tadda mit demselben eine
große Muschel von Porphyr zu einem Brunnen
verfertigen konnte.   Eine Menge von Eisenarten
erfordert gewiß auch eben so viel Arten zu härten.
Einige lassen es so glühen, daß es noch eine hö=
here Röthe als die Kirschen erhält, in dieser Far=
be tauchen sie es in frisches Brunnenwasser.

Den Porphyr, oder rothen ägyptischen Mar=
mor, habe ich zu Rom arbeiten gesehen.   Der
Pabst Clemens XII. ließ die antique Urne, welche
vor dem Tempel der Rotunda ganze Jahrhunder=
te hindurch zu sehen gewesen war, nach St. Gio=
van Lateran hinausführen.   Dort wurde ein De=
ckel

ckel von Porphyr, wie die Urne ſelbſt iſt, darauf
verfertiget. Bey dieſer Gelegenheit habe ich ſehr
oft den Steinmeßen zugeſehen. Starke ſpißige
Eiſen und ſchwere Hämmer waren ihr Werkzeug. Sie hatten insgeſammt Leder vor dem
Geſicht, und Gläſer vor den Augen. Man durfte
auch ohne Gefahr ihnen nicht nahe kommen. Die
Splitter droheten den Augen von allen Seiten.
Sie arbeiteten immer nur durch bloßes Sprengen
des Steins, bis die Fläche einer Raſpel gleich ſah.
Dieſe wurde endlich lange Zeit mit Schmergel
und auch ſogar mit Porphyr geſchliffen. Ich
glaube ſicher, daß wenige Bildhauer und noch
weniger von meinen Leſern dergleichen Arbeiten
geſehen haben. Wer nicht weis, wie ein Werk
gemacht wird, kann daſſelbe auch weder kennen,
noch ſeiner Hochachtung würdig ſchäßen. Um
wie viel weniger wird man die Beſchwerlichkeit
der Kunſt begreifen, wenn man bey Erblickung
der feinſten, zärteſten und ſchönſten Marmorar-
beit ſogar überzeugt iſt, daß der Künſtler das Geheimniß gewußt habe, den Marmor weich wie Wachs
zu machen. Ja ich wiederhole es noch einmal:
wie ſchwer wird man davon urtheilen, wenn man
im Gegentheil hört, daß der Bildhauer den här-
teſten Marmor dem weichen vorziehet, folglich viel
lieber im harten Marmor, als in weichen Steinen arbeitet, weil er im harten ſo gar die Haar-
locken ausdrucken kann, im weichen aber ihm kaum
ein Finger an der Hand gelingt. Die Sache
erklärt ſich ſelbſt, wenn man ſeine Aufmerkſam-

B 4 keit

keit auf die Geſchicklichkeit, Geduld und Aemſigkeit des Künſtlers richtet.

§. 7.

Von demjenigen, was die Anfänger eigent-
lich ſtudiren müſſen.

Der Bildhauer muß ſo wohl in der Zeichnung geübt ſeyn, als der Maler, worzu er aber
durch einen geſchickten Lehrer angeführt worden
ſeyn muß. Ein ſolcher Profeſſor zeigt dem Schüler gleich im Anfange das Antique und die verwunderungswürdigen Gemälde des modernen
Apelles, des Raphaels oder andrer Künſtler,
welche in den Umriſſen correct und vortrefflich
ſind, zur Nachahmung. Daburch lernt man ſich
vor den heutigen meiſtens ungewiſſenhaft beliebten Manieren vieler Bildhauer hüten. Ein ſolcher Wegweiſer zeigt gleich, wie ein Kopf gezeichnet werden ſoll, ob deſſelben Form viereckigt, oder
rund, eyförmig, oder anders ſey, wie man deſſelben Form gleich durch eine faſt unſichtbare Linie
in der Mitten herab theilen, und durch eine andre kreuzweis gezogene Linie die Breite der Stirne, der Naſe und des Kinnes anzeigen müſſe.
Eine ſolche Anweiſung führt alſo den Schüler anfangs mehr zur Beobachtung des Ganzen zuſammen, als der Theile inſonderheit.

Hierauf zeigt man ihm den Weg, auf welchem er zur Kenntniß der Schönheit, der Zeichnung,

nung, des Umriſſes, der Manier, des Verhält-
niſſes, der Wendung, der Stellung, der Geber-
ben, und der Bewegung gelangen kann. Man
muntert ihn zur Aemſigkeit auf, mehr auf die Umriſſe und auf die Verbindung der Theile mit dem
Ganzen, als auf die beſondern Theile eines Theiles, und als auf Licht und Schatten anfangs noch
aufmerkſam zu ſeyn. Schatten ſind Schatten,
ſagte ein großer Künſtler zu mir, und wer nur die
Schatten ſucht, iſt kein Freund des Lichtes, oder
er vernachläßiget daſſelbige, und fliehet es. Schatten ſind in Marmor die Vertiefungen und Aushohlungen; Lichter hingegen das Erhabene, welches, wie jene, in mehr und weniger beſteht. Man
ſagt alſo ſehr irrig, daß in Baßirilieven die Schatten durch die Sonne oder durch das Tagelicht formirt werden.

Das allerſchwerſte in dieſer Kunſt beſteht
darinn, alle Theile an ihren gehörigen Ort zu bringen. Daher muß das Auge des Arbeiters mehr
auf den Zuſammenhang der ganzen Figur, welches ich nicht ohne Urſache hier noch einmal erinnere, als auf ihre beſondern Theile, mithin auch
mehr auf das Verhältniß, als auf die Beſchaffen-
heit des Wahren und des Lichtes oder des Schattens gerichtet ſeyn. Wie viele Köpfe ſind an einigen Statüen ſchön, an andern aber zu klein?
wie viel Füße ſind an einigen gut gezeichnet, an
jener Figur aber zu groß, u. ſ. w.

Dieje-

Diejenige Zeichnung, welche vom Auge des
Zuſchauers entfernt iſt, und ihm erhaben und rund
vorkömmt, ihm auch wahrhaft und nicht erdichtet
zu ſeyn ſcheinet, iſt die beſte.   Weil nun der Umriß in der Zeichnung das Hauptwerk iſt; ſo muß
ich den Schüler ermahnen, daß er ſich von den tief-
ſinnigen Lehrern nicht verführen laſſen ſoll, welche
behaupten wollen, daß der Umriß die Luft ſey, welche den Körper, oder die Figur umringt; denn
der Umriß iſt nichts anders, als eine, ſo zu ſagen
nur eingebildete Linie, in der wirklichen Zeichnung
aber der Zuſammenhang aller äuſſerſten Linien,
welche den Leib umgeben, und ihn ſichtbar machen.
Hieraus folget, daß das Auge des Zeichners, wenn
er nach dem Runden oder Griechiſchen ſtudirt, ſtets
an einer Stelle bleiben, ſolche Linien genau in Acht
nehmen und nachzeichnen müſſe, wenn er ſich nicht
in die Gefahr ſetzen will, durch allerhand äuſſerſte
Linien und Theile eine Mißgeburt zu formiren.

Wer von der Zeichnungskunſt keinen wahren Begriff hat, den muß man vornehmlich darauf aufmerkſam machen, daß am menſchlichen Leib alles rund
iſt, folglich keine geraden Linien irgendswo ſtatt haben. Indeſſen kann man ihm dieſes einräumen,
daß, wo der Umriß hohl iſt, er da auch voll und
ſtark ſeyn könne.

Je weniger ein Umriß erhaben ſcheint, deſto
mehr kömmt er mit dem griechiſchen oder antiquen Stile überein, und wenn die Hauptheile an
ihren

ihren gehörigen Ort gebracht worden ſind, ſo iſt
der Conторно oder Umriß vortrefflich.

Die Manier iſt mehrentheils eine durch die
langwierige Uebung gut oder übel angewöhnte Art,
fertig ſtehende Sachen bloß nachzuahmen, und
nur an ſolchen ſein Wohlgefallen zu finden. In
dieſer Gewohnheit kann man ſich oftmals ſehr verirren. Das Genie und die Erziehung tragen zu
dergleichen Vergehungen vieles bey. Von der Manier und dem Manierirten haben wir in den Kunſt-
wörtern bereits Nachricht gegeben. Dem Genie
gefällt oft das Verächtliche weit mehr, als das Al-
lerſchönſte; das Dunkle oder Schwarze mehr, als
das Helle oder Weiße. Manchmal erwählt der
Geſchmack den Sauerampf begieriger, als die
Weinbeeren. Man ſieht auch nicht ſelten, daß junge Leute zu Rom mit mehr luſt ein mittelmäßiges
Gemälde, als einen Raphael zu ihrer Nachahmung wählen. Da ich Gelegenheit hatte, einige
um die Urſache zu fragen, ſo erhielt ich jederzeit
ſolche Antworten, welche ihre tiefe Unwiſſenheit ſo
deutlich, als ihren Stolz einer eingebildeten hohen
Einſicht in die Kunſt zu erkennen gaben. Raphael ward verachtet, und Bambocciaten bewundert. So gar Antinous wurde als ein Töl-
pel verſpottet. Ein ſolcher Geſchmack iſt alſo die
Frucht eines ſchlechten Begriffes, und noch elen-
dern Genies, das man ſich durch den Umgang zuwege bringet, und durch die Erziehung angewöhnt.
Schlechte Meiſter der Kunſt tragen auch viel dar-

zu

zu bey, wenn sie den Schülern falsche Lehrsätze
einflößen, welche nach und nach zu unvergeßlichen
Gewohnheiten und Manieren werden.

Die große Manier in der Bildhauerkunst besteht in der Wahl richtiger und vortrefflicher Gegenstände, welche man mit Zärtlichkeit ausarbeitet, dabey aber allezeit das Ganze, und nicht
die Theile stückweise vor Augen zu haben trachtet.
Kömmt aber das Eisen auf die Theile, so ist man
sehr aufmerksam, daß an den Beinen und Gliedmaaßen die Adern, die Flechsen, die Nerven und
die Muskeln nicht vertilgt, sondern nur bedeckt
werden, welches eine so schwere Sache ist, daß
sie nur den Griechen bekannt gewesen zu seyn scheinet. Es ist ein rechtes Wunderwerk, die schönste
Figur mit allen ihr anständigen und gehörigen Eigenschaften wirklich zu sehen, wo doch, so zu sagen, nichts vorhanden ist. Man sieht, wie die
Kunst Hände und Füsse aus Stein gemacht hat;
da man doch nicht Stein, sondern Fleisch zu sehen
glaubt. Diese Zärtlichkeit der Manier sieht man
nur im Apollo, im Antinous und Bacchus, in
den Faunen, im Ganimedes des Bonarotti,
und andern Jünglingen von natürlicher Größe
sowohl, als in Colossalstatuen von Flußgöttern,
und andern großen Figuren. Je mehr die Alten ihre Art und ihren Stil vergrößern wollten,
desto mehr brachten sie Fleisch hervor, und desto
weniger machten sie Vertiefungen. Sie wußten den verborgenen Muskeln durch hervorscheinende

Adern

Adern zu helfen, welches ein hoher Kunstgriff und eine über die Maaßen schwere Arbeit ist.

Die Kleidertracht ist auch von der großen Manier, wenn man erhabene Gruppen von Falten und breite Vertiefungen, große Theile von todten und tiefen Falten, selbst auch die Wiederscheine breit, und überhaupt gleichsam Berge und Thal, über die man bequem auf- und absteigen könne, zu machen trachtet. Das Schönste findet man allezeit im Wenigen und Leichtesten. Michelagnolo hat in seinem Moses, den man zu Rom in der Kirche à San Pietro in vincolis sieht, um den ganzen Fuß und das Knie mit seinen Beinkleidern wohl auszudrucken, seitwärts eine fast ellentiefe Falte angebracht. Die übrigen am ganzen Leibe sind so prächtig, daß man dergleichen sonst nirgendswo antrifft. Man sehe nach, was ich in der Malerey von den Falten erwähnt habe.

Von der großen Manier sind auch die Haare, die Stirne und andre Sachen, wenn sie im Erhabenen und Vertieften ohne viele Wiederscheine bestehn. Aus diesen künstlerischen Scheinen entstehn meistens nur Trockenheiten, welche die Italiäner Seccarie nennen. Wenn man diese unter das Große vermengt, so machen sie alles vielmehr verächtlich, als ansehnlich; obschon unverständige Beobachter dieselben dermaßen für Wunderwerke betrachten, daß sie sich einbilden, der Marmor sey vorher durch Kunst weich gemacht worden,

solche

solche zarte Nichtswürdigkeiten heraus zu meiseln.
Daher muß alles durch große Eisen ausgearbeitet
werden, wenn solche abgeschmackte Kleinigkeiten
vermieden werden sollen.

§. 8.

Von dem Unterschiede der antiquen Werke der Sculptur, und was davon zu studiren sey.

Es giebt eine gewisse Art Leute, welche, sobald
sie hören, daß dies oder jenes antik sey, dasselbe
gleich ohne Unterschied für ein Wunderwerk aus-
posaunen; andre aber, ohne darauf Achtung zu geben, ob es gut oder schlecht sey, solches unverzüglich nachstudiren. Dieses ungeschickte Vorurtheil
auf die Seite zu räumen, muß man die wahre Beschaffenheit eines und des andern vor Augen haben.

Im Alterthum hatten die Schulen drey
Klassen für die Anfänger: die schlechte, die gute,
und die beste, oder nur die schlechte und gute.
Die beste hat bereits mit dem Fiamengo ein
Ende genommen. Damit man also das Wunderbare in Rom wählen und kennen lerne, allwo
die Schatzkammer der Antiquitäten ist; so will ich
den Liebhaber so wohl, als den Künstler, mit antiquen Statüen bekannt machen, welche Männer
und Weiber, Alte und Junge, und andre Sachen vorstellen. Ich werde zeigen, wo sie zu
meiner Zeit noch zu finden gewesen sind, nunmehr
aber

aber vielleicht im Capitolio stehn. Wenn
man antique Werke betrachten will, so kann man
sich im Belvedere umsehn, wo man den Laokoon,
den Rücken des Herkules, und zween Flußgötter
antrifft. Für zärtliche Jünglinge dienen eben
allda der Antinous, und die zween mit ihrem
Vater Laokoon in Schlangen verwickelte Söhne;
für bekleidete Frauen die Cleopatra. Im Capitolio trifft man den alten Marphorio und zween
andre Flüße an. Unter Kindern kann man dort
den Herkules von Kieselstein; unter starken Jünglingen aber auch den Herkules von Metall; unter den bekleideten die Urania und einen Knaben
von Erz betrachten; unter den Thieren sieht man
da das verwunderungswürdige große Pferd von
Metall, nebst dem Kampfe zwischen einem Löwen
und einem Pferde.

Im Farnesischen Palast prangt der starke
Mann Herkules, und nicht weit von ihm die Flora
unter bekleideten Weibern. Daselbst zeigt sich
auch unter Jünglingen der unvergleichliche Rücken des Vertumnus; unter denen männlichen
Statüen herrschet die Bemühung der berühmten
Gruppe um den Stier, und um die Dirce. Dieses große Werk ist vom Apollonius und Tauriscus
zu Rhodus verfertiget worden. Die Figuren
stellen den Zethus und Amphion, die zween
Söhne der Dirce vor.

Im Cesischen Hause steht die bekleidete Juno;
im Palast Pichini der Adonis, und für Kleidungen

gen der Rücken eines Kaiſers. Im Palaſt St.
Andreae della valle genannt, ſind zween alte wun-
derbare Satyren. Im Palaſt Coſtaguti ein andrer Antinous, und eine bekleidete Weibsperſon.
Im Palaſt Vitelleſchi ein Knabe, der mit einer
Scheibe ſpielt. Im Palaſt des Borgheſiſchen
Gartens der unvergleichliche Fechter. Im Pa-
laſt Colonna viele wohlgekleidete Kaiſerinnen und
Kaiſer im Conſularornat. Im Hauſe Orſini
der Paſquin und andre antique Sachen. Im
Palaſt Caetani die Gruppe von den drey Gra-
tien, nebſt alten und jungen Faunen. Im Pa-
laſt Barberini der Löwe, als ein Wunderwerk der
Kunſt. Im Garten Ludoviſi ein andrer Fechter,
und Philades mit dem Oreſtes in einer Gruppe.
Für Nackte und Bekleidete dient die Gruppe der
Freundſchaft, und was den Sextus Marius
nebſt ſeiner Tochter da merkwürdig macht. Im
Caſin del monte iſt zum Gewand ein terminus,
und auf der Höhe der Aue ſind zwo ſitzende Figuren. Im Borgheſiſchen Garten ſchläft der
Hermaphrodit, allwo auch zween Centauren, der
Alte und Junge, nebſt andern vielen Statüen,
Köpfen, Vaſen und Bruſtbildern den Palaſt
verherrlichen. Im Garten Medicis ſind einige
Fechter, die Venus, der Marſias, der Redner,
die Geſchichte der Niobe, der Apollino oder kleine
Apollo, wovon ich anderwärts etwas melden
werde. Es ſind noch andre häufige antique Ue-
berbleibſel, welche zur Verwunderung da ſtehn.
Wie viel ſieht man noch dergleichen Schätze in der

Villa

Villa Montalto, Albani, Mathei, Giuſtiniani
und andern Orten.

Nur die bloße Benennung aller dieſer Stücke
erforderte ganze Bände, und nicht nur wenige Blätter, in welche ich mich einſchränke. Alle dieſe
Denkmaale der Antiquität verherrlichen Rom und
ſeine fürſtlichen Geſchlechter, welche durch dieſe
öffentlich ausgeſetzte und in ihren Paläſten ver-
wahrte Kunſtſtücke zu erkennen geben, daß ſie
nicht nur Liebhaber, ſondern auch Kenner und
Beſchützer der Kunſt ſind.

Ich höre auf, von denen zu reden, die in Rom
ſtudiren. Was thun aber wir in Deutſchland?
Fürſten und Herrn könnten alle dieſe vortrefflichen
Schätze in Gyps bekommen, wenn ſie nur wollten.
Ein Wink wäre vermögend, die ausgeſuchteſten
Stücke in unſer Vaterland zu ziehen. Es würden dadurch ſo viel Künſtler aufſtehn, als man
dafür vielleicht Ducaten ausgeben müßte. Was
für Nutzen, Ehre und Ruhm könnte dieſes dem
Vaterlande verſchaffen! Der Beweis wird einem
jeden begreiflich ſeyn. Zu Wien in der kaiſ.
königl. Maler = und Bildhauerakademie ſind die
vornehmſten von gedachten Stücken in änlichen
Abgüſſen vorhanden; dort ſieht man den Laokoon,
die Venus, den Apollino, den Gladiator, den
Antinous und andre mehr.

§. 9.

Vom Modelliren, und ſeinen Umſtänden.

Es iſt nicht genug, daß ein Bildhauer nur
zeichnen kann, ſondern er muß ſich auch einer weit
größern Arbeit unterziehen. Dieſe beſtehet darinn, daß er aus Thon ganze Figuren machen, formiren, abbilden oder geſtalten, das iſt, modelliren
müſſe. Die Körper ganz erhaben, oder von allen Seiten herum frey vorſtellen, iſt eben ſo ſchwer,
ſagte mir ein großer Bildhauer zu Rom, als
rühmlich es iſt, über tauſend Menſchen einen Sieg
erfechten. Dadurch wollte er ſo viel zu verſtehen
geben, daß ein Gegenſtand, er mag auch gezeichnet werden wie er will, allezeit nur in einem Augenpunkt erſcheine; hingegen bekomme ein einziger Gegenſtand durch das Modelliren unzählige
Geſichtspunkte und Figuren, mithin, ſo viel ſolche
Punkte in der ganzen Rundung herum wahrgenommen werden können, mit eben ſo viel verſchiedenen Stellungen, Formen und Bildungen pranget auch eben derſelbe Gegenſtand, und ſtellet
ſich in jedem Punkt anders geformt vor Augen.
Dieſes verſchafft dem Modelliren vor dem Zeichnen, vor dem Halberhabenen, und vor dem Flachen, wenn es gleich erhaben zu ſeyn ſcheinet, einen anſehnlichen Vorzug.

Wie oft hat ein Bildhauer eine Figur modellirt, an welcher das Hauptanſehn, oder der Haupt-
geſichtspunkt gut geheißen ward? Wenn er aber
die Nebenſeiten oder die Profile rund herum be-
trachte-

trachtete, und sie alle sehr unvollkommen und
schlecht befand; so mußte er die ganze Figur ändern und umarbeiten, damit sie auf allen Seiten
ein natürliches, ungezwungenes, verhältnißmäßi-
ges Ansehn, und die herrlichen Contraste der Gliedmaaßen und der Falten bekomme.

Bisweilen kommt einem ein auf Papier ge-
zeichnetes Gewand richtig und schön vor; wenn
man es aber in das Runderhabene bringt, so beleidiget es das Nackende, und das ganze Werk geräth in Verwirrung.

Modelliren aber ist nichts anders, als das Erhabene oder Runde durch das Erhabene oder Runde
nachahmen. Dazu braucht man alles, was zum
Zeichnen gehört. Die Materie darzu ist Thon,
(Tögel), den die Jtaliäner Creta nennen. Dazu gehören die Modellstäbchen, meistens aber die
Finger. Anstatt des Thons kann man auch das
Wachs gebrauchen, zu beyden aber gehört auch
ein Pinsel. Das Wachs wird also vorbereitet:
man nimmt von demselben ein Pfund so rein, als
es von Natur ist; dazu kommen zwo Unzen Ter-
penthin, eine Unze gemeines Oel, eine Unze Un-
schlitt, und rothe geriebene feine Erde nach Belieben, dem Modell eine Farbe zu geben. Die Beschwerlichkeit in Wachs zu arbeiten besteht in der
Zeit, welche durch die Leichtigkeit im Thon zu
modelliren verkürzt, durch die Mühe aber, in
Wachs zu formen, verlängert wird.

Der

Der Thon oder die reine Erde muß sehr tro=
cken, ohne allen Sand in Wasser geweicht, und
wohl geschlagen seyn, damit er nicht zu hart und
nicht zu weich bleibe.

Zum Ausarbeiten und Glätten dient ein Pin=
sel von feinen Borsten, den man in Wasser ein=
taucht. Die Poußier= oder Modellirhölzer und
verschiedenen Stäbchen werden entweder von
Buchsbaum oder Ebenholz, oder auch von Elfenbein
9 oder 10 Zolle lang, flach, an einem Ende mandel=
förmig, spitzig und rund, am andern Ende aber
nach Belieben mit Zähnen gemacht.

Der Schüler fängt an, Gypsstücke vor die
Hand zu nehmen, welche vom Antiquen abgeform=
te Hände, Füße oder Köpfe vorstellen. Diese
modellirt er, und kömmt endlich auf Arme, Bei=
ne, Schenkel, und auf diese Art nach und nach
auf ganze Figuren.

Dieses Modelliren ist das Gegentheil von der
Arbeit, welche im Marmor geschieht: denn Mo=
delliren, heißt, immer hinzusetzen; Bildhauen
aber, beständig wegnehmen. Im Modelliren ar=
beiten große Meister alles mit den Fingern, wenig
aber mit den Poußierstäben. Sie schneiden auch
mit den Nägeln vielfältiger, als mit den Hölzern.
Alles wird anfangs sbozzirt oder entworfen, wel=
ches aber gelind, aufmerksam und mit Verstande
geschehen muß. Man setzt hinzu oder nimmt
weg, um etwas zu verbessern, wo es vonnöthen
ist. Am Ende wird durch gedachten nassen Pin=
sel

sel alles glatt gemacht, welches dann den Gegenstand kenntlicher ausdrückt, kleine Fehler anzeigt,
und zur Verbesserung Anlaß giebt.

§. 10.

Was beym Studiren zu beobachten ist.

Wir sehen oft vor unsern Augen junge Leute,
welche wohl erzogen, sittsam, ruhmbegierig und
arbeitsam sind, und allen Eifer und Fleiß anwenden, etwas rechtschaffnes zu lernen; dennoch
wird man vielmal gewahr, daß sie wenig oder
nichts zu Stande bringen. Ihre Aemsigkeit ist
derjenigen Unternehmung gleich, da ein Pilgrim
unabläßlich auf einem Abweye forteilet, und sich
immer weiter von dem Ort entfernet, welcher das
Ziel seiner Reise ist.

Die Ursache einer solchen Verirrung läßt sich
leicht errathen. Wenn sie die Sache verkehrt angefangen, wenn sie mit einem Stück, oder Muster,
mit einem Brustbild, oder mit einer Statüe ihre
Unternehmung zu Ende gebracht, und von solcher
Arbeit mit Lust sich los gemacht haben; so
bleibt ihnen davon in den Gedanken nichts mehr
übrig. Sowohl die Augen als die Hände sind zwar
eifrig und geschäfftig gewesen; der Verstand aber
weis hernach so wenig, als vorher. Sie sind,
wie ein Mensch, welcher immerfort den Wein in
ein zerbrochenes Gefäß eingeschenkt und es niemals angefüllt hat.

Einer

Einer so fruchtlosen Mühseligkeit vorzubeugen, und eine so lobenswürdige Bestrebung zu unterstützen, sollte man, wie ich denke, den Schüler anweisen, wie er den zum Studiren und Nachahmen vorgenommenen Gegenstand betrachten, und so zu sagen auswendig lernen sollte, damit er nach vollbrachter Arbeit, ohne sein Urbild mehr anzusehn, vermögend sey, dasselbige nach seinem Sinne und Begriffe wiederum nachzumachen. Es schadet nichts, wenn er gleich solchergestalt nichts Vollkommenes zuwege bringt. Genug, wenn er aus dem Kopfe auch nur eine schlechte und ungeschickte Figur unter seinen Fingern entstehn sieht. Dadurch erlangt er den Nutzen, daß er dem Werke nachdenkt, welches ihm in seinem Gedächtniß die Localstellung, Wendung des Kopfes, die Ordnung der Theile und des Gewandes der Bewegung hinterlassen hat, und wenn er dabey zu fragen oder zu zweifeln anfängt, auch unausgesetzt das in Italien berühmte, aber nirgends vorhandene große Buch il libro del Perche, oder das Buch vom Warum studirt; so wird in seinen Gedanken auch nach und nach das Warum sich äussern: Er wird bey sich selbst bald fragen: Warum ist der Kopf an dieser Statue auf die Seite gerichtet, wo sich der Fuß anfängt? Warum sieht er nicht dorthin, wo der Fuß vest auftritt? Warum dreht sich ein andrer Kopf dahin, wo der Fuß steht, und nicht dorthin, wo der Fuß sich erhebt? Warum sieht dieser Kopf in die Höhe, und der andre niederwärts? Warum ist der Hals hier länger, als dort?

dort? Warum iſt er zur linken Hand kürzer, als
zur rechten? Warum iſt er hier dick, und nicht
zärtlich? Warum iſt die Achſel hier erhöht, und
dort erniedriget? Warum iſt dieſe Bruſt im Antiquen erhaben, breit und ohne Muſkeln, da ſie
doch in der Natur enge, tief und voller Muſkeln
iſt? Warum ſteht jene Statüe gerade, dieſe
aber mit ſo viel Anmuth und Grazie gebogen und
gewendet? Warum iſt im Antiquen die Hüfte
und der Umriß des Körpers ſo deutlich, und die
Abtheilung des Beins von den Waden an ſo wohl
angezeigt, ob es ſchon in der Natur nicht alſo iſt?
Warum iſt jener Schenkel, der ſich dort erhebt,
länger, als der, welcher ruhet? und woher kömmt
es, daß ein Arm erhöht, und der andre niedrig
iſt? daß ein Theil vorwärts, der andre rückwärts
geht?

Ein ſo wißbegieriger Schüler wird auch fragen, warum die Gruppe des Gewandes und der
Falten hierher, und nicht dorthin gemacht, und
jene breiten Falten allezeit an demſelbigen Platze
ſind, jene Theile des Nackenden aber allemal bedeckt,
die andern hingegen jederzeit bloß geſehen werden?

Wer auf dieſe Weiſe zweifelt, und fragt, hat bereits ſchon große Beſchwerlichkeiten überwunden,
und ſehr viel begriffen. Er wird auch aus der
Stellung eines Kopfs, oder einer Statüe, die Antworten auf alle ſeine Warum bald erfahren, und
auch gewahr werden, daß es leichter iſt, das Fehlerhafte, als das Schöne und Vollkommene in der

C 4   Natur

Natur nachzuahmen.   Ein Künſtler, der in ſeiner Arbeit an nichts zweifelt, wird in ſeiner Kunſt
niemals weit kommen.   Wenn ihm alles leicht
ſcheint, ſo iſt es ein untrügliches Zeichen, daß er
an etwas allein gewöhnt ſey, übrigens aber faſt
nichts verſtehe, ja daß ſo gar ſein Gegenſtand alle
ſeine Kräfte und Begriffe überſteige.   Wenn
aber ſein Verſtand den ganzen Umfang aller Be-
ſchwerden des Werkes einſieht; ſo wird er nach
dem Maaße ſeiner Betrachtungen immer an Ver-
beſſerungen arbeiten.   Ich will dieſes durch ein
Beyſpiel erläutern: Die berühmte gelehrte Frau
Dacier hat dem Pater Harduin vorgerückt: er
habe in ſeinen Werken ſich durch ſeine ſtarke Einbildungskraft mehr verführen laſſen, als Pygmalion, der in ſeine elfenbeinerne Venus verliebt
wurde. Dem Pater ſind alle ſeine Hirngeſpinnſte als wahre Gegenſtände vorgekommen; Pygmalion hingegen hat eine ſo wahre lebhafte Figur
verfertiget, daß durch ihre, der Natur vollkommen
änliche, Geſtalt ſein Auge und ſein Verſtand betrogen worden. Man hüte ſich alſo, Hirngeſpinn-
ſten nachzugehn, und ſuche dem Pygmalion in ſeiner Arbeit zu folgen.

§. II.

Von der Arbeit in Marmor.

Wenn man das Antique eine geraume Zeit
nach ſeiner Fähigkeit und Vernunft fleißig ſtudirt, beobachtet, gezeichnet und modellirt hat; ſo
iſt

ist nunmehro nöthig, wie Raphael von Urbino
selbst sagt, daß man seine Arbeit in Marmor anfange. Dieses kann mit Gemächlichkeit sehr wohl
geschehen, wenn man anfängt, einen antiken Kai-
serkopf von Gyps zu copiren. Der Schüler erhält dadurch einen doppelten Nutzen; denn er übt
sich nicht nur in der Kunst, sondern er kann auch
durch den Verkauf seiner Arbeit einige Belohnung
erhalten. Diese Uebung ist aber so nothwendig,
daß viele, welche zwar lange Zeit nur studirt, aber
spät auszuhauen angefangen, niemals ihr Ziel erreichet haben, sondern, anstatt einiger Lobeserhebungen theilhaftig zu werden, nur mit Tadel und
Verachtung überhäuft worden sind.

Prosper Bresciano, der sonst ein fleißiger
Bildhauer war, dient hier zum Beyspiel. Er
hatte sich zwar durch verschiedene Arbeiten einigen Ruhm erworben, als er aber den großen Moses
auf dem Brunnen alli Fontanini genannt, nahe
bey den Bädern des Diokletians, bey der Kirche
della Vittoria zu Rom unter seinen Meisel bekam; so brachte er zwar eine ansehnliche, aber
kurze, und nichts weniger eine griechische oder wohl-
gestalte Figur zuwege. Man wird sich es auch
niemals einfallen lassen, dieselbe, wie des Michelagnolo seine, in Gyps abzuformen.

Es gab so gar Meister, welche ihren Schülern gleich anfangs das Eisen in die Hand lieferten, und ihnen die Arbeit in Marmor antiethen.
Allein dieses heißt die Pferde hinter den Wagen

span-

spannen, weil dergleichen Arbeit erst da anfängt,
wo die Erlernung der Kunst schon ein Ende hat.
Wer kömmt aber ohne Anfang und ohne Mittel
zum Ende? Wie kann man denn lesen, wenn
man nicht zuvor die Buchstaben, Sylben und
Wörter gelernt hat?

§. 12.

Wie man sich anstellen soll, wenn man einen Kopf kopiren will.

Ein Anfänger hat mehr Nutzen, wenn er
eine solche Unternehmung bey einem guten Meister selbst sehen kann, als wenn er sich nur durch
eine Beschreibung helfen muß; jedoch schadet es
auch nicht, wenn er sich beyder zugleich zu seinem
Unterricht bedienet.   Daher will ich davon hier
nur so kurz als möglich handeln, um denenjenigen
einen Begriff beyzubringen, welche keine Gelegenheit haben, dergleichen Arbeit zu sehen, und
doch selbst Hand anzulegen bereit sind.

Hat man also schon einen solchen Kopf zu kopiren erwählt, welcher, damit er vest und gut stehen könne, wenigstens einen ganzen Hals und einige Zolle von der Brust und von den Achseln
hat; so setzt man ihn auf einen Dreyfuß, auf welchem ein viereckigtes Bret liegt.   Auf dieses Bret
wird der Kopf in einer ordentlichen Mannshöhe
hingestellt, und also gewendet, daß sowohl die
Nase als die Achseln gerade über den Rand des
Bretes zu stehen kommen.   Auf die äussersten

Haare

Haare des Kopfs macht man eine Fläche von
Thon, welche mit ihrer äuſſerſten Ebene auch das
nämliche Haar des Kopfs bey einer halben Span-
ne lang und breit horizontal bedeckt.   Auf dieſe
Fläche legt man ein andres Bret, welches mit
dem untern nach ſeinen 4 Seiten genau zuſammen trifft, mithin alles winkelmäßig übereinſtimmt.

Nach dieſer Einrichtung wird ein Linier, an
deſſen Ende eine Senkſchnur befeſtiget iſt, auf die
obere Fläche gelegt, und nach allen Seiten herum
gewendet, daß der Rand des untern Bretes von
der Schnur berührt werde.   Man kann auch auf
allen Hauptorten dergleichen Faden beſtändig her-
abhängen laſſen, wie ich es zu Rom oftmals geſehen habe.   Auf ſolche Weiſe kann man jedes
Maaß und alle Zwiſchenräume mit dem Zirkel
genau abmeſſen.

Sind nun alle dieſe Anſtalten in ihrer gehörigen Ordnung, ſo ſetzt man den Marmorkloß auf
ein Geſtelle, an einen bequemen Ort, und verſieht ihn, wie den Kopf, mit gleicher Einrichtung
der Breter und Schnüre, damit das, was am
Kopf abgemeſſen wird, im Marmor auf gleiche
Weiſe geſchehen könne.

Man fängt alſo an, den Raum des Kopfes
von oben bis unter das Kinn, auch wohl gar bis
auf die Augenbraunen zu meſſen, und dieſe Theile
auf den Marmor zu zeichnen.   Man ſucht ſodann

mit

mit der Senkschnur die Mitte der Stirne, der
Nase, und des Kinnes, und machet eine Linie,
welche allezeit die Mittellinie des Angesichts vorstellt. Auf diese Weise kann man auch die Halsgrube und die Mitte der Brust anmerken. Hierauf richtet man seine Aufmerksamkeit auf den
Marmor, der hinweg genommen werden muß,
nachdem auch die etwan vorhandene Höhe der
Achseln aufgezeichnet worden.

Geht man also auf den Stein los, so stößet
man mit einem spitzigen Eisen die bemerkten Theile
dermaßen weg, daß allezeit Stein genug übrig
bleibt. Ist so dann der Marmor nach und nach
vom Groben befreyt, so fängt man gleich an, der
Nase und den dortigen Theilen einige Form zu geben. Man sucht aber hier nur die Oberfläche,
und nichts Vertieftes. Daher hütet man sich
noch, den Mund zu öffnen, oder Nasenlöcher zu
machen; denn alles dieses wird bis an das Ende
der Arbeit verschoben. Ich wiederhole es und sage
noch einmal, daß man sehr vorsichtig handeln
muß, daß nicht zu viel Stein wegspringe, sondern
alles erhaben bleibe, wie es vonnöthen ist. Wer
begreift es nicht, daß es leichter ist, die Nase niedriger zu machen, als das ganze Werk zu erniedrigen, damit die Nase höher werde? Bey dieser Gelegenheit giebt mir eine fremde Bosheit eine
Anmerkung an die Hand, welche die Rechtschaffen-
heit meiner Feder nicht unerörtert lassen kann.
Es giebt nämlich Bildhauer, welche das Werk ei-

ner

ner Statue nicht nach dem studirten Modell einrichten, sondern ein Modell erst nach dem Maaß
des Steins ausarbeiten. Es ist wahr, es äußern
sich bisweilen gewisse Umstände, in welchen dergleichen allerdings geschehen muß, allein, davon ist hier die Frage nicht. Man liefert ihnen also ein schönes, parisches, großes, und ergie-
biges Marmorkloz, welches einem großen Felsen
nicht unänlich ist. Der Wucher mischt sich darein. Sie schneiden, so weit es zureicht, so viel
Stücke davon, als es möglich ist, um große Tafeln zum Verkauf daraus zu machen. Das
Hauptstück des Marmors wird mager; es verliert
von seiner Dicke und Ausdehnung; die Statue
mag selber sorgen, wie sie Plaz finde. Dennoch geht man ohne Gewissen zu Werke, und anstatt eines ausgestreckten Armes macht man eine
am Körper angekleibte Wurst; anstatt einer weiten herrlichen Falte schleichet sich ein angepaptes
Gewand in die Arbeit; die Statue wird zusam-
mengedrängt, so weit der ausgemergelte Marmor
es zuläßt. Fragt man nun nach einem oder dem andern Arm, oder nach dieser oder jener Falte; so
finden sie bald eine Entschuldigung, und sagen:
wir hatten zu wenig Stein. Demohngeachtet
wollen sie sich doch den Namen eines großen Künstlers anmaßen, ob sie gleich auf Kosten der Kunst
eine blaße Mißgeburt zu Stande gebracht haben.
Ob zwar meine Absicht hier ganz und gar nicht ist,
den Leser mit Fabeln oder Hirngespinnsten zu unterhalten; so kann ich mich doch nicht enthalten,
einer

einer beynahe unmöglich scheinenden Geschichte zu
gedenken: In Avarien erhielt ein Bildhauer einen oft gewünschten Befehl, Statüen zu verfertigen. Er vollzog ihn mit oben erwähnter Aem-
figkeit, und erhielt dafür seine Belohnung. Weil
aber diese Arbeit keinen Beyfall erhielt; so wurde
ein Bildhauer zu derselben Verbesserung berufen.
Dieser entschloß sich fast wider seinen Willen, ein
fremdes Werk von Marmor zu verbessern; erwähnter Tafeln ungehindert aber wurden die Statüen viel ansehnlicher, und, welches beynahe un-
glaublich ist, auch größer als vorher. Also
mußte der unschuldige Marmor dreyerley Gewalt
ausstehn, ehe und bevor er zu der Ehre gelangte,
wodurch er selbst, und der Ort, auf dem er pranget, verherrlichet worden.

Ich habe zu Rom das Modell einer päbstlichen Colossalfigur lange vorher im Kleinen gesehen, ehe man das Maaß um den Marmor nach
Carrara geschickt hatte. Anderwärts aber sucht
man vorher Marmorstücke, und macht die Modelle auf ein Gerathewohl nach der Masse des
Steins. Dergleichen Fälle können den Liebhabern
der Kunst zu einiger Warnung dienen.

Ich kehre nun wieder zu unserm fleißigen
Schüler zurück, welcher sich sehr in Acht nimmt,
daß der Meisel ihm nicht zu viel Stein wegreiße,
und sich auch über dieses nach dem angegebenen
Unterricht ziemlich gut anstellet. Nur muß ich

ihm

ihm noch dieses sagen, daß er nicht allein die vordern Profile, sondern auch die hintern durch ermeldete Faden andeuten müsse, und allda nur die
mittlere Linie allein herunter zu zeichnen habe.
Hierauf stellt er sich mit der Schnur und dem
Bley in der Hand vor das Angesicht des Origi-
nalkopfs, schließet ein Auge zu, läßt die Schnur
über das Angesicht und über das Halsgrübchen
herab hangen, welches in allen Stellungen das
Mittel ist. Ist dieses geschehen, so sieht er, wo
der Kopf sich mehr oder weniger hinwendet, und
ob die Schnur mehr oder weniger von der Nase
abweiche: Denn eine solche Entfernung muß im
Marmor, so viel es möglich ist, gleich angemerkt
werden.

Solchergestalt hat man besagtes Grübchen
zur ersten Linie, und den Mittelpunkt des Angesichts zur zweyten Linie, welche beyde Linien man
nicht verlieren muß.

Man mißt hernach vom obern Plan, wie
weit die Stirne, die Nase, das Kinn, die Halsgrube, und jeder andrer Theil, den man in Acht
nimmt, herab reiche. Sind diese Zeichen angedeutet, so kann man unbesorgt den Marmor angreifen, und das Grobe davon hauen. Ob man
gleich keinen Anstand nehmen darf, seitwärts nach
den Profilen alles wegzunehmen; so muß man
dennoch besorgt seyn, daß Stein übrig bleibet, damit, wenn die vordern Theile nicht gelingen, man
Mittel zu helfen finde, welches das Beste in der

ganzen

ganzen Kunst ist.   Dabey muß aber sich niemand einbilden, daß er ein Michelagnolo sey,
welcher in seinem hohen Alter oftmals zum Schrecken seiner Schüler den Stein bis auf das lebendige angriff, und ohne Gefahr erstaunliche Klötzer herunter schlug, und also durch einen Schlag
oft mehr ausrichtete, als andre in vielen Stunden.   Das macht aber, weil er eine sichere und
muthige Gewalt sowohl über den Stein als über
das Eisen hatte.   Er war ein mächtiger Gebie-
ther seiner Hände, die seinem Verstande, so lange
er lebte, ihren Gehorsam niemals versagten.

Vorzeiten, wurden die Schüler auch auf folgende Art abgerichtet: Sie mußten das Original
in eine Mulde vor sich hinlegen, welche Art aber
in Italien endlich um deswillen für nichtswürdig
erkannt wurde, weil das Werk dadurch selten
gut gerieth.   Man sagt, oben genannter Bresciano habe seinen Moses also verfertiget, der
deswegen zu kurz geworden sey.   Michelagnolo
soll die Originalstatüe in einen Trog voll Wasser
gelegt haben, welches er nach und nach abgelassen
habe.   Die Theile sollen also punktweis empor
gestiegen seyn, die er in Acht genommen, und sie
hernach in den Marmor übergetragen habe. Diese
Art kann wohl einem Schriftsteller, aber keinem
Künstler gefallen.   Diese bleiben bloß bey dem
stehen, was Michelagnolo in seinem Alter übte,
und nicht bey dem, was er in der Jugend nur
als einen Versuch angestellt hatte.   Das rath-

samste

samste ist, die Bilder aufrecht zu arbeiten, und
noch besser wäre es, wenn man sie in der Höhe,
und an dem für sie bestimmten Orte selbst vollenden könnte. Was ich oben von den Faden gemeldet habe, erfordert noch den Zusatz, daß man
sie am Ende der Arbeit wegnehmen, und, weil
alle Formen da stehn, zu Ausführung des Ganzen
nur dem Augenmaaß folgen müsse. Ich übergehe
die Meynung gewisser Bildhauer mit Stillschweigen, welche glauben, die Faden wären unsicher,
und nicht rathsam, sondern man müsse sich vielmehr des Zirkels zum Abmessen bedienen, weil
das Modell könnte verrückt und alles in Verwirrung gebracht werden. Ein geschicktes Genie
findet aber allezeit Mittel, sich zu helfen.

§. 13.

Von der Art und Weise, entweder das Große ins Kleine, oder das Kleine in das Große zu bringen.

Da das Modell und der Marmor selten von
gleicher Größe sind; so müssen die Verhältnisse des
Kleinen nach dem Großen genommen, und in den
Stein, der größer ist, übergeschlagen werden,
worinn man auf folgende Art zu Werke gehet:
Hat man z. E. ein Brustbild vor sich, so mißt man
die ganze Höhe des Kopfs oder des Brustbildes.
Diese zeichnet man auf ein Linier, und theilt sie
in 16 gleiche Theile, die man Unzen nennen kann.
Auf gleiche Weise verfährt man mit dem Steine,

und so sind alle Theile verglichen. Wenn also
das kleine Modell, z. B. von den obersten Haaren bis zur Nase 7 Theile giebt; so müssen auch
7 Theile oder Unzen vom größern Maaßstab auf
den Stein gezeichnet werden. Man kann auch
die kleinsten Theile bestimmen, wenn man jede
Unze in 2 oder 4 Minuten abtheilt. Hat also
das Angesicht im Modell 10 Unzen und 3 Minuten; so nimmt man im großen Stabe auch so viel,
und überträgt sie auf den Stein, und also verfährt
man mit allen Theilen. Dieses ist die leichteste Manier, einen kleinen Kopf größer zu machen.

Es giebt Gläser, welche den Gegenstand entweder größer oder kleiner zeigen. Diese dienen,
eine Arbeit zu untersuchen. Man entdeckt die
Fehler des Kleinen durch das Vergrößerungsglas,
und so umgekehrt. Ueberhaupt ist es gewiß, daß,
je enger die Theile beysammen sind, desto leichter
man ihren Zusammenhang beobachten könne.
Man entdeckt dadurch die Fehler in der Zeichnung,
in dem Umriß und im Ganzen sowohl, als in den
Theilen, weil solche Beobachtungen im Großen
alles zerstreut, von einander entfernt, und gleichsam unverbunden darstellen. Was ich von beyden Maaßstäben gesagt habe, zieht eben die Wirkung nach sich, welche bey den Malern durch die
ihnen gewöhnlichen Gatter wahrgenommen wird.
Wollen sie ein kleines Gemälde, oder einen Entwurf in ein sehr Großes übertragen; so machen
sie mit der Kreide auf die kleine Schilderey ein

Gatter,

Gatter, z. B. von 16 Theilen nach der Höhe und
Breite, und eine gleiche Abtheilung zeichnen ſie
auf die große Leinwand. Alsdann geben ſie darauf genau Achtung, was jedes Viereck im Kleinen enthalte, und zeichnen eben daſſelbige in das
große Viereck, nach der Ordnung, die ſich im Kleinen darſtellt. Auf dieſe Weiſe erſcheint unvermerkt die kleine Figur in einer Größe, die der
Leinwand gemäß iſt. Wird irgend ein Leſer bey
dieſer Stelle zum Lachen bewegt, und ſagt: er
wiſſe dieſes ſchon lange und beſſer; ſo mag er ſich
zugleich merken, daß ſie nicht für ihn hergeſchrie-
ben worden, und wenn er es beſſer weis, er ſeine
Art jungen Leuten mittheilen und nicht verhöhlen
möchte.

§. 14.

Was für Köpfe die Anfänger kopiren ſollen.

Ich wünſchte, daß der Kopf, den ein junger
Schüler nachmachen ſoll, einer von den vollkommenſten in Marmor oder Gyps wäre, damit er
ſich die leichteſte, ſchönſte, beſte und edelſte Art
der Kunſt in ſeine Gedanken und in ſeine Einbildungskraft einprägte, und ſich anfangs nicht gleich
in Haare oder Bärte einließe, wo er zwar für ſich
Arbeit genug, aber weniger Nutzen finden würde.
Wo nehmen aber wir Deutſche dergleichen anſtän-
dige Köpfe her? Wir haben verſchiedene ſolche vom
Antiquen abgeformte Muſter, die wir bey den

meiſten

meisten Künstlern mit Vergnügen antreffen, und
welche zu unsrer Absicht dienlich seyn können. Ich
will also nur einige zum Beyspiel nennen, und mir
vorstellen, als wenn ich mich zugleich mit dem
Schüler in Rom aufhielte; nach diesem kann ein
geschickter Lehrer sich richten.

Ich würde also dem Schüler denjenigen Kopf
vorsetzen, den man zu Rom die Juno vom Hause
Cesi nennt. Diese Juno ist eine ungemein gut
gekleidete Statüe, die man sowohl, als ihren Kopf
insonderheit, ohne Anstand hochschätzen muß, weil
darinn alle Vollkommenheiten herrschen. Ihre
großen Augen, ihr ernsthafter Mund und ihr unnachahmliches Profil, erwecken Lust und Eifer zur
Arbeit. Es sind noch mehr solche Köpfe der
Juno in der Villa Ludovisi von Marmor, und im
Palast Barberini, im Cabinet Strozzi, und andre verschiedene in kostbaren Steinen geschnitten.

Hierauf würde ein alter Mannskopf ohne
Bart zu weiterer Nachahmung des Schülers nützlich seyn. Man wähle sich also einen Philosophen
von einem vortrefflichen Meister, wie zum Beyspiel Cicero im Palast Ludovisi, welcher mit gros-
ser Leichtigkeit formirt ist.

Endlich wollte ich ihm einen ehrwürdigen Alten mit dem Bart, und theils mit guten, theils
wunderbaren und ihm anständigen Haupthaaren vorstellen, wie der Farnesische Homer, ein
Wunderwerk der Kunst, der gleichsam seine Gedichte

dichte abzuſingen, und eine freywillige Blindheit auszudrücken ſcheint.

Wenn man mit allerhand Köpfen von Gyps verſehen iſt, ſo läſſet ſich anſtatt dieſer obigen leicht eine Wahl treffen, den Schüler auf gute Wege zu führen. Moderne Arbeiten wollte ich niemals anrathen, weil ſie gemeiniglich ſelbſt nur von Schülern verfertiget worden; doch giebt es aber auch manche vortreffliche Muſter darunter. Wenn gemeldete antique drey Köpfe, oder andre dergleichen abgebildet wären; ſo könnte der Schüler deſto ſicherer weiter gehn, und andre Köpfe kopiren, die man zu Rom in den Paläſten ſo wohl, als heute im Capitolio häufig findet. Wer Rom dieſer Künſte wegen beſucht, muß hauptſächlich in den Paläſten Colonna, Farneſe, Ludoviſi, Medicis, Ceſi, Borgheſe, Mathei, Pamphili, Giuſtiniani, und andern ſich umſehen, und ſich um die Gypſe bewerben. Ich kann hier nicht unangemerkt laſſen, daß ſelbſt im Vaterlande unzählige antique Köpfe von Gyps angetroffen, und deswegen, weil ſie nur von Gyps ſind, wenig geachtet werden; ob ſie ſchon zum Studiren weit geſchickter ſind, als die Originale, wie ich bereits anderwärts erwieſen habe.

§. 15.
Von der Nothwendigkeit, die Köpfe vorzüglich gut zu machen.

Die Köpfe gut zu bilden, iſt ein Stück von ſolcher Wichtigkeit, daß man davon nicht genug

　　　　　　　Regeln

Regeln geben kann. Es iſt offenbar, daß, wenn
der Kopf ſchön iſt, alles übrige im Auge des Beobachters auch ſchön werde, und wenn der Kopf
ihm ungeſtaltet vorkömmt, er alles andre auch
vernachläßige. Man kann noch mehr ſagen: es
ſind ſo viel verſchiedene wunderbare Theile im
Kopfe, daß, wenn man einen jeden inſonderheit,
oder auch alle zuſammen an ihre gehörigen Stellen gebracht hat, man ſich faſt eben deſſelbigen Lobes getröſten könne, welches ein andrer durch eine
noch ſo fleißig und richtig verfertigte Statüe verdient. Denn ein jeder, welcher das Angeſicht
betrachtet, wird gleich zum Richter, und weis zu
ſagen, ob der Kopf gut oder ſchlecht ſey; hingegen von andern Theilen des Leibes wird er alles
nur überhaupt nehmen, und ohne Einſicht der
Kunſt beurtheilen. Weil alſo meiſtens nur der
Kopf allerley Meynungen und Tadel ausgeſetzt
iſt; ſo muß man auch dabey alle Mühe anwenden,
mit einer reifen Ueberlegung daran zu arbeiten,
und dieſes um ſo viel mehr, als man in der Betrachtung des ganzen Antiquen wahrnimmt, daß
bey nahe alles nur in Portraiten beſteht.

Alle antiquen Medaillen ſind entweder Köpfe
oder Bruſtbilder, und alle Statüen ſind für Köpfe
von Helden, die ſie vorſtellen, gemacht. Dieſes
zu beweiſen, darf man nur eine Statüe in einer
Conſularkleidung anſehen, ſo wird man gleich einen Claudius, einen Fabius, oder Marcellus
erblicken. Sind es Kleidungen eines Kaiſers;
so

so zeigt sich ein Cäsar, Augustus, Titus und Domitianus. Stellen sie Kaiserinnen vor; so steht die Livia, die Agrippina und Julia da. Sind es andre Monarchen; so zeigt sich Alexander und Darius. Sieht man Helden und Feldherren; so kennt man gleich dem Scipio und den Hannibal. Stellt man sich Könige vor; so zeigt sich Romulus, Martius und Tarquinius. Als Philosophen erscheinen Sokrates, Solon, Plato und Aristoteles. Im Rednergewand findet man gleich den Demosthenes, Sokrates und Cicero. Unter den Poeten stehen jederzeit Homer, Orpheus, Horaz und Virgilius oben an. Unter mannbaren Weibern prangen vor andern eine Amazo, eine Hippolyta und Camilla. Als Jünglinge sind der Adonis, Narcissus und Hyacinthus vor andern merkwürdig. Werden Gottheiten gesehen; so kennt man gleich den Jupiter, die Venus, den Mars und den Saturnus.

Man kann fast sagen, daß das Angesicht ein Spiegel sey, in welchem man alle Tugenden und Laster wahrnehmen kann. Die Gesichtsbildung oder Physionomie so wohl, als die Leibesbeschaffenheit und das Temperament stellen die innerlichen Beschaffenheiten der Seele vor.

§. 16.

Welcher Theil im Angesichte vor andern auszuarbeiten ist.

Ist man nun entschlossen, einen gewissen Kopf zu kopiren, und hat man bereits den Marmor, wie oben berichtet worden, an seiner Stelle zubereitet; so kann man mit dem starken Eisen allgemach denselben in eine Form überhaupt zusammen hauen, und den ersten Theil mit dem gespaltenen Eisen fast bis auf das lebendige angreifen. Als Michelagnolo gefragt wurde, wie er es mache, daß er so schöne Statüen und Köpfe aus dem Stein heraus brächte? so antwortete er: dieses ist ganz leicht, denn die Figur steckt schon im Marmor. Was ist also zu thun? Man stemmt und hauet den Stein fleißig davon, und räumt alles weg; so steht die Figur vor Augen, und tritt gleichsam selbst hervor.

Es kömmt also nur darauf an, wie man zu Werke gehen soll, den Marmor wegzuräumen. Man fängt bey oben gedachtem ersten Theil, nämlich bey der Nase an. Denn durch diese wird man nach und nach die ganze Menge der übrigen Theile des Kopfs finden. Hier muß man aber kleine und scharfe Eisen, auch kleine Raspeln brauchen, damit man ihre Spitze von unten empor bringe, und daran, als einer gefährlichen Sache, nichts zerbreche. Ist sie sodann erhöht; so zeigt sie gleich drey Theile des Angesichts, die Entfernung

nung der Ohren und ihren Platz, die Kruspel, das
Halsgrübchen und die Kehle.   Man entdeckt
auch gleich einen großen Theil der Bildung und
des Ansehens des Portraits.

Gleichwie aber die Nase der erste Theil der
Arbeit ist; so muß sie hernach auch der letzte seyn,
welchen man am Ende aller Bemühung völlig
ausarbeiten muß; denn die Nasenlöcher darf man
nicht eher formiren, als bis alles andre vollendet worden, weil sie ein erhabenes und hohles
Wesen, und aus dem Grunde zerbrechlich sind.

§. 17.
Von dem Schönen und Leichten in der Aus-
arbeitung eines Kopfs.

Wenn sich endlich die Nase auf ermeldete
Weise darstellt; so erlangt der Kopf schon ein gewisses bedeutendes Ansehn, und eine Leichtigkeit,
welche, so bald man mit einem gewissen Schwung
anfängt die Wangen seitwärts zu formen, sich
augenscheinlich äußert und vermehrt.   Dieses geschieht, wenn man von den Nasenlöchern bis an
den Ort, wo die Augenbraunen aus dem Schlafe
wachsen, und von den Nasenlöchern bis an den
Ort, wo das Kinn anfängt, Stein wegnimmt.
Dieser Schwung, oder die Gestalt der Wangen,
ist eine der wichtigsten Arbeiten im ganzen Angesicht.   Die Regel, die Wangen zu formen, besteht darinn, daß man unter der Nase und unter dem Ohr eine gerade Linie zieht, diese in zwey

D 5   gleiche

gleiche Theile zwischen der Nase und dem Ohr ab-
sondert, und dort einen Punkt bohrt, den Zirkel
dort ansetzt und damit herumfähret.   Dieses
deutet ein schönes Profil an, und bestimmet den
Ort der Augenbraunen, der Augen, der Nase, des
Mundes und des Kinnes.

§. 18.

Von der Nothwendigkeit, einen Punkt vest
zu setzen, und alle Theile des Kopfes
zu bestimmen.

Wenn man ein Angesicht nur durch das bloße
Augenmaaß verfertiget hat, so nimmt man gemeiniglich wahr, daß desselben Theile fast niemals
beysammen sind.   Man sieht, daß viele Köpfe
so gar von antiquen Portraiten auch zuweilen von
großen Meistern entweder ein Auge höher, als
das andre, oder die Nase mehr auf eine Seite als
auf die andre, den Mund gekrümmt, die Ohren
zu weit auseinander, und schlecht gesetzt vorstellen,
welches Gelegenheit giebt, daß sie sodann billig
getadelt werden.   Dergleichen Ungereimtheiten
zu vermeiden, ist es sicherer, eine Regel, als nur
das Augenmaaß zu brauchen.

Wenn das Gesicht schon entworfen, und die
Mittellinie von der Stirne herab auf den Marmor vest gesetzt ist, so muß man durch eine Senkschnur dieselbe wiederum untersuchen, ob sie richtig und senkrecht sey.   Sodann macht man an
der

der oberſten Spitze der Stirne einen unkenntlichen
Punkt, und auch einen dergleichen am äußerſten
Orte des Kinnes.   In dieſe Punkte ſetzet man
den Zirkel, und unterſuchet dadurch die Entfernungen aller Theile gegen alle Seiten.   Dieſe Punkte
werden am Ende der Arbeit durch eine Raſpel
oder durch ein Schneid-oder Glätteiſen leicht wiederum ausgelöſcht.   Dieſes noch bey wenigen
Bildhauern gebräuchliche Eiſen zum ſchneiden iſt
zum Glätten des Marmors weit bequemer und geſchickter, als alle Raſpeln, nach welchen man erſt
mit Schmergel und Poliren mühſam zu Werke
gehen muß, welche Arbeit aber durch das Schneid-
eiſen erſpart wird.

§. 19.

Von der Stellung und Bewegung des Kopfes.

Eine ſchöne Bewegung, oder eine gute Stellung, iſt in den Köpfen ſo nothwendig, daß man
nicht unrecht ſagen kann, daß alles allein darinn
beſtehe.   Denn wenn man allenfalls einen Kopf
geradehin machet, daß er aufrecht, ohne die geringſte Art, auf der Bruſt ſtehet; ſo wird deswegen die ganze Figur tadelnswürdig ſeyn: dahingegen, wenn der Kopf ſich mit Artigkeit wendet,
denſelben jedermann bewundern wird.   Alſo
muß man dergleichen Köpfe meiden, welche gerade
in die Höhe ſehen; denn dergleichen findet man
weder im Antiquen, noch beym Raphael, auſſer,

ſer, wo die Nothwendigkeit dergleichen erfordert,
wie man dieſes in der Geſchichte der Niobe und ihrer
Kinder ſieht, welche vom Apollo und von der
Diana durch Donnerkeile erſchlagen, die Niobe
aber in Stein verwandelt worden. Alle dieſe
verwenden ihre Geſichter übermäßig.

Dergleichen Köpfe ſieht man aber in Raphaels Werken nicht. Und wenn ſich ja einer
unter unzähligen befindet, ſo ſieht man ihn doch
zum wenigſten ganz anders gezeichnet. Eben
dieſes haben alle große Meiſter in Acht genommen.

Dennoch hat man die Freyheit, daß man ſich in
ſolchen erhabenen Werken zuweilen gewiſſer ſtolzer
Freyheiten bedienen darf. Dahero ſieht man im
Antiquen nicht ſelten gewiſſe Ungleichheiten in den
Geſichtern, welche eine lebhafte Bewegung und
eine gewiſſe Schönheit verurſachen; ſie ſind aber
nicht verrückt, oder aus ihrer Stelle, ſondern faſt
unvermerkt von der Gleichheit der Theile verwendet, welches vornehmlich in den Lippen und Augenliedern geſchehen kann.

Was ich vom Kopf der Niobe geſagt habe,
wird auch dadurch beſtätiget, wenn man ihn mit
andern antiquen Weiberköpfen vergleichet. Denn
man wird finden, daß eine ſolche Bewegung durch
die Geſchichte und gewiſſe Gegenſtände gleichſam
mit Haaren herbeygezogen worden.

Dieſe-

Diejenigen Köpfe, welche abwärts sehen, sind meistens der Stellung nach sehr schön, weil sie ein anständiges Licht bekommen, und artig sind. Die Wahrheit dessen wird durch viele wunderbare Werke großer Meister bestätiget. Man sehe nur den Antinous, den Herkules, die Flora, die Flußgötter, den Apollo, den Bacchus, und die Stücke vom Raphael.

Man beobachtet auch, daß im Antiquen mehr Köpfe auf die linke, als auf die rechte Seite sehen, gleichsam, als wenn auf dieser Seite sich mehr Artigkeit zeigte. Man hat auch wahrgenommen, daß die Achsel, wo der Kopf hinsieht, gemeiniglich höher ist, als die andre. Dadurch entsteht auch die schöne Bewegung des ganzen Leibes, oder der Statue; denn er wird dadurch angenehm, natürlich und fast wie ein lateinisches S gekrümmt, wie das Antique es oft zeiget, und dadurch verhütet der Bildhauer das trockene, oder stangenmäßige, gerade und häßliche Aufrechtstehn.

Viele große Männer stehn in den Gedanken, daß es erlaubt sey, die Wendungen der Köpfe, so viel es möglich ist, stärker zu machen; denn weil sie ohne Hülfe andrer Theile des Körpers ganz allein stehn, so würden sie matt, starr und schwach, wenn sie keine Wendung oder Bewegung hätten. Doch muß man sich dabey vor dem schädlichen Zuviel in Acht nehmen.

Um also eine gehörige Ordnung zu treffen, muß man, wenn der Kopf mit Majestät gerade
auf

auf die Bruſt ſieht, denſelben keinesweges ſeit=
wärts, oder ins Profil richten, vielweniger die
Falten des Gewandes am Hals um den Kopf da=
hin wenden.   Wie weit ein Kopf ins Profil ge=
wendet werden könne, weis jeder Künſtler an ſich
ſelbſt wahrzunehmen. Schwerlich wird er mit dem
Kinn bis an das Achſelbein kommen. Demohnge=
achtet handeln einige doch ſo unüberlegt, daß ſie den
Kopf weit darüber verdrehen, welche Stellung aber
keinen natürlichen, ſondern einen verrenkten Hals
und Menſchen zum Abſcheu vor Augen bringet.

§. 20.

Von den Haaren.

Niemand wird zweifeln, daß die Haare die
größeſte Zierde eines Kopfes ſind; der Mangel
derſelben hingegen eine Urſache der größeſten Unför=
migkeit iſt.   Sie müſſen aber auch wohl geord=
net, an ihren rechten Ort; und nach dem Ver=
hältniß des Geſichts in gewiſſer Menge vorhan=
den ſeyn.   Die Figuren der guten Zeiten ſind
mit Haaren verſehen, welche groß, lockicht und
fleißig ausgearbeitet ſind; anſtatt, daß die Neuern
ihre Haare kaum angedeutet haben.   Alſo ſieht
man an antiquen Weibern, am Apollo, und am
Bacchus, breite, feine und mannichfaltige Haare.
Am Hermaphrodit ſind verwunderungswürdige
Haare von Zöpfen und Locken mit Binden zuſam=
men vereiniget, daß es ſcheint, als wenn mit Fleiß
Manns= und Weibshaare, oder Kopfzierden ver=
einiget

einiget worden wären. Die Alten haben ſie bey
Weiberköpfen an den vordern Theilen niemals auf
die Achſel fallen laſſen, und bey Mannsfiguren
ſieht man ſie faſt ſtets in einer gleichen Lage und
Ordnung. Sie ſind meiſtens in der Mitte getheilt, und ein Theil hier, der andre dort von der
Stirne weg, über die Hälfte der Ohren gezogen;
ſie ſtehen alle rückwärts, und von da fallen einige auf die Achſel, einige aber rückwärts auf den
Hals.

Auf der Stirne iſt ein Band, welches um
den ganzen Kopf geht, und denſelben gleichſam
umringet. An der Venus und am Apollo findet
man über gedachte Ordnung hier und da Haare,
und davon in der Höhe der Stirne eine andre
Verknüpfung, welches aber nicht rathſam iſt,
weil es, anſtatt zu zieren, viele Artigkeit von den
kleinen Locken, Wellen und von Wiederſcheinen
benimmt.

Das ſchönſte iſt, die Maſſen der Haare in
mehr Zöpfe oder Theile abzuſondern, ſo, daß einer in den andern geflochten ſey, und jener Theil,
welcher von ſeiner Wurzel aus in die Höhe geht,
in ſeinem Schwunge ſich erniedrige, und wieder
hineingebogen werde; diejenigen Theile aber, welche
vertieft ſind, ſich erheben und ſteigen, damit die
Wellen nächſt den geraden Haaren und ihrer
Auseinanderſtiegung zu liegen kommen, die Maſſen aber allezeit einen Contraſt machen, und die
Theile, welche oben ſind, mit den Theilen in der
Vertie-

Vertiefung sowohl links als rechts übereinstimmen. Daß nächst am Nackenden keine Wiederscheine seyn; daß man in der Arbeit mit dem gespaltenen Eisen oder Hundszahn fortfahre; daß man durch dem Bug der Haare unvermerkte Massen entdecke, und endlich in einer Stufe der Haare hin und wieder mit Artigkeit eine Zerstreuung verursache, und Achtung gebe, daß der männlichen Haare nicht   nicht zu wenig sind.

Das Antiqu   aare von Massen abgeklaubt, und dieselben gleichsam durch einen Kamm aus einander getrieben, auch zertheilt, und Wiederscheine von wunderbaren Durchbohrungen beygefügt.

Die Regel der schönsten Haare ist, daß die Massen einen guten Contrast machen, und durch die Aushohlungen nicht zusammen treffen; daß bey einer dicken Gruppe ein niederer Platz sey, mithin ein naher Theil mit dem andern jederzeit in eine Gegenstellung komme. Allein der grösseste Kunstgriff im Bart, und in den Haaren, welcher eine ausnehmende Reizung macht, ist eine eingebildete sanfte Bewegung der Luft oder eines sanften Windes, als wenn er in die Haare flatterte, dieselben mit einer Anmuth in Verwirrung setzte, und sie stets von der Wendung des Angesichts abwärts wehete; wodurch sich eine nicht geringe Anmuth einschleicht.

Die Bärte müssen sich am Kinn erhöhen, und an ihren Seiten sich theilen, damit die Wangen und Backen nicht verdeckt werden.

In

In den Portraiten muß man ſich an die Lage der Haare binden, wie ſie ſich natürlich darſtellt; denn ſie tragen alles mögliche zur Aenlichkeit bey. Das Antique hat faſt ihre Wurzel hinter den Schläfen deutlich ſehen laſſen, und alſo ihre Maſſen zurück getrieben, damit man ſie nicht für falſche oder geborgte Haare anſehen möchte. Endlich bemerke ich überhaupt noch, daß die Haare des beſten Antiquen gemeiniglich groß, lockigt und fleißig ausgearbeitet ſind. Dahingegen neuere Künſtler dieſelben kaum angedeutet, und ſonderlich an weiblichen Köpfen ſehr dünn gemacht haben.

§. 21.

Von der Stirne.

Die Stirne iſt derjenige Theil des Angeſichts, welcher den Raum zwiſchen den Augenbraunen und den Haupthaaren der Höhe nach einnimmt: Nach der Breite aber reichet ſie bis an das Ende der Augenbraunen und an die Schläfe, wo ſie ſich mit dem Wangenbein vereiniget, welches die Vertiefung der Augen macht, und durch die Ausbreitung der Wangen über die Ohren fortgeht.

In der Stirne ſieht man, gleichſam wie in einem Spiegel, das Vergnügen, oder die Traurigkeit des Gemüthes, den Zorn, die Ruhe und andre Leidenſchaften. Ihre Höhe wird in zwey gleiche Räume getheilt, welche ſich in allen Stirnen natürlicher Weiſe findet, wie im Herkules

und andern Alten.   Jedoch in Antinous, Apollo,
Bacchus und andern Jünglingen werden sie nur ganz
gelind'angedeutet.   In der Venus und andern
schönen Weiberköpfen bestehen sie gleichsam nur
in der Einbildung.   Der obere Theil ist gemeiniglich von Haaren geziert, welche dort ganz sanft
scherzen, und entweder die Hälfte, oder auch mehr
oder weniger einnehmen.   Der untere Theil gerade an der Nase ist jederzeit durch zwo tiefe Linien getheilt; wie in den Alten zu sehen ist: Bey
jungen Personen erscheint nur eine dergleichen an-
gedeutete, bey Weibern aber nur eine eingebildete
Linie.

Da diese Abtheilung die Stirne nach der
Höhe in zwey gleiche Räume theilet, und ein jeder
schon in zwey Theile unterschieden ist, das Ende
aber mitten in die Augenbraunen fällt; so werden
vier Berge von verschiedenen Höhen, Formen und
Größen daraus, welche bey den Alten sehr hoch,
bey der Jugend aber wenig wahrzunehmen sind,
bey Weibern hingegen nur eingebildet erscheinen.

Wenn also diese Stellen angeordnet sind, so
arbeitet man alles folgender Maaßen: Man macht
ein flaches Viereck, welches bis an die Augenbraunen reicht, und sich in die Höhe ausbreitet.
So dann wird ein andres kleineres Viereck von der
Höhe bis an das Ende der Augenbraunen am
Schlafe mehr oder weniger, nach dem Unterschied der Gesichtsbewegungen gemacht.   Von
der Höhe der Stirne gehen zwey Vierecke gegen
das

das Mittel und die Schläfe.   In diese kömmt
die Anlage der Runzeln, der Adern, der erhöhten und fleischichten Theile, welches die Natur
reichlich anzeigt.

Einige wollen behaupten, daß eine kurze
Stirne bey den Griechen für schön gehalten worden, und nach den heutigen Begriffen eine hohe
Stirne unrecht für schön angegeben werde. Meines Erachtens kömmt es auch hier auf das ver-
haßte zu viel und zu wenig an.   Doch hat eine
niedere Stirne allemal den Vorzug, wenn man
das Antique betrachtet, welches immer die schöne
Natur, keineswegs aber den Eigensinn eines
Modegeistes nachahmt, welcher die Stirne höher
macht, als das ganze Gesicht.

§. 22.

Von den Augen und den Augenbraunen.

Es ist ein besondrer Kunstgriff der Natur in
den menschlichen Augen, daß sie durch die Thränen die Traurigkeit des Gemüthes, und durch das
Lachen die Freude anzeigen.   Die Natur hat die
Augen unter die Bogen der Augenbraunen gesetzt,
damit sie gleichsam aus der Dunkelheit hervorbli-
tzen, in die Herzen, so zu sagen, Pfeile abschies-
sen, und zugleich die Führer und die Fackel aller
menschlichen Handlungen vorstellen.   Diese Betrachtung könnte zu einer gelehrten Abhandlung
und zu akademischen Gesprächen einen reichen und
häufigen Stoff abgeben, wovon der Gegenstand

E 2   wichtig

wichtig genug wäre.   Allein wir begnügen uns
hier mit der bloßen Erzählung ihrer Beschaffenheit.

Die Augen stehn unter den Augenbraunen und
unter der Stirne, welche ihnen zur Sicherheit
und Bedeckung ihrer Verrichtungen dienen. Sie
sind durch die Augenbraunen eingeschlossen, und
scheinen eyförmig zu seyn.   Sie können sich durch
eine Haut öffnen und schließen, welche man die
obern und untern Augenlieder nennt.   Ihre
Oeffnung zeigt sich von einem Augenwinkel bis
zum andern.   Sie stimmen mit der Höhe der
Nase überein, und sind so gesetzt, daß, je mehr
ihre Theile gegen die Spitze der Nase gehen, je
mehr sie auch stufenweise zurück weichen.   Das
Antique läßt jederzeit wenig, oder nur feine, aber
keine zusammengewachsenen Augenbraunen an
der Nase sehen; denn diese streiten wider die Eigenschaften einer wahren Schönheit.   Das übrige
ist aber dergestalt voll, daß, wo sie voll und dick
sind, die Augenlieder unten in der Aushohlung
liegen.

Das Antique zeigt in lebendigen Figuren niemals ganz oder zum Theil geschlossene Augen, ob
sie gleich gegen die Erde gekehret sind.   Es ist
also ein überaus großer Fehler, wenn sich in den
schönsten Figuren die Augen eher zu wenig als zu
viel öffnen.

Das Antique hat in die Augen eines Portraits niemals das Licht gemacht. Dieses Licht ist im Augapfel entweder ein Zirkel, eine runde oder halbrunde Vertiefung, oder eine Grube; im schönen Griechischen aber findet man dergleichen nicht. Doch haben einige das Licht angebracht, wie man es im kleinen Marcus Aurelius sehen kann, wo dasselbe deutlich gezeichnet ist. Zuweilen hat das schlechtere Antike das Licht unter den obern Augenliedern eingegraben, daß eine halbrunde Grube erschien. Die Alten haben auch den Augapfel ausgegraben, und anstatt dessen kostbare Steine hineingesetzt, welche den Glanz des Lichtes vorstellen mußten, wie man es in vielen steinernen und metallnen kleinen und großen Statüen oder Brustbildern sehen kann. Diesen Satz zu bestimmen, scheint es, daß die Stellung, und der Ort, wo eine solche Statüe hingesetzt werden soll, viel beytragen könne, daß nämlich das Auge mehr oder weniger kenntlich und sichtbar gemacht werden muß, welches durch das einfallende Tagelicht geschehen kann; doch, wie ich gemeldet habe, sieht man es in keinem guten alten Stücke.

Damit ich endlich zur Arbeit selber komme, so ist zu beobachten, daß, wenn man über die Augenbraunen bis unter das Auge die grobe Ausmeiselung anfängt, man einen vertieften Raum machen müsse, in welchem man durch weitere Arbeit alle gehörigen Theile des Auges finden könne.

Hier

Hier kann man bemerken, daß Jupiter,
Apollo und die Juno die Augen groß und rund,
gewölbt, doch enger als gewöhnlich, in der Länge
haben, um derſelben Bogen deſto erhabener zu
halten: Die Pallas hat auch große Augen, ihr
oberes Augenlied iſt aber mehr geſenkt, als an andern Gottheiten, um ihr einen züchtigen, und jung-
fräulichen Blick zu geben. Die Venus aber hat
die Augen kleiner, und das untere Augenlied,
welches in die Höhe gezogen iſt, bildet das liebreizende und ſchmachtende Weſen.

§. 23.
Von der Naſe.

Die Naſe iſt die Richterinn des Geruchs,
eine Herberge der Lebensluft, eine Zierde des Angeſichts, und zwar eine ſo nothwendige Zierde,
daß es ohne dieſelbe ganz ungeſtalt und häßlich
wäre.

Wenn man die Naſe macht, ſo muß man ſie
eher lang oder groß, als klein, und eher hoch, oder
einer Adlernaſe gleich, als eingebogen machen. Die
Naſe iſt an ihrer Spitze gemeiniglich ſo hoch, als
breit. Ihre Höhe theilt ſich zwiſchen den Naſenlöchern und ihrer Höhe. Dieſer Raum zwiſchen der Naſenſpitze und dem Anfange des Buckels
wird in vier Berge eingetheilt, davon auf jeder
Seite einer iſt; der unterſte Theil füllt jederzeit die
Höhle an den Naſenlöchern; höher aber füllt er

das

das Zeichen der Nasenlöcher oberhalb. Die Abtheilung mitten in gedachten Bergen wird allein
durch den Berg oder Buckel erfüllt, welcher in der
Höhe pranget, und sich in eine lange und enge
Form ausbreitet. Die Backen helfen der Na-
senspitze, und erheben sie auf beyden Seiten über
alle andre Theile des Angesichts.

Die Nase fängt bey den Augenbraunen an.
Von ihr an entspringen die Wangen, und diese
begleiten fast alle Verrichtungen. Ermeldete
Berge, Anhöhen, oder Buckel, erscheinen bey den
Alten jederzeit; bey der Jugend aber sind sie ge-
linde, und bey Weibern nur eingebildet.

Der Plan der Nase wird oberhalb in ein langes Viereck gearbeitet. Hernach nimmt man so
viel Stein weg, daß immer davon etwas übrig
bleibet: man läßt nämlich auf beyden Seiten der
Augenbraunen ihre zween Winkel stehn, welche
fast bis ans Ende der Arbeit bleiben, wie wir
oben gesehen haben.

§. 24.

Von dem Munde.

Ein schöner Mund zeigt sich, wenn man poe-
tisch redet, wie ein Schatzkasten voller Perlen,
welche das angenehme Pfand des Friedens sind.
Er ist die Munterkeit, die Liebe und das Gefängniß
des Herzens selbst; die Corallen der Lippen aber
sind die Tyrannen der Seele, weil die Majestät

E 4　　　　des

des Lächelns, dort auf dem purpurnen Throne
Platz nimmt, wie Petrarch von ſeiner Laura
geſungen hat.

Der Mund hat ſeine Stelle zwiſchen der Naſe,
dem Kinn und den Wangen. Er wird in zwey
Theile geſchnitten, welche man die Lippen nennt,
und die im Reden verſchiedene Bewegungen und
Ausdrücke verurſachen. Die Oberlippe wird
wie ein Bogen, als das wahre und ſchätzbare Rüſt-
zeug der Liebe, gezeichnet: dieſe Lippe iſt jederzeit
länger, als die Naſe breit iſt:

Das Antique hat in den ſchönſten Köpfen die
Lippen jederzeit mehr oder weniger mit einem kleinen Wiederſchein, und zwar unter der Oberlippe
durch eine Circularlinie, welche die Zähne vorſtellt, angezeigt; die Unterlippe iſt allezeit größer,
als die obere.

Das Antique hat den Mund, wenn gleich
der Kopf ein Geſchrey ausdrückt, wenig geöffnet.
Das Grübchen unter der Naſe trifft genau auf
die Spitze der Lippe, und dieſe Spitze ſtößt mitten
auf die Vertiefung der Unterlippe, welche zween
Berge macht. Wenn man die Lippen ausarbeitet, ſo muß man ihre äuſſerſten Theile mit dem
Eiſen durch feine Einſchnitte bezeichnen, und dabey in Acht nehmen, daß von dieſen beyden Ecken
oder kleinen Winkeln, welche der Mund an beyden Enden macht, Fleiſch heraus gehe, welches
ein Theil der Wangen iſt. Man muß endlich
auch

auch dieſes ſein Augenmerk ſeyn laſſen, daß aller-
erſt, wenn ſowohl im Geſicht, als im Proſil oder
ſeitwärts alles an ſeine gehörige Stelle gebracht
worden, die Wiederſcheine gemacht und das Ganze
zuſammen ausgeführt werde.

§. 25.

Vom Kinne.

Das Kinn entſpringt unter der Unterlippe,
allwo es durch ſeine Vollendung eine Abtheilung
und das Ende vom Angeſicht ausmacht. Seine
Größe nimmt meiſtens die Hälfte des Platzes ein,
der ſich zwiſchen den Naſenlöchern und dem Ende
des Angeſichts zeigt. Seine Form iſt am Urſprunge rund, breitet ſich hernach aus, und wird
dieſer Breite nach der Größe des Mundes gleich.
Sein vorderer Theil iſt flach, wenn auch gleich
daſelbſt ein gewiſſes Grübchen angedeutet würde.
Ich rathe aber, daſſelbe nicht ſehr zu vertiefen,
ſondern es in der Mitte nur für eingebildet anzunehmen.

Die Schönheit des Kinns beſtehet in einer
völligen Gewölbung, welche durch die Unterlippe,
wenn ſie kurz iſt, deſto größer wird. Um dem
Kinn dieſe Form zu geben, haben die alten Künſtler nach der ſchönſten Natur die untern Kinnladen
größer und tiefer herunter gezogen, als gewöhnlich
iſt. Ein breitgedrücktes Kinn hat kein ſchönes
Anſehen.

E 5 Am

Am Barte ſchadet es weniger, wenn man im
Großen, als im Kleinen fehlt.   Man muß da
ins Viereck arbeiten, und von den äuſſerſten Theilen ſowohl oben als unten einen Faden, der das
untere Kinnbein formirt, bis an die Ohren anbringen.   Unter dieſem Faden muß wenig oder
gar kein Fleiſch ſeyn, es ſey denn, daß es ein Portrait wäre; denn dieſes muß man zuweilen ganz
anders machen, als es die bisher beſchriebenen Regeln erfordern.

§. 26.
Von den Ohren.

Die Ohren haben die Herrſchaft über das
Gehör, beurtheilen den Geſang, und ſind von der
Natur mit ſolcher Kunſt gemacht, daß ich ohne
Bedenken ſagen kann, daß in keinem Theile der
menſchlichen Figur mehr Arbeit und Beſchwerlichkeit zu finden ſey, als in den Ohren.   Sie
haben ihren Platz zwiſchen den Kinnbacken, Schläfen und dem Halſe, wo das erſte Halsbein anfängt, und ſich mit den Achſelbeinen vereiniget.
Sie ſtehn im Profil des Kopfes, wo ſie unmittelbar oberhalb der Augenbraunen anfangen, und in
gerader Linie herunter mit dem Ende der Naſen-
löcher ſich endigen.   Ihre Geſtalt iſt einer von
den Theilen des Geſichts, welche in den ſeltſamſten Verhältniſſen oft nicht größer oder kleiner iſt;
größer bedeuten ſie gute Sitten; kleiner aber das
Widerſpiel.   Sie verſtellen auch den Theil der
Figur,

Figur, wenn man sie am obern Ende schmäler macht.

Wenn man an den Ohren arbeitet, so macht man eine hohle Fläche an ihrem gemeldeten Platz. Diese Fläche theilt man nach der Länge in drey gleiche Räume: einen Theil von unten her bis an das Leere in der Mitte; der andre Theil ist das Leere oder Ausgehöhlte selbst, und der dritte aufwärts, was noch übrig ist.

Man fängt also an, diese Theile zusammen zu fügen, ohne in der Mitte das Leere zu zeichnen, bis es erlaubt ist, mit dem Aushohlen oder Bohren zu Werke zu gehen. Ehe dieses aber geschieht, muß man um dieses Leere herum arbeiten. Das Bohren und Graben macht das Leere oder Ausgehohlte, wobey man in Acht nimmt, daß es besser ist, zu tief, als zu wenig einzudringen.

Man verschiebt es aber noch, rückwärts das Ohr abzulösen, wo mehr Mühe und Gefahr vorhanden ist; man beobachtet auch, daß oben und auswendig sowohl, als unten, alles einwärts gehe, und das Ohrläppchen wie Fleisch an den Wangen hänge.

Ueberhaupt sind am Ohr so viel Theile, Krospeln und Höhlen, daß man demjenigen das verdiente Lob nicht streitig machen kann, der alles genau beobachtet, was zu einem tüchtigen Ohr erfordert wird.

§. 27.

§. 27.

Vom Halse.

Der Hals ist die Stütze, der Stamm und die Grundveste des Kopfes. Sein vorderer Theil ist der Raum unter dem Kinne bis an die Achselbeine; rückwärts aber geht er bis an die Hirnschaale, an den Anfang der Achseln, bis an die Seiten der Ohren, an das Hohle der gemeldeten Achselbeine, und an ihren Anfang. Seine innern Theile bestehn aus sieben Wirbeln (Vertebrae) welche in einer Gleiche gehörig auf einander gesetzt sind; dann aus vier Hauptnerven, oder Sennadern, davon zwey rückwärts vom Kopf herabstammen, wo die Ohren hervorragen; endlich folgen die Muskeln bis auf die Achselbeine, welche das Halsgrübchen an der Kehle ausmachen und sich endlich theilen. Die andern zwo Nerven gehn von der Hirnschaale, nämlich vom Genicke, rückwärts bis auf die Achseln. Ich glaube, daß dieser vorläufige Unterricht für angehende Bildhauer hinlänglich seyn wird, weil das übrige die in den Maler = und Bildhauerakademien übliche Anatomieschulen lehren und zeigen, daß zum Bildhauer nur die sichtbaren Theile, nicht aber alle innerlichen Geäder zu dieser Kunst nöthig sind.

Die Form des Halses ist rund, sein Verhältniß aber so breit, als dicke; daß also am Herkules und andern starken Männern sein Maaß

nach)

nach der Länge dritthalb Theile des Angeſichts, an
weiblichen Figuren aber und an Jünglingen der
Raum vom Kinn bis zu den obern Augenliedern
ſeyn wird.   Wie viel Verhältniſſe aber giebt es
nicht noch auſſer dieſen, welche, wenn man ſich
mit der Beſchreibung derſelben einlaſſen wollte,
zu allzu großen Weitläuftigkeiten Anlaß geben
würden.   Bey gedachten Formen muß man die
zween Vordernerven entweder ſchon gemacht, oder
ſich vorgeſtellt haben, weil ſie zu einer richtigern
Ausarbeitung des Halſes führen.

Der Theil des Halſes wird da kürzer, wo das
Geſicht hingewendet iſt, auf der andern Seite
aber gezogen, oder länger.

Das Antique vermeidet allezeit die allzu vielen
Muſkeln, und giebt mehr auf das Ganze, als
auf die großen Theile, und mehr auf dieſe, als
auf die kleinſten Achtung.   Endlich iſt es beſſer,
wenn man im Kurzen, als Langen, und im Feinen, als Groben fehlet; jedoch geſchieht es auch
bisweilen, daß die Nothwendigkeit das Widerſpiel erfordert.

§. 28.

Von der Nothwendigkeit des Ausdrucks.

So oft die menſchliche Natur in eine Bewegung geräth, ſo läſſet ſie durch ausdrückliche äuſ-
ſerliche Zeichen auch ihre innerliche Empfindung
wahrnehmen.   So gar die Thiere geben durch
äuſſer-

äußerliche Merkmaale ihre innerliche Bewegung
zu erkennen.; Daher scheinet es, daß alle Theile
des belebten Körpers einander so zu sagen die Hand
bieten, das Anliegen des Herzens sich zu offenbaren.
Ueberhaupt aber kann man das Gesicht nicht anders als einen Spiegel betrachten; worinn eine
solche Empfindung deutlich angezeigt wird. Allein
man muß die Erklärung dieses Satzes von solchen
Gründen herleiten, wie in der Malerey gezeigt
worden.

Unsre Seele ist mit dreyerley innerlichen
Hauptleidenschaften versehen, welche im Zorn, der
Begierde und der Vernunft bestehen. Der Zorn,
jene kriegerische Macht, streitet wider alles, was
die Vernunft beleidiget. Die Vernunft bewaffnet das Angesicht mit einer würdigen Strenge und
mit einem ernsthaften Ansehn. Die Begierde
strebet nach etwas mit brennendem Verlangen,
und, um es zu erhalten, sucht sie durch ein fröhli-
ches Angesicht zu überwinden. Die Vernunft
hat den Vorzug und die Herrschaft über die andern Leidenschaften, daher zeigt sie sich durch ein
aufgebrachtes, ernsthaftes, gebieterisches und majestätisches Gesicht. Wenn diese drey Hauptleidenschaften so zu sagen im Gleichgewicht stehen,
und die Seele vollkommene Gebieterinn über dieselben ist; so befindet sie sich in einem ruhigen und
stillen Vergnügen; wird sie aber durch verschiedene Begebenheiten in Bewegung gesetzt, so ist
diese

diese entweder eine Zerstörung der Ruhe, oder ein
Vergnügen.

Weil aber die Verfassung des Körpers so beschaffen ist, daß eine elementarische Feuchtigkeit
meistens die andre überwältiget; so geschieht es
auch, daß durch solche Bewegungen das Angesicht in jenem Fall traurig, in diesem aber fröhlich oder ernsthaft aussieht.

Aus allem diesem kann man sicher schließen,
daß allezeit eine von diesen Leidenschaften entweder natürlicher oder zufälliger Weise, nachdem es
die Umstände der Arbeit erfordern, im Angesicht
müsse ausgedrückt werden. Ehe man also das
Angesicht machen will, muß man zuvor überlegen, was für eine von diesen Leidenschaften darinn
vorgestellt seyn soll, weil dieser sodann die ganze
Arbeit gewidmet werden muß.

Diese Leidenschaften und Bewegungen haben
mit den äusserlichen, nämlich mit dem Lachen und
Weinen eine genaue Verbindung, wovon wir
gleich handeln werden.

§. 29.

Von der Gesichtsbildung der Köpfe, welche lachen.

Das Lachen drückt sich in allen Theilen des
Angesichts wunderbar aus; absonderlich im
Mund und in den Augen, und zwar dergestalt,
daß die Augenbraunen sich plötzlich gegen die
Schläfe erhöhen, und die Augen, die Wangen,
und

äufferliche Merkmaale ihre innerliche Bewegung
zu erkennen.   Daher scheinet es, daß alle Theile
des belebten Körpers einander so zu sagen die Hand
bieten, das Anliegen des Herzens sich zu offenbaren.
Ueberhaupt aber kann man das Gesicht nicht anders als einen Spiegel betrachten; worinn eine
solche Empfindung deutlich angezeigt wird. Allein
man muß die Erklärung dieses Satzes von solchen
Gründen herleiten, wie in der Malerey gezeigt
worden.

Unsre Seele ist mit dreyerley innerlichen
Hauptleidenschaften versehen, welche im Zorn, der
Begierde und der Vernunft bestehen. Der Zorn,
jene kriegerische Macht, streitet wider alles, was
die Vernunft beleidiget.   Die Vernunft bewaffnet das Angesicht mit einer würdigen Strenge und
mit einem ernsthaften Ansehn.   Die Begierde
strebet nach etwas mit brennendem Verlangen,
und, um es zu erhalten, sucht sie durch ein fröhli-
ches Angesicht zu überwinden.   Die Vernunft
hat den Vorzug und die Herrschaft über die andern Leidenschaften, daher zeigt sie sich durch ein
aufgebrachtes, ernsthaftes, gebieterisches und majestätisches Gesicht.   Wenn diese drey Hauptleidenschaften so zu sagen im Gleichgewicht stehen,
und die Seele vollkommene Gebieterinn über dieselben ist; so befindet sie sich in einem ruhigen und
stillen Vergnügen; wird sie aber durch verschiedene Begebenheiten in Bewegung gesetzt, so ist
diese

dieſe entweder eine Zerſtörung der Ruhe, oder ein
Vergnügen.

Weil aber die Verfaſſung des Körpers ſo beſchaffen iſt, daß eine elementariſche Feuchtigkeit
meiſtens die andre überwältiget; ſo geſchieht es
auch, daß durch ſolche Bewegungen das Angeſicht in jenem Fall traurig, in dieſem aber fröhlich oder ernſthaft ausſieht.

Aus allem dieſem kann man ſicher ſchließen,
daß allezeit eine von dieſen Leidenſchaften entweder natürlicher oder zufälliger Weiſe, nachdem es
die Umſtände der Arbeit erfordern, im Angeſicht
müſſe ausgedrückt werden. Ehe man alſo das
Angeſicht machen will, muß man zuvor überlegen, was für eine von dieſen Leidenſchaften darinn
vorgeſtellt ſeyn ſoll, weil dieſer ſodann die ganze
Arbeit gewidmet werden muß.

Dieſe Leidenſchaften und Bewegungen haben
mit den äuſſerlichen, nämlich mit dem Lachen und
Weinen eine genaue Verbindung, wovon wir
gleich handeln werden.

§. 29.

Von der Geſichtsbildung der Köpfe, welche lachen.

Das Lachen drückt ſich in allen Theilen des
Angeſichts wunderbar aus; abſonderlich im
Mund und in den Augen, und zwar dergeſtalt,
daß die Augenbraunen ſich plötzlich gegen die
Schläfe erhöhen, und die Augen, die Wangen,
und

und die Augenlieder in Bewegung kommen. So
gar die Nasenlöcher und der Mund erweitern sich,
wodurch die Wangen auffschwellen.

Hier ist aber zu beobachten, daß das Antique
den Mund nur so viel geöffnet habe, als die Oberlippe gleich anfangs die Zähne ein wenig sehen
läßt.

Ausserdem bemerke man auch, daß das Lachen
nur in Köpfen von Satyren und Faunen anzubringen sey, weil es, wenn solches wider das gehörige Maaß und Ziel geschieht, ein leichtsinniges
Gemüth bedeutet. Weil aber das Lachen angenehmer ist, als das Weinen; so muß man das
Angesicht eher fröhlich, aufgeräumt und munter,
als traurig oder kläglich machen.

§. 30.
Von den Köpfen, welche weinen.

Die Köpfe, welche ihrer Natur nach weinen,
sich fürchten, oder betrübt sind, werden in der
Bildhauerey ungestaltet. Das Antique aber hat sie
manchmal mit Schönheit, manchmal auch mit Kunst
kläglich vorzustellen gewußt. Es hat sich, wie mich
dünkt, derjenigen Art bedient, welche gerade dem
Lachen entgegen gesetzt ist. Die Augenbraunen
gehen abwärts gegen die Schläfe, und gegen die
Nase aufwärts, daß sie einen fast geraden Winkel machen, und sich von den zween Bergen der
Stirne absondern, sich zusammen ziehen, und
über

über ſich eine fleiſchigte Höhe verurſachen, welche
die Traurigkeit ausdrückt.

Da das Lachen macht, daß die Augen auf-
ſchwellen, ſo werden ſie durch die Traurigkeit vertieft, und in ihren Mittelpunkt hinein gedrängt.

Die Naſe bleibt ſpitzig und mager, weil ſich
die Augenbraunen oben beym Urſprunge der Naſe
erhöhen.

Die Oeffnung des Mundes, da die untere
Kinnlade abwärts geht, entfleiſchet die Wangen,
wo das Lachen ſie aufſchwellet. Die Oeffnung
des Mundes wird durch die Kunſt ſo klein, daß
ſie die Dicke nicht übertrifft.

Die Haare ſind ſträubig, und laſſen die
Stirne offen und ungeziert.

Die Lichter in den Augen, wovon oben Erwähnung geſchehen, wollen einige doch, ob ſie
ſchon das Antique nicht haben, im Laokoon und ſeinen Kindern, im ludoviſiſchen Fechter, im ſter-
benden Alexander, beym Paſquin, in der Vitelle-
ſiſchen Agrippina, und in der Niobe geſehen haben. Ich meines Ortes kann mich an alle Sachen nicht erinnern, die ich vor ſo vielen Jahren
geſehen habe. Die Augen des Laokoons ſind vor
Schmerzen ſehr vertieft, woraus einige mögen
geurtheilt haben, daß die Lichter darinn angedeutet wären.

Von dem Munde merke ich hier noch dieſes
an, daß die heutigen Bildhauer einen unverant-
wortlichen Fehler begehen, welche, wenn ſie ein
weinendes Kind vorſtellen wollen, ihm den Mund

II. Band.　　　　　F　　　　　gewalt-

gewaltſam und ſehr weit auffſperren, ohne, daß
ſie ſich dabey erinnern, auf das Antique zu gedenken, oder daſſelbe nachzuahmen.

§. 31.

Von den Abbildungen oder Portraiten.

Wenn wir die Gottheiten des Alterthums,
nämlich die Venus, die Pallas, die Juno, den
Mars, Saturn und andre irrende Planeten, auch
die Meer-Erden und unterirrdiſchen Götter, die Figuren der Heldentugenden, der Städte, wie man
ſie in den erhabenen Arbeiten des Conſtantiniſchen
Triumphbogens ſieht, auch die Figur der Victo-
ria, welche den ſiegreichen Trajan krönet, imgleichen die Fama, die Gloria, die man in verſchie-
benen Siegesbogen von Marmor ſehen kann, und
endlich die porphyrne Statůe, welche im Capitolio zu Rom, und mit einer Kugel in der Hand
das Reich der ganzen Welt bedeutet, und das
Pferd des Marcus Aurelius bey Seite ſetzen, und
ſie alle mit Stillſchweigen übergehen; ſo wird man
doch noch eine große Menge von Portraiten in der
Antiquität und der antiquen Bildhauerey finden.

Dergleichen Portraite beſtehen in Kaiſern
und Kaiſerinnen, Monarchen, Conſuln, Feldherrn,
Rednern, Philoſophen, und andern, von denen ſchon
bereits oben verſchiedenes geſagt worden. Weil
aber nun dieſer Theil der Bildhauerkunſt, ſo zu
ſagen, ein Ganzes ausmacht; ſo iſt vonnöthen,
daß wir uns hier bey dieſer Materie weitläuftiger
aufhal-

aufhalten, damit die dem Begriffe dieſes Theils und der Arbeit nützliche und vortheilhafte Beobachtungen nicht mit Stillſchweigen übergangen werden.

"Schon der Titel von den Portraiten ſelbſt ſcheint dieſem Theile der Kunſt einen Vorzug zu geben, weil andre Köpfe nur maniermäßig, dieſe aber mit einer ſehr eifrigen Art gemacht werden, damit die menſchliche Bildung in der dauerhafteſten Materie getroffen werde. Dieſes iſt aber eine Arbeit von ſo großer Wichtigkeit, daß Alexander von niemand als vom Apelles wollte gemalt, und von niemand, als vom Pyrgoteles in Edelgeſtein gegraben, oder vom Lyſippus in Marmor gebildet werden.

Ein Werk, welches eine Aenlichkeit erfordert, zeigt allen Künſtlern einen wunderbaren und vortrefflichen Ausdruck an. Die Aenlichkeit hat auch vor allen andern Sachen den Vorzug, und läßt ſich unter den Wunderwerken der Bildhauerkunſt ſeinen Hauptrang gewiß nicht ſtreitig machen. Denn wenn ein Bildhauer einen Menſchen mit rothen Haaren, mit grauen Augen, und mit brauner Farbe abbilden muß, ſo macht er ihn in weiſſem Marmor, oder in einem Stück von Thon ſo änlich, daß jedermann ihn kennt, obſchon der Marmor und die Erde von ſeinem Gegenſtande ganz unterſchiedene Farben haben. Daher muß man bekennen, daß ein Werk der Natur mehr in der Form des Erhabenen, als in der Farbe beſtehe.

F 2 Das

Das Papier und die schwarze Druckerfarbe sind von Rosen, Lilien und Amaranthen weit unterschieden, und dennoch erkennt man sie in einem Kupferstiche, ohne natürliche Farben, an denen Linien und an der Form.

Daher wünschte ich sehr, daß der Bildhauer, wenn er ein Portrait machen soll, diesen so wesentlichen Theil mit aller Mühe und Aufmerksamkeit studirte, nämlich, daß er, wenn er den natürlichen Gegenstand sich in gerader Linie vor Augen gestellt hat, anfienge, das ganze Gesicht ernsthaft und aufmerksam zu betrachten: ob es sehr rund, lang, dicke, fett, mager, enge, schändlich, schön, munter oder melancholisch sey. Hat er die Natur, wie sie da ist, wahrgenommen, und bey sich überlegt, dies oder jenes in der Größe des Originals abzumodelliren; so muß er sich in Acht nehmen, daß er das, was lang ist, nicht rund, und was dick ist, nicht mager mache. Er hat nicht Ursache sich zu schämen, wenn er seinem Augenmaaß nicht trauet, sondern, wenn es seyn kann, das Original abzumessen. Denn kanh es ein jeder Fürst leiden, daß ein Barbierer mit dem scharfen Messer ihm in seinem Angesicht herum fähret; um so viel mehr wird er es gestatten, daß ein Bildhauer in einer so erhabenen Absicht mit einem bloßen Zirkel das Maaß seines Angesichts nimmt, ohne es zu berühren.

Hat er die Art, die Form und das Verhältniß überhaupt vestgestellt, so möchte ich wünschen,

ſchen, daß er in allen beſondern Theilen die Aenlichkeit ſuchte, und auf das neue wiederum nach-
forſchte, ob in jenem Angeſicht ein Theil übermäßig groß ſey; ob ihm ſowohl die Stirne als der
Mund etwan zu groß oder zu klein ſcheine; ob
ihm die Naſe zu lang, oder zu kurz vorkomme;
ob die Augen zu weit heraus ſtehen, oder zu tief
im Kopfe ſtecken. Ich würde es gerne ſehen, wenn
er dieſe Uebermäßigkeiten der Theile mit ſolchem
Ausdrucke arbeitete, daß ſie von jedermann gleich
erkannt würden; denn ein Bildniß erlangt durch
nichts anders ſeine vollkommne Aenlichkeit, als durch
die Erkenntniß der Linien, welche ſich von der Vollkommenheit entfernen. Von einem vollkommenen
Kopfe haben wir ſchon oben gehandelt, hier aber
reden wir von der Abbildung eines lebendigen Angeſichts. Damit der Bildhauer es noch gewiſſer
änlich mache, ſo muß er die Nätur, die Macht
und die Abſicht desjenigen kennen, deſſen Bildniß
er ausarbeitet. Denn, wenn er ſtolz, frech, oder
großmüthig iſt, ſo darf er keine demüthige, furchtſame, oder niederträchtige Stellung machen.
Denn es iſt gewiß, daß die Regungen und Bewegungen die Natur des bewegenden ausdrücken.
Der Fall in einer jeden Sache mag aber beſchaffen ſeyn wie er will, ſo muß die Stellung niemals
trocken, ſteif, froſtig, oder abgeſchmackt ſeyn,
ſondern durch die Kunſt zierlich, durch die Annehmlichkeit und Anmuth artig und reizend
werden.

Ich

Ich halte dieses vor eine wichtige Sache, daß
der Bildhauer gleich anfangs die Haupteigenschaf-
ten und Tugenden desjenigen einsehe, dessen Portrait er machen soll; damit er in einem jeden Falle,
wenn es möglich ist, desselben Gütigkeit ausdrücken könne. Wenn man dieses genau beobachtete,
so würde man in manchen Ländern nicht so viel berühmte Gegenstände der Gütigkeit in so viel riesen-
mäßige steinerne Abentheuer verwandelt sehen.

In antiken Stücken sieht man die Kunstgriffe
und Beobachtungen in den Portraiten, wie ich sie
bisher gewünscht habe. Es würde schon hinreichend
seyn, wenn ich nur den Kaiser Tiberius im Palast Farnese nennte. Man sieht in desselben Brust-
bilde gleichsam seine Seele ausgedrückt. Unter
seiner Furchtsamkeit ist eine grausame Aufmerksamkeit versteckt, welche in Schrecken setzt, wenn
man ihn betrachtet. Was soll man von der
Vergötterung des Claudius im Palast Colonna
sagen, wo die thörichte Leidenschaft im Ansehn
des Fechters ausgedrückt ist? Was kann man
vom gaetanischen Nero sagen, aus welchem eine
wahre Grausamkeit hervorblickt? Verursacht
Marius im Palast Barberini in Marmor nicht so
viel Schrecken, als er dem Feind und den Kriegs-
männern eingejagt hatte, welche ihn zu sehen,
in die unterirrdischen Höhlen zu Preneste kamen?
Was kann man vom Marcus Aurelius im Capitolio sagen, in welchem eine unbeschreibliche Güte
hervorleuchtet? Soll ich vom Cicero des Hauses

ses Ludovisi nichts anführen, in dessen Angesicht man das Edle der Gesichtsbildung, den Mann voll Verstand und Gelehrsamkeit so deutlich wahrnimmt, daß so gar die Augen durch das Studiren geschwächt zu seyn scheinen? Wie viele andre vollkommene Abschilderungen wären hier nicht noch anzuzeigen? Man sehe den Diogenes der Fürsten Justiniane, die Agrippina der Vitelleschi; den Lucius Verus der Fürsten Borghese und ihren Belisarius. Man betrachte noch sehr viel andre, sowohl antique als moderne Werke in Marmor zu Rom, die man alle von Gyps abgeformt bekommen kann. Es müssen aber gelehrte und kunstverständige Augen seyn, welche solche Stücke ansehen, und daraus Nutzen schöpfen wollen.

Zur Aufnahme der Bildhauerkunst habe ich nur noch ein Wort mit den Großen der Erden und mit wirklichen oder vermeynten Schutzgöttern der Künste zu reden: daß sie nämlich, wenn sie selber gut bedient seyn wollen, dem Bildhauer sowohl Bequemlichkeit und Zeit, als die Erlaubniß, ihr Angesicht zu betrachten, und es unberührt nachzuformen, einige Minüten vergönnen möchten. Gesetzt, es geschähe täglich nur eine Viertelstunde nach ihrem Belieben, so würde das Angesicht in einer Woche fertig seyn und seine völlige Aenlichkeit haben. Sie erspareten dadurch das viele Sitzen vor den Malern, und ihre Abbildung könnte ohne ihre Person hernach von allen andern Künstlern

F 4

lern nach eines jeden beliebigen Stellung abge-
schilbert und vervielfältiget werden; wie ich dergleichen nach einem metallnen Kopfe nachgebildete
Portraite in verschiedenen Materien, geschnitzt,
modellirt und gemalt, mit Vergnügen gesehen
habe. Der Einfall des Tintoretto darf sie davon nicht abschrecken. Obgleich dieser berühmte
Maler mit dem satyrischen Aretin in Feindschaft
lebte; so kam dieser dennoch zu ihm, sich abschildern zu lassen. Tintoretto, welcher gleich willfährig war, setzte sich zur Staffeley, unversehens
aber zog er eine kleine Pistole aus dem Sacke, und
fuhr ihm damit unvermuthet unter das Angesicht.
Weil nun Aretin hierüber erschrack, so sagte Tintoretto, er wolle nur das Maaß nehmen, weil
er keinen Zirkel bey der Hand hätte. Aretin beurlaubte sich bald unter verstellten Freundschaftsbe-
zeugungen; nachdem er einige Zeit fast ausser sich
gesessen hatte. Von dieser Zeit an zähmte Aretin sowohl seine Feder als seine Zunge. Dergleichen
gefährliche Scherze findet man aber nur da, wo
solche Aretinen und Tintoretten im Rufe sind.

Ich will nur hier denjenigen noch eins und das
andre im Vertrauen sagen, die sich einbilden, daß
dergleichen Abschilderungen keine große Mühe erfordern. Solche Leute dürfen nur betrachten,
daß in einem veststehenden Kloße von Thon, Metall, oder Marmor nichts gutes könne zu Stande
gebracht werden, wenn das zur Abschilderung bestimmte Angesicht sich weder betrachten läßt, noch
                                                    dem

dem Künstler einige Geduld gönnet. Wieviel
Kunst muß er aber bey so bewandten Umständen
nicht anwenden, das lebendige Angesicht im Thon
zu modelliren, von diesem dem Stein einzuver-
leiben, und es zaubermäßig in Marmor zu übertragen?

Das Antique erinnert mich hier noch an eine
andre Anmerkung: Wenn die Alten einen ver-
jährten Mann abschilderten, so übergiengen sie
meistens alle Runzeln und Kleinigkeiten; sie
brachten alles in flache Theile, und machten nur
die sichtbarsten, merklichsten und die zur Verbindung der Theile nothwendigen Dinge. Die Nar-
ben, Warzen, Pocken und dergleichen helfen nichts
zur Aenlichkeit. So leicht man sie nachahmen
kann, so wenig dienen sie, eine Abbildung kunstmäßig zu verfertigen. Hingegen muß man beobachten, daß ein gewisser Halsschmuck, ein Gewand
und dergleichen nahe am Gesichte sehr genau müssen ausgedrückt werden, weil diese Nebensachen
zur Aenlichkeit vieles beytragen und zuweilen die
ganze Bildung verändern. Ein großer oder kleiner Kragen um den Hals verstellt den Mann so
sehr, daß er unerkenntlich wird. Unsre Alten
bedienten sich nicht selten dieser List, so wie noch
heute zu Tage die Veränderung der Tracht manche Person unkenntlich macht. Dieses giebt zu
erkennen, daß, wenn man das gewöhnliche Kleid
des Adels und des gemeinen Mannes vorstellet,
dasselbe das Portrait verschönert, nicht aber verunstaltet.

Es

Es iſt ſehr gut, weñn man natürliche Mängel mit Kunſt zu verbergen weis, wie es die Alten gethan haben, da ſie einen tief geſetzten Kopf
mit dem Helm vorſtellten. Zufällige Mängel
müſſen gar nicht angedeutet werden; denn wenn
jemand alle Glieder gehabt hat, warum ſoll man
den Verluſt eines oder des andern kenntlich machen? Man muß die dem Gegenſtande geziemende Zeit beobachten. In gewiſſen Umſtänden
aber verhält es ſich ganz anders: Homer und
Belliſarius hatten beyde ihr Geſicht, dem ohnerachtet macht man ſie blind, weil dieſes ſie nach
der Geſchichte charakteriſirt und kenntlicher macht.
Wenn aber ein andrer durch ſeine geſunden Augen bekannter iſt, als durch ſeine Blindheit, die
ihn erſt überfallen hat; ſo macht man ihn mit ge-
ſundem Geſichte u. ſ. w.

Endlich weis ich nicht, wie es füglich geſchehen kann; daß man einen Muntern traurig, einen
Trotzigen freundlich, einen Melancholiſchen fröhlich machen könne, und warum?

Nachdem wir alſo bisher die lebendigen Perſonen betrachtet haben; ſo kommen wir nun auch auf
die Bildniſſe, welche nach einem Gemälde in
Marmor oder Metall gebracht werden ſollen.

§. 32.

§. 32.

Von den Portraiten, welche man entweder
nach Gemälden, oder gar nach der Erzählung in Stein verfertigen ſoll.

Die Helden des Alterthums waren damit
nicht zufrieden, daß die Nachkommen ihrer un-
eingedenk wären; es war ihnen nicht genug, daß
die Geſchichtſchreiber ſich mit ihren merkwürdigen
Thaten beſchäfftigten, und ſie dadurch im Tempel der Unſterblichkeit geheiliget würden; ſondern
ſie wollten auch ihre Bildniſſe in Marmor ausgedrückt und der Ewigkeit überliefert wiſſen. Sie
ſchätzen dieſen Theil der Künſte ſo hoch, daß, ſo
blühend und glorreich die römiſche Monarchie und
das Anſehn der Malerey noch zu den Zeiten des
Kaiſers Veſpaſianus war, dieſe Kunſt doch ſchon
zu Zeiten des Plinius ſo ſehr in das Abnehmen
und in den Verfall gerathen iſt, daß, wie Plinius ſagt, die Malerkunſt, welche in vorigen Zeiten ſo hochgeſchätzt wurde, durch die Bildhauerkunſt in Marmor gänzlich verdrungen worden.
Es ſollte uns demnach billig Wunder nehmen, daß
es Fürſten bey aller ihnen gebührenden Ehre und bey
allem erworbenen Ruhm ſo unempfindlich geſchehen laſſen, daß man nach ihrem Tode kaum
ihre Abbildung in der Malerey findet. Andre
ſuchen nur ihren Ruhm in einer Lobrede, und
überliefern die Bildniſſe mancher Helden ihren
Nachkommen für die Schaben, Motten und die
Fäul-

Fäulniß; ja man siehet, daß ganze Bildersäulen
von Helden dem Untergang entgegen eilen.

Dieses traurige Schauspiel sollte mich fast ab-
halten, von der Kunst noch ferner zu handeln.
Jedoch dergleichen Beyspiele müssen nicht zur
Nachahmung reizen. Denn wo man nur stets
der Unwissenheit opfert, und die Geschichte nirgends beherbergen will, da verlangt man weder
die Thaten der Helden, noch ihre Angesichte zu
sehen. Wollen wir denn einem solchen Beyspiele
blindlings nachfolgen? Nein! ich will lieber meinen Vorsatz ausführen:

Es ist unstreitig, daß in der so edlen und
ewigdaurenden Bildhauerkunst nichts schwerer ist,
als ein halb erhabenes oder rundes Portrait nach
einem Gemälde zu modelliren, und in Marmor
oder Metall zu übertragen. Diese Beschwerlichkeit wird dadurch noch größer, wenn der Pinsel,
die Farbe, die Zeichnung und der Ausdruck nichts
als Ungeschicklichkeit zeiget. In einem so betrübten Umstande kann sich der Künstler weder
durch das Gute, noch durch das Schlechte, vielweniger durch die Profile Rath verschaffen. Er
ist schlechterdings genöthiget, das Urbild, wie es
ist, nachzuahmen, nicht nachzuforschen; sondern
zu gehorsamen, und sich zu befleißigen, damit dieselbige Stellung nachgemacht werde, die sich im
Gemälde zeiget; folglich muß das Gesicht auf die
Seite gewendet seyn, auf welche das Urbild hinsieht; es muß also auch dasselbige Licht und derselbige

ſelbige Schatten ausfallen, mithin aus der Ma⸗
lerey keine Copie, ſondern ein Original heraus
modellirt werden. Daß dergleichen Arbeit mög⸗
lich ſey, beweiſet uns das halb erhabne metallne
Bruſtſtück des gelehrten und berühmten kai⸗
ſerl. königl. Reichshofraths, Freyherrn von
Senkenberg, welches aus einem kleinen ziemlich
ſchlechten Miniaturportrait in Thon abmodellirt,
und in Metall gegoſſen uns in ſeiner Lebensgröße
ſo änlich vor Augen geſtellt worden, daß alle Ken⸗
ner der Kunſt und der Perſon das Werk mit Ver⸗
gnügen und Verwunderung anſehen, den Künſtler
mit allem Lob erheben, mir folglich Anlaß und
Gelegenheit geben, ihm hier öffentlich Gerechtig⸗
keit wiederfahren zu laſſen, ohne der Geſchicklich⸗
keit andrer Künſtler nahe zu treten. Franz Xa⸗
ver Meſſerſchmied, der ſeinen Namen durch
vielfältige Kunſtſtücke von Holz, Thon, Gyps,
Marmor und Metall, aus welchen Materien er
alle Gegenſtände herauszaubert, bereits ſchon
verewiget hat, war zu Ausarbeitung dieſes ſchwe⸗
ren Bildniſſes auserſehen. Man würde auch
Mühe gehabt haben, einen geſchicktern Bildhauer
zu finden, als einen ſolchen, welcher in der kaiſ.
königl. freyen Akademie der Malerey, Sculptur
und Architectur zu Wien, unter derſelben Director,
dem ruhmvollen Herrn von Maytens, viele Jahre
ſtudirt, und ſich die Stelle eines akademiſchen
Mitgliedes erworben hat; einen Künſtler, ſage
ich, dem Rom, und ſeine antiquen Schätze ſo be⸗
kannt ſind, als ſie einem Fiamengo geweſen,

und

und welcher durch derſelben Nachahmung Wien
bereichert, und die Akademie verherrlichet hat.
Junge Anfänger, denen ich zum Unterricht ſchreibe,
irren ſich aber gewaltig, wenn ſie ſich einbilden, daß
meine Worte lauter Weihrauch, oder eigenſinnige
Schmeicheleyen ſind. Seine zwo großen Statüen von weißem Marmor ſtehen noch aller Welt
vor Augen; eine dergleichen von Metall am
Herzoglich-Savoyiſchen Palaſt; das Bruſtbild
des Kaiſers Joſephus II. die zwo Statüen des
Kaiſers Franciſcus I. und der unſterblichen Kai-
ſerinn-Königinn Thereſia; das Bruſtbild des
Freyherrn und commandirenden Ritters van
Swieten; die zween Löwen im Savoyiſchen
Hofe; alle dieſe metallne Kunſtſtücke, nebſt andern dergleichen Portraiten und halberhabenen
Werken von ſeiner Hand, beweiſen ſeine Geſchicklichkeit und Kunſt ſo deutlich, daß ſcharfſichtige
und unverblendete Kenner, welche ſich die Augen
durch die Mißgunſt nicht umnebeln laſſen, ſo wie
die Kunſt ſelbſt für ihn das Wort reden, und
gänzlich überführt ſind, daß er unſern Zeiten und
dem Vaterlanbe wenig ſchuldig ſey, dieſes aber
durch ihn einen Vorzug erhalte. Seine geſchickten, leichten und muntern Finger machen allen
Künſtlern den Rang ſtreitig, weil er ein Angeſicht
im Thon in zwo Stunden änlich darſtellt. An
dieſem Manne finden die Schüler der Bildhauerkunſt ihren wahren Wegweiſer, und dieſes iſt auch
die Urſache, weswegen ich ihn mit freyer Stirne rüh-
me. Deutſchland hat an ihm einen Queſnoy,

der

der sich erfreut, wenn ein andrer ihn übertrifft, und dadurch ihm den Eifer einflößet, endlich den Muth, das Werkzeug und die Hand des Phidias zu erlangen.

Jedoch ich wende mich nach dieser angenehmen Ausschweifung wiederum zu meinen Schülern, und sage, daß die Beschwerlichkeit, eine Abbildung änlich zu machen, fast unüberwindlich wird, wenn man gar kein Gemälde hat, und zu einer solchen Arbeit nur mit einer Beschreibung sich behelfen muß. Sie vergrößert sich aber noch weit mehr, wenn die gehörige Bequemlichkeit und andre Hülfsmittel mangeln. In solchen Umständen nimmt man die Zuflucht zu jemanden, der etwan mit dem bestimmten Angesicht entweder ganz oder zum Theil einige Aenlichkeit hat, wodurch endlich doch etwas wahrscheinliches entsteht, weil das Wahre unmöglich ist.

Dergleichen mißliche Umstände geben auch Anlaß, die besondern Gesichtsbildungen eines Landes zu betrachten, in welchem der Held geboren ist, den man abschildern soll. Jede Nation hat ihre besondern Charaktere und Formen von Geburt, wie wir schon anderwärts gehört haben.

Freundliche und artige Gesichtsbildungen, sanfte und geschmeidige Köpfe, und Gesichter, welche sich beständig nach allen Seiten wenden, sind allemal für den Modellirer eine rechte Quaal. Sie kommen zwar selten vor, es geschieht aber doch

doch bisweilen, daß sie dem Künstler zur Marter
werden.

Ein Bildniß gut zu treffen, ist eine Gabe der
Natur, welche bey vielen etwas unmögliches
heißt. Wenn man sich aber alle oben angeführte
Beobachtungen zu Nutze macht; so kann man
dennoch alle Beschwerlichkeiten überwinden.

Endlich muß ich dem Bildhauer noch diese
Erinnerung geben, daß er alles so gut, als es
möglich ist, ohne Nachtheil der Gesichtsbildung,
sauber, nett und glatt ausarbeite; daß die Bewegung und Wendung geistreich erscheine; daß
durch das Gewand nichts verwickelt und verworren entstehe; zum Hauptwerk aber der schönste
und weisseste Marmor diene. Denn es ist ein
schmeichelhaftes Vergnügen für einen ehrliebenden
Menschen, sich selbst schön, geistreich und natürlich in weißem Marmor auf Jahrhunderte gebildet
zu sehn. Und wie betrübt müßte es nicht für den
Künstler selbst seyn, wenn er eine so mühsame und
kostbare Arbeit in einer nichtswürdigen Materie
vollbringen sollte? Zum Trost des hohen Adels,
und zur Ehre des Bildhauers muß ich noch dieses
gedenken, daß, wenn ein solcher Künstler einen
Kopf vollkommen änlich modellirt hat, auch gleich
unmittelbar ein geschickter Maler Gelegenheit gewinnen möchte, dieselbige Person, welche durch
ein solches Modell vorgestellt wird, nach dem Modell zu schildern. Er kann, ohne dieselbige zu
belästigen, ihr Colorit vom weiten und in geheim
beobach-

beobachten, und ſein Portrait kunſtmäßig ausführen. Ich habe vier ſolche Bildniſſe nach einem metallnen Bruſtſtücke zur Verwunderung ausarbeiten geſehen. Der Gegenſtand ſelbſt wußte nichts davon, und alle Kenner ſowohl, als Freunde, bezeigten darüber eine ausnehmende Zufriedenheit.

§. 33.

Von dem Kopf und der Bruſt zuſammen, oder von den Bruſtſtücken.

Unter beſondern Abbildungen haben die Griechen gemeiniglich eine ganze Bruſt angebracht, bey andern hingegen aber nicht, welches die Urſache iſt, daß die Formen ihrer Brüſte von verſchiedener Art ſind. Man ſieht Köpfe, an welchen oft nur der Hals oder eine drey oder vier Finger lange Bruſt unter der Halsgrube, und etwan der Anfang der Achſeln erſcheint. Man darf ſich dabey nicht die Vorſtellung machen, als wenn ſie zerbrochen, verſtimmelt, oder durch die unfreundliche Witterung verderbt worden wären; die äußerſten Theile ſind alle unbeſchädiget.

Gedachte Köpfe ohne Bruſt wurden zuweilen mit Fleiß alſo verfertiget, weil man ſie hernach auf gekleidete aus Marmor ohne Köpfe ausgearbeitete Statüen von Kaiſern, Kaiſerinnen und Conſuln ſetzte.

Von ſolchen Statüen ohne Köpfen hatten die alten römiſchen Bildhauer beſtändig welche in Be-

reitſchaft; damit, wenn ſie irgend vom Senat einen Befehl erhielten, oder ſie ein andrer Großer
vom Adel begehrte, ſie die Abbildung gleich
verfertigen, und einen ſo änlich gemachten Kopf
gleich auf dieſe oder jene Statüe aufſetzen und beveſtigen könnten.

Dadurch geſchah es, daß ein Palaſt, das
Capitolium, ein Tempel und die abgeſchilderte
Perſon gleichſam unverſehens in kurzer Zeit durch
eine ſolche Bildſäule verherrlichet wurde. Man
ſieht in Rom davon noch viele Beyſpiele.

In neuern Zeiten hat man nicht weit von
Marino, in der Herrſchaft des Hauſes Colonna,
noch dergleichen antique Statüen ohne Köpfe entdeckt. Andre ſieht man im Palaſt Orſini, im
Colloſſeo, oder Amphitheatro; wofern ſie nicht
etwan itzo in das Capitolium, wie viele andre, ver-
ſetzt worden ſind.

Andre Bruſtbilder haben ein größeres Verhältniß, wenn ſie auf Fußgeſtellen erhöht werden, wodurch ſie dem Angeſicht eine ſtärkere
Lebhaftigkeit geben.

Die Köpfe mit oben erwähnten kurzen Brü-
ſten ſind unten am Rande herum von der Achſel
an bis auf die Bruſt zirkelförmig gemacht, wie
man dergleichen auch in Medaillen oder halb er-
hobenen Arbeiten ſieht. Sie zeigen meiſtens
entweder mehr oder weniger den Urſprung der
Achſel und die Achſelbeine.

So groß der Raum zwiſchen der Halsgrube
und dem Ende dieſer kleinen Bruſt iſt; ſo groß
iſt

ist auch der Raum von den Achseln dies- und jenseits des Halses, welches Maaß mit demjenigen
überein kommt, das sich zwischen den Augenwinkeln
und dem Anfange des Kinns befindet. So sieht
man es am Cicero des Hauses Ludovisi. Diese
Verhältnisse werden aber von den Künstlern auf
allerhand Art angedeutet.

Ferner hat man ganze Brüste, welche ohne
Zweifel das Schönste ausmachen, und dennoch
auf unterschiedliche Art ausgearbeitet sind. Man
sehe den heiligen Andreas des Fiamengo in der
St. Peterskirche zu Rom, wovon weiter unten
Meldung geschehen wird. Es scheint, die Alten
haben sich in diesem Falle nach der Stelle gerichtet, wo man sie hinsetzen mußte, weil einige dieselben tiefer, andre ein wenig erhabener, andre nur zur Hälfte, und noch andre ganz matten, und zuweilen etwas weniges von den
Armen sehen ließen. Beyspiele von denselben
giebt es so viele, daß viele große Männer endlich
daraus eine Regel zu Brustbildern gemacht, und
dieselbe für die dienlichste, vernünftigste und beste
angenommen haben. Das aber macht mir nicht
den geringsten Kummer, wenn manche, welche
bereits schön schnurgerade wider diese Regel gearbeitet haben, dieselbe bestreiten wollen: Denn sie
mögen für sich sagen, was sie wollen, so werden
sie niemals einigen Beyfall erlangen.

Ich behaupte also, daß eine solche Regel, ein
gutes Brustbild zu machen, in einem vollkom-

G 2   menen

menen Zirkel bestehe, dessen Mittelpunkt das
Halsgrübchen ist.　Der Umriß wird über das
höchste der Stirne und unter den Achseln vorbey
gezogen.　Auf diese Art ist überhaupt die anstän-
digste Ausmessung eines Brustbildes bestimmet,
und nicht weiter zu vermuthen, daß einige sich unterstehen werden, darwider zu handeln, und ganz
unmögliche Figuren darzustellen.　Wer wird einen Helden, oder andern Menschen in der ganzen
Welt können zu sehen bekommen, dessen Leib am
Nabel abgeschnitten, die Arme aber am Ellnbo-
gen abgestimmelt und ausgestreckt sind, das Angesicht indessen heldenmüthig dasteht?　Es müßte
denn seyn, daß jemand entweder vom Feinde so
zugerichtet, oder durch seine Missethaten vom
Rad auf solche Art zum Abscheu zergliedert, und
nach ausgestandener Marter wiederum gesund in
Metall verwandelt worden wäre.

　　Brustbilder sieht man aller Orten, wo sich
Menschen in Schauplätzen oder an Fenstern befinden.　Man sieht auch Bildnisse bis auf den
halben Schenkel, jedoch mit ganzen Armen; andre bis auf die Hälfte des Beins, wie der borghesische Seneka.　Ueberhaupt scheint es, als
wenn die Künstler sich hierinn einer gewissen Freyheit bedienen wollten, welche man ihnen auch gewissermaaßen einräumt; allein sie müssen doch glauben, daß sie durch verstimmelte, abgeschmackte und
in der gewöhnlichen guten und schönen Natur un-
mögli-

mögliche Vorſtellungen niemals ein Lob oder einen
Beyfall erhalten werden.

In der Wendung, Stellung, oder Bewe-
gung eines Portraits auf einem Bruſtſtück iſt der
Grundſaß in Acht zu nehmen, daß, um ſolche Arbeit geiſtreich und reizend zu machen, auf der
Seite, nach welcher das Geſicht hinſieht, die Achſel mehr erhaben ſeyn müſſe, als die andre, und
dieſe Achſel den zwar nicht vorhandenen Arm
gleichſam vorwärts bewegt anzeige; im Gegentheil die andre Achſel ihren Arm rückwärts hinwende, und überhaupt alles was gegenwärtig iſt,
als nicht vorhanden ſo vorſtelle, als wenn die ganzen Arme und der ganze Leib vor Augen wären.
Ein geſchickter Bildhauer würde, um dieſes wohl
auszudrücken, eine ſolche Stellung mit ganzen
Armen modelliren, und ſodann das Bruſtbild
mit dem Zirkel, oben erwähnter Maaßen, ſchneiden. Durch eine ſolche Bemühung würden ſeine
Achſeln die ſchönſte Wendung bekommen, und
nichts würde gedachten zirkelmäßigen Umriß überſchreiten.

Alle andre Stellungen muß man fliehen, und
inſonderheit ſolche, wenn die Achſel ſich ſo erhöht
zeigt, als wenn der Arm in die Höhe geſtreckt
wäre, welches ſehr ungeſtaltet ausſehen würde.

Eine andre Beobachtung, welche die vorige
weit anſehnlicher macht, beſteht darinn, daß ein
jedes Gewand ſich jederzeit anders wende, als

das

G 3

das abgeschilderte Gesicht; folglich die Biegung oder
die Lage der Falten der Wendung des Gesichts
zuwider seyn, und mit demselben einen Contrast
machen müsse.

Das Antique der weiblichen Brustbilder ist
in einigen deswegen mangelhaft, weil darinn
weing Brust formirt ist.   Sie müssen also nicht
zum Muster dienen, sondern so gemacht werden,
wie man sie entweder in ganz nackenden oder auch
angekleideten Statüen sieht.   Denn dieses ist
bey dem schönen Geschlecht ein so angenehmer
Theil, daß man es für eine Regel annehmen kann,
dergleichen Brüste viel eher breit und erhaben,
als niedergedrückt und klein zu machen.   Jenes
zeigt ihre Pracht und Majestät, dieses aber eine
ungefällige Schönheit an.   In der Bearbeitung
darf man nur die Art der Köpfe in Acht nehmen,
wovon oben gehandelt werden.

Endlich merke man noch, daß, wenn die Alten
einer Statüe einen Kopf eingesetzt haben, dieses
niemals in nackenden, sondern jederzeit in gekleideten Statüen oder Brustbildern geschehen sey.
Denn auf diese Weise konnten sie die Zusammenfügung, oder den Abschnitt verbergen, welches im
Nackenden nicht möglich war, an sich selbst aber
eine unentbehrliche Sache ist.

Zuweilen machten die Alten die kleinen Kopf-
stücke ohne Gewand, weil in einem so engen Raum
keine rechte Falte mit guter Art angebracht werden kann.

Man

Man ſieht im Antiquen auch Kopfſtücke mit einer im Gewand halb eingewickelten Hand nahe bey dem Kinn. Solche Köpfe ſieht man in koſtbaren Steinen gegraben, z. E. des F. Urſinus, wo Philemon, der ſyracuſiſche Dichter, mit der Hand am Bart, und dem Mantel um den Hals aus einer Medaille ausgedrückt vor Augen geſtellt wird. Zu dergleichen Werk aber wird eine beſondre, Geſchicklichkeit erfordert, damit die Stelung natürlich herauskomme, wie Urſin einen Menſchen voraus ſetzet, welcher mit der Hand unter dem Mantel hervorgreift. Ich übergehe unzählige Erfindungen dieſer Art, weil, wo viel Köpfe ſind, auch viele Meynungen, eigenſinnige Vorſchläge und Arbeiten entſtehen.

§. 34.
Von der Statüe.

Von der Arbeit einer ganzen Statüe zu handeln, wäre ein Unternehmen, welches eben ſo viel Mühe, als die Malerey erfordern würde, ohne doch viel mehr zum Unterricht anzuführen, als was bisher von der Maler- und Bildhauerkunſt geſagt worden. Man leſe nur die Kapitel von der Malerey und Bildhauerkunſt alle genau durch, ſo wird ſich der ganze Begriff von einer Statüe deutlich entwickeln, und man wird dadurch völlig überzeugt werden, daß ich hier mit denjenigen nichts zu ſchaffen habe, welche bereits ſchon an gewiſſe ungeſchickte Muſter, an gewiſſe Arten von

G 4 Arbeit,

Arbeit, an steinerne, nicht künstliche Grundsätze,
und an eingewurzelte Vorurtheile gewöhnt, gebunden und gefesselt sind.   Wenn solche fleißige Leute
einen menschlichen Leib entweder mit einem Kopf,
oder Händen und Füssen nicht aus einem Stück
Holz oder Marmor heraus, wie Michelagnolo,
sondern hineingezwungen, und den Stein mit rei-
zendem Eifer weggeräumt, dem Zuschauer hingegen nicht selten zu errathen überlassen haben, was
die Statue für ein Geschöpf vorstellen sollte; so
frohlocken sie, und bewerben sich um Lobeserhebungen.

Mein Vorhaben ist also hier nur, den Anfängern der Bildhauerkunst, welche bereit sind, an
ganze Statüen Hand anzulegen, obige Grundsätze
von der Malerey und der Bildhauerkunst anzuempfehlen, also, daß mir weiter nichts übrig bleibet, als ihnen die Verhältnisse und Ausmessun-
gen des ganzen menschlichen Leibes bekannt zu
machen.

Was können wir uns von einem Tischler oder
Zimmermann für einen Begriff machen, wenn er
kein Winkelmaaß, keinen Maaßstab, kein Richt-
scheid, keine Senkschnur, kein Linial und keinen
Zirkel hätte? wie würde er seine Winkel, seine
Flächen, seine Aufrechtstellung und andre Arbeiten zu Stande bringen? Sollte er wohl ohne Fehler etwas vollenden können? Also hat der Bildhauer auch unzählige Hülfsmittel vonnöthen, sein
Unternehmen glücklich auszuführen.   Es ist un-

möglich,

möglich, nur gleich von ungefähr, oder aus dem
Stegreif zu Werke zu gehen, er muß durch eine
vestgesetzte Regel, welche seine von der Vernunst
herstammende Wegweiserinn seyn sollte, derglei=
chen vortreffliche und wunderbare Werke vor Au=
gen stellen.   Es ist unstreitig, daß man bloß von
der schönen Natur gewisse Grundsätze, Regeln
und Vollkommenheiten lernen kann, durch welche,
wenn wir sie mit Fleiß und Aufmersamkeit studi=
ren, uns alles gelingen wird.

Da nun der Künstler vor allen Dingen trach=
tet, etwas dem Menschen änliches auszuarbeiten;
so muß er sich entschließen, sich entweder einen
Menschen in Gedanken, oder einen Sokrates,
Plato, oder eine andre bekannte Person vorzu=
stellen, wenn sie nur einem Menschen gleichet, sie
mag im übrigen seyn, wer sie will, sie mag be=
kannt oder unbekannt seyn.

Er muß aber nicht nur die Aenlichkeit eines
Menschen überhaupt suchen, sondern auch dessel=
ben Stellung, Kleidung und dergleichen vorstel=
len, z. B. des Cäsars und des Cato, wie sie im
Rath sitzen, und wie der letztere das Volk anre=
det, damit die Bewegung seines Leibes, seine Ge=
bärden und seine Gesinnungen ausgedrückt werden.

Hier beruhet nun alles auf dem Maaß und
Ziel, gewisse Merkmaale, den Ort und die Wen=
dung eines jeden Theils von jedem Körper kennt=
lich zu machen.

Durch

Durch das Maaß und die Bestimmung der äussersten Umriße versteht man das Verhältniß und die Zusammensetzung der Theile, welche durch gewiße Ziffern und eine gewiße Abmeßung sowohl nach der Höhe, und der Dicke, als nach ihrem Verhältniße, in Absicht auf die Länge des ganzen Leibes, angezeigt werden.

Dieses geschieht durch einen großen Maaßstab, und durch zwey besondre bewegliche Winkelmaaße. Mit dem großen Maaßstabe wird die Länge aller Glieder, mit dem Winkelmaaß aber die Dicke oder der Durchmeßer derselben bestimmet.

Auf dem großen Maaßstabe zieht man eine gerade Linie so lang, als der Körper hoch ist, den man abmeßen will, nämlich vom höchsten Theile des Kopfs bis auf die Fußsohle. Zu einem großen oder langen Körper gehört also eine lange, und zum kleinen eine kürzere Linie.

Diese Linie, oder dieser Maaßstab mag nun kurz oder lang seyn, so wird er in sechs gleiche Theile getheilt. Jeder solcher Theil kann Fuß oder Schuh genennt werden, wie schon oben Erwähnung geschehen ist; denn dieses Maaß hat mit allen üblichen Maaßstäben keine Verwandtschaft, wie aus folgenden erhellen wird.

Ein jeder solcher Fuß wird in zehen andre gleiche Theile getheilt, welche man Unzen nennet, also, daß die ganze Länge sechzig Unzen ausmache. Endlich schneidet man auf jede Unze wieder=

wiederum zehen gleiche Theile, die man Minuten nennen kann, so, daß jeder Fuß, 100 Minuten
oder 10 Unzen, und der ganze Stab 600 Minuten
enthalte.

Dieses ganze Maaß muß man mit vieler Aufmerksamkeit brauchen, wie folgender Unterricht
weiset: Man setzt den Stab, welcher die länge
des menschlichen leibes ausmacht, neben diesen
leib hin, und zeichnet das Ende eines jeden Glied-
maaßes, wie hoch es nämlich vom Boden oder
von der Fußsohle hinauf sey, und wie weit ein
Glied sich vom andern entfernt. Z. B. wie weit
es vom Kinn bis an die Halsgrube, oder bis an
den Nabel, das ist, wie viel Unzen und wie viel
Minuten dieser Raum lang sey.

Diese Art zu messen ist von den größesten
Künstlern für die nützlichste, genaueste und noth-
wendigste gehalten worden. Denn so bald die
Unzen und Minuten von allen Gliedmaaßen bekannt sind, so ist auch ihre Bestimmung bereit,
und so fertig, daß man nicht mehr fehlen kann.

Denjenigen, welche sich einer andern Art zu
messen bedienen, wenn sie sonst nur gut und be-
währt ist, will ich nicht zuwider seyn; wenn sie
aber durch eine angenommene Weise die Minuten
verachten, mißhandeln, vermehren oder vermindern; so mögen sie sich den Tadel selbst zuschrei-
ben, in den sie nothwendig verfallen müssen.

Sollte

Sollte nun jemand einen zehen Ellen hohen
Colossen zu verfertigen haben; so müßte er seinen
zehen Ellen langen Maaßstab in 6 Schuhe oder
Füße, diese in zehen Unzen, und diese wiederum
in 10 Minuten abtheilen, welche Abmessung mit
dem kleinen Stab in einem gleichen Verhältniß
seyn wird, daß demnach das Maaß, welches der
kleine Maaßstab im Kleinen giebt, vom großen
Stab in den großen Stein übertragen werde.
Im Capitolio zu Rom sieht man einen fast zwo
Ellen langen Fuß in weißem Marmor, und den
Kopf des Kaisers Nero von Kupfer in einer mehr
als Ellen hohen Größe.   Wie hoch muß also
der ganze Leib dieser Colossalüberbleibsel gewesen
seyn, an welchen man die Kunst der Bildhauerey
ausnehmend spüret? Dergleichen Trümmer zeigen die Stärke unsrer Kunst, und ihrer Colossal-
größe.

Die Dicke oder den Durchmesser eines jeden
Gliedes und Theiles des Leibes zu messen, hat man
viele Arten. Allein die größesten Meister bedienen sich der Winkelmaaße, und nehmen zwey zusammen, daß sie ein länglichtes in der Höhe offe-
nes Viereck machen, dessen untere Linie in oben
gedachte 15 Unzen des kleinen Stabs getheilt sey.
Hält man dieses Viereck an den Kopf, und rücket
beyde Winkelmaaße zusammen; so sieht man
gleich so viel Unzen und Minuten, als er dick ist,
und so verfährt man auch mit andern Gliedern.
Einige wissen sich in diesem Fall mit einem ge-
krümm-

krümmten Zirkel zu helfen, mithin laſſe ich die
Vergleichung dieſer beyden Arten der Willkühr
unſrer Künſtler anheim geſtellt ſeyn, und will dieſe
Materie mit der unten beſchriebenen Tabelle be-
ſchließen.

Indeſſen wird es nun ganz begreiflich, daß,
wenn der große Architect Dinokrates aus dem
Berg Athon Alexanders Portrait gebildet hätte,
wie er es ins Werk zu ſtellen bereit war; ſolches ohne
Wunderwerk oder Zauberey hätte geſchehen können. Wenn Alexander es zugelaſſen, und alle
Hülfsmittel dazu verſchafft hätte, wie es in Aegypten bey Erbauung der Pyramiden geſchehen
iſt, an welchen viele hundert tauſend Menſchen
arbeiteten; ſo würde Alexander heute noch vielleicht dort an den Küſten des macedoniſchen Meers,
anſtatt des Berges Athon, den die Türken heute
Saidedag, und die Venetianer monte Santo nennen, in ſeiner Abbildung und in ſeiner ganzen ſitzenden Leibsgeſtalt von der Welt bewundert werden.
Dieſer Berg iſt heute ſo ſtark bewohnt, daß man
darauf vier und zwanzig griechiſche Klöſter findet.

Damit wir aber in dieſer ungeheuren Gegend
uns nicht verirren; ſo kehren wir wieder zu unſerm Stabe zurück.

Wir wiſſen, daß die Mannichfaltigkeit der
Stellungen, der Umriſſe, und der Gränze einer
ganzen Statüe faſt unendlich iſt; damit man alſo
dieſelben genau nachahmen könne, ſo hat man noch

ein

ein Werkzeug vonnöthen, welches in einem zirkel-
runden Bret besteht. Dieses Bret, welches wie
ein Uhrblatt in viel gleiche Theile gezeichnet ist,
wird der Statüe, die man kopiren will, mitten auf
den Kopf gelegt. Von dessen Mittelpunkte geht
ein bewegliches Linial so weit über den Rand des
Bretes hervor, daß es aller Orten herumgedreht
werden kann. Am Linial hängt eine Schnur mit
dem Senkbley, durch welche man alle äussern
Theile, z. B. den Finger am ausgestreckten Arm,
anzeigt. Alle diese Maaße überträgt man in
das Modell, daran man arbeitet. Man kann
auch, wo es vortheilhaft ist, die Faden vest machen, und dieselben herunter hangen lassen, damit
das Maaß jederzeit nach Belieben genommen
werden könne. So bald aber die Statüe in Ordnung gebracht, und alle Gliedmaaßen zusammen
wohl formirt worden; so nimmt man die Faden
weg, und überläßt die weitere Ausarbeitung dem
Augenmaaß, wodurch der Künstler seine größeste
Geschicklichkeit zu erkennen giebt.

Den weitern Unterricht hiervon überlasse ich
geschickten Professoren, welchen der Anfänger sich
anvertraut, von denen er durch die wirkliche Ausübung solcher Arbeiten mehr lernen wird, als
durch weitläuftige Beschreibungen.

§. 35.

§. 35.

Vom Verhältniß des ganzen Leibes.

Hier liefere ich den Anfängern und Liebhabern der Kunst die Ausmessung aller Theile des Leibes, wie sie die größten Meister nach ihrer Länge und Dicke, und ihrem Durchmesser, oder Diameter, nach oben beschriebenen Füßen oder Schuhen, Unzen und Minuten gefunden, und genau angemerkt haben.

Die Höhe der Glieder von den Fußsohlen an aufwärts.	Fuße.	Unzen.	Minut.
Bis an den Hals des Fußes	—	3	—
Bis über die Ferse	—	2	2
Bis innwendig der Ferse seitwärts	—	3	1
Bis an die Waden	—	8	5
Bis an die Knie	1	4	3
Bis an die Muskel des Kniees seitwärts	1	7	—
Bis an die hintern Backen	2	6	9
Bis an das Geburtsbein	3	—	—
Bis an die Fügung des Schenkels	3	1	1
Bis an den Nabel	3	6	—
Bis an die Lenden	3	7	9
Bis an die Herzgrube	4	3	5
Bis an die Halsgrube	5	—	—
Bis an den Hals	5	1	—
Bis an das Kinn	5	2	—
Bis an das Ohr	5	5	—
Bis an die Haare auf der Stirne	5	9	—
Bis an den mittlern Finger des herabhangenden Arms, u. der Hand	2	3	—

Bis

	Füße.	Unzen.	Minut.
Bis an das Glied gedachter hangenden Hand	3	—	—
Bis an den Ellenbogen deſſelben Armes	3	8	5
Bis an das Höchſte der Achſel deſſelben	5	1	8
Von der Breite, die man von der Rechten zur Linken mißt.			
Die größeſte Breite des Fußes	—	4	2
Die größeſte Breite der Ferſe	—	2	3
Die größeſte Breite unter den Knöcheln	—	1	5
Die Enge der Mitten des Fußes unter der Muſkel	—	2	5
Die größeſte Dicke des Muſkels des Fußes	—	3	5
Die größeſte Breite des Kniebeins	—	4	—
Das Gelenk des Schenkels über dem Knie	—	3	5
Die größeſte Breite des Schenkels	—	5	5
Die größeſte Breite zwiſchen den Muſkeln des Gelenkes des Schenkels	1	1	1
Die größeſte Breite zwiſchen den Lenden über das Gelenke des Schenkels			
Die größeſte Breite der Bruſt unter dem Gelenke der Arme	1	1	5
Die größeſte Breite unt. den Achſeln.	1	5	—
Die Breite des Halſes			

Die

	Fuße.	Ungen.	Minut.
Die Breite zwischen den Wangen	—	4	8
Die Breite der flachen Hand	—		
Die Breiten des Armes verändern sich durch verschiedene Bewegungen, doch sind sie gemeiniglich, wie folgt:			
Die Breite des Armes am Gelenke der Hand		2	3
Die Breite des Armes von der Muskel und dem Ellenbogen		3	2
Die Breite des Armes unter der Achsel	—	4	—
Die Dicke der vordern Theile gegen die hintern Theile.			
Die Länge von der großen Zehe bis zu der Ferse	1	—	
Die Dicke des Halses des Fußes am Winkel des Knöchels	—	4	3
Der Einbug unter dem Halse des Fußes		3	
Der Einbug unter der Muskel mitten am Bein	—	3	6
Wo die Muskel des Beins am weitesten auswärts ist	—	4	—
Wo die Kniescheibe am erhabensten ist	—	4	—
Die größeste Dicke des Schenkels	—	6	—
Die Rundung vom hintern Backen	—	7	5
Vom Nabel an die Lenden	—	7	—

	Füße.	Unzen.	Minut.
Von den Brüsten an die Lenden	—	7	3
Von der Gurgel an den Halsknopf	—	4	—
Die Gürtel, oder die Lenden	—	7	5
Von der Stirne bis rückwärts des Kopfs	—	6	4
Von der Stirne an die Oeffnung des Ohrs			
Die Dicke des Armes am Gelenke der Hand			
Die Dicke des Armes an der Muskel unter dem Ellenbogen			
Die Dicke der Muskel unter dem Gelenke des Arms			
Die größeste Dicke der Hand			
Die Dicke der Achseln	—	3	4

Durch diese Abmessungen wird ein jeder ganz leicht erkennen, was ein Theil mit dem andern, und alle Theile der Gliedmaaßen mit der ganzen Länge des Leibes für Verhältnisse haben, und wie sie von einander unterschieden sind.

Es wäre hier noch verschiedenes zu erinnern, wenn man überleget, wie sich am Leibe viel verändert, wenn er geht, steht, sitzt, oder sich auf eine oder die andre Seite wendet. Allein, dieses wird die besondre Aufmerksamkeit der Lehrer leicht aus einander zu setzen finden.

Ich

Ich weis gar wohl, daß noch viele andere Arten, die Verhältnisse des menschlichen Körpers auszumessen, erfunden worden, und unter uns im Schwange gehen, weil viele Künstler auch vielerley wissen. Man sieht auch, daß fast ein jeder sich derjenigen Wissenschaft bedient, die er gelernt, selbst erfunden, oder nach seinem Gutdünken jederzeit geübt hat, ohne bisweilen wahrzunehmen, ob er sich irre, oder ob er sein Ziel gut getroffen habe, oder nicht.

Poußin nahm sein Maaß durch die Linie der Kopflänge; andre bedienten sich der Linie des Angesichts, und bildeten sich ein, daß dieses besser wäre. Allein sie denken dabey daran nicht, daß diese Art zu messen nur bey ganz erwachsenen Männern zutreffe, bey Jünglingen aber, die noch im Wachsthum sind, meistens fehle. Einige wollen durch die Länge des Daumens, andre wiederum durch die Länge der Nase den ganzen Leib ausmessen. Durch obige Art zu Werke zu gehn breitet sich unter verschiedenen Meynungen, Uebungen, Gebräuchen und Gewohnheiten, die besten zu kennen, und zu wählen, folglich die Kunst der Vollkommenheit näher, und seinen Namen in den Rang der vornehmsten Künstler zu erheben, ein weites Feld aus.

Diesen zu Gefallen muß ich zum Beschluß noch eins und das andre erinnern. Ich habe zu Rom sehr viele Statüen gesehen, und jederzeit wahrgenommen, daß ihre Füße niemals weiter

aus-

auswärts gewendet sind, als die zwo Linien, welche den dritten Theil eines Quadranten, oder Viertelzirkels, durch ihre winkelmäßige Entfernung anzeigen, dergestalt, daß die Füße, sie mögen vor= oder rückwärts, oder gleich treten, sich niemals ausser diesem Maaß befinden, sondern meistens demselbigen genau, oder weniger und enger gleich stehn, und einen Winkel von 30 Graden ausmachen.   Solches bezeugen zum Beyspiel die mediceische Venus, der Antinous, der Apollo, der borghesische Fechter, und Silen durch ihre Stellungen.   O möchten doch die Schutzgötter der Künste uns wieder solche Zeiten verschaffen, in welchen wir, wie Virgilius sagen könnten: Es werden aus der Insul Parus Marmorsteine wie lebendige Figuren da stehn!

Stabunt Parii Lapides spirantia Signa!

Ende der Bildhauerey.

II. Lao=

II.

Laokoon,

das ist:

Betrachtung der aus einem ganzen parischen Marmorstück gebildeten Statue, welche den Laokoon mit seinen zween Söhnen, und zwo mit ihnen verwickelten Schlangen in einer Gruppe vorstellt.

Vorbericht.

Laokoon, ein Sohn des Königs Priamus und der Hekuba, und ein Priester des Apollo, befand sich in der Stadt Troja, als sie von den Griechen belagert wurde. Da nun die Griechen abzogen, und das hölzerne Pferd vor den Mauern stehn ließen; so wollten die vom Sinon, einem griechischen Kundschafter, betrogenen Trojaner dasselbe in die Stadt bringen, um dadurch ihre erzürnte Pallas zu besänftigen. Laokoon widersetzte sich diesem Vorhaben, und rief ihnen zu: Equo ne credite Teucri! d. i. ihr Trojaner, nehmet euch vor diesem Pferd in Acht; traut ihm nicht! zu gleicher Zeit aber stieß er dem Pferde die Lanze in den Bauch. Das Volk, welches den Neptunus allezeit verachtet hatte, wollte sich

H 3   nun

nun auch dieſen zum Freunde machen und ihm
opfern. Da aber hierzu kein Prieſter beſtellt war,
ſo wurde Laokoon, der Prieſter des Apollo, von
dem Volk auch zum Prieſter des Neptunus aus-
gerufen. Man ſchritt am Ufer des Meeres zum
Opfer, und Laokoon ſchlachtete dort einen ungeheuer großen Stier. Kaum aber hatte dieſe
Feyerlichkeit ihren Anfang genommen; ſo ſah
das Volk im Meer zwo erſchreckliche und in lauter
Bogen gekrümmte Schlangen über der Fläche der
Wellen von der nahen Inſel Tenedos herſchwim-
men. Sie nahten ſich dem Geſtade ſo ſchnell,
daß das Meer brauſete und ſchäumte. Sie kamen an das Land, eröffneten ihre Rachen, ziſch-
ten mit den Zungen, und blitzten aus den Augen.
Das Volk, welches vor Schrecken halb todt war,
nahm die Flucht, die Drachen aber ſchoſſen auf
den Laokoon und ſeine Kinder los, ergriffen
ſie und ihn, da er mit Pfeilen, ſeinen Söhnen zu
helfen, auf ſie los gieng. Sie umſchlungen alle
drey mit ſolchem Grimme, daß der Vater, wie
Virgilius dichtet, entſetzlich zu heulen und zu
ſchreyen anfieng. Da ſich die Schlangen endlich
geſättiget hatten, entflohen ſie in den Tempel der
vor Zorn entflammten Pallas, und verkrochen
ſich unter ihren Schild. Das Volk hielt Laokoons Strafe vor billig, weil er das Pferd gelä-
ſtert habe. Es verweilte auch nicht, die Stadt-
mauern einzureißen, und gleich in die Stadt hinein zu ziehen. Von dieſer Geſchichte handelt
Virgilius und Petronius, welche dieſe Statüe
geſe-

geſehen, und ihre Gedichte darnach eingerichtet
haben.

Dieſen gräulichen und kläglichen Mord haben
nun drey der vortrefflichſten Bildhauer in Griechenland verewiget. Sie brachten die erſchreckliche Gruppe dieſer drey unglückſeligen Menſchen
um das Jahr 324 nach Erbauung der Stadt Rom,
und 400 Jahre vor Chriſti Geburt in pariſchen
Marmor, welcher nach Rom geliefert, und im
Palaſt des Kaiſers Titus aufbehalten wurde.

Plinius verwundert ſich über dieſe Statüe
ſo ſehr, daß er ſagt: Opus omnibus et picto-
riae et ſtatuariae artis praeferendum. Ex
uno lapide patrem et liberos draconum
que mirabiles nexus de conſilii ſententia fe-
cere ſummi artifices AGESANDER
POLYDORUS, et ATHENODO-
RUS Rhodii.

Es ſey ein Werk, welches allen andern von
der Maler- und Bildhauerkunſt müſſe vorgezogen werden. Die erhabenſten Künſtler, Ageſander, Polydor und Athenodor aus der Inſel Rhodus haben aus einem Stein den Vater,
die Kinder, und die wunderbaren Verwickelun-
gen der Drachen, nachdem ſie das Vorhaben dieſes Werkes gemeinſchaftlich und bedachtſam genau
überlegt hatten, ſo geſchildert, wie wir es vor
Augen haben. Alſo ſind uns nun auch die Urheber dieſer erſtaunungswürdigen Statüe bekannt.

H 4 Dieſes

Dieſes einzige Denkmaal der höchſten griechiſchen Sculptur wurde vom Felix, einem römiſchen Bürger, auf ſeinem Landgut im Jahr 1506
unter dem Schutt und unter den Trümmern der
Bäder des Titus gefunden, ausgegraben, und
auf große Koſten des Pabſts Julius II. ins Belvedere gebracht, allwo es unbeſchädiget und ohne
Fehler, zur ewigen Bewunderung aller Kunſtverſtändigen heute noch pranget und ihnen deutlich
zu erkennen giebt, daß es keine Arbeit aus den
Zeiten des Virgilius, ſondern aus dem Jahrhunderte ſey, in welchem die Sculptur in ihrem höchſten Flor geweſen iſt. Kunſterfahrne Augen beweiſen mehr, als gelehrte Muthmaßungen, und
beobachten, daß die Statue eine andre Zuſammenſetzung vorſtellen würde, wenn die drey Griechen ſie dem Sinne des Virgilius nachgemacht
hätten. Daß ein ſolches Werk betrachtungswürdig ſey, entſcheiden alle Akademien. Jedoch
was gehören nicht für Augen darzu, wenn man
es mit Nutzen anſehn will?

Die kaiſerl. königl. Akademie der Malerey,
Bildhauerkunſt und Architectur zu Wien ſchätzt ſich
für glückſelig, einen ſolchen Schatz zu beſitzen.
Ob er gleich nur von Gyps iſt, ſo verherrlichet er
dennoch den Kunſtſaal durch ſeine dem Original
ganz gleiche Größe eben ſo wohl, als dieſes zu
Rom das Belvedere. Diejenigen, welche dieſe
Statue zum Gegenſtand ihres Fleißes erwählen,
verlieren dadurch nichts, daß daran ein Sohn

man-

mangelt, und der andre davon abgeſondert und
ſeitwärts ſteht.   Vielleicht bringt ein glücklicher
Tag bald die ganze Gruppe zuſammen.   Alle
Künſtler zu Wien ſowohl, als zu Rom, verehren
dieſes Stück dermaaßen, daß, gleichwie viele andre
es nachgemacht haben, alſo auch Flavio, mein gewe-
ſener Freund zu Rom, es in Carniol geſchnitten,
und mir davon einen Abdruck in Schwefel geſchenkt hat.   Nunmehr wollen wir die Statue
ſelber betrachten.

Laokoon.

Keine antique griechiſche Sculptur ſtellt uns ſo
viel Schönheit und Kunſt vor Augen, als
Laokoon.   Man ſieht ſchon auf den erſten Anblick, mit was für Geſchicklichkeit die Breite des
Magens und der Achſeln, deren Theile zuſammen deutlich und mit Gelindigkeit erſcheinen, ausgearbeitet worden ſind.   Man betrachte nur ſeine erhöhten Hüften, ſeine nervigten Arme, ſeine
weder zu dicken noch zu mageren Füße, welche
ſtark, veſt und voller Muſkeln ſind.   Alle andre
Gliedmaaßen überhaupt zeigen ein mit Stärke
und Zärtlichkeit ausgedrücktes Fleiſch, dergleichen
man nur in der ſchönen Natur wahrnimmt.

Finden aber einige in dieſer Figur zwiſchen
den Gliedmaaßen keinen ſolchen Contraſt, welchen
kunſtreiche Bildhauer, um eine ſchöne Stellung

zu

zu formiren; in einzelnen Statüen heraus zu bringen trachten; ſo erklärt ſich die Urſache ſelbſt dadurch, daß Laokoons Figur mit ſeinen Söhnen
eine Gruppe und Contraſt mache, welcher die von
einer einzelnen Statüe weit übertrifft. Man
wird auch nirgends etwas ſonderbarers und voll-
kommeners finden, als ſeine Wendung und Be-
ſchaffenheit aller Glieder, und ſeine Verknüpfung
mit den zwoen Nebenfiguren und Drachen.

Die Urheber dieſes Werkes haben alle ſtarke Ausbrücke in Laokoons Figur ſo ſorgfältig
und verwunderungswürdig angedeutet, und dermaaßen vorgeſtellt, daß die grauſame Empfindung der Schmerzen nicht nur im ganzen Angeſicht ausgebreitet erſcheint, ſondern auch alle andre Theile des ganzen Leibes, bis auf die äuſſerſte
Spitze der Füße, wo ſich die Zehen mit Gewalt
einziehen, dieſelbe zu erkennen geben.

Weil nun an dieſer Statüe nichts zu finden iſt,
was nicht mit ausnehmender Kunſt gemacht wäre;
ſo muß ein jeder Kenner eingeſtehen, daß ſie das
wahre Muſter und Augenmerk aller Maler und
Bildhauer ſeyn ſollte.

Jedoch, ſie müßten dieſes große Kunſtſtück
nicht nur als ein bloßes Modell zum Zeichnen oder
Modelliren vor Augen haben; ſondern es wäre
auch zu wünſchen, daß ſie darinn alle Schönheiten
genau in Acht zu nehmen, und in ihre Einbildungskraft eine Schilderey einzudrucken befliſſen ſeyn
möchten,

möchten, welche ein Innbegriff aller Vortrefflichkeit iſt. Wenn man in der Kunſt vollkommen
werden will; ſo iſt das Arbeiten mit den Händen
allein keine zureichende Bemühung; man muß
auch im Verſtand erhabene Gedanken erwecken,
und dieſelben in dem Gedächtniß eifrig erhalten.

Wer wird es wohl in Abrede ſtellen, daß man
dieſe ſtarken Ausdrücke durch bloße Nachahmungen eines akademiſchen Modells keinesweges erreichen oder nacharbeiten könne? denn jedermann
begreift es ohne Mühe, daß ein ſolches lebendiges Modell niemals ins Werk geſetzt werden könne, welches alle Regungen und Leidenſchaften auszudrücken vermögend wäre. Es iſt auch faſt unmöglich, dergleichen von Perſonen abzuzeichnen,
welche ſich wirklich in ſolchen Leibes- und Gemüthsbewegungen befinden. Die geſchwinde Veränderung der Gemüthsbeſchaffenheit in ſolchem Leiden macht allen Fleiß des Künſtlers eitel und
fruchtlos. Es liegt alſo ſehr viel daran, daß man
ſich die Urſachen ſolcher Leidenſchaften durch äm-
ſiges Nachſinnen bekannt mache. Will man
aber alle Kräfte anwenden, dergleichen heftige
Wirkungen glücklich vorzuſtellen; ſo wird man
bald überzeugt werden, daß es nicht anders möglich ſey, als wenn man ſeine Zuflucht zu ſolchen
ſchönen Werken des griechiſchen Alterthums
nimmt, weil darinn ſolche Ausdrücke vorhanden
ſind, dergleichen man nach der Natur niemals
würde zeichnen oder modelliren können.

Es

Es ist bis auf diese Stunde noch keine Statüe in der Welt gefunden worden, welche man mit dem Laokoon in Vergleichung setzen könnte. Sie ist ein Kunststück, welches durch so viele Jahrhunderte zur Bewunderung gedient hat, und es auch noch ferner bleiben wird.

Die drey berühmtesten Künstler von ganz Griechenland haben daran alle ihre Wissenschaft und alles Vermögen ihrer Kunst erschöpft. Von der Zeit seiner Entdeckung an hat es den gelehrtesten Malern und Bildhauern immerfort zum Hauptmuster ihrer Bemühungen gedient. Wie vernünftig haben nicht dergleichen große Männer gedacht! Durch dieses Antique kann man die wahre Manier zu zeichnen lernen, und ergründen, wie eine natürliche Schönheit auszudrucken sey. Keine griechische Statüe zeigt uns Umrisse, welche besser ausgeführt wären. Durch sie kann man die Fehler, welche in der Natur gemeiniglich vorkommen, verbessern lernen. Alles erscheint daran im Stand einer sölchen Vollkommenheit, daß man nicht anders als vermuthen kann, die Natur würde alle ihre Erzeugungen solchergestalt an den Tag bringen, wenn keine Hindernisse, allen Sachen eine unmangelhafte Form zu geben, bald da, bald dort im Wege stünden.

Was diese Gruppe, besonders aber den Laokoon, noch so schätzbar macht, ist die durchdringende Wissenschaft, welche der Künstler dadurch gezeigt hat, daß alle Kennzeichen darinn angebracht

bracht worden, durch welche man die hohe Geburt
desjenigen deutlich erkennen kann, deſſen Bildniß
er hat machen wollen. Er zeigte auch den wahren Zuſtand, worinn er ſich befand, als er mit
ſeinen Söhnen von zwoen aus dem Meer herge-
ſchwommenen Schlangen ermordet worden.

Laokoon war auch wirklich ein Sohn des
Königs Priamus, den er mit der Hekuba ge-
zeuget hatte. Es konnte auch kein Leib ausgedacht werden, welcher ſeinem Alter, ſeinem Adel
und ſeinen Eigenſchaften anſtändiger geweſen wäre,
als derjenige, den uns der Künſtler vor Augen geſtellt hat.

Man wird keinen Körper finden, an welchem
die Nerven und Muſkeln allzu merklich ausgedruckt
ſind, und an welchem eine große Stärke erſcheint.
Er kömmt dem farneſiſchen Herkules nicht bey,
und warum? Dieſer königliche Prinz, der ein
Prieſter des Apollo war, hatte gewiß weder das
Temperament, noch die mühſamen und rauhen
Arbeiten, wie jener, auszuſtehn, und über dieſes
hatte man auch keine Urſache, ihn ſo kräftig und
ſtark vorzuſtellen.

Man hat ihm auch diejenigen Verhältniſſe nicht
gegeben, welche man in der Statüe des Apollo wahrnimmt. In dieſer Figur herrſchet eine Anmuth,
eine Grazie und Majeſtät, welche zu erkennen
giebt, daß man einen Gott habe vorſtellen wollen, und daß alle Gliedmaaßen vielmehr deswegen in dieſer Geſtalt zuſammengeſetzet worden,

um

um eine auſſerordentliche Schönheit und Abſchilderung einer Gottheit, als den Leib eines Menſchen vorzuſtellen, deſſen Theile mehr eine Stärke,
als eine Anmuth zu ſeinen Verrichtungen vonnöthen haben.

Laokoon ſtellet einen wohlgebauten, einen
alten und adelichen mit hohen Eigenſchaften verſehenen Mann vor, alſo, daß man ihn für ein
vollkommenes Muſter eines natürlichen und ſchönen Leibes anſehen kann. Solches bezeugen
alle ſeine Glieder, welche weder zu ſtark noch zu
ſchwach ſind. Man ſieht aber doch daran Muſkeln und Nerven genug, das Fleiſch zu unterſtützen; welches ſie angenehm bedeckt, und ihnen ein
zärtliches Anſehn giebt, auch verurſacht, daß in
keinem Theile eine Trockenheit erſcheinet. Sie
haben alle durchaus das richtige Verhältniß mit
der Leibesbeſchaffenheit eines alten Prinzens, an
dem die Natur diejenige friſche Munterkeit nicht
mehr ſehen läßt, welche nur jungen Leuten wohl
anſteht.

Es iſt auch beynahe zu glauben, daß die
Künſtler ſich in dieſer Gruppe ſehr befliſſen haben,
den Contraſt der drey Leiber, in Abſicht auf ihr
Alter, ihr Fleiſch, und ihr Betragen recht kenntbar zu machen. An den Söhnen zeigt ſich die
edle Jugend, und mehr Furcht als Schmerz; ſie
ſind auch nur umſchlungen, und nicht geklemmt
oder gebiſſen. Es ſcheint, Michelagnolo habe
ſeinen Ganimedes darnach formirt, und ihren Leib
ſich

sich anderwärts auch zu Nutze gemacht.   Ich
wende mich aber wiederum zum Vater:

Seine Leibesgestalt ist schön, edel, und groß;
sein Haupt hat alle Eigenschaften eines Menschen
von Ansehn; es ist beynahe von einer runden Form,
und die Nase prangt mit ihrer ordentlichen Gestalt;
die Stirne ist breit, die Augen von einer gehörigen
Oeffnung, sein Mund von mittlerer Größe, und
wenn die Bewegungen, welche in seinem Angesicht durch den Schmerz entstanden sind, desselben
Züge nicht verstellt hätten, so würde man darinn
die schönsten und natürlichsten Kennzeichen eines
ehrlichen und wackern Mannes wahrnehmen.

Seine Arme sind lang und stark, und die Ellenbogen so schön gezeichnet, wie sie einer ehrwürdigen Person anstehn.   Die Füsse sind vest und
voller Nerven, und zeigen Muth und Herzhaftigkeit.   Man sieht, daß die Künstler alle Mühe
angewendet haben, jeden Charakter sehen zu lassen,
der ihm anständig ist.

Alle übrigen Theile des Leibes sind mit einer
solchen Einsicht und mit einem solchen Verstande
gemacht, daß sie sehr wohl zu erkennen geben, wie
man nicht verlangt habe, nur ein Bild von lauter
Schmerz vorzustellen, sondern die Abschilderung einer Person zu verfertigen, aus welcher eine adeli-
che Geburt, ein erhabenes Ansehn, sonderbare
Verdienste und hohe Gemüthseigenschaften hervorblicken.

Seine

Seine großen, nervigten und schön geformten Hände zeigen sowohl, als die Füsse, eine gesunde und kräftige Leibesbeschaffenheit, vornehmlich aber eine schöne Seele. Seine erhöhten Hüften, die breite Brust, und die hohen Achseln geben deutliche Kennzeichen eines ansehnlichen und großmüthigen Mannes zu erkennen.

So sehr nun alle diese Sachen betrachtungswürdig sind; so ist doch nichts, was mehr bewundert zu werden verdient, als der Ausdruck des Schmerzens, welchen der Künstler im ganzen Leibe der Figur so künstlich vorgestellt hat. Man sieht die Wirkungen des stärksten Leidens, das ein Mensch jemals empfinden kann, und welches auf eine so gelehrte Weise angezeigt ist, daß es scheint, diese Statue sey viel eher für einen lebendigen Leib, als für eine Figur von Marmor anzusehen. Eine große und gesetzte Seele wird im Gesicht und im ganzen Leibe dieser Figur geschildert. In allen Muskeln und Sennen des Körpers entdecket sich der Schmerz, und ohne das Gesicht und andre Theile zu betrachten, glaubt man an dem eingezogenen Unterleibe denselben beynahe selbst zu empfinden. Dieser Schmerz äußert sich aber dabey mit keiner Wuth, er erhebt kein Geschrey, sondern zeigt mehr ein ängstliches Seufzen, wie es die Oeffnung des Mundes andeutet. Der Schmerz und das Erhabene der Seele sind mit gleicher Stärke ausgedruckt. Sein Elend dringt dem Zuschauer selbst bis in die Seele, und geht weit

über

über die ſchöne Natur, alſo, daß der Künſtler
die Stärke des Geiſtes in ſich ſelbſt hat fühlen
müſſen, welche er dem Marmor eingeprägt hat.

Weil nun Laokoon in dem Zuſtande vorgeſtellt wird, worinn er ſich befand, als die Drachen
ihn und ſeine Kinder bereits ſo ſehr umwunden
hatten, daß ſie ſich weder mehr retten, noch weh-
ren konnten; ſo mußte auch der Bildhauer alle
mannichfaltigen Leidenſchaften zu erkennen geben, von welchen dieſe unglückſeligen Prinzen ſo
plötzlich angegriffen worden. Dieſe Leidenſchaften
können aber durch nichts anders ſichtbar gemacht
werden, als durch den Eindruck, den ſie äußerlich
im Leibe des alſo gequälten Menſchen verurſachen.

Da es alſo wahrſcheinlich iſt, daß Furcht,
Schauer, Schrecken, Traurigkeit, Schmerz und
Verzweiflung ſich aller Lebensgeiſter dieſes Vaters auf einmal und ſo plötzlich bemächtiget haben,
als er ſich in einem ſo entſetzlichen Zufall verwickelt ſah; ſo mußten auch alle dieſe verſchiedenen
Gemüthsunruhen in den äußerlichen Theilen der
Figur kenntlich gemacht werden. Es iſt aber unmöglich, ſo erſchreckliche Wirkungen in der Natur
ſelbſt auf einmal zu beobachten, und es kann auch faſt
nicht ſeyn, daß man ſich dieſelben im Sinne vorſtelle;
daher iſt es gewiß noch ſchwerer, dieſelben in Thon
zu formiren, durch den Meiſel auszudrucken, und in
Stein zu hauen. Dennoch ſehen wir in dieſem
Marmor alle Wirkungen und Veränderungen,
welche in einer ſo entſetzlichen Begebenheit ent-

II. Band.　　　J　　　　ſtehn,

stehn, und auf den Leib eines Menschen wirken
können. Wir erstaunen bey der verwunderungswürdigen Kunst und Arbeit. Wir sehen, daß die zwo Schlangen die erste Ursache
aller dieser ungestümen Bewegungen sind. Ihr
Anblick setzte gleich alle Lebensgeister des Prinzen in Bewegung, und plötzlich gaben sie sich
alle nur ersinnliche Mühe, sich von der Gefahr zu
befreyen. Daher scheinen die Arme und Füsse
in der Figur, welche mit den Händen die Schlangen ergreift, sich mit Gewalt loß zu reißen. Nachdem aber alle angewandten Kräfte zu ohnmächtig
sind, so versinkt die Seele in Traurigkeit, Verzweiflung und allerhand andern Bewegungen; das
Gesicht wird verstellt; alle Lebensgeister erhitzen
und flößen sich in die Nerven und Muskeln; diese
schwellen auf, und werden verkürzt. Daher ziehen sich die Nase, der Mund und die Augenbraunen zurück, und die Augen, welche der Gegenstand erschreckt, drehen sich in die Höhe, und
wenden sich auf die Seite.

Die Lebensgeister erheben die Nerven und
Muskeln um die Gegend des Magens, und um
alle Theile, welche ein so gewaltiges Leiden am
meisten empfinden; und weil sie alle auch mit
den äustersten Theilen des Leibes eine genaue
Verbindung haben; so sieht man, daß die Zehen
sich einziehen und zusammen biegen. Im ganzen Leib erscheint also kein Theil mehr, welcher
nicht die Verwirrung und ungestüme Bewegung

gung anzeigt, welche ein Menſch ausſteht, der ſich in einem ſo ungeheuer kläglichen Umſtande befindet.

Betrachten wir alles mit noch mehrerer Aufmerkſamkeit, ſo ſehen wir die Nerven und Muſkeln faſt nur deswegen erſcheinen, weil die Adern wenig oder gar nicht aufgeſchwollen ſind, und das Fleiſch ſich zuſammen ziehet. Dieſes iſt eine Wirkung der Furcht, der Traurigkeit und des ungeheuren Schreckens. Dieſe beklemmen das Herz, und verurſachen, daß das Geblüt in den Adern langſamer lauft, folglich kalt wird, ſich vermindert und weniger Raum einnimmt. Und da es bis zum Herzen dringet, ſo werden manche Theile aus deſſen Mangel bleich, das Fleiſch, abſonderlich im Geſichte, wird weich und ſo zu ſagen ſchwammig; dort wird die Veränderung um ſo viel ſichtbarer, als das Schrecken groß und heftig iſt. Deswegen, und weil alle Glieder und Theile durch die Abweichung des Geblütes die Wärme verlieren, ſieht man, daß Laokoons Kopf ſich gegen die Achſel neiget, welches die Entkräftung und den Schmerz nicht weniger, als die Bewegung eines Menſchen anzeigt, der in der größten Noth ſchmachtet, und den Himmel um Beyſtand anrufen will.

Die zween Söhne hingegen erheben ihre Geſichter, und wenden ſie ſchmerzlich gegen die Blicke des Vaters, um gleichſam ihn um Hülfe anzuflehen, oder ſich ſeiner zu erbarmen. Sie ſind

J 2
übris

übrigens heftig bemüht, ſich mit Gewalt loszu-
reiſſen, welches, da es vergebens iſt, in ihrem
Angeſicht die höchſte Beſtürzung und Traurigkeit verurſachet. Es ſcheinet, als wenn der Vater ſich mehr gegen den jüngern Sohn an ſeiner
rechten Seite hinwende, und dieſer, durch die
Schlangen weit ſtrenger verknüpft, beym Vater
eine Rettung zu finden hoffete; wo inzwiſchen der
ältere Sohn linker Hand ein wenig ſtärker, und
als wenn er der Befreyung beynahe verſichert
wäre, den Vater kläglich anſieht, und am linken
Fuße ſich beynahe loswickelt.

Man kann ohne einiges Bedenken behaupten,
dieſe Statüe ſey ſo vollkommen, daß die Maler-
und Bildhauerſchule zu Rom, aus welcher ſo
viele große Künſtler hervorgekommen ſind, daraus,
als aus der reineſten Quelle, den größeſten Theil
ihrer Kenntniſſe geſchöpft habe.

Alle Maler, welche zu den Zeiten eines Raphaels von Urbino, und eines Giulio Romano
zu Rom ſtudirten, konnten dieſe Statüe niemals
genug betrachten, vielweniger ſich ſättigen, daraus den Hauptgegenſtand ihres Fleißes und ihrer
Bemühungen zu machen. Sie wurden durch den
Farneſiſchen Herkules und den Borgheſiſchen
Fechter damals noch nicht von ihrer Luſt zerſtreut.
Herkules erſchien erſt 20 Jahre, der Fechter aber
bey 50 Jahre nach Raphaels Tode.

Ich habe in dem erſten Bande von der Malerey Erwähnung gethan, daß man Vorzeiten in

Ita-

Italien und Frankreich wegen des Vorzugs der Zeichnung und des Colorits in Uneinigkeit gerathen sey; wer sollte nun wohl glauben, daß auch aus unserm Laokoon deswegen ein Gespötte gemacht worden?

Aus der lombardischen Malerschule war Titian, wie die meisten seiner Landsleute, weit mehr vom Colorit als vom Erhabenen oder Romanischen Zeichnungskunst eingenommen, und konnte den besondern Raphaelischen großen Eifer für Laokoons Statüe und für die schönen darinn studirten Umrisse nicht leiden, und weil ihm der ganze Romanische Zeichnungsgeschmack zuwider war; so spottete er darüber, und machte, als er sich zu Rom befand, eine Zeichnung, die man heute noch in Holz geschnitten und Abdrücke davon sehen kann. Man hat mir ihn öfters, aber niemals ohne Lachen gezeigt. Daburch stellte er eine, dem Laokoon ähnliche, Gruppe von einem alten Affen mit zween Jungen und zwo Schlangen vor. Diese scherzhafte Erscheinung aber sollte die Bedeutung haben, daß die Maler, welche Laokoons Statüe so sehr anhiengen, meistens nur immer wie die Affen nachahmten, selbst aber nichts erfinden können. Ob dieses aber eigentlich Titians Meynung gewesen sey, lasse ich billig dahin gestellt seyn; denn es giebt auch andre Schulen, welche sich ein Vergnügen daraus machen, wenn sie alles, was man antique nennt, verachten können, um nur in ihrem irrigen Gleise und Vorurtheil nicht gestört

J 3

zu

zu werden. Dergleichen Ausleger fremder Ge=
danken suchen gemeiniglich durch das Ansehn gros=
ser Männer ihren Stolz und ihre Unwissenheit
empor zu heben, wie es auch, in diesem Fall ge=
schehen ist. Denn Titian hat selbst den Lao=
koontischen Kopf nachgeahmt, als er zu Vene=
dig in der Minoritenkirche (la Chiesa de Frati)
den heiligen Nicolaus gemalt hat. Alle Kenner
glauben in diesem Bilde Laokoons Kopf wahr=
zunehmen, ausser; daß Titian darinn den Aus=
druck der Verzweiflung sehr gemäßiget hat.
Dergleichen sehen sie auch im Kopfe des heiligen
Paulus in der Entzückung vom Poußin.

Hätte Titian die Denkmaale des griechischen
Alterthums sich so sehr, als Raphael von Urbi=
no, eigen und bekannt gemacht; so würde er ihm
in der Zeichnungskunst nicht immer nachgesetzt
werden.

Ich übergehe hier eine Menge kritischer Be=
obachtungen mit Stillschweigen, welche keine rö=
mischen, sondern fremde Künstler, um den Lao=
koon nicht loben zu müssen, von diesem unschätz=
baren Ueberbleibsel der griechischen Geschicklich=
keit ausgestreut, und sich nicht gescheut haben, das=
jenige in den Verdacht einer Nichtswürdigkeit zu
setzen, was mehr als zwey tausend Jahre von den
größesten Meistern ohne Unterlaß gelobt, bewun=
dert und nachgeahmt worden.

Ich wünsche auch, daß alle Maler und Bild=
hauer sich nicht verführen ließen, sondern von der
römi=

römiſchen Schule, oder beſſer zu ſagen, vom Raphael die Zeichnung, und vom Titian das Colorit lernen möchten. Hätte Titian den Laokoon
und andre ſchöne Alterthümer wie Raphael ſtudirt; ſo wäre er auch ein Raphael geworden:
und hätte Raphael ſo lange, als Titian gelebt;
ſo würden wir heute nicht jeden von dieſen beyden großen Künſtlern inſonderheit, ſondern beyde
in einem jeden von ihnen nachahmen und verehren.

Ehe ich dieſe Abhandlung ſchließe, will ich
noch ein Beyſpiel eines ſehr ungeſchickten Kunſt-
richters anführen, der den Laokoon als einen
Prieſter gekleidet und nicht nackend zu ſehen ge-
wünſcht hat. Ein ſolches Vergnügen hätte er
ſich ja leicht dadurch verſchaffen können, wenn er einen bloßen Mantel, oder ſonſt ein langes Gewand
über die Statue gehangen hätte, welches ihm ſeinen
Wunſch ſchon gewährt haben würde. Allein wie
wären ihm denn alle übrige Schönheiten, beſonders der Schmerz, ſo ſinnlich geworden? wie hätte
er die Wirkung des Gifts an der Erſtarrung eines Schenkels wahrnehmen können, wie Bernini? was hätten die drey griechiſchen Künſtler
daran für einen Gegenſtand ihrer ſo unermeßlichen Kunſt gefunden? Nichts, als eine Menge
Falten, anſtatt ſo unzähliger Vortheile, würden
uns übrig geblieben ſeyn. Hier kann man behaupten, daß Ageſander, Polydor und Athenodor ſich derjenigen Freyheit bedienet haben,
welche allen guten Künſtlern eigen iſt, nämlich,

daß

daß ſie das Gewand bey Seite geſetzt, das Nackende erwählt, und der Welt das erſtaunlichſte
Kunſtſtück vor Augen geſtellt haben. Man mag
auch ſagen was man will, ſo giebt es doch noch
Leute, welche den Homer deswegen verachten,
weil ſie ihn nicht verſtehen; alſo ſind auch diejenigen zu betrachten, welche ſo gar die herrlichſten
Kunſtwerke verhöhnen. Dies iſt ein ſtarker Beweis, daß ihren Augen alles mangelt; was die
Künſte ſichtbar, kenntlich und begreiflich machet. Vor ſolchen Tadlern müſſen Anfänger ſich
in Acht nehmen, und die edle Zeit mit einer ſolchen Lectüre nicht verderben, welche ihnen nichts
als lauter Zweifel in den Kopf ſetzt. Denn ob
Virgil drey Rhodiſchen Künſtlern, oder dieſe dem
Virgil nachgeſchildert haben, das kann uns gleich
viel gelten. Die Kunſt wird dadurch nur mehr
gehemmt, als ermuntert. Studiren und arbeiten
trägt mehr Früchte, als der Stolz vermeynter
Wiſſenſchaften.

Quando praeſtantius ergo eſt
Ingenio, aut quouis extendere fata labore,
Quam faſtus et opes, et inanem extendere luxum.
Sadoletus.

III. Von

III.

Von einigen kleinen Werken des Michelagnolo.

Nicht allein die Natur in ihrer Vollkommenheit, sondern auch die Verbindung aller Verhältnisse im menschlichem Körper, und die Mannichfaltigkeit der Stellungen, Leidenschaften und Gemüthsbewegungen waren der einzige Gegenstand der Arbeit des unsterblichen Michelagnolo Buonarotti. — Dieser unnachahmliche Künstler trachtete durch seine ganze Lebenszeit, als ein Schüler, als ein Mann, ja so gar als ein Greis nichts anders zu schildern, als diese Theile der Kunst. Er übertraf auch darinn alle andre sehr weit: und da er sich nur in diese Theile einzuschränken schien; so zeigte er den damals noch rauhen und ungebahnten Weg zur großen Manier und zur Zeichnung des Nackenden. Man sieht auch in allen seinen Werken, wie geschickt er alle Beschwerlichkeiten dieser Kunst überwunden, und es darinn auf einen solchen Grad gebracht habe, daß durch ihn auch die Leichtigkeit in den Umrissen des menschlichen Körpers, seines Lieblingsgegenstandes, in den Gang gebracht worden. Dieser allein war sein beständiges Augenmerk, so, daß er sich weder um den Reiz der Farben, noch um das Eigensinnige, oder um neue Erfindungen gewisser Kleinigkeiten und zärtlicher Dinge niemals

mals bekümmerte. Daher kam es auch, daß andre Maler, welchen in dieser bonaröttischen Zeichnungskunst nichts gelingen wollte, sich durch die Mannichfaltigkeit der Tinten, durch allerhand Schatten in den Farben, und durch andre seltsame wunderliche Hirngespinnste und ungewöhnliche Seitenwege, unter großen Meistern einen Platz zu behaupten getrachtet haben.

Michelagnolo aber blieb bey seiner einmal angewöhnten Art, und drang bis in die tiefsten Geheimnisse der Kunst. Es giebt wenige Künstler, welche sich die Gesinnungen dieses großen Mannes zu Nutzen machen; sie entfernen sich so gar von der wahren Kunst, und suchen sich davon weit mehr zu trennen, ja sie empfinden gar einen heimlichen Kützel, wenn sie diesen Mond anbellen hören. Sehr wenige arbeiten mit einem gewissen Triebe des Gemüths oder Genie, und trachten die vollkommene und schöne, oder auch nur die gemeinste Natur nachzuahmen. Nichts reizet sie, als der angewöhnte Schlendrian, wo inzwischen andre ihr Vergnügen an fremden erst neu ausgebrüteten Dingen und an einem übernatürlichen Geschmack finden. Noch andre getrauen sich nicht einmal über die Gränzen ihrer ungeschickten Wegweiser zu wagen, sie bleiben an ihrer Gewohnheit kleben, und sind ganz unvermögend, die Schönheiten mit offnen Augen zu erkennen; es sey denn, daß irgendswo glänzende Farben herrschen, welche sie gleich ohne alle Ueberlegung

gung das schöne Colorit nennen, und eine bunte Farbengebung als vortreffliches Fleisch anrühmen, welches die Italiäner Carnaggione nennen. Dergleichen Irrthümer und Vorurtheile sind der Untergang des guten Geschmackes, und das Verderben der Künste.

Gesetzt aber, ein Künstler wäre von Natur und durch seinen Fleiß mit allen Gaben der Wahrheit und der Richtigkeit versehen; gesetzt, er hätte Talente eines Bonarotti, eines Titians und Phidias, wenn er dabey genöthiget ist, mehr um Brod, als Ehre und Kunst zu sorgen; wie kann er denn sein von Angst und Kummer beklemmtes Gemüth ermuntern, und sich empor schwingen? Er bleibt bey seiner durch die Uebung erlangten fertigen Manier, und das ihm angewöhnte Augenmaaß ist seine Richtschnur; er eilet unter Begleitung seiner Sorgen in seinem üblichen Gleise fort, um für sich und die Seinigen die Nahrung zu verschaffen. Durch dergleichen mißliche Umstände werden die Künste in eine finstere Nacht zurück gewiesen. Die Künste würden vielleicht von keinem Michelagnolo etwas wissen, wenn er ein so armseliges Leben hätte führen müssen, und seine überschwänglichen Gaben würden gewiß auch in der Dunkelheit erstickt seyn. Allein, sein Glücksstern verließ ihn nicht, er ward reichlich versorgt, und konnte seinem Genie einen freyen Lauf lassen. Daher unternahm er in seiner Jugend schon alles, was ihm die Natur vor Augen brachte. Angelus

lus Politianus, ein großer Gelehrter, gab ihm in der Fabel den nöthigen Unterricht, und damit er auch in der Kunst sich üben könnte, so erklärte er ihm den Raub der Deianira, und den Kampf der Centauren, die Michelagnolo gleich, zur Verwunderung seines Lehrers, halberhaben in Marmor ausarbeitete.

Laurentius Medices unterhielt damals die Bildhauer Bertholdo, Donato, Domenico Ghirlandai in seinem fürstlichen Garten, nebst vielen Schülern, die diesen Männern anvertraut waren. Unter diesen befand sich der junge Michelagnolo, welcher die übrigen bald in allem übertraf, ob sie schon zusammen vortreffliche Baßirilievi in kleinen Formen verfertigten. Mit ihm stritten Granaccio und Torreggiano um die Wette, welche so gar das Erstaunen ihrer Vorgesetzten erweckten. Nach und nach wimmelte Florenz von Malern, Bildhauern, Goldarbeitern und Goldverschneidern. Der Schutz, die Huld und Hülfe der mediceischen Fürsten munterte alle Genies zu den Künsten auf. Niemand hatte nöthig, Hunger zu leiden. Die wackersten Männer waren Francia, Piloto, Tribolo, Raphael dal monte lupo, Giovan Agnolo, des Servitenortens Bruder, Carota, Tasso, Leon Leoni, Daniel Ricciarelli, Giacopo, Ciciliano und Tiberio Calcagnini, von welchen die mehrsten Freunde und Lieblinge des Michelagnolo waren, der endlich so stark ward, daß alle ihn ehrten, er

selbst

selbst aber nach einigen Jahren seine eigene Jugendarbeit der Sculptur so vortrefflich befand, daß er die Zeit bedauerte, welche er vorher mit Zeichnen und Malen zugebracht hatte: denn er sagte, daß er durch das Bildhauen die Natur weit änlicher hätte vorstellen können.

Seine Arbeiten, die er in seiner Jugend verfertigte, sind so unzählbar, als mannichfaltig. Darunter befindet sich in halberhabener Bildhauerey ein Riese, der sich mit den Händen an einen Felsen anhängt. Dieses Stück wurde von seinen Meistern so wohl, als von seinen Mitschülern besonders deswegen bewundert, weil er bereits schon an die anatomischen Ausdrücke so sehr gewöhnt war, daß ihm nicht nur kein Thier mehr unbekannt gewesen, sondern auch, alle Theile des menschlichen Körpers nach der Anatomie auszuhauen, bey ihm schon zu einer leichten und gewöhnlichen Arbeit geworden war. Obgleich in Italien schon vor ihm viele Künstler in großem Ruhm gestanden haben; so hat doch dieses seine völlige Richtigkeit, daß sowohl zu seiner Zeit, als auch nach ihm, die Anzahl derselben noch größer ist, welche durch ihn groß geworden sind? Fast ein jeder wollte seine Abbildung besitzen, welche auch sehr oft verfertigt worden. Leon Leoni machte sie bey der Gelegenheit, als einige sich über das Thun und Lassen des Bonarotti spottweise

auf

aufhielten, medaillenförmig, und zierte sie mit
der Innschrift:

> Docebo iniquos vias tuas, et impii ad te conver-
> tentur.

Michelagnolo verehrte ihm dagegen einen
Herkules und Antäus von Wachs, nebst einigen
von seinen Zeichnungen und Modellen. Ricciarelli verfertigte sein Bildniß von Metall. In
seinem Alter wurde Bonarotti vom Giulio Romano abgezeichnet, welches im Jahr 1546 geschah; Bonarotti aber war im Jahr 1474 geboren, und also damals schon 72 Jahre alt. Asca-
nio Condivi, ein getreuer Schüler dieses großen
Mannes, schrieb um das Jahr 1553 sein Leben,
und ließ es zu Rom drucken. Die Seltsamkeit
dieser Auflage ward aber so groß, daß Anton
Franc. Gori, ein berühmter Gelehrter zu Florenz, dasselbe im Jahr 1746, nebst gedachtem Portrait, aufs neue durch den Druck bekannt gemacht
hat. Unter dem Portrait liest man die Aufschrift:

Michael Angelus Bonarotus Patritius
Florentinus annum agens LXXII. mit diesen
Versen:

> Quantum in natura ars, naturaque possit in arte,
> Hic, qui naturae par fuit, arte docet.

Ich übergehe das ganze Leben und alle großen
Werke dieses erhabnen Künstlers, die ohnedies der
ganzen Welt bekannt sind, und ich mache hier nur
bloß

bloß einige von seinen Jugendſtücken bekannt, welche ſich unter den Händen ſehr vieler Liebhaber
der Künſte, theils zertrümmert, theils ganz, und
weit herum zerſtreut befinden, die aber meiſtens
nur von Gyps oder Wachs abgeformt, und vielen wahren Liebhabern faſt unbekannt ſind.

Michelagnolo machte für ſeinen gelehrten
Freund Tomaſo de Cavalieri in halberhabener
kleiner Arbeit den vom Jupiter nach dem Olympus fortgeführten Ganimedes. Jupiter, in Geſtalt eines Adlers, läßt durch den Schnabel und
durch die Klauen nichts als Sorgfalt und Zärtlichkeit blicken, damit dem Ganimedes im Fluge nichts
unglückliches wiederfahre. Eben dieſem Freunde
machte Michelagnolo auch den Titius mit dem
Geyer, der ihm die Bruſt zerfleiſchet. Tomaſo
erhielt von ihm auch den Sturz und Fall des
Phaetons, nebſt andern Stücken von Kinder-
Bachanalien. Es iſt überflüßig, wenn wir dem
Vaſari nachſchreiben, daß dieſes damals neue,
und niemals geſehene Erfindungen geweſen ſind.
Wir können uns deſſen ſelbſt überzeugen, da wir
verſchiedene davon als vollkommene Muſter der
Kunſt vor Augen haben, und geſtehen müſſen,
daß ſeit derſelben Zeit nichts ſo unnachahmliches
erſchienen iſt.

Der Bruder Baſtiano Viniziano bekam
vom Michelagnolo viele Zeichnungen, die er
hernach ſo ſchön ins Werk geſetzt hatte, daß man
ſie damals für Wunderwerke der Kunſt anſah,
und

und viele Künstler sie zum Muster ihrer Arbeiten gebraucht haben.

Wie viele Zeichnungen, Modelle, Schizzen und Entwürfe von Wachs, Thon oder Tögel, wie viel Cartonen hat Michelagnolo nicht verfertiget, welche er seinen Freunden, dem Sansovino, Rosso, Puntorno, Daniello da Volaterrra, Giorgio Vasari Aretino, Anton Mini, seinem vertraute Schüler, und Gherardo Perini, seinem Freund, einem florentinischen Edelmann, geschenkt hat.

Anton Mini allein erhielt von ihm über dieses noch zwo ganze Kisten voll Modelle, mit welchen er bald hernach eine Reise nach Frankreich that. Er hoffte dadurch Schätze zu erwerben; der Tod aber schien dergleichen florentinische Seltsamkeiten dem Lande zu mißgönnen: Mini starb, und seine Haabseligkeiten wurden theils zerstreut, und theils gestohlen, bis sie endlich stückweise wiederum nach Florenz zurück gebracht worden sind. Benvenuto Cellini, ein berühmter Silber = und Goldverschneider und Medailleur, ein Schüler des Michelagnolo, hatte das Glück, davon einige Propheten aus Frankreich wiederum nach Florenz zu bringen.

Franciscus Medices erhielt nach und nach sehr viele von diesen Bonarottischen Stücken, welche noch heute zu Florenz im großherzoglichen Schatze gezeigt werden. Unter eben diesem grossen

fen Vorrath von Kunſtſtücken befindet ſich inſonderheit eine Sammlung von ſechzehen in Silber
getriebenen achteckigten und eyförmigen kleinen
Baßirilieven, welche wegen ihrer verwunderungswürdigen Schönheit für Werke des jungen Michelagnolo gehalten werden. Es ſind in Italien wenige Bildhauer und Maler, welche von
dieſen medaillenförmigen Stücken nicht entweder
eine ganze, oder doch zum wenigſten verſchiedene
zertrümmerte Abgüſſe von Gyps oder Wachs zum
Muſter ihrer Nachahmung hätten. In dieſen
halberhabenen kleinen Ueberbleibſeln des Geſchmackes des Michelagnolo ſieht man den Reihen-
tanz der Nymphen; die den Olympus ſtürmen-
den und vom Jupiter zerſchmetterten Rieſen; den
Marſyas unter dem Meſſer des Apollo; den Silenus; den Ganimedes in Bedienung des Jupiters beym Göttermahl. Den Adonis, die Grazien, den Ausſpruch des Paris, den Pygmalion,
den Hermaphroditen, den Vulcan, den Mars
und die Venus; den Apollo, die Daphnis, die
Diana, den Phaeton, die Meduſa, und den Me-
leager; man ſieht auch verſchiedene Stellungen
von Flußgöttern, Pferden, Schweinen und ändern Thieren, Satyren, Faunen und andern Fabeln aus den alten Dichtern.

Aus dem Geſchmacke, Manier und Kunſt
aller dieſer ſo mannichfaltigen Vorſtellungen kann
man deutlich ſchließen, daß alle urſprünglich aus
Zeichnungen, Modellen und Schizzen des Mi-

II. Band. K chela-

chelagnolo herrühren, und endlich von einem der geschicktesten Goldarbeiter in gleiche Formen von Silber getrieben worden sind.

Das Kennzeichen der Buonarottischen Kunst blicket aus allen Stücken hervor; hauptsächlich aber erscheinen da die starken und ihm gewöhnlichen Ausdrücke der Muskeln, Flechsen, Sennen und Adern, dergleichen kein andrer so unnachahmlich zu machen gewußt hat. Man sieht in diesen kleinen Werken in der That eben die Stärke, die er hernach in seinem überaus großen Gemälde des jüngsten Gerichts angebracht hat. Aller Orten herrschet die wahre Natur, die Genauigkeit des Umrisses, die natürlichen Bewegungen der menschlichen Körper und Thiere, die wahren Verrichtungen aller Muskeln und Flechsen, das Erhabene seiner Denkungsart, und die Erfindsamkeit. Alles ist in seinen kleinen Werken sowohl, als in ermeldetem Gerichte so wunderbar ausgedrückt, daß es scheint, er habe die Kunst so weit bringen wollen, daß der Zuschauer alle Figuren in wirklicher Wendung und Bewegung zu sehen glauben müsse.

Betrachtet man aber alle diese Werke mit noch mehr Aufmerksamkeit; so wird man gewahr, daß dieser große Künstler dergleichen starke Muskeln nur in gesunden, starken und nervigten Körpern von Riesen, oder andern durch schwere Arbeit verhärteten Mannsfiguren angedeutet habe; denn wir beobachten, daß dergleichen in seinem Ganimedes,

medes, in feinem Titius, und in allen andern
jungen Leuten nirgends erscheinet.

Ich wiederhole es noch einmal: die Kunstrichter und Kenner mögen sagen, was sie wollen,
so wird es ihnen doch schwer fallen, diese kleinen
Baßirilievi ursprünglich irgend einem andern zuzueignen, als der unbeschreiblichen Erfindsamkeit
des Michelagnolo Buonarotti.

Ob sie nun gleich Benvenuto Cellini, wie
viele sich einbilden, oder ein andrer Goldarbeiter
oder Verschneider hernach aus kleinen oder gröf-
fern Modellen von Wachs oder Thon in gleiche
Formen von Silber getrieben hat, wie man sie
im großherzoglichen Schatz zu Florenz noch heute
sehen kann, so vermindert dieses weder ihren
Werth, noch ihre Kostbarkeit und Kunst; ob
man schon dem Künstler dieser Silberarbeit das
besondre Lob nicht absprechen kann, welches Michelagnolo selbst von ihm ausgebreitet hat: daß
nämlich dergleichen Arbeit niemals gemacht worden, auch zu keiner Zeit mehr würde verfertiget
werden. Er konnte dieses kühnlich sagen; denn
er selbst verwunderte sich über seine eigene Ju-
gendstudien, wenn man sie ihm nach vielen Jahren vor Augen brachte: um so viel mehr hatte er
auch das größte Recht, darüber ein so großes Lob
auszubreiten, als er sie so glücklich und unnachahmlich in Silber verwandelt zu sehen bekam. Da nun
Michelagnolo ein sonderbarer Kenner seiner Bemühungen war, so konnte er auch um desto mehr,

K 2 ohne

ohne sich selbst zu loben, denjenigen groß nennen,
der seine Arbeit so vollkommen getroffen hatte.

Daß übrigens diese kleinen Kunststücke bey
großen Meistern in Ansehn stehn, bezeugen ihre
verschiedene Werke, in welchen sie sich dieselben
zu Nutze gemacht haben. Man erinnere sich nur
gewisser Bataillen, einer Steinigung des heiligen Stephanus, und andrer großen Gemälde;
so wird man auch wahrgenommen haben, daß
ganze Gruppen von Menschen, Pferden und andern Sachen aus diesen kleinen Baßirilieven dahin verwendet worden. Endlich ziehe man hiebey noch den le Brun, den Bock und andre in
Erwägung. Leon Battista Alberti sagt:
gleichwie man niemals fragt, wie ein Künstler zu
Werke gegangen sey, oder wie er es angestellt habe,
wenn sein Gemälde, oder seine Bildhauerey rühmlich vollendet worden; also untersucht man auch
nicht, wo dieser oder jener Maler eine solche oder
eine andre schöne Figur hergenommen habe, wenn
sie natürlich und ungezwungen an ihren Ort und
Stelle gebracht worden. Man betrachte zu Rom
in der Kapelle Sistina, wo das jüngste Gericht
des Michelagnolo pranget, in der Höhe des
Hauptgewölbes zwo Weiberfiguren, die einander
die Körbe vom Kopfe herabnehmen helfen; so
wird man sich über die Arbeit und die Kunst verwundern. Michelagnolo, der diese ganze Kapelle durch seine Erfindsamkeit und unermüdete
Einsicht zu einem Wunderwerke der Kunst gemacht
hat,

hat, war von dem koſtbaren antiquen Steine, den
er am Finger trug, und den man heute im königlichen Cabinet zu Paris le cachet de Michel-
ange zu nennen pflegt, ſo ſehr eingenommen, daß
er gedachte zwo Figuren ganz, wie ſie im Ringe
ſind, daraus vom Kleinen ins Große gezeichnet,
und mitten in der Höhe der Kapelle übernatürlich
groß und ſchön hingemalt hat. Im Stein ſind
ſie kaum zwo Linien eines Zolles, im Gemälde
aber beynahe zwey Klaftern hoch. Soll man deswegen den Michelagnolo eines gelehrten Diebſtahls
beſchuldigen? Er diente dadurch vielmehr der
Kunſt, und beförderte ſie, da er einen faſt unbeſchreiblichen Schatz ans Licht brachte.

Verehrer, Liebhaber und Kenner werden mir
es endlich Dank wiſſen, wenn ich ihnen die Nachricht ertheile, wo man oben erzählte florentiniſche
ſilberne Schätze nunmehr von Gyps und Wachs
abgeformt unter uns ſehen, betrachten und ſtudiren kann. Dieſe ſechzehn halb erhabenen Stücke
oder Medaillonen von Gyps, der Ganimedes
und Titius aber von Wachs, befinden ſich derma-
len in der kaiſerl. königl. Akademie der Malerey,
Bildhauerkunſt und Architectur auf der Univerſi-
tät zu Wien, und können einem jeden Kunſtverſtändigen, theils zum Anſehen, theils aber auch
zum Studiren dargereicht werden.

Die gründlichgelehrte Anweiſung des ruhmvollen und unermüdeten kaiſerl. königl. gevollmächtigten Directors dieſer berühmten Akademie,

K 3 Herrn

Herrn Martin von Maytens, nebst andern ge=
schickten Professoren der Künste, kann nicht nur
diese Bonarottischen Ueberbleibsel, sondern
auch eine große Menge von den besten griechi=
schen antiquen Schätzen, und das lebendige Mo=
dell einem jeden Schüler, Kenner und Liebhaber,
so viel seiner Wißbegierde, Fähigkeit und Kennt=
niß gemäß ist, vor Augen stellen, ihm den Weg
zur Nachahmung, zur Vollkommenheit und zum
Tempel der Ehren zeigen.   Dieses Vergnügen
hat zwar nicht der große Haufen, sondern nur die
kleine Schaar der besten Genien bereits schon
über ein halbes Jahrhundert zum Ruhme der Aka=
demie erfahren, wo die Götter der Erden selbst den
Musen ihre Huld und Zuneigung angedeihen las=
sen. Dort wird alles lebendig, die Künste schwin=
gen sich empor, der Pinsel und Meisel streiten
mit einander um die Wette, vortreffliche Lehrer
lassen sich sehen, die Genies frohlocken, Liebhaber
und Kenner eilen herbey, und der Mammon wird
freygebig, und hilft die gute Sache unterstützen.
Endlich lassen sich Gönner und mächtige Beschir=
mer der Musen Reihenweis verehren, und durch
Farben, Marmor und Metall verewigen.

—— —— Sic mens habilisque facultas
Indolis excolitus, Geniumque scientia complet.
Fresnoy.

IV. Kurze

IV.

Kurze Wiederholung einiger Kunst-
regeln für junge Maler.

Man muß sich deutlich und kurz erklären, sagt
Horaz, wenn man junge Leute unterrich-
ten will, damit sie alles leicht begreifen und fassen.
Man bemerket in der That sehr oft, daß geschickte
Schüler frohlocken, wenn sie von ungefähr eine
kurze und gründliche Regel erschnappen; sie verwahren sie bisweilen mit Vergnügen als ein Geheimniß, damit sie andern nicht bekannt werde.
Gar selten wird ihnen ein Zusammenhang von
nützlichen Grundsätzen mitgetheilt, weil ihnen
dieselben meistentheils nur stückweise bekannt
gemacht werden, wie sie zufälliger Weise in der
Arbeit vorkommen. Die Professores selbst meynen entweder im Ernst, oder aus Mißgunst, es
wäre nicht rathsam, ihren jungen Nacheiferern
alle Geheimnisse der Kunst zu entdecken; es sey
schon genug, ihnen Muster zum nachahmen vorzulegen. Daher kommt es auch, daß viele fleis-
sige Maler selten das Glück haben, etwas von
der Zusammenverbindung vieler Gegenstände,
Figuren, oder andern Sachen in einem Gemälde, von der vernünftigen Anlage des Lichtes und
des Schattens, und von der Stärke der einander widerstehenden Farben etwas zu wissen.
Vielweniger lernen sie etwas aus den Kunststü-

K 4   cken

cken der größesten Meister. — Sie sehen nicht ein,
warum dieses oder jenes Stück hochgeschätzt wer-
ann so berühmt ge-
macht habe: legt man ihnen das elendeste Zeug
vor, und nennt es ein Werk des ihnen oft gelobten Rubens, oder des van Dyk; so bewundern
sie auch die abscheulichsten Fehler.

Sollten die Lehrmeister nicht alle Mühe anwenden, ihren lehrbegierigen Schülern alle Kunstgriffe der sonderbaresten, und merkwürdigsten Art
oder Manier der berühmtesten Künstler deutlich
aus einander zu setzen? Daher könnten sie das
Vergnügen schöpfen, daß sie der Kunst immer näher kommen, und endlich selbst große
Meister im Zeichnen, im Erfinden und compo-
niren werden würden.

Es ist nicht nur genug, einem Schüler ein
Bild vorzulegen, und seine Augen und Finger
nur walten zu lassen. Der Lehrbursche sieht die
Farben, die Züge, das Licht und den Schatten,
und malt alles fleißig nach; und doch ist seine Arbeit nicht gefällig, und seine Augen sind zu
schwach, die Ursache einzusehen, warum seine
Bemühung abgeschmackt ist.

Hätte sein Wegweiser ihm vorher einiges Licht
angezündet; so würde er mit Vernunft, Witz,
Einsicht und Lust gearbeitet und selbst einen
Wegweiser abgegeben haben.   Alle Beschwer-
lichkei-

lichkeiten würden ihm in die Augen gefallen ſeyn, und er hätte ſie mit Freuden überwunden.

Die Anlage des Gemäldes, die correcte, unfehlerhafte Zeichnung, die Geberden, das Luftperſpectivweſen, die Gebäude, der gute Anſtand, die Anmuth in den Köpfen, der Ausdruck aller Geſichtszüge, die Verkürzungen, die flieſſenden Gängen der Umriſſe, die Contraſte oder Gegenſätze, die Vereinigung der Körper und ihrer Gliedmaaßen ſind Dinge, ohne deren Kenntniß nichts Tüchtiges ans Licht treten kann.

Geſchickten, ämſigen, mit dem Pinſel ſchon bekannten, und durch das viele Leſen zu ſehr verhinderten und beſchäfftigten Schülern zum Nutzen und Unterricht will ich alſo hier nur einige kurze Beobachtungen herſetzen, welche ihnen den Weg zu ihrem Endzwecke verkürzen, erleichtern und ihn beleuchten können. Ich verlange von ihnen keinen Dank; ſondern befriedige mich, wenn ich ſie mit der Zeit in die Fußtäpfen großer Künſtler treten ſehe.

Hier folgen gedachte Sätze und Beobachtungen, welche ich ihrer ſonderbaren Aufmerkſamkeit empfehle.

§. 1. So kurze Zeit Rubens auch in Rom war; ſo unermeßlichen Nutzen ſchöpfte er aus dem Antiquen und Raphaels Werken. Einige Blicke auf dieſe Wundergemälde ſetzten ihn ſo ſehr in Erſtaunen, daß er einen andern Weg nahm,

K 5

nahm, um deſſelben Geſchmack nachzuſtreben.
Er ſetzte zahlreiche Gegenſtände in eine einzige
Gruppe.   Dadurch zeigte er, daß er geſucht ha-
be, eine große Maſſe von Licht einer großen
Maſſe von Schatten entgegen zu ſetzen, welche
Art diejenige Macht hervorbringt, wodurch das
Auge des Beobachters bezaubert wird.

§. 2. Die Proportionen oder Verhältniſſe
der Körper und ihrer Gliedmaaßen nicht vom Antiquen zu nehmen, iſt unrecht, man mag auch dagegen ſagen, was man wolle.   Wenn man alſo
einen ſtarken durch ſchwere Arbeit abgehärteten
Mann vorſtellen will; ſo dient der Farneſiſche
Herkules zum Muſter.   Für einen wackern,
wohlgewachſenen Mann iſt der Borgheſiſche Fechter zu erwählen.   Ein junger artiger Menſch
kann dem Antinous, den die Franzoſen Lantin
nennen, gleich gemalt werden.   Weiberfiguren, oder wohlgeſtaltete Mägdchen finden ihr
Modell an der griechiſchen Venus, an der Farneſiſchen Flora, an der Urania im Capitolio, an der
heiligen Suſanna des Fiamengo zu Rom, welche dem Antiquen zur Seite geſetzt wird.

§. 3. Die Contorni, oder Umriſſe, müſſen
natürlich, ſanft und flieſſend ſeyn.   Nichts darf
darinn abgeſchnitten, oder manierirt erſcheinen.
Dieſes zeiget nichts, als einen eigenſinnigen Geſchmack, und keinesweges die Natur, welcher
man allezeit folgen muß.   Wenn die Erfindung
und

und alle Gegenſtände zuſammen geordnet ſind; ſo
wird man erſt auf dieſe itzt gemeldete Regel aufmerkſam.

§. 4. Die Figuren müſſen ihrer Größe nach
mit der Entfernung ein Verhältniß haben, oder
proportionirt ſeyn.

§. 5. Eben gedachte Figuren erfordern, nach
dem Verhältniß ihrer nahen oder weiten Stelle,
ſchwächere oder ſtärkere Farben: Die auf dem
Vorgrund angebrachten Sachen müſſen ſtärker,
friſcher und glühender gemalt ſeyn, als, welche
tiefer im Gemälde erſcheinen; dieſes iſt eine Regel
des Luftperſpectivweſens, welches die gute oder
ſchlechte Wirkung eines Gemäldes verurſacht.
Dieſe Regel wird abſonderlich in Landſchaften
und ihren tiefen Ausſichten, Entfernungen von
Gebäuden oder Figuren beobachtet, folglich muß
man ſie auch in hiſtoriſchen Gemälden nicht auſſer Acht laſſen, wie es oft zu geſchehen pflegt,
wenn der Maler dieſe Regel nicht genug oder gar
nicht verſteht.

§. 6. Dieſer Grundſatz geht alſo dahin, daß
man auf die Luft bedacht ſeyn müſſe, welche ſich
zwiſchen dem Auge des Beobachters und dem
Gegenſtande befindet; dieſe Luft iſt weiß, und
mit dem allda ſchwebenden Schatten vermiſcht,
folglich bläulicht, oder gräulicht, auf die Art,
wie man die Sachen in der Weite einer Landesgegend ſieht, welche, nachdem ſie mehr oder weniger

niger. „Schatten haben, blaulicht erscheinen.
Ueberhaupt, kann also in aller Kürze gesagt werden, daß so entfernte oder abweichende Gegenstände nicht müssen gemalt werden, wie sie an sich
selbst sind, sondern wie sie gesehen werden.

§. 7. Hieraus kann man die Folge ziehen,
daß die Gemälde selbst, welche in großen Entfernungen und Höhen ans Licht gebracht worden,
weit stärker und in ihren hellen Theilen so wohl,
als in den Schatten weit röthlichter müssen gemalt seyn, als jene, welche in der Nähe stehn.

§. 8. Die rothen Farben, und die, welche
mit ihnen wie die röthlichten verwandt sind,
kann man ohne Anstand für die stärksten halten,
folglich für diejenigen, welche am meisten hervordringen. Die Ursache dieser Wirkung ist, daß
die Theilchen, aus denen sie bestehn, nichts von
der Luft, sondern alles vom Feuer erhalten; sie
sind nämlich feurig, und nicht blaß oder luft-
artig.

§. 9. Die blauen, graulichten, weißlichten
und gelblichten Farben weichen ganz leicht zurück, weil sie den vorigen ganz zuwider sind.

§. 10. Die Köpfe und ihre Bewegungen
müssen mit einem guten Anstande, mit Anmuth
und mit Grazien versehen seyn, wie sie der Charakter der Personen erfordert.

§. 11. Der Charakter, der Ausdruck und die
Gesichtsbildung muß mit guter Wahl gemacht
werden;

werden; große Künstler beobachteten dieses eifrig, welche jederzeit nur das schönste, so sie in der Natur fanden, nachahmten.

§. 12. Es ist sehr gut, so gelinde, sanft und zärtlich zu malen, als es möglich ist, damit die Umrisse nicht scharf, sondern fast unbemerkt werden.

§. 13. Endlich muß man seine Gemälde nach aller Möglichkeit so lebhaft und feurig zu machen besorgt seyn, daß dort keine Malerey, sondern die Natur selbst vor unsern Augen sich darzustellen scheine.

Dieses, glaube ich, sind die Wege, auf denen man zur Vollkommenheit der Kunst, und zum Ruhme der größesten Meister gelangen kann.

V.

Elyſium

über

die Nachahmungskunſt, oder die ſo genannte Portraitmalerey.

Wir haben den alten Dichtern viele Nachrichten aus Elyſium zu verdanken. Die
Neuern erzählen uns auch eben ſo viel von jenen
glückſeligen Haynen, Auen und Feldern, in welchen alle Künſtler, ſo bald ſie unter uns verſchwin-
den, ſich mit Zufriedenheit aufhalten. Spaziergänge, Geſpräche, Erinnerung verfloſſener Zeiten,
und andre Ergötzlichkeiten ſind ihre Geſchäffte:
Sie wiſſen von uns mehr, als wir von ihnen.
Scharfſinnige Dichter dringen dahin, und theilen
uns mit, was ſie dort geſehen, gehört und erfahren haben. Daher ſind uns folgende Neuigkeiten zu Geſichte gekommen.

Erſte Zuſammenkunft.

Apelles ſchlich ohne Geſellſchaft durch ein grünes Gebüſche, und murmelte, als wenn ihn etwas verdroſſen hätte. Titian, der ihn vom weiten
erblickte, eilte ihm entgegen, und da er ihn in tiefen
Gedanken antraf, ſo ſagte er zu ihm: Was iſt dir
begegnet, Apelles? deine ſonſt muntere Mine zeigt

ſich

sich ganz finster. Es ist kein Verdruß, antwortete Apelles, sondern nur eine kleine Befremdung. Ich saß dort unter einem Baum, und hörte dem Gespräche einer neu angelangten Gesellschaft zu, welche an einem Hügel unweit von mir sich aufhielt, sich zankte und von ihren Malereyen allerhand Gedanken vorbrachte. Sie nennten sich untereinander Portraitmaler. Mich deucht, sie schätzen sich weit höher, als alle Freunde der Malerkunst, weil, wie sie erzählten, ihnen die Ehre wiederfahren ist, die meisten Angesichter ihrer Helden, Fürsten und Frauen abbilden zu können. Sie plauderten von kleinen Nasen, von allerhand Lippen, schielenden Augen, runzlichten Stirnen und schönen Ohren. Ich mußte zuweilen vor mich in der Stille lachen. Von andern Gegenständen der Natur vernahm ich kein Wort. Giebt es denn heut zu Tage keine andern Maler, als welche nur mit Gesichtern umgehen? Ist unsre Kunst so sehr vergessen, daß sie nur von der ihrigen reden? Sie scheinen alle Theile, ja den ganzen Umfang der Kunst zu verachten. Ist sie vielleicht wiederum ihrem Untergange nahe, worinn sie schon so oft gewesen ist?

Titian. Du hast Recht, Apelles! diese guten Leute sind mit ihren Begriffen niemals weiter gekommen, als in die Gesichtszüge. Ihre Pinsel bleiben immer nur mit solchen Köpfen beschäfftiget, welche man ihnen in der Schule vorgelegt hatte; darauf sind sie stolz und verachten

alles

alles übrige. Wir Italiäner nennen ritrattare, was die Deutſchen nachahmen heißen, bey den Franzoſen aber portràire oder faire portrait bedeutet; daher könnte man uns Künſtler Nachahmer der Natur nennen. Ein Gemälde, welches eine bekannte Perſon, oder andre Sachen vorſtellt, wird bey den Deutſchen ein Bild, oder Bildniß, ein Abriß, eine Abſchilderung oder Abbildung genennt, und wenn es gleich nur Windſpiele oder Pferde wären.

Apelles. Ich hörte aber von nichts, als von Menſchengeſichtern reden, gleich als wenn ſonſt nichts mehr in der Welt wäre, und ſie die Kunſt allein unterhalten hätten.

Titian. Dieſes ſind Maler, welche keine eigene, ſondern nur fremde Gedanken im Sinne haben; ſie borgen ſolche von andern, welche eben wie ſie, von der Malerkunſt ganz und gar nichts verſtehen, und die dennoch bereit ſind, vielen Malern in ihrer Bedürfniß zu Hülfe zu kommen. Dergleichen Leute brauchen ihren Pinſel zu allem, was man von ihnen verlangt. Da nun der größeſte Theil der Menſchen von der Malerkunſt wenig oder nichts verſteht; ſo glaubt er auch, ihre ganze Macht erſtrecke ſich nicht weiter, als über die Fläche eines Angeſichts, welches ſie zufälliger Weiſe erblickt hatten. Sie empfanden einen heimlichen Kützel, ſich ſelbſt auch alſo abgebildet zu ſehen. Der Wunſch breitete ſich aus; die Maler eilten herbey, ſammelten Belohnungen, und ihre Arbeit wurde dermaaßen

über-

überhäuft, daß, so oft von der Malerkunst Erwähnung geschah, man auf nichts anders mehr dachte, als auf Gemälde, welche nichts als bekannte Angesichter vorstellten, und anstatt einer Abbildung Portraite genannt wurden.

Apelles. Warum denn Portraite? das verstehe ich nicht; wenn alle Malereyen Ritratti, Portraite oder Nachahmungen sind, warum erhält nur das Gesicht diese Benennung? warum ist nur das Gesicht eine Nachahmung? Sind es meine Pferde nicht auch? Sind es der Vorhang unsers Zeuxis, seine Weintrauben, und andre Sachen nicht ebenfalls, die er der Natur so änlich nachgemalt hat, daß er sie selbst getäuscht? Sind das keine Nachahmungen?

Titian. Ich zweifle nicht daran, ob es aber Portraite sind, das müßte ich erst jene Fremden fragen. Sieh, Apelles! wo ich nicht irre, so spaziert van Dyck dort herum, soll ich ihn etwan herrufen? Doch er kommt schon. Mein lieber Freund, wir sind hier in einem großen Zweifel. Wir brauchen deine Ehrerbietungen itzt nicht; wir wollen nur wissen, ob bloß menschliche Gesichter Portraite sind, oder ob alle nach der Natur geschilderte Sachen so heißen? Apelles hat dort im Gebüsche gehöret, die Portraitmaler wären die vornehmsten, als wenn nicht alle Maler Nachahmer wären.

Van Dyck. Ich verstehe dich ganz wohl. Beynahe bringst du mich zum Lachen. Ich will

II. Band.   ſ   euch

euch aber den Knoten auflösen. Wäre Guliver
ein Maler gewesen, so würden die Pferde auch
gesagt haben, mache mein Portrait, das ist: male
mich ab, wie es mir unter dem Adel geschehen ist.
Denn es wird dir bekannt seyn, Titian! wie fleis-
sig ich deine Gemälde zu Venedig studirt, mir
dein Colorit zu Nuße gemacht, und mich beym
Adel in Hochachtung gesetzt habe. Da ihnen
mein Pinsel so stark in die Augen leuchtete, so wollten sie auch die eigenen Bildnisse besitzen. Ich
mußte sie abschildern, wie sie es haben wollten.
Der Cardinal Bentivoglio trug mir sein Angesicht
nicht an, sondern selbst ich verlangte es abzumalen.
Auf diese Weise erwarb ich durch ganz Italien,
Flandern und England mehr Reichthum, als ich
vonnöthen hatte. Mehr als dreyhundert Schildereyen von meiner Palete, welche alle Gattungen von großen und kleinen, einfachen und zusammengesetzten Bildnissen vorstellen, erhoben
meinen Ruhm so sehr, daß alle Großen nur um
mich seufzten, dabey aber niemals auf den Namen Pörtraitist verfielen. Ich war aller Orten
nichts als der Maler van Dyck. Wäre mir
Poußin zu Versailles nicht vorgekommen, so
hätte ich im Louvre zu Paris meine Kunst höher
gebracht, und ohne Abbildungen der Gesichter
noch mehr Schätze gesammelt.

Er redete noch fort, als Rosalba Carriera
unversehens zwischen sie hinein trat.

Geh Rosal-

Rosalba. Ich höre dem artigen und prächtigen van Dyck schon lange zu. Vielleicht weis er es nicht, daß ich große und kleine Bildnisse des Adels in Oel, in Miniatur, und Pastellen in Deutschland, Frankreich und zu Venedig verfertigt, viel dabey gewonnen, aber niemals die Ehre des Namens einer Portraitistinn erlangt habe. Ich hörte zwar viel von meiner Arbeit reden; doch hieß ich nur immer Rosalba la virtuosa. Ich verehrte der Akademie zu Rom eine auf Elfenbein gemalte Figur mit Früchten, und einen Papagey, unter den fünf Sinnen den Geschmack vorzustellen. Man ließ mich unter den größesten Künstlern als eine Akademistinn Platz nehmen, ohne mich jemals mit dem Namen einer Portraitistinn zu beehren.

Albrecht Dürer. Verehrungswürdiger Apelles! deine Person lockte mich hieher, und wer sollte nicht deine Gesellschaft suchen? Eure Gespräche, die ich von ferne gehöret habe, hielten mich noch eine Weile zurück. Ist euch denn das schöne Geschlecht so unbekannt? In Frankreich erblickten die Damen bald diese, bald jene bekannte Fürstinn im Gemälde; worauf alle Mäler Gesichter malen mußten.

Jede junge und jede alte Nymphe besieht sich täglich, so oft es möglich ist, im Spiegel. Dieses Gesicht ward ihnen endlich so lieb, daß sie es unaufhörlich vor Augen zu haben wünschten. Alle sehnten sich nach Malern, welche sich auch so zahl-

reich

reich einfanden, daß man endlich nichts als Abbildungen vom ſchönen Geſchlecht an allen Wänden, an den Fingern, auf der Bruſt, am Arm,
in Schachteln, Maſchen und Bändern erblickte,
und dabey ſagen hörte: das iſt mein Bildniß, das
iſt mein Portrait! betrachte nur dieſes und jenes
Portrait! hier iſt das Portrait meiner Schweſter,
und dort meiner Frau, meiner Geliebten!
der Maler verlohr alſo den Namen eines Künſtlers, und mußte mit dem Namen eines Portraitiſten zufrieden ſeyn. Nichts erhielt mehr
den Namen eines Portraites, als ein gemaltes
Angeſicht. Die Mode dieſer Ehrfurcht breitete
ſich endlich bis in die benachbarten Länder aus,
und das Wort Portrait wanderte mit fort. In
Deutſchland beſucht das ſchöne Geſchlecht den
Spiegel ſo fleißig, als zu Paris; daher ſtunden
in kurzer Zeit ganze Schaaren von Geſichtmalern
auf, welche ſich der Ehre eines Portraitiſten theilhaftig machten.

Die Geſellſchaft lachte über dieſe Erzählung,
Dürer aber blieb ernſthaft und fuhr fort: Lachet
mich nicht aus! Es iſt unſern Landesgöttinnen und
Faunetten nicht leid, daß ſie nur Portraite und
keine Abbildungen mehr haben. Ein Portrait
von einem fremden Topoleng iſt ihnen weit
ſchätzbarer, als eine Abbildung, Ich will nicht ſagen, von meiner Palete, ſondern von unſerm unnachahmlichen Raphael oder Holbein. Das
Affengenie herrſchet über die Vernunft, und der
ſeltſam-

seltsamste goût barocq und andre Ungereimtheiten gefallen ihnen besser, als der höchste Geschmack der Kunst.

Apelles. Du redest ja deutsch, wie ich
höre. Also kommt das Wort Portrait von keiner Akademie, sondern vom schönen Geschlecht
und ihren Anbetern her?

Titian. Wir Italiäner haben das Wort
Ritratto, welches die Deutschen durch Abbildung
übersetzen; also muß das Portrait mit der Mode
hinüber gekommen seyn. Wenn aber ein Portrait nichts anders ist, als ein Gesicht, und die
Portraitisten nichts, als dieses malen können; so
frage ich, was denn die übrige Malerey sey, und
wie man sie eigentlich nennen soll? wie können
denn die Männer leben, welche in allen Theilen
der Kunst vortrefflich sind, und für keine Portraitisten gehalten werden?

Van Dyck. Sie leben, wie ich gelebt
habe, wenn sie wie ich Portraite malen. So
viel Werke von meiner Staffeley weggetragen
worden sind, so viel wünschte ich in lauter Köpfe
verwandelt zu sehen, als ich noch den Pinsel führte. Ich wäre dadurch so reich geworden, daß
ich damals ein Land, wie unser Elysium, hätte kaufen können.

Apelles. Es ist Schade! Die wahre Kunst
zu malen muß also unvermerkt ein Ende nehmen;
die Maler ahmen nichts als Angesichter nach; die

£ 3   wenig-

wenigſten werden etwas Ruhmwürdiges ans Licht
bringen, und große Meiſter der ganzen Macht der
Kunſt können nicht allen Leuten zu Gebote ſtehen;
alles muß dem Geſchmacke des Gegenſtandes
nachgeben, welcher anordnet, und nichts verſteht;
der Maler fragt alſo nach der Belohnung; denn
vom Ruhme lebt er nicht. Die meiſten gewöhnen ſich Naſen und Augen an, und trachten nicht
dahin zu gelangen, wohin ſie die Kunſt weiſet,
ſondern ſie eilen fleißig dem großen Haufen nach.
Euch beyden wird einer wohl ſchwerlich mehr nacharbeiten?

Van Dyck. Ich zweifle auch ſehr daran.
Wer, wie ich, eine Abbildung machen will, muß
allerdings dasjenige nachahmen, was ihm die Natur vorſtellt. Er muß inſonderheit, nachdem er
ſich in allen möglichen Sachen bereits geübt hat,
dem ſchönen Geſchlecht und ſeiner Großmuth zugefallen, nichts ſo ſehr, als die Hauptſtücke eines
Angeſichts dermaaßen wohl in Acht nehmen, daß
er, wie es beſtändig meine Art geweſen, eine Sache unmittelbar fortmale, ſo bald er an der andern einige Pinſelſtriche gemacht hat, damit er
eines über dem andern nicht vergeſſe, ſondern den
Zuſammenhang ausdrücke, welchen die Natur
zwiſchen den Geſichtszügen wahrnehmen läſſet.

Hier ſchlichen einige von gemeldeten neu angelangten Portraitiſten dem Apelles nach, nä-
herten ſich dem Kreiſe, und hörten dem Geſpräche
des van Dyck zu, der fort redete: wenn man
hernach

hernach die Theile Zug vor Zug vereiniget, und
durch Schatten, Licht und gehörige Farben alles
in eine richtige Uebereinſtimmung gebracht hat;
ſo ſtellt ſich das Bildniß ſo lebhaft und feurig dar,
daß es den Beobachter entzücket und ihn in Verwunderung ſetzt. Alles dieſes entſteht aus der
Leichtigkeit und Zauberkraft des Pinſels, welcher
der Schilderey gleichſam das Leben einflößet.

Titian. Aus deinen Reden nehme ich wahr, daß
deine Gemälde meiner Manier ziemlich nahe kommen. Ich zweifle alſo nicht, daß du die Aenlichkeit
immer erreicht und deine Gegenſtände glücklich getroffen haſt. Deine Abbildungen werden auch
wohl ohne Zweifel feurig, munter, geiſtreich und
durch ihre Geſtalt reizend und voll Anmuth ſeyn?

Apelles. Ich malte meinen König Alexander ſo lebhaft, daß man im Bildniſſe ſo gar ſein
Temperament, ſeine Gemüthsart und Regung
wahrnehmen konnte. Wenn Appion zugegen
wäre, ſo könnte er euch erzählen, wie er aus meinen Abſchilderungen manchmal wahrgeſagt hat.

Hier fieng einer von den Fremden an zu lachen, worauf ſich Apelles gegen ihn umwandte,
und ihn mit ſonderbarer Freundlichkeit fragte: ob
er etwan auch ein Maler ſey? Ja, mein guter Alter. Ich habe zwar die Ehre nicht, dich zu kennen;
doch kann ich dich verſichern, daß ich ſehr viele
Portraite vom großen Adel ſowohl als andern reichen Perſonen verfertiget, niemals aber dergleichen

£ 4

chen Begebenheiten gehört habe. Haſt du ſie,
fuhr Apelles fort, etwan aufgeräumt, munter
und geiſtreich vorgeſtellt? wenn ſie gleich vielleicht
jederzeit melancholiſch und ſchwermüthig geweſen
ſind? Wie müſſen ſie nicht über dieſe Schmeicheley gelacht haben! und ſie hatten auch gegründete
Urſachen dazu. Hier wäre Appion verführt worden. Haſt du ſie traurig, niedergeſchlagen, oder
demüthig vorgeſtellt, wenn ſie gleich ernſthaft und
majeſtätiſch waren? Genug! ſagte der Fremde:
meine Geſichter hatten eine Dauer. Die Hälfte
war allezeit im Schatten, wenn ich die Naſe zur
Verwunderung empor drückte. Ich gab nur auf
die Geſichtszüge achtung; um ihre Gedanken bekümmerte ich mich niemals. Wer kann dieſe
wiſſen? Apelles verſtellte ſich, und ſagte zur Roſalba: Du haſt alle Bildniſſe zu Florenz, auch
die vom Titian, van Dyck, Rubens, Dürer
und Holbein geſehen, ſage mir doch, wie ſie dir
gefallen? ſind ſie denn ſo kunſtreich, als was uns
dieſer neue Gaſt erzählt?

Roſalba. Wir Weiber ſind zu ſchwach,
von ſolchen Meiſtern zu urtheilen; dennoch
wünſchte ich unſre Lavinia Fontana itzt hier zu
ſehen. Sie hat ſich ſelbſt, und ihren Vater in
der Gallerie zu Florenz gemalt; dieſe würde uns
Nachricht geben, wie alle Künſtler derſelbigen
Zeiten ſich ſelbſt vorgeſtellt haben: ob ſie durch
die Zauberey des halbdunkeln Angeſichts ihre Naſen erhoben, oder wie die Kunſt in ihren Arbeiten
geherrſcht

geherrscht habe: ob in ihren Abbildungen nicht nur die Gesichtszüge, sondern auch die Gemüths-eigenschaften können wahrgenommen werden.

Apelles. Ich habe von diesen toskanischen Schildereyen so viel gehört, daß ich sie mir in den Gedanken so, wie die meinigen, vorstelle. Ich malte alles, was mir gefiel, und bin vollkommen überzeugt, daß die wenigsten von den Künstlern zu Florenz jemals ein andres Angesicht, als das ihrige allein nachgeahmt haben; daß sie folglich keine Portraitisten, wie ich sie nennen höre, gewesen sind, sondern alle möglichen Gegenstände der Natur haben nachahmen und verfertigen können. Ja ich will sagen, daß sie das Portrait einer jeden Sache nach Belieben gemalt haben.

Der Fremde. Ich war einer von den beliebtesten Portraitisten, weil ich immer sehr glücklich traf; sogar Kinder wußten zu sagen, wem meine Portraite gleich sahen. Niemals war die Frage vom Lachen, oder Weinen, vom Leben oder Denken; man war schon zufrieden, wenn man die Aenlichkeit sah. Wie oft hatte ich das Vergnügen zu hören: o die Nase ist unvergleichlich! der Mund zum küssen, jedoch nur ein wenig zu bleich! das schadet aber nichts. Sehr oft entstund ein Gelächter, wenn ein Naseweiser etwan sagte: man sollte rathen, ob das Bild lache, weine, dichte, oder vor Entzückung erstarre. Genug! es hatte viel Aenlichkeit, und war jedermann bekannt.

L 5 Titian.

Titian. Mein Kaiſer Karl erhob zu meiner
Zeit alle in den Adelſtand, die es verlangten; um
aber die Mühe unzähliger Unterſchriften zu ver=
meiden, ließ er endlich nur dieſe kaiſerliche Gnade
ganzen Schaaren und Gemeinden wiederfahren;
unter euch hätte er gewiß auch den Ruf ergehen
laſſen, daß ihr alle Maler, Künſtler und Portrai=
tiſten ſeyd, und in dem Kunſtſaal oder Ehrentem=
pel der Malerey zu Florenz einen Plaß verdienet,
obſchon die dort bereits Anweſenden meiſtens wi=
der ihr Vermuthen, auch wider ihren Willen kein
andres, als ihr eigenes Geſicht nachgeahmt oder
porträtirt haben. Mein eigner Pinſel war zu
ſolcher Arbeit niemals durch die Kunſt, ſondern
durch den hohen Adel angereizet. Ich mußte
zuweilen wider Willen gehorſamen.

Van Dyck. Ohne dieſen wäre auch mein
Pinſel nur bey großen Compoſitionen geblieben.
Allein die Begierde des Adels gab mir die Portrait=
pallete in die Hand. Eine jede große Frau, ein
jeder Fürſt wollte das Vergnügen haben, entweder
ſein Geſicht allein, oder ſeine ganze Lebensgröße
zu Fuß oder zu Pferde ſtets vor Augen zu haben.
Dieſer Befehl und die reiche Belohnung ſind Lock=
ſpeiſen, nach welchen einen jeden gelüſten ſollte.
Ganz Italien wollte abgebildet ſeyn; daher kam
es, daß alle unſre Vorfahren vom Cimabue
bis auf mich Anlaß bekamen, Fürſten, Herren
und Bürgern zu Gefallen, ihre großen Gemälde
zu verlaſſen, und ihre Kunſt einzelnen Geſichtern
zu widmen.

Apel=

Apelles. Man wird euch doch deswegen nicht Portraitisten genennt haben? Wir Griechen sind wenigstens mit diesem Titel niemals beehrt worden, ob wir schon nicht wenige Abbildungen ans Licht bringen mußten; wir hätten es auch nicht gern gehört. Unser Ruhm war unermeßlich; wie konnten wir denselben in den engen Bezirk eines Angesichts einschränken lassen? wir hätten uns ja der Ehre beraubt gesehen, welche man uns wegen der herrlichsten Gemälde von vielen Jahren her bereits wiederfahren ließ. Wer nur einen Fuß, eine Hand oder einen Kopf malt, den kann man nicht anders als einen Fuß=Hand= oder Kopfmaler nennen. Malt er aber alles, warum soll er nur wegen eines Stückes oder Theiles, und nicht wegen des Ganzen gelobt werden? Wer sich also rühmet, daß er ein Portraitmaler sey, der sagt uns, daß er nur einen Kopf oder ein Angesicht nachschildern könne, ohne uns noch zu überzeugen, daß er in diesem Theile der Kunst andre geschickte große Künstler erreiche. Ist er unbesorgt, ob seine Augen in einem Bildniß weinen, sein Mund lache, die Stirne ernsthaft oder traurig sey; so werde ich ihn verachten. Weis sein Pinsel aber ein Angesicht nach allen Kunstregeln auszuführen; so werde ich ihn hochschätzen.

Der Fremde. Es ist ein eitler Hochmuth, wenn ein Portraitist wider seines gleichen einen Ausspruch thut. Hat nicht, wie ich höre, Alexander nur dir erlaubt sein Angesicht zu malen? Also warest ja du nur sein Portraitmaler.

Apel=

Apelles. Du irrest dich sehr, mein theurer Portraitist! Er hat zwar andern verbothen, sein Gesicht nachzuschildern, mich aber über alle andre erhoben, und seiner Hochachtung gewürdiget, ohne an sein Gesicht weiter zu gedenken. In der That, ich hatte es nicht mehr gemalt, sondern meine Palete wurde zu Abschilderung seines Bucephalus zubereitet, den ich so künstlich traf, daß ich die Natur hintergieng. Wenn ihn lebendige Pferde erblickten, so stiegen, stampften, bebten und wieherten sie zu meiner Erstaunung. Konntest du das? Nennest du aber ein solches Gemälde ein Portrait, und den Maler einen Portraitisten, so sind wir alle mit dir einig; denn alle Schildereyen müssen auf solche Art Portraite seyn.

Der Fremde. Also warest du Alexanders erster Kammermaler?

Apelles. Nein! Ich war Alexanders Tempel- und nicht Kammermaler, denn ich malte ihn im Großen im Ephesischen Tempel, wie er dort saß, und die Donnerkeule in der Hand hielt. Was warest denn du?

Der Fremde. Anfangs hatte ich den Titel als fürstlicher Hofmaler; bald darauf wurde ich Kammer- und endlich Cabinetmaler genennt. Ich arbeitete aber nur an Köpfen. Wenn man Hände daran verlangte, so ließ ich sie durch meinen Gehülfen daran machen. Denn ich machte nur lauter Gesichter, und verschäffte ihnen die Aenlichkeit; zu Händen kann man diese entbehren.

Apel=

Apelles. Vortrefflich! so hatteſt du weniger Mühe, und dein Gehülfe konnte dir auch Portraite ohne Kopf bereit halten, auch ſo gar die Haare, oder den Kopfputz im voraus fertig machen, ehe du zum Geſichte kameſt?

Der Fremde. Warum denn nicht? hätte ich als ein fürſtlicher Künſtler vielleicht wie ein Schüler alle dieſe Kleinigkeiten nachzeichnen, untermalen und ausführen ſollen?

Titian. So geſchickt, Zeit zu erſparen, war ich nicht. Viel weniger konnte mir ein Gehülfe etwas recht machen; denn ich ſchrieb erſt hernach, wenn es mir gefiel, meinen Namen darunter.

Apelles. Auf ſolche Weiſe konnte dir kein Maler deinen Titel ſtreitig machen. Wareſt du nicht auch Mund- und Leibmaler? Doch nein, ich verſtehe dich ſchon: weil du die Hände der Mühe nicht werth hielteſt; ſo konnteſt du auch auf den Rumpf deine Aufmerkſamkeit nicht wenden, der oft nur mit Schneiderarbeit bedeckt iſt. Man lernt doch alle Tage mehr. Ich und du, Titian! hatten dergleichen Vortheile nicht. Ich malte ſo gar den Zaum an meinem Bucephalus.

Titian. Was hätte ich durch ſolche Vorſicht für Zeit gewonnen, in der ich noch weit mehr Schildereyen hätte verfertigen können? Itzo bedaure ich erſt die Stunden, die ich zum Malen verſchwendet habe. Ich war ein Kopf-Hand-Landſchaft-Bataillen-und Portraitmaler. Päbſte,

ſte, Kaiſer, Könige, Fürſten und die ganze Stadt
Venedig, haben Malereyen von meiner Hand, und
dennoch konnte ich ſo große Titel mit allem Rechte
nicht erlangen! Wie einfältig ſind wir doch zuweilen in der Welt, Raphael, Sarto und andre ſind vor und nach mir durch unzählige
Gattungen von Gemälden und Angeſichtern auf
der Welt berühmt geweſen. Sie verſtuhden und
übten die ganze Macht der Kunſt; dennoch fiel
es ihnen nicht ein, ſich ſo hohe Würden und Eh-
rentitel zu erwerben, und ſo viel Zeit vielleicht
zu andern nützlichern Verrichtungen zu gewinnen,
welche an Höfen ſich täglich einſtellen.

Roſalba. Du plauderſt, eiferſt und ſtel-
leſt dich, als wenn du deinen Lieblingspinſel verloren hätteſt. Wie kann es denn dergleichen
Künſtlern, wie du biſt, wohlgefallen, wenn man
all ihr Studiren, alle ihre Werke und ihren ganzen Ruhm nur in einigen Abbildungen und in einigen Geſichtern ſuchte, und ſie nur unter andern
Titeln Portraitmaler nennte?

Dürer. Ich muß noch von Herzen lachen,
wenn ich mich des Edelmanns erinnere, der mich
fragte: ob ich vielleicht auch Geſichter malen
könnte: denn er habe gehört, daß ich nur ein Allerleymaler wäre, der mit Portraiten nicht umzugehn wüßte. Ja, mein Herr, antwortete ich ihm;
jedoch nur großen Fürſten und Frauen zu dienen,
und dieſe müſſen mich ſo reichlich belohnen, als
wenn ich ihren ganzen Leib und Kleiderſchränken
dazu

dazu gemalt hätte. Ich male aber auch Portraite ohne Angesicht. Mein Edelmann hatte darauf Lust, mir eine Thorheit zu sagen. Ich fuhr aber fort: ohne Angesicht, und man soll doch die Person kennen. Ich male entweder eine große Perücke, an der man seitwärts die Nase erblickt, oder ich male sie mit einem Schnupftuch auf dem Gesichte, das, zum Beyspiel, schmerzlich weint oder lacht. Raphael hat dergleichen zur Verwunderung verfertiget.

Die ganze Gesellschaft lachte, bezeugte viel Vergnügen, und trennte sich von einander, voller Versicherungen, einander bald wieder zu sehen, Apelles sagte aber noch beym Abschiede: vielleicht hören wir bald noch mehr Neuigkeiten, die uns ergötzen können.

Zwote Zusammenkunft.

Aus der ersten Versammlung spazierten alle theils Paarweise, theils allein, viele aber mit einander nach ihrem Belieben über Hayne, Rasen, Felder und durch Auen, wo ihr Geschmack sie hinlockte. Manche giengen an helle Gewässer, andre in das Gesträuche. Rosalba, van Dyck, und einige von den Fremden, suchten große Bäume und Schatten. Sie trafen allba zwo Personen an, die ihnen unbekannt waren. Eine von denselben fieng gleich an: Rosalba, kennen sie mich nicht? Sie sind mir durch ihren Ruhm länger bekannt, als sie im Elysium sind. Ich bin

die

die Mälerinn Lala von Cyzicum. Mein Alter
hier iſt Protogenes. Ich bin aus Aſien, diente
aber zu Rom dem Marcus. Varro, wo ich ſowohl
mein eigenes als viel andre Bildniſſe verfertigte.
Dieſer liebe Alte, mein Landsmann, aus Carien
und der Stadt Caunum, iſt auch ein Maler, der
ſeine Kunſt in der Inſel Rhodus gelernt hat.

Roſalba. Es iſt mir ein unverhofftes Vergnügen, euch beyde nun perſönlich zu ſehen, deren
Ruhm ich ſo oft erſchallen gehört habe. Wir
kommen vom Apelles her, der ſich mit uns und
einigen neuen Künſtlern unterhielt. Es wurde
beynahe entſchieden, daß, wer ein Menſchengeſicht abſchildern könnte, heute zu Tage nur ein
Portraitiſt heiße, wenn er auch gleich viel andre
Geſchichte gemalt hätte.

Protogenes. Auf dieſe Weiſe wäre auch
meine Kunſt zur Würde der Portraitiſten erhoben worden? Ich malte den Jäger Jalyſus, ſeinen Hund, ein Rebhun und einen Satyr ſo ähnlich, daß man alles für lebendig anſah. Der
König Demetrius verſchonte ſo gar die Stadt
Rhodus mit der Belagerung, damit meine Gemälde nicht möchten zu Grunde gerichtet werden.
Dennoch habe ich den Namen eines Portraitiſten
niemals gehört, wie du mir hier erzähleſt. Sie
ſetzten ſich auf einem Hügel nieder, weil Protogenes Luſt zu ſchwatzen bezeigte; Roſalba fuhr
aber fort, ihm alles Gelächter, Vergnügen und
Geſpräche, womit ſie ſich in Geſellſchaft des

Apel-

Apelles unterhalten habe, aus einander zu setzen, und van Dyck ließ dabey seiner Munterkeit auch ihren freyen Lauf. Protogenes sagte aber endlich fast wie Apelles: wie schwach und unselig wäre unsre Kunst gewesen, wenn sie nichts als Angesichter hätte nachahmen können? und wie sehr wird sie wiederum in den Verfall kommen, worinn sie in acht Jahrhunderten geschmachtet hat, wenn man fortfährt, nichts als Gesichter nachzumalen.

Van Dyck. Du hast Recht! allein betrachte nur dieses, daß ich und andre durch Menschengesichter großen Reichthum erworben und den Staat geziert haben.

Protogenes. Den Staat geziert? den Staat? nichts als Köpfe? eine Zierde? haben denn die Leute nichts anders sehen wollen, als was sie beständig und aller Orten sehen? hatten sie denn an andern unzähligen Dingen kein Wohlgefallen? lag es ihnen denn immer nur an ihren Augen, Nasen und Wangen, wie den Kindern, die so gern in das Wasser sehen, und sich bewundern? soll ich diesen Geschmack nicht kindisch nennen, obgleich dieser noch vernünftiger, als jener ist? Die Kinder sehen etwas Lebendiges, jene aber etwas Gemaltes, und nur ein bloßes Gesicht.

Rosalba. Wenn es aber wohl gerathen ist? man trifft zuweilen Palleten an, von denen Bildnisse herkommen, welche die Farben nicht werth sind, und dennoch theuer bezahlt werden.

Der

Der Maler sinnet auf ein Mittel, die Belohnung
zu vergrößern. Er fragt, ob er zum Gesicht auch
eine Hand malen soll? diese muß besonders bezahlt werden, wie auch andre Nebensachen und
Verzierungen. Andre lassen sich durch bedunge-
ne Leute bedienen, welche ihnen alles, ausser dem
Gesicht herum, hinschildern müssen. Sie lassen
auch Bruststücke ohne Kopf verfertigen, um bey
Gelegenheit einen darauf zu setzen, der manchmal
sehr schief hingesetzt wird. Sie rühmen sich zuweilen und sagen: Ich habe meinen eigenen Hand-
und Kleidermaler, um mit diesem Zeuge meine
Zeit nicht zu verlieren. Dadurch meynen sie sich
groß zu machen, in Ansehn zu kommen, und Hochachtung zu erlangen. Sie rühmen sich auch, daß
ihre Portraite die schönsten im Lande wären, weil
sie nur stets Gesichter malen, und ihre Kunst nicht
durch andre Sachen verderben.

Protogenes. Dieses müssen fürwahr vortreffliche Künstler und unnachahmliche Gesichtermaler seyn! Wir haben in der Stadt und der ganzen Insel Rhodus nichts von dergleichen gehört:
dennoch wurden viele gemalte Gesichter oftmals
für lebendig angesehen, wie mein Jalysus, mein
Hund und mein Rebhun, auf welches der Hund
lauerte. Wie? würde man mich denn einen
Portraitmaler genennt haben, wenn ich mehr dergleichen Thiere, Füße, Hände, Vögel, Katzen
und ganze Jagden abgeschildert hätte, in welchen
alles änlich und kennbar gewesen wäre? Der Begriff

griff von der Malerey muß in euern Ländern ſehr
eng eingeſchränkt ſeyn. Mich einen Portraitiſten
zu nennen, wäre ſo viel geweſen, als das Geſicht
des Jalyſus aus dem großen Gemälde heraus
ſchneiden, daſſelbe Liebhabern anzupreiſen, und
mich mit jenen zu vergleichen, welche nichts zu
malen wiſſen, als was um zwey Augen in einem
Angeſichte herum ſitzt.

Roſalba. Ich möchte das Vergnügen
haben, deine Mine zu beobachten, wenn man dir
eine dergleichen Abbildung vorſtellte. Ein Blick
wäre ſchon genug, dich zu verjagen.

Van Dyck. So mannichfaltig meine Schil-
dereyen waren, ſo wenig konnten ſie bey vielen den
Namen eines Portraitiſten mehr auslöſchen. Ich
mußte der ewige Portraitiſt ſeyn und bleiben.
Manche Beobachter ſagten, ſie kennten nur das
Geſicht, ob es getroffen ſey, oder nicht; das übri-
ge im Gemälde wären nur Verblendungen, die
Aenlichkeit beſſer auszudrücken, die ſie nicht ver-
ſtünden. Ich ließ ſie aber reden, und ſtrich mein
Geld davor ein.

Protogenes. Ich lebte ſehr arm, und nahm
mit Hopfen und Bohnen vorlieb. Hätte mir
aber das Glück mit der Bedingung Schätze zu-
gewendet, daß ich meine Kunſt nur in Geſichter ein-
ſchlieſſen und nicht alles malen ſollte, was mir ge-
fiele; ſo wäre ich ganz gelaſſen zu meinem Hopfen
zurückgekehrt. Erbarmungswürdige Noth! wenn
man die ganze Kunſt, die man in ſeiner Gewalt
hat,

M 2

Der Maler ſinnet auf ein Mittel, die Belohnung
zu vergrößern. Er fragt, ob er zum Geſicht auch
eine Hand malen ſoll? dieſe muß beſonders bezahlt werden, wie auch andre Nebenſachen und
Verzierungen. Andre laſſen ſich durch bedunge-
ne Leute bedienen, welche ihnen alles, auſſer dem
Geſicht herum, hinſchildern müſſen. Sie laſſen
auch Bruſtſtücke ohne Kopf verfertigen, um bey
Gelegenheit einen darauf zu ſetzen, der manchmal
ſehr ſchief hingeſetzt wird. Sie rühmen ſich zuweilen und ſagen: Ich habe meinen eigenen Hand-
und Kleidermaler, um mit dieſem Zeuge meine
Zeit nicht zu verlieren. Dadurch meynen ſie ſich
groß zu machen, in Anſehn zu kommen, und Hochachtung zu erlangen. Sie rühmen ſich auch, daß
ihre Portraite die ſchönſten im Lande wären, weil
ſie nur ſtets Geſichter malen, und ihre Kunſt nicht
durch andre Sachen verderben.

Protogenes. Dieſes müſſen fürwahr vor-
trefliche Künſtler und unnachahmliche Geſichter-
maler ſeyn! Wir haben in der Stadt und der ganzen Inſel Rhodus nichts von dergleichen gehört:
dennoch wurden viele gemalte Geſichter oftmals
für lebendig angeſehen, wie mein Jalyſus, mein
Hund und mein Rebhun, auf welches der Hund
lauerte. Wie? würde man mich denn einen
Portraitmaler genennt haben, wenn ich mehr dergleichen Thiere, Füße, Hände, Vögel, Katzen
und ganze Jagden abgeſchildert hätte, in welchen
alles änlich und kennbar geweſen wäre? Der Begriff

griff von der Malerey muß in euern Ländern sehr
eng eingeschränkt seyn. Mich einen Portraitisten
zu nennen, wäre so viel gewesen, als das Gesicht
des Jalysus aus dem großen Gemälde heraus
schneiden, daßelbe Liebhabern anzupreisen, und
mich mit jenen zu vergleichen, welche nichts zu
malen wissen, als was um zwey Augen in einem
Angesichte herum sitzt.

Rosalba. Ich möchte das Vergnügen
haben, deine Mine zu beobachten, wenn man dir
eine dergleichen Abbildung vorstellte. Ein Blick
wäre schon genug, dich zu verjagen.

Van Dyck. So mannichfaltig meine Schil-
dereyen waren, so wenig konnten sie bey vielen den
Namen eines Portraitisten mehr auslöschen. Ich
mußte der ewige Portraitist seyn und bleiben.
Manche Beobachter sagten, sie kennten nur das
Gesicht, ob es getroffen sey, oder nicht; das übri-
ge im Gemälde wären nur Verblendungen, die
Aenlichkeit besser auszudrücken, die sie nicht ver-
stünden. Ich ließ sie aber reden, und strich mein
Geld davor ein.

Protogenes. Ich lebte sehr arm, und nahm
mit Hopfen und Bohnen vorlieb. Hätte mir
aber das Glück mit der Bedingung Schätze zu-
gewendet, daß ich meine Kunst nur in Gesichter ein-
schliessen und nicht alles malen sollte, was mir ge-
fiele; so wäre ich ganz gelassen zu meinem Hopfen
zurückgekehrt. Erbarmungswürdige Noth! wenn
man die ganze Kunst, die man in seiner Gewalt

hat,

hat, verlassen muß, um nur einem Theile derselben anzuhangen, und davon allein den Namen zu
erwerben; oder wenn man einen großen Ruhm
besitzt, denselben in den Wind schlagen muß, um nur
einigen Gesichtern zu gefallen. Diese Geden-
kungsart scheint mir wunderbar, die Künste zu
vernachläßigen, und ihnen den Reichthum vorzu-
ziehen.

Rosalba. Mein lieber Protogenes, du
warest von der alten griechischen Welt, wie Apelles. Eure uralte Sonne beleuchtete euer Vaterland nicht so scharf, wie die Stralen der neuen
italiänischen und deutschen Aurora zu unsern Zeiten.
Sie flößet Witz, Feuer und Verstand ein. Ihr
waret nicht so geschickt, wie die neue Welt. Es
giebt Leute, welche ohne Anweisung alles wissen,
oder wenn sie sich ja die Umrisse einer Nase,
zweyer Augen und Lefzen geläufig gemacht haben;
so eilen sie gleich nach den Gesichtern, und, ehe
und bevor noch der Grund auf der Fläche liegt,
breiten sie schon den Ruf von sich aus, daß sie
Portraitisten sind. Jedermann will schon von ihnen sein Bildniß fertig haben.

Protogenes. Brauchet ihr schon so viel
Witz, Feuer und Verstand zu einem Gesichte?
was werden nicht andre Maler, welche eine ganze
Bataille entwerfen, nöthig haben? Ich verstehe
dich schon: hier scheinet eine andre Sonne. Jede
Gattung von Malerey wird durch eine andre besondre Aurora eingeflößet. Als ich den Jalysus
malte,

malte, war nichts im Walde, oder sonst in der
Natur, was ich nicht nachahmen, ausdrücken,
und allezeit bey einer Sonne zu Stande bringen
konnte. Daher malte ich auch das Gesicht meines Jägers, den Schnabel des Rebhuhns, die
Blicke des Hundes, ja so gar des Waldgottes.
Wie gehen denn eure Portraitisten, die nur bloße
Gesichtermaler sind, zu Werke, wenn sie dazu
noch'anbre Dinge anbringen sollten?

Van Dyck. Es geschieht ganz leicht, die Pallete liefert ihnen alle Farben, diese glühen, und der
Gehülfe sorget für das übrige, und dieses ist schon
genug, ihnen den verlangten Beyfall zu verschaffen. Rosalba sah von weiten einige elysische
Schatten sich nähern, Protogenes erkannte
sie gleich und sagte: Es ist Raphael, Julius
und Sarto. Er sprang auf, und schrie: diesen
müsset ihr die Wunderwerke eurer Kunstgötter erzählen. Rosalba lief Raphaelen entgegen,
und traf ihn mit der Lavinia Fontana unver-
hofft an. Nach ihnen folgten die deutschen Ma-
lerinnen Sandrartinn, Wererinn, die Nieder-
länderinnen Smiters, Schurmann, die Ita-
liänerinn Theodora Danti, und einige alte griechische Künstlerinnen. Die Gesellschaft wurde
durch dieselben noch mehr verstärkt; daher theil-
ten sie sich, weil ausserdem halb Elysium aus Neugier zusammen gekommen wäre.

Raphael. Theurer Protogenes! dein
Name ist so tief in meinem Herzen eingegraben,

M 3　　　　daß

daß mir davon eben so, wie vom Apelles, Archimedes, und allen andern großen griechischen Künstlern, so lange ich lebte, getraumt hat, und mir noch eine Freude verursacht, wenn ich dich nur von weiten erblicke.

Protogenes. Hier ist itzt die Frage, nicht von mir, und deinem Vergnügen. Du kannst vielmehr etwas erfahren, so dir Nutzen schaffen wird, wofern dich etwan Jupiter aus diesen Haynen wiederum in dein Italien zurück schicken möchte. Höre! Rosalba wird dir alles erzählen.

Raphael. Ich habe schon alles erfahren. Apelles und seine Gesellschaft macht sich eine ungewöhnliche Unterhaltung daraus, was man ihm von dem Worte Portraitist beygebracht hat; aber, mein werther Protogenes! ich weis nicht, ob ihr, Apelles und du, nur scherzet, oder alles im Ernst verstehet. Es scheinet, als wolltet ihr über die Künstler, die nur mit Gesichtern beschäftiget sind, spotten, oder sie gar zum Besten haben. Wie viele Menschen sind nicht im Elysium, welche sich rühmen, daß sie von mir sind abgebildet worden? Sieht man nicht heute noch die Schule von Athen? pranget meine Amorosa nicht, wie ich selbst, unter viel andern meinen Bildnissen?

Julius Romanus. Das hat in der That seine Richtigkeit; denn ich habe diese Schöne von ihrer Raphaelischen Abbildung auf meiner Staffeley nachgeschildert.

Andreas

Andreas del Sarto. Wenn man euch Elysiern von der obern Welt nicht zuweilen Bericht erstattet, so wisset ihr nichts. Ich habe so gar durch die Nachahmung eines Bildes dieser zween Freunde meine Kunst so hoch gebracht, daß sie meinen Pinsel für den ihrigen angesehen, und Julius so gar endlich sich für betrogen erkennen mußte.

Die Gesellschaft brach hier in ein ziemliches Gelächter aus, welches wiederum einen andern Trupp herbey lockte.

Raphael. Sollten wir denn nicht der Ehre würdig seyn, uns unter die Gesichtermaler zählen zu dürfen?

Apelles. Willkommen, Sancio! ja! du und alle andre können sich ohne Anstand unter sie rechnen. Raphael, du insonderheit vor allen andern; denn du hattest Leute genug zu Gehülfen, welche dir die Hände machen konnten.

Protogenes. Ihr seyd alle über die Maassen muthwillig und scherzhaft, andre spitzfindig durchzuziehen.

Lavinia. Also bin ich nur eine Gesichtmalerinn, weil ich mich selbst und meinen Vater gemalt habe? wie man uns in der Gallerie zu Florenz unter einem ganzen Heer von Portraiten sehen kann. Jedoch meine Arbeit glänzet auch in andern verschiedenen Gemälden.

Apelles. Du, Rosalba, und andre, könnet euch rühmen, daß ihr das vorstellet, worzu euch der Adel gemacht hat. Eure Gemälde sind der

Grund=

Grundstein eures Ruhmes, Namens und Titels.
Von Gesichtern allein seyd ihr nur Portraitmale-
rinnen. Hast du, Rosalba, den Geschmack mit,
einem Papagey und mit Früchten gemalt; so bist
du eine Geschmack-Papagey-und Obstrittrattistinn
oder Portraitistinn. Ueberhaupt wisset ihr
nicht, was ihr eigentlich für Künstlerinnen seyd.
Die Portraitisten aber wissen ihren Namen und
Titel.

Tintoretto. Das Vergnügen, dich, Apelles, und meine Tochter wiederum einmal zu sehen, sind Ursache meiner Anherokunft. Sie hat
von gewissen neu angelangten Künstlern allerley
Nachrichten ausgekundschaftet; und auch selbst zu
Venedig viel erfahren. Sie malte dort viele
große vom Adel. Rede nur selbst, Marietta!

Marietta Tintoretta. Wie glückselig hätte
ich mich allezeit geschätzt, wenn ich von euch Griechen nur einen Pinselstrich zu erblicken Gelegenheit gefunden hätte! So lange ich lebte, war ich
von einer Ehrfurcht für solche antique und andre Künstler eingenommen; und je mehr ich von
ihnen hörte, je mehr wurden sie mir schätzbar.
Ich war beständig beflissen, die besten Gemälde
zu studiren; doch wurde ich auch vielmal daran
verhindert. Große Frauen und Herren verdrängten
einander so zu sagen an meiner Hausthüre. Ich
mußte meinen Geschmack ihren Abbildungen aufopfern. Mein Ehemann war ein Deutscher,
und fand sein Vergnügen daran, mich nach Ge-

sichtern

sichtern malen zu sehen; dennoch blieb mir das Wort Portrait und der Titel Portraitistinn unbekannt. Er nennte solche Stücke ein Bildniß, oder eine Abbildung. Ich sammelte fast mehr Zechinen, als mein Vater, der sich nicht gern durch solche Arbeit von seinen großen Gemälden abwendig machen ließ.

Rosalba hörte seitwärts einigen fremden Malern zu, und fieng so laut an zu lachen, daß Marietta erschrack, und sich einbildete, man hielte sich über ihr Gespräche auf.

Rosalba. Nein! meine Schwester! Es geht dich nichts an. Hier murmelten zween hinter mir, die ich nicht kenne, und diese machten mir zu lachen.

Van Dyck. Es wird vermuthlich eine venetianische Begebenheit von einer Gondola seyn.

Rosalba. Sie sagten einander ganz ernsthaft und leise ins Ohr: daß alle Portraite in der ganzen Welt ungemein, ja unwidersprechlich besser getroffen wären, wenn sie nicht von den Palleten der Geschichtenmaler, sondern bloß von Portraitisten herkämen; die Allerleymaler haben keine Geschicklichkeit, ein Gesicht nachzuahmen.

Apelles, der die Stirne rümpfte, und seinen ehrwürdigen schneeweißen Bart strich, sagte: Nun, so haben wir insgesammt und auf einmal, außer du Marietta, über unsre menschenänlichen

Gemäl-

Gemälde, Parrhasius und Zeures aber über ihre Weintrauben und Vorhänge, und ich selbst über meinen Alexander und den Bucephalus den richterlichen Machtspruch und orakelmäßigen Bescheid.

Van Dyck. Diese Leute müssen doch im Gewissen einige Wurmstiche empfinden, weil sie sich nicht getrauen, ihren Ausspruch laut zu sagen: oder sie wissen nicht, daß es gemalte Gesichter giebt, welche man kennt, wenn sie schon keine Aenlichkeit haben, und daß andre, ungeachtet ihrer Aenlichkeit, nicht erkannt werden. Ein Angesicht zu malen, daß man es nur kenne, ist so leicht, daß wir alle dergleichen mit jeder Kohle auf der Mauer machen konnten, ja so leicht, sage ich, daß auch ein ungeschickter Pinsel die Aenlichkeit zuwege bringen kann. Hat nicht Annibal Carracci als ein sehr junger Schüler die Straßenräuber, welche seinen Vater und ihn auf dem Wege nach Bologna nicht nur um Haab und Gut, sondern auch beynahe gar um das Leben gebracht hatten, vor dem Richterstuhl so änlich hingezeichnet, daß man sie erkannte, suchte, und ins Gefängniß brachte? So änlich ich nun sehr oft gewisse Bildnisse antraf, so wenig war ich damit zufrieden; mein Geist sagte mir jederzeit, man würde sie weit mehr achten, wenn sie nicht änlich, sondern besser gemalt wären.

Rosalba.

Rosalba. Wem ist es nicht bekannt, daß ein schwacher Pinsel manchmal, wie man zu sagen pflegt, besser trifft, als ein großer Künstler.

Raphael. Du hast recht. Ich selbst habe für die Aenlichkeit zuweilen sehr wenig Sorge getragen, und dennoch war sie da. Die vortreffliche Natur nach allen ihren Eigenschaften zu malen, war meine Lust. In gemeinen Gesichtern hätte ich oftmals den Verdruß gehabt, dieselbe unangenehm zu finden. Ein Umstand, welchen die Alltagsgesichtermaler nicht wahrnehmen. Wäre ich also gleichsam durch dringende Befehle zu einer solchen Schilderey veranlasset worden; so hätte ich mich gezwungen gesehen, mich selbst zu befriedigen, ein und andres zu verbessern, und die genaue Aenlichkeit, welche ein gemeiner Treffer ohne Kunst hinmalt, aufzuopfern. Ein mittelmäßiger Verstand ergreift die Pallete, und wenn er nur mit den Farben ein wenig bekannt ist, durch Uebung aber sich eine Gattung von Tinten angewöhnt hat; so ist er und der Beobachter leicht zufrieden; das Bildniß ist getroffen, und die Hauptzüge sind alle darinn; das übrige aber hat er nicht wahrgenommen. Die Beschwerlichkeiten der Kunst lagen mir allzu sehr am Herzen, als daß ich mich zu dergleichen gebundenen Arbeiten gern bequemt hätte. Mir war alles bekannt, was die Kunst vermag. Jene Schwachen hingegen sehen wenig oder nichts. Ihre gesunden Augen sind gleichsam umnebelt, und

wenn

wenn sie ja diese oder jene Linie gewahr werden,
so weichen sie derselben aus; sie scheuen und fliehen die Beschwerlichkeiten, wie viele andre, welche, was sie nicht zeichnen können, mit Gewand
und ungeschickten Falten bedecken.

Apelles. Es ist in der That Schade, daß
dein Gespräch hier nur eitle Töne macht, und
nicht in der obern Welt unter wirklichen Staffeleyen und Palleten, bey Nachttischen, Spiegeln
und Schachteln alles Putzwerkes, wie Pope mir
sie öfters beschrieben hat, anstatt nichtswürdiger
Unterrichte Platz nehmen kann. Niemand wird
läugnen können, daß zu einer oder mehr Figuren,
zu der vortrefflichen Natur, zu ihrer einfältigen
und ungezwungenen Bewegung, ein weit tieferes
Nachsinnen, ein stärkerer Fleiß, ein sehr erhabener Verstand, und eine große Mühe erfordert
werde, wenn man alle Muskeln und ihre Verrichtungen genau an ihrem Ort ausdrücken, mit
gehörigem Licht und Schatten versehen, und die
Umrisse mit der möglichsten Aufmerksamkeit ausarbeiten will, damit alles aus dem Grunde des
Gemäldes sich empor hebe und rund erscheine. Je
gelehrter, geschickter und tiefsinniger ein Maler
ist; desto weniger wird er sich zum nachmalen gewisser angeordneter Gesichtsbildungen entschlies-
sen. Sein Genie ist gebunden, alle Wege sind
gesperrt, sein Auge ist voller Verdruß, und die
Geduld wird ihm ungemein sauer, damit er
die Aenlichkeit, als das Hauptwesen, ohne Ver-
nachläs-

nachläßigung der Kunst ausdrücke. Er ist also gezwungen, mit einer so strengen Aufmerksamkeit zu arbeiten, damit keine Linie, kein Zug, keine Tinte und keine Farbe von dem ihm entgegenstehenden lebendigen Angesicht unterschieden sey. Ein andrer, welcher für eine so große Vollkommenheit wenig Achtung hat, oder dieselbe fast nicht gewahr wird, ist schon zufrieden, wenn er nur den Unterschied des Fleisches, und eine jede Kleinigkeit, die nichts bedeutet, nachmachen kann. Sein Fleiß, seine Gelassenheit und mittelmäßige Kunst machen, daß man die lebendige Person in der Abbildung zwar erkennt, jedoch nichts erhabenes, nichts rundes, nichts feuriges, lebhaftes oder geistreiches und natürliches darinn wahrnimmt.

Van Dyck. Wäre mir das Glück ehedem so geneigt gewesen, daß ich eure Vorlesungen, Unterrichte und Lehrsätze, wie itzo, hätte beherzigen können; so würde ich ein noch weit größerer Maler geworden seyn, als ich es durch die bloße Betrachtung eurer Stücke ward. Meine Art zu malen kömmt mir nun fast selbst lächerlich vor. Seyd nur auf einen einzigen Zufall aufmerksam. Unbekannter Weise trat ich zu meinem Landsmann Franz Hals, ins Zimmer, um ihn wegen seines ausgebreiteten Ruhms kennen zu lernen. Seine muntere Fertigkeit zu malen, die ich in seinen Arbeiten bewunderte, lockte mich dahin. Er wußte nicht wer ich wäre. Ich verlangte von ihm meine Abbildung. Unverzüglich war er bereit,

reit, und ich hatte mich kaum hingeſetzt, ſo fieng
er ſchon an zu malen. Sein Pinſel arbeitete im=
mer fort, und ſein Mund blieb nicht einen Augen=
blick ſtille ſtehen; wir fanden genug zu reden.
Eine halbe Stunde verfloß, ehe man ſichs ver=
ſah. Endlich aber, da ich ein wenig aufmerkſam
ſeyn wollte, erblickte ich mein änliches Geſicht in
wenig Pinſelſtrichen. Mein Herr, fieng ich an,
ſie malen ſo leicht und fertig, daß es mich dünkt,
ich könnte es ihnen nachmachen. Wohl! mein
Herr! verſuchen ſie es. Er ſtellte mir ſeine
Staffeley mit der Leinwand vor Augen, gab mir
ſein Geräth in die Hand, und ſetzte ſich an mei=
nen Ort. Wir lachten alle beyde, und er wußte
nicht, ob es Scherz oder Ernſt wäre. Ich malte
eine Weile fort, und ahmte ihm in ſeinen mun=
tern Geberden nach. Er wurde aufmerkſam,
und ſprang vom Stuhl, meine Malerey zu ſehen.
Er hatte ſie aber kaum betrachtet, ſo ſchrie er
ſchon aus vollem Halſe: Nein! ich bin nicht be=
trogen! Ihr ſeyd der van Dyck, und fiel mir um
den Hals, küßte mich, und ich mußte meine Ver=
ſtellung ablegen. Wir malten einer den andern um
die Wette, um zu ſehen, wer geſchwinder wäre.
Der Sieg fiel aber auf ſeine Seite. Unſre Ge=
ſichter hatten ihre vollkommene Aenlichkeit; und
die Pinſelſtriche konnte man zählen.

Roſalba. Solche Portraitiſten wünſchte
man ſich immer anzutreffen. Nirgends iſt die Ge=
duld zu Hauſe. Alles ſoll ſchon vollendet ſeyn,
ehe

ehe man noch angefangen hat. Wo suchet man
aber solche Meister, wie euch beyde? die Hand
und der Verstand müssen eine Sache seyn. Was
die Einbildung sich vorstellt, malt die Hand bereits nach. Alles geht so geschwind, als der
Menschen Gedanken.

Van Dyck. Die beständige Uebung in allerhand Gegenständen, zuvörderst in mannichfaltigen Gesichtern, brachte uns diese Leichtigkeit zuwege, die Aenlichkeit ohne Mühe zu treffen.
Dieses nenne ich munter, leicht und meisterhaft
arbeiten.

Raphael. Dieser zauberischen Kunst bediente ich mich zuweilen auch; sie gefiel mir aber
deswegen nicht, weil ich allzusehr an die verwunderungswürdige schöne, antique Manier gewöhnt
war, welche ich zwar nicht von euch griechischen
Malern und euren Gemälden, die ich mein Lebtage nur einmal zu sehen immer vergebens gewünscht
hatte, sondern von euren schönen Statüen gelernt
habe. Dieses war die Ursache, daß ich nur gefälligen Gesichtern anhieng, und andern auswich,
in denen die Natur mir nichts vollkommenes, sondern nur gemeine, ungefällige und schlechte Züge
sehen ließ. Mein Augenmerk war allezeit die
schöne, ungeschminkte und ungeheuchelte einfältige Natur. Wie abgeschmackt, wie unanständig
und unansehnlich mußte mir also eine Figur vorkommen, welche man mir zufälliger Weise ohne
Wahl zu malen aufdringen wollte?

Lavinia

Lavinia Fontana. Aus deinem Geſpräche
nehme ich ab, daß eine Perſon, welche durch deinen Pinſel, der über die ſchöne Natur allein
herrſcht, hat wollen abgeſchildert werden, ihre
Denkungsart ſehr hat ändern müſſen, und ſich nimmermehr einfallen laſſen dürfen, ſie ſetze oder ſtelle
ſich nicht nur vor die Augen eines zwar fleißigen,
ehrlichen und gemeinen Handarbeiters, ſondern
vor einen Mann, deſſen Bemühung und Kunſt
verehrungswürdig, und ſein Anblick und ſeine
Hand zu bewundern ſey; weil er ihr lebendiges
Angeſicht auf eine Fläche zu übertragen und es ſo
vorzuſtellen fähig iſt, als wenn ſie ſich im Spiegel
erblickte. Ich wenigſtens war ſo ſtolz, daß man
es ſich für eine ausnehmende Ehre ſchätzen mußte,
wenn man durch meine Hand wollte abgeſchildert
ſeyn.

Apelles. Wie viel mehr konnten alſo Fürſten und Helden ſich glücklich ſchätzen, wenn ſie
zwar nicht in Farben, ſondern in Marmor, in
Metall oder andern koſtbaren Materien abgeformt
wurden? dieſes muß doch ein reizendes Vergnügen ſeyn. Denn Alexander kam ſeines Bildniſſes wegen zu mir, und wir waren beynahe überzeugt, daß Jupiter aus dem Olymp zum Phidias
gekommen ſey, woraus ich ſchließe, daß ſie alle
beyde uns ihrer Ehrenbezeigung würdig geſchätzt
haben. Giebt es aber heutiges Tages noch ſolche Geſinnungen? oder ſind dieſe Künſte der Verachtung näher, als der Hochachtung? wer iſt aber
Urſache daran?

Proto-

Protogenes. Man wird keine Alexander und Jupiter mehr finden; oder fehlt es euch am Phidias und Apelles?

Lavinia. Wie es heut zu Tage zugeht, das weis ich nicht. Rosalba ist mit dieser Zeit näher verwandt.

Rosalba. Man findet noch alle, nach denen du fragst; aber ihre Anzahl ist so klein, daß ganze Schaaren von Künstlern nirgends einen Schutzgott antreffen, mithin ihre Kunst mit dem Maaßstabe des verdienten Brodtes abmessen, und dieses um so mehr, weil die vortrefflichsten Arbeiten so wenig geachtet werden, als die nichtswürdigen.

Protogenes. Unter mächtigen, vortrefflichen und geübten Pinseln oder Meiseln treten keine Gemälde, Köpfe, Bruststücke, oder Statüen hervor, welche sich vor dem seichten Ausspruch: es ist nicht getroffen, scheuen dürfen. Es kömmt auf die Augen und die Einsicht des Beobachters an, und nicht auf einen jeden, der Gemälde und Marmor vom natürlichen Fleische nicht zu unterscheiden weis.

Rosalba. Du hast Recht! Man muß mit gewissen Großsprechern ein Mitleiden haben, wenn sie zum Vorschein kommen, den Mund zerren und endlich mit einem hochmüthigen Betragen den kunstrichterlichen Ausspruch thun: es ist nicht getroffen. Oder, wenn ihnen das Werk allzu lebhaft

II. Band. N

haft vorkömmt, es zu tadeln, eine Maſche, einen
Saum und eine Runzel angreifen, und dennoch
nicht wiſſen, ob ſie zufrieden ſeyn ſollen oder nicht,
weil ihnen andre Beobachter noch mehr Zweifel
in den Kopf ſetzen.

Ich will hier noch eins und das andre gedenk-
ken, damit ich euch noch ein wenig auf eine angenehme Art unterhalten möge; denn ich weis,
daß Apelles ſelbſt mit Vergnügen von der neuen
Welt reden höret. Wie viel Ehre bezeuget nicht
zuweilen auch ſogar der Adel einem unbekannten,
jedoch prächtigen, hochtrabenden, nach der neue-
ſten Mode gekräuſelten, an ſich ſelbſt und ſeiner
Kunſt nach aber ſchlechten und elenden Geſichtmä-
ler? Man hat mehr Achtung für ſeine Tracht,
und mehr Aufmerkſamkeit für ſeinen Geſchmack in
ſeinem Anzug und Pracht anzuwenden, als die Geſchicklichkeit ſeines Pinſels zu bewundern. Man
iſt mit der größten Geduld auf ſeine Mine aufmerkſam; man ſchwatzt von ſeinem Kleide und
reizenden Kopfputz, und verſchwendet bey ſeinen
ängſtlichen Minen einige Stunden.

Lavinia. Dergleichen habe ich zu Venedig
ſelbſt geſehen, allwo ein ſolcher glänzender Palleten-
held in ein Vorzimmer trat, wo bereits ſchon ein wahrer, großer und jederzeit beliebter Künſtler in ſeinem
ehrlichen Alltagskleide zugegen war, Befehle er-
wartete, und kaum einige Aufmerkſamkeit auf ſich
zog. Dem artigen Pamphilus wurde in aller
Geſchwindigkeit die Thür eröffnet; der altmodi-
ſche

sche Künstler hingegen mußte, wie der Mond von
der Sonne verdunkelt, dem Schimmer jenes verblendenden Peruvianers weichen und seinen Weg
nach Hause suchen. Van Dyck stutzte dermaaßen
mit unverwendeten Augen über diese Erzählung,
als wenn er, einen heimlichen Verdruß empfände.
Lavinia ließ sich aber dieses nicht irren, sondern fuhr
in ihrer Erzählung fort und sagte: dieser ver-
scheuchte Künstler wurde nach einer Zeit an eben
diesen Ort berufen, das Malergeräthe des Pam-
philius in Ordnung zu bringen, und auszuführen,
was er zum Erbarmen verfertigt hatte; er entschuldigte sich aber damit, daß er nur immer zu
Venedig, niemals aber in Indien gewesen wäre.

Van Dyck, der nicht länger schweigen konnte, brach endlich in diese Worte aus und sagte:
Nicht wahr, du kleine Zauberinn! du lachest?
meynest du denn, daß ich es nicht inne geworden
bin, wie du nur auf mich gestichelt hast, weil ich
jederzeit beym Adel prächtig erschienen bin?

Apelles so wohl, als andre, gaben ihre Meynung durch ein freundliches Gelächter zu erkennen.
Nein, fieng Apelles an, du betrügest dich selbst,
du irrest dich. Pamphilus, oder wer er seyn
mag, wollte durch seine Tracht sich vorher in Hochachtung setzen, ehe er die Kunst noch verstund,
welches auch unter uns Griechen gewöhnlich war.
Du aber warest vernünftiger; denn du erwarbest
durch deine Kunst vorher goldne Ketten und

Strauß-

Straußenfedern auf den Hut, ehe du dir in den
Sinn kommen ließeſt, groß zu thun. Du konnteſt ſie also mit allem Recht tragen, und dich vor
der Welt ſehen laſſen. Du hintergiengeſt dadurch niemand, wie jener, der ſich Kleider borg-
te, um ein anſehnlicher Maler zu werden. Unſer Parrhaſius war in ſeiner Tracht über die
Maaßen verwegen, und ſein Uebermuth war ſo
groß, daß Kronen und Purpur ihn kaum begnügen konnten. Dadurch wollte er ſeine Kunſt,
die er ſchon lange gezeigt hatte, unter dem Volk
erheben.

Protogenes. Es muß in euren Ländern
wunderbar zugehn. Wer iſt in ſolchen Umſtänden hinter das Licht geführt? Gemeiniglich, wie
mich dünkt, die Perſon, die nach der Arbeit erſt
wahrnehmen lernt, wie man Schimmern, Blinken und Flittern vom Glänzen unterſcheiden müſſe.

Roſalba. Mein lieber Protogenes! wenn
es hier möglich wäre, ſo wollte ich dir mehr Unterhaltung verſchaffen, als euch Griechen die herrlichſten Staatsfeyerlichkeiten und Spiele zuwege
bringen konnten. Man fragt nicht mehr, wer
Protogenes, Apelles, Liſyppus, oder Praxiteles ſey; wer für den König Alexander, für
Epheſus, Athen oder Crotona ein Kunſtſtück verfertiget habe. Alles, was nur griechiſch heißt,
iſt unbekannt. Man ſpüret vielmehr ſorgfältig
und in geheim nach, unter was für einem Schutz-
geſtirne dieſer oder jener Künſtler lebe; wer den
wohl-

wohlfeilsten Pinsel oder Meisel in der Hand habe;
wer seinen Gegenstand durch langes Sitzen am
wenigsten plage? denn mehrentheils kömmt es
auf die Gnade an, hier oder da des Anblickes eines Angesichtes theilhaftig zu werden. Wären nun
alle Staffeleyen besetzt, und würden sie dir alle
geschenkt; so könnteſt du deinen Mälergeschmack
sättigen, und dich so wohl, als die ganze Insel
Rhodus mit pittuleſken Caricaturen bereichern.

Apelles. Aus eurem Geschwätze kann ich
abnehmen, daß unter euch Künſtlern nur zweyerley Schulen im Flor ſind. Die Schule der Ge-
ſichter-oder Portraitmaler, die bloß für solche Abſchilderungen Sorge tragen; und die Schule derjenigen Maler, welche alle irdische Geschöpfe nachzuahmen fähig ſind. Diese nennet ihr meiſtens Ge-
ſchichtenmaler, und, wenn ſie zum Unglück auch das
vortrefflichſte Bildniß einer bekannten Person zum
Vorſchein bringen, so nennet ihr ſie Portraitiſten.
Euer Begriff von dieser Ehrenbezeigung will sich mit
meiner Einbildung nicht vergleichen. Ich würde
mich für einen solchen Vorzug entweder allemal be-
dankt, oder den Alexander mein lebtage nicht mehr
abgebildet haben. Der Ruhm, den ich durch so
mannichfaltige andre Gemälde, als Alexanders
Gesicht, erworben hatte, wäre ja gänzlich in die
Vergeſſenheit gerathen, und Griechenland würde
am Ende geglaubt haben, meine Kunſt habe sich
niemals über den Umriß eines Angesichtes er-

N 3 streckt,

ſtreckt. Solltet ihr nicht alle geſagt haben, daß
ihr keine Portraitmaler wäret, und dennoch die
Portraite beſſer zu malen wüßtet, als alle Portraitiſten? ſoll man euern Namen nur unter einem einzigen Kopfe geleſen haben, nachdem er
ſchon ſo viele andre Kunſtſtücke ruhmwürdig gemacht hat? Wie viele Tempel, Paläſte und Städte ſind nicht durch eure Pinſel verherrlichet worden, ohne daß man ſich eurer Bildniſſe oder Geſichter erinnert hätte, die man euch vielleicht in
der Zwiſchenzeit hat verfertigen laſſen? Ihr ließet
euch allzu ſehr demüthigen, da man eure Verdienſte nur Geſichtern andichtete, die man noch durch
den Sprößling eines fremden Sprachbaums, oder
damit ich mich deutlicher ausdrücke, durch das
Wort Portrait verſchönerte. Ein Wort, wodurch
icht nur euer Vaterland, ſondern auch alle aus-
wärtige Völker überhaupt, alle in der Natur ſicht-
bare und unſichtbare Gegenſtände, wenn ſie gemalt wären, anzuzeigen pflegten.

Van Dyck. Was hätten wir wohl anders
thun ſollen? die vorgefaßte Meynung faßte tiefe
Wurzel, und der Irrthum fieng an zu herrſchen.
Hierzu kam noch die Gewohnheit, der Gebrauch,
und endlich nahm eine reizende Mode überhand.
Das Volk wußte aus der ganzen Malerkunſt
nichts, als von Portraiten. Wir mußten uns
alſo des täglichen Brods halber dieſer Benennung
unterwerfen, die Pallete darnach einrichten, und
alle Geſchicht-Leinwande, um den Geſichtern Platz
zu

zu machen, auf die Seite räumen. Diefes Vorurtheil breitete fich aus, und zog ein weit fchäd-
lichers nach fich, welches fich einer fo großen Gewalt bemächtigte, daß es fchien, als wäre es durch
einen obrigfeitlichen Befehl beftätiget worden, daß
nämlich alle Maler, die nicht ewig portraitirt hätten, von der Freyheit, Gefichter abzufchildern,
ausgefchloffen feyn follten, weil fie nur Gefchichte
treffen könnten.

Raphael. In was für einem Theile der
obern Welt hat euch denn das Verhängniß zu
Malern werden laffen? Wie ich aus euren Ge-
fprächen abnehme, fo müffet ihr in düftern und
verwilderten Bezirken ftudirt haben, wo anftatt
der Künfte und Wiffenfchaften nur Dunkelheit,
Nebel und Schatten alles bedecken, wo nichts als
Difteln und Dornen, höckerichte Flächen und
nacktes Geftein den Boden zieret. Ift vielleicht
dort alles unbekannt? weis man von uns Alten
nichts? Haben denn wir alle nicht getroffen; die
wir euch fo viel Gemälde von unzähligen Gegen-
ftänden zurück gelaffen haben? Die Schildereyen,
welche die größeften Künftler für eure irdifchen
Götter verfertiget haben, verherrlichen ja unzählige Gallerien bis zur Verwunderung. Viele
Abbildungen hingegen, welche von der Pallete der
fo genannten Portratiften herftammen, wie mir
alle modernen berühmten Kenner erzählen, fie-
het man in keinen Kunftfälen, fondern ein jeder,
auch fogar der verächtlichfte Winkel, wird ihnen

ange-

angewieſen. Und wer ſind denn diejenigen, welche ſagen, daß die Bildniſſe eines Julius, Sarto,
Titians und einer Menge andrer bekannter Männer nicht getroffen wären? Entweder herrſchen
unter euch nur Strabones, oder ſchielende Augen;
oder die ganze Kunſt verſchmachtet im Schatten
der Heuchelen.

Roſalba. Du haſt keinesweges Unrecht;
du redeſt, als wenn deine Augen alles, was von
deiner Zeit an bis zu der meinigen vollbracht worden, geſehen hätten. Man hat dir die lautere
Wahrheit berichtet; denn alle Bildniſſe, Abſchilderungen, oder Portraite, welche von hiſto-
rien-maleriſchen Pinſeln hergefloſſen ſind, ergötzen durch ihre Vollkommenheit und Manier das
Auge des Beobachters und Kenners. Sie zeigen durch ihre natürliche Anmuth, Reizung und
entzückende Einfalt die Aenlichkeit; ja ſie übertreffen alles, was jemals in der Welt von Geſichter-
malern verfertiget worden. Wer wird es wohl
glauben, daß man, um ein Angeſicht treffen zu
können, ohne Aufhören nichts als lebendige Geſichter abmalen und allen andern Theilen der Kunſt
abſagen müſſe?

Lavinia. Diejenigen, welche auf ſolche Art
ſtudiren, haben allerdings nur Wangen, Augen,
Lippen, Naſen, Perücken, Hauben und andre
abentheuerliche Hauptzierden zum Muſter ihrer Arbeit, und kommen dieſe mir vor, wie jener Maler,
der nur eine Hand, einen Fuß, oder einige Fal-

ten

ten von Gyps in seinem Vermögen hat. Es mag
auch von seinen Händen kommen, was da will, so
bringt es denselbigen Fuß, oder dieselbige Hand,
oder dieselbigen Falten unausbleiblich zum Vorschein. Darf ich wohl wagen, zu entdecken, daß
zuweilen die rechte Hand am linken Arme angemacht ist? daß die Lippen und Wangen weinen?
die Augen lachen? und die Hälfte des Gesichts
mager und die andre fett ist? Zudem sieht man
auch in unzähligen Portraiten einerley Augen, einerley Lippen, einerley Falten und Hände. Hier
verlor sich Apelles heimlich aus der Gesellschaft,
dem auch die übrigen in aller Stille nachfolgten.

Dritte Zusammenkunft.

Apelles und Titian dachten auf ihrem Wege
allein zu seyn, als sie unversehens einander wiederum im Gesträuche gewahr wurden, und sich
des vorigen Gespräches erinnerten. Was für ein
unnützes Geschwätze haben wir wieder gehört, fieng
Titian vom neuen an. Wie viele Maler haben
nicht unzählige Idealköpfe in allen möglichen Leidenschaften und Bewegungen, zum Erstaunen der
Kenner, ausgeführt? Hätten diese kein so genann-
tes Portrait sollen zuwege bringen können? Sollte
denn ein Künstler, welcher die größesten Beschwerlichkeiten der Kunst überwunden hat, und sich im
Besitze ihrer ganzen Macht befindet, nicht endlich
auch das eitle Werk einer Abbildung zu Stande
bringen können? Ich will davon ein Beyspiel an-

führen:

führen: Die Ehrfurcht, welche ich für meinen
Kaiſer Karl hatte, brachte mich auf den zufälligen
Gedanken, das heil. Abendmahl zu Emmaus zu
malen. Wer hätte mir nun den Portraitpinſel entreißen und ſagen können: ich würde zu ungeſchickt
ſeyn, in dieſem Stück änliche Perſonen vorzuſtellen? Ich habe den Jünger Cleophas dem Kaiſer,
den Jünger Emmaus ſeinem geweſenen Lehrmeiſter, hernach Pabſt Adrian, den Hauswirth
ſeinem Beichtvater und den Bedienten dem Philippus änlich gemalt. Hätte ich nicht vielleicht dieſe
Geſichter durch einen ſo genannten Portraitiſten
ſollen hinmalen laſſen? Wenn ein andrer Künſtler das große Werk einer zahlreichen königlichen
Verſammlung und Feyerlichkeit vollendet hat,
ſollte dieſer in einem ſo majeſtätiſchen Gepränge,
um die Hauptperſonen änlich zu ſchildern, eine
fremde Hand borgen? Was meyneſt du, Apelles,
wer iſt an aller dieſer verworrenen Einbildung oder
Denkungsart ſchuld?

Apelles. Die Unwiſſenheit, der Neid, die
Mißgunſt und der Hochmuth derjenigen, welche
bloß ihre eignen Bildniſſe anbeten, und alle
andre Gemälde mit verkleiſterten Augen aus Bosheit verachten, anſtatt, daß ſie die Kunſt ehren,
lieben und bewundern ſollten. Es ſind aber auch
diejenigen Maler nicht zu entſchuldigen, welche
durch ihre Willfährigkeit und eigennützige Ernie-
drigung Ruhm, Ehre, Kunſt und Lehrſätze, entweder der Gefälligkeit, oder der Gewinnſucht aufopfern.

opfern. Ich begreife es nicht, wie doch die Menschen auf die Gedanken verfallen können, daß ein Mann, der die Reißfeder, den Pinsel und die Farben in seiner Gewalt hat, nicht nach Belieben diesen oder jenen Kopf vollkommen sollte nachahmen können. Und warum soll ein andrer, der auſſer einem Gesichte gar nichts zu zeichnen und zu coloriren weis, allein, wie man zu sagen pflegt, das Glück haben, ein ähnliches Portrait zu machen? Denn man kann das mit allem Recht ein Glück nennen, was nicht durch Kunst, sondern zufälliger Weise geschieht. Ich gehe aber weiter: Warum eilet alles nur der Unwissenheit, und nicht der Kunst entgegen? Die Ungeschicklichkeit ist wohlfeil, und die Kunst unbekannt. Bey jener ist die Belohnung weggeworfen, bey dieser aber niemals hinlänglich.

Titian. Man findet in der Welt keinen Maaßstab, womit man den Werth eines wahren Kunststückes ausmessen und bestimmen kann; gewisse Brodkünstler aber schätzen ihre Arbeit nach Ellen oder Schuhen; daher lauft man ihnen nach, weil man im voraus weis, was man werde bezahlen müssen.

Lavinia. Wie? du erschrickst vor mir, Apelles?

Apelles. Es ist kein Schrecken, sondern eine Verwunderung, daß ich dich sehe.

Lavinia. Ich bin euch auf dem Fuſſe nachgeschlichen, so lange ihr euch mit eurem alten Gespräche unterhalten habt. Aber sage mir doch,

wer

wer ſind, denn diejenigen, welche alles beurtheilen?
und die ſo gar den Ausſpruch thun: daß dieſes
oder jenes Gemälde gut, ſchön und vortrefflich
ſey, oder eine Aenlichkeit habe, und hingegen ein
andres, keine Aufmerkſamkeit verdiene? weis man
denn das nicht, daß es meiſtens in aller Kunſt un-
erfahrne, ſchwache, unkundige, kurze, ungelehrte,
überſichtige, oder gar halb blinde Augen giebt?
Nimmt von dieſen nicht ein jedes etwas andres,
entweder mehr oder weniger, zu viel, oder gar
nichts wahr? Wurde nicht jene Statüe des Po-
lykfletś verworfen, an welcher alles nach dem Geſchmack ſolcher Beobachter verändert worden?
Haben nicht ebendieſelbigen Augen hernach die andre in geheim verfertigte Statüe mit Frohlocken gut
geheißen, und mit feyerlichem Gepränge aufgenommen?

Van Dyck. Du haſt eine magnetiſche
Kraft, Apelles! wir folgen dir beſtändig auf dem
Fuſſe nach, dich zu hören. Ich bleibe ein vor
allemal dabey, daß es nicht genug ſey, ein Bildniß nur kenntbar zn malen; es erfordert weit
mehr. Daher kömmt es auch, daß die änlichſten
Köpfe demohngeachtet nicht ſelten der Verachtung
unterworfen ſind, andre aber hingegen vielleicht
ohne Aenlichkeit mit großen Ehren erhoben werden. Ich weis auch nicht, warum der größeſte
Theil der Menſchen die vorgefaßte Meynung hegt,
daß ein änliches Geſicht allein den Vorzug im ganzen Reich der Malerkunſt verdienen ſoll. Noch weniger

ger weis ich, warum dieses oder jenes Portrait
in seinem Werth immer steigt und höher geschätzt
wird, wenn gleich desselben Aenlichkeit bereits vergessen und unbekannt ist; die änlichsten aber in
Verachtung gerathen. Also muß es wohl wahr
seyn, daß die Aenlichkeit, welche auch unter den
ungeschicktesten Fingern hervor wächst, dem Gemälde keinen Vorzug verschafft. Die schwäch-
sten Maler dürfen nur auf die kleinsten Züge und
Merkmaale des Angesichtes, ohne auf die genauen
Umrisse und Farben zu kommen, aufmerksam seyn,
und die äußerste Geduld anwenden, so werden sie
gewiß ihr Ziel erreichen. Beobachten sie nur
die Haupttheile, die Nase, das Kinn, die Lefzen
und die Augenbraunen; so stellt sich die Kennbar-
keit lebendig dar, die Caricatur ist formirt, und
jedermann sieht gleich, was sie bedeutet. Sind
es aber gelehrte, und in allen Theilen geübte
Finger, welche arbeiten; so erscheinet auf einmal so viel, daß man sogar die Aenlichkeit vergis-
set, und nicht mehr fragt, wem das Gemälde
gleich sehe. Man betrachtet es gleichsam voller
Bezauberung und mit äußerster Entzückung.

Rosalba. Wie unaussprechlich war mein
Vergnügen, wenn ich eine vom Titian, Sarto,
Holbein oder Tintoretto abgemalte Figur betrachten konnte? Es fiel mir kaum ein, zu fragen,
wer sie sey. Es würde mir auch nichts geholfen
haben, weil mir die Person ganz unbekannt war.
Meine Augen erquickten sich an der Wahrheit, an

der

der Wahrheit, an der Lebhaftigkeit, an dem natürlichen Fleisch, an den angenehmen Minen und
Geberden, an den Regungen des Angesichts, an
der Rundung, und am Colorit, oder an der Farbengebung: diese Sachen, und nicht die mir unbekannte Aenlichkeit reizten und täuschten mich.
In der Betrachtung großer Kunststücke war ich
unersättlich. Durch jeden neuen Anblick lernte
ich wiederum etwas; in meinen eigenen Gemälden selbst war ich wegen der Aenlichkeit ganz unbesorgt, und meine Pastell-Farben nahmen die Augen der Zuschauer so sehr ein, daß sie alles übrige
vernachläßigten. Ich wußte zuweilen nicht, ob
ich lachen, oder mich verwundern sollte, wenn man
mich mit Lobeserhebungen überhäufte, ehe man
noch die Arbeit kaum erblickt, und ich selbst noch
keinen mir anständigen Strich vollbracht hatte,
weil mir die Gelegenheit beschnitten war, meinen
Gegenstand kunstmäßig studiren zu können. Ich
malte vielmal, ohne die Person zu sehen, welche
ihr Portrait von mir begehrte. Ich kann fast
betheuren, daß ich deswegen sehr oft mit mir
selbst nicht zufrieden gewesen bin, weil ich alle
Züge und Linien nur verstohlner Weise unter meine
Farben bringen mußte.

Apelles. Wenn es in euren Städten so zugeht; so müssen ja die Portraitmaler freywillige
Märtyrer seyn. Wie kann man denn einen Gegenstand gut abschildern, wenn man denselben weder sehen noch betrachten kann? Alexander hatte

so

so viel Geduld, als ich; er begriff es, was ich endlich zuwege bringen würde. Er gönnte mir also huldreich seine Gegenwart, sein freundliches Gesichte und seine Geduld und Zeit.

Rosalba. Man weis ja, was für große Häupter der Welt ihre Maler geehrt, ihnen Geduld und Zeit geschenkt, dadurch aber die unschätzbarsten Gemälde erhalten haben.

Apelles. Was mögen wohl andre denken, welche meynen, der Maler könne auf einige Blicke ihr Angesicht im Sinn behalten, und es so hinmalen? Sind sie vielleicht noch so leichtgläubig, wie unsre Griechen? Meine Landsleute hielten sich für überzeugt, Zeuxes habe keine Abbildung ohne einer himmlischen Begeisterung unternommen, und Jupiter habe den Phidias auf den Olymp fortführen lassen, damit er sein Angesicht erblicken, dasselbe seinem Gedächtniß einprägen und von diesem abschildern könnte.

Rosalba. Wie glücklich wären doch unsre Künstler, wenn, so oft sie zur Staffeley berufen werden, die Befehlshaber ihnen, wie Jupiter dem Phidias, ein himmlisches Wesen einhauchen könnten! sie würden, ohne ihre Gesichter durch viele Betrachtungen zu belästigen, wie Zeuxes die schönsten Helenen und Penelopen hinschildern.

Apelles. So ist eure ganze Menschheit, wie ich aus euerm Gespräch abnehme, in keine andre Kunst als in die Portraitmalerey vertieft? was wird denn aber endlich aus der Hauptstärke

der

der Malerkunſt werden? Eure Gallerien werden
Schauplätze vorſtellen, in welchen nichts, als zu-
ſammengedrängte Köpfe erſcheinen, die niemand
kennt, niemand bewundert, oder eines Anblickes
würdig ſchätzet. Und was für ein wunderbarer
Widerſpruch herrſchet nicht in euren Geſinnungen?
jedes Menſchengeſicht will ſich entweder im Spiegel, oder im Gemälde ſehen; warum verdrießt
es denn faſt jedermann, ſich ſehen zu laſſen, und
dem Künſtler ein paar gelaſſene Blicke zu gönnen?
ſind denn eure Göttinnen und Nymphen ſo ſcham-
haft, ſo beſchäfftiget, oder verzärtelt, daß ſie ſich
einbilden, jeder Anblick des Malers laſſe auf ihren Wangen einen Flecken zurück? iſt ihnen vielleicht das ernſthafte und ämſige Weſen, das auf-
merkſame Nachforſchen, oder die faſt trotzige
Mine des Malers nicht erträglich? Dieſes wäre
noch eine Entſchuldigung, die ſich allenfalls hören
ließe, und die den Maler bewegen ſollte, ſich eine
angenehme Freundlichkeit, ohne ſich in ſeinem
Fleiße ſtören zu laſſen, anzugewöhnen.

Lavinia. Mein Vater und mein lieber deutſcher Ehegatte ſagten vielmal: einen Brief abzu-
ſchreiben ſey leichter, als ein Geſicht abzubilden:
jenen dürfe man nur von Buchſtaben zu Buchſtaben ohne andre Bemühung hinſchreiben; im
Malen hingegen müſſe man z. B. ein Auge betrachten, worinn man unzählige Farben entdeckte,
welche man der Ordnung nach erſt auf der Pallete
ſuchen, mit der Natur vergleichen, miſchen, bereiten,

reiten, den rechten Ort bestimmen und sie hinlegen müßte. So viel Umstände erfordern gewiß
mehr Zeit und Mühe, als einem Brief auf ein
andres Papier zu übertragen. Darf ein Schreibmeister einen Brief nur obenhin betrachten, oder
nur verstohlner Weise ansehen, und ihn nicht einmal ordentlich lesen; so wird seine Abschrift und der
Innhalt des Briefes niemals einander gleich werden. Wie wird also ein Maler eine Abbildung, bey
welcher so viele Beobachtungen unentbehrlich sind,
dem Urbild änlich machen können, wenn er dasselbe weder betrachten noch ansehen kann? So wenig der Schreiber einen Brief in der Geschwindigkeit überlesen und auswendig zu Papier bringen kann; so wenig besitzt der größeste Künstler
Fähigkeit genug, ein Gesicht zu übersehen, es in
seine Gedanken wie ein Petschaft in Wachs zu
drücken, und auf diese Weise aus dem Kopf änlich hinzumalen. Und dennoch sagt man hernach
voller Verdruß: Es ist nicht getroffen! der Maler wird auch überdies noch verächtlich, und nach
aller ausgestandener Marter mit dem Verlust seines Ruhmes belohnt.

Titian. Dein Gespräch ist so vernünftig,
daß ich nichts dawider einzuwenden haben, sondern demselben in allem Gerechtigkeit wiederfahren
lassen muß. Willst du eben soviel Geduld haben,
als du Verlangen trägst, daß es der Gegenstand
deiner Kunst seyn soll; so werde ich dir meine Gedanken eröffnen. Vergönnt man dem Maler

II. Band.   O   Zeit,

Zeit, Muße und Bequemlichkeit, das lebendige
Angeſicht mit aufmerkſamer Gelaſſenheit durch zu
ſehen, und mit kunſtverſtändigen Augen zu betrachten; ſo entſteht eine lebhafte Abbildung; man
ſagt, ſie ſey zum reden fertig, und davor belohnt
man den Künſtler. Jedoch, anſtatt ihn als einen
wahren Kenner aller Theile der Malerey hoch zu
ſchätzen, ehrt man ihn mit dem eingeſchränkten
Titel eines Portraitmalers: eine Redensart, eine
Mode zu erdenken und zu belohnen, an welche weder die Griechen noch die Römer, ja ſo gar Alexander und Philipus ſelbſt nicht, noch viel weniger
die Stadt Crotona gedacht haben. Apelles
Pyrgoteles, Lyſippus und Polykletus ſchilder-
ten Alexandern auf allerhand Art in Farben, in
Stein, in Metall und andern Materien vollkommen ähnlich; wer hat aber jemals geleſen, daß
dieſe großen Künſtler Portraitiſten, oder Geſich-
termaler genennt worden? Die Stadt Crotona
ließ dem Zeuxes die ſchönſten Mägdchen vorſtellen;
er wählte unter fünfen die ſchönſten Theile ihrer
Geſichter und Gliedmaaßen, und formirte daraus
die Helena für die Crotoniaten; Dennoch kam
niemanden in den Sinn, den Zeuxes, der aus
fünf Perſonen eine verfertigte, einen fünffachen
Portraitiſten zu nennen. Allein es kann uns
gleichgültig ſeyn, wie man dergleichen Künſtler
nennet. Ich laſſe mich indeſſen von meinem Eigenſinn nicht mehr abwendig machen, der mich
längſt überführt hat, daß derjenige, welcher durch
die Zeichnungskunſt, und durch die Farben alles
nach-

nachahmen kann, allezeit auch vermögend sey, die
Abbildung eines Angesichtes auszudrücken; hingegen derjenige, welcher nur Gesichtszüge zu zeichnen, und mit Farben zu überlegen gewohnt ist,
niemals geschickt genug werde, eine gute, lebhafte,
geistreiche, runde und erhabene Abbildung zu verfertigen. Wird sie aber kenntlich; so mag man
ihm meinetwegen der Ehre eines eurer Portraitisten
theilhaftig machen. Ich meines Ortes verlangte
niemals einen andern Titel, als meinen Namen:
Titiano Veccelli de Cador; und du? Lavinia Fontana; und du? Rosalba Carriera;
und du?

Apelles. Ich will nicht hoffen, daß man
meinen Namen erst jetzt, nach mehr als zweytau-
send Jahren, abändern, und mich etwan Alexanders Portraitisten nennen wird? Verfiele nicht ich,
mein Ruhm und mein Name in eine tiefe Vergessenheit? Man erregte hierauf ein großes Gelächter und gieng stillschweigend auseinander.

Vierte Zusammenkunft.

Apelles, Raphael und Titian waren mit
ihrer ganzen Gesellschaft im Elysium hin und
wieder zerstreut; vermuthlich dachten sie zu ihren
vorigen Gesprächen noch verschiedenes hinzu. Die
einzige Marietta schien einem Gegenstande nachzugehn, den sie vom weiten erblickte. Michelagnolo Bonarotti ergözte sich mit seinen Mitglie-
dern der florentinischen Akademie in einer Aue;

O 2 sie

ſie ſchlich ihnen nach, und begegnete unterweges
noch andern Schatten.

Ricciarelli.　Willkommen, meine liebe
Marietta. Du ſucheſt gewiß unſern Bonorotti,
ihm allerhand Neuigkeiten zu erzählen? Aber gieb
dir keine Mühe, es iſt ſchon alles verrathen; wir
wiſſen, daß nunmehr im Elyſium mehr Portraitiſten,
als Maler ſind.　Unſer Michelagnolo ſelbſt hat
ſich bereits ſchon von allen euren Geſprächen viel
erzählen laſſen.　Dort ſitzt er, und lacht noch
mitten unter der Geſellſchaft einer Menge neu an-
gekommener Künſtler.

Marietta. Keine angenehmere Geſellſchaft
könnte ich im Elyſium gewiß nicht antreffen, als
dich, den Bonarotti, und die bey ihm ſind.
Sieh doch! dort ſitzt er.　Du biſt es ſchon gewohnt, verehrungswürdiger Michelagnolo! daß
du die Liebhaber der Künſte dir nachlaufen ſieheſt.
Darf ich mich denn unter dieſe Geſellſchaft
wagen?

Michelagnolo.　Biſt du nun auch eine Por-
traitiſtinn? weißt du aber etwas noch neueres?
Auch mein alter Bart iſt ſeit einer kurzen Zeit zu
einem Portraitiſtenbart geworden.　Hier ſteht er,
der dazu geholfen und ohne ſein und mein Wiſſen
mich zu dieſer Würde, die mir der Pabſt Julius nicht geben konnte, ſchon damals erhoben hat.

Meſſer Biaggio.　Ich bin kein Maler,
ſondern ein Prälat; man merkt wohl, daß Michelagnolo nur ſcherzet.

Michel=

Michelagnolo. Nein! ich rede im Ernſt und die reine Wahrheit. Habe ich nicht dein Angeſicht ſo änlich gemalt, daß der ganze päbſtliche Hof deswegen ſeine Zufriedenheit zu erkennen gegeben hat?

Meſſer Biaggio. Ich weis von der ganzen Sache nichts.

Michelagnolo. Du biſt Schuld daran, daß ich jezt nicht mehr ein Maler, Bildhauer und Architekt, ſondern ein Portraitiſt bin. Haſt du es denn vergeſſen, daß ich dich lebendig auf dem Gerüſte in der Capella Sixtina, anſtatt des Minos, in die Hölle gemalt habe? Du machteſt mir dadurch viel Verdruß.

Biaggio. O! das habe ich lange vergeſſen, und dir verziehen, weil ich nur im Bildniß in der Hölle war.

Marietta. Das Geſicht iſt noch dort im Vorgrunde deines jüngſten Gerichtes; ich habe es geſehen. Es ſieht dir vollkommen änlich. Es erfreut mich alſo ſehr, daß ich nunmehr das Urbild und die Kopie zugleich kennen lerne.

Michelagnolo. Es iſt dir bekannt, Meſſer Biaggio, daß ich damals große Luſt bezeigte, einer Menge andrer Höflinge unter den Teufeln einen Platz einzuräumen; es würde dir nicht ſchwer fallen, viele zu errathen, welche mehrentheils anſehnliche Verehrer der Unwiſſenheit waren. Was ich mit geſunden Augen und Sinnen in vielen Jahren vor- nach- und hinzugedacht hatte, das durchdrang ihr überſichtiges und mit Brillen be-

O 3   waffne-

waffnetes Auge mit solcher Scharfsinnigkeit, daß
sie über alles spotteten; niemand als der Pabst war
nur immer mein Beschützer.

Marietta. Wenn du heute, wie ich dort
beym Apelles und in seiner Gesellschaft vernommen habe, alle dergleichen Kunstrichter zu deinem
Minos hinmalen wolltest; so würde die Hölle viel
zu enge seyn, und wer würde dir die Farben darzu liefern? Und wenn dies geschehen könnte, so
würdest du der berühmteste Portraitist in der ganzen Welt seyn.

Michelagnolo. Du bist muthiger, als dein
Vater.

Messer Biaggio. Sieh! Bonarotti!
dort nähern sich uns zween Fremde, welche vermuthlich italiänische Künstler sind, obgleich ihre
Gesichtsbildung vielmehr eine Aenlichkeit mit den
Deutschen hat.

Michelagnolo. Nur immer näher, meine
lieben fremden Künstler! ihr seyd vermuthlich
Maler oder Bildhauer? woher kommet ihr? wie
steht es heute mit diesen Künsten in der obern
Welt?

Der Fremde. Großer, berühmter, edler
Bonarotti! du thust eine dreyfache Frage an
uns, worauf eine kurze Gaskonische dreyfache
Antwort dir kein Genügen leisten würde. Wir
sind weder Maler noch Bildhauer; doch mußten
wir unendlich mehr menschliche Leidenschaften,
Sitten, Regungen, Geberden, Figuren, Gesinnungen und Schilderungen vorstellen, als alle

Künst-

Künſtler; und dieſe könnten von uns allezeit etwas lernen, was unter ihre Pinſel oder Meiſel
taugte. Wir waren gleichſam die Abbildung aller menſchlichen Handlungen, weswegen man uns
auch ſowohl liebte als verfolgte. Ich aber hielt
mich nur meiſtens bey ernſthaften, erhabenen,
majeſtätiſchen, zuweilen auch bey bürgerlichen,
gleichgültigen, muthigen, traurigen und beliebten
Charakteren auf. Mein Reiſegefährte, der mir
bald nachgefolgt iſt, und mich hier angetroffen
hat, war hingegen ſo geiſtreich, und mit einer ſolchen Gabe von der Natur verſehen, daß er das
ganze Volk nachahmen konnte. Sein Genie
machte ihn über die Maaßen beliebt, ſein geſchickt und erſindſam. Alles galt ihm einerley:
der Vernünftige, der Dumme, der Held, der
Furchtſame, das Frauenzimmer, der Verſchwen-
der, der gute Wirth, der wackere Mann und alle
mögliche Eigenſchaften ſtunden ihm manchmal vor
Augen, wenn er ſich ſehen ließ. Durch ſein natürliches, ungekünſteltes, ungebundenes, einfältiges
und maleriſches Bezeigen reizte er oft in wenig
Minuten die Zuſchauer ſo ſehr, daß ganze Schauplätze voll Menſchen durch das Lachen und Hände-
klatſchen erſchüttert wurden; ja ſogar auch Ma-
jeſtäten bezeigten ihm ihren Beyfall. Du fra-
geſt weiter, woher wir kommen? Aus Deutſchland.

Biaggio. Wie? giebt es ſolche Leute auch
unter den Deutſchen? ich habe immer geglaubt,

D 4 daß

waffnetes Auge mit ſolcher Scharffinnigkeit, daß
ſie über alles ſpotteten; niemand als der Pabſt war
nur immer mein Beſchützer.

Marietta. Wenn du heute, wie ich dort
beym Apelles und in ſeiner Geſellſchaft vernommen habe, alle dergleichen Kunſtrichter zu deinem
Minos hinmalen wollteſt; ſo würde die Hölle viel
zu enge ſeyn, und wer würde dir die Farben darzu liefern? Und wenn dies geſchehen könnte, ſo
würdeſt du der berühmteſte Portraitiſt in der ganzen Welt ſeyn.

Michelagnolo. Du biſt muthiger, als dein
Vater.

Meſſer Biaggio. Sieh! Bonarotti!
dort nähern ſich uns zween Fremde, welche vermuthlich italiäniſche Künſtler ſind, obgleich ihre
Geſichtsbildung vielmehr eine Aenlichkeit mit den
Deutſchen hat.

Michelagnolo. Nur immer näher, meine
lieben fremden Künſtler! ihr ſeyd vermuthlich
Maler oder Bildhauer? woher kommet ihr? wie
ſteht es heute mit dieſen Künſten in der obern
Welt?

Der Fremde. Großer, berühmter, edler
Bonarotti! du thuſt eine dreyſache Frage an
uns, worauf eine kurze Gaſkoniſche dreyſache
Antwort dir kein Genügen leiſten würde. Wir
ſind weder Maler noch Bildhauer; doch mußten
wir unendlich mehr menſchliche Leidenſchaften,
Sitten, Regungen, Geberden, Figuren, Geſinnungen und Schilderungen vorſtellen, als alle

Künſt-

Künstler; und diese konnten von uns allezeit etwas lernen, was unter ihre Pinsel oder Meisel taugte. Wir waren gleichsam die Abbildung aller menschlichen Handlungen, weswegen man uns auch sowohl liebte als verfolgte. Ich aber hielt mich nur meistens bey ernsthaften, erhabenen, majestätischen, zuweilen auch bey bürgerlichen, gleichgültigen, muthigen, traurigen und beliebten Charakteren auf. Mein Reisegefährte, der mir bald nachgefolgt ist, und mich hier angetroffen hat, war hingegen so geistreich, und mit einer solchen Gabe von der Natur versehen, daß er das ganze Volk nachahmen konnte. Sein Genie machte ihn über die Maaßen beliebt, sein, geschickt und erfindsam. Alles galt ihm einerley: der Vernünftige, der Dumme, der Held, der Furchtsame, das Frauenzimmer, der Verschwender, der gute Wirth, der wackere Mann und alle mögliche Eigenschaften stunden ihm manchmal vor Augen, wenn er sich sehen ließ. Durch sein natürliches, ungekünsteltes, ungebundenes, einfältiges und malerisches Bezeigen reizte er oft in wenig Minuten die Zuschauer so sehr, daß ganze Schauplätze voll Menschen durch das Lachen und Händeklatschen erschüttert wurden; ja sogar auch Majestäten bezeigten ihm ihren Beyfall. Du fragest weiter, woher wir kommen? Aus Deutschland.

Biaggio. Wie? giebt es solche Leute auch unter den Deutschen? ich habe immer geglaubt,

daß

daß nur allein in Italien das Genie einer solchen Geschicklichkeit herrsche.

Der Fremde. Du mußt schon sehr lange im Elysium seyn, sonst würdest du ja wohl wissen, daß es itzo ganz umgekehrt ist. Viele von deinen Landsleuten suchen zu ganzen Schaaren ihren Unterhalt in Deutschland; und wenn die Regenten nicht immer durch dringende Staatsgeschäffte von dergleichen Sorgfalt verhindert würden; so hätten die Künste sich schon längst aus Italien dahin gezogen, und sich daselbst noch weiter ausgebreitet.

Michelagnolo. Und auf die dritte Frage?

Der Fremde. Das meiste habe ich bereits beantwortet; ich will hier nur bloß noch erinnern, daß die Künste gegenwärtig nicht schlafen, oder ganz in Vergessenheit gerathen sind. Weit gefehlt! es wimmelt alles von Künstlern und ihren Werken. Jedoch will ich dadurch nicht behaupten, als wenn darunter sich Leute befänden, welchen du und Männer deines gleichen euren Beyfall, eure Verwunderung oder einigen Weyrauch gönnen würdet. Es geht meistentheils sehr ängstlich und schwermüthig, zuweilen aber auch munter und künstlich zu. Denn es giebt viele, welche ohne Anweisung alles wissen, ohne Betrachtung alles verstehn, und ohne die geringste Mühe im Spazierengehn alles beurtheilen.

Michelagnolo. Solche Geister schwärmten auch häufig zu meiner Zeit um uns herum. Sie

Sie sind mir eben so unausstehlich, als damals Messer Biaggio, dieser liebe Alte, dem ich aber alles verziehen habe, weil er nicht aus Bosheit, wie viele, sondern aus Unwissenheit wider mich gesündiget hat. Nebst dieser Gattung von Zuschauern hatten wir aber auch andre, die uns lieb waren, und welche wir Dilettanti nannten.

Der Fremde. Dergleichen Leute sind mir wohl bekannt. Sie sind Freunde, Liebhaber und Kenner sowohl der Künste, als der Künstler. Sie nehmen weder Pinsel, noch Meisel in die Hand, und dringen dennoch so tief in die Kunst, daß oftmals Künstler selbst von ihnen guten Rath annehmen.

Michelagnolo. Solche Liebhaber wurden in Italien oft mehr geehrt, als die Künstler selbst. Sie finden an der Betrachtung der Kunstwerke ihr Vergnügen, und dadurch lernen sie die Macht der Kunst verstehn. Hier im Elysium treffe ich zuweilen solche Kenner an, die mir Sachen erzählen, von denen ich niemals etwas gehöret habe.

Der Fremde. Unter vielen von meiner Bekanntschaft habe ich einen verlassen, welcher, da ich abreisete, noch beschäfftiget war, ein Werk zum Unterricht der Schüler, und zum Vergnügen der Kenner auszuarbeiten, ob er gleich in seiner Jugend manche Blätter nur mit Farben, Tinte, Kreide, Kohlen und Bleystift verderbte, oder mit dem Federmesser einen Stuhlfuß in ein Fra-

O 5   tzenge-

ßengeſicht verwandelte. Er zweifelte, wie Ho=
raz ſagt:

Scamnum faceret ne Priapum.

Er malte, zeichnete und ſchnitzte nach, was ihm
beliebte. Er bewundert nach 50 Jahren, was er
in der Jugend ohne Anleitung ungeſchickt zuwege
gebracht hat. Er hatte, wie er mir erzählte, im=
merfort an den Künſten ein ſo reizendes Vergnü=
gen, daß ihm die Betrachtung eines Kunſtſtückes
angenehmer war, als alle muntere Zeitvertreibe
der menſchlichen Geſellſchaft. Die meiſten ita=
liäniſchen Kunſtſtücke, inſonderheit die deinigen
und deiner Zeitgenoſſen, ſind ihm bekannt.

Michelagnolo. Solche Dilettanti ſind
Künſtlern ſehr nützlich. Sie leiten ihre Schritte
manchmal auf Wege, welche ſie ſonſt niemals ge=
ſucht hätten; die Lehrbegierde höret ihnen zu; ſie
fällt auf beſſere Gedanken, in denen ſie ein Licht
erblickt, welches ihnen Gegenſtände beleuchtet,
dergleichen ſie niemals gefunden hätten. Solche
Liebhaber der Künſte kommen mir ſo vor, wie ich
mich itzo noch mir ſelbſt vorſtelle. Als ich
zu Bologna einen Terminus, oder eine antique
Gränzſäule aus Marmor verfertigen müßte; ſo legte
ich meine Hand weder an den Meiſel, noch an den
Stein; dennoch ſtand in kurzer Zeit die viereckig=
te Gottheit in geziemendem Anſehn da. Mein
Steinmetz, Topolino, ſetzte den Marmor an den=
jenigen Ort und Stelle, wie ich es ihm befahl;

ich

ich aber ließ mich dabey in einem bequemen Sef-
fel nieder und fieng an: Heute, fagte ich zum Topolino, heute will ich dich aus einem Steinbre-
cher zu einem Bildhauer machen. Nimm dort
jenen Meifel; rücke den Kloß weg. — Itzt hau
da herunter. — Diefes Stück muß weg. —
Nimm itzt diefen Meifel, und fchlag den Theil
herab. — Diefen läß ftehn. Hier mach alles eben und flach. — Dazu gehört diefer
Stahl. — Der Gränzgott fteckt lebhaft im Marmor; du mußt ihm alfo Plaß machen. — Räume alles weg, damit er fich könne fehen laffen.
So redete ich ihm zu. Er ward begierig und
fleißig, und feine Gefchicklichkeit artete nach und
nach in einen Hochmuth aus. Je mehr er von
der Statue zu fehen anfieng; defto mehr ermun-
terte fich feine Fauft. So ftrenge, fo fcharffich-
tig und fo aufmerkfam ich war, fo gehorfam und
unermüdet bezeigte fich auch Topolino. Der
Terminus ftund endlich vor unfern Augen. Nun
betrachtete Topolino fein Werk; wandte fich gegen mein Geficht, ergriff meine Hand, küffete fie
voller Freuden und fagte: das hätte ich mein
Lebtage nicht geglaubt, daß in diefem Marmor eine
folche Figur fteckte! noch wentger aber, daß ich
fo gefchickt wäre, fie heraus zu hauen! Nun habe
ich von ihnen eine Kunft gelernt, von der mir niemals geträumet hätte. Sie foll mir fchon zu
mehrerem Brode helfen.

Dergleichen Stelle, die ich damals beym
Topolino vertrat, finde ich in den unterrichten-
den

den Schriftſtellern, deren Augenmerk einzig und
allein die Kunſt iſt.   Sie ſagen auch, wie ich:
Betrachte dieſen Umriß, und zeichne ihn
nach. —   Nimm hier mit dem Pinſel dieſe
Farbe und lege ſie dort hin. — Beſuche jenen,
und ſieh ihm zu, wie er arbeitet. — Merke dieſes; — das wirf weg. — Lies dieſes Buch; —
jenes nützt nichts; der verführt; dem folge; —
flieh dieſe Manier — jener ſtrebe nach; —
den Pinſel wirf auf die Seite; — ſtudire
fleißig nach dieſem — und ſo weiter, bis man
meynt, die Kunſt ſey nicht mehr weit entfernt,
aus eigener Erfindung etwas Gutes anzufangen.

Kennt denn dein Freund, von dem du hier
redeſt, auch noch andre italiäniſche Künſtler?

Der Fremde. Ich werde nicht irren, wenn
ich ſage, daß er ganz Griechenland, und ſeine alten
Denkmaale, alt und neu Rom, ganz Italien und
andre Länder, theils ſelbſt geſehen habe, theils aber
auch diejenigen kenne, wo er nicht hingekommen
iſt.

Michelagnolo. Solche Leute giebt es wenige,
weil viele mit geſunden Augen zwar die Welt
durchreiſen, aber wenig ſehen, auſſer, daß ſie
zuweilen die verſtimmelten Namen einiger
Künſtler kennen lernen; was urtheilt er denn von
denen heut zu Tage ſo ſehr herrſchenden Portraitiſten, von deren Ruf ganz Elyſium voll iſt?

Der

Der Fremde. Ich erinnere mich, daß er mir gesagt hat: sie kämen ihm vor, wie jener Schreibmeister, welcher in der päbstlichen Staatskanzley nichts anders, als die erste Zeile einer jeden Bulle mit großen Gothischen Fracturbuchstaben auf das Pergament hinmalt, den übrigen Innhalt aber einem andern Beamten fortzuschreiben überläßt. Des ehrwürdigen Alterthums wegen wird die gothische Schrift in den Bullen heute noch von undenklichen Zeiten beybehalten, jedoch jederzeit mit einer Abschrift von einer heute gewöhnlichen Hand begleitet. Für gedachte einzige Zeile wird der Schreiber ziemlich gut besoldet.

Michelagnolo. Per Dio! dein Freund hat Recht! wenn sie nichts, als Köpfe zu malen wissen, Gewand, Hände und andre Nebendinge aber von andern hinmalen lassen; so frage ich, wer denn eigentlich den Vorzug verdient? Giebt es denn keine Künstler mehr, die alles verfertigen können? Ich glaube, ja! denn wir haben im Elysium schon viel lobwürdiges von Lebendigen gehört, die in der That vortrefflich seyn müssen. Ich muß dir aber noch drey Fragen vorlegen: wie nennest du denn dich, deinen Gesellschafter, und jenen Freund?

Der Fremde. Wenn wir Maler oder Bildhauer wären, so würden dir unsre Namen schon lange bekannt seyn; denn die Künstler plaudern gern von ihres gleichen, wenn es gleich gemeiniglich mit viel Verachtung oder wenig Lob geschiehet.

Michel=

Michelagnolo. Ihr ſeyd, wie ich gehört habe, in alle Sättel gerecht; denn alle Gewohnheiten, Gebräuche, Tugenden, Thorheiten, gute und böſe Sitten zum Unterricht und Nutzen des Zuſchauers, zur Belohnung der Tugend und zur Strafe des Laſters vorſtellen, iſt eine Kunſt vom erſten Range. Ihr ſeyd allezeit unter die größeſten Maler zu zählen, welche ihre Gemälde nach der Natur ſchildern.

Der Fremde. Es ſind ſchon ſeit langer Zeit viele Hohe und Niedere im Elyſium, welche uns werden genennet haben. Am dritten kann dir wenig gelegen ſeyn; denn er iſt mehr mit Schaben und Motten, mit alten Büchern und Papieren, als mit neuen Künſtlern bekannt. Ich habe ſchon verſchiedene Schatten geſehen, welche in dieſen Feldern anſehnlich, ernſthaft und ziemlich majeſtätiſch herum ſpazieren. Sie kennen uns alle, und ſie könnten dir von uns viel erzählen.

Der alte Bonarotti machte hier plötzlich einen Aufbruch; er ſtund auf, und murmelte im Weggehen: der verwegene Tadler iſt mir höchſt zuwider! Sehet doch, dort jenſeits des ſilberartigen Waſſers ſteht Salvator Roſa. Ich mag von ſeiner Geſellſchaft nichts wiſſen.

Marietta. Er kann die Satyre nicht vergeſſen, die Roſa wider ſein großes Gemälde ausgeſtreut hat.

Der

Der Fremde. Ich merkte aus der Mine des Michelagnolo, daß ihm etwas am Herzen liege, so bald er nur seine Augen dorthin gewendet hatte. Ich bin aber in dieser Geschichte ganz fremde.

Marietta. Bonarotti will es nicht zweymal hören, was Rosa von seinem jüngsten Gericht im Vatican zu Rom, so vortrefflich es auch ist, dennoch spöttisch geschrieben hat. Es ist zwar geschehen, daß Daniel Volterra darinn viele leere Stellen ausfüllen mußte, welches aber verursachte, daß er deswegen ein schneiderischer Maler genennet wurde. Durch diesen Geschmack wurden die größesten anatomischen Theile des Bonarottischen unnachahmlichen Pinsels vertilget. Sowohl dieser Umstand, als die Schrift des Rosa kam ihm zu Ohren; daher empfindet er einen Haß wider beyde. Ich zweifle aber sehr daran, ob es Michelagnolo dem Rosa nicht verzeihen würde, wenn er wüßte, was er in eben derselben Satyre von der Malerey geschrieben hat.

Der Fremde. Ich höre dergleichen Begebenheiten gern. Was hat denn Salvator Rosa darinne vorgebracht?

Marietta. Er schrieb: die Maler sollten in der Gelehrsamkeit bewandert seyn.

Der Fremde. Das wird kein Mensch widersprechen. Ich selbst, um etwas glücklich ohne Malerey vorzustellen, gab mir viele Mühe alles zu lesen, was nur in der Welt zu meinem Berufe vorträglich und nützlich seyn konnte.

Marietta. Er ſchrieb ferner: ſie ſollten die
Fabeln, Geſchichte, Zeiten, Sitten und Gebräuche
verſtehn, damit ſie nicht in jene lächerlichen Ungereimtheiten und Fehler der Künſtler verfallen
möchten, welche den Adam im Paradieſe mit einer
eiſernen Hacke, die Eva mit Schleyer und Stoff
bedeckt, den engliſchen Gruß vor einem Kreuzal-
tar, einen römiſchen Triumph mit Karthaunen,
den Abraham mit einer Flinte, den Cicero mit
Brillen, den Engel Raphael mit einem tartariſchen
Wurfpfeil vorgeſtellt haben. Man muß dem
Roſa noch mehr Gerechtigkeit wiederfahren laſſen, wenn er die Maler ermahnt, ſie ſollen den
Horaz verſtehn lernen, welcher ſagt: die Maler
können ſchildern, was ſie wollen, und in allen Stücken ihrer Einbildung folgen, und ſich erkühnen, alles zu malen, zu was ihnen ihr Geiſt, Witz und
ihr Feuer Anlaß giebt: er ſetzt aber, um dieſe Freyheit einzuſchränken, unmittelbar hinzu: ſie ſollen
das Stroh nicht mit Flammen, die Tyger nicht
mit Lämmern, die Adler nicht mit Schlangen zu-
ſammengatten, und überhaupt alle Unwahrſchein-
lichkeit vermeiden.

Der Fremde. Ich habe dieſe Lehre ſelbſt geleſen, und mich nach derſelben gerichtet. Du wirſt
nun vermuthlich, Marietta, dich nach deinen alten
Bekannten umſehen, und ich denke auch allerhand
Freunde anzutreffen. Nun verlohren ſich auf einmal
die Schatten einer nach dem andern auf verſchiedenen Wegen, Wieſen, Auen und Gebüſchen.

VI. Die

VI.
Die Perſpectivkunſt
in der Malerey.

FRESNOY.

Puncto videantur cuncta ſub vno.

Von der

Perſpectivkunſt, oder vom Augen-
punkt in der Malerey.

§. 1.

Die Abhandlungen von der Maler- und Bildhauerkunſt führen mich noch zu einer andern
Wiſſenſchaft, welche allen beyden vortheilhaft
und nützlich iſt; ja ich glaube nicht zu viel zu ſagen, wenn ich behaupte, daß ſie dieſelbe ſo gar
der Natur ähnlicher, mithin deſto vollkommner,
größer und weit ſchätzbarer macht.

§. 2.

Wir wiſſen, daß ein Theil, welcher im Gemälde einen andern erhebt, oder vertieft, weit
ſtärker und vordringender ſeyn müſſe, als derjenige iſt, welcher weichen muß. Wenn alſo der
Maler dieſes wohl beobachtet, ſo werden alle Theile

II. Band.　　　　　　P　　　　　　des

des Gemäldes zusammen, oder das Ganze dem
Zuschauer unter einem Gesichtspunkt in die Augen
fallen, weil alles nach demselben Punkt allein gerichtet seyn wird, wie die Weintraube des Titians,
wovon wir anderwärts weitläuftig gehandelt haben. Dieses ist es nun, was man in der Malerey die Perspectivkunst nennt. Man kann sie
aber für keine vestgestellte, gewisse und genaue
Regel, oder für eine zur Ausführung eines Gemäldes allerdings erforderliche Grundlegung angeben; sondern nur so viel behaupten, daß sie der
Malerkunst eine große Hülfe leiste, ihr als ein
Mittel diene, die Zusammensetzung leichter ins
Werk zu bringen, und Fehlern auszuweichen, in die
man ohne ihrer Vorleuchtung unvermeidlich verfallen würde: denn die Körper sind nicht jederzeit
nach den Regeln der Geometrie oder Mäßkunst,
und nach ihren Grundlinien oder Plane hingestellt.
Daher sieht man zuweilen viele Sachen in einer
ganz falschen Aussicht, weil kein Augenpunkt und
von der Perspectivkunst nichts in Acht genommen
worden ist.

Man muß sich also dieser Wissenschaft mit
Klugheit und Vorsicht bedienen, und mit Bescheidenheit mit ihr umgehn. Denn diejenigen Maler, denen sie wohl bekannt ist, und welche sich
derselben mit allzu strenger Genauigkeit bedienen,
bringen meistens Werke ans Tagelicht, welche,
ob sie schon nach allen Grundsätzen der Kunst verfertiget sind, dennoch bey Kennern des wahren
Geschma-

Geschmackes keinen Beyfall erlangen, weil sie
dem Auge unangenehm, trocken, steif und anstößig
vorkommen.

§. 3.

Wenn alle diejenigen großen Künstler, welche uns so viel schöne Plarfonds hinterlassen haben, sich in ihren Figuren mit aller Unterwürfig-
keit an die Regeln der Perspectivkunst gebunden
hätten; so würden sie dadurch gewiß sehr viel verloren haben: Ihre Arbeit wäre zwar regelmäßig,
aber keinen, viel weniger kunstverständigen Augen
angenehm.

§. 4.

Wir finden bewährte Zeugnisse, daß die Maler, Bildhauer und Architecten des griechischen
und römischen Alterthums diese Kunst nicht allezeit für geschickt, anständig und rathsam gehalten
haben, und man kann in der That beweisen, daß,
so glücklich sie in der Zeichnung gewesen sind, so
unglücklich sie sich auch in dem Perspective gezeigt
haben. Denn man sieht in ihren Kunststücken
deutlich, daß sie das Maaß, wie es von der Perspectivkunst vorgeschrieben wird, manchmal gar
nicht, manchmal aber sehr nachläßig in Acht genommen haben, und meistentheils davon weit ab-
gewichen sind. Wie sehr würde sich also derjenige betrügen, welcher das Vorgebäude am Tempel der Rotunda zu Rom in seinem Gemälde nach
den Regeln der Perspectivkunst zeichnen wollte?

Die

Die äußerſten Colonnen haben dort einen größern Durchmeſſer, als die mittlern.   Der Kranz, (Corniccione) welchen Michelagnolo am farneſiſchen Palaſt zu Rom gemacht hat, wird von unten hinauf für etwas prächtiges angeſehen, ob er ſchon in der Nähe viele Abweichungen von den wahren Maaßregeln anzeigt.

Die Figuren auf der trajaniſchen Colonne ſind in den höhern Theilen weit größer, als in den untern; ſie machen auch eine viel andre Wirkung in den Augen des Zuſchauers und Kenners, als die Perſpectivregeln vorſchreiben; denn ſie werden nach dem Maaß ihrer Entfernung von dem Auge des Zuſchauers ſtufenweiſe größer, da ſie doch die Perſpectivregel kleiner gemacht hätte.

§. 5.

Ich weis zwar, daß dergleichen Beobachtungen in denen Schriften von der Perſpectivkunſt angezeiget, aber nicht als Folgen, ſondern nur als willführliche Früchte der Sehkunſt gelehrt werden, deren man ſich bedient, wo man es für dienlich erachtet.   Denn geſetzt, daß die obern Theile dieſer Colonne mit den untern von ganz gleicher Größe wären; ſo würde man ſie für keine Fehler der Perſpectivkunſt anſehen.

Man ſtelle ſich alſo in den Gedanken einen Platfond vor, auf welchem die entfernten Figuren immer größer ſind: würde einem nicht das Ferne nahe, und das Nahe fern vorkommen?

Hier-

Hieraus kann man also schließen, daß die Perspectivkunst in der Malerey nur eine Regel der
Anständigkeit sey, das Auge zu vergnügen, und
ihm die Gegenstände desto natürlicher und angenehmer vorzustellen. Eben dieses ist auch das Haupt-
augenmerk, auf welches die Regeln des Perspectivwesens abzielen, und welches man nach den
Umständen oder nach Gelegenheit sich zu Nutze
machen muß. Dergleichen Freyheit nimmt man
am Fußgestelle des farnesischen Herkules wahr.
Es ist vorwärts abhängig, damit, weil es hoch ist,
der Zuschauer die Füsse der Statue ganz sehen
könne, folglich die Statue natürlich und ansehnlicher erscheine. Die meisten Künstler haben sich
bey ihren Statuen sehr in Acht genommen, daß
sie nicht wider die Perspectivkunst gehandelt, sondern das Auge zu befriedigen getrachtet haben,
welches allezeit der Hauptendzweck der Künste gewesen ist.

§. 6.

Wenn man also nach den Regeln dieser Wissenschaft, bisweilen aber auch wider dieselben
arbeiten, sie verbessern, oder ihnen gar ausweichen soll; so ist es zwar nöthig, daß sie der Künstler verstehen, jedoch derselben sich keinesweges
knechtisch unterwerfen, viel weniger von ihr sich
binden lasse müsse. Man richtet sich so zu sagen
alsdenn nach ihrer Anweisung, wenn sie auf gute
Wege leitet, und eine angenehme Wirkung spüren läßt; man muß aber von ihr allerdings ab-

weichen,

weichen, wenn sie uns auf üble und steile Höhen,
oder auf gefährliche Abgründe verleiten will.
Man muß alles hervor suchen, was der Malerkunst behülflich und vortheilhaft ist, und hingegen
auch alles fliehen, was mit derselben nicht wohl
bestehen und ihrer Annehmlichkeit nachtheilig seyn
kann.   Von dergleichen Irrthum könnte man
Beyspiele genug anführen, in welchen die allzu
genaue Perspectivkunst macht, daß die Gemälde
trocken und abgeschmackt erscheinen.

§. 7.

Ob aber die alten Griechen und Römer in
ihren Gemälden und Bildhauereyen die Perspectivkunst in Acht genommen haben, das kann
wohl niemand ohne großen Zweifel mit einem
dictatorischen Ja beantworten. Denn weil im Alterthum die Arbeit in Marmor das Malen verdrungen hat; so hat man sich nicht zu verwundern,
daß zu Rom fast keine antiken Gemälde mehr angetroffen werden. Und wenn man ja dort davon
noch etwas antrifft, wie sieht denn das Perspectivwesen darinn aus? Kaum zeigen sich einige
Spuren davon, und auch diese sind so unkenntbar,
daß, was ihnen gleich sehen sollte, nichts ist, als
eine Menge Fehler wider diese Wissenschaft.

Vitruvius sagt zwar, die Perspectivarbeit
sey vom Agatarchus, einem Maler in Theatral-
malereyen nach der Anweisung des Aeschylus in
Uebung gebracht worden. Diese Kunst muß

als-

alsdenn entweder wiederum verloren gegangen,
oder zu keiner Zeit genau beobachtet worden seyn.
Dieses beweisen die zu unsern Zeiten gefundenen
antiquen Gemälde, und unter andern die aldo-
brandinische Hochzeit, die Gemälde aus der naso-
nischen Grabstätte, die herkulanischen Schätze,
alle Baßirilievi und unzählige andre halb erhabene Arbeiten in der Villa Borghese und anderwärts. In allen diesen antiquen Kostbarkeiten
sieht man wenig oder gar keinen Schatten von perspectivischen Regeln.

Tzezes erzählt zwar, daß Phidias und sein
Schüler Alkamenes um das Jahr 448 vor Christi
Geburt in der Perspectivkunst um die Wette gearbeitet hätten. Jeder von denselben machte die
Statue der Minerva, welche hoch aufgestellt werden sollte: Alkamenes arbeitete die seinige mit allem Fleiß nach allen ihren natürlichen Verhältnissen und Vollkommenheiten der schönen Natur
sehr fein, aber nur in ihrer gewöhnlichen Größe.
Phidias hingegen stellte sich in den Gedanken
auch zugleich den Platz vor, auf dem sie sollte
aufgestellt werden; daher machte er seine Statue in allen Theilen größer und stärker, ohne die
Verhältnisse zu beleidigen. Ehe nun beyde an
ihren bestimmten Ort gebracht wurden, so ward
Alkamenes Arbeit durch allerhand Lobeserhebungen bis über die Wolken erhöht; Phidias
hingegen kaum eines Anblicks gewürdiget. Nachdem sie aber endlich beyde auf den bestimmten

Colou-

Colonnen aufgerichtet wurden; so verschwand
Alkamenes Fleiß und Kunst auf einmal; das
Große und Grobe des Phidias hingegen stieg so
herrlich empor, daß es nichts als Vollkommenheit,
Verhältniß und Majestät zeigte, und also dem
Phidias den preiswürdigsten Vorzug verschaffte,
den Alkamenes aber fast alles Ruhmes beraubte.

Phidias hatte einen Nachfolger, der die Figuren in der trajanischen Statue nach dem Maaß
ihrer Erhöhung stufenweise größer machte. Zu
Astura bey Terracina, an den Gränzen des Kö-
nigreichs Neapel, sieht man eine Innschrift in einen Felsen eingegraben, deren Buchstaben nach
dem Maaß der Höhe einer jeden Linie immer
größer sind, so, daß man die obern so leicht, als
die untern und nächsten lesen kann.

Die Apostel in der St. Peterskirche zu Rom
sind beynahe 36 Palmen hoch, von Stein, Kalk,
Malter, Gyps, Kupfer und Eisen, nicht ausge-
hauen, sondern gebaut, und erscheinen in den Augen der Zuschauer auf dem Plaße vor dem Tempel in ihren natürlichen lebensgroßen Verhältnissen.

Boromini, ein Architect zu Rom, bauete
nahe an dem Plaße Sciarra die Kirche St. Maria
in Via, zierte das Vorgebäude mit Colonnen,
und weil der Augenpunkt wegen der engen Gasse
nur in der Nähe kann genommen werden, wodurch die Höhe verkürzt wird; so machte er alle
Colon-

Colonnen um einen ganzen Diameter wider alle
Architecturregeln höher; woburch sie in ihrem gehörigen Verhältnisse erscheinen. Daß alle diese
Kunstgriffe von der Optik herkommen, mithin
Früchte und Erzeugungen des Perspectivwesens
sind, daran ist nicht zu zweifeln, obschon diese sich
mit besondern Regeln beschäfftiget, in der Entfernung alles verkleinert, verjüngert, vermindert,
und in der Nähe alles vergrößert; die Optik hingegen dem Auge des Zuschauers hilft, und wider das Perspectiv handelt, dergestalt, daß die
Optik mit Willkühr und Anständigkeit verfährt,
die Perspectivkunst aber sich an gewisse Regeln
gebunden sieht, die sie doch selbst dem beobachtenden Auge zu gefallen, oftmals überschreitet und
verändert.

§. 9.

Meine Absicht geht eigentlich nicht dahin,
die Perspectivkunst zu lehren, von welcher bereits
schon so viele Schriftsteller unter den Deutschen gehandelt haben: und da sie hiernächst nicht nach ihrem
ganzen Umfange zur Malerkunst gehöret; so will
ich von ihr nur dasjenige anführen, was einem
solchen Maler zu verstehen nothwendig ist, welcher
eben nicht einen bloßen Perspectivmaler abgeben
will, der die ganze Macht des Perspectivwesens in seiner Gewalt haben muß. Ohne diesem
ist es unmöglich, das inwendige Gebäude eines
Tempels, eines Saales oder eines Gartens zu
malen, und darinn große Gesellschaften von Men-

P 5 schen

schen vorzustellen. Von dieser gebundenen Kunst
ist hier die Rede gar nicht.

Unsre Perspectivkunst besteht aber in ihrer
Ausübung gemeiniglich nur in drey Hauptlinien: Die erste ist die auf dem untersten Plan
eines Gemäldes gezogene so genannte Grundlinie;
die zwote läuft mit dieser in der Entfernung parallel, und macht den Horizont, oder den Ge-
sichtskrais, worinn allezeit der Augenpunkt ruhet.
Die dritte ist die Linie, welche die Entfernung
erstgedachter Linien andeutet, folglich alle parallellaufende stufenweise voneinander entfernte Horizontallinien zwischen ermeldten Hauptlinien zu erkennen giebt. Diese Linien sind allein diejenigen,
welche die Malerkunst nicht wohl entbehren kann.

Perspectivische Malereyen aber nennt man, wie
ich oben erwähnet habe, insonderheit diejenigen, in
welchen man Gebäude nach allen ihren Linien und
Regeln nach der Verjüngerung der Figuren, oder
Verstärkung der Farben, der Schatten und der Lichter vorgestellt sieht. Es würde dahero ein Saal
neben andern Zimmern, und eine Aussicht in einen
Garten sehr ungeschickt ins Auge fallen, wenn er
ohne alle Perspectivkunst gemalt wäre. Jede
Linie wird an gewisse Regeln gebunden, und die Figuren bekommen ihr Maaß von solchen Linien, die
sich entweder verkürzen oder verlängern, und doch
Linienperspectiv genennt werden. Denn
es giebt auch ein Luftperspectiv, welches
darinn besteht, wenn die Tinten oder Farben

nach

nach der Schattierung stufenweise schwächer oder
stärker werden, und solchergestalt sich von einander entfernen, und im Vorgrunde vergrößert, ins
Gemälde hinein aber nach dem Maaß der Entfernung immer kleiner werden.

§. 10.

Wenn ein Maler zum Modelliren geschickt
genug ist, welches ihm sehr nützlich wäre; so kann
er sich allerhand Figuren und Gewänder von
Wachs verfertigen, um jederzeit dasjenige vor
Augen zu haben, was er malen will. Denn aus
der Einbildung, und der in den Gedanken befindlichen Stellung, oder so zu sagen, aus dem Ste-
greife hinzumalen, ist sehr schwer und nicht
rathsam.

Paul Veronese zu Venedig war jederzeit
mit einem Vorrath von solchen kleinen Modellen
versehen; daher konnte er auch ohne Mühe gleich
eine Geschichte zusammensetzen und sie abzeichnen.

Sowohl Tintoretto, als Michelagnolo bedienten sich gleichergestalt solcher Gliedermänner,
und der letztere hat sein ganzes jüngstes Gericht im
Vatican durch Beyhülfe solcher Modelle gemalt.

Ich weis zwar wohl, daß dergleichen Hülfsmittel zu großen Malereyen nicht allerdings erforderlich sind; jedoch darf man auch nicht zweifeln, daß man sie mit ausnehmendem Nutzen und
Vortheil brauchen kann, wenn man die Wahrheit,
nicht

nicht aber nur allerhand schöne Farben vorstellen
will. Hieraus sieht der Künstler gleich die grossen Massen von Lichtern und Schatten, imgleichen
das Tutassieme oder das Ganze, welches, wenn
es nur aus freyer Hand nach der Einbildung vollbracht werden sollte, ungeheure Mühe, vieles
Nachsinnen und lange Zeit kosten würde, und es
wäre dennoch die Frage, ob man einen guten Erfolg davon hoffen könnte. Hat man also dergleichen kleine oder große Modelle, die eben nicht zu
einer jedweden Figur nöthig sind; so muß man
dennoch nicht unterlassen, die Natur selbst gleichsam als ein deutliches Kennzeichen der Arbeit, sowohl zu seiner als des Zuschauers Zufriedenheit,
auch nachzusehen, sie zu betrachten, und nach
ihr die Wahrheit in allen Dingen zu bestätigen.
Will man mit noch mehr Behutsamkeit verfahren,
so stellt man solche Modelle stufenweis auf einen
Plan, und betrachtet sie entweder durch eine bewegliche runde Oeffnung, oder durch die Faust,
welche den Gesichtspunkt, nebst dem Punkte der
Entfernung andeutet. Von dieser Verrichtung
schreitet man zur Abzeichnung, wenn sonst alles
in Ordnung dasteht. Eben diese Figuren und
gedachte Oeffnung, oder der Augenpunkt, wodurch
man alles ins Gesicht fasset, dient auch, alles von
unten hinauf zu betrachten, wie es in einem Platfond erscheinen soll. Man darf solche Figuren
nur entweder stückweise, oder mehr zusammen,
oder die ganze Composition, wenn es anders möglich ist, oder sich es schickt, auf ein Gatter von feinem

nem Eisendrat, oder auf ein Sieb in Ordnung
bringen, in einer bequemen Höhe vest machen,
und durch gedachten Augenpunkt von unten hinauf
in das Auge fassen, sie solchergestalt in ein Schizzo
abzeichnen, und von da nach dem bestimmten
Maaß auf die großen Cartonen oder Papiere
übertragen. Sind die Hauptgegenstände in ihrer
gehörigen Ordnung, so kann man ihnen noch beyfügen, was man will, wenn nur die Verhältnisse
beybehalten werden; denn auf solche Art wird sich
jederzeit die Natur und die Wahrheit darstellen.
Der Künstler wird sein Vergnügen dabey finden,
weil er sich von unzähligen Zweifeln mit Zufriedenheit wird loswickeln können. Dergleichen Beschwerlichkeiten und zweifelhafte Sachen, pflegen
sich insbesondre in dem stets da befindlichen Linienperspectiv ganz häufig darzustellen, und die Arbeit
zu verhindern. Man muß sich also befleißigen,
die Proportionen oder Verhältnisse, den Gesichtspunkt, die Entfernung, die Zurückweichung, die
Vertiefung und Haltung niemals außer Acht zu
lassen.

Was das Luftperspectiv anbelangt, welches
sich da nicht deutlich genug zu erkennen giebt; so
muß man seine eigene Beurtheilungskraft und
sein Auge zu Rathe ziehen, durch welches man
leicht wahrnehmen kann, was für Figuren noch
zu stark oder zu schwach colorirt sind, mithin zu
viel oder zu wenig abweichen, oder vordringen.
Hier-

Hierzu ist oben beym Gebrauch der Farben einige Anweisung gegeben worden.

Tintoretto hatte sich hölzerne und papierne Zimmer mit Thüren und Fenstern gemalt, wodurch er auf seine Modelle, welche er darinn zusammen ordnete, so viel schickliche Lichter hineinstralen ließ, als er es für gut und vortheilhaft befand. Er betrachtete sie oft, und nahm die Wirkungen seiner Composition so sehr in Acht, daß er sich oftmals halbe Nächte dabey aufhielt, sie veränderte, verbesserte und vestsetzte. Seine Modelle waren ungefähr zween Schuhe hoch, die Zimmer aber so groß, daß er alles sehen konnte.

Dergleichen Art zu studiren war gewiß nicht einem jeden offenbaret, sondern sehr geheim gehalten worden, wie es heut zu Tage noch zu geschehen pflegt. Große Männer hingegen machen aus ihrer Kunst kein Geheimniß, und sind sehr vergnügt, wenn junge Leute ihnen etwas heimlich abzulernen trachten. Sie eröffnen ihnen mit Lust alles, was man für Geheimnisse anzugeben pflegt. Schwache und armselige Künstler hingegen verbergen alles, auch sogar das, was keines kunstverständigen Auges oder seines Anblickes würdig ist. Ein Armer verbirgt und verscharrt seinen Gulden weit sorgfältiger, als der Reiche seinen Sack voll Goldstücke.

§. II.

Ehe ich diese Abhandlung beschließe, will ich meinen lehrbegierigen Schülern noch folgende Beobach=

Beobachtung mittheilen, welche vermuthlich nicht
unnütze seyn wird. Sie besteht aber darinn, daß
man in einem Platfond mit Sachen von der Architectur sehr klug verfahren, oder sie ganz vermeiden sollte. Der berühmte Perspectivmaler
del Pozzo hat sowohl in Rom als in Wien sehr
künstlich gemalt. Allein beym Eintritt in den
Tempel wird man durch den Anblick seines Platfonds gemeiniglich erschreckt. Colonnen, Siegesbogen, Gebäude, Paläste und Tempel, alles
befindet sich, so zu sagen, in einer solchen Erschütterung, die einem Erdbeben nicht ungleich steht,
ja in einem wirklichen Sturz und Fall, ehe man
auf den wahren Gesichtspunkt hingelangt, von
welchem dann alles aufrecht steht. Kaum wurde
jenes vortreffliche Werk zu Sant Ignatio zu Rom
von Gerüsten frey gemacht, so sagte ein großer
Künstler zum Pozzo: Mein Freund! es fällt
uns ja alles auf den Kopf herunter; sieh nur,
jene großen Colonnen werden gleich da liegen; die
Tragsteine sind allzu schwach. Pozzo antwortete:
Wenn sie fallen, so mache ich sie wiederum hinauf. Aus diesem Scherze kann man also erkennen, daß dergleichen Gemälde vielmal zu einigem
Mißfallen Anlaß geben können. Viel besser dachte
hingegen Pozzo, als er den vortrefflichen Saal
der Fürsten von Lichtenstein in der Roßau zu
Wien malte. Man sieht da meistentheils nur
menschliche Figuren, welche ohne Verwirrung,
und ohne einen Fall zu drohen, durch ihre Mannichfaltigkeit der Stellungen, Wendungen und
Geber-

Geberden in Erstaunen setzen. Jupiter kömmt mitten im Platfond auf einem Adler herunter, und setzet alle Augen der Zuschauer nach allen Aussichten herum in der Einbildung, als wenn seine Wendung auf allen Seiten gleichsam durch die Zauberkunst einerley und immer dieselbige wäre; Jupiter drehet sich gleichsam herum, und sieht in alle 4 Ecken mit gleicher Wendung seines Leibes.

Giulio Romano malte in einem Palast nahe bey Mantua noch viel erstaunlicher: Jupiter sitzt, und ein Adler hält die Donnerkeule im Schnabel, die Jupiter ergreift, und mit solcher Heftigkeit unter die Riesen auf Erden damit herunter donnert, daß alle Götter vor Schrecken auf ihren Wagen flüchtig werden, die Riesen aber zerstreut, theils getödtet, theils unterm Einsturz der Felsen und Berge zerquetschet da liegen. So wunderbar, so fürchterlich, und so erschrecklich erscheinet das ganze Gemälde.

Correggio zu Parma, in der Hauptkirche zu St. Giovanni, Anton Pordenone zu Placenz und zu St. Rocco in Venedig, Fridericus Zuccaro in S. Maria del Fiore zu Florenz, und unendlich viel andre Platfonds in Italien würden, wenn unsre Künstler sie nur sehen sollten, ihre Kunst in weit höhern Werth setzen können. Es könnte leicht kommen, daß vielleicht einige so hochtrabende Maler, wenn sie dergleichen Werke begreifen könnten, ihren Hochmuth sinken ließen, oder gar an der Kunst zu verzweifeln anfiengen, und

und ihren Eigendünkel zu verbergen suchten, absonderlich, wenn sie gewahr würden, daß solche Werke nicht in einer bloßen Zerstreuung unzähliger Gegenstände, sondern in einer weitläuftigen Verbindung einer einzigen großen Handlung bestehn sollte. Ja ich will noch mehr sagen: Ein verwerfliches, buntes und unbegreifliches Pitturesco ist keine Malerey, sondern eine bloße Färberey, von welcher kein beobachtendes oder einsichtvolles Auge etwas zu verstehn verlangt.

§. 12.

Wenn ein geschickter Mann seine Composition in Ordnung gebracht und zur Arbeit fertig ausgezeichnet hat; so wünschte ich, daß er endlich darauf bedacht wäre, alles edel, erhaben, herrlich und auf eine colonnenmäßige Art auszudrücken, und auf seinen Cartonen vorzustellen. Ich erinnere dieses deswegen, weil man von dergleichen Platfonds nicht wenige sieht, welche man mit dem Fernglase kaum wahrnehmen kann. Die Vernunft lehret es, daß man dem Phidias folgen müsse. Was hat denn ein Kenner, dem etwas von der Ferne gezeigt wird, für ein Vergnügen, wenn er davon wenig oder gar nichts sehen kann? Ein solches Gemälde bleibt fruchtlos und unnütze, wenn man es erst auf Gerüsten und Leitern noch mit Ferngläsern zu betrachten genöthiget wird. Auf der Domkirche zu Meyland befindet sich eine dergleichen gothische Träumerey, wo man, um die schönste Statüe von Marmor zu bewundern,

II. Band.   Q   so-

ſogar auf das Dach hinaufſteigen muß. Ich habe
ſie daſelbſt geſehen; es kann aber vielleicht ſeyn,
daß man ſie hernach in den Tempel herab geſetzt hat.

Man müßte ganze Bibliotheken abſchreiben,
wenn man alles ſammeln wollte, was zum
Wachsthum dieſer Künſte dienen kann. Die
Liebhaber müſſen leſen und ſehen; die Künſtler
aber leſen, ſehen und arbeiten. Die unwiſſenden
Tadler hingegen brauchen alle dieſe Umſtände
nicht, weil es unmöglich iſt, daß derjenige ein
Kunſtrichter werden könne, deſſen Auge durch
den Nebel des Stolzes, des Hochmuthes und Ei-
gendünkels verkleiſtert iſt.

VII. Vom

VII.

Vom Kupferstechen.

§. 1.

Die Kunst, in Kupfer zu stechen, ist so sehr bekannt und ausgebreitet, daß man fast keinen Winkel einer menschlichen Wohnung mehr antrifft, in welchem nicht zu ganzen Reihen Kupferstiche prangen; wie viele sind aber darunter, welche einiger Aufmerksamkeit würdig sind? Ein gelehrter und kunstverständiger Mann giebt sich nicht einmal die Mühe, denselben nur ein Auge zu gönnen. Unter der unbeschreiblichen Menge erwecken die meisten ein Gelächter, oder geben großen Künstlern zum Seufzen und Mitleiden Anlaß. Die Bemühung solcher Kunsthelden geht nur dahin, den unwissenden Pöbel um einige Groschen zu bringen. So sehr kann man die vortrefflichsten Künste mißhandeln, daß sie entweder niemals in Aufnahme kommen, oder nach und nach wiederum verschwinden.

Mit dergleichen Kupfermärtyrern will ich mie hier nichts zu schaffen machen, sondern ihre Arbeit dem gewöhnlichen Schicksal überlassen, weil doch der gemeine Mann und seine Kinder auch ihre Künstler und Bilder haben müssen. Michel Pnuel, der ganze Lasten von Kupferstichen liefert,

Q 2

liefert, ist der ehrlichste Mann, welcher seine
Kunst, troß andern, in den Fingern hat, und er
ist mir auch deswegen schäßbar, weil er um ein
geringes Geld ganze Länder mit seiner Waare befriedigen kann; hingegen ist er in der ganzen
Sphäre der Unwissenheit so sehr bewandert, daß
es ganz überflüßig seyn würde, wenn ich ihn weiter nennen wollte. Ich will vielmehr einen Versuch machen, ob ich nicht den rechten Weg finden
könne, der mich auf die ächte Spur dieser Kunst
bringet, welche sich über das ganze Reich der Malerey ausbreitet, und durch ihren Grabstichel nicht
selten die Vollkommenheit der geschicktesten Pinsel
erreichet hat.

Die Kunst, eine Handschrift, oder ein mühsam geschriebenes Buch zu vervielfältigen, und
in unzähligen Abschriften ans Licht zu bringen,
nebst der Wissenschaft, ein einziges Gemälde auf
gleiche Weise an vielen Orten der Welt zugleich
vorzustellen, waren zu Zeiten der mächtigen und
langwierigen Regierung der beständig verehrten
Unwissenheit für so wunderbar angesehen, daß
man jene als ein Werk der Zauberer und Hexen-
meister, diese aber als eine gleichgültige Erfindung
betrachtete. Beyde erschienen unversehens, und
fast zu gleicher Zeit, jedoch mit sehr verschiedenem
Glücke. Jene that in ihrer Vollkommenheit sich
hervor, ehe man sie noch kannte; diese aber gewann nur nach und nach einiges Ansehen. Hand-
schriften zum Druck waren eben so häufig vorhanden,

den, als Setzer und Drucker; zum Kupferstechen
hingegen, welches unbeschreiblich mehr Zeit und
Geschicklichkeit erfordert, mangelte es zuweilen einem eifrigen Künstler an Gemälden zum nachahmen, meistens aber an tüchtigen Fingern, welche
dieselben nachzeichnen konnten.   Diese Erfindung
eignen sich die Italiäner und Deutschen zu. Jene
glauben, der Anfänger dieser Arbeit sey Maso
Finiguerra, ein Florentiner gewesen, welcher als
ein Goldarbeiter um das Jahr 1460 auf Silber
gezeichnet und es auf feuchtes Papier abgedruckt
habe.   Die Deutschen aber wollen behaupten,
Israel von Mecheln sey der erste gewesen, dessen Abdrücke nach Italien gebracht, und daselbst
nachgemacht worden.   Man sagt, Matinea
habe in Italien diese Kunst zuerst, nach diesem aber
Marcus Antonius Francia mit gutem Er-
folge zu üben angefangen, nachdem sie in Deutschland sowohl in Kupfer als Holz vom Albrecht
Dürer bereits einen Fortgang erlangt hatte.
Gedachter Marcus eiferte diesen deutschen Arbeiten nach, und setzte auf seine Abdrücke Dürers
Namen, und verkaufte sie für Werke dieses deutschen Künstlers, der auch bald in vollem Zorn
nach Venedig abreisete, sich deswegen bey der
Republik beklagte, und anhielt, daß sein Name
auf der Arbeit des Marcus ausgekratzt, und
ihm ein Privilegium ertheilt werden möchte, daß
sich niemand erkühnen dürfte, seine Arbeit für
Dürers Werke auszugeben, oder Dürers Abdrücke nachzustechen, wie er es schon vom Kaiser

Q 3   erlangt

erlangt hatte. Marcus, der dadurch aufgebracht
worden war, verließ Venedig, eilte nach Rom,
und studirte die Arbeiten der Deutschen so wohl,
als des Mantinea, jedoch ohne guten Erfolg.
Dürer stach bald darauf das Bildniß der Lucre-
tia vom Raphael, schickte sie ihm nach Rom,
wo man sich darüber sehr verwunderte, noch mehr
aber, als er ihm das Urtheil des Paris, den Jupiter in Wolken und andre Alterthümer, wovon
ihm Raphael die Zeichnungen zukommen ließ,
in saubern Abdrücken nachschickte.

Raphael hatte seinen Marcantonio, und
dieser einen Burschen, der sich Bayer nannte,
und seines Herrn Stiche drucken mußte. Dadurch wurden Raphaels Gemälde in Kupfer gebracht, wovon Raphael dem Dürer die Abdrücke, dieser aber ihm hingegen die seinigen nach
Rom übermachte.

Nach Raphaels Tode that sich Baccio da
monte Lupo, ein Bildhauer, hervor, der durch
den Agostino Milanese, der ebenfalls ein Bildhauer und Kupferstecher war, seine Zeichnungen
in Kupfer bringen ließ. Damals arbeitete Marcantonio für den Giulio Romano, der ihm
seine Zeichnung anvertraute, ihn aber durch üp-
pige Verwegenheiten seiner Blätter in Lebensgefahr setzte. Er wurde zum Tode verurtheilt, jedoch durch die Vorbitten des Cardinals Medicis
davon befreyet.

Um

Um dieſe Zeit fieng alles an in Holz zu ſchnei-
ben, und in Kupfer zu ſtechen. Jeder Künſtler zeichnete ſeine Werke darauf, und ließ ſie durch
den Stichel eingraben, oder durch Scheidewaſſer
einäßen.

Muſter von Holzſchnitten, welche um das
Jahr 1568 verfertiget wurden, ſieht man in den
Lebensbeſchreibungen des Giorgio Vaſari.
Das Bildniß eines jeden Künſtlers iſt darinn ſo
lebhaft ausgedruckt, daß es einem jeden heutigen
Künſtler ſchwer fallen würde, wenn er dergleichen nur nachahmen, geſchweige denn beſſer machen ſollte. Große Maler zeichneten ſie auf das
Holz, und geſchickte Leute hielten ſich für ſtraf-
würdig, wenn ſie nicht einem jeden nachgeſchnit-
ten hätten.

§. 2.

Heut zu Tage ſind eigentlich dreyerley Arten im Flor, durch welche Zeichnungen, Gemälde
und Bildhauereyen vervielfältiget, und als ein
einziger Gegenſtand in aller Welt zu gleicher Zeit
gezeigt werden können. Dieſe Arten ſind:

In Holz ſchneiden;
In Kupfer ſtechen und ſchaben, und
in Kupfer äßen,

wovon wir hier einige Nachricht mittheilen
wollen.

Obſchon die Kunſt, in Holz zu ſchneiden,
ſehr abgenommen hat; ſo finden ſich dennoch
Q 4 Män-

Männer, welche darinn sehr geschickt, aber so
zahlreich nicht sind, als die Kupferstecher. Die
Ursache scheinet darinn gegründet zu seyn, daß
man ohne große Beschwerlichkeit im Holze nichts
so reizendes, wie im Kupfer, zu Stande bringen
kann, und jenes mehr Geduld und Mühe in der
Arbeit, als dieses erfodert. Der Beweis erhellet aus den vortrefflichen Holzschnitten, welche
man im anatomischen Werke des Eustachius
vom Titian gezeichnet, im Theurdank des Kaisers Maximilians, in den Portraiten des Vasari, im weissen Könige, und andern neuern
Werken nachsehen kann. So viel Vorzug man
den Kupferstichen einräumet; eben so viel Vorthei
muß man auch den Holzschnitten eingestehn. Sie
sind bey vielen Gelegenheiten zum Gebrauche
weit anständiger und bequemer, als die Kupferstiche. In Büchern von Geschichten, Wissenschaften und Künsten hat man zu besserer Erklärung der Abhandlungen verschiedene Figuren
und Zeichnungen vonnöthen. Wenn nun solche
in hölzerne Stöcke geschnitten sind, so kann man
sie mit den Buchstaben zugleich abdrucken, und
dadurch viel Zeit, Kosten und Mühe ersparen;
bey den Kupferstichen hingegen muß mehrentheils,
wenn sie nicht auf besonderes Papier gebracht
werden, der gedruckte Bogen erst trocknen, dann
wiederum angefeuchtet, und alsdenn mit der
Kupferplatte durch die Presse gezwungen werden.

Der

Der Buchdrucker, welcher ſich der Holzſti-
che bedient, muß alſo dem Holzſchneider einige
Buchſtaben mittheilen, damit er ſeine Stöcke von
eben der Höhe des Kegels verfertigen könne, weil
ſie mit einerley Farbe, und durch einen Druck,
ſammt der Schrift, auf das Papier gepreßt werden.

Die Fläche, in welche man ſchneiden will,
muß alſo ſehr glatt abgehobelt ſeyn, worzu
beſſer Buchsbaum= als Birnbaumholz iſt, weil
dieſes leicht wurmſtichig wird.

Auf dieſen Stock zeichnet man mit Tinte und
Feder, was eingeſchnitten werden ſoll. Wer
aber zum Zeichnen nicht geſchickt genug iſt, wie
es leider! viele giebt, und dadurch die Holzſchnitte verächtlich machen, der bedient ſich fremder mit ſchwarzer Tinte gemachter Zeichnungen.
Dieſe werden auf den zubereiteten hölzernen
Stock gepappt, und die Pappe darzu wird von
Mehl, Waſſer und ein wenig Eßig gemacht. Die
Zeichnung wird auf dem Geſicht damit fein überzogen, und alſo auch auf das Geſicht hingelegt.
Wenn endlich das Papier recht trocken iſt, ſo
wäſcht man es gelinde, behutſam und langſam,
und nimmt es nach und nach ſtückweiſe mit den
Fingern ſo geſchickt weg, daß auf dem Holze
nichts mehr zu ſehen iſt, als die mit der Tinte gezeichneten Linien, Striche und Punkte, oder die
bloße ganze Zeichnung ohne Papier, als wenn
ſie gleich anfangs dahin wäre geriſſen worden.

Männer, welche darinn sehr geschickt, aber so
zahlreich nicht sind, als die Kupferstecher. Die
Ursache scheinet darinn gegründet zu seyn, daß
man ohne große Beschwerlichkeit im Holze nichts
so reizendes, wie im Kupfer, zu Stande bringen
kann, und jenes mehr Geduld und Mühe in der
Arbeit, als dieses erfordert. Der Beweis erhellet aus den vortrefflichen Holzschnitten, welche
man im anatomischen Werke des Eustachius
vom Titian gezeichnet, im Theurdank des Kaisers Maximilians, in den Portraiten des Vasari, im weissen Könige, und andern neuern
Werken nachsehen kann. So viel Vorzug man
den Kupferstichen einräumet; eben so viel Vorthei
muß man auch den Holzschnitten eingestehn. Sie
sind bey vielen Gelegenheiten zum Gebrauche
weit anständiger und bequemer, als die Kupferstiche. In Büchern von Geschichten, Wissenschaften und Künsten hat man zu besserer Erklärung der Abhandlungen verschiedene Figuren
und Zeichnungen vonnöthen. Wenn nun solche
in hölzerne Stöcke geschnitten sind, so kann man
sie mit den Buchstaben zugleich abdrucken, und
dadurch viel Zeit, Kosten und Mühe ersparen;
bey den Kupferstichen hingegen muß mehrentheils,
wenn sie nicht auf besonderes Papier gebracht
werden, der gedruckte Bogen erst trocknen, dann
wiederum angefeuchtet, und alsdenn mit der
Kupferplatte durch die Presse gezwungen werden.

Der

Der Buchdrucker, welcher sich der Holzstiche bedient, muß also dem Holzschneider einige
Buchstaben mittheilen, damit er seine Stöcke von
eben der Höhe des Kegels verfertigen könne, weil
sie mit einerley Farbe, und durch einen Druck,
sammt der Schrift, auf das Papier gepreßt werden.

Die Fläche, in welche man schneiden will,
muß also sehr glatt abgehobelt seyn, worzu
besser Buchsbaum- als Birnbaumholz ist, weil
dieses leicht wurmstichig wird.

Auf diesen Stock zeichnet man mit Tinte und
Feder, was eingeschnitten werden soll. Wer
aber zum Zeichnen nicht geschickt genug ist, wie
es leider! viele giebt, und dadurch die Holz-
schnitte verächtlich machen, der bedient sich fremder mit schwarzer Tinte gemachter Zeichnungen.
Diese werden auf den zubereiteten hölzernen
Stock gepappt, und die Pappe darzu wird von
Mehl, Wasser und ein wenig Eßig gemacht. Die
Zeichnung wird auf dem Gesicht damit fein überzogen, und also auch auf das Gesicht hingelegt.
Wenn endlich das Papier recht trocken ist, so
wäscht man es gelinde, behutsam und langsam,
und nimmt es nach und nach stückweise mit den
Fingern so geschickt weg, daß auf dem Holze
nichts mehr zu sehen ist, als die mit der Tinte gezeichneten Linien, Striche und Punkte, oder die
bloße ganze Zeichnung ohne Papier; als wenn
sie gleich anfangs dahin wäre gerissen worden.

Man

Man findet also weiter keine Verhinderung,
das Einschneiden anzufangen. Die scharfe Spitze sehr feiner Messer, oder andrer Eisen, ist das
einzige Werkzeug, womit man genau und behutsam alles wegschneidet und ausgräbt, was nicht
mit gedachten Strichen von Tinten bedeckt ist;
denn diese müssen allein unberührt und unverletzt
stehn bleiben. Albrecht Dürer war der erste,
welcher in dieser Arbeit die Kreuzschnitte angebracht hat, wo vorher nur parallele, dicke und
dünne, jedoch wellen- und flämmenartige Linien
angebracht wurden, weil Schnitte über das Kreuz
nichts als viereckichte Gruben verursachten, und
den Einbruch in die nöthigen Striche, folglich das
Verderben der Arbeit droheten, welche sehr schwer
könnte ergänzt werden.

Die Kunst in Kupfer zu stechen erfordert
ebenfalls nur wenig Eisen und Stahl. Wenn
die rothe Kupferplatte gut polirt und geschliffen
ist, so wird zur Arbeit nichts als ein wohlgehärteter Grabstichel zum Einschneiden oder Stechen
erfordert. Von der Art, auf die Platte zu zeichnen, werden wir bald Nachricht ertheilen. Nebst
dem Stichel braucht man auch ein dreyeckigtes
langgespitztes Eisen, welches am andern Ende
wie ein rundes, plattes und länglichtes Herz geformt ist. Dieses Eisen dient theils zum Schaben, theils zum Glätten und die Fehler zu verbessern. Damit aber auch der Künstler seine Arbeit nach und nach besser in Acht nehmen könne;
so

so hat er einen Knäuel von Filz, oder von zusammengerollten Enden von schwarzem Tuch, welches die Franzosen Tampon nennen. Mit diesem überreibt er seine gestochenen Linien, füllt sie gleichsam aus, und macht sie dem Auge sichtbarer. Endlich ist zur Bequemlichkeit der Arbeit ein Polster nöthig, welches von Leder, flach, rund und mit Sand angefüllt ist. Darauf wird die Kupferplatte gelegt, und im Arbeiten nach aller Bequemlichkeit der Hand und des Auges hin oder her, auf- oder abgewendet.

Die Kunst, in Kupfer zu ätzen, oder durch Scheidewasser die Linien in das Kupfer einfressen zu lassen, erfordert mehr Aufmerksamkeit und Mühe, als das Stechen selber. In Deutschland nennt man es radiren, vermuthlich vom Lateinischen radere, oder kratzen.

Zu dieser Arbeit muß die Kupferplatte rein und sauber geschliffen seyn; alsdann wird sie am Feuer warm gemacht, und mit einem harten oder weichen Fürniß bedeckt. Einige schwärzen diesen aufgetragenen Fürniß mit dem Rauche und Dampf einer angezündeten Kerze, über die sie die Platte und den Fürniß hinhalten. Die heutigen Künstler aber pflegen auch andre Manieren zu brauchen.

Auf diesen Fürniß wird die Zeichnung übertragen, welches leichter ist, als bey den Holzschnitten. Man überzieht die Rückseite der Zeichnung oder ein darauf geheftetes Blatt Papier mit schwar-

schwarzer Kreide, oder mit Röthel so stark, daß
alles schwarz oder roth erscheint, und davon kein
Staub liegen bleibt. Diese Seite legt man auf
den Fürniß. Dann überfährt man mit einer
nicht allzu gespitzten Reißnadel alle Striche, Linien, Umriße und Punkte der Zeichnung dergestalt, daß das Papier nicht durchgestochen werde.
Diese Arbeit druckt die rothe Seite auf den Fürniß, und macht, daß man hernach alle Gänge
und Züge der Reißnadel, mithin alle Figuren
vollkommen richtig und genau auf dem Fürniß
angedeutet sieht.

Sehr viel alte italiänische Maler haben ihre
Werke selbst auf die Platten gezeichnet, oder
wenigstens die Hauptumriße und Linien darauf
entworfen, um die Stärke und Schönheit derselben beyzubehalten. Die Arbeit des Grabstichels und
der Aetzung überließen sie dem Kupferstecher.

Man sieht auch in denen mit Scheidewaffer
geätzten Stücken oft mehr Kunst, als in gestochenen. Auch in diesen braucht man zuweilen das
Scheidewaffer, damit die Umriße der Figuren
gelind erscheinen, und unverbesserlich werden.

In dieser Art zu Aetzen ist das vorzüglichste,
daß diese Manier weit ringfertiger und geschwinder von der Hand geht, als mit dem Grabstichel,
und das geätzte Werk selbst ist auch nach verschiedenen Gegenständen gemeiniglich weit schöner,
als ein gestochenes. Bäume, Rasen, Berge,
Felsen,

Felsen, Gebüsche, Sand und Schutt, Trümmern von alten Gebäuden, oder ganze Landschaften werden mit mehr Leichtigkeit angelegt, und erscheinen weit natürlicher, als wenn sie mit dem Grabstichel ausgearbeitet sind. Jedoch hat aber auch dieses seine Richtigkeit, daß man zuweilen gewisse Dinge mit dem Grabstichel verbessern muß, wenn ihnen die Stärke mangelt, oder wenn das Scheidewasser nicht genug eingefressen hat; denn es ist sehr schwer, daß alle Theile in einer großen Platte mit einer eben so großen Gleichheit ohne Mangel durchdrungen werden.

Es ist daher nicht genug, daß der Künstler mit der Spitze seines Grabstichels an allen Orten seines geätzten Werkes mit derjenigen Stärke und Gelindigkeit arbeite, um etwan die entfernten Sachen in die Weite zu bringen, die nächsten aber auf dem Vorgrunde nahe zu halten. Er muß auch, wenn er das Scheidewasser auf die Platte gießt, Achtung geben, daß das Aetzwasser an einem Orte wie am andern nicht gleich stark einfresse. Dieses zu verhindern, bedeckt er solche Gegenden, wo die Aetzung bereits schon stark genug ist, mit Wachs, Oel, oder mit Kerzeninselt, wo sodann das Wasser nichts mehr angreift.

Die Platte zu ätzen hat man eine Lade, an welche man inwendig die Platte anlehnt, und das Aetzwasser dergestalt darauf schüttet, daß es gleich von oben herunter darauf abrinnet. Alsdann untersucht man die Theile, welche keine tiefe Einätzung

äßung erfordern, ob sie genug begossen sind, oder
nicht. In diesem Fall nimmt man die Platte
weg, wäscht sie mit frischem Brunnwasser, und
läßt sie beym Feuer langsam trocken werden.
Alsdann werden die Gegenden und Striche, welche
eine Schwäche und Gelindigkeit behalten müssen,
mit gemischtem Oel und Inselt bedeckt, damit
das Aetzwasser daselbst nicht mehr eindringen könne.
Dieses alles geschieht verschiedene male, und so
oft, als diese oder jene Theile weniger stark und
stufenweise schwächer oder stärker seyn sollen. Daher werden die Sachen auf dem Vorgrund allezeit
übergossen, bis der Künstler gewahr wird, daß
alles die Stärke erlangt hat, die das Werk erfordert.

Man hat zweyerley Fürniß, nämlich den
weichen, und den harten, und auch zwo
Gattungen von Scheidewasser, das weiße und
grüne. Jenes nennt man das läuterende, dieses aber das grüne, welches man von Eßig, von
gemeinen, und Armoniacsalz und graugrün
macht. Das grüne Scheidewasser kann man zu
beyden Fürnissen brauchen, und dasselbe darüber
gießen. Das weiße Scheidewasser aber, welches
nur zum weichen Fürniß dient, wird nicht darüber-
gegossen, wie jenes; sondern man legt die Platte
auf einen Tisch, umringt sie mit einer Leiste von
Wachs, und überschüttet sie ganz mit diesem
weißen Scheidewasser, nachdem es vorher mit
frischen Brunnwasser mehr oder weniger gemischt
und gemäßiget worden.

Die

Die Reißnadeln, womit man in den Fürniß zeichnet oder reißet, werden von mittlern oder groben Nähnadeln gemacht. Nach Beschaffenheit der Zeichnung müssen einige spitzig, andre aber mit einer runden Spitze versehen oder stumpf seyn. Dergleichen Werkzeug braucht man von verschiedener Dicke. Ueberdieses ist auch nöthig, daß man einen Schleifstein, eine Bürste, oder eine Feder bey der Hand hat. Jenen braucht man, die Eisen zu schärfen, oder die Spitze zu lindern; diese aber, den weggearbeiteten zerstreuten Fürniß und Staub wegzukehren.

Obgleich von gemeldten Fürnissen, und andern zum Kupferstechen erforderlichen Sachen viele Schriften vorhanden sind; so hat es doch das Ansehn, als wenn die heutigen Kupferstecher alles besser, als die Alten, wissen wollten.

Zur Bequemlichkeit der Arbeit, und zum Vortheile der Augen des Künstlers ist auch eine besondre Behutsamkeit vonnöthen: denn das Tageslicht und der Glanz der Kupferplatte machen eine solche Verblendung mit einander, daß man nirgends etwas Ganzes sehen kann. Der Tag verursachet auf dem geschliffnen Kupfer unangenehme Scheine und Wiederscheine, ein Schimmern und Blinken, welche das Auge beleidigen und die Arbeit verhindern; daher bedecken vorsichtige Künstler das Fenster mit einem ausgespannten weißen Papier, wodurch der Glanz auf der Platte vertrieben und matt, die Platte natürlich roth, die

Arbeit

Arbeit gleichfärbig, und das Auge erquickt wird.
Man hat hiernächst auch ein in Oel getränktes
kleines weißes Papierblatt in der linken Hand,
um dadurch eine oder die andre Gegend der Arbeit nach Belieben vor noch mehr Licht und
Schimmer zu verwahren, damit der Kupferstecher unter dem Schein dieses Blattes seine Arbeit besser zu kennen und zu untersuchen im
Stande seyn möge.

§. 3.

Nunmehro kommen wir auf die wahre Kunst
in Kupfer zu stechen, wovon schon etwas überhaupt erwähnet worden, so, daß hier nicht sowohl
von der Zubereitung, als vielmehr von der Arbeit selbst zu reden seyn wird. Die Art und
Weise, wie man zu Werke gehn und den Grabstichel führen soll, ist so vielfältig, als es verschiedene Meister in dieser Kunst giebt. Ein jeder hat
seine eigne Manier, und liefert solche Kunststücke,
welche so sehr von einander unterschieden sind, daß
ein Schüler niemals wissen kann, welchen er
zum Muster seiner Arbeit wählen soll. Bey
denjenigen, welchen alles gleichgültig ist, und die
schon zufrieden sind, wenn die Platte nur zum
abdrucken fertig liegt, werde ich mich nicht aufhalten, sondern sie vielmehr ermahnen, daß sie immer
fleißig fortstechen sollen, weil, wenn gleich ihre
Arbeit noch so ungeschickt ausfällt, es dennoch
dem Staat, obgleich nicht der Kunst, mehr nützet
als schadet. So schlecht einem solchen Künstler
auch

auch seine Arbeit gelingt, so ist doch sein Fleiß zu
loben, weil er dadurch dem schändlichen Müßig-
gange vorbeuget, und mit Kummer und Noth
sein Brod damit erwirbt.

Bringt der Schüler seine Zeichnung nach
oben erklärter Manier auf die Platte; so entsteht
alsdann bey ihm die Frage, wie er den Grabstichel führen soll? Denn seine Arbeit besteht in
nichts, als in geraden, krummen, dicken, dünnen,
feinen, groben, geschlängelten, flammenmäßigen,
geschwungenen, schneckenartigen, kurzen, langen,
gehackten oder getüpften Strichen, Linien, Fur-
chen und Punkten, welches man alles zusammen
Schrafiren, Graben und Stechen zu nennen pflegt.
Gesetzt nun, der Schüler hätte durch eine blinde
Uebung seine Hand schon so geschickt gemacht, daß
sie mit dem Grabstichel bereits nach Belieben her-
umfahren, die Platte auf dem Polster nach Er-
forderniß hin und her wenden und drehen könnte;
so fängt er bey der Nachahmung eines Gemäldes,
wenn er den Stahl ansetzt, schon zu zweifeln an:
wo er mit ihm einschneiden und hinzielen, wo er
den Weg hinnehmen soll, ob er die Linie grob oder
fein, auf- oder abwärts bringen; ob er gerade fort,
oder krumm, geschwungen, oder rund herum fahren
müsse? wie er die lichten Gegenden, die Mittelfarben und Halbschatten, die rothe, gelbe, grüne,
und andre Farben auszudrucken habe? Fragt er
einen ungeschickten Mann, so giebt er ihm gleich
folgende Anleitung: Wir Kupferstecher haben

II. Band.   R   nur

Arbeit gleichfärbig, und das Auge erquickt wird.
Man hat hiernächſt auch ein in Oel getränktes
kleines weißes Papierblatt in der linken Hand,
um dadurch eine oder die andre Gegend der Arbeit nach Belieben vor noch mehr Licht und
Schimmer zu verwahren, damit der Kupferſtecher unter dem Schein dieſes Blattes ſeine Arbeit beſſer zu kennen und zu unterſuchen im
Stande ſeyn möge.

§. 3.

Nunmehro kommen wir auf die wahre Kunſt
in Kupfer zu ſtechen, wovon ſchon etwas überhaupt erwähnet worden, ſo, daß hier nicht ſowohl
von der Zubereitung, als vielmehr von der Arbeit ſelbſt zu reden ſeyn wird.   Die Art und
Weiſe, wie man zu Werke gehn und den Grabſtichel führen ſoll, iſt ſo vielfältig, als es verſchiedene Meiſter in dieſer Kunſt giebt. Ein jeder hat
ſeine eigne Manier, und liefert ſolche Kunſtſtücke,
welche ſo ſehr von einander unterſchieden ſind, daß
ein Schüler niemals wiſſen kann, welchen er
zum Muſter ſeiner Arbeit wählen ſoll.   Bey
denjenigen, welchen alles gleichgültig iſt, und die
ſchon zufrieden ſind, wenn die Platte nur zum
abdrucken fertig liegt, werde ich mich nicht aufhalten, ſondern ſie vielmehr ermahnen, daß ſie immer
fleißig fortſtechen ſollen, weil, wenn gleich ihre
Arbeit noch ſo ungeſchickt ausfällt, es dennoch
dem Staat, obgleich nicht der Kunſt, mehr nützet
als ſchadet.   So ſchlecht einem ſolchen Künſtler
auch

auch ſeine Arbeit gelingt, ſo iſt doch ſein Fleiß zu
loben, weil er dadurch dem ſchändlichen Müßig-
gange vorbeuget, und mit Kummer und Noth
ſein Brod damit erwirbt.

Bringt der Schüler ſeine Zeichnung nach
oben erklärter Manier auf die Platte; ſo entſteht
alsdann bey ihm die Frage, wie er den Grabſtichel führen ſoll? Denn ſeine Arbeit beſteht in
nichts, als in geraden, krummen, dicken, dünnen,
feinen, groben, geſchlängelten, flammenmäßigen,
geſchwungenen, ſchneckenartigen, kurzen, langen,
gehackten oder getüpften Strichen, Linien, Fur-
chen und Punkten, welches man alles zuſammen
Schrafiren, Graben und Stechen zu nennen pflegt.
Geſetzt nun, der Schüler hätte durch eine blinde
Uebung ſeine Hand ſchon ſo geſchickt gemacht, daß
ſie mit dem Grabſtichel bereits nach Belieben her-
umfahren, die Platte auf dem Polſter nach Er-
forderniß hin und her wenden und drehen könnte;
ſo fängt er bey der Nachahmung eines Gemäldes,
wenn er den Stahl anſetzt, ſchon zu zweifeln an:
wo er mit ihm einſchneiden und hinzielen, wo er
den Weg hinnehmen ſoll, ob er die Linie grob oder
fein, auf- oder abwärts bringen; ob er gerade fort,
oder krumm, geſchwungen, oder rund herum fahren
müſſe? wie er die lichten Gegenden, die Mittelfarben und Halbſchatten, die rothe, gelbe, grüne,
und andre Farben auszudrucken habe? Fragt er
einen ungeſchickten Mann, ſo giebt er ihm gleich
folgende Anleitung: Wir Kupferſtecher haben

II. Band.   R   nur

nur zwo Farben, nämlich die weiße und die
schwarze, und schrafiren alles gleich. Viel feine
Linien geben Licht, und viel grobe Striche hin und
her machen Schatten. Es ist also vergeblich,
daß du dich mit vielen ängstlichen Zweifeln quä-
lest. Was hat nun der Schüler nach dieser
Lehre zu thun? wo zieht er solche Linien herum?
die ganze Platte soll, wie das Gemälde vor seinen
Augen bedeckt werden, und nirgends dürfen
Schnee oder weiße Flecken stehn bleiben. Unter
der unzähligen Menge der Linien soll alles einig,
sanft, gleich, nichts rauhes, alles fein, fließend,
zusammenstimmend und einhellig seyn. Alle
Farben des Gemäldes, alle Schatten und Lichter,
alle Haupt = und gebrochenen Tinten sollen in dieser
einfärbigen Arbeit unterschieden und ohne Verwirrung können wahrgenommen werden. Kein
Strich soll den andern vernichten, ungewiß, irrig
oder rauch machen. Alle zusammen sollen ein
schönes, angenehmes, lebhaftes, rundes und erhabenes Ganzes vorstellen. Aus der schwarzen
und weißen Farbe sollen alle möglichen, nicht vorhandenen, unsichtbaren Tinten, Halbfarben, lichten, dunkeln, mehr- und weniger schattichten Gegenstände hervorblicken. Die Harmonie und
der Charakter des Urbildes soll deutlich ausgedruckt seyn. Die schönen Meisterzüge bedeuten
nichts, wenn sie nicht diesen beyden gemäß sind,
und sie nicht sonderbar kenntlich machen. Wenn
Edelink, Nanteuil, Drevet, Will und andre
nur an einerley und stets dieselbige Manier gebunden

den sind, so wird ihr Grabstichel unter ihren Händen einen Raphael dem Rimbrand, einen Correggio dem Tintoretto, und alle Bildnisse von
Florenz einander gleich und in einerley Charakter des
Pinsels vorstellen, ob sie schon insgemein ohne
Ausnahme von einander unbeschreiblich weit und
stark unterschieden sind. Aus dem Kupferstiche
sollte man eigentlich die Manier des Malers kennen, dessen Urbild der Gegenstand des Grabstichels gewesen ist.

Jacob Frey zu Rom, ein geborner Schweizer, von welchem ich schon anderwärts Meldung
gethan habe, war in erwähnter Kunst ein vortrefflicher Meister. Er bediente sich in allen seinen Werken anfangs des Scheidewassers, und in
dem Fortarbeiten und Ausführen des Grabstichels. Nur seine Familia sacra nehme ich aus,
bey welcher er keinen Tropfen von Aetzwasser gebraucht hat. Alles ist Punkt auf Punkt, Strich
auf Strich, nach Massons Stichel so ausgearbeitet, daß man sie nicht einmal unterscheiden
kann.

Von den übrigen geätzten und gestochenen
Werken seiner Kunst sehe man z. B. die Petronilla. Ein Kenner wird ohne Bedenken gleich
den Charakter des Guercino darinn wahrnehmen.
Gleichwie sein Erzengel Raphael den Guido,
und sein Hieronymus den Dominichino zu erkennen giebt. Man betrachte seine Hochzeit des
Bacchus, so erkennt man gleich die Kunst des

R 2 Guido

Guido Reni. Dieſes Gemälde iſt, wie mir
Frey ſelbſt mit großer Betrübniß erzählt hat,
dem Rachen des Meeres zu Theil geworden:
denn kaum hatte er es in Kupfer gebracht, ſo
wurde es zu Rom von einem Mylord um 12000
Gulden gekauft, über Meer nach England fort-
geſchickt, auf der Reiſe aber ein Opfer des
Neptunus.

Man betrachte ſeine Aurora; ſo wird man
auf den erſten Anblick überzeugt, daß Frey die
Manier, das Colorit, die Umriſſe, das Gewand-
weſen, den Charakter, die Harmonie des Guido
durch ſeinen Grabſtichel und durch das Aetzwaſſer
vollkommen getroffen habe. Dieſes Gemälde
kann heute noch zu Rom im Platfond eines Luſt-
hauſes des Palaſts Roſpilioſi auf dem Monte
Cavallo mit Vergnügen geſehen werden, ob es
gleich ein wenig beſchädiget iſt.

Die ſieben Morgenſtunden, ihre verſchiedene Kleidungen, die Pferde von auſſerordentlichen
ſchönen Farben, die Nacht, die Morgenröthe mit
Blumen, der Phöbus auf dem Triumphwagen,
alles dieſes zeigt ſich ſo kunſtreich, daß man das
Urbild des Guido und alle Farben gleichſam
vor Augen zu haben vermeynet, ob ſie gleich nur
einfärbig in Kupfer geſtochen ſind. So ſehr
wußte Frey alle Eigenſchaften der Urbilder beyzubehalten, und dieſelben auszudrücken.

Ich würde hier keinen Platz finden, alles
weitläuftig zu beſchreiben, was dieſer große Mann
zu

zu Rom in die vierzig Jahre für sich und auf seine eigene Kosten in Kupfer gestochen hat.   Betrachtet man diese Werke, so wird man alle andre fleißig und künstlich gearbeitete Kupferstiche
von vielen Ländern, in Absicht auf die Manier unsers Jacob Frey, mit einer ausnehmenden Trockenheit verwandt finden.

Wie gieng aber Frey dabey zu Werke? Mit
sehr geschickten, gelehrten, vernünftigen Augen
und Händen.   Er war niemals allein. Ich traf
ihn jederzeit in Gesellschaft eines andern großen
Meisters an, den er hochschätzte.   Audrans
Kupferstiche hiengen vor seinen Augen an der
Wand, damit er, wie ich von ihm oft gehört
habe, den Gang, den Zug und den Schwung
seines Grabstichels bemerken, seine Gedanken
munter erhalten, und seine Hand ermahnen könnte,
welchen Weg sie nehmen sollte, wenn sie zuweilen
an etwas zu zweifeln anfienge, ohne sich an den
Audran zu binden; ja er war sogar bemüht, ihn
noch zu übertreffen.   Er und andre dienten ihm
nicht zu Wegweisern, sondern nur zu Lichthaltern,
denen er nach Belieben folgte.   Der heilige Romualdus vom Andreas Secchi, den er selbst gestochen hatte, war sein Lieblingsblatt, welches er
wegen der vielen weißen Kleider stets vor Augen
hatte, woraus man also sehen kann, daß ihm seine
eigene Arbeit vielmal zum Muster dienen mußte.

Ein Wink erweckt vielerley Gedanken. Dadurch lernt auch der Anfänger und Schüler den

Grab-

Grabstichel, die Reißnadel und die Feder zu leiten, damit alle Striche und Linien ohne Verwirrung fortfließen, und alle ⬤ben dem Zuschauer hohe und schwache Lichter, starke und gelinde Schatten vor Augen bringen.

§. 4.

Dem witzigen, geschickten und ämsigen jungen Kupferstecher zum Nutzen will ich doch einen Kupferstich zergliedern, auflösen, auseinander setzen und linienweis erklären, damit er wahrnehme, wie in einem Blatt auf sechzigerley Manieren zu stechen sind, und die sich nach allen Gegenständen auch ändern können. Ich nehme zum Beyspiel einen solchen, der mir unter viel tausend andern der vortrefflichste zu seyn scheint. Es ist nur Schade, daß desselben Abdrücke unter die größesten Seltenheiten gehören, und wenn man sie ja findet, dieselben nicht anders, als um beträchtliche Summen erlanget werden können.

Antonius Masson, der bereits vor hundert Jahren einer der vornehmsten Kupferstecher in der ganzen Welt gewesen, und dem noch bis heute kein Künstler nahe kommt, soll hier mein Gegenstand seyn. Man denke auch davon, was man wolle, so sage ich noch einmal, daß man keinen finden wird, der ihm an die Seite zu setzen wäre, es müßte denn seyn, daß diejenigen, welche ihm heute nacheifern, sich einbilden, als wenn sie seine Kunst erreichet hätten.

Die

* Dieser unvergleichliche Kupferstecher war der
erste, welcher den Gemälden, die er nachahmte,
die ihnen gebührende Ehre noch mehr vergrößerte.
Sehr viele große Minister wurden durch seinen
Grabstichel verewiget. Unter der großen Anzahl
seiner Portraite sind Denis Marin, den er im *
Jahr 1672 gestochen hat; ein ungenannter Prälat
im Jahr 1673; Curäus Medicus im Jahr 1686;
Colbert, General Controlleur des Königs Ludewig XIV. Masson selbst im 66sten Jahre seines
Alters, als königlicher Kupferstecher. Ich übergehe den Cardinal Richelieu, den Turenne, Ven-
dome, Du Puy, die Dauphine Victoire aus
Bayern, und viele andre; behalte mir aber vor,
von Carl Patin in der Folge zu reden, weil ich
sein Portrait vor Augen habe. Ich schreite also
zu meinem Endzweck:

Antonius Masson war für das Gemälde,
welches das Abendmahl zu Emmaus vorstellt,
so heftig eingenommen, daß er es in Kupfer zu
stechen anfieng, und die Macht des Grabstichels
so hoch trieb, daß ein Abdruck von seiner Platte,
ohne die Sache zu übertreiben, beynahe so hoch,
als das Urbild selbst geschätzt werden kann. Dieses Stück von der Hand des unsterblichen Titians
befindet sich zu Versailles in dem so genannten
Saal des Merkurius, 5 Schuhe hoch, und 7
Schuhe lang. Der Abdruck der Kupferplatte
aber hat nach der Höhe beynahe 16, und nach der
Länge 22 Zoll. Die Italiäner nennen diesen

R 4 Kupfer-

Kupferstich gemeiniglich nur Il quadro della Tovaglia, oder das Tischtuchbild, wie wir bald sehen werden. Eines von diesen papiernen Blättern ist in Holland vor 50 Thaler, zu Rom aber in meiner Gegenwart vor 40 Ducaten bezahlt worden. Die Kunst des Grabstichels ist darinn unschätzbar, und es ist meine Schuld nicht, wenn viele Augen nicht mehr darinn gewahr werden, als in mittelmäßigen Kupferstichen. Die Macht der Augen der Beobachter ist so unterschieden, als die Angesichter.

Wenn ich nun anfange, dieses Kunststück den Schülern vor Augen zu legen, wie ich es denn selbst mit ausnehmenden Vergnügen vor mir habe; so reizen mich verschiedene Ursachen, desselben Zergliederung und Auseinandersetzung vom Grunde, das ist von unten auf zu erklären, davon ich aber nicht die Zeichnung und Anlage des Urbildes, sondern die bloße Art und Arbeit des Grabstichels nach Möglichkeit begreiflich zu machen gedenke.

Der Boden des Saales, worinn das Abendmahl gehalten wird, ist durch keine andre als durch liegende oder Horizontallinien, ohne Kreuzstriche, so gerade fort schrafirt, daß man durchaus grobe und feine Züge, dann verschiedene perspectivisch angebrachte viereckigte Bodenplatten und zerstreute Halbschatten, an allen zusammen aber einen saubern, nicht allzudunkeln hölzernen netten flachen Boden sieht.

Auf-

Auf diesem Boden stehn 4 grobe viereckigte hölzerne Tischfüsse, wie Pfosten, die vom Boden auf schief unter dem Teppich hinauf gehn, und durch gerade, gleichlaufende dicke Linien ausgedruckt sind, linker Hand aber durch eine feinere, weitere und gerade parallele Schrafirung ein wenig hell erscheinen.

Hinter dem linken Fuß und den bis auf den Boden herabhangenden Eckfalten des Teppiches lauret eine weiß- und schwarzsprenklichte Katze hervor, deren Balg so gestochen ist, wie man die Haare an einer solchen lebendigen Mausfeindinn täglich sehen kann. Jeder kurzer spitziger Strich macht ein Haar, und sehr enge gezogene und nicht gekreuzte Haare machen die schwarzen Streifen des Balges, weiter schrafirte aber die weißen. Alle zusammen laufen nach der Beschaffenheit des Balges und seiner Falten. Der Bart zeigt jedes spitziges Haar erhaben mit Licht und Schatten. Das Thier scheint natürlich und lebendig zu maugsen. Gegen diesen Feind setzt sich ein weißer wohlgestalteter und mit einem Knochen beschäfftigter kleiner arabischer Hund, der ein wenig größer als die Katze ist. Er steht im Schatten, daß man nur seine Stirne, und die vordern Pfoten auf dem Bein vest stehen und schneeweiß sieht. Das ganze Thier ist am Leib und am Schweife bis an die Klauen durchaus zottricht. Wie nun dieses unvergleichliche Thier durch den Grabstichel geschildert worden sey, ist so schwer zu beschreiben,

R 5   als

als es nachzustechen ist. Der ganze Leib ist sehr
fein, kraus, haarig und sträubig. Kein einziges
Haar lauft mit einem andern gleich weit, alle
sind gekrümmt, lang und kurz, jedes anders gewendet, alle contrastiren untereinander, und ein jedes
hat sein eigenes Licht und Schatten; alle schwingen
sich so durch einander, wie man sie an einem Me-
litenserhündchen aus Dalmatien sehen kann. Jedes Haar hat eine andre Lage, eine andre Krümme, einen andern Schwung, und alle zusammen
lassen dem Thier seine vollkommene Gestalt. Es
blökt die Zähne und schnarcht. Man weis nicht,
soll man Massons Hand, den Grabstichel, oder
den Hund bewundern, den man lebendig und zum
Angriffe bereit zu sehn vermeynt. Tief unter
dem Tische hinter den zwey Thieren sieht man die
Füsse der am Tisch sitzenden Personen, nebst einigen herabhangenden Falten ihrer Kleider, welche
durch starke, dabey aber zarte Schrafirung sehr
dunkel erscheinen. Den ganzen Auftritt unter dem
Tisch und Teppich, ob er gleich im Schatten ist,
sieht man so deutlich, daß jedes geringste Wesen
ohne die mindeste Verwirrung, jede Linie, jeder
Strich ohne einige Ungewißheit, ohne irgend einem ängstlichen Zug oder Schwunge deutlich erkannt wird. Dieser ganze dunkle und tiefe
Raum unter dem Tisch ist ein Auftritt, welcher
mehr Kunst in sich hält, als manche mühsame
Kupferstiche von großen Meistern. Jeder Ein-
schnitt des Stichels erscheinet insonderheit, und
. . . . macht

macht mit den übrigen eine vollkommene Verbindung, Einigkeit und Harmonie.

Ein perſiſcher Teppich hängt über den Tiſch bis an den Schweif des Hundes, welcher mit vielen langen und auf mannichfaltige Art gekrümmten Haaren ſich ſchneeweiß in die Höhe unter dem Teppich empor ſchwingt. Der Teppich zeigt an ſich nichts anders, als was man an dergleichen Arbeit in der Natur ſieht. Maſſon hat ſeinen Grabſtichel dasjenige von Faden zu Faden, von Farbe zu Farbe, von Gewirke zu Gewirk arbeiten laſſen, was die Teppichmacher in Perſien zu leiſten pflegen. Alle Farben ſchimmern gewürfelt, bunt und ſprenklicht hervor. Man ſieht hier keine Linien oder Striche; alles iſt nach dem Eigenſinn der mühſamen Perſier geſtochen. Aus der ſchwarzen und weißen Farbe ſcheinen die rothen, gelben, grünen, blauen und andern ſo natürlich heraus, daß man alles für ein Zauberwerk anſieht. Die Lichter und Schatten der breiten und weiten Biegungen des Teppichs ſind vollkommen ausgedruckt; ſehr zarte, feine geflammte Züge über alle runde, ſpitzige, viereckichte, helle und dunkle Figuren machen dieſe Wirkung.

Die großen an der Tiſchecke bis auf den Boden, über die Katze herabhangenden ſchönen Falten des Teppichs verherrlichen hier die ganze Anlage noch weiter durch zerſtreute lange Franzen, welche ſehr ſchatticht nach jedem ſeidenen und wollenen Faden geſchlängelt, enge an einander ohne

Ver-

Verwirrung in Kupfer gegraben sind. Dergleichen Arbeit wird man in Millionen von Kupferstichen der größesten Meister nicht antreffen.

Wie vielerley Arten des Grabstichels haben wir
nicht bereits schon in diesem kleinen Raum gesehen?
Titians Pinsel war dem Masson allzu schätzbar,
als daß er nicht so eine unbeschreibliche Mühe
hätte daran wenden wollen. Sein Grabstichel
allein ist hier nur unser Augenmerk, und Titian
selbst würde dabey erstaunen.

Man erlaube mir, daß ich nunmehro das
berühmte Tischtuch betrachte, von welchem dieser
Kupferstich unter den Kennern den Namen hat.
Der viereckichte, lange, ganz gemeine, schwere
Tisch ist im Kupferstiche beynahe 15 Zoll lang;
die Breite verliert sich perspectivisch in die Tiefe
des Bildes, und wird nur einen Zoll breit. Dieser Tisch erscheint mit einem einzigen ganzen
Tischtuche bedeckt, welches auf allen Seiten über
den Teppich solchergestalt herabhängt, daß er unten ziemlich breit noch hervor scheint.

Man stelle sich nur das feinste kaiserliche
Tischzeug oder sogenannten leinen Damast vor,
welchem allerhand viereckigte mit Rosen und andern Verzierungen angefüllte Sachen eingewebt
sind. Wenn der Tafeldecker das Tischtuch neu-
gewaschen aus einander legt, und es ordentlich
über den Tisch und Teppich breitet; so sieht man
desselben ganze eingewebte Pracht und Kostbarkeit,

keit, hauptsächlich aber alle Falten, die ihm durch
das gewöhnliche Zusammenlegen und Pressen
eingedruckt worden, und welche dasselbe durch seine Lage und durch den Abhang bekömmt. Wie
nun ein solches Tischtuch da liegt, auf solche
Weise, und um kein Haar anders, sieht man das
Tischtuch unsers Massons so natürlich und einfältig dort ausgebreitet, daß jedes Auge der Zuschauer in der That betrogen wird. Nicht ungeschickte Freunde befanden sich bey mir, denen ich
unter andern Sachen auch meinen Masson vor-
legte, da ich mich unterdessen nach etwas anders
umsah. Einer unter ihnen sagte bey Erblickung
dieses Kupferstiches: Sie tragen für ihre Seften-
heiten sehr wenig Sorge! das Blatt ist ja voller
Falten! Ich erschrack und eilte mit großer Begierde den Schaden zu sehen, worauf er mir die
Falten des Tischtuchs zeigte. Gut! sagte ich,
es kömmt ein Glas darüber, so ist der Schade ge-
heilt. Man lachte, und erstaunte über die Arbeit. Hier sucht man den Grabstichel und die
Reißnadel vergebens. Alles ist ein schneeweis-
ses Gewebe, ein Tischtuch mit allen seinen Falten,
Schatten, Lichtern, dunkeln und hellen Zierathen. Alles ist so fein, daß man in einer kleinen
Entfernung nichts, als weisses Papier und den
Schatten der Falten wahrnimmt; ganz nahe hingegen, so zu sagen, fast jeden Punkt, Faden,
Strich und Umriße unzähliger Sachen und des
Gewebes im ganzen Tischtuche zählen kann, und
nicht begreift, wie die Schatten der geklemmten

Bie-

Biegungen und Falten darein gebracht worden,
welche doch wirklich aus eingegrabenen, feinen,
geraden und krummen Linien bestehn, die man
aber einzeln schwer, besser aber zusammen sehen
kann. Auf dem vordern Rand oder Ecke des
Tisches scheinet an verschiedenen Orten das bloße
Papier hervor, und macht das höchste Licht des
Tischtuches, welches die Oberfläche des Tisches
hinein rückt, und das Hangende von der obern
Fläche unterscheidet. Es ist aber ausser allen
diesen Schönheiten noch sehr vieles vorhanden,
was uns dieses Blatt zum wunderbaren Vergnügen darstellt.

§. 5.

Auf dem Tische sieht man eine runde gläser-
ne Flasche mit einem langen geschlungenen Halse
halb voll von rothem Wein, an welcher größe und
verschiedene Theile nach der Form des Bauches
und des Halses blinken, das übrige aber alles
nach dem Schwunge des gewundenen und verdreh-
ten Halses mit krummen, lichten und sehr dicken
Linien gestochen ist.

Ferner sieht man auch drey Kelchgläser, wovon eines wie Crystall von stark erhabener Arbeit
geschnitten, die andern aber glatt, und durch ihre
starken Schatten und höchsten Lichter Glas vorstellen. Die Schatten bestehen in starken nach
der Rundung laufenden Strichen, die seitwärts
sich in einer starken geraden Helle verlieren, welche

che die Durchsichtigkeit und die Wiederscheine des Glases bewirket, und das Auge täuschet. Mitten auf dem Tische steht eine Schüssel mit einem runden Fußgestell voll Kräuter von allerhand Gattungen, welches alles nach seinen Formen durch den Stichel gezeichnet ist. Seitwärts steht ein weißes rundes Salzgefäße auf kleinen Kugeln, mit ein wenig geschlängelter feiner Schrafirung. Man sieht auch hin und wieder einige ausgestreute Blümchen wie Narcissen, Hyacinthen und dergleichen, und eine zusammengelegte Serviette mit Franzen, wie das Tischtuch gewebt; statt der Messer liegen zwey gespitzte lange Eisen neben den runden weißen Tellern. Das ganze Geräth steht überhaupt in einer so wahren natürlichen Gestalt da herum, daß man nirgends einen andern Strich erblickt, als in Absicht auf die Gläser sehr breite, abwärts spitzige, mit feinen sich kreuzenden untermengten Lichtern, Schatten und scharfen hohen Schimmer eines wirklich vest gesetzten Glanzes. Alles blinket an den Gläsern. Die runden aufgesprungenen zwo weißen Semmeln sind nach ihren Brüchen und Falten der Rinden gestochen, als wenn sie erhaben und modellirt wären. Man nimmt wenig Arbeit des Grabstichels wahr, wenn man Züge, Striche und Linien sucht; nichts ist vorhanden, als die natürlichen runden Formen der Sachen. Der untere Theil der Flasche läßt allerdings nichts als rothen Wein durchsehen, das Glas aber ist durch allerhand finstere, sehr enge schrafirte, feine und krumme Linien,

nien, mit untermengten schwarzen Flecken von
mannichfaltigen Formen angezeigt, wie sie ein
scharfsichtiges Auge in der Natur selbst wahrneh=
men kann.

Rechter Hand an der Ecke des Vorgrundes
nimmt sich ein hölzerner Stuhl vortrefflich aus.
Er besteht aus viereckigten, pfostenänlichen Fü=
ßen, und einem nußbaunienen Brete; jene sind
durch senkrechte, starke, Parallellinien gestochen;
das Blatt zum Sitzen aber zeigt an einigen Or=
ten durch starke, gerade Horizontallinien einigen
Glanz, wie man solchen auf braunen wohlgehobel=
ten Holze wahrnimmt.

Ein Jünger, der eben von diesem Stuhl
aufsteht, sich daran mit dem Schenkel noch an=
lehnt, mit aufgehobenen Händen zu beten sich ein
wenig über den Tisch neigt, und den Herrn an=
sieht, treibt das weiße Tischtuch und die übrigen
Hauptgegenstände natürlich tiefer in das Gemälde
hinein.

Auf der ersten Grundlinie sieht man seinen
linken Fuß halb auf den Zehen ruhen, den rech=
ten aber vest stehn. Die Schuhe sind nach ge=
meiner Art schwarz, durch starke kreuzweis schra=
firte, und nach der Form des Fußes laufende Züge
angedeutet. Der Strumpf erscheint bis an das
lange Kleid schneeweiß, voller unrichtiger Falten,
nach welchen sich die feinen Striche des Gräbsti=
chels nach allen Seiten herum wenden, kleine und
große

große Biegungen
schatten machen, d
aber durchaus tr

Das Kleid tr
eine braune Kun
bernen Gürtel um
Grabstichel h
sig ausgedruck
grobes Gema
und Gang des S
Seiten, wie es
tiefungen, Sch
bleiben auch m
alle andre Linien,
gehn. Sie i
daß man durch
müssen alle
webe des
großen und
ganzen linken
Kutte bis unten

Der lehrer
ihrer länge se
welche durch
kreuzt werden

An dem S
Ringe an
eiserner Sch
grade und m

große Biegungen mit hohen Lichtern und Halbschatten machen, die weiße Farbe des Strumpfes
aber durchaus beybehalten.

Das Kleid dieses Jüngers ist so lang, wie
eine braune Kutte, welche durch einen schwarzle-
dernen Gürtel um den Leib vest gebunden ist. Der
Grabstichel hat das Tuch dieses Gewandes so fleis-
sig ausgedruckt, daß man es für ein braunes sehr
gröbes Gewebe ansieht. Der Zug, Schwung
und Gang des Stichels wendet sich nach allen
Seiten, wie es die Biegungen, Falten, Vertiefungen, Schatten und Lichter erfordern. Sie
bleiben auch meistens in einem Parallellauf, wie
alle andre Linien, die durchaus über das Kreuz
gehn. Sie sind alle dermaßen fein und stark,
daß man durch sehr kleine Vierecke das Papier,
mithin aller Orten das gröbe, jedoch weiche Gewebe des Tuches, und die Menge von schweren,
großen und kleinen Falten am obern Leibe, an dem
ganzen linken Arm bis an die Hand, und an der
Kutte bis unter die Waden wahrnehmen kann.

Der lederne Gürtel besteht in groben nach
ihrer Länge sehr gedränge laufenden Parallellinien,
welche durch dicke gerade Striche senkrecht durch-
kreuzt werden.

An dem Gürtel sind einige silberne breite
Ringe anstatt der Knöpfe; neben diesen hängt ein
eiserner Schlüssel, welcher durch nicht allzu dicke,
gerade und enge Linien, und ein stark blinkendes

Licht

Licht seine Materie zu erkennen giebt. Neben
dem Schlüssel hangen zehen angefaßte Kugeln,
welche von oben herab immer größer sind. Der
Grabstichel hat sie durch sehr enge schneckenför-
mige Linien und einem Mittelpunkt in starkem
Licht verfertiget.

Hier muß ich eine kleine Ausschweifung machen, und unsern Titian zu vertheidigen suchen.
Die Tadelsucht hat sich zwar viel Mühe gegeben,
an diesem Gemälde ihren Muth zu kühlen; allein
vergebens. Besonders suchte sie an diesen Kugeln, als sie dieselben erblickte, sich zu belusti-
gen, indem sie in folgende Worte ausbrach:
Nun kann man doch sehen, daß Titian das Co-
stüme oder Uebliche nicht verstanden hat; wer
wird es wohl glauben, daß ein Jünger zu Emmaus ein Chapelet, einen Rosenkranz, Betkoral-
len, oder einen Zehner gebraucht habe? Das ist
ein unverzeihlicher Acronismus, ein ungeheures
Vergehen wider die Zeitrechnung.

Diesem rauschenden Kenner der Geschichte
muß man den Beyfall nicht versagen, wenn die
Kugeln das sind, wovor er sie ausgiebt. Wer
hat ihm aber gesagt, daß diese Kugeln zum Pater noster beten gehören? Woher weis er, daß
diese Kugeln erst in spätern Zeiten bekannt geworden sind? Ich habe mehr als tausend Türken gesehen, welche an solchen angereiheten Korallen,
die sie an dem Gürtel tragen, den ganzen Tag
entweder zählen, tändeln, sich etwas merken, rechnen

nen oder beten.   Sind sie andächtig, so sagen sie
bey jeder Kugel: Ala! Gott! und beschäfftigen
die müßigen Finger.   In Arabien zählte man
alles nur durch zehen Zahlen, und noch heute
sind unter den Russen zu ihren Rechnungen nichts
als angereihete Kugeln gebräuchlich.   In Sy-
rien kann vielleicht die Gewohnheit auch im
Schwange gewesen seyn.   Mahomet, oder seine
Türken, haben diese Gewohnheit gewiß nicht von
den Christen entlehnt, unter welchen sie sehr spät
angefangen hat.   Weil aber Titian durch diesen Jünger den Pabst Adrian VI hat vorstellen
wollen, und die übrigen drey Personen auch in
Bildnissen vorhanden sind, wie wir bald vernehmen werden; so hat man sich nicht zu verwundern, daß er im Sinne gehabt habe, dieser Figur einige Zeichen der päbstlichen Würde beyzufügen, nämlich einen Schlüssel des heiligen Petrus, und etwas, das die Andacht anzeigen könnte.
Titian hatte nicht Ursache, sich deswegen Sorge
zu machen, ob ein Aristarch diese Merkmaale tadelte oder nicht, welche dem Gemälde weder an
der Kunst, noch an dem Werth nachtheilig sind.

Nach dieser kurzen Einschaltung kehre ich zum
Gewand dieses Jüngers wieder zurück, und sage,
daß er über die Achsel und über den Rücken einen
zusammengeschlagenen rothen tuchenen Mantel
hat, von welchem ein Theil dem Jünger über die
Brust innerhalb dem linken Arm am vordern
Theil des Tischtuchs weit über den Teppich, als

ein

ein gefalteter langer Streif herunter hängt, und
zwischen dem braunen Kleide sowohl als dem
schneeweißen Tischtuch eine angenehme Mittelfarbe und einen unkünstlerischen Contrast macht,
und dieses um so mehr, weil zwischen der Kutte
und dem Mantel noch ein Raum vom weißen
Tischtuch hervor blickt, und das braune wie das
rothe noch mehr erhebt.

Der Grabstichel hat an diesem Mantel nur
der Anlage der natürlichen ungezwungenen Titianischen Falten nachgehn dürfen; daher sieht man
auch nur mittelmäßig starke, und nicht weit von
einander, meistens aber parallellaufende, ge-
schlängelte und flammenartige, freye, deutliche Linien, welche durch ihre Entfernung von einander
das Licht, und die rothe Farbe, durch ihre Zusam-
menrückung aber die Schatten und Vertiefungen
der schönen großen Falten ausmachen, zugleich
aber ohne die geringsten Kreuzstriche durch bloße
Krümmung und Wendungen den ganzen Mantel
in seiner schönen rothen Farbe ausdrucken.

Mitten auf dem rothen Mantel und Rücken
des Jüngers ruhet ein gemeiner runder schwarzer
Hut mit abgelassenen Krempen. Die Rundung
dieser Krempen ist sowohl als wie der Hut aller
Orten verborgen, dicke und enge laufende Linien
des Stichels gehn seiner Forme nach, welche durch
gedrängte Kreuzlinien die Schwärze ausdrucken,
und, je mehr sie sich einander nahe kommen, die
Biegungen des Huts erheben und ihn in seiner
wahren Form darstellen.

Dieser

Dieser Jünger, den ich vielleicht nicht irrig für den Emmaus halte, wie ihn der heilige Ambrosius genennet hat, ist so rund erhaben, und in einem so schönen Ansehen, daß diese Figur allein den Ruhm des größesten Kunststückes verdienet. Ob sie gleich ein wenig gebückt da steht, so ist sie dennoch beynahe 11 Zolle hoch.

Seine zum Bitten oder Beten zusammengefaltene Hände, und sein andächtiges und demüthiges Angesicht zeigt etwas, dergleichen man in keinem Kupferstiche in der ganzen Welt sehen wird, oder jemals wahrgenommen hat. Der Grabstichel hat nichts, als das Gewebe der menschlichen Haut, ihrer Falten und Runzeln zu seiner Richtschnur gehabt. An den Händen, und sonderlich an den Fingern hat er sich nur nach denen Faden der Haut, nach ihrer Rundung und nach ihren sichtbaren natürlichen Zügen und Falten so gerichtet, daß alles lebhaft erscheint, wie die Natur es den Augen vorzustellen pflegt. Die Nägel an den Fingern zeigen sich durch enge, feine und gerade Linien.

Der ganze Kopf ist rund und erhaben, die Haare bis auf die Haut abgeschnitten, durch den Stichel aber dermaaßen gestochen, daß man keinen Kupferstich, sondern natürliche Haare zu sehen vermeynt; Licht und Schatten und das Helle und Dunkle herrschet nicht nur am ganzen Kopfe, sondern auch an unzähligen einzelnen stumpfen Haaren. Alles trägt darzu bey, die Erhaben-

S 3

heit

heit und das Leben zu bewirken.   Das Ohr ist
ovalrund, abgesondert, und nur durch seine scharfe
in- und auswendigen natürlichen Umriffe hingezeichnet.

Aus dieser Beschreibung kann man also sehen,
wie vielerley Arten, den Grabstichel zu führen,
in diesem Bilde angewendet worden.   Ein andrer Kupferstecher, als Masson, würde alles mit
einerley Manier, und noch vielleicht mit großer
Angst hingestochen haben, dahingegen Massons
Arbeit leicht, frey, deutlich, dreuste, schön und ungekünstelt erscheint.   Wer dieses Kunststück des
Massons nicht zu bewundern im Stande ist, der
zeigt eine große Schwäche, und beraubet sich der
Hoffnung, jemals in die Reihe der besten Kupferstecher und Kenner gesetzt zu werden.

§. 6.

Nunmehro will ich mich weiter in das Bild
hinein wagen.   Mitten am Tisch sitzt Christus,
welcher das Brod schon gebrochen hält.   Die
überaus ruhige, liebreiche und sanfte Gesichtsbildung des Erlösers scheint den Grabstichel unsers
Massons in Ehrfurcht gesetzt und verhindert zu
haben, seine Zaubermacht, wie im Angesicht des
Jüngers Emmaus, anzuwenden.   Man nimmt
darinn nichts wahr, als sehr feine und unge-
kreuzte Linien über die Stirne und über die Wangen, wo sie nach den Höhen auf- oder ablaufen,
gegen die zurückweichenden Theile und Rundungen
aber durch Kreuzlinien die Schatten ausdrücken.

Die

Die stillen und holden Augen, die ungekünstelte hohe und gerade Nase, der sanftmüthige geschloßne kleine Mund, der glatte Bart unter der Nase, desselben Krause aber um den Hals zeigen die Kunst des Stichels so stark, wie anderwärts. Jedes Haar des Bartes hat wiederum in seiner Sträubigkeit und leichten Wallung das eigene Licht und das Dunkle, also, daß die braune Farbe sich deutlich zu erkennen giebt.

Die Haupthaare über der Stirne und von der Scheitel bis auf die Achseln hängen flammenförmig und fließend herab, und sind am Ende auf der Achsel herum, sehr kraus und voller Locken, wie man dergleichen dunkelbraune Haare an natürlichen Köpfen sehen kann. Man sollte kaum glauben, daß eine Menschenhand dergleichen Locken durch Kunst zuwege bringen könnte. Aller Orten sieht man Licht und Schatten eines jeden Haares, welche die oberste Rundung der Locken ausmachen. Der Stichel hat also da nichts, als was ein Haar in der Natur ist, in das Kupfer geschnitten.

Am Hals erscheinet ein Streifen vom schneeweißen Hemde, welches durch das rothe Kleid geschlossen wird. Der Rock oder die Kleidung des Herrn ist roth, und der ihm über den Arm hangende Mantel blau. Das Kleid bis unter die Gürtel und an die rechte Hand hat der Grabstichel mit einer verwunderungswürdigen leichten, reinen und gleichen Manier ohne die geringste

S 4 Kreuz-

Kreuzlinie verfertiget: "Alle Schrafirungen laufen sehr fein geflammt, parallel und nach denen
vielfältigen Höhen, Flächen und Vertiefungen
der Falten ihren Weg so ruhig fort, daß die Biegungen, Lichter und Schatten entweder durch
enger oder weiter gezogene Linien formirt werden.
Man wird weder auf der ganzen Brust, noch auf
dem Aermel des rechten Armes und auf allen Falten sowohl im Hellen als im Dunkeln einen Kreuz-
strich gewahr. Alle übrigen Linien aber sind fein,
und zeigen gleichsam die rothe Farbe an.

Die linke Hand auf dem Tische hält das schon
gebrochene Brod, daß man nur davon drey Finger sehen kann. Denn der Arm geht in Verkürzung
und perspectivisch in das Gemälde hinein, mithin
verdeckt die Semmel die ganze übrige Hand, und
ist von dem rothen Aermel rückwärts umrungen,
welcher von gleichen Schrafirungen gestochen
erscheint.

Dieser linke Arm ist von der Hand und einem kleinen Theil des Aermels mit dem blauen
Mantel bedeckt, welcher von der Achsel an in
verschiedenen Falten herab und gegen die Brust
liegt. Die Arbeit des Grabstichels in diesem
Mantel unterscheidet sich von der Arbeit des rothen
Kleides. Sie besteht nämlich in geflammten,
jedoch starken, bald engen bald weiten, auch sel-
nen ungekreuzten Linien, und lässet sowohl die tie-
festen und dunkelsten Falten als den engen und
groben Gang des Eisens deutlich sehen. Der
rechte

rechte Arm erscheinet mit erhabener Hand ganz auf den Tisch gelehnt, so, daß die zween kürzesten Finger abwärts gebogen, die zween andern nebst dem Daumen ein wenig aufwärts geneigt, und so erscheinen, wie man den Segen zu geben pflegt. Hier ist der Stichel wiederum nach dem Gewebe der Haut geleitet worden. An dem Gelenke der Hand scheint ein wenig das Hembe hervor, der ganze Aermel ist mit dem übrigen rothen Kleide ohne Nath, und aus einem Stücke von feinem rothen weichen Stoff gemacht.

Ich habe vergessen, dem Leser zu sagen, daß dieser Kupferstich nicht verkehrt, sondern dem Urbilde des Titians änlich ist; daher sich jede Handlung wie das Gemälde ausdrückt.

Hinter dem Haupte des Erlösers, und tief im Bilde steht eine sehr dicke Colonne von dunkelm Marmor, welche dem halben Haupt zum Grunde dient, und verursachet, daß einige feine Stralen, welche aus den Haaren des Herrn gleichsam herausblitzen, desto sichtbarer sind.

Die Colonne besteht in einer unbeschreiblich mühsamen engen und krummen Schrafirung, welche die Dunkelheit ohne Schwärze, die Rundung und Farben natürlich anzeigt. Der Zug des Grabeisens geht schräge und schief abwärts durch enge, gleichsam geflammte mannichfaltige Kreuzlinien, welche unendlich viele dunkle Flecken des Marmors und der Rundung darstellen.

S 5   Eine

Eine dritte Person steht hinter dem Tische
und dem rechten Arm des Erlösers, welche allem
Ansehn nach, den geschäfftigen Gastwirth zu Emmaus vorstellt. Diese Figur ist wiederum ein
verwunderungswürdiges Meisterstück des massonischen Griffels. Dieser Mann steht mit einer
sehr nachläßig aufgesetzten rothen Mütze da; die
Aermel des weißen Hembdes sind bis über die Ellenbogen aufgewickelt; der ganze Leib vom Halse
bis unter den Gürtel ist mit einem schwärzlichten
engen Wammes ohne Aermel bedeckt; dieser
Wirth sieht den rechter Hand sitzenden andern
Jünger Cleophas sehr aufmerksam an, steckt die
zween Daumen in den lednern Gürtel, und eine
Falte der rothen sehr hellen Schlafmütze hängt
ihm über das rechte Ohr bis auf die Achsel herunter. Der Grabstichel hat sie durch wenige feine
gekreuzte Striche, und vielfältige kleine und große
Falten und Wiederscheine recht natürlich ausgedrückt. Das Angesicht läßt wiederum das ganze
Gewebe der Haut wahrnehmen: Alle Runzeln
und Falten der Stirne, das Ohr, das unbärtige
Kinn, alles ist nach der Anlage der natürlichen
Haut durch feine, krumme und hin und wieder
gerade Kreuzstriche gemacht.

Das schwärzlichte Brusttuch besteht bloß in
solchen Schrafirungen, welche beynahe ins Kohlschwarze fallen, und abwärts nach dem Bauche
gekrümmt, leichte, sehr enge gekreuzt und unver-
worren sind. Vom Halse bis an den Gürtel ist
das

das Wammes so weit offen, daß man das Hemde sehen kann, welches unter der Brust durch einige weiße schmale Bändchen zurück hinein gebunden ist.

Beyde bis über die Ellenbogen aufgewickelte Hemdeärmel zeigen die feinste vielfältige Mühe des Grabstichels; und ob man gleich nirgends keine Kreuzlinie sieht, so ist alles dennoch voll unzähliger, tiefen, seichten, hellen und dunkeln Falten, ohne die schneeweiße Farbe zu beleidigen. Die Schrafirlinien laufen in unendlich viele Krümmungen und Wege, bald enge, bald weit, fein, grob, wie die Falten der Leinwand dieselben anzeigen.

Die Arme, wovon der linke im starken Schatten ist, der rechte aber ein wenig Licht hat, sind den Armen eines starken, durch die Arbeit abgehärteten Mannes gleich, und eine sehr leichte Schrafirung aller Art zeigt alle Sennen, Adern und Muskeln.

Diese schwarze Figur würde sehr weit hervor bringen, wenn nicht der rechte Arm, und die weissen Aermel, die linke zufälliger Weise dort auf dem Tisch im Schatten liegende Hand des andern Jüngers, wovon wir gleich reden werden, dann zwey Gläser auf dem Tisch, wovon oben Meldung geschehen, die ganze Figur dieses Hauswirthes so natürlich zurück und in die Tiefe des Bildes trieben, daß wahre Kenner das Geheimniß

niß dieses Zurückweichens fast nicht begreifen können, mithin darüber sich verwundern müssen;
unmalerischer Beobachter hingegen nicht verstehen, wie es zugehe, daß diese große schwarze
Masse so sehr zurück weiche.

Diese Person hat Titian dem Beichtvater
des Kaisers Carls des V ánlich gemacht.

An der rechten Seite dieser stehenden Figur
sitzt der andre Jünger Cleophas am Tische, auf
welchen er den ganzen rechten Arm mit aufgeho-
bener Hand hinlegt, gleichsam, als wenn er in einem ernsthaften Gespräche begriffen wäre. Hier
ist Massons Stahl ungemein geschäfftig gewesen; denn das Angesicht ist durch die bereits gewöhnliche Kunst majestätisch ausgedruckt, und das
Auge im Profil ernsthaft nach dem Angesicht des
Erlösers gerichtet. Der ganze Kopf steht im
Profil mit straubigen Haaren so dicke umrungen,
daß sie von der Stirne an bis an den Nacken gleichsam eine dicke, runde, braune und lockichte Perücke vorstellen. Die Haare sind wiederum ganz
nach Massonischer Art, mit Licht und Schatten,
die Locken mit ihrer Rundung und Vertiefung
mit der braunen Farbe so erstaunlich vervielfältiget, daß kein Punkt mit einem andern eine Gleichheit sehen läßt, und dennoch alles leicht, natürlich, ohne Verwirrung, erhaben, rund, geschne-
ckelt, geflammt und der unkünstlerischen Natur
selbst ánlich ist. Das ganze Ohr erscheint mitten in dem Haarschädel hell und erhaben, das
Ange-

Angesicht mit seiner vielfältigen leichten Schraffirung, der Bart vom Ohr bis über die Brust hinunter wiederum gestammt und kraus, daß man jedes Haar in seiner Krümme, in Licht und Schatten sehen kann.

Am bloßen Halse erblickt man einige Falten vom weißen Hemde, von welchem dann über die rechte Achsel ein leicht zusammengewundener seidener Stoff, wie eine breite Schärpe von weißen und blauen gewürfelten und gestreiften Farben sich bis unter den Tisch in wenigen Falten hinunter windet, wovon man auch, nachdem sie sich auf dem Nacken vorbey geschlungen, auf der linken Seite im Schatten einen großen Streif sieht.

Der Grabstichel hat an diesem Stoff wiederum eine ausserordentliche Arbeit vollendet, die von allen übrigen bisher beschriebenen sich gänzlich unterscheidet. Alles ist streifweis und gewürfelt nach denen langen in einander gewundenen Falten, welche im Lichte nur in sehr kurzen Zwerchstrichen bestehn, und nach dem Faden der Seiden weiße und blaue kleine Quadrate formiren.

Das ganze lange Kleid ist dunkelgrün, nach den Falten durch sehr leicht geschwungene Linien und Kreuzstriche vom Hellen bis ins Schwärze gearbeitet. Die rechte Hand, die auf dem Tische vest liegt, richtet sich vom Ballen an in die Höhe, daß die Finger auswendig in starkem Licht einge-

eingebogen, die innwendige Fläche der Hand aber
im Schatten erscheinet. Der Stichel hat sich
hier wiederum nach dem Gewebe der Haut gerichtet.

Von der rechten Achsel bis unter dieselbe ist
das Kleid aufgeschnitten, und da erscheinen wenige Biegungen vom weißen Hemde, welche den
weiten Aermel vom Kleid am Leibe zum Theil absondern. Die Arbeit im Kleide ist durchaus nach
allen Falten deutlich gekreuzt, geschwungen, die
Vertiefungen aber ohne die geringste Rauhigkeit
oder Verwirrung fast bis ins Schwarze schrafirt.

Dieser Jünger ist Cleophas, und die Abbildung des Kaisers Carls V.

Hinter dieser herrlichen Figur, am Rande
des Tisches, steht eine junge prächtige Mannsper-
son, die Speisen aufträgt.

Die Kleidung ist lichtgelb, um die Mitte des
Leibes wie durch ein Degengehäng vest gebunden,
und reichet nur bis an die Knie. An gedachtem Gürtel oder Gewehrgehänge sind verschiedene silberne Knöpfchen und andre Schlußzier-
rathen angebracht. Das lichtgelbe seidene Kleid
besteht in vielen sehr leichten Falten, welche der
Griffel durch allerhand geflammte, krumme, ge-
bogene, feine, und nirgends gekreuzte Linien ausgedruckt hat. Gleichwie aber dadurch nur die
Achseln beynahe kragenmäßig bedeckt sind, so
gehn unter desselben weiten Schlußfalten und Ab-
schnitten rothe ziemlich weite, und am Arm sehr
kraus gefaltete Aermel hervor. Vom Ellenbogen

gen bis an die Hand stellen sie eine Menge Falten dermaaßen maschenmäßig und buschigt dar,
daß der Stichel sich hier mit einer Menge scharfen Lichtern und tiefen Biegungen beschäfftigen
mußte, um die ungemeine Verwirrung in vollkommener Ordnung ohne die geringsten Kreuzstriche auszudrucken, daß alles gleichsam modellirt und so erhaben scheint, als wenn es lauter seidene, breite, bunte und melirte Bänder wären.

Auf der Fläche der linken Hand stehet eine
große, runde und tiefe, am Bauch aber verschie-
dentlich ausgebogene Schale von weisser und
blauer Farbe und Erde. Die rechte Hand hält
sie aufrecht. Die Hände sind im Schatten und
Licht so schön schrafirt, daß man ihre junge starke
Eigenschaft genau sieht. Die Schale oder der
Topf ist durch weite Hauptlinien und Zwischen-
striche so deutlich gestochen, daß man rund herum
die Vertiefungen und Höhen nebst den blinkenden
Theilen fast im Kohlschwarzen, und zugleich im
Schneeweißen wie Porcellan wahrnimmt.

Das Angesicht sieht im halben Profil auf den
Erlöser hin, und ist über die Stirne im Schatten,
sonst aber ganz hell; und durch eine sehr zarte
Schrafirung von krummen Linien ausgedrückt,
die nur auf der Stirne gekreuzt, sonst aber parallel ohne Kreuzzüge erscheinen. Die Haare sind
nicht kraus, sondern sehr kurz und etwas gekrümmt.
Der Kopf ist durch einen runden Hut mit einem
sehr schmalen Rande bedeckt, und um die Rundung

dung deſſelben laufen zuſammengewundene bunte
Bänder herum, der Kopf aber, wie der Rand
zeigen keinen ſchwarzen, ſondern ein koſtbar zu-
ſammengewebtes ſteinartiges Weſen in unzähligen Verflechtungen an.   Das rechte Ohr ſteht
erhaben im Lichte, und über demſelben ſtehen aus
dem Hutbande zwo ſchneeweiße ganze Straußenfedern in die Höhe.   Alles iſt nach der Natur, der
vorgeſtellten Materien, Stoffen und Schmü-
ckungen zart geſtochen.

Dieſe fünfte Figur iſt das Bildniß des Königs Philippus II. in Spanien.

Gedachten drey letzten Figuren dient eine
hohe unſchattichte Mauer und die zweyte Colonne
zum Grunde.   In der Mauer nimmt man verſchiedene Quaterſtücke in der feinſten flachen
Schrafirung wahr.   Man muß darinn den Grabſtichel bewundern, der ſo vielerley ſanfte Ebenen
durch ſenkrechte, enge, faſt nirgends gekreuzte
Linien, ſondern nur durch Zwiſchenarbeit auszudrücken gewußt hat.   Es ſcheint, Maſſons Abſicht ſey hier geweſen, alle Millionen der carthe-
ſiſchen Stäubchen in allen ihren Formen vor Augen
zu ſtellen.   Sie ſind ſo mannichfaltig, daß jeder
Künſtler, dem man ſie zum Nachſtechen vorzulegen
im Begriff wäre, darüber in Schrecken geſetzt
werden würde.   Sie machen durch ihre unbegreifliche Verſchiedenheit dennoch die reinſte Fläche, das feineſte Ganze, ohne die geringſte Ungleichheit, oder höckerichter Verwirrung aus.

Auf

Auf dieser Mauer geht hinter der Colonne ein Theil des kaiserlichen Wapens in einem Lorberkranze ziemlich groß und schwarz hervor. Man sieht den Kopf, den Adlerschwung, den halben Leib und viele Federn.

Auf dem obern Raum der Mauer findet man durch ämsiges und scharfsichtiges Nachsuchen folgende Buchstaben mit Licht und Schatten eingegraben: ANT. MASSON. SCVLP. Diese Innschrift macht in der Fläche so wenig Veränderung, und ein solches Ganzes mit der Mauer zusammen, daß man Mühe hat, sie wahrzunehmen.

Christus, und der anfangs beschriebene Jünger Emmaus haben eine niedere Mauer wie eine Brustwehr zum Grunde, über welche man in eine angenehme Landesgegend die Aussicht hat. Eine Landschaft zeigt sich von dem Gebäude an in eine weite Entlegenheit hinaus gestreckt. Der nächste Gegenstand davon ist ein Baum, an welchem der Stamm und die Blätter aller Orten durchsichtig, dabey aber gebüschig nach der Natur in der Entfernung gestochen sind. Von dort aus steigt eine gemächliche Anhöhe empor, hinter welcher sich ein fast unkenntliches Gesträuch sehen läßt; in einer Weite hinaus erblickt man verschiedene blaue Berge, Steinklippen und steile Felsen; noch weiter aber zerfallne Mauern und Gebäude von einer Stadt.

II. Band. T Die

Die erwähnte Anhöhe ſteigt gegen die rechte
Seite immer höher; und läßt hin und wieder einige Bäume und Gebüſche ſehen.   Berg und
Thal werden deutlich erkannt; wie aber der Stichel unſers Maſſons hier zu Werke gegangen ſey,
läßt ſich zwar anſehen, aber nicht beſchreiben.
Man ſieht Licht und Schatten, das Helle und
Dunkle in einem ſanften Zuſammenhange, nichts
rauhes, nichts ſchrofichtes und nichts verworrnes.
Hinter dieſem Berge befindet ſich eine Tiefe, aus
welcher ſich jenſeits ein Wald und eine andre Anhöhe empor hebt.   Darauf ſieht man eine Ring-
mauer und einen viereckichten Thurm; hinter dieſem prangt ein hohes viereckichtes Schloß mit einem hohen geſpitzten Dach und verſchiedenen
Fenſtern zwiſchen einem Baum und Gebüſche,
wie man ſolche Gegenſtände in großen Entfernungen zu ſehen pflegt.   Alles iſt ſehr ſchatticht,
weil die Luft mit ſchweren Wolken bedeckt iſt, aus
welchen anderwärts hin einige ſehr ſchwache Son-
nenblicke hervor ſtralen, und den ſpäten Abend
andeuten, um ſo mehr, als rechterſeits am hohen Himmel die Nacht ſich bereits wahrnehmen läßt.

Die Anlage dieſer ganzen Landſchaft iſt ſo
ſchrafirt, als wenn alles nur auf einerley Art, wie
ſchwarzer Sand hingeſtreut wäre, obſchon jedes
auch das geringſte Ding und Weſen mit einer andern beſondern Manier von Linien und Strichen,
ohne Punkte geſtochen und deutlich ausgedruckt iſt.

Ein

Ein scharffichtiges Auge eines tiefsinnigen
Kenners oder Kupferstechers kann beym Anblick
dieser Arbeit nicht unentzückt bleiben. Er wird
erstarren und an der Nachahmung verzweifeln.
Man mag sagen was man will, man mag sie untersuchen, tadeln, verachten oder loben, so hat diese
Platte ihres gleichen in der ganzen Welt nicht,
und wird sie auch schwerlich mehr finden. Ich
wünschte, daß die Kupferstecher daraus nur das
Helle, das Dunkle, das Licht, die Schatten, das
Runde, das Erhabene, die Haltung und die zierliche Zusammenfließung aller Sachen lernen möchten, welche ihre Platten mit so groben Schrafirungen anfüllen, daß alles rauch, schwarz, verworren und die ganze Fläche einem zerkratzten
Schornstein änlich scheint. Ich bin schon zufrieden, wenn die Kupferstecher nur den massonischen
Grabstichel von dem ihrigen zu unterscheiden
wissen.

§. 7.

Unter sehr vielen Arbeiten dieses unvergleichlichen Massons kann ich das Bildniß des berühmten Alterthumkenners und Leibarztes des
Königs Ludwig des Vierzehnten deswegen nicht mit
Stillschweigen übergehn, weil ich es vor Augen
habe. Dieses Stück ist nur 9½ Zoll hoch und
7½ breit, das Gesicht aber 2½ Zoll lang. Bey
der ersten ungefähren Ansicht desselben ist Masson schon verrathen. Edelink, Drevet, Will
und andre vortreffliche Künstler ihres gleichen zei-

T 2　　　　　gen

gen durch ihren geschickten Grabstichel, daß sie
vielleicht den Masson gesehn und auch studirt haben; jedoch mit oder ohne scharfe Beurtheilung
wird man schwerlich behaupten, daß ihnen Massons Stichel in die Hand geliefert worden sey.
Ich bin überzeugt, daß er noch im Staube verborgen liegt, wenn nicht Will durch seinen
Marigny denselben irgendswo entdeckt hat.

Patins Angesicht besteht in einer so erhabenen, ja fast handgreiflichen Rundung, dergleichen bisher kein Künstler erreicht hat. Die Zaubermacht unsers Massons glänzet hier in voller
Pracht.   Die Stirne, die rechte Wange, das
Kinn, die Nase, die blauen Augen anders zu
wünschen, als sie sind, wäre ein deutliches Kennzeichen einer groben Unwissenheit, oder eines eit-
len Hochmuthes.   Alles ist nach der Vertiefung
und Erhöhung der Gesichtszüge durch so feine und
fast parallel geschwungene Linien so natürlich ausgedrückt, daß man nichts, als die wahre schöne
Haut wahrnimmt.   Es läßt sich darinnen weder
etwas Gekreuztes, noch Gehacktes, oder von
Punkten wahrnehmen.   Die Augenbraunen
und der kleine Bart unter der Nase sind so hingestochen, wie die Haare sich in der Natur selbst
zeigen, und die Oeffnung des freundlichen Mundes ist ohne Schwärze sehr dunkel.   Die Schatten am Kinn und gegen die Schläfe sind durch
eben so zarte Kreuzlinien ausgedrückt.   Es ist
umsonst, wenn man einen ängstlichen Zug, eine
Ver-

Verwirrung, eine Trockenheit, und etwas Rau=
hes, oder Ungewiſſes darinnen ſuchen will.

Der ſogenannte Doctor= oder Halskragen be=
ſteht in zwo großen ſchneeweißen ins Viereck ge=
ſchnittenen Tafeln von durchſichtiger feiner Lein=
wand. Doch ſieht man von der linken kaum ei=
nen Strich, die rechte aber hängt ganz herunter,
und bedeckt zwey ſchneeweiße ſchmale Bändchen
mit weißen Quaſten, wovon jene ſchneeweiß durch
den weiſſen Zeug durchſcheinen. Dieſe Tafel iſt
durch einerley nach der Biegung ſo fein gezogenen
Parallellinien geſtochen, daß die weiſſe Farbe von
des Angeſichts ihrer ſo, wie Schnee von weißem
Fleiſch unterſchieden iſt. Dieſe Weiße leuchtet
ſo gar unter den Haaren der Perücke hervor, die
ich gleich beſchreiben werde. Die faſt unbegreif=
lich weiße Schraſirung von einerley gleichge=
ſchwungenen Linien machen ohne Veränderung
des Stichels an der Ecke und dem äuſſerſten
Rande des Kragens eine noch weißere Leiſte her=
um, wovon eine ſich nur durch die Auslaſſung ei=
ner Linie unterſcheidet.

Die große, breite, braune und von der Stir=
ne bis auf die Bruſt herabreichende Staatsperücke
iſt allein genug, dem Maſſoniſchen Grabſtichel
unter denen Sonnen des Firmaments, wo Bere=
nicens Haare glänzen, einen Platz einzuräumen.

Dieſe Perücke zeigt ihre geflammte und wel=
len = nicht ſchneckenmäßige Friſur in ſolcher Kunſt,

X 3   daß

daß jedes Haar insbesondre nach seiner Lage eine
Helle und eine Dunkelheit, oder ein starkes Licht,
und mehr oder weniger Schatten hat, ohne eine
gekünstelte Ordnung blicken zu lassen. Alle Haare
rollen ohne Verwirrung nachläßig und sträubig
von der Scheitel bis auf die Brust, streuen sich
auf den schneeweißen Kragen und den Hermelin
so deutlich aus, daß kein Punkt oder Strich mit
diesen vermengt wird, sondern alles deutlich unterschieden bleibt.

Unter dieser Perücke fällt über die Achseln
der Hermelin am Doctorkleide wiederum so warm
und ungekünstelt über die Arme, daß jedes Haar
und jede Falte nichts als einen solchen wahren
natürlichen Pelz zeigt. Die weiße Farbe, die
starken Lichter und mäßigen Schatten in allen
Haaren behaupten ihren Platz so deutlich, daß
das Auge des Beobachters hier keinen Kupferstich, sondern einen wahren Hermelin zu sehn vermeynet. Jede Rückung des Stichels macht ein
Haar, und über diese schwingen sich Haare von
der Perücke, ohne sich zu verwirren.

Unter dem Hermelin hängt das rothe lange
Doctorkleid mit schwarz ausgeschlagenem Sammet. Dieses Kleid ist ein neues Meisterstück
des Grabstichels. So viel als große und starke Biegungen, Falten, Vertiefungen und Höhen erscheinen, so natürlich laufen denselben alle Linien parallel, und über das Kreuz nach, ohne im tiefsten
Schatten anders, als die Verdickung der Striche

oder

oder Züge an sich zu nehmen. Ueberhaupt kommen also nichts als natürliche und ohne Trockenheit herumlaufende feine Vierecke vor das Auge; welche sich in tiefen Falten sanft verlieren.

Der Sammet, so das Futter macht, fällt bis in das äußerste Schwarze, obschon diese Farbe in nichts, als den ordentlichsten geflammten fallenden Linien besteht, die durch ihre verschiedene Dicke, Engigkeit und Erweiterung, und durch dergleichen kreuzende Züge die nöthigen Lichter und Schatten so gar in der größesten Tiefe darstellen; wozu die weißen Hände einen ungemeinen Vortheil verschaffen, welche beynahe nur mit diesem Sammet umgeben sind.

Die Hände, die Nägel an den Fingern und ein Theil vom Hemde mit seinen Falten sind die Natur selbst. Die feinste Schrafirung ohne kreuzende Linien macht die Lichter, die schneeweiße Farbe und die nöthigen Schatten; am linken kleinen Finger aber schimmern verschiedene kostbare Steine.

Der dunkle Grund des ganzen Bildnisses ist durch starke gleiche perpendiculär- und horizontallaufende Linien so schön ausgedrückt, daß der dunkle Theil wie der lichte einem sanft hingeblasenen Sand gleichet. Alles ist so flach und ruhig, daß nicht einmal ein einziger ungeschickter Punkt, vielweniger ein einziges Viereck, sondern alles rund darinn erscheint, und mehr schräge hin und her unkennbar kreuzende Linien andeutet.

So viel man also Kupferstiche von den größesten und geschicktesten Meistern sieht, so vielmal
wird man auch gewahr, daß alle in Vergleichung
des Massonischen Grabeisens entweder trocken,
rauh, und grob, oder ängstlich und ungewiß zu
Werke gehen. Massons unerschrockene, dreiste,
sichere, veste, ungekünstelte, feine und zärtliche, zuweilen starke Manier unterscheidet seinen Grabstichel von jenem so sehr, daß man ihnen zwar
einen solchen Stahl wünschen, aber nicht in die
Hand liefern kann.   Mit den meisten Künstlern
arbeitet eine allzu einförmig angenommene Gewohnheit mit einerley Stichel; Massons Hand,
hingegen hatte zu allen Zeiten eine starke Einbildungskraft, eine durchbringende und geläuterte
Vernunft, ein einsichtsvolles Auge mit einer un-
überwindlichen Gelassenheit, die reineste Zeichnung, einen geübten und wohl gehärteten zarten
Grabstichel, das feinste Kupfer zu ihren Gehülfen und Mitarbeitern; sie widmete nur den feinsten Witz, der scharfen Urtheilskraft und der hei-
tersten Einbildung ihren Gehorsam.

Ich wünschte, daß junge Kupferstecher nichts
anders, als die unendlich mannichfaltigen Züge,
Gänge und Wendungen des Massonischen Grabstichels lernten, und dieselben anfangs nur stückweise nachahmten, und zum Beyspiel nur seine
Straußenfedern, einen Finger, den arabischen
Hundskopf, eine Ecke vom Tischtuch, eine Falte
vom Hemde, eine Masse vom rothen Kleid, oder

blauen

blauen Mantel nachgraben möchten; so würden
sie gewahr werden, aus was für einer Ursache der
Stichel scharf oder leicht angreifen, krumm, und
nicht gerad, geflammt, und nicht rund herum
gehen müsse. Sie würden überzeugt werden,
daß die kreuzenden Linien meistentheils sowohl zur
Zierde, Gleichheit und schönen Fläche, als auch
zum Ausdruck des Stoffes, der Materie, der Schatten und natürlichen Farbe dienen, niemals aber
der Arbeit nur den geringsten Werth verschaffen;
wenn sie nur, um eine zerkratzte Finsterniß anzudeuten, auf Gerathewohl nach allen Seiten hingeworfen, und dem Auge ein abscheuliches und
dem Stichel selbst unbekanntes schwarzes Ge-
menge vorbilden. Jeder Ansatz des Grabstichels sollte wissen zu sagen, warum er dort anfange, und warum er dorthin fahre, oder warum
er da scharf oder gelind eingreife. Diese ungeschickte Anwendung des Grabstichels mag ihnen
genug seyn, auf Sachen zu denken, welche ihnen
nützlich seyn können. Die Liebe zur Arbeit, nebst
allen natürlichen guten Eigenschaften des Auges,
der Hand und die Geduld bewirket alles, und
macht die Unmöglichkeit selbst möglich.

Aus allen diesen Anmerkungen kann man
also leicht abnehmen, wie verwegen manche
Schriftsteller, vom Kupferstiche auf das Gemälde, oder von diesem auf jenen, ohne beyde gesehen
zu haben, mit ihrem Urtheil verfallen. Maf-
sons Arbeit übertrifft so gar den Titian, weil

T 5   dieser

dieser durch seine Kunst seinen Grabstichel aufgemuntert, und weit herzhafter gemacht hat; wo
indessen andre das Gemälde in keiner Masse erreichen, oder einen unwürdigen Pinsel nachste-
chen.   Wie wäre es nun möglich, daß man
aus einem Kupferstiche die Verdienste eines Malers beurtheilen könne? man beraubet meistens
diesen oder jenen seines Ruhmes. Ich rede hier
aber nur von Abdrücken, welche zuweilen nichts
darstellen, als Kopien von Kopien; ungeschickte
Umrisse, verworrene Massen von Lichtern und
Schatten, oder welche auch nur Entwürfe, Schizzen und unausgeführte Gedanken eines Künstlers
vor Augen bringen.   Solche Schriftsteller, deren sehr viele bekannt sind, muß man sich nicht
verführen lassen.   Sie wollen oftmals aus elenden auch durch die Camera obscura nachgezit-
terten Schrafirungen ganze Lasten von Regeln
heraus ziffern, von welchen sie doch selber wenig verstehn.   Eben dergleichen Aristarchen sind
auch oft Ursache, warum so viele von der Kunst
noch weit entfernt sind; wenige aber, welche grossen Meistern nachstudirt haben, sich bereits auf
dem Gipfel dieses fürchterlichen Berges befinden.

Jedoch haben einige in der That auf diesem
Wege bereits einen sehr weiten Weg zurück gelegt, welches aber kein Wunder ist, da ihnen
bereits die Bahn gebrochen, und bequem darauf
fortzuschreiten gemacht ist. Sie haben also keine

Urſache, ſtehn zu bleiben, ſich vor Mattigkeit nieder zu ſetzen, oder über die Erblickung der übrigen Höhe zu erſtaunen, oder ſich gar zum Schlaf oder Umkehren zu entſchließen. Diejenigen, die vor ihnen herzhaft und muthig fortſchreiten, ermuntern zur Nachfolge. Auf dem Wege wieder umkehren iſt ſo leicht, daß, wenn man ſich auch ein halbes Jahrhundert ſo zu ſagen aus dem Athem gelaufen hat, man ſich dennoch in einem Tage wiederum am Fuß des Berges, im Thal, und in der Dunkelheit befinden kann. Je ſchwerer eine Laſt zu ſeyn ſcheinet, deſto muthiger und herzhafter muß man ſie angreifen. Ein Verzagter pflegt ſich ſogar vor einer leichten Bürde zu fürchten, und dabey auf Hülfe zu warten.

VIII. Von

VIII.

Von der Art in Kupfer zu schaben, die man die Schwarzkunst nennet.

Es wird wenigen von den Schülern der Künste bekannt seyn, daß man auch öfters der verdammlichen Zauberey den Namen der belohnungswürdigen Schwarzkunst beyleget, welcher die Unwissenheit und den Aberglauben nicht selten den Weg zum Scheiterhaufen zu nehmen gezwungen hat. Aus diesem Bewegungsgrunde sehe ich mich genöthiget, diese zweydeutige Benennung zu erklären. Ich sage also, daß nicht alle Zauberer Schwarzkünstler sind, ob man gleich unter den letztern einige findet, welche wirkliche Zauberer vorstellen; weil sie nach Belieben, das schwarze das weiße schwarz machen, wie wir bald sehen werden. Unter diese kann man mit allem Recht auch manche Kupferstecher zählen, welche durch die schwarze Farbe, wie Masson, schneeweiße Gegenstände vorstellen können. Ihre Kunst befindet sich auch weit mehr Beschwerlichkeiten unterworfen, als die Zauberkunst.

Die Künstler, welche das Kupfer schaben, um eine Figur eben so deutlich auszudrücken, als in Kupfer zu stechen, finden so viel Wege zu fehlen, als jene, folglich eben so viel Schwierigkeiten.

ten. Einige Schriftsteller stecken also in einem
großen Irrthum, wenn sie der Schwarzkunst unter diesen Künsten einen Rang einzuräumen fast
zu zweifeln scheinen. Ich will zwar nicht in
Abrede seyn, daß gewisse ungeschickte Alltagscha-
ber und Kratzer, die mit allem zufrieden sind,
weder einen noch den andern Titel verdienen.
Will man aber dabey verharren, daß der
Schwarzkünstler, um eine Figur zu verfertigen,
weiter nichts thun, als wegschaben dürfe; so ziehe
ich daraus die Folge, daß er so künstlich sey, als
der berühmteste Phidias. Sein Jupiter befand sich in Lebensgröße mitten im Marmor.
Da aber Phidias denselben fleißig hinwegräum-
te, so stand Jupiter vor seinen Augen. Michelagnolo, der auch selbst keiner andern Meynung
war, sagte zum Pabst, der ihn fragte, wie er
seine Figur aus dem Stein heraus bringen werde?
Heiliger Vater! ihre Statüe befindet sich ganz
und im Marmor fertig. Was nun dieselbe herum verdeckt erscheint, das schlage, haue und räume ich weg, so steht sie da, wie Eure Heiligkeit.
Der Gegenstand unsers Schwarzkünstlers ist eben
also im schwarzen Grunde verborgen. Den
schabt er weg, so ist desselben Abbildung auch vor
Augen. Schwache Kunstrichter! wie viele Stufen sind nicht vom schweresten zum leichtesten?
Warum kann oft derjenige, der das schwereste
zuwege bringt, im leichtesten nichts ausrichten?
Die Geschicklichkeit ist der Maaßstab, die Verdienste der Künstler auszumessen, keineswegs
aber

aber das Schwere, oder das Leichte, wenn es
gleich auf der Waagschaale das Gewicht vermehrt
oder vermindert. Der Steinmetz hat unter seinen Händen fürwahr eine schwerere Arbeit, als
der Künstler, welcher eine Minerva aus Wachs
boußirt. Beyden muß man Gerechtigkeit wiederfahren lassen. Jedoch ich gehe hiervon ab,
und gebe mir dagegen Mühe, die Schwarzkunst
zu suchen.

Kupferstechen, Kupfer ätzen, und Kupfer
schaben sind von einander sehr unterschieden.
Weil wir von jenen bereits schon überflüßig gehandelt haben; so wollen wir uns nun die
Schwarzkunst bekannt machen.

Dem Kupferstecher legt man eine schön geschliffene Kupferplatte vor Augen, in diese sticht
oder ätzet er seine Zeichnung durch Scheidewasser.
Der Schwarzkünstler nimmt auch eine geschliffene
Platte, welche er durch ein Kratzeisen solchergestalt rauh macht, daß, wenn die schwarze Farbe
darauf gerieben und ein Abdruck davon gemacht
wird, das ganze papierne Blatt des Abdruckes
kohlschwarz, wie das geschliffene Blatt des Kupferstechers schneeweiß erscheinet. Es herrschet
also zwischen diesen zween Künstlern ein vollkommenes Widerspiel.

Der geschliffene Grund ist das Hauptwesen
des Kupferstechers, und der zerkratzte Grund die
Hauptanlage des Schwarzkünstlers. Seine ganze
Arbeit beruhet in diesem rauhen Grunde, welcher
grob

grob und fein, rauh und zart kann gemacht werden, zu welchem Ende verschiedene Werkzeuge
bereit liegen müssen, wie wir gleich sehen werden.

Ein Stahl, welcher mondscheinförmig, scharf-
schneidend, und wie ein dünner, feiner, kurz und
seicht eingeschnittener Kampel zugerichtet ist, dienet, den Grund zum Hauptwerk zu verfertigen.
Dieser Stahl hat seinen Handgriff, welcher mit
der Faust gut gehalten, und dann die geschliffene
Platte vest und enge durcharbeitet wird, damit
alles, wie die Haut eines Meerhundes rauh wer-
be. Man drückt einen solchen Stahl nach seiner
Rundung mit seinen Zähnen ohne große Gewalt
sehr enge und mit gleicher Bewegung hin und
her in das Kupfer, welches dadurch eine schöne,
gleiche und granirte Rauhigkeit, wie Chagrin, bekömmt, und im Abdrucke gleich kohlschwarz erscheint, welche Schwärze nach dem groben oder
zarten Kratzeisen entweder sehr rauh oder sammet-
artig ausfällt. Dieses ist also eine Platte, die
bloß zur Hauptarbeit bestimmet ist.

Der Künstler ergreift sodann das Reißzeug,
seine Zeichnung auf der Platte zu entwerfen. In
dieser Zeichnung sucht er gleich die hellen Theile,
und dort fängt er an, diesen Grund mit einem
spitzigen scharfen Messer wegzuschaben. Der
Raum, den er solchergestalt weggebracht hat,
scheint im Abdrucke schon weniger schwarz.
Durch das viele oder wenige Schaben kann er
eine ganze Schattirung vom Kohlschwarzen bis
auf

auf das Schneeweiße stufenweise heraus bringen.
Je tiefer er schabt, desto weißer erscheint der
Raum. Beym Stechen und Aetzen arbeitet man
also nichts als schwarze Linien und Striche in das
Kupfer hinein; beym Schaben hingegen macht
man lauter helle Theile, damit das Licht heraus
komme; weil jeder Zug des Schabestahls das
Schwarze in das Dunkle, dieses in das Helle,
und dieses wiederum ins Weiße verwandelt.

Indem nun alles immerfort nur geschabet,
und nichts gestochen wird, so entsteht auch nirgends
eine scharfe Linie, oder Schrafirung, sondern alles erscheint sanft und fließend, wie eine hinge-
blasene helle Fläche. Alle Umrisse und Massen
in mehr oder weniger Schatten, und in starken
oder schwachen Lichtern, lassen an sich nichts, als
eine gelinde Fläche der Rundung sehen. Auf
diese Weise kann also der Künstler mit Geduld,
Liebe, Lust und Aufmerksamkeit die zartesten Dinge
ausdrucken, folglich mit großer Geschicklichkeit so
wohl geflammte Haare, als Falten und Fleisch,
blinkende Waffen, Gruppen von Stoffen, Gewand, Figuren, Bäume, Berge, Steine, Klippen, und ganze Landschaften ohne Grabstichel, ohne
Radiernadel mit dem scharfen und spitzigen Schabeisen zu Stande bringen. Alles ist gleich im
Anfange am mehr oder weniger groben, oder mehr
oder weniger feinen Krützeln in die Kupferplatte
gelegen. Dieses aber zuwege zu bringen, bemühen sich manche Künstler um die hierzu nöthigen

Kraz-

Kratzeisen, welche hier zu Lande seltsam sind, daß sie sogar aus England müssen verschrieben werden, wenn sie den zartesten Grund, wie der feinste Sammet ist, in die Platte graben sollen.

Der Schwarzkünstler kann sich aber in einer Arbeit leichter helfen, wenn er fehlt, als der Kupferstecher; dringt dieser mit seinem Grabstichel zu tief in das Kupfer, und wird eine Linie zu stark oder zu rauh; so muß er sich mit dem Polieroder scharfen Eisen mühsam helfen, die Linie eindrücken, auskratzen; wiederum glätten und sie wieder vom neuen stechen. Wenn hingegen der Schwarzkünstler zuviel weggeschabet hat, so macht er sich an demselbigen Orte mit dem seinen Kratzeisen einen neuen sammetartigen oder groben Grund, und schabt davon weniger hinweg, bis er sein Ziel erreicht.

Weil nun diese Arbeit in nichts als Flächen, keinesweges aber in einer Vertiefung besteht; so leidet die Kupferplatte nicht so viel Abdrücke, als eine gestochene oder radirte. Ist also das Kupfer durch das Abdrücken mehr oder weniger abgenutzt, so kann sich der Künstler durch das Nachschaben und Nachkratzen wiederum weit leichter helfen, auch vieles eher verbessern, als der Kupferstecher. Bey allen diesen Kupferarbeiten ist nun mehrentheils alles an der Kunst zu zeichnen, an der Geduld und Gelassenheit, an einem scharfen und geschickten Auge und an einer wohlgeübten Hand gelegen.

II. Band.　　　　　U　　　　　Nie-

Niemals kann man den Fleiß nach dem schönen Antiquen zu zeichnen genug empfehlen; und
niemals ist es genug, die beste Manier solcher
Bemühungen durch die Betrachtung und Nachahmung der vortrefflichsten Kupferstiche und
Gemälde sich eigen zu machen und sich anzugewöhnen. Ist man so weit gekommen, so bemächtiget man sich aller Beschwerlichkeiten mit
gebieterischen Händen und Eisen; man bleibt dabey nicht voller Zweifel stehn, sondern arbeitet so-
lange meisterhaft fort, bis alle Anstände verschwinden.

Sammlungen von allerhand Kupferstichen,
besonders, wenn sie von den besten und größesten
Meistern herkommen, (weil die schlechten verführen), sind die vornehmsten Wegweiser, wenn
man ungefähr nicht fortzuschreiten weis. Eben
diejenigen, die wir bisher als künstliche und fleiß-
sige Kupferstecher und Schaber gesehen haben,
begegnen mir itzo voller Unmuth, und entdecken
mir, daß der Kupferdrucker durch seine Kienruß-
farbe nicht nur den Abdruck, sondern auch die
Kupferplatte durch seine ungeschickte, grobe und
verwerfliche Art, die Farbe einzureiben, alles
verderbt habe. Ist es wohl erhört, daß sie
mit Kreiden und taglöhnerischen sandigten Händen, und mit rußiger abscheulicher schwarzer
Farbe die Kupferplatte wie Teller abreiben?
Alles ist verloren! Kunst, Mühe, Zeit, Geduld
und Gewinn verschwindet. Wie soll man aber
eigent-

eigentlich im Abdrucken zu Werke gehn? Mit gut
bereiteter Farbe und mit ämsigen geschickten flachen Händen.   Dieses allein verdiente eben einen
solchen Unterricht, wie das Kupferstechen.   Als
Jacob Frey zu Rom seine Arbeit durch den Kupferdrucker verderben sah, so ließ er sowohl die
Farbe als geschickte Kupferdrucker aus fremden
und weit entlegenen Ländern kommen, bis er endlich seine Stiche mit Vergnügen und Lust sehen
konnte.   An den meisten Orten aber ist man mit
starken Knochen eines Taglöhners zufrieden, der
nicht weis, was er in seinen Händen hat, und
ohne es inne zu werden, alles dem äußersten Verderben aufopfert.

Die Liebhaber, Kenner und Schutzgötter aller dieser Künste wären vermögend genug, sie in
eine vollkommene Aufnahme und in den herrlichsten Flor zu bringen, wenn sie sich nur
angelegen seyn lassen wollten.   Es würden heut
zu Tage sowohl wie im Alterthum der Griechen
und Römer, auch in den mittern Jahrhunderten,
die vortrefflichsten Werke geliefert werden können,
welche die größte Verwunderung erwecken sollten.
Es herrschet noch der alte Verstand und der alte
Witz, und am Genie und innerlichen Triebe mangelt es auch nicht; man spürt noch aller Orten
eben den Fleiß; die Erfindsamkeit ist noch geschäfftig; es kömmt bloß nur darauf an, daß der
Hunger und die nagende Sorge des Unterhaltes
auf die Seite geschafft werde.   Ist dieser Stein

des

des Anstoßes aus dem Wege geräumt; so wird
der enge Kreis der Künste sich gewiß erweitern.
Man wird neue Parrhasien, neue Polykleten,
neue Urbiner und neue Massonen im Staate
prangen und ihn zieren sehen. Läßt man aber
den Pinsel, den Meisel und den Grabstichel im
Staube herum liegen; so wird man wiederum
die ungeschicktesten Kunstmärtyrer als Wunder-
thiere verehren.

Plurimus inde labor Tabulas imitando juvabit.
Egregias, operumque Typos; Sed plura docebit
Natura ante oculos praesens; nam firmat et
auget
Vim genii, ex illaque artem experientia com-
plet.

Du Fresnoy.

IX. Kurze

IX.

Kurze Geschichte
einiger Maler und Bildhauer, nebst
ihren Werken.

Die Malerkunst war unter den alten Griechen
in ihrer größten Vollkommenheit. Die
Hauptschulen blühten zu Sicion, itzo Foica in
Morea, hernach in der Insel Rhodus, dann zu
Athen, heut zu Tage Satine, und endlich zu Corinth in Morea. Aus Griechenland kam sie nach
Rom. Sobald aber die römische Macht durch
Kriege und übermüthige Pracht zu sinken anfieng;
so verschwand und verlor sich die Malerey mit allen andern schönen Künsten und Wissenschaften.
Um das Jahr nach Christi Geburt 1240 aber wurden wiederum verschiedene Gelehrte und Künstler
aus Griechenland nach Florenz berufen, woselbst
Cimabue, ein Florentiner, der erste war, welcher ihren Unterricht suchte, und die Malerkunst
von ihnen erlernte. Im Jahr 1276 folgte ihm
Giotto, bis endlich unter der Anführung des
Domenico Ghirlandai, welcher eine gothische
und trockene Manier hatte, im Jahr 1450 der
weltberühmte Michelagnolo Bonarotti sich her-
vorthat. Dieser Mann lebte unter den Päbsten Julius II. Leo X. Paulus III. und andern.
Er brachte es in der Malerey in der Sculptur

U 3　　　　　　und

und Architectur so weit, daß er alle seine Zeitver=
wandten und Nachkommen in der Vortrefflichkeit
seiner Werke übertraf, und noch heute allen zum
Muster dient.   Weil aber die Mißgunst ihren
Platz immer behauptet; so ward auch dieser vor=
treffliche Künstler in spätern Zeiten wegen der
Stellungen und Geberden seiner Figuren sehr oft
getadelt, ob er schon die Natur auf das genaueste
nachahmte, wie sie ihm in Italien vor Au=
gen kam.

Zum Beyspiel dient ein Engel, den er in
Wolken vorstellte, der über den Tod des gekreu=
zigten Gottmenschen so sehr weint, daß er den Zu=
schauer selbst zum größten Mitleiden bewegt. Die=
ser Engel steifet sich auf beyde Ellenbogen, mit
beiden Händen aber unterstützt er die Wangen so
beweglich, als wenn er mit aller Heftigkeit, und
so zu sagen, seine Thränen mit Gewalt vergießen
wollte.   Diesen Umstand erklären einige für un=
geschickt und bäurisch, ohne zu betrachten, was
die ungekünstelte Natur für Bewegungen mache,
und was ein überwiegender Schmerz für Aus=
schweifungen verursache, zu geschweigen, was sich
für ein großer Unterschied in verschiedenen Län=
dern durch die Leidenschaften äußere.   Man
stelle sich nur einen traurigen, zornigen oder ver=
liebten Italiäner, und einen in gleichen Umstän=
den verwickelten Gasconier vor; so wird man bey
jenem entweder in Verwirrung, Schrecken oder
Lust gerathen, bey diesem hingegen fast allezeit in

ein

ein lautes Gelächter ausbrechen. Man hat also nicht Ursache, sich zu verwundern, wenn eine Nation die andre wegen ihrer Geberden tadelt, und dieselbe verachtet. Hat nicht ein Franzose den Antinous deswegen verspottet, weil er nicht gerade, aufrecht, mit stutzerischen Geberden, gebietenden Armen, und wohl auswärts gesetzten Füssen sich darstellet? So vortrefflich die Kunststücke eines Landes sind, so tadelhaft erscheinen sie in den Augen der Fremden. Daher kommt es auch, daß alles so verachtet wird, und daß mancher nur seine eigne Arbeit oder sich selber zu erheben gedenket. Die ungezwungene Natur findet bey solchen Leuten keinen Beyfall. Dergleichen Umstände haben gemacht, daß bey solchen Beobachtern der Geschmack des Michelagnolo in der Zeichnung nicht fein genug ist, seine Umrisse nicht zierlich sind, und seine Falten in Gewändern weder schön noch gefällig lassen, sondern wunderlich heißen. Solche fremde Gäste trieben ihr Gutachten noch weiter, wenn sie vorgeben, daß er in seiner Composition ausschweifend und verwegen sey, und im Perspectiv sich zu vieler Freyheit bediene. Sein Colorit sey weder recht wahrhaft, noch recht lieblich. Er habe weder Schatten noch Licht verstanden. Was würde aber Bonarotti gesagt haben, wenn er alle diese Lobsprüche selbst vernommen hätte? Jedoch Geduld, es kommen auch andre von reiferer Einsicht, welche bekennen; Er habe gelehrt gezeichnet; seine Kenntniß der Glieder und Beine sind vollkommen;

er habe die Verrichtung und Lage der Muskeln weit beſſer, als alle, auch ſogar die heutigen Maler gewußt: in ſeinen Figuren herrſche eine ernſthafte Größe, welche er in vielen Sachen mit dem beſten Vortheil angebracht habe.

So eifrig nun ganz Italien die Gemälde und Statüen unſers Michelagnolo zu allen Zeiten für Wunderwerke gehalten hat, ſo heftig blickt aus obigem Tadel ein neidiſcher, eiferſüchtiger und ſtolzer Nationalhaß hervor, ohne, daß ein ſolcher Critiker dabey ſagen kann: Son pittor anche mi. Iſt er ein Maler, ſo redet er wider ſein Gewiſſen, oder verachtet, was er nicht verſteht. Iſt er kein Maler, ſo ſoll er vorher ſechzig Jahre, wie Bonarotti, die Kunſt üben, und alsdann zuſehen, wie weit er es in ſeiner Kunſt gebracht habe.

Endlich ſehen ſich auch andre genöthiget, dieſem großen Manne in der Architectur Gerechtigkeit wiederfahren zu laſſen. In dieſer, ſagen ſie, habe er allen, auch ſogar den antiquen Bauverſtändigen den Vorzug ſtreitig gemacht, und dieſes werde durch die St. Peterskirche zu Rom, durch St. Giovanni zu Florenz, durch das Capitolium, den Palaſt Farneſe il Dado genannt, und durch ſein eigenes Haus erwieſen.

Hier muß ich den Schülern zu Gefallen eine kleine Anmerkung machen, die mich ſehr oft in Erſtaunen geſetzt hat, die aber ſehr vielen andern

Lieb

Liebhabern faſt niemals bekannt geworden iſt.
Im Capitolio ſind ſehr viele große Colonnen, deren Capitale durchaus mit drey oder vier Ideal-
geſichtern oder Larven geziert ſind, deren Anzahl
ſich beynahe auf vierhundert Stücke beläuft.
Ein Schwermüthiger darf nur dieſelben betrachten, ſo wird er auf einmal geſund und munter
werden. So groß die Menge derſelben iſt, ſo
groß iſt auch ihr Unterſchied. Man findet nicht
eine, welche mit einer andern nur die geringſte
Aenlichkeit hätte. Alle die Masken, wie ſie die
Italiäner nennen, ſind voll Witz, Geiſt, Feuer
und Lebhaftigkeit; alle mögliche Geſtalten und
Leidenſchaften ſind darinnen angebracht. Ihre
Geſichtszüge ſind ſo verſtändig, ſinnreich und
ſcharfſinnig, daß man über die unbeſchreibliche
reiche Erfindſamkeit erſtaunen muß. Man ſollte
faſt glauben, daß alle in der Natur nur möglichen
wunderlichen Geſichtsbildungen darinnen gegenwärtig und erſchöpft wären, welches den Reichthum und Ueberfluß in den Erfindungen des Michelagnolo unverfälſcht zu erkennen giebt.

Damit aber dennoch dieſer große Mann verkleinert werden möge, ſo finden ſich gewiſſe Schriftſteller, welche ſeinen Moſes, ſein jüngſtes Gericht und die ganze päbſtliche Kapelle mit Stillſchweigen übergehn, damit ſie dasjenige nicht loben dürfen, was der tiefen Einſicht und natürlichen Vernunft gemäß iſt. Sie wollen mit aller
Gewalt in der Finſterniß herum tappen, damit

U 5 ihrem

ihrem verderbten Genie kein Abbruch geschiehet,
nach welchem alle ihre Figuren, wie nach der
Mode abgerichtete Schauspieler, Stuzer und
Hofjunker erscheinen. Das eingewurzelte Vorurtheil lässet solchen Leuten nicht zu, das Natürliche, Einfältige und Ungezwungene zu erdulden.
Alles muß ihrer abgeschmackten Einbildung gemäß, gekünstelt, gezwungen, geflogen, gewun-
den, ausschweifend, ja sogar toll, wie antique
Bacchantinnen, stürmisch, oder so unförmlich
seyn, damit es nur der naiven Natur nicht änlich
erscheinet.

Der farnesische Herkules, zum Beyspiel,
würde dergleichen feurigen Augen weit ansehnlicher vorkommen, wenn er mit einem trozigen
Anblick, gebietenden Arme, und in einem affe-
ctirten Schritt aufrecht dastünde. Wenn die
Löwenhaut wie eine Staatsperücke mit vielen Locken auf dem Kopfe prangete, und ihn, wie eine
Feldherrnschärpe umwickelte; so würden sie ausrufen: Also zeigt er seine völlige Stärke, Majestät und Macht.

Wenn die Pallas nicht mit einer Buckel-
haube einer griechischen Göttinn versehen wäre,
sondern mit einer Amazoninn oder Margotton aus
Languedok eine Aenlichkeit hätte, dabey ernsthaft,
gerade, auf dem linken Fuß mit unterstüztem
linken Arm darstünde, und endlich der rechte Ellenbogen und Arm mit der Lanze mit überschwun-
genen Mantel ausgestreckt wären; so würde sie

artig,

artig, göttlich, und weit majeſtätiſcher erſcheinen.
Ließe man ihr überdieſes noch die Hyene des Neis
des mit dem rechten Fuß den Kopf zerquetſchen;
ſo würde man ſie gar nicht für die ſanfte Pallas,
ſondern für den Alcides anſehn. Solche Statüen ſollen die ſchöne, reizende und entzückende
Natur vorſtellen, welche man nachahmen ſollte.
Hierdurch wollen gewiſſe Künſtler dasjenige ver-
ſtanden wiſſen, was ſie Pittoreſco nennen.

Raphael von Urbino, der im Jahr 1483
geboren und 1520 geſtorben, folglich ein Zeitge-
noſſe des Michelagnolo iſt, lernte vom Pietro
Perugino die Zeichnungs- und Malerkunſt.
Ob nun gleich dieſer Mann mit der Natur ziemlich bekannt war, ſo fiel dennoch ſeine Manier in
das Trockene, Dürre und Kleine. Deſſen ungeachtet aber muß doch Raphael von ihm das Geheimniß der Umriſſe vollkommen gelernt haben;
denn er übertraf bald nicht nur ſeinen Lehrer, ſondern auch die alten Griechen, und noch bis auf
den heutigen Tag hat ihn von ſeiner Zeit an,
nämlich in zweyhundert und funfzig Jahren kein
einziger Maler übertroffen. Damit er aber dieſen Rang nicht allein vollkommen behaupten
möchte, ſo wird ihm Correggio in der Anmuth,
Titian im Colorit vorgezogen. Man ſage aber,
was man wolle, ſo zweifle ich immer daran, ob
dieſes Urtheil in allen ſeinen Gemälden ſtatt habe.
Seine Wahl in den Stellungen, ſeine Köpfe und
ihre

ihre Verzierungen, ſeine Kleidungen und Falten, ſeine Manier in der Zeichnung, die Mannichfaltigkeit, die Contraſte, der Ausdruck, und alles, was er malte, iſt unübertrefflich. Denn die Grazien, welche ihm ſo eigen waren, daß ſie ihm in allen ſeinen Arbeiten, ohne den geringſten Fehler zu begehen, dienten, überwogen alle ſeine Kunſt. Man findet kein Werk in der Welt, ſo dem ſeinigen verglichen werden kann. Raphael fand ſchon als ein Jüngling, ſo geſchickt er auch war, Läſterer ſeines Namens, indem ſie ihn il Boccalajo d'Urbino, den Töpfer von Urbino nannten, weil er auf irrdenes Geſchirr von Faenza malte, und es ſo hoch brachte, daß man heute noch dergleichen Schaalen und Schüſſeln von ſeinem Pinſel für unſchätzbar hält. Andre Malerſchulen konnten auch ſogar in ſpätern Zeiten ſeine Arbeiten nicht unangetaſtet laſſen. Man bemühte ſich mit aller Gewalt, in ſeinen Gemälden einige Fehler zu entdecken; theils ſeinen Ruhm zu verdunkeln, theils aber ſich ſelbſt groß zu machen. Man fieng auch an, ſeine Umriſſe anzutaſten. Allein umſonſt! die Zaubermacht ſeiner Kunſt vereitelte alle Angriffe. Das unſchätzbare Gemälde, die Familia Sacra iſt ein Beweis, wie ſchwach der Tadel ſey, wenn er auf dergleichen Kunſtſtücke verfällt. Man gab ſich die äuſſerſte Mühe in dieſem Schatz einige Mängel ausfindig zu machen. Man entdeckte ſie gar bald, und man fieng ſchon an zu frohlocken, da man im ganzen Bilde keine Reflexe oder Wiederſcheine

fand.

ſand. Raphaels unüberwindlicher Pinſel war
aber ſo glücklich, daß er ſich ſelber zu vertheidigen im Stande war. Raphael ſieng an, den
Tadler in die Schule zu führen, und ihm zu erklären, was die Wiederſcheine ſind, und wo ſie
ſtatt haben. Man will behaupten, ſagt er, daß
die Wiederſcheine in einem Gemälde nothwendig
angebracht werden müßten, weil ſie den Figuren
mehr Glanz und Schönheit gäben; Titian habe
ſie genau in Acht genommen, und man könne ein
Bild ohne Wiederſchein nicht einmal entſchuldigen, geſchweige denn für tüchtig angeben. Allein ſolche Kunſtrichter, fuhr er fort, denken daran nicht, daß dergleichen Wiederſcheine die Stärke eines Gemäldes vermindern, weil ſie verurſachen, daß alle Gliedmaaßen eines Körpers durch-
ſichtig erſcheinen. Da nun dieſe Glieder auf einer Seite durch das Hauptlicht beleuchtet, und
auf der andern durch ein zweytes Licht helle werden, wo ſie doch am Schatten Theil haben ſollten; ſo erſcheinen ſie, als wenn ſie aus einer
durchſichtigen Materie wie Glas oder Cryſtall,
wo der Tag durchſcheint, gemacht wären, welches
den Figuren weder Stärke noch Erhobenheit
giebt, ſondern ſie ſchwächt und aller Rundung beraubt.

Unterdeſſen iſt es doch ausgemacht, daß in der
Natur dergleichen Wiederſcheine, wenn die Theile
des Tags durch dieſelben beleuchtet ſind, wahrgenommen werden, und die Maler dieſelben in Acht
nehmen

ihre Verzierungen, seine Kleidungen und Falten,
seine Manier in der Zeichnung, die Mannichfaltigkeit, die Contraste, der Ausdruck, und alles,
was er malte, ist unübertrefflich. Denn die
Grazien, welche ihm so eigen waren, daß sie ihm
in allen seinen Arbeiten, ohne den geringsten Fehler zu begehen, dienten, überwogen alle seine
Kunst. Man findet kein Werk in der Welt, so
dem seinigen verglichen werden kann. Raphael
fand schon als ein Jüngling, so geschickt er auch
war, Lästerer seines Namens, indem sie ihn il
Boccalajo d'Urbino, den Töpfer von Urbino
nannten, weil er auf irrdenes Geschirr von Faenza
malte, und es so hoch brachte, daß man heute noch
dergleichen Schaalen und Schüsseln von seinem
Pinsel für unschätzbar hält. Andre Malerschulen konnten auch sogar in spätern Zeiten seine Arbeiten nicht unangetastet lassen. Man bemühte
sich mit aller Gewalt, in seinen Gemälden einige
Fehler zu entdecken; theils seinen Ruhm zu verdunkeln, theils aber sich selbst groß zu machen.
Man fieng auch an, seine Umrisse anzutasten.
Allein umsonst! die Zaubermacht seiner Kunst
vereitelte alle Angriffe. Das unschätzbare Gemälde, die Familia Sacra ist ein Beweis, wie
schwach der Tadel sey, wenn er auf dergleichen
Kunststücke verfällt. Man gab sich die äusserste
Mühe in diesem Schatz einige Mängel ausfindig
zu machen. Man entdeckte sie gar bald, und
man fieng schon an zu frohlocken, da man im
ganzen Bilde keine Reflexe oder Wiederscheine
fand.

sand. Raphaels unüberwindlicher Pinsel war
aber so glücklich, daß er sich selber zu vertheidigen im Stande war. Raphael sieng an, den
Tadler in die Schule zu führen, und ihm zu erklären, was die Wiederscheine sind, und wo sie
statt haben. Man will behaupten, sagt er, daß
die Wiederscheine in einem Gemälde nothwendig
angebracht werden müßten, weil sie den Figuren
mehr Glanz und Schönheit gäben; Titian habe
sie genau in Acht genommen, und man könne ein
Bild ohne Wiederschein nicht einmal entschuldigen, geschweige denn für tüchtig angeben. Allein solche Kunstrichter, fuhr er fort, denken daran nicht, daß dergleichen Wiederscheine die Stärke eines Gemäldes vermindern, weil sie verursachen, daß alle Gliedmaaßen eines Körpers durchsichtig erscheinen. Da nun diese Glieder auf einer Seite durch das Hauptlicht beleuchtet, und
auf der andern durch ein zweytes Licht helle werden, wo sie doch am Schatten Theil haben sollten; so erscheinen sie, als wenn sie aus einer
durchsichtigen Materie wie Glas oder Crystall,
wo der Tag durchscheint, gemacht wären, welches
den Figuren weder Stärke noch Erhobenheit
giebt, sondern sie schwächt und aller Rundung beraubt.

Unterdessen ist es doch ausgemacht, daß in der
Natur dergleichen Wiederscheine, wenn die Theile
des Tags durch dieselben beleuchtet sind, wahrgenommen werden, und die Maler dieselben in Acht
nehmen

nehmen müssen. Allein, man muß in diesen
Zufällen eine gute Wahl treffen, und sich derselben mit Bescheidenheit bedienen, damit das Ne-
benlicht das Hauptlicht nicht schwäche und ver-
mindere, folglich das eine oder andre Glied dadurch weniger Rundung bekomme.

Man bedenke hierbey auch dieses, daß Raphael seine Figuren in einem Zimmer vorgestellt
hat, welches durch ein besondres Tageslicht beleuchtet ist, das nur von einer Seite eindringt,
folglich die Theile, welche von dem Hauptlichte
nichts erlangen, durch keine Wiederscheine hell
werden können; denn die Theile, auf welche das
ganze Tageslicht fällt, werfen ihren Schatten auf
jenes, welches den Wiederschein machen sollte.
Also hat Raphael dieses sehr wohl in Acht genommen, daß durch den Gegensatz der Lichter und
der Schatten seine Figuren eine Stärke erhielten.
Hat gleich Titian Wiederscheine gemacht, so hat
er mehr auf den Glanz seines Colorits, als auf
die Natur und Wahrheit der Sachen, wie sie
sind, Achtung gegeben. Wo Raphaels Augenmerk nichts anders war, als die schönsten
Theile der Natur zu wählen, um seinen Figuren
Stärke, Größe und Majestät zu geben, da hat
er die Wiederscheine mit Klugheit ausser Acht gelassen, weil eine solche Gattung von Licht gemeiniglich nur alsdenn statt findet, wenn die Figuren
durch ein allgemeines Licht unter freyem Himmel
beleuchtet werden. Denn weil in solchem Fall
alle

alle Theile davon umrungen sind, so wirft einer
auf den andern seinen Schein, dergestalt, daß die
Wiederscheine der Kleidungen sich zuweilen vermischen und so gar am Fleisch verwirren. Hingegen können in einem geschlossenen Orte, welcher
nur von einer Gegend her den Tag erhält, keine
dergleichen gegenscheinende Lichter, wie in einer
freyen Gegend seyn. Leonardo da Vinci hält
es auch denjenigen Malern sehr für übel, welche
im Zimmer starke Figuren zeichnen, und dieselben hernach in eine Geschichte setzen, welche im
offenen Felde vorgeht, wo alle Figuren durch ein
allgemeines Licht erklärt werden; denn eine solche
Figur wird sehr starke Schatten haben, dergleichen im Felde nicht erscheinen. Raphael hat
alles dieses genau eingesehen, und es sich nach der
Beschaffenheit des Ortes, oder der Umstände, besser als andere, zu Nutzen gemacht.

Liebhaber der Kunst, welche niemals Gelegenheit haben können, das Original dieses Raphaelischen Gemäldes zu Paris im Cabinette
des Königs zu sehen, mögen sich mit dem Kupferstiche begnügen, welchen Anton Masson, von
diesem aber Jacob Frey, nach diesem kostbaren
Bilde verfertigt haben. Man sieht auch bey denen P. P. Barnabiten zu Wien davon eine schöne
Copie. Raphaels berühmten Propheten, welcher bey dem P. P. Augustinern zu Rom in der
Kirche in Fresco gemalt zu sehen ist, kann man
auch zu Wien im heiligen Kreuzerhof in einer
schönen

schönen Copie betrachten, welche der Hand des Augustin Caracci ziemlich nahe kömmt.

Raphael hatte viel Schüler, worunter Julius Römanus, Polidor Giovanni vom Udino, und andre waren. In der kaiserlichen Bibliothek zu Wien kann man von allen einige Abhandlungen in einem Bande sehen. Giovanni Battista Armenini sagt in seinem Buche von der Malerey: Er habe die so genannten Logen oder Gänge im Vatican durch die geschicktesten jungen Leute copiren gesehen, welche Arbeit dem Herrn von Fugger nach Antwerpen geschickt worden sey. Eine zweyte Copie aller dieser Raphaelischen Gänge haben die nämlichen Künstler für den spanischen Hof verfertiget. Vermuthlich sind diese Werke von dorther nach Wien gekommen.

Raphaels Kupferstecher war Marcus Antonius, dessen Arbeiten wegen der genauen Umrisse unverbesserlich sind. Er war Raphaels Maurer, der ihm beym Frescomalen den Kalk auftrug, und also von ihm die Zeichnungskunst lernte. Er brachte es so weit, daß, wenn er sagte: Lascia fara me Marc Antonio, Raphael auf ihn sich verlassen konnte.

Die Hauptwerke dieses großen Künstlers sind die Zimmer oder Säle im Vatican, die Transfiguration à S. Pietro montorio, der kleine farnesische Palast zu Rom, und die Geschichte der Apostel, welche Dorigny in 12 Kupferplatten geflochsten

ſtochen hat. Unter ſeinen Erzengel Michael
ſchrieb er ſeinen Namen folgendermaßen: Raphael Urbinus pingebat MDXVII. Dieſes
Gemälde iſt im Cabinet des Königs in Frankreich
zu Verſailles. Von dem Unterſchiede des Wortes pingebat und pinxit haben wir ſchon anderwärts geredet.

Julius Romanus, oder Giulio Romano,
war der vornehmſte Schüler unſers Raphaels.
Sein Begriff war erhaben, und ſeine Stellungen
wußte er mit Verſtande zu wählen, auſſer, daß
man ihn dabey einer gewiſſen Trockenheit be-
ſchuldigte. In der kaiſerlichen Gallerie zu Wien
ſieht man Stücke von ſeiner Hand, welche die
Wahrheit in der Zeichnung vollkommen anzeigen,
auſſer, wie einige wollen, daß ſie allzu ſcharf, mithin ein wenig hart ſcheinet. In der Gallerie des
fürſtlichen Palaſtes Barberini zu Rom ſieht man
zwey Portraite einander ſo änlich, daß man ſie
ſchwer unterſcheiden kann. Es ſtellt Raphaels
Liebſte vor, welche er ſelbſt abgemalt, Giulio
Romano aber copirt hat. Man zweifelt faſt
noch daran, welches das Original, und welches
die Copie iſt. Auf beyden ſteht im Armbande
Raph. Urb. gemalt.

Polidoro, oder Pulidoro da Caravaggio
aus der Lombardie, und Maturino, ein Florentiner, zween junge Burſche, welche Raphaels
Maurern Kalk zutrugen, und deſſelben Schüler
bedienten, wurden endlich ſo berühmte Maler,

II. Band.   X   daß

daß ganz Rom an ihnen eine Freude hatte. Sie malten sehr viele auswendige Mauren von gemeinen Häusern, Paläſten und Kirchen mit einer Farbe, wie halberhabene, grau, und metallmäſſige antique Arbeit. Poliduro wurde im Zeichnen, in der Monier und Uebung ſo verwunderungswürdig, daß er ſo zu ſagen halb Rom mit ſeiner Kunſt bereichern konnte. Er ahmte die antiquen halberhabenen Arbeiten beſſer nach, als Julius Romanus, und bereicherte die Malerkunſt mit unzähligen Erfindungen von Kleidungen, Verzierungen, Gruppen und Landſchaften. Rom wurde damals durch den Bourbon geplündert, und Polidoro nebſt andern vertrieben und nach Meßina flüchtig; dort erwarb er ein ziemliches Vermögen, weswegen ihn auch ſein Bedienter ermordete, welches ohngefähr um das Jahr 1530 geſchah. Noch heute bewundert Rom die Ueberbleibſel dieſes Künſtlers.

Giovanni Bellino, ein berühmter Maler zu Venedig, war Titians erſter Meiſter, von dem er anfangs das Colorit annahm; endlich aber es ſo weit brachte, daß er ihm ſo gar auf Befehl des Senats einige Schildereyen nacharbeiten und verbeſſern mußte. Titian wurde kaum den Pinſel des Giorgione gewahr, ſo ahmte er ihn ſchon nach, und übertraf ihn auch noch in der Leichtigkeit und Uebung. Vom Titian haben wir bereits anderwärts geredet, und es iſt hier weiter nichts zu erinnern, als daß Paul Veroneſe,

nese, Tintoretto und viele andre seine Schüler gewesen sind.

Paul Veronese war in der Art seiner Weiberköpfe anmuthig, in den Kleidungen veränderlich, in allem lebhaft und leicht, in den Umrissen aber verbesserlich. Seine Composition ist zwar gemein; allein seine Farben und andre Sachen in seinen Gemälden entzücken den ersten Anblick so sehr, daß man darüber die Unvollkommenheiten vergißt.

Tintoretto nennte sich von Geburt Jacob Robusti. Er studirte Titians Colorit sehr fleißig, am meisten aber, was er vom Michelagnolo sehen konnte. Er war stark in der Uebung, ob er sich gleich manchmal übereilte. Sein Feuer, seine Lebhaftigkeit und sein Eifer zu malen konnten sich mit der Gelassenheit nicht vertragen. Der Senat gab Befehl, daß die Künstler zu einem Gemälde ihre Schizzen oder Entwürfe verfertigen sollten, damit er zur Ausführung den Geschicktesten erwählen könnte. Tintoretto wollte mit Schizzen die Zeit nicht verlieren, sondern er verfertigte das ganze Werk nach dem vorgeschriebenen Maaß und Verfassung, wenn andre erst darauf studirten. Man erstaunte über die Geschwindigkeit und Kunst, in welcher ihm alle andre weichen mußten. Seine Gemälde sind schön, und sein Colorit wird von jedermann bewundert, ohngeachtet die Umrisse nicht allemal die reinsten sind.

X 2 Cor-

Correggio, von seinem Geburtsort, oder vielmehr von seinem Vater Anton Allegri genannt, besaß eine so gratiöse und ihm eigene Einfalt in seinen Weiber = und Kinderfiguren, in seiner Kleidung, Colorit und Erfindung, daß er alle Maler übertraf. Seine Manier in der Zeichnung und Arbeit ist groß, und der Pinsel der leichteste und angenehmste. In allen seinen Gemälden herrschen Stärke, Rundung, Lieblichkeit, Anmuth und Lebhaftigkeit der Farben. Seine Lichter sind wunderbar ausgetheilt, wodurch alles stark und erhaben wird. Er breitete das Licht aus, und ließ es sich am Ende dermaßen nach und nach im Braunen verlieren, welches die Rundung und Erhabenheit verursachte, ohne daß man wahrnehmen konnte, woher eine solche Stärke und Zufriedenheit des zuschauenden Auges herrühre. Seine Art, Köpfe, Hände, Füsse und andre Theile zu zeichnen, ist der Nachahmung würdig. Er malte mit einer solchen Vermischung und Eintracht der Farben, daß seine größesten Gemälde einem vorkommen, als wenn sie in einem Tage angefangen und ausgeführt wären, oder, als wenn sie in einem Spiegel erschienen und glänzten. Er lebte nicht länger als 40 Jahre, und starb 1534, und war also lange Raphaels Zeitgenosse. Er konnte dahero, wenn er ein Bild von ihm zu sehen bekam, und es ernstlich betrachtete, mit aller Billigkeit gleichsam in einer Entzückung ausruffen: Son pittor anche mi, welches ihm seit 230 Jahren nicht widersprochen worden,

den, auch allem Anſehn nach zu keiner Zeit mehr
wird können ſtreitig gemacht werden.

Parmiggiano oder Parmiggianino, oder nach
ſeinem Geſchlechtsnamen Francesco Mazzuoli
genannt, war zu Parma im Jahr 1504 geboren.
In der Zeichnung, Erfindung und im Colorit ſind
ſeine Gemälde vortrefflich; ſeine Stellungen und
Gruppen ſchön und unverbeſſerlich. Die Plün-
derung der Stadt Rom verjagte ihn, wie
viele andre, von dieſem Orte; von ſeinem Kupferſtecher wurde er zu Bologna beſtohlen, daher begab er ſich nach Parma, und legte ſich auf die
Alchymie, welche ihn viel Zeit und endlich das Leben koſtete.

Leonardo da Vinci wurde durch ſeine Feder
ſo ſehr berühmt, als durch ſeinen Pinſel. Sein
Genie verleitete ihn anfangs auf lauter wunderliche, auſſerordentliche Gegenſtände, und erſchreckliche Thiere, wovon er einige zu Vinci, einem
Schloß unter Florenz, wo er ohngefähr um das
Jahr 1450 geboren ward, zum Erſtaunen malte.
Was ihm von dergleichen unter die Augen kam,
faßte er ſtark ins Geſicht, und zeichnete es gleich
zu Hauſe, woraus auch hernach ſeine Caricaturen
entſtunden, welche erſt 1730 in Kupfer geſtochen
ans Licht getreten ſind. Er war unter allen Malern, die vor und nach ihm gelebt haben, der ge-
lehrteſte. Sein Buch von der Malerey wird ſo
hoch geſchätzt, daß ich es in Paris um ſechs Louis-
d'or nicht erhalten konnte. Ich rede aber hier

von

von der Auflage in Folio, in welcher die Zeichnungen von der Hand des Poußins herkommen.
Er schrieb auch von der Anatomie des menschlichen
Körpers, und des Pferdes die vortrefflichsten Abhandlungen. Seine Schriften befinden sich in
der ambrosianischen Bibliothek zu Meyland, wo
ich sie alle gesehen habe. Dieser große Universalist kömmt in diesem Werke auch anderwärts vor.

Seine Lebensbeschreibung findet man bey
seinem Buche von der Malerey, welches auch in
die deutsche Sprache übersetzt ist. Leonardo
da Vinci malte nach der Kunst und Art, wie er
sie gelehrt hatte,

Andreas del Sarto; wenn dieser so viel
Herz und Muth, als Colorit, Zeichnung und
Erfindsamkeit gehabt hätte; so wäre er einer von
den glückseligsten Malern geworden. In seinen
Figuren herrscht die höchste Vollkommenheit.
Seine Köpfe von Weibern, Kindern, Jungen
und Alten sind natürlich, anmuthig, lebhaft und
munter hingemalt. Das Gewand steigt bis zur
Verwunderung, und das Nackende ist unübertrefflich. Er ward im Jahr 1478 zu Florenz
geboren, allwo sein Vater das Schneiderhand-
werk trieb; daher hieß man ihn den Schneider Andreas del Sarto. Er studirte
nach Cartonen des Michelagnolo, und des Lionardo da Vinci. Er und San Sovino, sein
Freund, waren fast immer beysammen, und ihre
beständigen Unterhaltungen waren nichts als Gespräche

spräche von der Beschwerlichkeit ihrer Künste, in welchen sie vortrefflich wurden. Wie sehr wäre es zu wünschen, daß manche junge Leute sich lieber mit dergleichen unterhielten, als mit andern murrischen, schwermüthigen, gehäßigen, ausschweifenden, stürmischen und nichtswürdigen Zeitvertreibe, wodurch sie nur das Gemüth beunruhigen, und die Künste schwächen. Andreas zierte die Stadt Florenz durch unzählige Gemälde, welche noch bis auf den heutigen Tag bewundert werden, und wovon Octavianus Medices viele in seine Gallerie bekam. In seinen großen Compositionen herrschet die wahre Natur, zuweilen malte er gar die Portraite seiner Freunde darunter. Seine Geschicklichkeit war so groß, daß er Raphaels Gemälde bis zu einer zauberischen Aenlichkeit nachahmen konnte, wie dieses folgende Begebenheit beweist: Fridericus II. Herzog von Mantua, kam nach Florenz, und sah unter den Gemälden des Octavianus Medices das Portrait des Pabstes Leo X. von der Hand des Raphaels. Von Florenz trat er die Reise nach Rom an, dem Papst Clemens VII seine Ehrfurcht zu bezeugen. Friedrich begehrte vom Pabst, er wollte es doch beym Octavian zu Florenz dahin zu bringen suchen, daß er ihm gedachtes Portrait schenken möchte. Sein Wunsch ward erfüllt. Weil aber Octavian sich dieses Schatzes nicht berauben wollte, so trug er dem Andreas del Sarto auf, in geheim eine Copie davon zu verfertigen. Dieses geschah so glücklich, daß Octavian selbst nicht

X 4   wußte,

wußte, welches Stück das Original wäre. Er
schickte also die Copie nach Mantua, wo Julius
Romanus, Raphaels Schüler, selbst zugegen
war, und dem Herzog diese Schilderey über die
Maaßen, ja so sehr lobte, daß er ihm darinn
einige seiner Pinselstriche anzeigte, welche er in
Gegenwart des Raphaels, als er es malte, daran gemacht habe; diesen Theil hat Raphael,
sagte Julius, jenen aber meine Hand gemalt; so
sehr verkannte Julius seine eigene und Raphaels
Arbeit. Als zu eben der Zeit Giorgio Vasari
zum Herzoge nach Mantua kam; so war dieses
das erste, daß er ihm gleich dieses schöne Gemälde sehen ließ. Vasari aber sagte endlich auf
Zudringen des Herzogs voller Zweifel zu ihm:
Dies Portrait ist zwar kostbar, allein Raphael
hat es nicht gemalt. Julius, welcher zugegen
war, rief mit dem größten Eifer aus: Wie?
nicht? Merke nur einmal auf meine eigene Pinselstriche, und halte Raphaels Art und Kunst dagegen. Sie haben es vergessen, antwortete Vasari, ich habe es gesehen, als Andreas del Sarto
diese Copie zu Florenz in Gegenwart des Octavianus Medices malte. Ich beweise dieses dadurch:
Diese zwey Stücke stunden zu Florenz beysammen, und weil man sie nicht unterscheiden konnte,
so wurden sie verwechselt; Sarto aber hatte auf
das seinige ein Zeichen gemacht. Man darf es
nur umkehren, so werden wir es finden. Julius,
der es begierig umwandte, erschrack, da er das
Merkmaal sah, und sagte: Man mag sagen, was

man

man wolle, so schätze ich diese Copie eben so hoch,
und noch höher, als wenn sie Raphael selbst gemacht hätte, denn es ist übernatürlich, daß ein
Künstler dem andern so änlich werden könnte.
Genug, daß die Kunst unsers Andreas del
Sarto in Vergleichung eines so großen Meisters
so wohl, als ohne denselben vortrefflich ist. Auf
diese Weise ward der Herzog befriediget, und
Florenz des Raphaelischen Schatzes nicht beraubt;
beyde sind aber heute zu Florenz in der großen
Gallerie.

Ueberhaupt sieht man in allen Gemälden un-
sers Andreas nichts als Größe, Majestät und
Anmuth, alles lebt, und erweckt Verwunderung.
Als Florenz im Jahr 1529 belagert und in den
Vorstädten alles verheeret wurde, so traf dieses
Unglück auch das Kloster S. Salvi, wo der Kriegs-
mann zu plündern und eine ungeheure Zerstörung
anfieng. Nachdem er aber in das Refectorium
einbrang, und die Gemälde des Andreas del
Sarto erblickte, so ließ er dasselbige unverletzt,
und griff davor anderwärts alles mit der größten
Wuth an.

Andreas hatte von Natur die Gabe, sanft
und anmuthig zu zeichnen, und leicht und lebhaft
sowohl in Fresco als in Oel zu coloriren. Er
hielt sich einige Zeit in Rom auf, sah den Ueberfluß der antiquen und modernen Sculptur und
Malerey; beobachtete die Menge der Schüler
des Raphaels, wie muthig und genau sie in der

X 5 Zeich-

Zeichnung, im Arbeiten ficher, und ohne Mühe zu Werke giengen; daher machte er fich hernach zu Florenz alles zu Nuße, befonders weil er Schatten und Licht vollkommen verftund. In Fresco malte er, daß man denken mußte, er habe alles in einem Tage vollbracht. Er berührte auch keinen Zug jemals mehr im Trockenen. Mit einem Worte, feine Verdienfte ftiegen fo hoch, daß fein Name daburch verewigt wurde.

Ludovicus Caracci ftudirte zu Parma, und ahmte dem Correggio nach, wurde in der Zeichnung vortrefflich, und im Colorit fo angenehm, daß Guido ihm darinn nachzufolgen trachtete, nachdem er vorher Hannibals Manier ftudirt hatte. Ich befiße ein vom Ludovico auf Holz gemaltes kleines Stück, welches fo erhaben als ein Baſſorilievo zu feyn fcheint. Man nimmt darinn nicht nur den Correggio, fondern auch den Raphael wahr; ganz Italien fchäßt feine Arbeit fehr hoch. Nebft obigem Bilde habe ich auch deffelben radirte Zeichnung von feiner Hand.

Annibal Caracci, Ludwigs Brubers Sohn und Schüler, hieng auch meiftens dem Correggio, Raphael und Titian an; Raphaelen aber konnte er nicht erreichen, ob er fchon alles unternahm und fleißig ausführte. Seine Manier war groß, und fowohl im Zeichnen als Malen vortrefflich. Sein Genie wurde fo fehr bewundert, daß die Italiäner ihn Annibale il terribile

ribile, den erschrecklichen nannten, gleichsam, als
wenn er in der Malerey das wäre, was Annibal
von Carthago in der Kriegskunst vorstellte. Sie
hatten auch Ursache darzu: denn die Malerkunst
gerieth in solchen Verfall, daß Annibal Carracci
der erste war, der ihr zu seiner Zeit wiederum auf
die Beine half, so, wie Cimabue, Ghiotto, Raphael und andre sie wiederum in Ansehn brachten. Alles fieng an, in gewisse Manieren zu
verfallen, und dem Eigensinn den Zügel schießen
zu lassen. Florenz und Rom hatten niemanden
mehr, der die Augen auf das Antique und Raphaelen zu werfen dachte. Zu Venedig verlohr
die Kunst ihren Ruhm mit dem Tode des Tintoretto. Rubens schleppte die Kunst aus Italien mit sich fort, und Barocci mußte zu Urbino schmachten. Mit einem Worte, ganz Italien sah sich auf einmal von allen Malern entblößt,
bis endlich Bologna eine neue Mutter und Schutzgöttinn dieser in den letzten Zügen liegenden Kunst
wurde. Diese Stadt war es, welche den Annibal Carracci zeugte, und ihn mit allen Gaben der
Natur so reichlich ausrüstete, daß er seine Vet-
tern, Brüder und Meister übertraf. Sein Vater, Antonius, ein Schneider von Cremona,
ließ seinen Sohn Augustin malen, Annibalen
aber die Goldarbeit lernen. Ludovicus, sein
Bruder, unterrichtete dem Annibal im Zeichnen,
worinn er auch so stark wurde, daß er schon als
ein Knabe die Straßenräuber der Obrigkeit
kenntlich vorzeichnen konnte, welche ihn und seinen

nen Vater beraubt hatten. In ſeinem zwanzig-
ſten Jahre ahmte er ſchon dem Correggio und
Titian nach. Er kam nach Venedig zum Baſ-
ſano ins Zimmer, und griff daſelbſt nach einem
Buche. Er fand ſich aber betrogen, weil es nur
gemalt war. Er und Auguſtin kamen nach
Bologna zurück, woſelbſt ſein Meiſter Ludovicus von ihm das Colorit lernte, das er mitbrach-
te, und auf dieſe Art nahm die berühmte Akademie der Carracci ihren Anfang. Alles lief ihnen
zu. Dieſe drey Carracci, Ludovicus, Ago-
ſtin und Annibal arbeiteten zwar mit gleichem
Eifer, aber nicht mit einerley Erfolge; jedoch be-
hauptete Annibal den erſten Rang. Sie malten aber nicht einer nach dem andern auf einer
Leinwand, an einem Geſichte, an einer Naſe, wie
ich es mit Verwunderung anderwärts geſehen, und
gezweifelt habe, ob ſo viel Hände ein Kunſtſtück
zuſammen malen könnten. Wollte man aber jemanden geſchwinde um gute Bezahlung abferti-
gen, ſo räume ich ein, daß dieſe Art ſehr vortheilhaft iſt, zumal, wenn einer, der müde gewor-
ben, dem andern den Pinſel in die Hand geben
kann.

Nachdem Annibal endlich nach Rom in den
Palaſt Farneſe zu arbeiten kam, ſo vertiefte er
ſich in der Stille ſo ſehr in dem Antiquen, daß
er den Laokoon aus dem Stegreif hinzuzeichnen
und andre Maler in Erſtaunen zu ſetzen wußte.
Nicht nur Rom, ſondern ganz Italien bewundert
noch

noch heute zu Tage seine Gemälde im Farnesischen Palast, wo Annibal seine ächtjährige
schwere Bemühung mit großem Verdruß endig-
ten. Der Cardinal Odoard Farnese hatte ihm
versprochen, er wollte ihn fürstlich belohnen, weswegen auch Annibal der Hoffnung lebte, seine
Zufriedenheit zu erlangen. Ein Günstling des
Cardinals, Giovanni di Castro aus Spanien,
rechnete aber jeden Bissen Brod, den Annibal
acht Jahre hindurch genossen hatte, zusammen,
und brachte ihm endlich von ungefähr 500 Scudi
d'oro, welches ungefähr 1500 fl. sind. Annibal
verfiel hierauf in eine solche Schwermüthigkeit,
daß er keinen Pinsel mehr anrührte, sondern seine
Schüler arbeiten ließ.

Annibal war ein Feind des Stolzes, oft
kleinmüthig, aber auch bisweilen munter, und
allezeit witzig. Als ihn einmal ein würdiger
Mann, einer von seinen guten Freunden um den
Unterschied zwischen Raphaelen und Titianen
fragte; so sagte er: Titian habe zur Lust, Raphael aber zur Verwunderung gemalt. Da
man ihn weiter fragte: ob Guido besser male,
als Dominichino, so antwortete er, daß Guido
der Meister, Dominichino aber der Schüler zu
seyn scheine, jedoch glaube er, daß der Schüler
mehr verstehe, als der Meister. Man will ver-
sichern, daß er auch die Art der Caricaturen erfunden habe, weil er eine diesem oder jenem ähnliche Zeichnung ohne Mühe entwerfen konnte,
auch

auch unzählige scherzhafte Erfindungen hinterließ. Er starb im Jahr 1609, und bekam neben
Raphaelen in der Rotunda zu Rom sein Grabmaal.

Augustin Carracci, ein Bruder des Annibals, half ihm fleißig an der farnesischen Gallerie
arbeiten; weil er sich aber wie die Hofleute kleidete und eben so aufführte; so konnte er ihn nicht
wohl leiden.

Er gab ihm auch einstens eine Zeichnung,
welche ihren Vater vorstellte, wie er mit der
Brille auf der Nase die Nadel einfädelte, und die
Mutter mit der Scheere in der Hand Lappen zer-
trennte. Dieser Vorwurf verdroß den stolzen
Bruder so sehr, daß er sogar Rom verließ. Dieser Mann wurde 1558 zu Bologna zu allen Künsten und Wissenschäften gebohren; daher wurde
er im Zeichnen, Coloriren, und Kupferstechen so
berühmt. Er hatte auch in seiner Akademie,
nebst dem Ludovico und Annibal, jederzeit den
Vorsitz. Tintoretto war ihm so lieb, daß er
ihn und den Paul Veronese öfters zu Venedig
besuchte, und ihre Gemälde in Kupfer brachte.
Daselbst wurde ihm ein Sohn geboren, den ihm
Tintoretto aus der Taufe hob, und ihm seinen
Namen Anton geben ließ. Zu Bologna fuhr
er so geschickt zu malen fort, daß er nach Parma
berufen wurde, und für den Herzog Ranuccio verschiedene Gemälde verfertigen mußte. In einem
Schauspiele wurde er unter dem Thor so sehr gedrückt,

druckt, daß er krank hinfiel, und im Jahr 1602 starb. Man sieht von seiner Hand auf die 40 Kupferstiche, theils von fremden, theils von seinen eigenen Malereyen. Es giebt Kenner, welche glauben, daß die Raphaelische Familia Sacra bey den P. P. Barnabiten zu Wien, und der Raphaelische Prophet im heiligen Kreuzerhofe zu Wien Copien von der Hand des Augustin Carracci sind. Den Propheten besitze ich in Kupfer gestochen, und vom Agustin Caracci unterschrieben.

Anton Carracci, Augustins Sohn, wurde von Annibal in der Malerkunst erzogen. Er kam zu ihm nach Rom, wo er dem Guido Reni in seinen Arbeiten helfen mußte, und bald einen Namen bekam. Allein der Tod raffte ihn im Jahr 1618 in seiner besten Blüte hinweg. Rom verlohr den jungen Künstler nicht gern, weil er durch seine Geschicklichkeit Hoffnung machte, daß Rom sich bald eines großen Künstlers zu erfreuen haben würde.

Guido Reni studirte zu Bologna meistens nach Ludovico Carracci, und Lorenz il Fiamengo, welcher mit Ludovico in gleichem Range stund. Guido bediente sich anfangs der Zeichnungen und der Kupfer= oder Holzstiche vom Albrecht Dürer, wie Raphael und Virgilius des Ennius. Er brachte seine Gedanken in seine eigene Manier, und kleidete sie in eine solche Schönheit und Anmuth ein, daß er mehr gewann, als

als die ganze Carraccische Akademie. Er kam
endlich nach Rom, und malte daselbst mit dem
Cavalier Arpin die Kapelle Maria-Schnee in
der Kirche Santa Maria maggiore; wo er
zween Bischöfe in der Kupel malte, und dadurch
den Arpin so eifersüchtig machte, daß er ihm den
Abschied gab, weil er besorgte, Guido möchte
ihn übertreffen, er selbst aber von der Arbeit ab-
gedankt werden. Guido kam in großen Ruhm,
wie wir anderwärts gemeldet haben. Endlich zog
ihm seine Ausschweifung im Spielen, und andre
durch großen Verlust entstandene Verdrießlichkei-
ten die Melancholie, und endlich den Tod zu.
Er starb im Jahr 1642, in einem Alter von 67
Jahren. Kostbare Gemälde von seiner Hand
prangen auch zu Wien in der Fürst-Lichtensteini-
schen Gallerie.

Francesco Albano, war anfangs ein guter
Freund, endlich aber durch den Wetteifer ein ab-
gesagter Feind des Guido. Albano zeigte sich
in seinen Arbeiten angenehm, zärtlich, und in der
Zeichnung genau. Seine Gedanken in Geschichten und Fabeln waren immer lieblich. Seinen
Schülern verhöhlte er nichts, sondern wies ihnen
alle Geheimnisse und Beschwerlichkeiten der
Kunst. Er starb im Jahr 1660.

Dominico Zampieri, sonst Dominichino
genannt, von welchem wir anderwärts viel geredet haben, studirte in der Carraccischen Akademie,
und wurde endlich derselben Vorgesetzter, und gab
ihm

ihm in Italien den Namen il Principe dell Academia. In seiner Jugend kam er nach Rom zum Albano und Carracci, und arbeitete mit Beyfall dieser Meister. Weil er aber langsam war, so nennte ihn der junge Anton Carracci, der Sohn des Agostin, einen Ochsen, welches ihm aber Annibal verwies und sagte: dieser Ochse pflügt ein fruchtbares Erdreich, und er wird gewiß bald die Malerkunst ernähren können. Er malte zu Rom viele Stücke, absonderlich übertrifft die Communion des heiligen Hieronymus in der St. Peterskirche alle andre so sehr, daß Poussin und Andreas Sacchi dasselbe jederzeit der Transfiguration vom Raphael gleichschätzten. Der arme Domenico litte aber dabey eben so Hunger, wie Protogenes, und bekam endlich nur hundert Gulden dafür. Jedoch müssen sich junge Leute hieran nicht stoßen, sondern dem widrigen Schicksal zum Trotz unermüdet fortarbeiten, bis endlich das Glück und die Kunst einander die Hand bieten. Die Saumseligkeit und Nachläßigkeit wird das Glück umsonst erwarten. Die berühmtesten Leute gelangten nur durch Mühseligkeit und Schweiß zu Ehren. Im Jahr 1629 gieng er nach Neapel, um daselbst den heiligen Januarius zu malen. Alle Maler in der ganzen Stadt rotteten sich wider ihn zusammen, daß er vor Verdruß hätte vergehen mögen, und seine Befehlshaber selbst nicht wußten, woran sie waren. Spagnoletto, der Maler des Vicekönigs, verachtete den Dominichino so sehr, daß er von

ihm

ihm sagte: er verstünde weder die Kunst, noch
den Pinsel, er wäre gar kein Maler. Endlich
wurde er gezwungen, die Flucht zu nehmen, und
kam nach Frascati, wo ihn der Cardinal Aldo-
brandini gnädig aufnehmen ließ. Durch die
Vermittelung dieses Fürsten kam er wiederum
nach Neapel. Was half es aber? Die Verfolgung wurde noch viel heftiger, welche ihn so sehr
schmerzte, daß er im Jahr 1641 nicht ohne Argwohn, daß man ihm Gift beygebracht habe, den
Geist aufgab. Seine Arbeiten wurden herunter
geworfen, und seinem Feinde, dem Lanfranco zu
malen anvertrauet, wovon Spagnoletto auch
einen Theil erhielt.

Dominichino sagte oft: es sey unmöglich,
ein Gemälde geschwind zu beobachten, an welchem
der Urheber viel Jahre zngebracht habe. Daher
blieb er zu halben Tagen vor einem Stücke stehn,
als er die Zimmer des Raphaels zu sehen Gelegenheit hatte, und stellte seine Betrachtungen darüber an. Es war ihm unbegreiflich, wie es
möglich sey, daß viele Maler ihre Arbeit mit
Scherzen, Lachen und Schwatzen zu Stande bringen könnten. Dieses nennte er durch eine bloße
Gewohnheit, nicht aber mit Verstande malen.
Nichts ist angenehmer zu sehen, als seine Landschaften, besonders die in der Gallerie Borghese,
in welcher Diana mit ihren Nymphen und Hun-
den, dickes Gebüsch, Hirten, Gewässer, Bäume,
Felder, Hügel, grüne Wiesen und Berge erscheinen.

scheinen. Die Nymphen rennen, ringen, baden,
schwimmen und schießen Gruppenweise Pfeile nach
einem Vogel. Dieses Gemälde ist reich von allerhand Begebenheiten, und so natürlich geschildert, daß man es niemals genug betrachten kann.
Ich habe es zum wenigsten dreyßig mal, und jederzeit mit neuem Vergnügen angesehen, endlich
es auch in Kupfer gestochen erhalten. So
schlecht der Grabstichel ist, so reizend zeiget sich
die Composition. Wer Maleraugen hat, der
muß erstaunen. Die Nymphen sind hurtig,
schnell, aufgeschürzt, mit bloßen Füßen, Achseln
und Armen. Alles lebt, und man hat sich der
Strafe des Aktäons nicht zu befürchten, wenn
man die Diana betrachtet, weil Aktäon nur eine
bloße Zugabe der Malerey ist, welche sich ein
Vergnügen daraus macht, den geliebten Gegenstand zu zeigen. Diana steht mitten im Bilde
aufrecht, und hebt die Preise empor, welche den
geschicktesten Nymphen zu Theil werden sollen,
und in Bogen, Köcher u. s. f. bestehn. Die Beschreibung dieses Gemäldes allein erforderte eine
besondre Abhandlung.

Ganz Rom, wo man einige Cartonen von
denen zu Neapel verheerten Malereyen des Dominichino besitzt, möchte noch heute über diesen
barbarischen Umstand weinen. Zu Neapel habe
ich selbst noch deswegen bittere Klagen gehört.

Giovanni Lanfranco von Parma. Dieser Mann ist mir bloß wegen des Dominichino

Y 2　　　　　ver-

verhaßt; weil er mehr vor den Neid, als vor seine
Kunst eingenommen war, und doch jenen keines=
weges übertraf. Dennoch muß ich ihm darinn
Gerechtigkeit wiederfahren lassen, daß er nach dem
Correggio studirt, und endlich zu Rom mit An=
nibalen Carracci gearbeitet hat. Er radirte
damals die Gemälde des Raphaels im Vatican,
und dedicirte das Werk dem Carracci. Er ist
im Malen frey und leicht, nach dem Geschmack
des Correggio und des Carracci; daher sieht
man in seinen Stücken schöne Falten, eine gute
Zeichnung und ein angenehmes Colorit. Ich
besitze sein Originalstück des heiligen Abendmahls,
welches er im Refectorio à S. Giorgio maggiore zu Venedig gemalt hat. Der Pabst Ur=
ban VIII gab ihm viel Arbeit. Er starb im
Jahr 1647 in einem Alter von 66 Jahren.

Albrecht Dürer. Es waren zween Al=
brecht Dürer, Vater und Sohn. Jener ward
im Jahr 1435 im Städtchen Jula bey Warasdin
in Hungarn geboren. Um das Jahr 1455 kam
er nach Nürnberg, und verließ dort das Zeitliche
im Jahr 1502. Der Sohn aber, unser Albrecht
Dürer, erblickte das Licht der Welt im Jahr
1471, und starb im Jahr 1528. Als dieser große
Mann, die Zierde unsers deutschen Vaterlandes,
das Lob des Raphaels von Urbino, seines Zeitgenossen, aller Orten erschallen hörte; so schickte
er ihm aus Hochachtung sein grau in grau gemal=
tes Bildniß, und wünschte sowohl ihn, als seine
Werke

Werke zu kennen.   Sein Wunsch war aber
vergeblich, ob er gleich endlich nach Venedig
kam, und allda ein Gemälde vom heiligen Bar-
tholomäo malte, welches in der Kirche, die diesem Heiligen gewidmet ist, aufgemacht wurde,
und von solcher Kunst war, daß es der Kaiser
Rudolph II, mit großer Begierde zu kaufen verlangte, es endlich auch erhielt, und dasselbe von
Venedig bis nach Prag, nicht führen, sondern
tragen ließ, damit demselben kein Schade zuge-
fügt werden möchte.

Das ganze Reich der Künste bedauret es
noch, daß dieser unvergleichliche Künstler Rom
und das Antique nicht gesehen hat; denn er würde
gewiß vom deutschen Geschmack, in dem er lebte,
auf den griechischen gekommen seyn, und allem
Ansehen nach alles in Italien übertroffen haben.
Er war ein so gelehrter Maler, daß er von den
Verhältnissen des menschlichen Körpers, auch unzähligen andern Künsten und Wissenschaften Bücher schrieb, die ihm bey den größten Gelehrten
seiner Zeit den schönsten Ruhm zuwege brachten.
In der kaiserlichen Schatzkammer zu Wien sind
verschiedene kostbare Gemälde, und ein ganzes
Buch voll von seinen Zeichnungen zu sehen, welche für die Kaiser Maximilian und Ferdinand verfertigt worden.

Johann Holbein, von Augspurg gebürtig,
und in Basel wohnhaft, gieng nach England, wo
er durch ein Schreiben des Erasmus von Roter-

dam

bam dem berühmten Thomas Morus empfohlen
wurde. Dieser große Minister brachte ihn nach
Hofe, wo er vor allen Dingen das Portrait des
Königs Heinrichs VIII vor die Hand nehmen
mußte, ausserdem aber viel andre Gemälde mit
ungemeinem Beyfall ausarbeitete. Der König
schätzte ihn so hoch, daß er bey Gelegenheit einer
Zwistigkeit, in welche Holbein mit einem Mylord gerieth, sich gegen denselben voller Zorn mit
diesen Worten herausließ: ich kann aus einem
Bauren einen Mylord machen; aber aus zehen
Mylorden keinen einzigen Holbein verschaffen,
welches eine bloße Unmöglichkeit ist. Er war auch
in der That ein so großer Künstler, daß Rubens
ihn den zweyten Raphael nannte, andre aber
ihn demselben zuweilen gar vorzogen. Er endigte
sein Leben zu London im Jahr 1554, zur Zeit der
Pest, und wurde folglich, wie andre, in eine
Grube geworfen. Doch ließ man ihm ein herrliches Grabmaal aufrichten.

Peter Paul Rubens, von Antwerpen,
wurde bald in der Malerkunst ein Universalist,
wodurch man ihn so gar bis zur Würde eines Bot-
schafters erhob, nachdem er einige Zeit zu Rom
gewesen war, und gleichsam nur im Vorbeygehen
den antiquen Geschmack an sich gezogen hatte.
Wie schön wußte er denselben mit dem Flamländischen zu vereinigen! Man betrachte nur zu
Wien in der Fürst- lichtensteinischen Gallerie seine
Geschichte des Decius; so wird man davon überzeugt

zeugt werden. Die Welt ist beynahe durchgängig mit seinen Gemälden geziert, die man aller Orten bewundert. Er hatte in der Lombardie so viel studirt, daß er eine größere Leichtigkeit erlangte, als Titian; mehr Reinigkeit, Wahrheit und Wissenschaft besaß, als Paul Veronese, und mehr Majestät, Ruhe und Mäßigkeit zeigte, als Tintoretto. Er war seiner Sache so gewiß, so gelehrt, erfindsam und fertig, daß es scheint, das ganze Reich der Malerkunst hätte ihn allein zum Muster haben sollen. Sein Tod fällt ins Jahr 1640.

Van Dyck hatte die Ehre, der vornehmste Schüler des Rubens zu seyn, auch denselben in vielen Stücken zu übertreffen, wie es sein Fleisch und viele seiner Cabinetsgemälde bezeugen. Rubens brauchte ihn mit Vergnügen zu allen seinen Arbeiten, besonders mußte er ihm so gar die Cartonen zur Geschichte des Decius verfertigen, welche zu Tapeten bestimmt war, weswegen sie auch durchgängig nach der linken Seite gemalt worden, damit sie hernach durch die Wirkerey rechts ausfallen könne. Alle Haupthandlungen geschehen mit der linken Hand, also, daß man diese Gemälde mit mehr Vergnügen durch den Spiegel sieht, als wenn man sie gerade hin betrachtet. Rubens selbst muß auch den Spiegel dabey ohne Unterlaß gebraucht und seine Mühe dadurch verdoppelt haben. Weil nun die Kupferstiche meistens nur zum Vergnügen verfertiget sind, so

Y 4 glaube

glaube ich, man ſollte die rubenſiſche Geſchichte des Decius im Abdrucke der Kupferplatte umgekehrt ſehen können. Van Dyck reiſete nach Italien und ſtudirte Titians Colorit, und die Werke des Paul Veroneſe. Doch fand er mehr Luſt an den Portraiten, weil er dadurch einen reichen Unterhalt erwarb, und denſelben abſonderlich zu Genua fand, von da er endlich nach Rom gieng, dem Cardinal Bentivoglio, dem berühmten Verfaſſer der niederländiſchen Geſchichte, ſeine Aufwartung zu machen. Er wurde überaus huldreich aufgenommen, und mußte bald anfangs das Portrait ſeiner Eminenz vor die Hand nehmen, welches heute in der Gallerie zu Florenz zu ſehen iſt. Der Cardinal ſitzt mit einem Schreiben in der Hand, als wenn er es ſchon geleſen hätte.

Van Dick lebte Standesmäßig in voller Pracht und Anſehen. Er hatte viele Bedienten, wodurch er alle Augen auf ſich zog und ausnehmend geehrt wurde. Als aber ſeine Landsleute ihn zu einem Schmaus einladen ließen, und er ſich entſchuldigte; ſo begegneten ſie ihm hierauf mit Verachtung. Alle Flamländer nennten ihn einen ſtolzen, ungeſchickten und elenden Maler, und haſſeten ihn ſo ſehr, daß er endlich Rom verließ, wiederum nach Genua gieng, und durch Portraite daſelbſt ſeine Börſe wiederum bereicherte, daß er eine Reiſe nach Sicilien unternehmen könnte, wo er den Vicekönig Philibert von Savoyen abſchilderte, bald aber wegen gewiſſer Vorfal-

Vorfallenheiten seine Abreise beschleunigen und wiederum nach Genua zurückkehren mußte. Endlich kam er nach Antwerpen zurück, wo er die Niederlande mit vielen Gemälden verherrlichte. Ich besitze von seiner Hand einen Silenus in Lebensgröße, den verschiedene Faunen und Bacchantinnen umringen; ein Tyger naschet in einem Haufen von Weintrauben an seiner Seite. Sein Leib von einer lebhaften Fleischfarbe, sein Kopf und Bart scheinen gleichsam hingezaubert zu seyn; die Farben sind so dünne und durchsichtig, als wenn alles nur hingeblasen wäre, obschon alles mit großer Dreustigkeit hingemalt zu seyn scheinet. Die Menge der Arbeiten dieses beliebten Künstlers ist so groß, daß man mehr als 300 bekannte Stücke zählt, worunter nicht nur Portraite, sondern auch Fabeln und Geschichte ganz Italien, Flandern und England zieren. Seine Art zu malen bestund darinn, daß er die Portraite früh Morgens anfieng, und daran fast bis ans Ende fortarbeitete, also, daß er in einem Tage, weil er gleich nach der Mittagsmahlzeit schon wiederum dabey saß, zwey Stücke vollenden konnte. Er machte hernach noch überdieses mit Bequemlichkeit seine Verbesserungen daran. Malte er Geschichte, so nahm er das Maaß, und rechnete, wie viel er in einem Tage würde fertig machen können. Er bediente sich der Wiederscheine sehr stark, und wo er die Lichter hinbestimmte, da ward er bald mit Stärke und Anmuth fertig. — Die Art und Regeln waren des

Y 5   Rubens

Rubens Leitstern; doch scheint er im Fleisch dem Titian näher zu kommen. Dieser Mann ward im Jahr 1599 zu Antwerpen geboren, und im Jahr 1641 kehrte er in London zu seinen Vätern. In Portraiten ward er zuweilen ein andrer Titian; in Geschichten und Stellungen seiner grossen Compositionen aber mangelte es ihm an der Vollkommenheit.

Franz von Quesnoy, sonst Fiamengo genannt, ein Bildhauer, brachte diese Kunst so hoch, daß man sagen konnte, Michelagnolo habe sie, nachdem ihr ganzes Daseyn von dem griechischen Alterthum an bis zu seinen Zeiten erloschen war, wiederum in Gestalt und Form zu bringen angefangen, Fiamengo aber ihr das Leben eingeblasen. Dieser in Italien über die Maaßen beliebte Künstler war im Jahr 1594 zu Brüssel geboren, wo sich seine Aeltern aus dem wallonischen Bezirk Quesnoy niedergelassen hatten. Er lernte im Anfange von seinem Vater in Elfenbein und Marmor arbeiten. Der Erzherzog Albert ließ ihn zu Tor Veerten die Statüe des heiligen Johannes verfertigen, worauf er ihn mit einem gewissen Gehalt nach Rom schickte, sich in dieser Kunst besser zu üben. Da Albert starb, mußte unser Fiamengo zu Rom sich mit Holz und Elfenbein behelfen. Er arbeitete für den Kupferstecher Claudius aus Lothringen, und für einen Kaufmann Peter Fischer aus Flandern. Philipp, Fürst von Colonna, gab ihm endlich Gelegenheit,

heit, ſeine Kunſt zu zeigen. Er verfertigte für
ihn ein Crucifir von Elfenbein, welches er dem
Pabſt Urban VIII verehrte. Seinen meiſten
Umgang genoß er mit dem picardiſchen Maler
Poußin, dadurch erhob er ſich zum großen antiquen Geſchmack, modellirte den Laokoon, den
Rücken des Herkules, ſtudirte nach Titians Kindern, machte Baßorilievi von Amouretten, und
andern gruppierten Figuren ſo zärtlich, daß er anfieng einen Ruhm zu erlangen. Er ſtellte die
Eitelkeit vor, wie ſie von der Liebe Gottes beſiegt,
mit Füſſen getreten und ſtumm gemacht wird; ein
andres Kind aber hebt zum Zeichen des Sieges
den Lorberkranz empor. In eben der Größe
machte er ein Kinderſpiel, da ſie einen Bock bey
den Hörnern halten, ihn peitſchen, ein andres aber
eine Maſke vor das Geſicht nimmt u. d. g. Dieſes Modell von Erde wurde durch den römiſchen
Künſtler, Thomas Fedele, ſonſt Tomaſo del
Porfido in Porphyr gebracht, in welchem Stein
zu arbeiten er eine beſondre Leichtigkeit beſaß.
Dieſes Werk gerieth auch ſo ſchön, daß es der
Cardinal Franciſcus Barberini dem König in
Spanien, Philipp dem Vierten zuſchickte. Es
wird auch heutiges Tages noch zu Madrit im königlichen Palaſt verwahrt. Hiernächſt war Silenus ſein Vergnügen, welcher an einem Weinſtock
angelehnt neben einer Höhle einen Rauſch aus-
ſchläft. Kinder binden ihm die Hände und Füſſe;
eine Nymphe bemalt ihm die Wangen mit Maul-
beeren; kleine Faunen ſtußen ſeinen Eſel, und

reißen

reißen ihm das Maul auf, damit er von der Erde
aufstehn sollte; ein kleiner Knabe hält ihm eine
Schaale zum trinken vor den Mund, und ein andrer will sie ihm wegnehmen. Diese Erfindung
hätte sollen in Marmor gebracht werden; allein
sie blieb nur in gebrannten Thon. Aus dieser
Beschreibung hätte man schließen sollen, als wenn
unser Künstler bloß in Kinderpossen vortrefflich
wäre; allein das Glück fügte es auch, daß er sich
sogar an Statüen wagen könnte. Da man an
der Lorettokirche zu Rom, nächst der Colonna
Trajana bauete, und den Vorschlag that, sie durch
verschiedene Marmorstücke zu zieren; so wurde
dem Fiamengo die heilige Susanna aus Marmor
zu bilden aufgetragen. Sie steht linker Hand,
höher als in Lebensgröße, gegen den Altar gewendet.

Ihre Stellung ist überaus schön. In der
rechten Hand hält sie einen Palmenzweig, und
das Angesicht sieht auf das Volk, und die linke
zeigt auf den Altar; weil aber der Arm unter dem
Mantel hervor geht, so weicht der Fuß zurück,
und die Statüe tritt auf den andern vest. Die
Gliedmaaßen sind also einander durch eine leichte
und sanfte Stellung entgegen gesetzt, jedoch so,
daß sie die jungfräuliche Eigenschaft einer Gottge-
weihten edlen Person behält. Ihr Antlitz zeige
eine liebliche Art der reinesten Grazie und Anmuth; das Haar ist natürlich zusammengefloch-
ten. Alle Linien des Gesichts geben Schönheit
und

und Schamhaftigkeit zu erkennen. Die Vollkommenheit dieser Statüe blickt hauptsächlich aus dem prächtigen Anzuge hervor, indem sie ganz bekleidet ist. Der feine und leichte Mantel ist dergestalt über das Kleid angebracht, daß die rechte Achsel und die Brust aufgedeckt bleiben; der Mantel aber auf den Arm und auf die Hand hinfällt, in welcher der Palmzweig ist. Von der linken Hand wendet und bieget er sich unter den Ellenbogen des Armes, der auf den Altar zeiget.

Hier bewies Fiamengo in den Falten seine ausnehmende Geschicklichkeit, der Mantel breitet sich vom Ellenbogen an unter der Brust aus, bedecket den übrigen Leib, hebt sich bey der andern Seite, und fällt mit gedoppelten Biegungen flatternd in eine große Endfalte. Man sieht unter dem Kleide den halben Fuß, von dem an die Falten bis zum andern laufen, und die Gliedmaaßen in der schönsten Rundung durchscheinen lassen. Ueber die Brust krauset sich das Kleid so lieblich, daß der Marmor sein rauhes Wesen gänzlich verliert, sich in die feinsten Falten verwandelt, und sowohl durch die Bewegung, als durch die witzige Erfindung dasjenige lebhaft wird, was er vorstellt. Weil die ganze Statüe bedeckt ist, so hat der Bildhauer seine Kunst vermehrt, und den Arm ein wenig, jedoch nur gleichsam zufälliger Weise, ganz bescheiden entblößet; denn da die Hand auf den Altar zeiget, so kehrt sich der Aermel um, und läßt das Nackende so viel erscheinen,

daß

daß es das Gewand unterbricht, und der ganzen
Figur eine Grazie verschafft.

Fiamengo zeigte in diesem Marmor so viel
Kunst, daß sie allen Bildhauern beständig zum
vortrefflichsten Muster von allen gekleideten Figuren bleiben wird. Seine reizende und zärtliche
Art der Arbeit kann den besten Antiquen zur Seite
gesetzt werden, und es hat ihn auch bisher noch
kein Meisel übertroffen. Er hatte zwar die Urania im Capitolio studirt, allein unsre Susanna
wird an Zärtlichkeit, Delicatesse und Anmuth für
weit schöner und vortrefflicher, als jene antique
Göttinn gehalten. So groß war die Kunst unsers Flamländers. Er bekam auch bald neue Gelegenheit, dieselbe zu zeigen.

Der Pabst Urban VIII ließ in der St. Peterskirche zu Rom 4 Colossalstatüen aufrichten,
worunter auch der heilige Andreas seinen Platz
haben sollte. Laurentius Bernini bekam den
heiligen Longin zu verfertigen, unserm Fiamengo
aber befahl man, den heiligen Andreas zu bilden.
Die heimliche Mißgunst jenes bereits schon in Ansehn und Ruhm stehenden römischen Künstlers
äusserte sich bey verschiedenen Gelegenheiten,
wie wir bald hören werden.

Fiamengo machte sein Modell von Gyps
zwey und zwanzig Palmen hoch. Es wurde auch
bald bewundert, und für würdig geschätzt, den
Platz in der St. Peterskirche zu verherrlichen,
nach welchem der Künstler in seiner Arbeit das
Licht,

lich, das Maaß und den Augenpunkt einrichtete,
weil ihm solche Stelle angewiesen worden. Damit nun das Modell mit aller Bequemlichkeit in
Marmor könnte gebracht werden; so ließ der Pabst
ihm einen Ort im Gießhaus anweisen, seine Arbeit anzufangen, und sein Modell wurde auf einem Karren fortgeführet. Das Fuhrwerk brach,
und das Modell gieng in Stücken. Fiamengo,
der zwar heftig erschrak, erholte sich dennoch bald
wieder, und machte, zum Trotz des Unglückes und
aller seiner Feinde, welche man für die Urheber
dieses widrigen Zufalls hielt, ein andres gleiches
und noch besseres Modell so geschwinde, als langsam er am vorigen gearbeitet hatte. Nach diesem verfertigte er die Statüe in Marmor, welche
nun in der St. Peterskirche zur ewigen Verwunderung aller Kenner, und zum unauslöschlichen
Ruhme des Fiamengo aufgestellt und würdig ist,
daß wir sie genau betrachten.

Die Statüe des heiligen Andreas ist mit er-
höhtem Haupt aufrecht so vorgestellet, daß er den
Himmel ansiehet. Hinter den Achseln steiget
das in zween gestützte rauhe Baumstämme abge-
theilte Kreuz empor. Der Apostel umfaßt und ergreift einen Stamm mit dem rechten Arm. Durch
die linke ausgestreckte Hand äussert er den Ausdruck
und die Regung der Liebe gegen Gott in seiner
Marter. Die Brust und der rechte Arm sind
bloß, der Mantel hängt unter der rechten Achsel
über dem Kreuzstamm, und zieht sich in schönen

Falten

Falten über den Leib mit andern Theilen verſchlun-
gen bis über den linken Arm an der Hand, von
welcher er abwärts zurück fällt, wodurch die
Schönheit dieſer Faltentheile immer größer wird.
Denn weil der Mantel unter der Bruſt von der
rechten zur linken Seite in verſchiedene hangende
Falten und Biegungen zertheilt als Tuch auf
Tuch herunter fällt; ſo wird darunter von der
rechten Lende her ein großer Raum, oder eine
breite Maſſe formirt, welche ſich um den rechten
Schenkel und Fuß mit einer am Ende umgeſchla-
genen Falte herum windet, zu welcher Maſſe von
der linken Lende her die herabgeſchwungenen Falten ſich vereinigen, und beyde Füße unbedeckt ſehen laſſen. Die Kunſt iſt ſo ſtark darinn, daß
alles ein leichtes, biegſames und geringes wol-
lenes Tuch, und keinesweges ein Stein zu ſeyn
ſcheinet. Die Falten ſind unter den Gliedmaaſ-
ſen ſo geſchickt aus einander gezogen, und ſo angenehm zuſammengebracht, auch auf dem Nackenden ſo wohl ausgebreitet, daß ſie die Figur
auf die zierlichſte Art ausdrücken. Hieraus erkennet man die Kunſt, das Erhabene der Glieder
im Gewande zu erleichtern, und leere Gegenden
anzudeuten, auch ſogar aus verwickelten Biegungen große und breite Falten heraus zu bringen.

Was das Nackende und die übrigen Theile
der Statüe betrifft; ſo wendet der Heilige, da er
den Himmel betrachtet, den Kopf nach der rechten Seite, und bieget die Bruſt durch eine ruhige
Stellung ganz ſanft auf die linke Seite.

Da

Da er übrigens zwischen einem und dem andern Kreuzstamm die rechte Achsel zurück hinein wendet; so zeigt er die Brust, und alle ihre Theile, wie sie nach der Beschaffenheit eines abgematteten Fischers stark, verhärtet, und durch das Alter geschwächt, die Gebeine und Muskeln aber unter dem Fleische gelinde und mäßig sind. Eben dergleichen Umstände herrschen auch im magern Angesicht, in der breiten und kahlen Stirne, im sträubigen Bart, und in dem aus himmlischer Gemüthsbewegung eröffnetem Munde.

Diese Figur allein, die in einem so großen Tempel unter so viel andern steht, scheint sich lebhaft zu bewegen; ihre Stellung ist frey, offen und majestätisch, weil der rechte Arm sich um den Stamm windet, und der linke sich so gelassen abwärts streckt, daß man unter beyden Achseln und allen Falten des Gewandes hinein sehen kann. Der linke Fuß steht vest, und der rechte in einer gewissen Entfernung davon so stark aufgehoben, daß er nur mit der großen Zehe den Boden berührt, weswegen das rechte Knie mit der schönsten Wirkung sich auswärts zeigt, der Schenkel aber unter einer großen Masse von Tuch rein und richtig erscheint. Mit einem Worte, die Kunst hat sich in dieser Statüe so deutlich gezeiget, daß das Auge des Zuschauers an diesen so ungekünstelt angeordneten Contrasten, an der Schönheit der ganzen Kleidung und ihren Falten, an dem Nackenden sowohl als Bedeckten, nicht nur ein

vollkommnes Vergnügen empfindet, sondern
auch in eine große Erstaunung gerathen muß.
Der Künstler hatte nicht Ursache, seinen Namen
zu verschweigen, so mißgünstig auch seine Widersacher denselben ansahen. Er setzte ihn unter
den erhabenen rechten Fuß der Figur mit diesen
Worten:

Fran. de Quesnoy Bruxel. fac.

So einhellig nun dem Fiamengo der Sieg über
seine Gegner von ganz Rom zugetheilet ward, so
heftig loderte das Feuer des Neides unter der
Asche. Die Statue wurde an ihrem bestimmten Ort aufgestellt; weil sie sich aber daselbst allzu ansehnlich zeigte, so wurde sie wiederum weggebracht, und unter dem Vorwande an eine andre Stelle gesetzt, daß es der Rang des heiligen
Longin also erforderte. Des Fiamengo Klage
und Verdruß, das Licht, der Schatten und der
Augenpunkt, die ungeheuer große Abänderung
des Anblickes, und alle Einwendungen hälfen
nichts. Der Apostel Andreas mußte dem Longin
den Rang lassen, und man muß itzo um die Statue fast herum gehen, wenn man alles sehen will,
was Fiamengo zu zeigen sich fünf Jahre bemüht
hatte. Ungehindert aller dieser Umstände aber
behauptet dennoch der Stein unsers Fiamengo
den Vorzug. Diese zufälligen Nebensachen dienen Bildhauern zur Ermahnung, daß sie sich bestreben sollen, den Ort, das Licht, die Höhe, den
Umfang der Stelle wohl auszukundschaften, wo

ihre

ihre Werke hingesetzt werden sollen. Eben diese
Beobachtung dienet auch den Malern zur Regel,
welchen große Gemälde aufgetragen werden.
Carl Maratta malte das Hochaltarblatt zu
S. Carlo al Corso zu Rom. Als es aufgemacht wurde, sah man kaum einen Pinselstrich
davon, weil das volle Tageslicht gerade darauf
hinfiel, und dadurch einen jeden verblendete. Er
fand aber ein Mittel, seinem Gemälde das gehörige Ansehn wieder zu verschaffen. Er entfernte
den obern Theil fast drey Palmen von der Mauer,
und bevestigte es so, daß es vorwärts hieng.
Solchergestalt erhielt es das erforderliche Tagelicht so schön, daß es verwunderungswürdig in die
Augen fällt.

Jedoch ich habe noch ein paar Worte von
unserm Fiamengo zu reden. Unter seinen Werken von Marmor befindet sich ein Kind, welches
in der Kirche al Campo Santo zu Rom alle Augen der Kenner an sich zieht.

Dieses Marmorstück ist so lebhaft, daß es
einen zum Mitleiden bewegt. Das Kind lehnt
sich seitwärts auf einen Todtenkopf, löscht mit einer Hand die Lebensfackel aus, und trocknet mit
der andern, die ganz in ein Schnupftuch eingewickelt ist, die Thränen von den Wangen. Der
bittere Schmerz setzt jeden Zuschauer in eine traurige Bewegung, und dieses um so mehr, wenn
man sich des Fiamengo erinnert, der durch Verfolgungen und Krankheiten endlich in der Blüte

Z 2   seines

seines Alters sein Leben endigen mußte. Ludewig XIII verlangte ihn nebst dem Poußin nach Paris, allwo beyde einen gleichen Gehalt genießen sollten. Dieser Trost schien ihm seine Gesundheit wieder herzustellen, deswegen beschleunigte er auch seine Abreise zu einer Zeit, da ihm sein Bruder sehr großen Verdruß verursacht, ja sogar, wie man argwohnt, ihm nach dem Leben gestrebt habe. Er kam von Rom nach Livorno, und starb daselbst im Jahr 1643, nicht ohne Muthmaßung, daß er Gift bekommen habe. Dieses hat aber seine Richtigkeit, daß die Mißthaten seinem Bruder, welcher auch ein Bildhauer, aber in der Kunst und an Sitten von den unsrigen weit unterschieden war, endlich zu Gent auf den Scheiterhaufen gebracht haben. Bey seinem gerichtlichen Verhör soll er den Brudermord freymüthig bekannt haben.

Unser Franz von Quesnoy oder Fiamengo, hatte zwar nur ermeldete zwo großen Statüen verfertiget; dennoch konnte man bey ihm eine solche erleuchtete Einsicht in der Wahl wahrnehmen, daß man bekennen mußte, er habe in allen seinen Arbeiten eine eben so reine und feine Kunst angebracht, als man sie in dem von den heutigen Bildhauern so sehr verachteten oder vernachläßigten Antiquen allein studiren kann. Er war in der Arbeit so unermüdet und ämsig, daß, als viele von seinen Freunden ihn zuweilen erinnerten; es wäre genug; das Stück sey gut; es brauche

nichts

nichts mehr; er ihnen antwortete: Es iſt wahr! ihr habt nicht Unrecht! allein das Urbild iſt euch unbekannt, welches mir noch in meinem Gedächt- niſſe ſchwebt.

In ſeinen Kindern wurde der Marmor zu Fleiſch, und die ihm nachahmten, und ihr Werk verbeſſern wollten, verfielen meiſtens in den Feh- ler, ihre Hände, Füße, Köpfe und Bäuche noch fleiſchigter zu machen; wodurch alles wider die Wahrſcheinlichkeit zu ſtreiten ſchien. Man weis, daß Michelagnolo aus Kindern gemeiniglich junge Herkules machte. Raphaels Kinder ſind anmuthig. Titian und Correggio bildeten ſie mit Zärtlichkeit. Annibal Carracci kann zwi- ſchen dieſen beyden mitten inne ſtehen. Am vor- trefflichſten aber wurden ſie unter dem Pinſel des Dominichino.

Rubens hielt unſerm Fiamengo in einem Schreiben an ihn die größeſte Lobrede. Als er ihm einsmals verſchiedene von ſeinen Gypſen zu- ſchickte; ſo wünſchte er ihn bald im Vaterlande zu ſehen, damit er daſſelbe durch ſeine Arbeiten und durch ſeinen antiquen Geſchmack verherrlichen könnte.

Weil wenige Bildhauer Gelegenheit haben, Rom zu ſehen, ſo zeige ich den Liebhabern dieſer Kunſt oben beſchriebenen heiligen Andreas und den heiligen Longin in Kupfer geſtochen, damit ſie nach ihrer Einſicht davon urtheilen können. Er befindet ſich in dem Werke, welches der Pater

Z 3　　　　　Bonanni

Bonanni von der St. Peterskirche zu Rom geschrieben hat. Dieses, nebst andern Werken,
kann man in der kaiserlichen Bibliothek zu Wien
täglich nach Belieben sehen und lesen. Alle Einwohner des Reichs der Wissenschaften und Künste haben daselbst einen freyen Zutritt.

Von unserm Flamländer muß ich noch erwähnen, daß der Herzog von Kent zu London von
ihm einen Cupido bekommen habe, welcher einen
Pfeil abschießt. Der Herr Tern-Kate zu Am-
sterdam besaß zween Köpfe von Philosophen aus
Marmor, die er höher schätzte, als ganze Statüen. Sie sind mit solcher Liebe und Kunst verfertiget, daß man die Vernunft selbst darinn erblickt, und ohne Nachsinnen behaupten kann, daß
es zween wahre Philosophen sind. Kurz: dieser große Bildhauer blieb seinen Zeiten nichts
schuldig. Er wurde wegen der Kunst von allen
seinen Mitkünstlern verfolgt, ob er schon stille,
sanftmüthig, eingezogen, bescheiden und erhaben
war.

Wilhelm della Porta, ein Ordensbruder
von Meyland, verfertigte das Grabmaal des Pabstes Paulus III in der St. Peterskirche zu Rom.
Die Statüe des Pabstes ist von Metall, die am
Fuß derselben theils liegenden, theils sitzenden
Figuren aber sind von Marmor. Dieses Monu-
ment stund anfangs auf der rechten Seite des
Hauptpfeilers in der St. Peterskirche, Urban VIII
ließ es aber im Jahr 1628 wegnehmen, und neben

ben der Kanzel des heiligen Petrus aufſetzen. Im
Palaſt Farneſe ſind zwo liegende Figuren von
Marmor, welche den Ueberfluß und die Liebe des
Nächſten vorſtellen. Porta bewies dadurch, wie
tief er in die Kunſt des Meiſels eingedrungen ſey.

Durch dieſe Marmorſtücke wurde Porta berühmt. Er ſtellte durch jene nicht nur die zwo
Haupttugenden des Pabſtes Paulus III, imgleichen die Klugheit und Gerechtigkeit vor; ſondern
machte auch das Angeſicht der Klugheit der Julia, der Schweſter des Pabſtes, jenes aber der
Mutter des Pabſtes Paulus änlich. Urſprünglich waren dieſe Statüen unbekleidet, daher ſind
ſie durch den Bernini mit einem Gewande von
Metall überzogen worden.

Dieſem Wilhelm della Porta giebt der
Farneſiſche Herkules ſeinen beſondern Rang unter den größeſten Bildhauern. Lange nach Ab-
ſterben des Raphaels und einige Jahre vor dem
Tode des Michelagnolo wurde dieſer Herkules
zu Rom aus dem Schütt der Bäder des Cara-
calla ausgegraben. Er iſt beynahe dreymal gröſ-
ſer, als nach dem gemeinen Leben von pariſchem
Marmor, und durchgängig bis auf die Füße unbeſchädigt ans Licht gekommen. Unſer Porta
mußte alſo die Füße dazu machen, und ſie anſetzen. Wie ſich nun Porta, ein moderner Mey-
länder, mit dem Urheber dieſes Herkules, dem
Glykon aus den griechiſchen Alterthümern, betragen habe, werden wir gleich erfahren. Kaum waren

Z 4

ren die Füße des Porta ausgearbeitet, ergänzet,
angemacht, und der Herkules in ſeinem völligen
Anſehn aufgeſtellt; ſo kamen durch ein gewiſſes
Schickſal die zween antiquen Füße, auch zum Vorſchein, als wenn es gleichſam unterſuchen wollte, ob
die modernen Bildhauer mit den antiquen zu vergleichen wären. Man bezeigte ſich ſchon mit der
Arbeit des Porta ſo ſehr zufrieden, daß man eine
heimliche Freude bezeigte, daß dieſe Füße nicht
antique, ſondern modern wären. Alle Künſtler
hielten unter ſich einen Rath, ob man die modernen wegſchlagen, und davor die antiquen anſetzen
ſollte; oder ob die modernen an der Statüe ihren
Beſitz behaupten könnten. Michelagnolo ſelbſt
und alle geſchickte Künſtler faßten den einhelligen
Entſchluß, man ſollte die neuen Füße dem Herkules nicht wegnehmen, ſondern alles, wie es Porta
ergänzet hätte, ſtehn laſſen. Glykon, deſſen
Name allein durch die Innſchrift am Fußgeſtelle
dieſes Herkules, ſonſt aber durch nichts anders
bekannt iſt, mußte alſo dem Porta weichen, und
ihm ſo viel Ehre durch die Füße wiederfahren laſſen, als er ſelbſt durch den ſchönen Leib der übrigen Statüe erworben hatte.

Die farneſiſche Flora iſt ebenfalls ein deutliches Zeugniß der Kunſt unſers Porta. Sie
erreichet beynahe die Höhe des Herkules. Sie
war aber weit mehr verſtimmelt, als man ſie unter dem Schutt hervor brachte. Denn der rechte
Arm, ein Stück des linken, der halbe rechte Fuß,

ein

ein Theil des linken und der Kopf sind vom Meißel des Porta. Uebrigens ist diese Statüe wegen des schönen Gewandes berühmt, welches alles übertrifft, was man im Antiquen von dergleichen sehen kann. Alles ist daran eben so leicht, als es nur immer Parmiggiano zeichnen könnte: Selbst Herkules, so groß und fleischigt er auch dort steht, hat doch an sich nichts schweres. Seine antiquen Füsse, wo ich nicht irre, kann man noch im Palast Farnese liegen sehen. Ich glaube, daß auch Michelagnolo diese zween Füsse, die er auszuhauen angefangen, deswegen wiederum liegen gelassen habe, weil des Porta seine schon fertig waren. Dergleichen Ergänzungen zu unternehmen erkühnen sich wenige, weil sie sich meistens in die Gefahr einer Verspottung setzen, insonderheit, wenn sie solche Arbeit nicht von Gyps, sondern von Marmor ausführen, und himmelweit vom Antiquen abweichen. Man muß ein Wilhelm della Porta seyn, wenn man es wagen will, Antiquitäten zu ergänzen.

Ich lese in einem Schreiben des gelehrten Annibal Caro an den Cardinal Santa-Croce, daß man unsern Porta den Bruder Wilhelm genannt habe, und daß er den Entwurf zum Grabmaale des Pabstes Paulus III nach dem wohlmeynenden Rath des Michelagnolo verfertiget habe. Die Statüe des heiligen Vaters giebt den Bonarottischen Geschmack völlig zu erkennen. Er sitzt so ungezwungen dort, als wenn er den Zu-

Z 5   schauer

ren die Füße des Porta ausgearbeitet, ergänzet, angemacht; und der Herkules in seinem völligen Ansehn aufgestellt; so kamen durch ein gewisses Schicksal die zween antiquen Füße auch zum Vorschein, als wenn es gleichsam untersuchen wollte, ob die modernen Bildhauer mit den antiquen zu vergleichen wären. Man bezeigte sich schon mit der Arbeit des Porta so sehr zufrieden, daß man eine heimliche Freude bezeigte, daß diese Füße nicht antique, sondern modern wären. Alle Künstler hielten unter sich einen Rath, ob man die modernen wegschlagen, und davor die antiquen ansetzen sollte; oder ob die modernen an der Statüe ihren Besitz behaupten könnten. Michelagnolo selbst und alle geschickte Künstler faßten den einhelligen Entschluß, man sollte die neuen Füße dem Herkules nicht wegnehmen, sondern alles, wie es Porta ergänzet hätte, stehn lassen. Glykon, dessen Name allein durch die Innschrift am Fußgestelle dieses Herkules, sonst aber durch nichts anders bekannt ist, mußte also dem Porta weichen, und ihm so viel Ehre durch die Füße wiederfahren lassen, als er selbst durch den schönen Leib der übrigen Statüe erworben hatte.

Die farnesische Flora ist ebenfalls ein deutliches Zeugniß der Kunst unsers Porta. Sie erreichet beynahe die Höhe des Herkules. Sie war aber weit mehr verstümmelt, als man sie unter dem Schutt hervor brachte. Denn der rechte Arm, ein Stück des linken, der halbe rechte Fuß,

ein

ein Theil des linken und der Kopf sind vom Meisel des Porta. Uebrigens ist diese Statüe wegen des schönen Gewandes berühmt, welches alles
übertrifft, was man im Antiquen von dergleichen
sehen kann. Alles ist daran eben so leicht, als
es nur immer Parmiggiano zeichnen könnte.
Selbst Herkules, so groß und fleischigt er auch dort
steht, hat doch an sich nichts schweres. Seine
antiquen Füsse, wo ich nicht irre, kann man noch
im Palast Farnese liegen sehen. Ich glaube,
daß auch Michelagnolo diese zween Füsse, die
er auszuhauen angefangen, deswegen wiederum
liegen gelassen habe, weil des Porta seine schon
fertig waren. Dergleichen Ergänzungen zu unternehmen erkühnen sich wenige, weil sie sich meistens in die Gefahr einer Verspottung setzen, insonderheit, wenn sie solche Arbeit nicht von Gyps,
sondern von Marmor ausführen, und himmelweit
vom Antiquen abweichen. Man muß ein Wilhelm della Porta seyn, wenn man es wagen
will, Antiquitäten zu ergänzen.

Ich lese in einem Schreiben des gelehrten
Annibal Caro an den Cardinal Santa Croce, daß
man unsern Porta den Bruder Wilhelm genannt habe, und daß er den Entwurf zum Grabmaale des Pabstes Paulus III nach dem wohlmeynenden Rath des Michelagnolo verfertiget
habe. Die Statüe des heiligen Vaters giebt
den Bonarottischen Geschmack völlig zu erkennen.
Er sitzt so ungezwungen dort, als wenn er den Zu-

schauer

schauer anreden wollte. Der Bruder Wilhelm
della Porta hat also nicht nur dem Michelagnolo ein Genügen geleistet, und das Antique
übertroffen, sondern auch durch seine Kunst sich
unsterblich gemacht.

In den Zimmern des mediceischen Gartens
zu Rom sieht man einen kleinen, antiquen und so
schönen Apollo, gemeiniglich Apollino genannt,
daß die Bildhauerkunst selbst sich daran ergötzet,
auch nicht wahrnimmt, was viele daran bedau-
renswürdig gefunden zu haben glauben. Diese
Antiquitätenforscher berichten uns, dieser kleine
Apollo, welcher den rechten Arm über das Haupt
legt, den linken aber auf einen Stock steif hält,
sey ganz verstümmelt gefunden worden. Sie sagen, der linke Arm und die Füsse wären von einem
modernen Künstler angestückt worden. Da nun alle
Künst

dern, und von gedachter Verstimmelung keine
Spur finden, so wird man überzeugt, daß, wenn
solche Ergänzung in der That gemacht worden
seyn soll, dieselbe von niemand anders habe können vollbracht worden seyn, als von unserm Bruder Wilhelm. Die Statue ist so vollkommen,
daß kein Auge nicht das geringste Moderne daran
gewahr wird. Das Haupt ist von der schönsten
griechischen Art, die Stellung und Wendung des
Leibes ungemein leicht, frey und ungezwungen;
alle Gliedmaaßen und ihre Contraste sind von sonderbar ausgesuchtem Geschmack, und reizen die

Kunst-

Künstler zur Nachahmung. So verwunderungswürdige Ueberbleibsel des Alterthums der Bildhauerkunst wußte niemand so geschickt zu ergänzen,
wenn es ja jemand gewagt haben sollte, als unser
Porta, welcher dadurch den vornehmsten Griechen den Vorzug weit mehr streitig gemacht hat,
als Michelagnolo Bonarotti durch seinen Christus in der Kirche alla Minerva, und den Moses à S. Pietro in vinculis.

Wer sollte wohl glauben, daß diese und dergleichen Kunststücke zu unsern Zeiten unter den
deutschen Künstlern bereits schon große Nacheiferer
erzeuget haben, welche nicht nachlassen, durch ihren
Meisel endlich das schöne Antique und die unvergleichliche Natur zu erreichen, wofern Hunger,
Mißgunst und Neid den Weg darzu nicht versper-
ren, wie es in allen Ländern geschehen, und noch
immer gewöhnlich ist? Jedoch, der Neid verzehret
sich selbst eher, als er die Künste von ihrem
Wachsthum zurückhalten kann. Ihr munterer
Fleiß macht, daß sie mitten unter den Hecken von
Disteln und Dornen empor steigen. Ihre Blü-
then und Früchte prangen vor meinen Augen;
sie sind mein Vergnügen, und ich wollte wünschen,
daß ich zu ihrem fernern Wachsthum noch mehr
beytragen könnte, als jene, welche nur mit Verachtung und Stolz auszurufen pflegen: Was uns
hier vorgeschwatzt wird, haben wir schon lange
gewußt. Diese Stimme ist viel zu schwach, den
Künsten die Hand zu biethen.

Man

Man weis, daß unſre Väter ſchon alles gewußt haben, was wir unſern Söhnen vorſchwa-
ßen.   Ja ich will auch noch hinzu ſetzen, daß
derjenige nicht alles wiſſe, welcher den Ausſpruch
thut: das iſt eine bekännte Lehre, Nachricht, oder
ein abgedroſchener Kram.   Ich will aber wetten,
er weis nicht, daß dieſes alles zuſammen ſowohl
ſehr vielen Kunſtgenoſſen, als auch einem oder
dem andern Gelehrten unerhörte Sachen ſind.
Und eben dieſen zu Gefallen hat ſich die geſchäff-
tige Feder bemüht alles ſo hinzuſchreiben, wie es
den Schülern zum Nutzen, und den Kennern zum
Vergnügen gereichen kann, ohne zu fragen, ob
es andre ſchon wiſſen, oder nicht.   Diejenigen,
welche dieſes Werk nur ſtückweiſe durchblättern,
werden für ihren Geſchmack nicht ſo viel Nahrung
finden, als diejenigen, welche es in gehöriger
Ordnung durchleſen und daſſelbe ſtudiren wollen,
ohne ſich lange zu beſinnen und nachzugrübeln,
ob ein Grieche, ein Lateiner, ein Franzos, oder
ein Engländer ſchon alles, was darinn enthalten
iſt, ausgebreitet habe.   Dergleichen Bemühung
verſchafft einem deutſchen Genie wenig Nutzen,
der dieſe Sprachen nicht verſteht.

Nil ſupereſt, quod mente modoque
Noſtrates juvet artifices, doceatque laborem.

X. Beſchrei-

X.

Beschreibung
verschiedener Gemälde.

Wenn man die alten Landschaftmalereyen eines
Claudius von Lothringen, eines Jacob
von Artois, eines van Uden und van Baalen,
Dominichino, Rubens, Titian, und Poußin
ohne Figuren, oder Stafirung, wie sie einige nennen,
betrachtet; so hat man zwar das Vergnügen, sein
Auge durch die schönsten Landesgegenden zu erquicken. Allein, dieser Anblick verschwindet bald,
und reizet zu keinem angenehmen Aufenthalt; daher haben' diese Künstler, um den Beobachter
nicht allein auf ihren Feldern und Bergen herum
wandern zu lassen, ihre Gemälde mit Menschen
und Thieren besetzt, und eine solche öde oder
wüste Aussicht lebhaft gemacht. Denn wo sich
nichts bewegt, wo alles stille und unbelebt ist,
daran findet das Vergnügen keinen Geschmack.
Der Mensch ist allzu gesellig, als daß er sich lange
mit Vergnügen in der Einsamkeit aufhalten könnte.
Diese großen Künstler waren mit wenigen Figuren nicht zufrieden; sie wollten den Zuschauer
auch entzücken, ermuntern und aufmerksam machen. Sie stellten also in ihren Landesgemälden
auch Fabeln, angenehme oder traurige Zufälle unter Menschen und Thieren vor, und allerhand

Bege-

Begebenheiten mußten das Land zieren. Man ſah Geſchichte, welche den Zuſchauer ſelbſt in Verwunderung ſetzten. Was wäre die berühmte Landſchaft des Dominichino in der borgheſiſchen Gallerie zu Rom auſſer den Luſtbarkeiten, welche Diana dort ihren Nymphen macht? Sie baden ſich, ſie laufen um die Wette, ſie ſchießen Gruppweiſe mit Pfeilen auf einen Reiger, ſie treffen ihn, und ſetzen dadurch die ganze Geſellſchaft in Erſtaunen. Man ſieht unter andern in den Geberden einer Nymphe, daß ſie den glücklichſten Pfeil abgeſchoſſen hat. Und welcher Zuſchauer ſollte nicht zum lachen bewegt werden, wenn er tief im Geſträuche zwey Bauerngeſichter erblickt, wovon eines lächelt, und das andre einen Finger auf den Mund legt, beyde aber ſchalkhaft dieſer Jagdluſt ingeheim zuſehen? Sollten dergleichen Gemälde unſre Landſchaftmaler nicht ermuntern, auf dergleichen Compöſitionen ihr Augenmerk zu richten, und nachzuſinnen, was ihre Arbeit angenehm machen könne? Sollten, ſage ich, ſolche Malereyen nicht geſchickt ſeyn, den Geſchmack, oder die Denkungsart derjenigen zu verbeſſern, welche nur eine zerſtreute Menge von Bergen, Bruchſtücken, Bäumen, Gewäſſern und Feldern ohne Zuſammenhang in ſiebartigen Lichtern, zerhackten Schatten, und ohne irgendswo einer Maſſe Platz zu geben, auf ein Gerathewohl hinmalen, die Länder, Gewächſe, Kleider und Thiere vermengen, und mitten unter deutſchen Wäldern epheſiſche Tempel mit ſyriſchen Thieren ſehen laſſen?

Vom

Vom Colorit will ich nichts erwähnen, welches
bey den meisten von der Natur abweicht, und nur
der angewöhnten Manier unterthan ist; daher
oftmals so flüchtig forteilet, daß alle Gegenstände
ohne Ausnahme entweder grün oder röthlicht,
braun oder gelb, mehlfarb oder kothicht, einen
Kenner in Mißvergnügen stürzen.   Ich will
nicht einmal den Pinsel erwähnen, welcher nichts
anders zu verfertigen weis, als vielfältige übereinander fallende Berge, Felsen, Häuser und
Bäume, welche aus der Tiefe des Gemäldes heraus und über den Vorgrund stürzen, mithin eine
sehr flach hingefärbte so genannte Landschaft vorstellen sollten.   Nichts vergnügt mich mehr, als
eine geschilderte Landesgegend, in welcher ich alles
in seiner natürlichen Farbe sehen kann.   Ueber-
all dringet mein Blick in die entfernten Gegenden
durch Gebüsche, Bäume und Thäler.   Jeder
Gegenstand zeigt sich immer mehr in der Entfernung.   Der Himmel selbst spiegelt sich bisweilen
durch allerhand artige Wolken hier oder da in ruhigen Gewässern, welche machen, daß die Gegenden auseinander weichen.   Die flamländischen
Schulen nennen solche Durchsichtigkeiten die
Seelgen des Gemäldes.   So natürlich ein
Mensch von einer Gegend zur andern spaziren
kann, so natürlich geht auch das Auge des Beobachters vom Licht in die Schatten, und so findet
es sein Vergnügen, wenn es immer aller Orten
hin- und durchsehen kann.   Eine Aussicht zwischen Bergen, Bäumen und Häusern befriediget

das

das Auge, welches eingeſperrt beleidiget wird. Es will durch das Geräuſche des Laubes wenigſtens den Himmel erblicken können. Wie angenehm iſt ein dicker Wald, aus welchem ich die Mannichfaltigkeit der Gegenſtände ſehen und deutlich erkennen kann? Kurz, mein Auge leidet keine Einſchränkung, wenn ihm ein Landesgemälde vorgeſtellet wird.

Hier iſt aber meine Abſicht keinesweges, von dieſer Kunſt einen ausführlichen Unterricht zu geben; ſondern mein Augenmerk gehet bloß dahin, von einigen Schildereyen, welche vielleicht den Geſchmack und die Manier einiger Künſtler aus ihren Irrwegen auf eine beſſere Bahn einleiten können, einen Abriß zu geben.

Phocion.

Phocion der Gütige war zwar zu Athen ein angeſehener, aber dabey ſehr armer Mann, ob er ſchon durch verſchiedene Würden ſich großen Reichthum hätte erwerben können. Da es ihm unvermuthet in den Sinn kam, ein Anhänger der Vornehmſten des Staates zu werden; ſo wurde er von ſeinen Mitbürgern um das Leben gebracht; und weil ihn niemand wollte begraben laſſen, ſo wurde er, wie Plutarch berichtet, von zween Knechten über die Gränzen von Athen hinaus getragen und dahingeworfen.

Dieſes Leichengepränge gab vor 100 Jahren dem Nicolaus Poußin Anlaß, die Stadt Athen mit

mit allen ihren Gegenden zu malen, wie ich hier alles den wißbegierigen Leſern zu Gefallen in nachfolgender Beſchreibung vorzuſtellen willens bin.

Er malte Phocions Körper, wie ihn zween Knechte vor die Stadt hinaus tragen. Beyde ſehen betrübt aus: allein es zeiget ſich in ihrer Betrübniß ein gewaltiger Unterſchied. Der erſte iſt alt, und in ein ſehr ſchlechtes Gewand eingewickelt. Das Nackende an ſeinen Armen und Beinen zeigt einen ſtarken und nervigten Mann an. Sein Fleiſch ſieht aus, als wenn es durch ſchwere Arbeit verhärtet geworden wäre. Der andre Knecht hingegen iſt jung, und mit einem ziemlich artig gefalteten Gewande bedeckt. Dieſe Stellungen ſind in ihrer gleichen Verrichtung als Knechte, und in ihren Wendungen der Köpfe unterſchieden. Pouſſin wußte wohl, daß die Kunſt die Natur nicht recht nachahmet, wenn ſie in ihren Werken nicht eine Mannichfaltigkeit ausdrückt. Der Körper des Phocions liegt in einem verworrenen, nachläßigen und armſeligen Tuch eingewickelt. Alles verurſacht ein ſo großes Mitleiden und Traurigkeit, daß meine Feder nicht im Stande iſt, dieſes herrliche Gemälde nach Würden abzuſchildern. Ich will alſo lieber den Maler ſelbſt reden laſſen:

„Unter dieſer hingeworfenen Leinwand, ſagt „er, nimmt man dennoch die Form des Kopfes „und des ganzen Körpers wahr. Die Füße ſind „unbedeckt, woran man die verwelkte Farbe des

II. Band.　　　　Aa　　　　„tod-

das Auge, welches eingesperrt beleidiget wird. Es will durch das Geräusche des Laubes wenigstens den Himmel erblicken können. Wie angenehm ist ein dicker Wald, aus welchem ich die Mannichfaltigkeit der Gegenstände sehen und deutlich erkennen kann? Kurz, mein Auge leidet keine Einschränkung, wenn ihm ein Landesgemälde vorgestellet wird.

Hier ist aber meine Absicht keinesweges, von dieser Kunst einen ausführlichen Unterricht zu geben; sondern mein Augenmerk gehet bloß dahin, von einigen Schildereyen, welche vielleicht den Geschmack und die Manier einiger Künstler aus ihren Irrwegen auf eine bessere Bahn einleiten können, einen Abriß zu geben.

Phocion.

Phocion der Gütige war zwar zu Athen ein angesehener, aber dabey sehr armer Mann, ob er schon durch verschiedene Würden sich großen Reichthum hätte erwerben können. Da es ihm unvermuthet in den Sinn kam, ein Anhänger der Vornehmsten des Staates zu werden; so wurde er von seinen Mitbürgern um das Leben gebracht; und weil ihn niemand wollte begraben lassen, so wurde er, wie Plutarch berichtet, von zween Knechten über die Gränzen von Athen hinaus getragen und dahingeworfen.

Dieses Leichengepränge gab vor 100 Jahren dem Nicolaus Poußin Anlaß, die Stadt Athen
mit

mit allen ihren Gegenden zu malen, wie ich hier alles den wißbegierigen Lesern zu Gefallen in nachfolgender Beschreibung vorzustellen willens bin.

Er malte Phocions Körper, wie ihn zween Knechte vor die Stadt hinaus tragen. Beyde sehen betrübt aus: allein es zeiget sich in ihrer Betrübniß ein gewaltiger Unterschied. Der erste ist alt, und in ein sehr schlechtes Gewand eingewickelt. Das Nackende an seinen Armen und Beinen zeigt einen starken und nervigten Mann an. Sein Fleisch sieht aus, als wenn es durch schwere Arbeit verhärtet geworden wäre. Der andre Knecht hingegen ist jung, und mit einem ziemlich artig gefalteten Gewande bedeckt. Diese Stellungen sind in ihrer gleichen Verrichtung als Knechte, und in ihren Wendungen der Köpfe unterschieden. Poußin wußte wohl, daß die Kunst die Natur nicht recht nachahmet, wenn sie in ihren Werken nicht eine Mannichfaltigkeit ausdrückt. Der Körper des Phocions liegt in einem verworrenen, nachläßigen und ärmseligen Tuch eingewickelt. Alles verursacht ein so großes Mitleiden und Traurigkeit, daß meine Feder nicht im Stande ist, dieses herrliche Gemälde nach Würden abzuschildern. Ich will also lieber den Maler selbst reden lassen:

„Unter dieser hingeworfenen Leinwand, sagt „er, nimmt man dennoch die Form des Kopfes „und des ganzen Körpers wahr. Die Füße sind „unbedeckt, woran man die verwelkte Farbe des

„tod.

„todten Fleisches sowohl, als das Starre und die
„Schwere der todt hingestreckten Gliedmaaßen
„sieht. Dieses Leichenbegängniß sieht man auf
„einer Landstraße, an welcher seitwärts große
„Quatersteine liegen, wovon einige ordentlich auf
„einander ein zerfallenes Mauerstück vorstellen.
„Alles zeigt Ueberbleibsel von einem majestätischen
„Gebäude an. Der Weg scheint sandigt und von
„Menschen betreten zu seyn. Dieses Gemälde
„hat ausserdem auch noch andre Auszierungen.
„Rechter Hand sieht man einige Bäume, deren
„Stämme eine grobe, rauhe, höckerichte Rinde
„und wenig Aeste haben, die sich aus dem
„Schwachgrünen unvermerkt ins dunkle Him-
„melblaue verlieren. Hinter diesen langen
„Baumstämmen sieht man die Stadt Athen.

„Die linke Seite macht hierzu einen starken
„Contrast. Ein holperigter Boden, Höhlen in
„starken Schatten, sehr helle Felsenspitzen und
„wilde Gebüsche machen den Theil aus. Ein
„wenig höher führt ein Weg zu einem dicken, fin-
„stern Gehölze. Der heitere und überaus helle
„Himmel giebt der dunkeln Grüne noch mehr
„Stärke.

Poußin hat die Kunst der Farben verstanden, welche eines durch den Gegensatz des andern zu stärken lehret. Er führet uns aber noch
weiter:

„Von diesem rauhen Bezirk hinaus erscheint
„eine frische, grüne und zarte Wiese. Dort lehnt
„sich

„ſich ein Hirt auf ſeinen Stab, und betrachtet
„ſeine ſchneeweißen Schaafe, die daſelbſt weiden.
„Der Hund liegt und ſchläft hinter ihm.   In
„dieſer Gegend ſieht man einen andern Weg, auf
„welchem ein mit Ochſen beſpannter Wagen fährt.
„Man nimmt die Stärke und Schwere dieſes
„Viehes deutlich wahr; ihr Hals neigt ſich ge-
„gen den Boden, und ihr Zug geht langſam.
„Ein Bauer voraus, und ein Weib nach dem
„Karren begleiten die Fuhre.   Sie ſcheint die
„getreue Gefährtinn dieſes einfältigen Mannes zu
„ſeyn.   Zwo andre verſchleyerte Weiber ſitzen
„auf der Laſt.

„Nichts kann einem mehr Vergnügen verſchaf-
„ſen, als dergleichen Feld-und Landesgemälde, die
„wir den Dichtern ſchuldig ſind.   Sie haben an-
„gefangen in ihren Verſen die Annehmlichkeit der
„ungekünſtelten und einfältigen Natur zu beſingen.
„Die Maler ſind ihnen nachgefolgt.   Die Land-
„luſt, und die Zierlichkeiten der Felder oder Wäl-
„der, wo die Natur ſich ſchön zeigt, machen ein
„weit fröhlichers Bild, als aller Pracht, den die
„Kunſt hat erfinden können.„

„Rechter Hand auf dieſem Wege ſieht man
„einen Schweißfuchs, auf welchem ein Reuter in
„einem rothen Mantel eingewickelt ſitzt.   So-
„wohl das Pferd, als der Mann, drängen ſich
„vorwärts, als wenn ſie ihre Reiſe beſchleunigen
„wollten; man wird aber gewahr, daß ihnen der
„Wind ins Geſicht geht.   Alle Haare des Rei-

„ters

„ters und des Pferdes sowohl, als der Mantel,
„werden vom Winde zurück geweht.

„Die Maler, welche nur anmuthige Figuren
„vorzustellen wissen, sind niemals weiter, als auf
„das Mittelmäßige gekommen; Poußin aber ist
„bis in den Geschmack des Antiquen gedrungen.
„Er malt die Handlung, die Bewegung, belebt
„die Figuren, und drückt die Leidenschaften der
„Seele aus.„

„Weiter vorwärts findet man eine grüne Ge-
„gend, nach welcher ein sandigtes Feld erscheint.
„Auf jenem Grase sieht man drey menschliche Fi-
„guren: eine steht weiß gekleidet mit großen flat-
„ternden Falten; die andern aber sitzen neben ihr
„an einem Wasser, wovon eine auf der Cither spielt.
„Am Ende dieses grünen Rasens sieht man ein
„viereckigtes Gebäude, welches mit halb erhabe-
„nen Bildhauereyen, mit Blumen, Laubwerk und
„Festonen, übrigens mit einem guten Geschmack
„von der simpelsten und edelsten Baukunst geziert
„ist. Es scheinet ohne Zweifel das Grabmaal
„eines Bürgers von Athen zu seyn, welcher ver-
„muthlich mit weniger Tugend, aber mit mehr
„Glücksgütern, als Phocion, dieses Zeitliche
„gesegnet hat.„

Durch oben erwähntes Wasser hat Poußin
den bey Athen vorbey fließenden Strom Ilissus
vorgestellt, dessen Wasser hell und klar ist. Der
heitere Himmel, der in diesem Flusse gemalt ist,
sich darinn gleichsam spiegelt und einen Wider-

schein von sich giebt, macht das Wasser noch viel
schöner. Er ist mit jungen, frischen Weiden,
und andern dergleichen Bäumen umrungen, wel=
che das Auge ergötzen. Es kommt uns noch ein
großer und schwerer Gegenstand vor Augen, den
uns Poußin gleich beschreiben wird. Es ist die
Stadt Athen, in welcher er zeigt, daß er die Ge=
schichte, die Gebräuche, das Uebliche und die
Baukunst vollkommen verstanden und aller Orten
angebracht habe.

„Damit die große Stadt Athen, sagt er,
„besser ins Gesicht fallen möge, so habe ich sie
„auf eine Anhöhe gemalt. Die Gebäude sind
„gleichsam stufenweise in einem natürlichen
„Schauplatz. Auf den ersten Anblick kommt sie
„einem nicht groß vor. Man sieht in der Nähe
„einen ziemlich kleinen Theil, aber rückwärts, wo
„alles in die Tiefe des Gemäldes hinein weicht,
„entdeckt man eine weite große Strecke von Ge=
„bäuden. Der Verwirrung und Einförmigkeit
„bin ich ausgewichen, und habe viel unregelmäs=
„sige Gebäude angebracht. Dennoch machen sie
„einen artigen Zusammenhang. Jede Sache
„hat ihren natürlichen Platz.

„Man sieht ohne Mühe alles unterschieden
„und auseinander gesetzt. Alles vereiniget sich,
„und macht ein Ganzes, welches verworren
„scheint, in der Nähe aber in gehöriger Ordnung
„steht. Auf dem Vorgrunde sind zween Tempel,
„wovon ein jeder einen großen Umfang hat, wor=

Aa 3 „inn

„inn man aber den Tempel von andern Gebäu-
„den darneben unterſcheidet.　Der Tempel rech-
„ter Hand hat am Thore vier Colonnen von Co-
„rinthiſcher Ordnung.　Nebſt dem Giebel,
„Hauptgeſims und denen Statüen um den Tem-
„pel ſieht man hangende Feſtonen.　Ich wollte
„nach der Wahrheit der Geſchichte allda eine
„Feyerlichkeit andeuten; denn ich bildete mir ein,
„daß, indem man den Phocion aus der Stadt
„hinaus ſchaffte, das ganze Volk ſich in Luſt,
„Pracht und Frohlocken befinden würde.　Es
„begeht alſo den Tag um dieſen Tempel mit Feyer-
„lichkeit.　Obſchon dieſes Volk ſehr weit entfernt
„zu ſeyn ſcheinet; ſo kann man doch ohne Mühe
„Freudengepränge zu Ehren der Götter wahrneh-
„men.　Hinter dieſem Tempel erſcheint ein ſehr
„hoher, dicker und einer ſtarken Säule änlicher
„Thurm, auf welchem die Statüe einer Gottheit
„pranget.

Pouſſin hat dieſe ohne Zweifel von antiquen
Denkmaalen, vielleicht von der Colonna Anto-
nina geborgt, und dem Alterthum wieder gegeben.　Es ſteigt auch nicht weit davon ein Obe-
lilcus oder eine Spitzſäule empor.　Pouſſin iſt
mit ſeiner Beſchreibung noch nicht fertig, er fährt
alſo fort, und ſagt:

„Der andre Tempel iſt ein von Colonnen un-
„terſtütztes rundes Gebäude.　Die Baukunſt
„ſcheint daran alle ihre Pracht angewendet zu ha-
„ben.　In ſeinem benachbarten Umfange ſieht
　　　　　　　　　　　　　　　　　　　　„man

„man große Gebäude mit Giebeln, Frontonen
„und Geſimſen. Einige Bäume bedecken zum
„Theil ihre Ausſicht. Dadurch wollte ich einen
„heiligen Hayn andeuten. In der Stadt, habe
„ich geglaubt, müßte ich die verſchiedenen Zeiten
„des Staates von Athen, ſeine erſte Einfalt bis
„zu den Heldenzeiten, endlich ſeine Pracht in den
„folgenden Jahrhunderten, da die Künſte in ih-
„rem Flor waren, dem Beobachter und Kenner
„vor Augen ſtellen. Daher habe ich vielen, theils
„runden, theils viereckigten Gebäuden Platz ver-
„ſchafft, an welchen das Grobe, das Bäuriſche
„und Kriegeriſche erſcheint; andre aber ange-
„bracht, an welchen die Regelmäßigkeit der grie-
„chiſchen Baukunſt zu ſehen iſt. Alles iſt ſelt-
„ſam und wunderbar. Man ſieht nichts, als
„Thürme, hohe Mauren, Zinnen, Spitzen, klei-
„ne, ungleiche, einfältige Häuſer. Eine einzige
„Sache macht dieſe Stadt angenehm, nämlich,
„daß alles mit großen Gebäuden und Gebü-
„ſchen untermengt erſcheint. Ich war der Mey-
„nung, ich müßte aller Orten etwas grünes an-
„bringen, und die heiligen Wälder, Haynen und
„Bäume vorſtellen, welche in Gymnaſien und an-
„dern öffentlichen Staatsgebäuden waren. Ueber-
„all war ich auf der Hut, damit ich keine Bauart
„ſehen ließe, welche vielleicht mit meiner Zeit
„und der Mode meines Vaterlandes übereinkom-
„men möchte. Denn ich wollte dem Alterthum
„einen Charakter geben, den man leicht wahrneh-
„men könnte. Ich habe nicht das geringſte ver-

Aa 4 „geſſen.

„geſſen. Man ſieht in meinem Gemälde ſo gar
„Acropolis, welches Schloß hinter der Stadt
„auf einem Berge liegt, welcher in der Höhe des
„abhängigen Hügels empor ſteigt. Am Fuß
„deſſelben ſieht man große durch Thüren befeſtig-
„te Mauren. Der Berg iſt mit einem lieblichen
„grünen Gräſe bedeckt. Um die Veſtung er-
„ſcheint ein ziemlich großer Umfang mit einem
„alten Thurm, der ſich in die Wolken erhebt.
„Man kann deutlich ſehen, daß die Stadt, welche
„linkerhand hinunter abhängig iſt, ſich unver-
„merkt entfernt, und in einem ſehr dunkeln Buſche,
„wovon ich geredet habe, alsbann in einigen dun-
„kelgrünen Bäumen am Ufer des Waſſers ver-
„liert.

„Hinter dieſer ganzen Stadt iſt eine Weite,
„auf der man ſteile und wilde Berge ſieht. Einer
„ſteigt hinter jenem ſchönen Tempel, und hinter
„jener prächtigen Gegend empor, wovon ich be-
„reits Meldung gethan habe. Dieſer iſt ein na-
„ckender und erſchrecklicher Felſen. Ich bildete
„mir ein, daß ich um dieſe Stadt einen angeneh-
„men und bebauten Umkreis machen müßte, wie
„dergleichen um alle große Städte zu ſeyn pfle-
„get. Allein in der Entfernung habe ich eine
„gewiſſe wilde Schönheit vorgeſtellet, damit ich
„mich an die Geſchichte hielte, welche von der
„Attiſchen Landſchaft, als von einem rauhen, wü-
„ſten und unfruchtbaren Lande redet.

Alſo

Alſo hat Poußin nach mehr als zwanzig
Jahrhunderten dem Phocion mehr Ehre erwieſen, als ſeine Vaterſtadt ihm bey ſeinem Tode
durch das herrlichſte Leichengepränge hätte bezeugen können.

Das Waſſer
in der arabiſchen Wüſteney.

Dieſes Gemälde, welches die Italiäner l'
Aqua nel deſerto nennen, ward vom Nicolaus
Poußin ſeinem Freunde Jacob Stella geſchenkt.
Die Nachkommen dieſes Stella überließen es dem
Duca di Uzedo. Da nun die Bilderſämmlung
dieſes Duca zu Wien öffentlich verkauft wurde;
ſo iſt dieſes Gemälde meinem Freunde zu Theil geworden, und gelehrte Kenner der Kunſt nehmen
beym erſten Anblick wahr, daß es Poußins Pinſel verfertiget habe.

Dieſe Schilderey ſtellt die Geſchichte des iſrae-
litiſchen Volkes in der Wüſten vor, da Moſes
ſeine Zuflucht zu Gott nahm, daß er Waſſer verſchaffen möchte. Daher wird der brennende
Durſt des ſchmachtenden Heeres ſehr mannichfaltig ausgedruckt. Alle Gegenden ſind trocken,
dürre und wüſte.

Rechterhand ſteigt ein Felſen empor, auf
welchem ſich ein verwelktes Gebüſche erhebt.
Moſes ſteht hier auf einer Anhöhe in weißer Kleidung mit einem blauen Mantel, ſchlägt mit einem

Stab an den Felsen, und eine frische Quelle flies-
set aus dem Stein herab. Aaron erstaunt über
das Wunderwerk, und er danket Gott nebst andern mit gefalteten Händen. Unter diesen knyen
zween andre von den ehrwürdigsten Alten des
Volkes in Mänteln, die mit ausgestreckten Armen
Gott loben.

Auf dem Vorgrunde sieht man den Rücken
eines Mannes, der in einem dunkelgelben schön
gefalteten Mantel, mit einem weißen Bund auf
dem Kopf und mit ausgestreckten Armen knyet.
Vor ihm liegt ein andrer mit zusammengeschloß-
nen Händen auf dem Angesicht in der Anbetung.

Mitten im Gemälde macht ein Kriegsmann
im rothen Mantel, der unverbesserlich in mannichfaltige Biegungen und Brüche geordnet ist,
den Vorgrund. Er lehnt seinen Schild und das
Kriegsschwerd an einen Stein. Auf diesen steif-
set er die linke Hand, und biegt das rechte Knie,
um sich zum vorbeyrinnenden Wasser neigen zu
können. Hinter ihm erscheint ein bloßer Kopf,
der aus einem Geschirr trinkt. An diesem löscht
ein andrer Soldat seinen Durst aus seinem
Helm, in welchen die Nase und die Stirne vertieft sind. Zwo andre Personen wollen sich bey
diesem durchdringen.

Von der einen Person sieht man nur das
halbe Gesicht, die andre aber erscheinet ganz in
einem eisenfarbnen Kleide mit einem Bund auf
dem

dem Kopfe, mit der rückwärts ausgeſtreckten linken Hand, mit begierigen Augen, durſtigen Mund
und ſtarker Wendung gegen das Waſſer.

Ein wenig höher über dem rothen Soldaten
zeigt ſich ein ſtarker Jüngling mit einem Band
um die Haare und die Stirne. Sein linker
Arm und der ganze Rücken ſind bloß, beyde neigen und ſtrecken ſich geſchäfftig gegen den Strom,
aus welchem er mit einem Geſchirr begierig
ſchöpft. Neben ihm wendet ſich ein andrer Jüngling auch mit einer Kopfbinde nach ägyptiſcher
Art. Er langt mit dem linken Arm nach einem
Gefäße, welches ihm dargereichet wird.

Aus allen Geberden nimmt man wahr, daß
die jungen Leute ſich nur um das Waſſer, und wenig
um die Dankſagung, wie die Alten bekümmern,
alſo, daß die Charaktere des verſchiedenen Alters
vollkommen ausgedruckt ſind. Die Alten beten,
die Jünglinge trinken eifrig und bringen zur
Quelle; die Greiſe ſind voller Ungeduld, und können das Waſſer nicht erwarten. Schwache
Weibsperſonen und Kinder verſchmachten beynahe. Ueberhaupt zeigen alle einen offenen, dürren und durſtigen Mund. Alle wollten gern trinken, wenn es anders vor dem Gedränge des Volks
möglich wäre. Daher iſt die Begierde zu trinken bis in die Entfernung deutlich ausgebreitet.
Tief im Gemälde am Strome wendet ſich ein
Jüngling vom Waſſer hinweg, und ſtreckt den
linken bloßen Arm aus, um einen Keſſel anzunehmen,

nehmen, den ihm ein junges Mägdchen von weiten anbietet; beyde aber können einander nicht erreichen. Dieses weiß und dunkelroth gekleidete
Mägdchen wird aber dadurch noch mehr aufge-
halten, da es sich umwendet, auf ihren alten Vater zurück hinsieht, welcher weit von ihr auf dem
Boden sitzt, die rechte Hand ausstreckt, der Tochter unwillig um Wasser zuruft, auf sie schmält,
daß sie dem Jünglinge dies Geschirr zum Anfüllen
hingeben wollte, und da er sie zum eilen ermahnt,
sie noch länger aufhält, wie es zu geschehen pflegt,
wenn man durch Uebereilung, Ungeduld und
Streit falles verwirrt. Dieser alte unwillige
Mann, der halb bloß und mit einem rothen Gewand über den ausgestreckten rechten Arm versehen ist, sieht dem borghesischen Seneka zu Rom
ähnlich. Dieser aber sitzt, und wird rückwärts von
einem Jünglinge unter den Achseln gehalten, daß
er aufstehen soll. Auf seinem Knye aber liegt
der Kopf und der Arm seines beynahe ohnmächtigen
Weibes, welche den andern Arm sinken läßt.
Alles ist im Schatten. Hier im Vorgrunde sitzt
ein andres Weib, welche mit liegender offener
Hand um Wasser bittet, und schreyt, daß man
ihr und ihrer Tochter zu Hülfe kommen möchte.
Diese liegt mit dem Arm auf dem Schenkel der
Mutter, und ächzet. Sie läßt den rechten Arm
vorwärts sinken, ihr linker aber ruhet auf dem
Erdboden. Ihr ganzer Leib ist mit einem blauen
Gewand in schönen Falten bedeckt, also, daß man
nur den linken mit einem weißen Hembe beklei-
det

det ſieht. Beyde Hände ſind halb geſchloſſen.
Ein Knye erhebt ſich, der andre Fuß aber ruhet
halb ausgeſtreckt unter dem blauen Gewande.
Dieſe ganze Anlage, das Angeſicht, die Lippen,
die betrübten Augen, alles zeigt den äußerſten
Schmerz des Durſtes und erregt Mitleiden. Neben ihr rückwärts hält ein Kind ſeine Hand an
die Bruſt der Mutter, und ſeufzet um Waſſer.
Dieſe ſchöne Gruppe macht auf der linken Seite
des Gemäldes den Vorgrund und den Beſchluß.

Mitten und tief im Gemälde nahe am Felſen
und fallenden Waſſer hinter dem Jünglinge, der
nach dem Keſſel langet, ſieht man ein Weib bis
an die Achſeln, welche ſich ausſtreckt, liegt, und
den Mund in den fortrinnenden Strom hinein hält,
und ſich mit trinken erquickt. Weil ſie aber dadurch ſich allzu lange aufhält; ſo wird hinter ihr
eine andre ungeduldig, greift ſie bey der Achſel
an, um ſie zu nöthigen, daß ſie aufhören ſoll, indem ihr Kind, welches auf ihrem Arm ſich an
ihre linke Bruſt hält, die Hand auch gegen das
Waſſer ausſtreckt. Dieſes Weib iſt auf der
Bruſt mit einem blauen Tuche vom Hals an bedeckt, und ſonſt nach ägyptiſchen Gebrauch auf
dem Kopf umwunden vorgeſtellt. Nahe bey ihr
ſteigt ein Jüngling am Felſen in die Höhe, erhebt mit beyden Armen ein Gefäße mitten in den
herabfallenden Strom. Er läßt es voll werden,
und giebt zu erkennen, daß es ihm beynahe zu
ſchwer, er ſelbſt aber der Gewalt des Waſſers zu
ſchwach ſey. Man ſieht ihn bis an die Lenden,

seine

seine Achseln sind im Schatten, das halbe Gesicht
aber und die beyden Arme im Licht.

An der rechten Seite hinter dem Moses und
Aaron, wie nicht weniger hinter und um den Felsen, erscheinen viele Gezelter im Schatten. Sonst
aber verbreitet sich linker Hand in der Weite ein
dürres Land, bis an das arabische Gebirge.

Dieses Gemälde war Poußins Vergnügen,
daher machte er verschiedene Schizzen und Copien
mit eigener Hand davon, wovon eine zu Versailles
zu sehen, in welcher weit ins Feld hinaus zwo Figuren, ohne Zusammenhang der Anlage, mehr erscheinen, als im hier beschriebenen Gemälde. Man
findet beyde in Kupfer gestochen.   In der kaiserlichen Bibliothek zu Wien kann man beyde mit
Vergnügen betrachten, wo Poußins Werke unter den Kupferstichen beysammen prangen.

Schrecken und Vergnügen in einem
Landschaftsgemälde.

Ungefähre, eigensinnige oder zufällige Erfindungen stehen den Künstlern sehr wohl an, wenn
sie sich von der Natur, von der Wahrheit, vom
Wohlstande, vom gemeinen Sinne und von der
Wahrscheinlichkeit nicht entfernen.   Mit dieser
Einschränkung kann sich die witzige Erfindung,
wenn sie auch bisweilen ausschweifend ist, beschäfftigen, wie sie will.   Dieses ist es, was Horaz durch sein Pictoribus versteht.   Das Feuer
eines muntern und arbeitsamen Malers läßt sich
                                          nicht

nicht allezeit an ernsthafte Geschichte binden; es
briche aus und ergreift manchmal unversehens
Gegenstände, auf welche kein Mensch gedacht
hätte. Beyspiele von dergleichen Erscheinungen
haben wir unzählige, von denen ich nur folgendes
anführen und den Schülern zeigen will, daß man
aus einer Schlange ein schönes Gemälde an das
Licht und zum Vergnügen der Zuschauer verfertigen kann.

Man stelle sich auf der linken Seite des Gemäldes einen Felsen vor, aus welchem eine Quelle
von frischem und klarem Wasser herabrinnet, welches, nachdem es in seinem Fall einige kleine
Aufwallungen gemacht hat, durch das Feld weg-
fließet. Ein Mensch, der Wasser zu holen an-
kam, wird von einer ungeheuren Schlange ergriffen, umwunden, geklemmt, vergiftet und er-
drückt. Er liegt erstickt, todt und ausgestreckt
da. Man sieht die Schwere, die Erstarrung
aller Gliedmaaßen, das Fleisch ist welk, und das erschreckliche Angesicht stellt einen grausamen Tod vor.

Diese klägliche Schilderey wird durch ein andres Trauerspiel vermehrt. Ein andrer Mensch
geht auf dem Wege zu eben diesem Brunnen, und
erblickt unvermuthet die Schlange um den todten
Körper; plötzlich erstaunt und erstarret er; der
eine Fuß hält im Gehen inne, der Mann erhebt
einen Arm, den andern läßt er abwärts sinken,
und beyde Hände öffnen sich vor Schrecken. Dieser zweyte Gegenstand entzückt, giebt dem Gemälde eine Lebhaftigkeit, verursacht auch einiges
Ver-

Vergnügen, wie solches der Zuschauer eines Trauerspiels im griechischen Alterthum empfand, wo alles in Schrecken setzte, und zum Mitleiden bewegte.

Nicht weit von dieser traurigen Geschichte entdeckt man eine Landstraße, auf welcher ein Weib diesen erschrockenen Mann erblickt. Sie befindet sich aber in einer Tiefe, und hinter einer Anhöhe, weswegen sie weder den Todten und die Schlange, noch den Brunnen sehen kann. Der einzige Anblick dieses erstaunten Mannes erweckt in ihr gleichsam eine neue Art von Schrecken, also, daß man denselben in den großen und kleinen eintheilen kann. Jener ist stille, und dieser beklagt sich. Der Mann ist unbeweglich, die Furcht des Weibes ist schwächer, und nur in den Verwendungen ihres Angesichtes ausgedrückt. Man nimmt in ihr eine solche Furcht wahr, welche bloß Weibern eigen ist, und die man nicht bändigen kann. Das Weib läßt alles an sich spüren, was sie empfindet; sie fällt, sie sitzt, sie läßt alles fallen, und vergißt was sie trägt. Sie streckt die Arme aus, und scheint zu schreyen. Diese verschiedene Furcht und Erstaunung wird durch ihr Steigen gleichsam zu einem rührenden und gefälligen Spiel.

Unter Hand im Gemälde sind einige alte große Bäume, wie die ältesten Eichen, die man vorzeiten als Landesgottheiten verehret hat. Ihre ansehnlichen Stämme haben rauhe höckrichte grobe Rinden. Zwischen diesen Bäumen
sieht

sieht man eine junge frische Aue rückwärts ins Bild hinein getrieben. Dieses Gebüsche zeigt eine so angenehme Kühle, daß der Beobachter gleichsam gereizet wird, sich darinn aufzuhalten, und dieses um so mehr, als sich im ganzen Gemälde ein heißer Sommer vorstellt, welchen dieses heilige Gehölze verehrungswürdig macht. Es liegt neben einem klaren Wasser, und scheinet sich selbst darinn zu bespiegeln. Das Dunkelgrüne herum, und das Hellblaue vom heitern Himmel erscheint darinn als in einem Spiegel. In diesem Wasser sind verschiedene Gegenstände zur Erquickung der Augen. Sie können sich darinn von allem, was sie bisher Schreckliches gesehen haben, wieder erholen und sich beruhigen.

Auf dem Vorgrunde sind alle Figuren im traurigsten Auftritte. In der Entfernung ist alles stille, sanft, ruhig und munter. Bald sieht man junge Leute sich baden und schwimmen, und sich damit ergötzen; bald ziehen Fischer in ihren Nachen die Garne aus dem Wasser, da unterdessen andre mit aller Gewalt rudern. Viele stehn am Gestade, und machen sich lustig. Einige unterhalten sich mit dem Fingerspiel: Einer sinnt einer Zahl nach, den Gegner zu überraschen, und dieser ist aufmerksam, solches zu verhüten. Andre spazieren jenseits des Wassers auf einem frischen grünen Rasen. Wer alles dieses betrachtet, wird gleichsam gereizet, sie um ihr Vergnügen zu beneiden.

Weiter hinaus sieht man ein Weib auf einem Esel in die nahe Stadt reiten, welchem zween Männer nachfolgen. Diese guten Leute scheinen von derjenigen Gattung zu seyn, welche in ihrer bäurischen Einfalt den Ueberfluß ihrer Felder in die Städte bringen. Auf derselbigen linken Seite pranget hinter dem Gesträuche, hinaus ein steiler Berg mit einem Schloße.

Auf der rechten Seite des Gemäldes ist eine kleine Anhöhe, welche sich am Ufer des Flusses nach und nach verliert. Diese Abhängigkeit ist ein vernachläßigter Boden, den ein verworrenes Gebüsche bedeckt. Vor dieser Anhöhe sind große Bäume, durch welche das Feld, das Wasser, und der Himmel durchscheint, welcher Azurblau mit hellen Wolken überzogen ist, die zerstreut wie Silber und Gold schimmern. Auf diese Weise erlangte Poußin die Freyheit, mit dem Lichte nach Belieben zu verfahren, und es auf alle Gegenstände auszubreiten.

Mitten im Bilde sieht man jenseits des Flusses die erwähnte Stadt in einer Vertiefung. Eine grüne Anhöhe bedeckt einen Theil davon. Man sieht alte Thürme, Zinnen, große Gebäude, eine Vermischung von allerhand Häusern in einem starken Schatten, welcher einige durch ein sanftes und schönes Licht erleuchtete Gegenden empor hebt.

Ueber

Ueber diese Stadt schwingt sich ein Rauch,
wie man dergleichen gemeiniglich beym schönen
Wetter in den Städten sieht, so natürlich in
die Höhe, daß er das Gebirge vom Weiten noch
mehr zurück treibt. — Diese Berge von seltsamen Gestalten vermannichfaltigen den Gesichts-
kreis so artig, daß das Auge des Beobachters
eine sonderbare Lust daran findet.

Maxima deinde erit ars, nihil artis inesse
videri.

XI. Nach-

XI.

Nachricht
von mosaischen Gemälden.

Obgleich die mosaische Arbeit schon im tiefsten
Alterthum als eine vortreffliche Kunst beschrieben wird, so ist es dennnoch schwer, sowohl
ihren Ursprung zu bestimmen, als den Erfinder
heraus zu bringen.   Die Persianer, welche die
Pracht auf das höchste gebracht haben, besaßen
Landschaften, worinn die kostbarsten Marmor und
Steine von allen Farben zu finden waren. Dieses läßt uns wahrscheinlich vermuthen, daß sie
ohne Zweifel für die Urheber des mosaischen Geschmacks anzunehmen sind.   Aus Persien kam
diese Arbeit in Assyrien; aus Assyrien in Griechenland; aus welchem endlich die Römer, nebst
andern Künsten und Wissenschaften, auch das
Mosaik entführten, und zur Zeit ihres höchsten
Prachtes dieselben sich zu Nutzen machten.

Assuerus hatte im Vorhofe seiner Lustgebäude
und Garten ein so kostbar gepflastertes Estrich,
daß man unter unzähligen zusammengesetzten
Steinen von mannichfaltigen Farben nicht nur
den feinsten parischen Marmor, sondern auch den
Smaragd bewunderte.

Sosus zu Pergamo in Asien hatte im Spei-
sesaal einen dergleichen Boden, dem Plinius den
Na-

Namen Asarotos giebt, das ist, einen unausge=
kehrten Ort, weil durch die mosaische Kunst alles,
was von der Tafel auf die Erde fällt, als Beine,
Schalen, Hülsen, Rinden und dergleichen, auf
dem Boden zwar mosaisch, doch natürlich vorge=
stellt war.

Sylla zierte durch eben solche mosaische Ar=
beiten den Tempel des Glückes zu Präneste, wel=
ches heute Palästina bey Rom genannt wird.

Die ersten Verzierungen von dieser Art be=
standen in verschiedenen großen Marmorstücken
von allerhand zusammengesetzten Farben, wie man
sie noch heut zu Tage in vielen Sälen und Tem=
peln sieht, so gar auch von Holz zusammen setzt,
und daraus nicht nur die Böden, sondern auch
Tische zur Augenweide verfertiget.

Endlich fiengen die Alten an, große steinerne
Tafeln zu verlassen, und nur kleine, farbenreiche
Steine oder gefärbtes Glas anzuwenden, und
weit künstlichere mosaische Werke zu verfertigen.
Die Griechen hielten auch beynahe das Glas für
schicklicher und brauchbarer, als Steine, weil sie
in diesen nicht alle zur Vorstellung eines Gemäl=
des erforderlichen Farben entdeckten, durch Glas
aber in Absicht auf die Colorirung sich nach Be=
lieben helfen und befriedigen konnten. Die Rö=
mer blieben endlich auch beym Glase, welches sie
in kleine würfelförmige Theile zerstückten, und
allerhand Figuren daraus verfertigten, dadurch

aber

aber nicht nur die Böden, sondern auch die Gewölber und andre Mauren mosaisch verherrlichten.
Aus dieser kurzen Erzählung kann man sich nun
allgemach einen Begriff machen, was man eigentlich mosaische Arbeit nennen könne. Das Mosaik, oder mosaische Wesen ist also überhaupt nichts
anders, als eine Zusammensetzung von vielen
kleinen Steinen, Marmorn und Glasstiften, deren Glanz und Pracht in allen möglichen Farben
bestehet. Diese werden würfelartig, länglicht
und viereckigt geschnitten, und nach Schatten und
Licht dieser oder jener Zeichnung fest an einander
in Kalk oder Kütte gesetzt. Däraus entstehet
eine Arbeit, welche ein vollkommenes Gemälde
vor Augen stellt. Wir Deutschen haben zwar
schon gesehen, was man überhaupt Mosaisch
oder Mosaik nennt; wir wissen aber nicht, warum dergleichen Werke durch dieses Wort angedeutet werden, und was es heiße. Ich will hier
bloß den gelehrten Scaliger zu Rathe ziehen,
welcher uns zeiget, daß die Benennung eines mosaischen Gemäldes von dem griechischen Wort
Musa, Eumuson und Musicon herkomme,
wodurch die Tonkunst, oder die angenehme Zusammenstimmung vielerley Töne verstanden wird,
mit welcher mosaische Werke eine Aenlichkeit
haben, weil die Farben der kleinern Steine und
Glasstücke, wie die Stimmen und Töne mit der
genauesten Aufmerksamkeit zusammengefügt werden.

So

So mannichfaltig nun dergleichen Werke an
sich in Absicht auf die Materie, auf die Zeichnungen, Umrisse, Formen, Vorstellungen und Größe
waren; so vielerley Benennungen erhielten sie
auch bey den Griechen: daher sind die Wörter:
Asarotos, Lithostrotos, Psiphologitos, Chon-
drobolios, Museios, Eumuseios, Velogra-
phos entstanden. Die Römer hingegen nennten
dergleichen aus kleinen, oder großen drey - oder
viereckigten Steinen, Ziegeln, Marmorn, oder Gläsern zusammengesetzte Böden, Wände, oder Gewölber Opus tessellatum, Sectile, Segmenta-
tum, Vermiculatum, Musivum. Man sehe
den Vitruvius, Daviler, und andre Architecten und Alterthumsforscher. Man betrachte
Neapel, Rom, Florenz und Venedig, so wird
man daselbst sowohl moderne, als antique mosaische Arbeiten antreffen. Ich will hier nur noch
dieses hinzufügen, daß alles, was stückweis und
enge zusammen bevestiget wird, mosaische Arbeit,
oder Mosaik genennt werde; mithin auch die Gassen der ganzen Stadt Rom durchaus mosaisch
gepflastert sind, welche Arbeit während meinem
sechsjährigen Aufenthalt angefangen, vollendet
und also benennt worden. Warum soll man also
nicht alle von verschiedenen Holzstücken flach zu-
sammengeleimte Arbeiten mosaisch nennen können, die man auch deswegen gemeiniglich musirt
heisset, und die doch in der That nichts anders
sind, als was wir Deutschen eingelegte Arbeit
nennen?

Es

Es wird heut zu Tage nicht mehr in Abrede
gestellet, daß die mosaische Malerey den höchsten
Grad der Vollkommenheit erreicht habe, welche
in gefärbten Glasstücken besteht, die man, wie
die Littern oder Buchstaben in der Buchdruckerey,
zusammen setzt.

peln, Gallerien, Cabinetten und Schätzen in
ganz Orient und Italien nicht aufhalten, sondern
mich bloß in Rom in der St. Peterskirche umse-
hen. Hier beweisen beynahe vierzig Altarblätter, welche fast von gleicher Größe, und bis dreyßig Schuhe hoch sind, daß es nicht mehr möglich
sey, die mosaische Malerey zu einer größern Vollkommenheit zu bringen. Sie sind ohne Ausnahme nach den Gemälden der größesten Meister
abgeschildert, und übertreffen die Urbilder in allen Theilen der Malerkunst. Jeder Anblick bezaubert und entzückt den Kenner. Da wir nun
dieses Vergnügen nicht haben, so müssen wir uns
mit Kupferstichen behelfen. Man betrachte sie
also, und stelle sich alles größer als das Leben vor;
man bilde sich ein, alles sey natürlich colorirt, so
hat man von dieser mosaischen Arbeit einigen Begriff. Zu diesem Ende nehme man die Kupferstiche des berühmten Künstlers Jacob Frey vor
die Hand, welcher die ihm gefälligsten Altarblätter der St. Peterskirche erwählt, und durch seinen Grabstichel in Kupfer gebracht hat. Schwerlich wird man etwas schöners sehen, als seine Petronilla

tronilla vom Guercino Barbieri da Cento, seinen heiligen Hieronymus vom Dominichino Zampieri, und seinen heiligen Sebaſtianus von Ebendemſelbigen. Ich übergehe den Lanfranco, den Pouſſin, den Maratta, Romanelli, und andre, welche vielleicht von andern ſpäter nachgeſtochen worden ſind.

So kunſtreich dieſe Gemälde auf ihrer Leinwand erſcheinen, ſo vortrefflich glänzen ſie heute im Moſaik, und entzücken das Auge der ſcharfſichtigſten Kenner. Das Colorit iſt nach aller Regelmäßigkeit der Kunſt ausgedrückt; es iſt auch ſo friſch, als wenn es heute erſt angelegt wäre; es iſt ſo glühend, ſo ſaftig und glänzend, als wenn es mit einem Spiegelglas oder Kriſtall bedeckt wäre. Die heilige Petronilla habe ich ſchon in einer Entfernung von 200 Schritten bewundert, und auch von Kennern bewundern geſehen. Kein Maler kann ſich dieſe Blätter in ſeinem Sinne vorſtellen, ob er ſchon einige tauſend große Gemälde in Deutſchland und andern Ländern betrachtet haben mag. Die romaniſch-moſaiſche Malerey macht allen andern den Vorzug ſtreitig. Man mag auch ſagen was man will, ſo bleibt es doch allemal ausgemacht, daß das ganze Reich der Malerkunſt nirgends als zu Rom ſeine Beherrſcher findet.

Man ſtelle ſich aber hundertjährige moſaiſche Malereyen vor, ſo wird man ſie billig rauh und grob nennen; andre aber auch mit Verdruß
Bb 5   anſehen.

anſehen. Zum Beyſpiel dient noch eines von
den beſten alten, nämlich das Blatt vom Lanfranco, welches kunſtreich gemalt war, in Moſaik aber durch das unglückliche Schleifen oder
Poliren mißfällig geworden iſt. Der Glanz iſt
waſſer- und wellenmäßig, folglich dem Auge überläſtig, weil man das Gemälde nirgends ganz
wahrnehmen kann, ſondern verblendet wird. Dergleichen Unanſtändigkeit iſt in den letztern Jahren
vollkommen gehoben worden; man ſchleifet die
Blätter nicht mehr ſtückweiſe, ſondern befeſtiget ſie in ihren gehörigen Altären und Mauren,
worauf ſie auf einmal und ganz geſchliffen werden.

Die Verbeſſerung und Vollkommenheit dieſer unvergleichlichen Kunſt hat man dem Cavalier Peter Paul von Chriſtopharis, einem
Sohne des Fabiits, in Rom, zu verdanken, welcher gegen den Anfang dieſes itztlaufenden Jahr-
hundertes eine moſaiſche Schule angelegt, und
viele große Schüler erzogen hat. Darunter
ſind Brughio, Conti, Coccei, Fattori, Goſ-
ſone, Octaviand und andre die vornehmſten,
welche ihrem ruhmwürdigen Meiſter ausnehmende Hülfe geleiſtet, und die Kunſt bis heute fortgepflanzt haben.

Um das Jahr 1730 hatten ſie noch kein hoch-
rothes moſaiſches Glas, bis eben damals Alexis
Mathioli ſo glücklich war, das Geheimniß dieſer geſchmolzenen Compoſition zu finden.

In

In Rom habe ich in sechs Jahren kein gröſ-
ſeres Vergnügen empfunden, als allein an dieſen
Künſtlern, welche meine tägliche Beſchäfftigung
waren. Dieſes Vergnügen führte mich ſehr oft
nach St. Peter, um daſelbſt den Chriſtophariſ
und ſeine Schüler auf dem Gerüſte arbeiten zu
ſehen. Mit Erſtaunen bewunderte ich die Geduld, Kunſt und Geſchicklichkeit dieſer Leute. Sie
arbeiteten damals an dem heiligen Sebaſtian vom
Dominichino Zampieri. Alle Figuren in dieſem Gemälde ſind viel größer, als in Lebensgröße.
Sie geben mir Anlaß, mich hier dabey aufzuhalten, um den Schülern, Kennern und Liebhabern
davon einigen Begriff beyzubringen, welche ſie
vielleicht ſonſt nirgends woher zu hoffen hätten.
Ich erzähle, was ich ſelbſt geſehen habe, und was
mich hoffen läßt, daß es zu ſeiner Zeit ihnen bey
unvermutheten Gelegenheiten nützlich ſeyn könne.

Dieſes ſchöne moſaiſche Gemälde ſieht man
unter viel andern in der St. Peterskirche zu Rom
auf einem Seitenaltar rechter Hand in einer nicht
allzu hellen vertieften Kapelle. Es ſtellt die
Marter des heiligen Sebaſtian vor, welcher an
einem hohen aufrechten Aſte angebunden hängt.
Auf der Höhe des Baumes iſt ein eiſerner Ring
befeſtiget, durch welchen ein herabgezogenes Folter-
ſeil die Achſelbeine des Heiligen umwindet, der
den rechten Arm erhebt, den linken Fuß aber, wie
den Arm, zurück angebunden hat. Hinter dem
Baume ſteigt ein Kriegsknecht auf eine Leiter, und
beveſti-

beveſtiget in der Höhe mit einem Nagel und
Hammer die Innſchrift: Sebaſtianus Chriſtia-
nus.　Vorwärts ſteht ein andrer Kriegsknecht
auf einem Stein, ſpreizet ſich mit dem Knie an
den Marterſtamm, hält das übrige Seil und einen Hammer, deutet auf die Erde, und begehrt
von einem Jünglinge andre dort liegende Stricke.
Einige Schützen leſen auf der Erde Bogen und
Pfeile zuſammen.　Linkerhand ſitzt der Haupt-
mann auf einem ſteigenden Schimmel, drohet
mit aufgehabenem Stabe, das Gedränge des
Volks abzutreiben, wovon einige ſich bücken, andre verſcheucht, erſchreckt und furchtſam zurück
weichen.　Chriſtus in den Wolken ſtrecket die
Arme aus, und verſchiedene Engel unterſtützen
und begleiten ihn mit Frohlocken und im
Triumph.

Dieſes Gemälde habe ich noch in Freſco ge-
mált geſehen.　Weil aber die Mauer ſich bereits
zu ſchälen, der Kalk ſich an verſchiedenen Orten
abzulöſen, und das Bild ſchadhaft zu werden anfieng; ſo bekam der berühmte Maler Peter
Bianchi den Auftrag, dem fernern Uebel vorzu-
bauen.　Dort habe ich ihn auf dem Gerüſte arbeiten geſehen.　Er bediente ſich des Terpentins,
die vielfältigen gemalten Kalkſtücke wiederum an
die Mauer zu drücken, zu beveſtigen, alles mit
äuſſerſtem Fleiße und gelehrter Aufmerkſamkeit
ohne Malen zu ergänzen.　So gewiſſenhaft verfährt man in Rom, jeden Punkt eines Urbildes

zu

zu erhalten; da man hingegen anderwärts ſich
nicht ſcheuet, dergleichen Gemälde durchgängig
mit Bürſten und Seife zu flicken, zu ſäubern und
zu zerläſtern. Bianchi brachte mit dieſer zwar
verdrüßlichen, aber ihm doch angenehmen Arbeit
viele Wochen zu. Jeder verletzter Punkt war
ihm ein Heiligthum. Seine Bemühung war ſo
glücklich, daß das ganze Gemälde wiederum ſeine
Vollkommenheit erhielt.

Chriſtopharis betrachtete alles, und bedauerte,
daß an dieſem Orte das Tageslicht zu ſeiner Arbeit zu ſchwach wäre. Er wünſchte das Urbild
in einem beſſern Licht und bequemern Orte vor
Augen zu haben, wo ſein Grundſtein zur moſaiſchen Arbeit auch hell erſcheinen könnte. Der
Pabſt Clemens XII, der davon überzeugt war,
ließ unverzüglich den Befehl ergehn: Man ſolle
die ganze Mauer hinweg nehmen, und dieſelbe
dahin verſetzen, wo und wie es der Künſtler Chriſtopharis anordnen würde.

Das Gerüſte wurde alſo vor dem Altar aufgebaut, und auf allen Seiten und Rändern des Gemäldes machte man Einſchnitte in die Mauer ſo
tief, als man die Dicke derſelben beybehalten
wollte. Peter Bianchi bedeckte aber, mit Beyhülfe andrer geſchickter Maler und Arbeiter, das
ganze Gemälde mit feinem in Oel getränkten Papier, mit Flanell, Wolle, Matratzen, Stroh und
ſtarken Bretern. Dieſe wurden durch viele ſtarke
eiſerne breite Stangen am Rande befeſtiget, daß
man

man in Absicht auf das wohlverwahrte Gemälde
keine Sorge mehr zu tragen hatte. Ich schreibe
alles, was ich mit Verwunderung selbst beynahe
in einer Zeit von vier Monaten sehr oft gesehen
und beobachtet habe. Ich war auch keiner von
dem großen Haufen derjenigen, welche viel thun,
und, nichts studiren; sondern aus der kleinen
Schaar derjenigen, welche viel studiren, und wenig ins Werk setzen.

In der äußersten Höhe des Gemäldes fieng
man hernach an, eine Gewölbung in die Mauer
einzuhauen, damit zween Steinmetzen darinn Platz
hätten, welche anfiengen die bestimmte Dicke der
gemalten Mauer abzumessen, hinter derselben mit
Stemmeisen einzuhauen, und die ausgestämmten
Ziegel= Malter= und Steintrümmern durch die ein-
geschnittenen Seitenrinnen abzukehren. Diese Arbeit währete den ganzen Sommer. Je tiefer diese
Leute eindrangen, desto länger wurden die Stämm=
eisen, welche sich endlich in Stangen verwandelten,
womit man ämsig fortstampfte, und seitwärts den
Staub, Sand und die Trümmern durch die Seitenrinnen oder gemachten Einschnitte hinaus stieß. In=
dessen wurde aber allezeit die Vorsicht gebraucht,
daß die nach und nach abgelösete Mauer nicht fallen, oder brechen, sondern vest stehen möchte, bis
sie gänzlich abgeschnitten war, und frey stund.

Durch andre Gerüste, Maschinen und Seile
wurde endlich diese abgelösete dicke Wand auf das
Gesicht der Malerey herabgelassen, und auf dem
                                        zerstämm=

zerstämmten Rücken mit Malter angeworfen, mit
starken Bretern und eisernen Stangen vest zusammen gebunden, mithin vor aller Gefahr zu zer-
brechen versichert. Wie sie nun dort lag, so
wurde sie seitwärts aufgehoben, und auf den rechten Seitenrand aufrecht auf Bäume gestellt.
Diese Bäume lagen auf Walzen, diese aber auf
einer Brücke, welche als ein gebahnter Weg vom
Altar weg durch die Kirche hinaus, über die Treppe
hinunter bis in das Arbeithaus des Künstlers
Christopharis, folglich bey vierhundert Schritte
lang zubereitet war. Solche Hülfsmittel waren
veranstaltet, diese ungeheure Mauer ganz und
unverletzt an ihren ausersehenen Ort hinzuschaffen.
Dort wurde sie senkrecht aufgestellt, und zur Betrachtung sowohl, als zur mosaischen Arbeit bequem an ihrem gehörigen Lichte vestgemacht.

Nach der Größe und ganzen Ausmessung dieser Wand wurden fünf Stücke von gemeinem doch
harten Stein, den die Römer Peperino nennen,
aufeinander neben ihr hingesetzt, vorher aber nach
ihrer hohen und breiten Fläche zween oder drey
Zolle tief solchergestalt ausgehöhlt, daß in der tiefen Fläche, so zu sagen, ein Rost von enge gleich-
laufenden und tiefen Einschnitten, oder kleinen
Gängen da stunden, in welche man den aus gestos-
senem Marmor, Kalk, Gummi Adragant, und
Eyerklar verfertigten Kitt einlegen konnte.

Nach diesen Anstalten fieng Christopharis
nebst seinen Gehülfen an, Zirkel, Maaßstäbe und

Carto-

Cartonen zu brauchen, um alle Umriſſe des Urbildes auf dieſe Steine zu übertragen, und in
Ordnung zu beveſtigen. Daher wurden gleich
die Hauptpunkte durch angelegten Kitt und einge-
ſteckte moſaiſche Glasſtifte an verſchiedenen Orten
veſtgeſetzt, und vier oder fünf Mitarbeiter angeordnet, welche zugleich an verſchiedenen Gegenden der Fläche Hand anlegen konnten. Dieſer
unbeſchreiblichen Mühe habe ich faſt drey Jahre
zugeſehen, und wahrgenommen, wie geſchickt und
leicht ſie zu Verbeſſerung ihrer Fehler zu Werke
giengen. Wo ſich nämlich eine Abweichung vom
Original äußerte, zum Beyſpiel, wo ein Auge,
eine Falte oder ein Umriß nicht die gehörige Stelle
einnahm, da ſteckten ſie die wenigen fehlerhaften
moſaiſchen Gläſer und den Kitt heraus, legten
neuen Kitt hinein, und ſetzten die erforderlichen
Stifte darinn wieder zuſammen. Von der gänz-
lichen Vollführung dieſer Arbeit werden wir unten weiter handeln.

Das Hauptweſen und der Grund dieſer vortrefflichen Kunſt beſteht in der Fabrik oder Glashütte, in welcher das Glas nach allen möglichen
Farben, Tinten und Schattirungen, jede inſonderheit, zubereitet, und jede in einem tellermäßigen
oder ſcheibenförmigen mehr als Zoll dicken gläſer-
nen Klotze geſchmolzen, und auf eine kupferne
Fläche hingegoſſen wird. Die Anzahl dieſer
Farben beläuft ſich beynahe auf drey tauſend
Stücke. Als ich ſie ſah, ſo mangelte nur noch
die

die hochrothe Farbe, welche damals erst erfunden wurde. Ich erhielt davon ein Stück, welches ich nach Deutschland brachte, und durch einen Steinschneider verschiedenes artiges Geräthe, als Tabackdosen, Stutzen, Stockknöpfe mit halberhabenen Verzierungen daraus schneiden ließ.

Man kann leicht erachten, daß die Kunst, solche Pasten oder Massen zu verfertigen, in der Fabrik ein großes Geheimniß sey. Ich überlasse es demnach den Chymisten und Glasmachern, welchen davon schon viele Farben bekannt sind.

Erwähnte zolldicke Glasscheiben werden aus der Glashütte in die Fabrike bey St. Peter in Rom geliefert, wo auf der mit Quatersteinen anstatt eines deutschen Dachs bedeckten Kirche auch in der Malerwerkstatt neben dem Tempel viel Arbeitsleute voller Aemsigkeit sind, die Scheiben in lauter dicke, dünne, viereckichte, Zoll lange, auch längere Stücke und Stifte zu zertrümmern.

Jeder Arbeiter hat zu seiner Verrichtung einen vesten Ambosstock vor seinen Knyen stehen; mitten in dessen Oberfläche steckt anstatt des Amboses ein mehr oder weniger breites schneidendes wohl gestähltes kleines Eisen. In der rechten Hand führt er einen eben solchen gestählten schneidenden, oder nach den Umständen der gröbern oder feinern mosaischen Stückchen einen leichtern Hammer von Buchsbaum. Mit der linken Hand legt er die Glasscheibe auf das veste Eisen,

und schlägt oder tüpft ohne Gewalt auf den Ort,
wo sie aufliegt; so, daß das Stück gleichsam wie
abgeschnitten herunter springt. Auf diese Weise
fährt der geschickte Werkmann fort, bis die ganze
Masse in lauter länglichte viereckichte Stücke zertrümmert, oder wie man es nennen will, geformt
oder geschnitten ist.

Andre sind beordert, diese mosaische Glasstücke so dünn und klein wie Nadeln zuzurichten,
zu schleifen, und in ihre gehörigen Formen zu
bringen. Alle diese und andre Stifte werden dann
nach ihren Farben, jede insonderheit, in Fächer
gelegt, wo man sie wie die Buchstaben in einer
Buchdruckerey geordnet sieht.

Zu Bereitung dieser mosaischen Gläserstifte
hat man noch verschiedene Werkzeuge zum schleifen, schneiden und ausgleichen, deren Beschreibung ich aber hier ohne Nachtheil des Unterrichtes übergehe, weil sie zu weitläuftig werden
würde.

Den Kitt legt man in der Arbeit nur theil-
weise an, nämlich, so viel man in einem Tage zu
bestecken vermögend ist, weil er sonst trocken und
vest wird. Doch kann man ihn auch mit Wasser auffrischen und weich machen, wenn er noch
nicht allzu trocken geworden ist.

Ich komme nun zum Ende der mosaischen
Arbeit, das ist, zur Aufrichtung und Befestigung des Altarblattes des heiligen Sebastian an
seinem vorigen Orte im St. Peterstempel.

Chri-

Christopharis fand in seiner Studier- und Ar-
beitwerkstatt am Dominichino nichts mehr nachzuahmen; daher ließ er seine mosaisch gemalten
Peperinsteine wiederum von einander absondern,
auf den Boden legen, in die Kirche überführen,
und allda an demjenigen Orte, wo vorher das
Urbild fast hundert Jahre zur Bewunderung gedient hatte, Stück vor Stück auf einander setzen,
einmauren, und mit kupfernen Klammern befestigen, weil die eisernen verrosten und nach und
nach sowohl die Mauren als Steine zerspringen.
Hier sah ich nun den heiligen Sebastian wiederum in seiner vorigen Pracht, ausser, daß er rauh
und ohne Glanz war.

Die Gerüste blieben, und die Künstler un-
ternahmen eine neue Arbeit; sie mußten die Ab-
schnitte zwischen den Steinen und ihre Zusammenfügungen ergänzen, welche sie mit Kitte wiederum anfülleten und sie mit gehörigen mosaischen Gläsern besetzten, damit die zusammenge-
mauerte Fläche wiederum ganz erschiene. Alles
wurde noch einmal untersucht, verbessert und zu
seiner Vollkommenheit gebracht. Endlich befe-
stigte man durch Seile und Maschinen das kiesel-
steinerne und bleyerne Gewicht, um die ganze
Fläche des Gemäldes durch Wasser und feinen
Schmergel so zu schleifen, daß sie glänzte. Da
nun auf solche Art alles wie ein Spiegel glänzte;
so erschien die mosaische Malerey weit ansehnlicher, glühender, saftiger und lebhafter, als sie im

Urbil-

Urbilde war.   Das Blatt wurde endlich unter
ausnehmender Verwunderung der Zuschauer aufgedeckt.   Es erwecket auch noch heut zu Tage,
nach mehr als dreyßig Jahren, eben das Erstaunen der Kenner, welches es den ersten Tag verursachet hat.   Die ausgeschnittene Mauer des
Originalgemäldes wurde hernach in einer andern
Kirche, wo ich nicht irre, in dem Kartheuserkloster eingemauert.

Betrachtet man also ein solches mosaisches
Kunststück sehr nahe; so scheinet es nach großer
Miniaturart hinter einem Glase gemalt zu seyn,
weil alles, ohne Verblendung zu verursachen, glänzet.   In einer dem Auge des Beobachters anständigen Entfernung aber, oder in der Weite, in
der solche Altarblätter ohnedem durch ihre Höhe
sich befinden, erscheinet alles schön, frisch, saftig,
stark und glühend, ja so kunstreich, daß jeder Pinselstrich des Urbildes seinen Platz verherrlichet,
und nirgends eine Zusammenfügung der mosaischen Glasstückchen wahrgenommen wird.

Mit Erstaunen betrachteten wir in Rom die
Portraite des Königs und der Königinn von Portugall im Jahr 1735, welche Bruststücke in ihrer
Lebensgröße von Peter Bianchi gemalt, und
von Christopharis so kunstreich und fein in Mosaik gesetzt worden, daß man sie mit verführerischen Augen für eine wahre unübertreffliche Miniaturmalerey ansah.

Was

Was man in dieser allezeit höher gestiegenen
mosaischen Malerey seit meinem Aufenthalt in
Rom, nämlich seit mehr als 39 Jahren verbessert haben mag, besteht, wie ich höre, nur in der
Art und Weise vieler Nebensachen, Maschinen,
Geräthe, Werkzeuge, Handarbeiten, u. s. f.
nicht aber in der mosaischen Malerkunst selbst.
Denn, wenn man die damals verfertigte Petronilla und den heiligen Sebastian betrachtet, so
wird es unmöglich scheinen, daß man weiter etwas Vortrefflichers wünschen, oder die Kunst noch
verbessern könne, sondern nunmehr sich mit demjenigen begnügen müsse, was seit achtzig Jahren bis hieher bereits geschehen ist, und jedem
scharfsichtigen Kenner Anlaß zu glauben giebt,
daß die Kunst der mosaischen Malerey den höchsten Grad der Vollkommenheit erreicht habe, welches daraus erhellet, weil die mosaischen Künstler allezeit nur nach den Originalien, niemals
aber nach Kopien gearbeitet haben, wie uns die
ungeheuren Umstände vom heiligen Sebastian
deutlich zu erkennen geben, welche mir aber hier
zu einer wichtigen Anmerkung Anlaß geben, die
dem kunstbegierigen Leser, wenn er gleich zu Rom
gewesen wäre, doch vielleicht unbekannt seyn mag,
und die ihm also um deswillen nicht mißfällig
seyn wird.

Die Altarblätter in der St. Peterskirche sind
meistens von einerley Maaß und Größe, oder
der Raum eines Altars hat mit dem Bilde kein

Cc 3　　Ver-

Verhältniß, welches man dahin in Mosaik bringen will. Soll man also ein kleines Urbild dahin setzen, mithin eben wie die andern in Mosaik
bringen; so ist man gezwungen, dieses kleine
Kunststück durch den geschicktesten Maler abkopi-
ren, in das gehörige Maaß bringen, und dem
dazu bestimmten Raume des Altars gleich groß
malen, endlich von einer so vergrößerten Kopie,
nachdem sie von vielen Professoren der Kunst
beurtheilt und verbessert worden, in Mosaik übertragen zu lassen. Man begreift es ohne viel
Nachsinnen, daß dieses eine unvermeidliche Arbeit sey; weil der mosaische Künstler dergleichen
Vergrößerung unmöglich bewirken, und ohne unbeschreibliche Mühe und ungeheuer große Kosten
ausführen könnte; ja so gar auch mit Anwendung
aller dieser und andrer Hülfsmittel dennoch beständig unsicher und ohne guten Erfolg arbeiten
würde.

Ein solches Schicksal der Kopie mußte also
das unschätzbare Gemälde des Raphaels von
Urbino, nämlich die Transfiguration erfahren.
So kostbar es nun ist, so glücklich ist es erst vor
wenig Jahren geschehen. Dieses verwunderungswürdige Bild ist das Hochaltarblatt zu Sant Pietro Montorio in Rom auf Breter gemalt, und
mit einem so unglücklichen Lichte versehen, daß es
Jacob Frey nicht eher abzeichnen wollte, als
bis man seitwärts in der Kirchenmauer ein Fenster ausbreche. Verschiedene Umstände wegen
der

der Erlaubniß, Kosten und Einwendungen verhinderten aber dieses Vorhaben.

Vor einigen Jahren wurde also der geschickte Künstler Stephan Pozzi bevollmächtiget,
diesen großen Schatz der Malerkunst mit aller
nur möglichen Aufmerksamkeit, die ein Mensch in
seiner Gewalt hat, abzumalen. Er vollbrachte
seine Arbeit mit vollkommener Zufriedenheit aller Kenner. Da das Original ohne die äusserste
Gefahr nicht übertragen werden konnte; so mußte diese Kopie zum Mosaik dienen. Solchergestalt pranget also dieses Raphaelische Kunststück in der St. Peterskirche, und läßt keinen
Raphaelischen Pinselstrich verkennen. Es ist
auch auf fünf Stücke von Sandstein in Mosaik gesetzt worden.

Um dieselbige Zeit nahmen die mosaischen
Künstler auch den Erzengel Michael vom Guido
Reni vor die Hand.

Dieses schöne Stück, für welches gewisse
Mylords schon vier und zwanzig tausend Scudi,
geboten haben, und niemals erhalten konnten,
verherrlichet die Capucinerkirche zu Rom. Aus
dieser wurde es nach St. Peter in die mosaische
Kunstofficin gebracht, und in ein einziges ganzes Stück Stein, Peperino genannt, mosaisch
verfertiget. Es glänzet nunmehr neben der heiligen Petronilla vom Guercino in der St. Pe-

Cc 4 terskir-

terskir-

terskirche so majestätisch, daß es alle Kenner in
Erstaunen setzt.

Dieses ist nun die wahrhafte Auslegung der
Nachricht, welche uns ein Franzos im Versuch
der mosaischen Malerey im Jahr 1768 von
den Kopien ziemlich seichte ertheilt und geglaubt
hat, alles werde nach Kopien gearbeitet, da doch
bis diese Stunde in der ganzen Kirche nur die
gedachte Transfiguration und der heilige Hieronymus vom Dominichino, weil er sehr klein
war, nach Kopien vermosaisirt worden.

Die Stadt Florenz aber legt uns noch andre mosaische Arbeiten vor Augen, die sehr kostbar sind, und welche von den römischen allerdings unterschieden sind. Denn in denselben
sieht man kein Glas, sondern nichts als orienta-
lische Steine, nämlich Agathe, Granaten, Sar-
doniche, Korallen, Perlenmutter, Lapis lazuli,
Jaspis, Smaragd, Topas, Carniole und dergleichen, aus welchen man theils flache, theils
halb erhabene Arbeiten verfertiget, deren Kostbarkeit aber mehr Verzierungen, als mosaische
Gemälde vorstellen.

In den kaiserlichen Cabinettern zu Wien
sieht man Tische von solcher Kunst, in welchen
große mitten von einander geschnittene orientali-
sche runde Perlen schnurweis eingelegt sind.
Man würde also vergeblich fragen, wie hoch
dergleichen Kunststücke zu schätzen sind. Denn
man

man sieht dabey nicht auf die Kosten, sondern erkundiget sich, ob und wie man dergleichen Werke zu Stande bringen könne.

Nach dergleichen Schätzen der Kunst darf man andre Arbeiten nicht beurtheilen, welche nur aus Kieselsteine, Holz, Zinn, Meßing, oder Bley bestehen, ob sie gleich den Namen mosaischer Arbeit führen und in allen Ländern unter demselben bekannt sind.

Ich schließe, und überlasse weitere Nachrichten von solchen Künsten denenjenigen mit Vergnügen, welche die Feder in die Hand nehmen und meine Stelle vertreten wollen.

Area vel campus Tabulae vagus esto.

Cc 5   **XII. Die**

XII.

Die Architectur.
Schreiben aus Rom an Chäremon.

Mein Freund!

Die unvermuthete Ankunft und der vergnügte
Aufenthalt eines Monarchen allhier zu
Rom, noch mehr aber seine so schleunige Abreise haben mein Stillschweigen über dein langes
Klagregister wider den Zustand der Künste verursacht. Stelle dir einmal vor, wie es wohl hätte
möglich seyn können, dir auf deine Batracho-
myomachia zu antworten. Ganz Rom ward
beynahe in ein solches Schauspiel verwandelt.
Das ganze menschliche Geschlecht, ja so gar Tempel und Paläste geriethen in Bewegung, ihn zu
sehen, zu ehren, zu bewundern, und Kennzeichen
der tiefsten Ehrfurcht für ihn auf ewig in ihr Herz
zu prägen. Er wollte sich zwar nicht zu erkennen
geben: So wenig aber die Sonne hinter den
Wolken ihren Glanz verliert; so unmöglich war
es, die Größe seiner Seele und seiner Majestät
zu verbergen. Sie blickten aus allem seinem
Thun und Lassen hervor. Wenn alles Leben aufhört, so werden ihn die Steine noch ehren. Die
Künste sind gereizet und ermuntert, diesen Monarchen zu verewigen. Und du lässest dich von
einer beynahe trostlosen Gesinnung so irre machen,

daß

daß du von den Künsten, diesen geliebten Zög-
lingen eines glückseligen Staates, als von so viel
verlassenen Gliedern desselben schreibest. Laß
diesen deutschen Beherrscher desjenigen sich erinnern, was er mit ausnehmendem Vergnügen gesehen hat; so wirst du gewahr werden, wie mächtig der Blick eines solchen Weltfürstens ist, einen
kleinen Kreis von wackern und herzhaften Künstlern in einen weitern Umfang zu verbreiten; und
denselben zu verherrlichen. Du wirst erfahren,
wie die große Schaar deiner Paladinen, welche
Homer vor dreytausend Jahren, und Salvini
zu unser Zeit noch mit Nußschaalen, anstatt des
Panzers, mit Reisern und Strohhalmen, anstatt
der Lanzen bewaffneten, sich in so viel Helden der
Künste verwandeln wird. Ganz Rom ist überzeugt, daß dieser große Fürst auch in seiner Residenz, ausser seinen Schatzcabinettern und Gallerien,
die Lust werde genießen wollen, welche ihn allhier
bis zur Verwunderung ergötzt hat.

Seine Residenz in Deutschland hat mir wohlgefallen, ob ich gleich Rom darinn nicht gefunden
habe. Eure Paläste würden die Stadt verherrlichen, wenn sie nicht in Winkeln stünden. Euer Dom
ist keine St. Peterkirche. Eure Altarblätter sind
keine Raphaele, Guido, und Maratten; die
Statüen werden niemals einem Phidias, Agesander und Fiamengo gleich werden. Die Menge
des Meschino verdunkelt euern Sandrart. Eure
Colonnen und Brunnen werden unsrer Trajana,
unsern

unfern Spitzſäulen, den Fontänen Navona und
Trevi den Vorzug nicht ſtreitig machen. Von
euren Gebäuden, wenn ſie auch unſer Capitolium
an Größe übertreffen, etwas zu melden, würde
eine vergebliche Mühe ſeyn. Sie ſtehen in römi-
ſcher und griechiſcher Pracht, und laſſen ſich in
Verzierungen von einem nur ihnen eigenen Geſchmacke ſehen.

„So großmüthig, nun ein Pabſt Julius, Leo,
Sixtus und andre die Künſte aufgeweckt haben;
ſo leicht kann es auch dieſer unſer Monarch. Ja!
unſer Monarch: So nennen wir Römer ihn, die
wir ihn ſo tief in unſre Herzen eingeprägt erhalten,
daß kein Zufall ihn daraus mehr zu verdringen im
Stande iſt. Ich wiederhole es noch einmal:
Er kann eben das bewirken, was in Italien alle
Schutzgötter der Künſte vermochten, und deine
homeriſchen Achille werden endlich dem Wohnſitz
des größeſten Monarchen, wenn gleich kein Rom
daraus wird, Ehre machen. Wer ſollte ſich
aber einbilden, daß Rom, die Hauptſtadt der ganzen Chriſtenheit, durch die Künſte nicht mehr ſo
geziert ſeyn ſollte, wie alle andre Städte? Die
Religion und ihre Beſchützer bringen Pinſel,
Meiſel und Richtſcheite in Bewegung. Anderwärts verdrängen feindliche Schwerter und Kriegs-
rüſtungen jenes unſchuldige Kunſtgeräthe ſo gewaltſam, daß immer etwas mangelt.

Jedoch ich wende mich wieder zu deinem
Schreiben, worinn du nach deinen ſeltſamen Begriffen

griffen von nichts als Farben, Steinen und Kupferstichen plauderst. Ich finde nicht eine Sylbe
von der nothwendigsten, prächtigsten und größesten Kunst darinnen. Ist denn die Architectur
keiner Achtung werth, die doch unter euch so sehr
im Schwange ist? Muß sie nicht lange
vorher prangen, ehe und bevor du einem Gemälde, einer Abbildung in Marmor, und einem
andern Kunststücke einen Platz einräumest?
Warum beschwerest du dich denn nicht darüber,
daß deine Wohnung ungeschickt, voller Fehler,
oder gar baufällig sey? Von Dörfern und Bauer-
hütten darfst du mir nichts erwähnen. Es werden sich schon Leute finden, welche wissen, wie
man dem fleißigen Ackersmann nicht nur ein Dach
mit Stützen bauen müsse, sondern auch, wie man
viel solche Dächer in eine Ordnung eintheilen
sollte, damit, wenn etwan ein stürmischer Wind
oder Feuerfunken das Strohdach ergreift, nicht
ganze Reihen von Bauernhäusern in Flammen
gerathen.

Ich rede hier von Tempeln, Palästen und
andern großen Gebäuden, weil ich gesehen, auch
vielfältig gehört habe, daß überall hierüber Klagen geführt werden. Paris leidet von seinem
Abbé Laugier in der Baukunst unwidersprechliche Vorwürfe, und selbst Rom giebt zu dergleichen Anlaß. Der Tadel greift so geschwinde um
sich, daß Liebhaber und Kenner der Architectur
zu behaupten anfangen, die Baukunst habe sehr
abge-

abgenommen, und, anstatt dem gesunden, guten,
vollkommenen Geschmacke nachzustreben, lasse man
sich durch den Reiz der Neuigkeit verführen. Sie
seufzen, daß man sich kein Gewissen daraus mache,
das Gute zu verachten, und nur eigensinnigen,
ungeschickten und verwerflichen Erfindungen nachzuarbeiten. Wahre Kenner und Verehrer der
Architectur gerathen dabey in den äußersten Verdruß, daß viele Neugierigen die Zeit nicht erwarten können, die das Antique und Erhabene
der Kunst allhier vernichten soll, sondern so gar
ihren Untergang zu beschleunigen, mit aller Aemsigkeit und vielen Kosten bemüht sind. Man
könnte mit dem Verzeichnisse der bereits in Italien und allhier schon verheerten guten Gebäuden
einen ganzen Band anfüllen.

Die großen Namen, der unaufhörliche Ruhm,
das allgemeine Wohlgefallen, sind in Italien nicht
mehr vermögend gewesen, sich der gewaltsamen
Zerstörung der vortrefflichsten Gebäude zu widersetzen. Kann man gelehrtere Männer und grös-
sere Architecten in der Welt nennen, als den
Michelagnolo Bonarotti, und Leon Battista
Alberti? und dennoch haben einige ihrer Werke
und Anordnungen weichen und der Unwissenheit Platz machen müssen. In solchen Umständen befand sich die Architectur oftmals zu Rom.

Hat das Verhängniß schon allhier, wo doch so
viele fremde und die berühmtesten Architecten ihre
Kunst heute noch zu lernen trachten, wider dieselbe
so

so wunderbar gewütet; wie wird es mit ihr erſt in Deutſchland ausſehen? Sind etwan neue Bo= narotte und Alberte aufgeſtanden, oder iſt die Erfindſamkeit in eurem Bauweſen höher geſtie= gen?

Fürſten und andre große Bauherren ſtudiren dieſe Kunſt gemeiniglich nicht; ſie laſſen alles auf dem Vorurtheil und Geſchmack ihrer Stein= und Mauerverſtändigen Meiſter beruhen. Dieſen eröffnen ſie ihre Meynung, welche meiſtentheils auf ein Gerathewohl erfüllt wird. In Italien läßt man große Gebäude durch geprüfte, vorneh= me und ruhmvolle Profeſſoren um die Wette zeichnen, entwerfen oder modelliren. Man un= terſucht und verbeſſert ihre Gedanken, und be= ſchließt endlich durch einſtimmigen Rath der ge= ſchickteſten Männer das Vornehmen, und führt es endlich aus. Ein ſolcher Baumeiſter aber, der keine Wahl zu treffen weis, vermeidet ſo viel Gepränge, und anſtatt die Lage, den Platz, oder die Gegend durch eine ganze Verſammlung von Gelehrten und Künſtlern unterſuchen zu laſſen, ſchickt er ſeinen Lieblingsmaurer fort, den unge= fähr ausgedachten Grundriß auszuſtecken. Die= ſer ehrliche Mann, der zwar ſein Handwerk, je= doch nichts von Oſt, Weſt, Nord oder Süd ver= ſteht, erfüllt ſeine Schuldigkeit. Der Eigen= dünkel iſt ſeine Richtſchnur, die ihn keinen Punkt verfehlen läßt: Er kehrt aber bald zum Meiſter zurück, ihm anzudeuten, daß im Grundriſſe viele

Fehler

Fehler stecken, welche die Anlage verhindern.
Eine verdrüßliche Antwort ist sein Bescheid. Unversehens aber kommt der Baumeister selbst, und
macht in der größten Eile verschiedne Anordnungen. · Das Gebäude fängt bald an aus der Erde
mit so starkem Ansehn empor zu ragen, daß die
Mauren viel mehr Platz von der Lage, als der
Zwischenraum einnehmen. In der Ausführung
wird hernach oft ein Stück abgebrochen, oder es
fällt von sich selber zusammen, welches man wiederum anders bauet. Dort erweitert man eines; dieses wird ergänzt; jenes verbessert oder
weggerissen. Das Gebäude steht, und man bewundert die weiße und blaue Farbe. Ein Tadler beurtheilet es, und findet, daß wenige Theile
an ihrem Orte stehn, einige sehr gedrängt sind,
andre ein zu großes, oder zu kleines Ansehn und
kein zusammenstimmendes Verhältniß haben,
und eine prächtige Verzierung die andre verdringt
oder verdunkelt. Wir mögen dergleichen Werke
in Rom betrachten wie wir wollen, wir mögen sie
loben oder tadeln, so hilft es doch nichts; sie stehn
einmal da, und schaden uns nichts. Ist euer
Bauwesen in besserer Verfassung, so kann es nicht
anders seyn, als daß man uns die Kunst entwendet haben müsse.

Deine Denkungsart ist mir bekannt, und ich
erinnere mich unsrer Gespräche noch sehr wohl.
Mein sechs und siebenzigjähriges Gedächtniß er-
neuert mir oft unsre alte Lust, die wir allhier em-
pfan-

pfanden, wenn wir das Antique durchwanderten.
Dieses ist meine einzige Zufriedenheit, und ich
zweifle auch nicht, daß dieses Vergnügen auch
dich in dem fünf und sechzigsten Jahre deines Alters noch munter erhalten werde. Ich füge diesem Blatt einen Entwurf bey, welcher dir die
Abbildung obengedachten Monarchens vor Augen
stellt. Lebe wohl! und laß meine Neugier nicht
so lange, wie bisher, deiner Antwort entgegen
sehen.

Rom den 1 April 1769.

Antwort
auf das Schreiben aus Rom.

Preiswürdiger alter Freund!

Möchte es doch der Himmel fügen, daß jener
Monarch, von welchem du Meldung thust,
alle Künste von Rom ohne seinen Nach-theil
wegnehmen, in seine Residenz versetzen, und
manchen noch verführerischen Irrwisch aus
dem Wege des wahren, edeln und erhabenen
Geschmackes vollends räumen, und dasjenige,
was in einen glücklichen Fortgang gebracht worden, mit einer noch größern Aufnahme krönen
könnte! Es ist dir bekannt, daß die Unwissenheit
ein Saame ist, welcher, wie das Unkraut, in einem jeden Erdreich Wurzeln faßt, und die guten Pflanzen verderbet, die Wissenschaften und
Künste aber einen fruchtbaren Boden erfordern.

II. Band.   Dd   Je-

Jenem großen Monarchen mangelt es an solchen
in seinen Staaten keinesweges, und sein Auge ist
scharfsichtig genug, die eingesetzten Pflanzen zu
beobachten, und sie im Wachsthum zu erhalten.
Er findet alles in Bereitschaft, was seine zu Rom
erweckten Gesinnungen unterstützen kann.

Du hast Recht, daß die Hauptstadt der Chri-
stenheit keine deutsche Residenz ist; daß unsre
Tempel keine St. Peterskirche, und unsre großen
Thore keine Siegesbogen sind. Hingegen wirst
du doch dieses nicht läugnen, daß unsre hohen
Thürme eure Obelisken und Colonnen weit übertreffen. Einige von unsern Palästen haben zwar
einen römischen Geschmack, und viele scheinen sogar den griechischen nachzuahmen, den sie aber
nicht völlig erreichen.

Du weißt, daß ich einen kleinen Anfang gemacht habe, vom Bauwesen zu dichten, und dieses bewegt mich, dir zu sagen, daß einige von
unsern Palästen Rom ebenfalls verherrlichen könnten, ob man gleich an andern gewahr wird, daß
zwar die Baumeister von der Architectur etwas
gehört, aber nicht alles begriffen haben. Wir
müssen mit dem vorlieb nehmen, was unsern
Maurern und Steinmetzen geträumt hat. Wer
wird es nun wohl wagen, seine Gedanken öffentlich zu erkennen zu geben? Euch Römern allein
ist diese Freyheit verstattet, durch die Donna
Lucrezia, wenn dem Pasquin nicht wohl zu mu-
the ist, das Publicum zu unterrichten, was diefer

ser oder jener von der Wahrheit denkt. Daher
sieht man auch in eurer Stadt die kostbarsten
und unnachahmlichsten Werke von allen Künsten.
Alles ist vor obigen Kunstrichtern in Furcht gesetzt.
Eure Hirten im arcadischen Gebüsche verbergen
sich unter verschiedenen Namen, damit sie sich
nicht scheuen dürfen, die Wahrheit auszubreiten.
Hier aber bleibt alles unangetastet. Und was
könnte man auch hier beurtheilen oder tadeln, wo
niemand einen Fehler begeht? wo alles in besserm
Flor ist, als zu Rom, weil es neu und fremd ist.
Ich darf es nicht öffentlich sagen, daß die batto-
nische Abbildung zweyer von den größesten Fürsten
bey der Statüe, Roma triumfante genannt, mir
deswegen über die Maaßen gefällt; weil sich gebie-
therische Künstler allem widersetzen, was von Rom
kommt. Die Kunst herrscht nicht, sondern der
Ruf einer eigensinnigen neuen Manier, welche
macht, daß ich von allem nicht ein Wort sage.

Du hast mir Anlaß gegeben, von der Architectur zu schreiben. Lies also die hier beygefüg-
ten Blätter, vielleicht können sie einigen Baugei-
stern in das rechte Gleis helfen, welche die Baukunst studirt haben, und sie nicht in Uebung bringen, oder welche darinn ämsig fortarbeiten, und
davon weder die Anfangsgründe, noch eine Regel
wissen, wie ein römischer Schriftsteller vor einigen Jahren den Ausspruch gethan hat. Lebe
wohl!

Gedan-

Gedanken
eines römischen Bauverständigen von der Architectur = Lehre.

§. 1.

Wie sehr sich der Mißverstand in das Bau=
wesen eingeschlichen habe, dieses kann man an ver=
schiedenen Gebäuden deutlich wahrnehmen. Bey=
nahe Millionen sind nicht vermögend, den guten
Geschmack der Architectur wiederum in Aufneh=
men zu bringen, und die Barbarey zu vertreiben.
Die Gewonheit allein ist die Richtschnur, wornach
sie ihre Arbeit abmässen. Nicht die Kunst, son=
dern was man seit vielen Jahren in einem fort
geübt, oder seit einigen Tagen von einem Maurer
abgesehen hat, ist Architectur, weil es gebaut ist.
Wem aber soll man diesen Verfall Schuld geben;
dem Bauherrn, oder dem Baumeister? Freylich
sind meistens diese der Gegenstand derjenigen Ver=
achtung, womit man das Gebäude im Vorbey=
gehn anzusehn pflegt.

Allein, wie kann man denn die Baumeister
mit Rechte tadeln, da man allerdings der Mey=
nung ist, die Architectur sey schon lange eben so
verloren, wie die zu Zeiten des Tiberius erfun=
dene Kunst, das Glas mit dem Hammer zu
schmieden, und breit zu schlagen, ohne es zu zer=
trümmern?

Es

Es ist in der That nicht genug, wenn man
sagt: daß die heutigen Baumeister in ihrer
Kunst nicht so geübt sind, als jene alten Architecten vor einigen Jahrhunderten. Nein! dieses ist noch viel zu wenig, wenn man hinzu setzt,
die Baukunst sey im Verfall; denn, obschon sehr
viele Wißbegierige dieselbe studiren, so ist sie doch
wirklich verloren; weil diejenigen, welche diese
Kunst lernen, sie nicht in Uebung bringen, und
welche mit derselben fleißig umgehn, Tempel,
Giebel und Häuser aufführen, sie nicht begreifen.
Diesen Satz wird man allerdings für ein Räthsel
ansehen, welches einer Auslegung bedarf. Es
ist ein starker Knoten, welchen ich hier aufzulö-
sen willens bin.

Ich werde mich also bemühen, die Verwirrung, Undeutlichkeit, und die Finsterniß davon
abzusondern, und alles deutlich aus einander zu
setzen. Mein Endzweck ist, zu zeigen, was es
heiße: die Architectur studiren.

Man studirt die fünf Säulenordnungen des
Vignola, welcher ihren Unterschied zu erkennen
giebt; er lehrt auch das Maaß des Piedestals
oder des Fußgestelles, der ganzen Colonne oder
Säule, des Capitals, des Gebalkes, Frieses und
Karnieses, nach einer jeden Ordnung, wie man
sie in regelmäßigen, vollkommenen Gebäuden
wahrnimmt; man lernt alles gut und schön abzeichnen, und mit Tusche durchwaschen. Damit man sich aber darinn eine weitere und bes-

Dd 3 sere

sere Uebung verschaffe, so kopirt man auch einige
Thüren, Fenster, Kamine, Geländer, Giebel
und Gesimse von bewährten Meistern, von seinem Lehrherrn, von alten, neuen und noch lebenden, bekannten und berühmten Architecten. Bald
fängt man an, seine eigene Erfindsamkeit zu prüfen, einen Plan, einen Platz, eine Gegend aufzuheben, denselben auf dem Papier zu vergrößern,
oder zu verjüngern, und noch einige andre Arbeiten sind alles, was man von dieser Kunst lernt.
Das Lineal, der Zirkel, das ganze Reißzeug
stellt Gebäude vor, welche nicht einmal der Erdboden, geschweige denn die Schatzkammer des
mächtigsten Fürstens ertragen kann, das Papier
aber auf keine Weise belästigen. Mit solchen
Vorbereitungen ist man ein ausstudirter Architect.

Nun fängt man ernstlich an zu fragen, ob
diese Bemühungen allein genug sind, einen Architecten zu erziehen? Wie wird ein solcher Zeichner, wenn er auch noch so fleißig ist, die Grundlegung, Stärke und Befestigung, oder die Dauer-
haftigkeit eines Gebäudes zuwege bringen? wie
wird er mit der Anordnung zu Werke gehen?
wie wird er es eintheilen, damit es gemächlich,
bequem, wohlgefällig und ansehnlich werde? damit die Treppe schön, prächtig, herrlich, am gehörigen Orte, licht, hell, und zum Steigen bequem sey? daß sie die Wohnzimmer nicht ver-
stelle, oder sich gar zum Fenster hinaus zeige?
wie wird er endlich alles geschickt und architecto-
nisch verzieren?

Wie?

Wie? woher? und auf was für Art lernen die Schüler alle diese schöne Sachen, wovon eine jede insonderheit schon schwer genug ist? Muß man nicht bekennen, daß Anfänger, wenn sie nach ihrer eigenen Erfindung eine Kirche, oder einen Palast zeichnen, so schwache, so ungewisse Grundregeln sie sich auch nach ihrem Eigensinn, ohne Vorsicht, ohne Ursache und ohne Grund angewöhnen, dennoch nach und nach etwas zu arbeiten anfangen, und die Hand bereits an die Emporbringung eines Gebäudes anlegen?

Zur Ausführung eines dauerhaften vesten Werkes ist eine große Uebung erforderlich; daher suchen sie einen Baumeister, welcher mit einem Gebäude beschäfftiget ist. Sie sehen ihm zu, wie er die Grundveste veranstaltet; sie beobachten, wie dick er die Mauern anordnet, wie er die Gewölber bevestiget, und was dergleichen mehr ist. Allein, solche einzelne und besondre Umstände machen noch keine ganze Wissenschaft aus; man erhält dadurch keinen Unterricht, es wäre denn, daß man nur eben dasselbige oder einerley Werk unternehmen wollte. Dieser Zufall aber eräugnet sich niemals. Findet man aber Gelegenheit, ein solches Gebäude aufzuführen, welches dieselbige Weite und Höhe nicht haben soll; welches nicht in einer gleichen Gegend zu stehn kömmt; wo die Eigenschaft desselbigen Grundes nicht angetroffen wird; wo man denselbigen Sand, Kalk, Ziegeln und Steine nicht

haben

haben kann; wo alle, besondre Umstände gänzlich
unterschieden sind, oder wo nur ein einziger, jedoch ein Hauptfall sich anders äussert: wie wird
ein solcher Anfänger der Architectur zu Werke
gehen?

Gesetzt, ein andrer Baumeister hat das Gewölbe eines Zimmers drey Klaftern weit gemacht,
und durch eine fünf Schuh dicke Mauer bevestiget; was wird ein junger Architect hieraus vor
einen Nutzen schöpfen, als es anderwärts ihm ähnlich zu machen? Wenn aber sein Gewölbe nur
zwey, oder gar vier Klaftern weit seyn muß; wenn
das Gewölbe nicht gedruckt, sondern zirkelförmig
oder anders gespannt wird; wenn es, anstatt auf
Mauren herum, einer Seits auf Pfeilern ruhen
soll; wenn die Mauren dort von Quatersteinen,
die seinigen aber von Ziegeln sind; wenn jenes
Gewölbe auf eine gewisse Art, das seinige aber auf
eine andre beschwert ist; wenn viele andre Sachen endlich sehr beträchtlich unterschieden sind;
zu was für Regeln wird der neue Architect seine
Zuflucht nehmen? Gesetzt, er sollte ein gedrucktes
großes Gewölbe zu Stande bringen, worauf noch
ein großer Büchersaal ruhen soll, dessen größeste
Seite, worauf er steht, eine freye Mauer herum
ist; mit was für Hülfsmitteln wird er ein solches
Gewölbe sicher stellen?

§. 2.

Hieraus ist also der sichere Schluß zu machen, daß allgemeine Grundsätze und Regeln vonnöthen

nöthen sind, welche zeigen, wie man die Gewalt
der Bogen, der Gewölber und den Widerstand
der Mauren messen und erwägen müsse, um eines mit dem andern zu vergleichen und zu verbinden. Alles dieses lernt man nur aus der Geometrie, Größenlehre oder Mäßkunst, aus Abhandlungen von dem Maaß der Gewölber, von dem
Widerstand und Druck, von der Schwere der
Körper, von der Mechanik und andern dergleichen
Lehren.

Viele Architecten bekümmern sich oft wenig
um dergleichen mühsame Umstände; sie verlassen
sich lediglich auf ihre untergebenen Mauermeister,
und scheuen sich nicht zu sagen: dergleichen Arbeiten gehören nicht zur Architectur, sondern zum
Maurerhandwerk. Diesen Meistern, und nicht
ihnen, liege es ob, dieselben zu besorgen. Fällt
hernach ein Stück ein, sind Leute verschüttet und
todt geblieben, so sind die Maurer und ihr Meister Schuld daran.

Man kann also ohne Verwegenheit behaupten, daß alles durch eine bloße Practik, das
ist, durch einen blindlings angewöhnten Gebrauch geschehe. Daher steigen die Gebäude
entweder zu schwach, oder mit andern Gebrechlich-
keiten in die Höhe; oder sie sind zu stark und zu
schwer, so, daß sie dem Bauherrn große Kosten
verursachen, die ausserdem nicht erforderlich wären; andrer Ungelegenheiten zu geschweigen, welche gemeiniglich bald nachfolgen.

Dd 5   Wer

Wer kann aber solche Leute überführen und sie überzeugen, daß die Geometrie, welche so zu sagen der Probierstein der Vernunft ist, einem Architecten unentbehrlich sey? sie haben entweder nicht Zeit darzu, oder diese Kunst erfordert allzu viel Nachsinnen. Was ist also zu thun?

Täglich äussern sich Umstände, in welchen der Architect die Mechanik, das Wasserbauwesen, die Optik, Perspectivkunst und andre von der Geometrie unterstützten Wissenschaften vonnöthen hat. Es sind zum Beyspiel große Lasten zu bewegen, zu heben, zu versetzen, aufzurichten; auch, so schwer sie immer seyn mögen, auf unschicklichen Stellen zu bevestigen. Es werden sich unvermeidliche Umstände zeigen, bey welchen der Architect seinen Namen der Gefahr aussetzen, und dem Bauherrn großen Schaden verursachen kann, dergleichen Fälle viele bekannt sind.

Ohne große Fähigkeit, Einsicht und Erfindsamkeit wird man auch in der bequemen Eintheilung eines Gebäudes nicht weit kommen. Ein kluger Kopf aber wird sich bey so vielerley Anordnungen wohl vorsehen, daß es ihm leicht fällt, die gemächlichste, schönste und beste zu wählen.

Dieser Theil der Baukunst, nämlich die Eintheilung eines Gebäudes, kann füglich mit dem Schachspiel verglichen werden, in welchem nur mehrentheils derjenige gewinnt, welcher mehr, als der Gegner, Vernunft besitzt, folglich mehr

Ver=

Verbindungen, Fälle und Vortheile wahrnimmt,
als jener. So vielerley Stücke, Züge, Sätze
und Gegenschritte verursachen das Nachsinnen,
und dieses zieht die vortheilhafteste Wahl und
Entschließung nach sich. Dieses ist es auch,
was gemeiniglich jungen Baumeistern mangelt;
sie haben nichts als allerhand Verzierungen der
Architectur gelernt, und sie lassen uns noch im
Zweifel, ob sie diesen von den drey Haupttheilen
dieser Kunst verstehn. Denn sie wissen gemeiniglich nicht, wie sie sich, um etwas zu lernen,
anstellen sollen. Daher sind weder ihre Gedanken noch ihr Studiren dahin gerichtet. Die fünf
Säulenordnungen helfen dazu nichts. Einem
guten Rechenmeister sind die fünf Species der
Rechenkunst nicht genug. Ein guter Maler muß
weit mehr, als die Anzahl der Farben, oder ihre
Mischung wissen. Hieraus mache ich also den
Schluß, daß zu einem guten Architecten mehr erfordert wird, als die Kenntniß der Ausmessung,
die Verhältnisse der fünf Säulen und ihre Abtheilung. Woher wird wohl ein Anfänger lernen,
welche Ordnung er brauchen soll? Bald ist das
Vorgebäude eines Tempels corinthisch, welches
ein andrer nicht darnach gemacht hat. Wer zeigt
ihm an, ob er ein Werk mit einer oder mehr Ordnungen zieren soll? Das ungeheure Colosseum zu
Rom hat vier Ordnungen, und der fast noch höhere St. Peterstempel hat vom Michelagnolo
nur eine Ordnung bekommen, nachdem dieser
große

große Architect den Hof im Farnesischen Palast
mit drey Ordnungen verherrlichet hat.

Wenn nun Jemand die Architectur ein halbes
Jahrhundert studirt, und alle Schriftsteller von
dieser Kunst, besonders aber den Vignola, Palladio, Alberti, Serlio, Rusconi, Scamozzi
und andre gelesen hat; so entsteht die Frage, ob
er im Stande wäre, ein so prächtiges, schönes
und wunderbares Stadtthor zu erfinden und zu
bauen, als Michelagnolo zu Rom gemacht hat,
worzu ihm der Pabst Pius und das mediceische
Wappen Anlaß gab. Es wird eigentlich Porta
pia genannt, und seine ganze Verzierung besteht
in zwey runden Fenstern mit darüber gebogenen
Steinen. Mitten in der Höhe unter dem Giebel
sind fünf große Kugeln mit einem erhabenen
Rand umrungen *). Obgleich nirgends archi-
tectonische Regeln beobachtet sind; so entzückt
dennoch die wunderbare Neuigkeit durch ihre einfältige Pracht den Beobachter.

Der Brunn auf dem Platze Navona wird
für das vortrefflichste Werk der berninischen
Bau-

---

*) Ein berühmter florentinischer Bildhauer machte
mir die Auslegung dieser Verzierung und Gesinnung des Michelagnolo. Die 5 Kugeln nennte
er Seifenkugeln, die Fenster Barbierbecken, mit
darüber hangenden Handtüchern. Unter drey
ausserordentlichen Entwürfen dieses großen Gebäudes erwählte der Pabst Pius den gegenwärtigen, weil er am wenigsten kostete, und doch das
prächtigste Thor vorstellte. Man sieht, daß Bonarotti mit dem Worte Medici gescherzt hat.

Baukunſt gehalten. Das Waſſer ſpringt und
fließet ſtromweiſe aus Felſen und Klippen.
Weil aber Bernini dieſen Berg nicht aus dem
Vignola lernen konnte, ſo arbeitete er denſelben
mit eigener Hand, und überließ die Statüen der
Bemühung ſeiner Schüler. Das ganze Werk
erſcheint natürlich, enge zuſammengeſetzt, und
angenehm, auf einem ſehr großen Platze rund
herum frey, und aller Orten herrlich, und ohne
einige Regel, die der Architectur gemäß iſt.

Wer wird durch die Grundſätze des Vignola allein die Kunſt erlangen, ſo vielerley Paläſte,
Kirchen und Landgebäude aufzuführen, als man
im venetianiſchen Staate zu ſehen hat? Sie ſind
meiſtens von der Erfindung des Palladio und
andrer großer Architecten.

Wenn alſo künftighin jemand ſo vortreffliche, neu erſonnene, koſtbare Bauwerke unternehmen wollte; was ſollte denn ein ſolcher Künſtler, dem der Vignola wenig nützen würde, zu
ſeiner Abſicht ſtudiren? Ich antworte ganz
treuherzig, daß ihm nichts helfen könnte, als
dasjenige, was den Michelagnolo Bonarotti,
den Pietro da Cortona, den Bernini, und andre vortreffliche Meiſter ſtufenweis in die Höhe
der Vollkommenheit, mit welcher ſie in ihren Gebäuden prangen, erhoben hat.

Wie? wo? und was haben denn dieſe groſſen Männer ſtudirt? Wir werden es gleich erfahren.

Michel-

große Architect den Hof im Farnesischen Palast
mit drey Ordnungen verherrlichet hat.

Wenn nun Jemand die Architectur ein halbes
Jahrhundert studirt, und alle Schriftsteller von
dieser Kunst, besonders aber den Vignola, Pal=
ladio, Alberti, Serlio, Rusconi, Scamozzi
und andre gelesen hat; so entsteht die Frage, ob
er im Stande wäre, ein so prächtiges, schönes
und wunderbares Stadtthor zu erfinden und zu
bauen, als Michelagnolo zu Rom gemacht hat,
worzu ihm der Pabst Pius und das mediceische
Wappen Anlaß gab. Es wird eigentlich Porta
pia genannt, und seine ganze Verzierung besteht
in zwey runden Fenstern mit darüber gebogenen
Steinen. Mitten in der Höhe unter dem Giebel
sind fünf große Kugeln mit einem erhabenen
Rand umrungen *). Obgleich nirgends archi=
tectonische Regeln beobachtet sind; so entzückt
dennoch die wunderbare Neuigkeit durch ihre ein=
fältige Pracht den Beobachter.

Der Brunn auf dem Platze Navona wird
für das vortrefflichste Werk der berninischen
Bau=

---

*) Ein berühmter florentinischer Bildhauer machte
mir die Auslegung dieser Verzierung und Gesin=
nung des Michelagnolo. Die 5 Kugeln nennte
er Seifenkugeln, die Fenster Barbierbecken, mit
darüber hangenden Handtüchern. Unter drey
ausserordentlichen Entwürfen dieses großen Ge=
bäudes erwählte der Pabst Pius den gegenwärti=
gen, weil er am wenigsten kostete, und doch das
prächtigste Thor vorstellte. Man sieht, daß Bo=
narotti mit dem Worte Medici gescherzt hat.

Baukunst gehalten. Das Wasser springt und fließet stromweise aus Felsen und Klippen. Weil aber Bernini diesen Berg nicht aus dem Vignola lernen konnte, so arbeitete er denselben mit eigener Hand, und überließ die Statüen der Bemühung seiner Schüler. Das ganze Werk erscheint natürlich, enge zusammengesetzt, und angenehm, auf einem sehr großen Platze rund herum frey, und aller Orten herrlich, und ohne einige Regel, die der Architectur gemäß ist.

Wer wird durch die Grundsätze des Vignola allein die Kunst erlangen, so vielerley Paläste, Kirchen und Landgebäude aufzuführen, als man im venetianischen Staate zu sehen hat? Sie sind meistens von der Erfindung des Palladio und andrer großer Architecten.

Wenn also künftighin jemand so vortreffliche, neu ersonnene, kostbare Bauwerke unternehmen wollte; was sollte denn ein solcher Künstler, dem der Vignola wenig nützen würde, zu seiner Absicht studiren? Ich antworte ganz treuherzig, daß ihm nichts helfen könnte, als dasjenige, was den Michelagnolo Bonarotti, den Pietro da Cortona, den Bernini, und andre vortreffliche Meister stufenweis in die Höhe der Vollkommenheit, mit welcher sie in ihren Gebäuden prangen, erhoben hat.

Wie? wo? und was haben denn diese großen Männer studirt? Wir werden es gleich erfahren.

Michel-

Michelagnolo hat neben den mathematischen Wissenschaften nichts anders studirt, als die Zeichnungskunst, welcher er mit unermüdeter Aemsigkeit ergeben war. Er ließ aber dabey die schöne Natur, und alles, was antique ist, niemals aus den Augen. Er drang auch so tief in die Kenntniß der Anatomie des menschlichen Körpers, daß er sich endlich jenen großen, gelehrten und erhabenen Stil und Geschmack nach seinem Sinne eigen machte, den kein andrer nachahmen konnte, und dieses um so weniger, als seine Nacheiferer gemeiniglich in das Grobe, Plumpe, und in schlechte Manieren verfielen. Auf gleiche Weise wurde Bernini, welcher ein Maler und Bildhauer zugleich war, endlich, man weis nicht wie, ein großer Architect. So verhielt sichs auch mit andern: Pietro da Cortona, Peruzzi, Raphael, Julius Romanus, Tibaldi, Vasari, Dominichino, Algardi und andre waren vortreffliche Maler und Bildhauer; unversehens aber, ohne zu wissen, wie? oder warum? fiengen sie an, fürstliche Gebäude zu entwerfen und aufzuführen, wodurch sie den Ruhm der vornehmsten Architecten erlangten.

Wer weis aber, wie Michelagnolo Bonarotti zu dieser Kunst gelangt ist? In der Malerey war Ghirlandajo sein Lehrmeister; in der Bildhauerkunst unterrichtete ihn Bertoldo, ein gemeiner Bildhauer, welcher aber alle von Lorenz Medici gesammelte antiquen Marmor in seiner

seiner Werkstatt vor Augen hatte, nach welchen
Bonarotti unaufhörlich zeichnete.

§. 3.

Ein jeder wird nun begierig seyn zu wissen,
von wem denn Michelagnolo die Architectur gelernt habe? Diese Frage beantwortet der zu Florenz wegen seiner Würde und Gelehrsamkeit berühmte Senator Philipp Bonarotti, ein Vetter
und Erbe des Michelangelischen Kunstschatzes, ein
Kenner und großer Beförderer der Künste, welcher erst im Jahr 1733 gestorben ist. Dieser
sehr erfahrne Antiquarius betheuerte sehr oft, daß
er weder in seinem ganzen Palast, noch in seiner
schönen Bibliothek weder in gedruckten noch ge-
schriebenen Werken, welche vom Michelagnolo
und seinen Zeiten Meldung thun, keine Spur angetroffen habe, aus welcher nur zu errathen wäre,
wie, wenn, oder von wem Michelagnolo die Architectur gelernt habe, und dennoch wird von ihm
behauptet, daß er in der Malerey den alten Griechen nahe, in der Sculptur ihnen gleich gekommen
sey, und in der Architectur sie weit übertroffen
habe.

Von allen oben genannten und vielen andern
Architecten weis man nicht, wer ihre Lehrmeister
gewesen sind, wie, wenn, und vom wem sie die
Kunst, so herrliche Gebäude aufzuführen, und sie
auf eine verwunderungswürdige Art zu zieren, gelernt haben. Man findet weiter nichts, als wer
ihnen das Malen oder Bildhauen gezeigt habe,
und

und daß ihre Beschäfftigung eine geraume Zeit
nichts anders gewesen sey, als ohne Unterlaß mit
anhaltender Aufmerksamkeit der Zeichnungskunst
obzuliegen.

Erhellet hieraus nicht, daß das beständige
Zeichnen der sicherste, der kürzeste, deutliche, ja
der einzige Weg sey, zu einem glücklichen Anfange, zu einer ersprießlichen Erfahrung und zu einer
so schönen als nützlichen Erfindung eines Architec-
turwerkes und seiner anständigen Verzierung zu
gelangen? Michelagnolo, der größeste Architect zu seiner Zeit, hat keinen andern Weg betreten, ehe und bevor ihm die St. Peterskirche und
andre Gebäude anvertraut wurden.   Er war
zwar nur ein Maler und Bildhauer; allein er
war dabey in der That der wackerste, der gelehr-
teste und geschickteste Zeichner.

Man mag sagen, was man will, so ist es
eine ausgemachte Wahrheit, daß derjenige, welcher in Absicht auf die Architectur kein geschickter
Zeichner ist, niemals etwas ansehnliches darinn
werde zu Stande bringen können, und daß ihm
niemals der Name eines Architecten gebühre.

Dieses ist die Ursache, weswegen ich gesagt
habe, daß derjenige, der zwar die Architectur studirt, dieselbe deswegen noch nicht in Ausübung
bringen könne. Dieses will so viel sagen, daß diejenigen, welche zwar dem Zeichnen, Malen und
Bildhauen obliegen, noch kein Gebäude aufführen,

und

und daher heut zu Tage für keine Architecten angesehen werden können. Sie selbst wollen sich
auch vor solche nicht ausgeben, oder dafür erkennen lassen. Diejenigen aber, welche sich für Architecten halten, und als solche brauchen lassen,
sind weit entfernt, die Zeichnungskunst zu verstehn,
zu üben oder zu studiren. Alle mathematische
Wissenschaften sind ihnen unbekannt, und sie wissen davon nichts, als den bloßen Namen. Vasari aber, welcher ein weit größerer Architect, als
Maler war, läßt sich ganz anders hören. Er
thut als Meister den Ausspruch auf unsre Frage,
und sagt im Leben des Baccio d' Agnolo: „Es
„bleibt dabey, daß niemand die Architectur voll-
„kommen ausüben könne, als diejenigen, welche
„einen aufgeklärten Verstand und die vortreffliche
„Zeichnungskunst besitzen, oder welche sich im Ma-
„len, im Bildhauen und dergleichen Arbeiten viele
„Mühe gegeben, und eine große Erfahrung dar-
„innen erlangt haben. Denn in solchen Bemü-
„hungen müssen sie die Körper ihrer Figuren, ih-
„rer Colonnen, Gesimse, Gestelle, und alle Ord-
„nungen der Baukunst, welche zu nichts anders,
„als zur Verzierung ihrer Gemälde und Figuren
„gemacht sind.„

§. 4.

Was thun also diejenigen, welche nicht einmal die Fähigkeit besitzen, nur einen Kopf nachzuzeichnen? Sie machen alles, so gut sie können,
das ist sehr schlecht, wie wir es sehen, und es ein

II. Band. Ee jeder

jeder machen muß, der ohne Grundregeln im Fin=
stern herum tappt, und auf ein Gerathewohl unge=
fähr fortarbeitet. Daher sehen wir so wohl geist=
liche, als weltliche, so wohl gemeine, als fürstliche,
und überhaupt Gebäude, welche ungeheure Sum=
men gekostet haben, und die doch bey alle dem
Kenner zum Mitleiden bewegen. Diese Bau=
werke sind sophistisch, falsch, betrügerisch und spiß=
findig. Man weis keine Ursache des Daseyns
dieses oder jenes Stückes zu finden, weil sie ohne
Ursache also gemacht worden; wie es in Holzver=
schneidungen und Schnirkeleyen geschieht, deren
man sich zu Verzierung der Spiegel, Wagenrä=
der, Tischfüsse und Bettstätte zu bedienen pflegt.
Dergleichen Schnißmeister machen einen Schnir=
kel hin, biegen einen andern her, woran ein drit=
ter kommt, der sich wiederum entgegen krümmt.
Sie machen einen Drachen, einen Engel, eine
Harpie, einen Vogel, Hund, oder Fisch, was
ihnen ihre Einbildung ungefähr eingibt; um die
Ursache aber lassen sie den Beobachter sorgen.
Dergleichen Architecten giebt es, welche, wie
Vitruvius sagt, nicht von der Kunst, sondern
allerdings im Mißverstand Architecten genennt
werden, und mit so verderbten und barbarischen
Geschmack Gebäude aufführen und verzieren, daß
sie mehr die verwerflichste Manier, als etwas
Griechisches, Römisches, Antiques, Modernes, oder
Wahres blicken lassen, ihren Zeiten und sich sowohl,
als dem Bauherrn zur Schande gereichen, wel=
cher dabey ausrufen möchte: O wenn doch Eukli=
des

des oder Archimedes den Architecten mit einem Bratspieße durchgebort hätte!

So sehr man auch zuweilen den guten Geschmack zu erblicken gedenket, so wenig Vergnügen findet man doch daran, weil einem viele Theile oftmals schön vorkommen, zusammen aber ein sehr unglückliches Ganzes ausmachen. Dieses sind diejenigen Baumeister, die zwar einen guten Willen haben, und sich sehr viele Mühe geben, alles gut zu machen; jedoch nichts zuwege bringen, weil sie keine Grundregeln gelernt haben. Vignola war ihr Lehrmeister, wie ich schon oben erwähnt habe. Sie wissen, daß die Manieren der Griechen, des Bonarotti, und andrer großen Männer gut und vollkommen sind, und sie trachten auch, ihnen nachzuahmen. Weil aber ihre Erfindsamkeit immer trocken und unfruchtbar ist; so machen sie nur schlechte Kopien davon. Sie nehmen nur verschiedene gute Theile da und dort, und glauben durch derselben Zusammensetzung etwas Gutes zu bewirken. Dadurch geben sie zu erkennen, daß sie es nicht wissen, wie übel zusammen vereinigte schöne Sachen ein schändliches Ganzes ausmachen. So gieng es jenem, welcher einen vortrefflichen Kranz oder Karnies (Corniccione) vom Antiquen genau nacharbeitete, das Gebäude damit zierte, und sich kein Lob erwerben konnte, weil der Kranz wie ein allzu großer Hut auf einem kleinen Kopfe prangte. Wenn man also schöne Stücke gut anwenden will;

so

so muß man sehr aufmerksam nachforschen, wie
man das Schickliche, das Maaß, das Verhältniß und das Anständige gehörig vereinigen könne.

Diejenigen entschuldigen sich also sehr unüberlegt, welche betheuren, daß sie das Stück
vom Antiquen oder von guten Meistern genau
abgemessen und abgeborgt haben; denn der Verstand und ein scharfsichtiges Auge hat in allen Sachen mehr Vermögen, als das Abmässen eines
Kopfes. Daher sagte Michelagnolo: man
müsse den Zirkel und das Maaß in den Augen
haben. Dieses aber mangelt bey denen, welche
weder die Zeichnung, noch die mathematischen Wissenschaften verstehn.

Es hat also das Ansehn, daß man zu Aufführung und Verzierung eines Gebäudes keinen
Architecten, sondern einen Maler, oder einen
Bildhauer zu Rathe ziehen sollte. Als Cosmus I.
von Toskana seinen Garten und Palast Boboli
anlegen lassen wollte; so erwählte er zu diesem
Unternehmen den Bildhauer Tribolo, welcher
alles so herrlich zu Stande brachte, daß er dem
Großherzog alle seine Lustgebäude, Garten,
Brunnen, Aussichten und Verzierungen ausführen mußte. Der allgemeine Beyfall folgte auf
seine Belohnung, und auch noch heut zu Tage
wird seine Erfindung von allen Kennern bewundert.

Ein gleiches Glück hatte auch der berühmte
Maler Dominichino. Der Cardinal Aldobran-
dini

dini ernannte ihn zu seinem Architecten der Villa
zu Frascati, und er baute auch zur Verwunderung
aller Verehrer des guten Geschmackes. Spaziergänge, Brunnen, Aussichten, Wasserwerke,
alles wurde so schön und mannichfaltig, daß man
heute noch daran sein Vergnügen findet. Alles
reizet und lockt an sich. Auf gleiche Art und
Weise bediente Pietro da Cortona den Cardinal Sacchetti; Algardi den Fürsten Pamphili,
und viele andre Maler auch andre große Schutzgötter des Bauwesens. So ist die Villa Ma-
dama bey Rom durch den Raphael und Giulio Romano erbaut worden, daß man behaupten kann, dergleichen Künstler taugen zu verschiedenen Gebäuden weit besser, als die Architecten selber, absonderlich, wenn das Malerische,
Angenehme und Reizende mehr, als das Bür-
gerliche erfordert wird, wie, zum Beyspiel, Lusthäuser, Land- und Gartengebäude, wo man das
Eigensinnige und Bäurische mehr zu sehen verlangt, als das Städtische. Es gelingt den Malern und Bildhauern alles, wenn sie in ihrer
Hauptkunst gut geübt find. Ich könnte mehr
als hundert von diesen Künstlern nennen, welche
zu Florenz, zu Mantua, zu Rom und im venetianischen Staate die herrlichsten Werke aufgeführt
haben. Ueberhaupt aber kann man sagen und
mit Wahrheit bekennen, daß die vornehmsten
Architecten entweder Maler, oder Bildhauer,
oder beydes zugleich gewesen sind. Vignola
selbst war ein Maler.

§. 5.

§. 5.

Man redet nicht wider sein Gewiſſen, wenn man bekennet, daß die Architectur ſchon lange nicht mehr gehörig ſtudirt werde. Man kann zwar erfinden und verzieren; aber nicht allezeit eintheilen und beveſtigen; oder man kann auf dem Papier nur das Lineal und den Zirkel brauchen, wie die meiſten Schüler, welche hernach, wenn gedachtes Werkzeug nicht ſtatt findet, wie verloren herum ſchiffen, und höchſtens einen hier oder da geraubten Schnirkel machen können.

Ich ſage nicht, daß das bloße Zeichnen allein den vollkommenen Architecten ausmache; vielweniger behaupte ich, daß ein Maler oder Bildhauer eine Grundlegung und die nöthige Beveſtigung eines Gebäudes veranſtalten, daſſelbige nach der erforderlichen Gemächlichkeit nach allen Nothwendigkeiten anordnen, oder die Wohnungen ſo eintheilen könne, daß die Zimmer ſchicklich, bequem, hell und angenehm werden; ſondern ich ſage, daß man ohne die Vortrefflichkeit der Zeichnungskunſt in der Verzierung eines Gebäudes ſchwerlich fortkommen werde.

Was die Eintheilung der Wohnzimmer, Kammern, Behältniſſe, Treppen, Gewölber, Höfe und andrer Stücke eines jeden Gebäudes oder Palaſtes betrifft; ſo wird alles dieſes ein guter Zeichner, der auf Leinwand oder in Marmor eine gute Uebung hat, weit geſchickter, als andre

m

in Ordnung bringen. Denn kein Haus, sagt Vitruvius, ist mit gehöriger Vernunft und ansehnlich erbaut, wenn nicht die Symmetrie das Ebenmaaß, die Gleichförmigkeit, oder eine ordentliche Abtheilung darinn herrschet, welche nicht anders, als von den Verhältnissen eines wohlgestalteten menschlichen Körpers hergenommen werden kann. Hierzu wird ein erhabener Geist, viel Witz, Verstand und Erfindungskraft erfordert. Wer mit diesen Gaben nicht bis zur Vortrefflichkeit versehen ist, wird niemals ein guter Architect werden. Alle schönen Erfindungen und alle sinnreichen Werke sind wir meistens den großen Lehrern der Zeichnungskunst schuldig, unter welchen man auch Dichter findet, deren Kunst eben sowohl, als jene, einen erhabenen Verstand zum Grunde hat.

Man kann es nicht in Abrede stellen, daß die beständige Uebung zu zeichnen, und die dadurch erworbene Geschicklichkeit den Menschen sinnreich und zu Erfindungen geneigt mache, ohne daß er es, wie jener, merkt, welcher in der Sonne unvermerkt braun wird. Künstler von dieser Gattung sind auch Urheber verschiedner andrer Erfindungen geworden. Also hat Benvenuto Garofalo die Gliedermänner für die Mäler erfunden. Johann von Udine stellte die verlorne Stuckaturarbeit wieder her, und erfand die Werkzeuge zur Jagd. Andern haben wir das Kupferstechen zu verdanken. Ferrucci brachte die Arbeit in Porphyr

phyr zuwege, und Verrochio die Art in Gyps zu
giessen. Johann von Brugg erfand die Art
in Oel zu malen, und Bernardo Buontalenti
das Granatenwerfen, Porcellan zu machen, Schnee
und Eiß zu erhalten, und andre dergleichen unzählige wunderbare Sachen mehr.

Man kann also den richtigen Schluß machen,
daß ein hartnäckiges Studiren, ein anhaltender
Fleiß, viel Witz und Verstand und eine Menge
von Kenntnissen die Grundlage der Architectur
sind, welche man in zwey Hauptstücke, nämlich
die Mathematik und Zeichnungskunst zusammen-
ziehen kann, die man aber so gut verstehen muß,
als ein Professor der Malerey und der Sculptur.
Wer diese besitzt, kann eher ein Architect genennet werden, als jener, dem bloß die erste bekannt
ist. Einer und der andre hingegen insonderheit
kann nur uneigentlich mit dem Namen eines Architecten prangen.

Hiemit glaube ich den Knoten aufgelöset und das
Räthsel erklärt zu haben, daß derjenige, welcher
die Architectur studirt, dieselbe nicht übe; und
derjenige, welcher Gebäude aufführt, diese Kunst
nicht studire. Woraus dann die Folge gezogen
werden kann, daß die Architectur nicht nur im
Verfall, sondern ganz und gar verloren, sey.
Man ist auch beynahe überzeugt, wie viele, und
was für Regeln und Anfangsgründe der Architectur unentbehrlich sind, und daß niemand, der diese
Kunst wirklich ausübet, sie gründlich verstehe,

oder

oder kenne, mithin sich würdige, sie seiner Achtung werth zu schätzen.

Man stelle sich einmal ein gemeines Handwerk vor, welches nach keinen Grundsätzen gelernt, und, so zu sagen, nur zufälliger Weise getrieben wird, so wird man gewahr werden, daß
es nothwendig in kurzer Zeit abnehmen und endlich sich gar verlieren muß, wovon wir Beyspiele
genug vor Augen haben.

§. 6.

Diese Gedanken, die mir ungefähr in den
Sinn gekommen sind, berühren Gegenstände,
welche, wie es mich dünkt, manchem Anfänger
der Kunst zu einigem guten Unterricht dienen
können. Allein, eine gewisse Sache habe ich mit
Stillschweigen übergangen, weil ich sie für allzu
bekannt und gemein hielt, als daß ich sie nicht für
überflüßig hätte ansehen sollen.

Ein jeder Künstler muß das Ziel und Ende
seiner Arbeit wissen, und die Absicht seiner Kunst
begreifen. Er muß die Ursache seiner Bemühung vor Augen haben, damit er sich darnach
richten könne. Wer sollte sich wohl vorstellen,
daß dieses einem Architecten oder Baumeister
unbewußt seyn könnte? Und dennoch finde ich
dergleichen hauptsächlich in dem Theile der Verzierung eines Gebäudes. Denn viele Baumeister, welche Thüren, Thore, Fenster und andre
Stücke einer Kirche, oder eines Palastes verherr-

Ee 5　　　　　lichen

lichen sollten, denken auf nichts anders, als auf
die Nachahmung einer Zierde an einer andern guten Architectur.   Diese verändern sie ein wenig,
und übertragen sie auf ihr Werk, wo sie solche
nach ihrem Sinne mit allerhand Schnirkeleyen
bekleiben, für eine neue Erfindung anrühmen, und
überzeugt sind, daß alles verschönert sey.   Allein, dieses heißet nicht, das Ziel, das Ende und
die Ursache der Architectur treffen, noch weniger
seinen Sinn nach derselben richten.   Wenn sie
ihre Gebäude zieren, und in ein vortreffliches
Ansehn bringen wollten, sollten sie vorher überlegen, ob auch die Zierrathen dort nothwendig sind,
folglich, ob ihr Sinn dem Theil und seiner Bestimmung gemäß sey, mithin der Endzweck und
die Anwendung solcher Verzierung nicht ausser
Acht müsse gelassen werden.   Beobachten sie
nun, daß ein solcher nothwendiger Theil des Gebäudes unförmlich und unansehnlich werde; so müssen sie sich bemühen, daß sie ihn angenehm und
wohlgefällig machen.   Auf diese Art wird die
Verzierung schicklich angebracht, und dadurch be-
wirkt, daß alles in seine Symmetrie, in sein Ebenmaaß, in sein richtiges Verhältniß, und in seine
Gleichförmigkeit komme, welche auch einem ungeschickten Beobachter, der die Ursache nicht einsieht, wohlgefallen möge.   Durch ein Beyspiel
wird dieses deutlicher erklärt werden: Es ist fast
nicht möglich, daß man das Vorgebäude der Rotunda zu Rom ohne Erstaunen ansehen könne.
Was ist aber die Ursache, weswegen die Einbil-

dungs-

dungskraft des Anschauers so plötzlich und angenehm überrascht wird? Ist es die schöne Ordnung der Colonnen, oder der Giebel, und das
Hauptgesimse; sind es die Hauptbalken, der Frieß
und der Karnies, die darauf ruhen? denn in
nichts, als in diesen beyden Dingen, besteht das
ganze verwunderungswürdige Wesen dieser Architectur. Will man also einem kurzen Nachsinnen Platz geben, so nimmt man wahr, daß
alles zusammen nichts anders sey, als ein Dach,
welches den Regen aufhalten soll. Eine so große
gedeckte Hütte oder Scheune erforderte nun eine
Unterstützung von vielen Pfeilern. Auf diese
Weise erreichte man die vorgehabte Absicht, und
die Architectur erlangte ihren Endzweck. Jedoch wird man es hier ganz leicht begreifen, daß
ein solches Dachwerk vor dem verehrungswürdig-
sten Tempel aller Gottheiten der Römer ein rauhes, grobes, bäurisches und plumpes Gebäude
gewesen wäre; alles würde einer Scheune oder
einem Stalle gleich gesehen haben, wenn einem
so verächtlichen, unanständigen und bäurischen
Balken und Dachbau nicht durch vernünftige regelmäßige Verzierungen zu Hülfe gekommen
wäre, und die Architectur ihre Kunst angewendet hätte, die groben Stützen oder Baumstämme
in so viel schöne Colonnen zu verwandeln, und
den Anblick des abscheulichen Daches mit jenem
vortrefflichen Giebel, Kranz und Hauptgesimse
zu bedecken. Dieses alles sind Sachen, welche
zur Verwunderung Anlaß geben. Plinius bestätiget

ſtätiget dieſes, da er ſagt, daß das Colonnen=
weſen ſelbſt anfangs unanſehnlich und plump ge=
weſen ſey, weil es zu nichts anders als zur Be=
veſtigung und Unterſtützung eines Gebäudes ge=
dient habe. Da nun alſo auf demſelben eine
Fläche war, auf welcher das Regenwaſſer ſich
aufhalten und dem Werke ſchaden konnte; ſo
machte man einen ſchönen Giebel mit einem zier=
lichen Geſimſe zum Ablauf des Waſſers mit ſol=
cher Kunſt, daß die Augen ihr Vergnügen dar=
an fanden und noch itzo finden. Die Vernunft
lehret uns, daß ein Geſimſe, welches ich zum
Beyſpiel anführe, nicht ſowohl zur zierlichen Be=
kleidung, als vielmehr zur Verwahrung und Be=
ſchützung desjenigen Theils, woran es ſteht, diene.
Die Vorlage deſſelben iſt allezeit dem Nutzen ge=
mäß; den es leiſten ſoll, nämlich Wetter, Re=
gengüſſe, und andre Beſchuldigungen von den
Haupttheilen abzuhalten. Hieraus folget, daß
gewiſſe Verzierungen nicht hervordringen ſollen,
weil es dem Endzwecke des Geſimſes zuwider,
und den erhabenen Zierrathen ſchädlich ſeyn
würde.

Wenn man alſo dergleichen Grundurſachen
in Erwägung zieht, und den Ausſpruch des Vi=
truvius betrachtet, welcher ſagt, daß die Kunſt
in Werken und Vernunftſchlüſſen beſtehe; dieſe
aber durch Scharfſinn und Mühe den Grund des
Vorhabens, mithin das Anſehn der Werke bewei=
ſen und erklären könnten; ſo wird man überzeugt
werden,

werden, in wie großen Irrthum und Fehler die Baumeiſter verfallen, welche von ſolcherley unentbehrlichen Betrachtungen nichts wiſſen.

Ein Frontiſpicium oder Giebel von gemeldeter Art iſt, wenn ich mich in meiner Erinnerung nicht irre, an einem Orte erbaut, wo kein Regen oder andres Waſſer hinfließen kann. Dieſes hätte ich für eine überflüßige und eitle Verzierung gehalten, wenn es nicht von dem Architecten deswegen ganz vernünftig und geſchickt wäre angebracht worden, weil eben daſelbſt verſchiedene Theile des Vorgebäudes dem Regen bloß geſetzt ſind.

Vornehme und ſcharfſinnige Architecten vermeiden ſolche Arbeiten; daher habe ich mich über das Thor verwundert, welches Bernardo Buontalenti ſo witzig erfunden hat. Der Giebel iſt in zween Theile geſchnitten, und umgekehrt aufgeſetzt, ſolchergeſtalt, daß deſſelben zween Spitzen mitten auf dem Thore ruhen, und die andern in der Höhe ſenkrecht auf den zwoen äuſſerſten Seiten der Pfeiler ſtehen. Wenn es alſo auf dieſes Thor regnete, ſo würde dieſer ſo getheilte Giebel machen, daß in der Mitte das Waſſer zuſammen fließe, und es auf die Vorbeygehenden hinunter gieße. Allein der geſchickte Baumeiſter hat es auf eine ſolche Art abgetheilt, weil es nicht unter freyem Himmel ſtehen mußte. Um es noch vollkommener zu verzieren, hat er mitten auf dem Thor zwiſchen den beyden Giebeln ein

Bruſt-

Bruſtſtück von Marmor geſetzt, welches daſelbſt
ungemein herrlich pranget.

§. 7.

Dieſe neue, witzige und artige Erfindung haben andre bald unter freyem Himmel erbauet, welches aber ſehr lächerlich iſt.

Andre große weitläufige Gebäude haben in
tte ſolche Giebel, welche kaum den dritten
Theil der Mauer bedecken. Damit alſo der Regen die andern zwey Drittel nicht ſchadhaft mache,
ſo ergreift der Baumeiſter gemeiniglich ganz un-
zierliche, unförmige, ſchädliche und lächerliche
Mittel.

Zuweilen hüten ſich die Baumeiſter, ſo große
Giebel zu machen, welche das ganze Gebäude bedecken ſollten, weil ſie allzu hoch ſteigen, und ſich
durch die Spitze in einen gothiſchen Geſchmack
verwandeln würden. Dieſes geſchieht, weil der
Architect, wenn er keine Zeichnung im Kopfe hat,
und von ſeiner Kunſt nicht die geringſten Grundſätze verſteht, ſolchen Giebel in keine gehörige
Form bringen kann, damit es zierlich und anſtändig erſcheine.

An oben gedachter Kirche der Rotunda
machte es, ſo weit und groß der Giebel auch iſt,
dennoch einen ſo wohl proportionirten Winkel, eine
ſo ſchöne Symmetrie und Gleichſeitigkeit, daß auch
ſogar unverſtändige Zuſchauer daran ihr Vergnü-

gen finden. Bey dem Anblick desselben geräth
man in Verwunderung, Lust und Erstaunen; und
man muß endlich bekennen, daß, wenn der Winkel um ein Haar höher oder niedriger wäre, alle
Anhehmlichkeit, und was den Anblick so wunderbar
reizet, abgeschmackt, verderbt und verloren würde. In ganz Italien ist kein so vollkommener
Giebel, als den der Rotunda hat. Man sehe
dessen Abzeichnung im Des Godetz.

Gelehrte Architecten und Kenner vom ersten
Range haben nicht unbillig gezweifelt, ob Michelagnolo das Vorgebäude von der St. Peterskirche, und seinen Giebel nicht noch weit größer,
ansehnlicher, zierlicher, wunderbarer und von
neuem Geschmack aufgeführt haben würde, als es
spät nach ihm erbaut und uns nunmehro vor Augen steht. Denn sie bilden sich ein, er würde alle
Regeln und anständige Betrachtungen von der
Architectur zu Rathe gezogen haben, wobey die
Rotunda unfehlbar sein Augenmerk gewesen seyn
würde.

Allein, dergleichen Beyspiele sind für unsre
Schüler zu erhaben, weil sie schon mit allerhand
Mustern versehen sind, an welchen keine Bonarot-
te oder Alberte Theil haben. Sie sind schon zufrieden, wenn sie wissen, wie man ein schönes Stück von
Verzierung der Architectur von einem Gebäude auf
das andre übertragen kann. Sie sind unbesorgt,
ob ein solches Unternehmen schwer oder gefährlich

sey,

ſey, oder ob es mit der Abſicht des erſten Erfinders übereinkomme, oder nicht.

Sie würden ſich aber dem Gelächter ziemlich ausſetzen, wenn ſie jenes bonarottiſche Fenſter nachmachen wollten, welches dieſer große Mann nur an einem einzigen Orte in der ganzen Welt für anſtändig befunden hat. Ein Fenſter, ſage ich, deſſen zween Seitenpfeiler nicht ſenkrecht, nicht gleich weit, ſondern von oben herab bis an den Fuß immer weiter auseinander weichen, und die geſchickteſten bauverſtändigen Beobachter in ein tiefes Nachſinnen, Verwunderung und Vergnügen ſetzen. Dieſes Fenſter pranget in der berühmten Kapelle von St. Lorenz, wo die Körper der unſterblichen Fürſten von Medici zu Florenz beygeſetzt ſind.

Allein, dieſe und dergleichen altväteriſche Gedanken werden heute nichts mehr fruchten, ſondern vielleicht von vielen verhöhnt werden. Daher will ich alles zuſammen faſſen, und ſchließen, daß die Baumeiſter nichts zur Verzierung annehmen ſollen, als was der Natur und der Sache gemäß iſt, dergeſtalt, daß ein jeder zu ſagen wiſſe, und aus vernünftigen Gründen darthun könne, warum er es lieber ſo, als anders gemacht habe.

Uebrigens werden meine Leſer nunmehr überzeugt ſeyn, daß die Kunſt der Architectur ſehr viel Studiren und Nachſinnen, ſehr viel Fleiß und Verſtand, ſehr viele Kenntniſſe und Erfahrung erfor=

erfordern; welches alles man, wie ich oben schon
erwähnt habe, in zwey Kapitel zusammen ziehen
kann, nämlich: in die Geometrie, oder die Grös-
senlehre und ihre Theile, als da sind, die mechani-
schen Künste; die Mäßkunst wegen der Anlage
und Austheilung; die Bewegungskunst wegen der
Gerüste und des Hebezeuges; die Steinhauerey
wegen der Gewölber, Treppen, Geländer u. s. f.
Das zweyte und Hauptkapitel aber ist die Zeichnungskunst, an welche man aber so vorzüglich und
leicht gewöhnt seyn muß, daß man darinn einen
Lehrer der Malerey und Sculptur abgeben könnte.
Wer diese allein versteht, kann füglicher und bil-
liger ein Architect genennt werden, als jener, der
sich nur in obigen Künsten des ersten Kapitels übt.
Unterdessen ist dieses eine ausgemachte Wahrheit,
daß dieser und jener zwar ein Architect heißen
könne, solchen Namen aber nicht mit Recht verdiene.

Die unwidersprechliche Folgerung ist nun endlich gegründet, daß der Baumeister die Architectur nicht studirt, sondern nur ausübt, und derjenige kein Baumeister ist, welcher die Architectur studirt, und sie nicht in Uebung bringt, mithin ist die Architectur keine abnehmende oder ver-
fallende, sondern eine verlorne Kunst. Es giebt
gewisse Schriftsteller, welche sich nicht lange besinnen, schlechtweg zu behaupten, daß die modernen Architecten von den Zeiten der Alten bis hieher noch keine Gattung von Verzierungen haben

II. Band. Ff erfin-

erfinnen können, welche lange in ihrem Werth oder
in Achtung gewesen wäre, es sey denn, daß sie
den Alten nachgeahmt hätten, deren Werke zu allen Zeiten das Muster des guten Geschmackes
und die Regel des wahren Schönen verbleiben
werden.

Wie kann also derjenige, welcher von allem
obenerwähnten Vorrath der Wissenschaften und
Künste entblößt ist, von einem Gebäude urtheilen, ob es gut angelegt, verziert, und in allen
Verhältnissen richtig sey? Und warum ist ein
Bauherr nicht vorsichtig genug, sich denjenigen
zu seinem Baumeister zu erwählen, den seine tiefe
Einsicht in die Kunst, seine Werke, und sein ausgebreiteter Ruhm als einen geschickten Architecten
empfehlen?

XIII. Von

XIII.

Von der Verzierung
auf griechische Art.
(a la Grecque)

Hier ist keinesweges die Rede von der alten griechischen Baukunst, sondern von der eingeris-
senen neuen Mode verschiedener Zierrathen, die
man scherzweise a la Grecque nennt, und bereits
anfängt, dieselbe an Gebäuden anzubringen, weil
die Liebe zur Neuigkeit und die Sklaverey der
Mode so mächtig ist, daß man ihr nicht nur begierig und blindlings nacheilet, sondern sich auch
bemüht, sie immerfort höher zu bringen und zu
übertreiben. Was fremde, neu und wunderlich
ist, muß noch fremder, neuer und wunderlicher
werden. Man macht aus mäßigen Giebeln
ägyptische Pyramiden, wovon man jungen Künstlern einige gute Lehren mittheilen kann.

In unserm Jahrhunderte fieng ein Goldarbeiter an, in allen seinen Verzierungen die Symmetrie, die Gleichseitigkeit, oder das Ebenmaaß
zu fliehen, und überall eine Unähnlichkeit der Seiten zu zeigen. Mein bester Freund, welcher
ohne Lehrmeister am Zeichnen ein Vergnügen fand,
entwarf in seiner Jugend verschiedene Masken-

klei-

Kleider nach einem bloßen Eigenſinn, in welchen die
Bruſtſtücke und Verzierungen durchaus ſchief, un-
gleichſeitig und widerförmig erſcheinen mußten.
Alles ward ungefährer Eigenſinn. Die Einbildungskraft und die Zeichnung gab den Geſchöpfen
ein gefälliges Anſehn, und die Neugier erwarb ſich
Nachfolger. Der ungleichſeitige Geſchmack nahm
überhand, und nichts als die Baukunſt widerſetzte
ſich noch durch die vom Vitruvius erwieſene
Symmetrie, und zeigte aus der Geſtalt des
menſchlichen Körpers und allen lebendigen Geſchöpfen, daß die neuen Mißgeburten nicht zu achten
wären. Dennoch wurden einige Baumeiſter
und Bauherren durch den Strom der Neuigkeit
dahingeriſſen, ſie an ihren Gebäuden anzubringen, wo ſie durch ihre neumodiſchen Verzierungen
ein lächerliches Ganzes ausmachten. Man ſetzte
ſich dieſem einreißenden Uebel mit allen Kräften
entgegen, um die alte römiſche und griechiſche
Bauart ſowohl, als den alten guten Geſchmack aufrecht zu erhalten, der ehedem in Italien gewöhnlich war. Allein, dem ungeachtet wurden dennoch
ganze Städte mit ſo wunderlichen Verzierungen
angeſteckt, und nichts that der Ausſchweifung und
dem Irrthum Einhalt.

Wie und woher nun dieſe ungleichſeitige Verzierung, oder das ſo genannte a la Grecque bey
Leuten vom Verſtande, Geſchmack und Einſicht,
Beyfall erhalten haben könne, davon will ich
die Urſachen anzeigen, welche vielleicht dergleichen

gleichen griechischen Künstlern selbst unbekannt sind. Da der menschliche Körper das Hauptmuster aller Symmetrie oder des Ebenmaaßes ist, so bemerkte man, daß eine gewisse Leibesstellung seiner natürlichen Schönheit einen neuen Glanz und ein vortrefflichers Ansehn gebe, ja so gar einen häßlichen Körper dennoch wohlgefällig mache. Diese gewisse Leibesstellung ist eine ungezwungene Bewegung der Glieder nach den Gesetzen der Schwere und der Wendung, welche das Auge des Beobachters reizet. Wenn man hingegen einen Menschen nichts als lauter gleichseitige Stellungen machen, zum Beyspiel, das Gesicht, den Hals, die Schultern, den Leib gerade, die Arme niederhangend, die Beine, Schenkel und Füße steif und geschlossen zusammenhalten ließe; so würde eine solche starre und stangenmäßige Bildsäule, wovon ausserdem noch beyde Füsse an einander einen natürlichen Teller vorstellen, einem jeden, auch in der Kunst unerfahrnen Auge mißfallen. Gleichwohl herrschet darinn eine vollkommene Symmetrie oder ein richtiges Ebenmaaß. Oder man sperre die Beine seitwärts in gerader Linie auseinander, und erhebe beyde Arme in gleicher Höhe, oder strecke sie in waagerechter Linie aus; so werden beyde und alle dergleichen Stellungen von jedermann für allzugleichseitig und einfältig gehalten. Ja, nicht nur diese, sondern auch eine jede andre Stellung, die ein gemeines Ebenmaaß, oder eine solche genaue Symmetrie zeigt, wird gleicher Verachtung ausgesetzt

Ff 3

gesetzt werden. Die Aegypter verfertigten ihre
Statüen auf eine solche Art; die Griechen aber
fiengen schon an, ihren Bildern eine Bewegung
beyzubringen, sie mußten anständig stehn oder
sitzen, wie der borghesische Fechter und Bellisarius.
Endlich erfanden sie Regeln, denenselben natürliche, ungezwungene, und so gar nach allen Leidenschaften ausgedrückte Stellungen zu geben, wie
Antinous, Apollo und andre. Sie suchten dasjenige, was der Symmetrie entgegen war, nämlich das Unebenmaaß oder den Contrast. Wenn
also der Kopf seitwärts sieht, und die Achsel, gegen die er sich wendet, erhaben, die Brust heraus, die Hüfte gewendet, und der Leib gebogen
ist; so muß das Bein vorwärts, der eine Arm
auf der Seite dieses Beins zurück, der andre hingegen vorwärts gerichtet seyn, jedoch solchergestalt,
daß die Linie des Gleichgewichts allezeit auf den
Grund des Bildes fällt, und dieses niemals aus
ihrem senkrechten Ziele kömmt. In einer solchen
Statüe herrschet durchaus eine Ungleichheit der
Seiten, welche das Gegentheil der Symmetrie
ist, und deswegen gefällt die Stellung Jedermann.
Kommen nun andre Nebendinge und Bilder dazu, so muß das, was in seinem ganzen Umriß
auf der einen Seite in waagerechter Linie vor-
tritt, auf der andern hineintreten, und so vom
Fuß bis auf den Kopf abwechseln; wozu dann die
Nebengeräthe vorzügliche Hülfe leisten.

Aus dieser Quelle haben nun viele Künstler
geschöpft, und endlich alles so weit übertrieben,
daß

daß sie ins Modegriechische verfallen sind, und den
guten Anstand (bonne grace), die Schönheit,
oder wie sie Hogard] nennt, die angenehme
Schlangenlinie allerdings in Verachtung gebracht
haben, weil sie mit dem Geschmack aller Zeichnungen zufrieden waren, in welchen sich alles
unter einander kreuzte, sich zuwider lief, und un-
gleichseitig erschien. Dieses eigensinnige Wesen
schlich sich endlich sogar in die Baukunst ein, daß
man sie von dieser Pest kaum retten konnte. Man
zierte die Häuser nicht wie die Schäfer ihre Hütten, mit Vögeln, Blumen und Bändern, sondern ohne Grundregeln und Geschmack, mit einer
Menge großer und kleiner Schnirkeleyen von
Gyps, und wurde nicht inne, daß dergleichen
Verzierungen den Mauern ihren Untergang be-
schleunigten, Schnee, Vogelnester, Staub und
Regen darinne Platz fänden, und endlich das
ganze Gebäude zerfetzten Wänden bald änlich
machten.

Was die Alten von der Natur zum Muster
und Vorbild ihrer Verzierungen wählten, wurde
durch das neue a la Grecque und seine Anhänger meistens gemißbilliget, ja selbst die Wahrheit schien verhaßt zu seyn. Daher haben wir
zu unsern Zeiten Häuser und Säulen, auch aus-
gesperrte Giebel auf den Dachziegeln gesehen.
Auf Sieges- und Ehrenbogen stellte man keine
Flußgötter, sondern die Ströme selbst ohne Ablauf zum Schrecken vor Augen. Man sieht auf

Ff 4　　　　Krag-

Kragſteinen und Simſen ſtehende und ſitzende
Figuren, die alle Augenblicke herunter zu fallen
ſchienen. Man erſtaunt, wenn man auf die
Füße der größeſten Colonnen hinſieht, das Auge
nach und nach in die Höhe ſpazieren läßt, und
anſtatt allda ein herrliches Capital, ein Geſims,
Frieß, oder ein ſchönes Karnies zu erblicken, von
einem Blumenkrug überraſcht wird. Diejenigen Säulen, welche eine ganze Kuppel tragen
könnten und ſollten, ſtehen nur deswegen da, einige Gartengewächſe zu unterſtützen, und ſo gar
unter einem Gewölbe frey und müßig ihren anſehnlichen Stamm zu zeigen, oder zuzuſehen, wie
die Pfeiler neben ihnen ſich ſcheuen, über einander ebenmäßig zu ſteigen. Man iſt weit entfernt, dem Rufe großer und geſchickter Baumeiſter einigen Nachtheil zufügen zu wollen, deren
Talente bekannt ſind, und deren ausgebreiteter
Ruhm uns erfreut. Es ſcheint aber faſt, daß
viele andre manchmal gereizt werden, neuen Grillen Platz zu machen, und alles zu fliehen, was
Natur, Kunſt, Vernunft, Ordnung, Ebenmaaß
und gründlicher Fleiß genennet wird.

Möchten ſich doch die Baumeiſter und Bauherren endlich einmal überführen laſſen, daß die
Gebäude weit edler aufgeführt werden könnten,
wenn man ſie gar nicht, oder doch ſo wenig, als
möglich verzierte. Denn ſie haben an ſich ſchon
ihre weſentliche Schönheit, und bedürfen keiner
fremden Hülfe. Wie viel prächtiger wäre mancher

cher Palast, wenn er weniger gekostet hätte? Die
Verzierungen dienen meistens nur darzu, den Gebrauch des Gebäudes und den Stand und die Würde des Besitzers anzuzeigen. Ein ungekünstelter
Aufputz zieret ein schönes Gesicht dermaaßen, daß
man es bewundert. Dahingegen aller gekünstelte Reichthum von Geschmack und Putz nicht
zureichend ist, ein häßliches Gesicht schön zu machen. Eben so verhält sich auch in der Baukunst, da wenige Zierrathen ein schönes Gebäude
erheben, hingegen überhäufte gute Zierrathen ein
häßliches Gebäude nicht schön, schlechte Verzierungen aber es in den Augen der Kenner vollends
abscheulich machen.

In den größesten Städten giebt es ansehnliche Häuser und Paläste, welche mit einer erstau-
nenden Menge Tändeleyen behangen und bekleibt
sind, so, daß man das Gute der Baukunst nicht
wahrnehmen kann. Ein jeder Reisender wird
sich dessen zu erinnern wissen.

Will man also ja seine Thore, Fenster und
Mauren durch Verzierungen verherrlichen, so
wäre an solchen weiter nichts anzubringen, als das
Wappen des Besitzers, oder entweder stehende oder
sitzende, jedoch keine liegende Figuren auf Untersä-
tzen über dem Hauptgesimse, und nicht an Stellen, wo sie nicht können gesehen werden; oder wo
man sie durch eiserne sichtbare Stangen wider das
Rasen der Stürme befestigen muß, ohne dem
Gebäude das geringste Ansehn zu geben. Der

Eigen-

Eigenthümer und der Gebrauch des Hauses selbst
giebt schon zu Zierrathen Anlaß, welche, wenn sie
gehörig, sparsam und geschickt angebracht werden,
ohne dem Regen, Staub und Schnee einen Aufenthalt zu geben, dem Besitzer und Baumeister
Ehre machen können, zumal, wenn sie die Ursache
ihres Daseyns, nicht aber einen ungefähren Eigensinn vor Augen stellen. Dergleichen sind Frucht-
hörner, Blumen, Obstgehenke, Kränze, Zweige,
Gefäße, Waffen, und höchstens ein Schild in der
Mitte, mit leichten Rollen zu einer Aufschrift, die
sich von der Luft zusammenrollen.

Es schicken sich dazu alle Kennzeichen der
Religion, der Tugenden, Musen und Künste, aber
alles mit äußerster Symmetrie in freyer, runder,
oder halberhabener Steinarbeit, die der Mauer
gleich dauert, und nicht in kurzer Zeit durch Sturz
und Fall das Gebäude verunstaltet.

Alles sollte mit Mäßigung, Ziel, Maaß,
Verhältniß und Ueberlegung geschehen, daß man
nicht an einem Zeughause Jagdgeräthe, oder an
einer Kirche Waffen erblickte, dergleichen der Titel eines Gebetbuches vorstellt, auf welchem der
Himmel durch großes Geschütze gestürmt wird,
welches die menschlichen Seufzer bedeuten sollte.

Wer nun dem guten Geschmacke nachstreben
will, der lasse sich eine kleine Schrift empfohlen
seyn, welche unter dem Titel: Versuch in der
Baukunst im Jahr 1758, und: Neue Anmerkungen

gen über die Baukunst des Abts Laugier 1768
deutsch erschienen ist. Sie zeigt, daß es keine
Schande sey, die Fehler an Gebäuden aufzudecken, weil solches zur Aufnahme der Baukunst
vorträglich ist. Herr Laugier machte sich vor
zwanzig Jahren ein nützliches Geschäffte daraus,
einer fremden großen Stadt über ihre Gebäude
sehr bittere Wahrheiten zu sagen, worinnen er kein
einziges Gebäude findet, welches vom Tadel frey
zu sprechen wäre. Auch die von aller Welt belobten und bewunderten Paläste sind nach seinem
Urtheil ungeheuern Fehlern unterworfen.

Wenn große Künstler mit Grunde getadelt,
und ihre Mängel anfangenden Schülern der Baukunst begreiflich gemacht werden; so lernen sie
mehr, als wenn man sie mit mannichfaltigen Lehrsätzen, Gebräuchen, Uebungen und Gewohnheiten
ermüdet. Denn was heißet eigentlich die gründliche Wissenschaft von den Verhältnissen der Baukunst anders, als die Geschichte der Fehler zu
wissen, welche schon lange in der Architectur geherrscht haben, und sich noch aus dem Besitz ihrer Herrschaft nicht vertreiben lassen? Gedachter
Franzose nennt die Architectur eine Kunst, von
deren Wachsthum man zwar viel Rühmens mache, die sich aber vielleicht noch in der Kindheit
befinde.

Patet janua: cor magis.

~~~~~~~~~~~~~~~~

Anhang.

Anhang.

I.

Schreiben über die sogenannten grotesken Malereyen.

Mein Freund!

Sowohl das prächtige Fabelbuch, als deine
werthe Zuschrift, womit du dasselbe an
mich begleitest, sind für mich eine angenehme Unterhaltung. Ich soll dir über desselben Verzierung, Erfindung und mühsame Arbeit meine Gedanken eröffnen; weil mir aber dein erhabener
Geschmack in den Künsten bereits zur Genüge bekannt ist; so muß ich dir offenherzig gestehen, daß
mir der Auftrag um so viel schwerer fällt, da das
Buch, welches ich nur obenhin angesehen habe,
wie ein neues irrdisches Paradies zu gefallen
scheint. Es reizet auch in der That jedes Auge,
wenn es mit keiner Ueberlegung begleitet ist.
Viele verwundern sich, daß nicht der alte phrygi-
sche Aesop, sondern nur einer von seinen Affen
durch dieses Werk so vortrefflich geehrt worden.
Uebersieht man alles mit reifer Ueberlegung, sieht
man die Erfindung ein, und beurtheilet die Dinge
mit heitern Sinnen; so wird man gewahr, daß
die Künstler dieses Werkes sich an keine Regeln

haben

haben binden laſſen. Nichts als Willkühr, Eigenſinn und eingebildeter Vorzug; wodurch ſie
andern zum Muſter dienen wollen, blickt aus allen Theilen hervor.   Sie haben auch zum Unglück der Kunſt Anlaß genug, in ihrem Stolz
und Hochmuth um ſo verwegener zuzunehmen,
als ſie ſehen, daß andre ihnen auch in ihren gröb-
ſten Fehlern blindlings nachfolgen.

Du wirſt nun ſchon bereits meine Meynung
einſehen, und bemerken, daß, obſchon die Kupferſtiche und Holzſchnitte von geſchickten Künſtlern
herkommen, ich in der Anlage des Werkes dennoch viele tadelnswürdige Grillen entdeckt haben
müſſe.   Du haſt vollkommen Recht, wenn
du ſo denkeſt, und damit du davon noch beſſer
überzeugt werden mögeſt, ſo werde ich dir es noch
begreiflicher machen.

So lobenswürdig der Zeichner und Holzſchneider iſt, ſo wenig iſt auch die Erfindung und Anordnung untadelhaft.

Ein brennender Merkuriusſtab, Früchte,
Blumen, Zweige, Laub, Birnen, Larven, Amei-
ſen und andre Dinge mehr ſind mit Wolken umgeben, auf denen ſie theils ruhen, theils nur
ſchweben.   Iſt dieſes der Natur gemäß? und
wo ſieht man ſo ſchwere Sachen auf den Wolken
herum liegen?

Eine Schlange ſtellt einen Zirkel vor; mit
Blumen geziert ſchießt ſie rings umher Stralen
von

von sich. Wo kommen aber diese her? da doch
diese Bestien weder einen Glanz von sich geben,
noch auch einige Sonne da ist? Palmenzweige
durchkreuzen alles, ob sie gleich nicht nach der
Natur gezeichnet sind: Zweige und Laubwerk
spriessen aus dem Grunde heraus, davon die
ganze Natur kein Beyspiel aufzuweisen hat.

Ich will nicht hoffen, daß du, mein Freund!
diesen theuren Erfindern und Zeichnern mit der
gewöhnlichen Ausflucht: Malern und Dichtern ꝛc. zu begegnen trachten werdest. Denn
ich bin berechtiget, dir mit eben dem Horaz zu
antworten, der gesagt hat: Man soll keine Tyger mit Lämmern zusammengatten, u. s. w.

So lange die Natur allen schönen Künsten
zum Muster dienen soll, so lange wird auch alles
falsch seyn, und keine Entschuldigung verdienen,
was von diesem Vorbild abweicht, und wer dieses thut, der öffnet einem längst verworfenen gothischen Geschmacke Thür und Thor.

Wie gefällt dir denn folgende Erfindung?
Der Kupferstich stellet das in Stein gehauene
Brustbild eines modernen Fabeldichters vor, welches auf einem steinernen sehr breiten und plumpen Gestelle mitten im Walde steht, und mit herab-
hängenden Blumenschnüren um den Hals gezieret
ist. Aesop steht gleichsam lebendig auf der platten Erde davor, und streckt beyde Hände nach
ihm aus. Ueber dem Schnitzbilde hängt eine
große

große Tapete an den nächsten Baumäſten, deren
eine Eckfalte ein fliegender Adler im Schnabel
hält, und gleichſam aufhebt. Drey Meerkaten,
welche einige unrecht Affen nennen, beſchäfftigen
ſich dabey, dem ſteinernen Dichter Feſtonen umzuhängen, ihm einen Kranz aufzuſeten, und den
Teppich wegzurücken. Neben dem Poſtament
ſtehen mit offenen Schnauzen ein Rind, ein brül-
lender Löwe, ein Schaaf, ein Wolf und ein Hund.

Was dünket dich nun, mein Freund! von
dieſer ſinnreichen Erfindung? Wenn jemand alles, was rund und von Metall iſt, für gangbare
Münze erkennt; ſo wird er bald die Zeichnung
und den Grabſtichel; bald die Bäume, das
Buſchwerk und die Thiere; bald den Aeſop bewundern und loben. Ein wahrer Kenner und
Richter der ſchönen Künſte aber wird damit nicht
zufrieden ſeyn. Ueberlegt er alles, ſo wird er
fragen: Wie reimt ſich der ſeit etlichen tauſend
Jahren berühmte Aeſop, als wenn er io lebte,
zur Bildſäule eines modernen Fabuliſten. Dieſes
kann weder in dieſer Welt, noch im Elyſium geſchehen. Die Vorſtellung ſieht alſo eben ſo un-
gereimt aus, als wenn Alexander der Große bey
der Ehrenſäule des Julius Cäſars lebendig vorgeſtellt würde. Hier ſieht es ja aus, als ob
Aeſop der Bewunderer und Nachahmer des heutigen Dichters wäre, da es doch gerade umgekehrt
iſt. Aeſop ſollte auf dem Poſtament ſtehen,
und der neue Fabuliſt als ein lebendiger ihn von
unten verehren.

Wie

Wie kommen ferner die Teppiche in den Wald? wer hat sie dahin aufgehenkt? und wozu sollen sie dienen? Denn gesetzt, die Ehrensäule des Dichters wäre im Walde gebauet worden; so sieht man doch davon keinen sattsamen Grund, da sie weder von den Thieren noch vom Aesop aufgerichtet worden. Der vernünftige Beobachter fraget weiter: Wenn man angefangen habe, über steinerne Schnitzbilder Teppiche zu hängen? Soll etwan der Regen und die Sonne von ihnen abgehalten werden? das wäre ja lächerlich. Der Teppich wird gewiß viel eher, als der Stein verfaulen und zerfallen. Wo sieht man denn irgends in der Welt über den kostbarsten marmornen Schnitzbildern Teppiche aufgehenkt?

Wenn zu Vertheidigung solcher Fehler die Antwort genug ist: daß man es mit solchen Dingen so genau nicht zu nehmen pflege; so wäre sie in der ganzen Welt zulänglich; und könnte denjenigen zu statten kommen, welche beständig irren, und dennoch so gar des menschlichen Geschlechts Muster und Meister zu seyn sich hochmüthig anmaaßen. Allein diese machen sich anheischig, uns nichts, als was vollkommen ist, zu zeigen und zur Nachahmung zu liefern. Ihr Geschmack soll ja der feinste und der vollkommenste seyn. An ihren Werken muß also kein Schatten eines Fehlers erscheinen. Denn wenn diese fehlen, die doch Meister seyn wollen; so ist es gar kein Wunder, wenn der übrige Theil ihnen blindlings nachfolget.

Ich

Ich hätte noch viele Anmerkungen zu ma=
chen, wenn ich nicht glaubte, daß du schon mit
diesem zufrieden seyn würdest. Betrachte einmal
den Sternseher, wie er bey hellem Tage mit dem
Sehrohr herum geht, und in einen Brunnen fällt.
Gieb nur Achtung, wie ein Löwe so klein, als ein
Hund, sind der Fuchs so groß, als ein ungeheurer
Wolf gezeichnet ist. Bewundere anderwärts,
wie zwey brennende Herzen auf einem Stuhl
mit vier Geißfüßen über die Wolken fortgetragen
werden. Hat wohl jemals ein Künstler so erha=
ben gedacht?

Dein Fabelbuch ist es nicht allein, was mit
so viel heteroklitischen Erscheinungen angefüllt ist,
und das nimmt mich auch nicht Wunder. Alles
muß heute unter der Anweisung einer einzigen
Meisterzunft nach Eigensinn, Hirngespinnsten,
Träumen, unmöglichen Dingen, so gar nach un=
verständlichen Wörtern verziert und zusammenge=
drängt werden. Fragt ein Verständiger, was der
Kram eigentlich vorstelle? so muß er sich mit der
Antwort begnügen: Es sey Arabesque, à la
Chinoise, à la Grec, Grotesque, en gout
baroque, oder kurzum! es sey so Mode. Was
ist aber das für eine Antwort für einen Künstler?
Dinge, die entweder nirgends vorhanden sind,
oder nicht einmal seyn können, und niemals ge=
wesen sind, durch das Wort Mode zu rechtferti=
gen? Die Falschheit sehen, und nicht tadeln, son=
dern sich daran ergötzen, und nicht Achtung ge=

ben, ob dergleichen möglich sey; alle diese Dinge
zeigen eine schwache Urtheilskraft derjenigen
Köpfe an, welche dergleichen beobachten, und nicht
entscheiden können, was eigentlich mit gewissem
Anstande seyn kann oder nicht. Bilder, die der
Wahrheit nicht änlich sind, müssen nicht gebilliget werden, sagt Vitruvius. Wenn wir
also das in Schildereyen gut heißen wollen, was
wir in der Natur und Wahrheit nicht haben können; so werden auch wir in die Zahl derjenigen
gesetzt werden, welche Licinius wegen solcher
Fehler für dumm und einfältig hielt:

Ich bin beständig der Meynung, daß dergleichen erdichtete Ungeheuer, welche im Alterthum
Chimären genennt wurden, unter uns aber närri-
sche Einfälle und Grillen heißen, bey den alten
Griechen und Römern nur zu dem Ende erfunden
worden, daß man gewissen Mauern und Gemä-
chern, wo ernsthafte und wahrhafte Geschichte
nicht anständig waren, durch allerhand Farben
eine Zierde und Ansehen beybringen könnte.
Weiße Gewölber und Wände beleidigen das Auge;
dahingegen verschiedene flache und erhabene, mit
glühenden Farben gezierte Bilder ergötzen.
Schmutz und Flecken im Kalk oder Gyps locken oft
ungefähr das Auge an sich; sie reizen und halten es
auf; es fällt manchmal auf Dinge, die ganz neue
widernatürliche Formen darstellen, die Einbildung
erwecken, und dem Verstand Anlaß geben, etwas
wahrzunehmen, das bloß in der Einbildung bestehet,

stehet, und kein wesentliches Daseyn hat. Der
Verstand wird gleichsam zum Urheber eines Din-
ges, welches er durch das Auge auf einem leeren
Raum zu erblicken gedenkt. Einige Zeichen
und Punkte leiten ihn zur Ausführung einer ganzen Figur, welche ihm zur Unterhaltung und Betrachtung dient. Solche bloß in der Einbildung
bestehende Gegenstände scheinen der Ursprung jener Chimären zu seyn, die man hernach durch
Farben, Gyps und Gold ausgedruckt, bereichert und
zu einer wirklichen, ansehnlichen und schönen Au-
genlust gemacht, nach und nach in den herrlichsten
Palästen des Alterthums angewendet, und nach
dem Unterschied der Zimmer angebracht hat, wie
man sie noch heute unter den Ruinen um Rom
und Neapel vielfältig sieht und ans Licht bringt.
Da nun solche Malereyen, von allem Gebrauch
der Regeln beraubt und entfernt, nur in bloßen
willkührlichen Freyheiten bestehn; so hielt man
denjenigen Künstler für den vortrefflichsten, der
durch die schönste Wahl der Farben die kurzwei-
ligsten Einfälle und eingebildete Sachen am angenehmsten vorstellen konnte. Dadurch entstunden die Eintheilungen der Wände, der Friesen
und der Farben, welche Witz und Verstand entzückten. Man bewunderte die Stärke der kleinsten Bilder von Figuren, Blumenschnüren, Früchten, Masken und dergleichen; man erstaunte über
das Erhabene, Lebhafte, Feurige und Reizende,
welches durch Gold, und die feinsten, dauerhafte-
sten Farben ausgedruckt war. So viel man heute

davon

davon noch sehen kann, das dient zur Lust, Freude
und zum Vergnügen. Alles dieses wird immerfort das Grotesque genannt, dessen Ursache du
bald vernehmen wirst.

Giovanni da Udine, Raphaels Schüler,
ward in dem feinsten Geschmack erzogen; daher
konnte ihn nichts mehr reizen und ergötzen, als
neue, und damals aus dem Schutt hervorgebrachte Schildereyen. Er strebte darnach, und
wußte sich in der Kunst alles zu Nutze zu machen, was man zu seiner Zeit unter den Ruinen
des Palastes des Titus hervor zog. Die feinsten Schildereyen von den wunderlichsten Gegenständen lockten ganz Rom an sich. Giovanni
war der erste, welcher anfieng, dieselben mit solchem Eifer nachzuahmen, und sich dieselben dermaaßen eigen zu machen, daß kein andrer Maler
ihm gleich arbeiten konnte. Er war also der Urheber der modernen Chimären. Er zierte den
Geschmack des Alterthums mit seinem neuen, und
brachte sowohl in Gyps als in Farben das Antique wiederum vollkommen empor, dergleichen andre vor seiner Zeit vielmal, jedoch vergebens, gesucht hatten.

Wie viele alte griechische und römische Verzierungen entdeckte man in Höhlen unter den Bergen, und in begrabenen Grotten unter den römischen Weingebirgen? Solche antique Schätze bekamen also den Namen von dem Orte, wo sie gefunden worden; man nennte sie Grottesquen, weil

man

man sie aus Grotten hervorgebracht, oder in denselben abgemalt hatte, so, wie man heut zu Tage
dergleichen Ueberbleibsel der Alten, die man im
Herkulanio entdeckt, nunmehr herkulanische Ma-
lerart nennte.

Mit solchen Verzierungen wurden hernach in
den Palästen allerhand kleine Zimmer, Kammern,
Höfe, Treppen, Garten, Lusthäuser, und Gänge
verherrlichet. Unwissende, ungeschickte und ungelehrte Künstler aber brachten sie wiederum in
solchen Verfall, daß man fast nichts mehr zu sehen bekam, als rauhes, verworrenes, dummes,
unmäßiges, widersinniges Zeug von allzu häufigen schönen blendenden Farben; welche weder
Witz oder Verstand, noch viel weniger etwas Angenehmes und Reizendes vorstellten. Man sah
nichts mehr von den schönsten kleinen Festonen,
von schmackhaften, saftigen Früchten und frischen
Blumen; nichts mehr von den feinsten halberhabenen Gypsstücken, von kleinen flüchtigen, muntern Satyren, die übereinander fliegen, oder sich
lebhaft und lustig mit Krautblättern herumschlu-
gen, und das Auge des Beobachters mit solcher
Anmuth ergötzten, daß man ihren Scherz und
Ernst mit Worten nicht beschreiben kann.

Die lebhaften Arten von allerhand Vögeln,
Masken, Wettfahrten, Laufen, Ringen, Jagen,
Tanzen, Buschwerken, Schmuck und unzähligen
andern Dingen, welche in einer unendlichen
Mannichfaltigkeit erscheinen, zeigten sich so zau-

G g 3 berisch

berisch gemalt, daß man viele für keine Malerey,
sondern für natürliche Dinge in der Luft, nicht
aber auf Mauren gepappt ansah.

Gypsarbeiten wurden auf das feinste und
sinnreichste ausgetheilt und verfertiget. Kinder,
Nymphen, Hirsche, Muscheln, Harpyen von ent-
zückender Schönheit, und eine Menge von dergleichen Sachen hielten jeden Anblick des Zuschauers gleichsam in Erstarrung. Dieses waren grottesque Schildereyen, in welchen die Natur, die Wahrheit und Wahrscheinlichkeit immer
herrschte.

Alle dergleichen Malereyen wurden meistens
in nassem Kalk ausgeführt, welche Art man das
Frescomalen nannte, und noch heute diese Kunst
zwar übt, jedoch meistens von den alten Italiänern und Griechen so sehr abweicht, als
wollte man sie in andern Wegen übertreffen, welche noch sehr wenige gefunden haben; weil sie sich
nicht bekümmern, was aus ihren rauhen Farben
hier und da entstehn werde.

Mein Freund! Ich schließe mit dem Vorsatz, nächstens vielleicht vom Begriff der Fresco-
malerey zu handeln, den diejenigen nicht haben,
welche ihren starren und ungeschickten Oelpinsel
wegwerfen, um ihr Glück auf dem nassen Kalk
durch Borstenpinsel zu suchen. Laß inzwischen
junge Leute alles lernen, was zur Maleykunst überhaupt erforderlich ist; ich verspreche es dir, sie
werden

werden hernach ganz leicht Frescomaler, wenn der
Neid oder das eingebildete Geheimniß einiger
Wegweiser die Leiter am Gerüste vor ihnen nicht
in die Höhe zieht. Sollte dieses geschehen, so
bin ich bereit, ihnen die Vortheile zu zeigen, durch
welche die alten Italiäner sich unsterblich gemacht
haben. Laß inzwischen, ich wiederhole es noch
einmal, diejenigen Leute unterrichten, daß sie das
Vorrecht ihrer Kunst, nach Belieben alles erdichten zu können, nicht mißbrauchen, sondern
desselben sich nur nach den Regeln der Wahrscheinlichkeit bedienen, mithin sich von den Vorschriften
der Vernunft so wenig als möglich, oder niemals,
entfernen dürfen.

Die Natur, als die vortrefflichste Lehrmeisterinn, reichet uns ohne dem eine unzählbare Menge
von Bildern und Veränderungen zur Nachahmung
dar; sie überhebt den Maler eben dadurch der
Mühe, neue Gestalten der Dinge, als so viel
Mißgeburten zu erdichten. Die getreue Uebereinstimmung mit der Natur ist beständig die gül-
tigste Richtschnur, wenn man die Würde der
Kunstwerke bestimmen will. Daher kömmt dem
Maler keine andre Freyheit zu statten, als daß er
sich die schönsten und seltensten Vorwürfe der Natur zu seiner Nachahmung wählen darf.

Willkührliche und regellose Zusammenfügungen des Natürlichen mit dem Unnatürlichen, und
andre Ausschweifungen, haben oft der Schande der

Kunst

Kunst Platz gemacht, und einer neuen Art von Barbarey den Weg gebahnt.

Damit ich mich nicht allzu tief in dieser Verwirrung verliere, so gestehe ich offenherzig, daß ich beständig wünsche, es möchten sich doch endlich die Meister und Kunstrichter bewegen lassen, durch ihre kritischen Bestrafungen die ausserhalb den Gränzen der Vernunft irrende Einbildungskraft wiederum zurechte zu weisen, und dadurch den Weg zur Erkenntniß und Erfindung wahrer Schönheiten in gutem Stande zu erhalten.

Schließlich sende ich dir auch hiermit deinen Fontaine zurück, damit du auch deine Anmerkung darüber machen und dich daran ergötzen könnest. Lebe wohl!

II. Abhand-

II.

Abhandlung von Mauergemälden
oder vom Fresco.

So sehr sich einige von unsern Frescomalern schmeicheln, durch ihre Bemühungen berühmt zu werden; so weit sind sie von jenen alten Italiänern entfernt, welche durch unzählige Frescomalereyen sich unsterblich gemacht haben. Was vor zwey oder dreyhundert Jahren in Italien auf nassem Kalk ausgeführt worden, das glänzet, pranget und glühet noch heute in so verwunderungswürdiger Vortrefflichkeit, daß alle Kenner dadurch entzückt werden. Ich möchte, über dasjenige weinen, was theils die Nachläßigkeit, theils die Bosheit, und an manchen Orten die Zeit ins Verderben gestürzt hat. Sie begreifen es nicht, warum die meisten von unsern modernen Malern so großen Männern weder in der Zeichnung, noch Erfindung; weder in der Wahl, noch Anlage der Farben beykommen; warum die uralte Kunst neu, die moderne hingegen alt erscheinet. Wer Rom, Neapel, Florenz, Parma, Venedig und Meyland gesehen hat, und über das Gebirge wiederum nach Hause kömmt, erschrickt gemeiniglich beym ersten Anblick über die Schätze seiner Vaterstadt. In diesen Ländern sah er nichts als Leben und Munterkeit, zu Haus aber muß er sich nicht selten mit abgestorbenen

Far-

Farben, verwahrloseten Zeichnungen, oft aben=
theuerlichen Contrasten, und ungefähr manierir=
ten Tinten befriedigen. Sollte es nicht möglich
seyn, dergleichen irrenden, jedoch dabey amsigen
Künstlern den rechten Weg zu zeigen, und ihrer
Bemühung, wenn ihr Vorurtheil sie nicht gänz=
lich verstockt macht, ein wenig zu Hülfe kommen?
Ich will hier einen Versuch machen; denn so
kurz und unvollständig auch meine Erinnerungen
seyn werden; so viel Nutzen können sie vielleicht
bennoch verschaffen. Eine Anweisung hat oft
mehr ausgerichtet, als ein weitläuftiger gelehrter
Unterricht.

Ein jeder, auch mittelmäßiger Maler wird,
glaube ich, gehört haben, daß es zweyerley Far=
ben zum Malen giebt: die natürlichen, minerali=
schen oder Erdfarben; und jene, so durch Kunst
zubereitet werden. Man pflegt alle entweder
mit reinem, oder Leimwasser, oder mit Oel zu
mischen. Malt man mit Wasser auf frisch an=
gelegten Kalk, so heißet es Frescomalen. Mit
Leim aber malt man auf trockenem Grunde. Mit
den Oelfarben sind alle Maler bekannt.

Bey diesem Unterschiede hat nun die Erfah=
rung alle Künstler gelehrt, daß auf nassen Kalk
zu malen, die durch Kunst zubereiteten Farben
gefährlich und nicht rathsam sind. Man kann
sie durch allerhand Vortheile und Geheimnisse
niemals oder schwerlich so dauerhaft machen, daß
sie der freyen Luft lange widerstehen. Wenn
das

das Luftgebäude und der Anwurf des Kalkes im Rospigliosischen Palast zu Rom noch besteht; so glühet auch die Aurora des Guido Reni noch heut zu Tage, weil sie mit keinen Saft = oder Kunstfarben verfertigt worden. Diese Farben erfordern jederzeit einen sehr trockenen Grund und Ort.

Man weis, daß alle Farben, wenn man nicht einen einfärbigen Grund anlegen will, auf unterschiedliche Art gemischt und vervielfältiget werden. Man macht sie heller, oder dunkler. Aus einerley Farbe entstehn viele von einer Gattung. Das Weiße und Schwarze bringt eine ganze Schattirung heraus. Alles aber beruhet auf der Geschicklichkeit des Künstlers. Durch ihn entstehn die Fehler. Er ist derselben Urheber, entweder, weil er die Farben ungeschickt mischt und zusammensetzt, oder weil er sich schon eine üble Art zu malen angewöhnt hat, durch welche die Farben weder rein, noch frisch, oder sonst geschickt vereiniget werden.

§. 1.

Die Schüler müssen sich also unterrichten lassen, wie sie die Wirkung der Farben beobachten, und durch die Erfahrung lernen sollen, was im Mischen und Malen richtig und sicher könne ausgeführt werden. Ein Maler muß, wie ein Dichter, durch die Mannichfaltigkeit der schönen Farben zu gefallen trachten; denn obschon eine Geschichte,

schichte, zum Beyspiel, bereits von sich selbst reizend und angenehm wäre, so kann doch das Colorit, welches das Stück aus einander setzt, vielleicht dem Auge des beobachtenden Kenners nicht
anständig seyn, mithin keine gute Wirkung machen. Durch genau vereinigte und übérein-
stimmende Farben entsteht jenes Schöne, welches
alle Augen bezaubert, und in das Herz der Kenner eindringt; weil sie die wahre Aenlichkeit der
Gegenstände aus den eigentlichen Farben hervor-
sprießen sehen. Je lebhafter sie also sind, destomehr gefallen sie zuvörderst solchen Liebhabern,
welche dadurch meistens ihre Zimmer verherrlichen wollen, folglich, ohne sich bey der guten oder
schlechten Zeichnung aufzuhalten, nur die Mannichfaltigkeit und Reizung der Farben in Acht
nehmen. Sie folgen in diesem Fall mehr dem
Auge, als der Empfindung des Herzens. Die
Farben ergötzen durch ihre Mannichfaltigkeit die
Augen so, wie eine wohl übereinstimmende Musik
die Ohren; absonderlich, wenn die höhen, tiefen
und mittlern Töne gut zusammenstimmen, und
einen nach dem Verhältniß der Zeit vereinigten
Wohlklang bewirken, welcher die Gemüther in
Bewegung setzt.

Die Kunst, gut zu coloriren, oder die Farben
geschickt anzuwenden, besteht überhaupt darinn,
daß, wenn sie der Ordnung nach gut gemischt,
frisch, und so zu sagen, glühend sind, man daraus eine wohl eingetheilte und geschickt vereinigte

Zusam-

Zusammenſetzung mache, welche nicht im geringſten Theile einigen Mißklang verſpüren laſſe.
Eine harmoniſche Compoſition wird alſo diejenige
ſeyn, welche nicht ſo brennend und zerſtreut iſt,
wie farbenreiche Tapeten, auch nicht ſo ſehr gedrängt und mit Schatten überhäuft erſcheint, daß
man weder das Fleiſch, noch andre natürliche Dinge unterſcheiden könne. Der ſicherſte Weg iſt
alſo derjenige, der zwiſchen dem Glühenden und
Verblendenden fortgeht, die Farben aber weder
zu ſtark, noch zu ſchwach zeigt, ſondern alles un-
gekünſtelt und wahrſcheinlich in einer angenehmen
und zärtlichen Vereinigung ſo vorſtellt, daß alles
zuſammen eine reine und flammenartige Schönheit ausmache.

Von der Materie der Farben, ihren Gattungen und Eigenſchaften hier viel und bis auf die
geringſte Kleinigkeit zu handeln, iſt überflüßig,
weil ſie bekannt und anderwärts berührt worden
ſind. Weil aber meiſtens nur große Künſtler
im Beſitze derſelben angetroffen werden, nach welchem andre vergebens ſtreben; ſo will ich einige
von ihren Eigenſchaften und Beobachtungen über
ihre Wirkung unterſuchen, weil unter den Farben ſich zuweilen große Widerwärtigkeiten äuſſern, die nicht obenhin anzuſehen ſind.

§. 2.

Mein Rath wäre alſo, daß der Maler eine
jede Gattung von ſeinen Farben rein, ſäuberlich,
nett,

schichte, zum Beyspiel, bereits von sich selbst reizend und angenehm wäre, so kann doch das Colorit, welches das Stück aus einander setzt, vielleicht dem Auge des beobachtenden Kenners nicht
anständig seyn, mithin keine gute Wirkung machen. Durch genau vereinigte und übereinstimmende Farben entsteht jenes Schöne, welches
alle Augen bezaubert, und in das Herz der Kenner eindringt; weil sie die wahre Aenlichkeit der
Gegenstände aus den eigentlichen Farben hervor-
sprießen sehen. Je lebhafter sie also sind, destomehr gefallen sie zuvörderst solchen Liebhabern,
welche dadurch meistens ihre Zimmer verherrlichen wollen, folglich, ohne sich bey der guten oder
schlechten Zeichnung aufzuhalten, nur die Mannichfaltigkeit und Reizung der Farben in Acht
nehmen. Sie folgen in diesem Fall mehr dem
Auge, als der Empfindung des Herzens. Die
Farben ergötzen durch ihre Mannichfaltigkeit die
Augen so, wie eine wohl übereinstimmende Musik
die Ohren; absonderlich, wenn die hohen, tiefen
und mittlern Töne gut zusammenstimmen, und
einen nach dem Verhältniß der Zeit vereinigten
Wohlklang bewirken, welcher die Gemüther in
Bewegung setzt.

Die Kunst, gut zu coloriren, oder die Farben
geschickt anzuwenden, besteht überhaupt darinn,
daß, wenn sie der Ordnung nach gut gemischt,
frisch, und so zu sagen, glühend sind, man daraus eine wohl eingetheilte und geschickt vereinigte

Zusam-

Zusammensetzung mache, welche nicht im geringsten Theile einigen Mißklang verspüren lasse.
Eine harmonische Composition wird also diejenige
seyn, welche nicht so brennend und zerstreut ist,
wie farbenreiche Tapeten, auch nicht so sehr gedrängt und mit Schatten überhäuft erscheint, daß
man weder das Fleisch, noch andre natürliche Dinge unterscheiden könne. Der sicherste Weg ist
also derjenige, der zwischen dem Glühenden und
Verblendenden fortgeht, die Farben aber weder
zu stark, noch zu schwach zeigt, sondern alles ungekünstelt und wahrscheinlich in einer angenehmen
und zärtlichen Vereinigung so vorstellt, daß alles
zusammen eine reine und flammenartige Schönheit ausmache.

Von der Materie der Farben, ihren Gattungen und Eigenschaften hier viel und bis auf die
geringste Kleinigkeit zu handeln, ist überflüßig,
weil sie bekannt und anderwärts berührt worden
sind. Weil aber meistens nur große Künstler
im Besitze derselben angetroffen werden, nach welchem andre vergebens streben; so will ich einige
von ihren Eigenschaften und Beobachtungen über
ihre Wirkung untersuchen, weil unter den Farben sich zuweilen große Widerwärtigkeiten äussern, die nicht obenhin anzusehen sind.

§. 2.

Mein Rath wäre also, daß der Maler eine
jede Gattung von seinen Farben rein, säuberlich,
nett,

nett, fein und auserwählt zu halten trachtete, damit er sie allemal frisch und wohl unterschieden finde. Denn eine jede andre Vermischung, die sich eräugnen kann, als Staub, Unrath oder andre Farben und dergleichen, machen Verwirrung, und benehmen ihnen die Reinigkeit, das frische und lebhafte Wesen. Um sie mit einem Worte wohl anzuwenden, darzu ist große Uebung, Erfahrung, Aemsigkeit und ein aufmerksames Auge vonnöthen.

Ist man hernach entschlossen, Fresco zu malen, so muß man zum Voraus überzeugt seyn, daß die Mauer allerdings keine andern, als natürliche aus der Erde hervorgebrachte Farben verlangt, die nämlich, wie die Mauer selbst, Erden sind, sonst aber in allen Städten können gekauft werden. Solche Farben reibt man mit frischem Wasser. Ich weis, daß moderne große Künstler das Geheimniß besitzen, auch andre, als bloße Erdfarben, zum Frescomalen zu brauchen. Dieses aber hilft der Kunst nicht, es sey denn, daß sie dadurch eine Farbe erhalte, die ihr noch mangelte. Können Schüler dieser nachspüren, so werden sie um so viel farbenreicher; wo nicht, so müssen sie sich mit dem, was sie haben, wie die alten Italiäner begnügen, die der farbenreichste Maler mit seinen Geheimnissen noch nicht übertroffen hat.

Ich schreite nun zu der weißen Farbe. Diese zu erlangen, pflegt man den allerfeinsten und weißesten Kalk zu nehmen, welcher noch gereini-

get

get wird, und welches auf allerhand Art geschieht.
In Italien ließen einige Maler solchen Kalk sieden, und schöpften den Schaum davon. Dadurch benahmen sie ihm die Schärfe, die Säure
und Stärke, welche er auf der Mauer wiederum
erlangt, wo er sich im Abtrocknen auch wiederum
in Kalk verwandelt. Man verfährt aber damit
auf folgende Weise: Den in Wasser gesottenen
Kalk läßt man in der Luft abkühlen, nimmt das
Wasser davon, legt ihn auf gebrannte Ziegel an
die Sonne, damit er trocken werde. Je leichter
er alsdann wird, desto reiner ist er auch. Andre bringen diesen auf solche Art gereinigten Kalk
unter die Erde, wo sie ihn, ehe sie davon einen
Gebrauch machen, viele Jahre begraben halten.
Andre bringen ihn auf das Dach unter freyem
Himmel, wo sie ihn auch einige Jahre hindurch
behalten. Noch andre mischen zur Hälfte fein
gestoßenen Marmor darunter. Wiederum einige
lassen ihn im Geschirr unter freyem Himmel,
nachdem sie siedendheißes Wasser darauf gego-
sen, und ihn mit einem Stößel wohl durch einander
gerührt haben. Den folgenden Tag setzen sie alles an die Sonne, wodurch er so gereiniget wird,
daß sie ihn des Tages darauf schon mit andern
Farben vermischen können. Allein, sie brauchen
solche Vermischung nicht zum Fleisch oder Nackten, weil die Umrisse dadurch schwerlich gelingen
würden. Gewisse neue Künstler bilden sich ein,
durch Eyerschaalen etwas Gutes auszurichten.

Man

Man kann damit einen Versuch machen, ich habe
nichts darwider einzuwenden.

§. 3.

Sind nun die Farben jede absonderlich mit
Wasser wohl gerieben und in Ordnung gebracht,
mithin auch in ihren Töpfen, Geschirren, oder
Tiegeln vor allem Unrath verwahrt; so nimmt
man andre größere Geschirre, und fängt die Vermischung an; man legt nämlich in drey oder vier
Tiegel die weiße, und in eben so viel andre die
schwarze Farbe; jedoch nicht in zu großer Menge.
Hernach nimmt man eine von andern Erdfarben,
z. E. von der gelben, oder hellrothen, vom Azur,
blauen, grünen oder andern, welche man einzeln
mit der weißen vermischt, die man in Geschirren
ausgetheilt hat, solchergestalt, daß man also wenigstens dreyerley Vermischungen, eine heller, als
die andre fertig haben wird. Weil man von der
weißen Erdfarbe mehr als von der andern in ein
Geschirr bringt, so entsteht die Schattirung stufenweise von sich selbst. - Eben so verfährt man
mit den Geschirren, worinn die schwarze oder eine
andre dunkle Farbe nach Belieben ist. Auf diese
Art findet man nicht nur eine Farbe dunkler und
heller, als die andre, sondern man bringt aus jeder Erdfarbe drey, vier, sechs oder so viel Mi-
schungen heraus, als man will, und so viel als die
Zeichnung, oder der wohl ausgeführte Carton vor
Augen stellt.

Von

Von der Mannichfaltigkeit andrer zärtlichen
Tinten, die man in der Natur sieht, will ich nichts
erwähnen, weil ihre Menge so unendlich groß ist,
als man sie in Früchten und Blumen wahrnimmt. Man beobachtet also die natürlichen
Farben, und diesen macht man die Vermischungen änlich.

Von den gemeinen Fleischfarben aber, welche
hell sind, merke man nur, daß sie von rother und
weißen Erde gemacht werden. Durch solche
Vermischung können sie nach Belieben schwächer
oder stärker werden: doch müssen sie nicht allezeit
einerley seyn; denn die Tinten in der Natur sind
vielfältig. Das Geschlecht, das Alter, die Eigenschaften der Personen sind oft in ihrem Nackenden sehr weit von einander unterschieden. Damit sie also richtig, eigen, gehörig und änlich erscheinen, so muß man öfters bald grün, oder gelb,
bald beyde zusammen darunter mischen, und weil
die Figuren alter Männer sehr unterschieden sind,
so nimmt man anstatt der rothen Erde, die gebrannte gelbe Farbe. Es ist auch gut, daß sie
so gebrannt sey, damit, ehe und bevor man sie
von der Glut wegnimmt, eine dunkle Farbe daraus werde, und sich nicht in ein starkes Schwarzes verändere. Auf solche Weise bekömmt sie im
Fresco die Eigenschaft und Wirkung, wie man sie
sonst am feinen Lack in trockenen oder Oelmalereyen
wahrnimmt.

§. 4.

Wenn man also mit jener dunkeln Farbe malt, welche zum Schatten im Nackenden dienen soll; so nimmt man solche Erdenfarbe mit gedachter Schattenfarbe vermischt, da man denn gewahr wird, daß mit diesen beyden Farben alle andern in den Geschirren gut ausfallen, wenn man sie damit auch ein wenig vermengt. Man macht davon auch andre hellere Schatten, wenn obige helle Fleischfarben darunter gemischt werden, und eine heller, die andre aber dunkler wird, damit sie bereit seyn mögen, wenn man sie gegen die Lichter brauchen will, wo sie sich verlieren müssen.

Man mischt auch zuweilen unter gedachte dunkle von ermeldeten zwoen Erdfarben das Schwarze, wenn man eine Figur, oder das Nackende stark empor bringen will.

Andre Künstler vermischen mit diesen dunkeln Farben eine natürliche grüne Erdfarbe. Andre brennen und sieden sie, wie von der gelben erwähnt worden. Andre mischen auch geläuterte Erden darunter, welche die Italiäner terra di Campana nennen, wenn sie die feinen Fleischschatten junger Mägdchen ausdrucken wollen. Sie mischen davon auch in die hellen Fleischfarben, womit sie sich gut zu vereinigen scheinen.

Einige bedienen sich der natürlichen weißen Farbe sehr stark, um dem Fleische das höchste Licht

zu

zu geben. Allein es ist besser, daß man von obiger hellen Fleischfarbe darunter mische. Denn auf diese Weise vereiniget es sich besser, und beleuchtet das Fleisch. Dieses muß aber sparsam und mit Bedacht geschehen. Es giebt auch noch röthlichtes und bleiches Fleisch, wie die Gesichter, welche man durch die Vermischung des Rothen oder Grünen mit der hellen Fleischfarbe leicht findet. Man nimmt auch dunkle Fleischfarbe.

Sind nun alle Farben gemischt, und auf einem Bret in Ordnung hingestellt, so nimmt man gut zubereitete Pinsel, wovon die schon gebrauchten besser sind, als die neuen. Diese theilt man den Farben zu. Weil aber hier alle Sachen und Erfordernisse zur Kunst erklärt werden; so müssen wir auch die Art, die Pinsel gut zu machen, lernen. Ich will also den Schülern einigen Unterricht davon geben.

Man sieht nicht selten Maler, welche durch ihre Farben und Pinsel eine doppelte Unwissenheit zu erkennen geben. Beydes ist aber ungeschickt. Wir haben zweyerley Pinsel zum Oel- und Fresco malen, welche beyde bekannt sind; dennoch aber glaube ich, daß es nöthig sey, wenn man auch hier ein Wort von den Pinseln zum Fresco- malen redet. Obgleich wenige Künstler die Pinsel selbst machen; so will ich doch zum wenigsten zeigen, wie man sie zubereiten soll. Weiße Sauborsten schicken sich darzu besser, als die schwarzen. Davon nimmt man ein Büschel, reiniget

es

es im nassen Kalk und streicht die Spitze an einer
rauhen Mauer ab, um sie geschmeidig zu machen.
Sie werden also stark abgewetzt und rein. Die
Pinselstäbe verfertiget man entweder stärker oder
schwächer von hartem Holz, bereitet auch starke
wohl gewichste Faden zum binden. Jedem Stäbchen theilt man hernach sein gehöriges dickes oder
dünnes Büschel von Borsten zu. Hierauf weicht
man sie wiederum in Wasser ein, und nimmt die
krummen oder verworrenen Borsten davon, damit
die Büschel fein gerade und zugespitzt, in der Mitte
aber rund und bauchigt ausfallen. Hierauf wird
das Büschel in der Mitte vest zusammen gebunden, und das Stäbchen mitten unter die Borsten
bis an den Faden hineingesteckt, dessen Knopf die
Vestigkeit des Pinsels ausmacht. Von dem
Faden nimmt man ein Ende, und umwickelt damit oder schnürt aufwärts gegen den Stab die
Borsten vest zusammen, so weit sie reichen. Zuvor aber macht man aus dem andern Ende des
Fadens eine Schleife, über welche man das andre
Ende des Fadens fortwickelt, und fährt damit endlich durch die Schleife, wo man einen vesten
Knopf macht, den man zwischen den Faden hin-
einzwingt. Findet diese Art und Bemühung kei-
nen Beyfall, so kann man die Pinsel kaufen.

§. 5.

Sind nun alle diese Dinge in Bereitschaft;
so fängt man an auf der Mauer den feinsten Anwurf von Kalk zu machen, welcher den Farben
zur

zur Grundlage dient, und manchmal solche Veränderungen darinn verursachet, welche der Maler nicht vermuthet hat. Er nimmt sie erst wahr,
wenn der Kalk trocken wird. Diese Veränderung der Farbe ist manchmal so stark, daß der geschickteste Künstler sich betrogen sieht; weil er die
Materie der Farben weder eingesehen, noch in Acht
genommen hat.

Die wichtigsten Werke bekommen manchmal
am Ende der Arbeit durch solche Zufälle ein miß-
liches Ansehn, und der Künstler wird seines Ruhmes beraubt, wenn seine Arbeit wider Hoffen und
Vermuthen durch solche Verwandlungen seiner
Farben alles, das ist, Natur, Kunst und Ansehn verliert. Daher mögen einige Erinnerungen
hierüber nicht undienlich seyn, nämlich: daß jeder Kalk, wenn er auf der Mauer zum Grunde
einer Malerey angelegt wird, von solcher Eigenschaft ist, wodurch er den Künstler einen glücklichen Ausgang hoffen läßt. Durch sein starkes,
frisches und kühles Wesen nimmt er den ganzen
Tag hindurch alle Farben schön und glühend an.
Der Künstler arbeitet mit Lust, wenn er einige
Stunden lang seine Anlagen so ausfallen sieht,
wie er sie angebracht hat; alles vergnügt ihn.
Wenn sich aber die Feuchtigkeit nach und nach
aus dem Kalk zu verlieren, er selbst aber sich zusammen zu ziehen und zu trocknen anfängt; so erschrickt der Maler, daß die angelegte Farbe, wenn
er noch einmal darüber fährt, sich verändert hat,

Hh 3 und

und an demſelbigen Ort eine ſehr üble Wirkung
zeigt. Daher pflegen erfahrne Männer, ehe
ſolche Veränderung geſchieht, ihre Arbeit mit lauter harten Farben anzufangen, die dünnen wohl
zu vereinigen, zugleich aber ſehr fleißig, munter
und hurtig die Mauer zu bedecken; weil, wenn ſie
langſam wären, der Kalk eine feine Haut annehmen, und durch die Luft ſowohl als ſeine Eigenſchaft die ganze Arbeit beſchmutzen, oder gar, ſo
zu ſagen, ſchimmlicht machen würde.

Es ſind aber noch mehr Anmerkungen in Acht
zu nehmen: Wenn man gewiſſe Farben anlegt,
welche zwar gröber, aber dünner ſind, als andre,
wie die Feigelfarbe. Je ſtärker und friſcher der
Kalk iſt; deſto beſſer kann man beyde brauchen.
Allein, in dieſer Arbeit iſt eine ſehr freye, ſichere
und geſchickte Hand vonnöthen, welche durch einen heitern und geübten Verſtand geführt werden
muß. Dieſer ſieht die Miſchung der Farben und
ihre Veränderungen voraus, die nicht nur denſelben Tag, ſondern ſo lange geſchehen, als der
Kalk nicht vollkommen trocken wird.

Man muß den Kalk auf eine ſehr feuchte
Mauer, und nur ſo viel anlegen, als man denſelben Tag übermalen will. Iſt ein ſo beſtimm-
ter Raum zubereitet, ſo theilt man die gehörigen
Linien nach der Zeichnung mit einem in röthlich-
tem Waſſer eingetauchten Pinſel richtig aus.
Denn dergleichen ſchwache Farben erſcheinen deutlich genug, und können im Fall einer nöthigen

Verbeſ-

Verbefferung auch leicht ausgelöfcht werden. Hat man aber einen wohl ausgeführten Carton; fo dient diefer, die Zeichnung auf dem Kalke wohl abzudrucken oder abzutupfen, und die Linien mit dem Pinfel anzulegen.

Hierauf fängt man gleich an, die zubereiteten Farben, zuvörderft aber die Lichter, die Mittelfarben und die Schatten an ihren gehörigen Ort nach Anweifung des Cartons aufzutragen. Diefes gefchieht aber mit folcher Kunft, daß die Vereinigung oder Zufammenftimmung der Farben gleich vorhanden fey, und alles den Augen fich gefällig, frifch, glühend, und genau verbunden zeige. Man fährt auch noch einmal darüber, fo lange der Kalk noch frifch, veft und in feiner Eigenfchaft unveränderlich ift. Denn, da die erfte Anlage der Farben von dem Kalk meiftens eingefogen wird; fo ift es nöthig, daß man wiederum darüber male, die Farben vereinige, und das Werk ausführe.

Einige Frescomaler glauben, fie könnten diefen Umftand vermeiden, wenn fie auf die Mauer einen oder zween Anwürfe von der weißen Farbe machen ließen. Sie fcheinen fogar überzeugt zu feyn, daß die Farben weit frifcher erfcheinen, wenn der Kalk trocken ift. Allein, diefes hat nur da Statt, wo man grotefke oder andre kleine Malereyen von geringer Art anbringen will. In grofen Werken aber ift diefes eine fchädliche Manier. Denn obfchon das Weiße die Farben glänzend

Hh 4 macht,

macht, so iſt es doch, den dunkeln Farben und
Schatten nachtheilig, weil es ihnen die Vereinigung und Stärke benimmt, welches großen Künſtlern ſehr zuwider iſt.

§. 6.

Nun haben wir zwar von der Vermiſchung
der Farben gehandelt; es wäre aber nicht gut,
wenn einige glaubten, daß, weil ihre Farben in
den Geſchirren zurechte gemacht ſind, ſie auf der
Mauer eben dieſelbige Wirkung thäten: denn
hier iſt die Practik nöthig, wenn man die Farben
der Natur änlich machen will. Daher giebt es
einige, welche, um ſolche Tinten nicht erſt auf der
Mauer zu ſuchen, ſolche vorher mit trockenen
Farben oder in Oel malen, wodurch ſie auf verſchiedene Art ſtärker oder ſchwächer erſcheinen,
auch in verſchiedenen Gegenden des Gemäldes einige rothe und bleiche Farben ausſtreuen, dergleichen durch die ordentliche Vermiſchung nicht können zuwegegebracht werden. Dieſes macht, daß
man gleichſam auf eine neue Vereinigung denken
muß, die ſich im Gehirn des Künſtlers befindet,
abſonderlich, wenn die Frage von großem nackenden und verſchiedenem Fleiſch entſteht, worinn
die Lichter vermindert bleiben, und das Helle der
Farben mit ſo viel Vernunft und Geſchicklichkeit
herrſchen muß, daß es ſich in den Schatten hinein, und nach und nach ſammt ſeinem Glanze
verliere, und man könne folglich wahrnehmen,
daß das Tagelicht dasjenige nicht iſt, was die

Farben

Farben verschafft, sondern dieselben nur beleuch=
tet, daß man sie sehen kann; denn wo sie am
meisten bedeckt sind, da sind auch die Schatten
stärker und völler. Hieraus folgt, daß die Mas=
sen der Farben durch die Schatten nicht verän=
dert werden, sondern ihre Farbe erhalten, und
nur dunkler erscheinen. — Denn der Schatten ist
nichts anders, als der Mangel des Lichts, keines=
weges aber die Wirkung der schwarzen Farbe.

Es ist wahr, daß man mit gut gemischten
Farben die Gewänder, Falten und andre Sa=
chen wohl ausdrücken kann; sie werden gut verei=
niget und ausgeführt. Allein in Absicht auf das
Nackende hat es Maler gegeben, welche eine so
starke Practik hatten, daß sie nur mit dreyerley
Vermischungen das Nackende mit allen seinen
Mittelfarben und Veränderungen, wie man sie
in der Natur wahrnimmt, vollkommen ausführen
konnten. Die drey vermischten Farben bestün=
den nur in einer hellen und zwo dunkeln Tinten.
Diese Künstler fiengen an, gleich die Schatten an=
zulegen, wozu sie dunkle Farbe brauchten, die et=
was schwach war, und sie aller Orten, wo die
starken und Halbschatten hingehörten, anlegten,
und gleich mit der hellen Farbe darüber giengen,
mit welcher sie alles bedeckten, und auch die rau=
hen Schatten damit überzogen, die sie vorher
äusserst dunkel angelegt hatten; dergestalt, daß
man unter solcher Anlage die süßesten Tinten her=
vorscheinen sah; daher kamen sie noch einmal

Hh 5 mit

mit gedachter dunkeln Farbe darüber, und brachten verschiedene Schatten, angenehme halb= und dunkle Farben heraus. Endlich nahmen sie die letzte dunkelste Farbe, und vollendeten die äussersten Schatten. Diese Künstler machten, daß überhaupt ihre Schattirungen auf der Mauer eben so erschienen, wie andre dieselben in ihren Geschirren bereiteten.

Italien hat einen solchen Künstler gesehen, der alle übertraf, und mit beyden Händen zugleich an verschiedenen Gegenden auf der Mauer fortmalte, seine Arbeit auch mit solcher Fertigkeit vollendete, daß man nicht wußte, ob man seine Kunst, seine Dreistigkeit, die Anmuth seines Pinsels, oder seine Geschwindigkeit bewundern sollte. Er malte für den Prinz Doria zu Genua, und nennte sich Lucchetto.

Man hat auch Frescomaler gesehen, welche ohne Entwurf, ohne Schizzen, Zeichnung oder Cartonen große Werke unmittelbar auf den nassen Kalk angefangen und glücklich ausgeführt haben. Man konnte jeden dreisten Pinselstrich darinn wahrnehmen; allein solche gewaltige und trotzige Arbeiten wurden nicht sonderlich geachtet; man durfte sie nicht mit gelehrten und kunstverständigen Augen ansehen. Ihre hurtige Manier, die starken Farben, der frische, lebhafte, glühende und körnigte Ausdruck überraschte den Beobachter beym ersten Anblick so sehr, daß er den Zweifel nicht in Acht nehmen konnte, mit welchem solche Künst-

Künstler zu malen pflegten, und zu erkennen ga=
ben, daß sie nicht gewußt haben, ob sie vorher das
Dunkle, das Helle, oder das Rothe, und hernach
das Fleisch anlegen sollten; wie solches mittel=
mäßigen, unentschlossenen und wankelmüthigen
Malern wiederfährt. So geübte und fertige
Meister machen sich nichts daraus, die Vermi=
schungen der Farben und ihre Vereinigung mit
jedem Pinsel, den sie in der Hand haben, zu be=
wirken. Sie tauchen ihn irgends ins Wasser
ein, und drucken ihn wieder aus, damit sie ihn
wiederum brauchen können.

§. 7.

Wenn nun die Arbeit zu Ende geht, und der
Kalk anfängt, in der Malerey einige Veränderung
zu verursachen, und die Farbe nicht mehr so stark
einzusaugen, wie vorher; alsdann kommt man
vorsichtig mit weichen und dunkeln Schattenfar=
ben an den gehörigen Ort, um das Nöthige aus=
zuführen, und seine Arbeit zu vollenden.

Im Nackenden äussern sich schon mehr Be=
schwerlichkeiten, da man die Muskeln mit dem
weichsten und flüßigsten Schatten so geschickt ma=
len muß, damit sie körnicht erscheinen. Die
Beyspiele hievon gaben Raphael, Bonarotti,
Daniel Volterra, Franc. Salviati; heut zu
Tage aber Mengs, Maron und verschiedne andre.

Am Ende der Arbeit setzt man aller Orten
die gehörigen Lichter auf, wie oben gemeldet wor=
den,

den, und dies ist es; worinn die ungeübten Meister ihre Schwäche verrathen. Denn alles, was
mit Furcht schlecht angelegt, und nicht gut ausge-
führet worden, das wird den folgenden Tag entdeckt; und wenn sowohl der Kalk, als die Arbeit
völlig trocken sind; so erscheint jeder geringster
Fehler, jede Schwäche, jeder Fleck, jeder Schmutz,
jede aufgetragene, und nicht gut bedeckte, oder vereinigte Farbe. Daher ist es rathsam, daß man
sehr aufmerksam arbeite, um solche Unanständig-
keiten zu vermeiden, und seine Ehre zu retten.

Hat man nun den Tag vollbracht, und den
Anwurf des nassen Kalkes ausgemalt; so schneidet
man am Rande herum alles fleißig weg, damit
man den folgenden Tag einen andern Anwurf von
Kalk genau daran bringen, und solchergestalt anlegen könne, daß vom Abschnitt oder von den
Spalten des Zusammensatzes nichts erscheint, welcher alle Tage Stück vor Stück gemacht wird.

Hierauf werden die Gehülfen und Maurer,
die man in Italien Fattorini nennt, ermahnt, die
Pinsel mit frischem Wasser zu reinigen, ihre Spitze wiederum zuzurichten, und die Farben in ihren Geschirren mit Wasser, absonderlich die weiße,
zu überschütten; denn die weiße Farbe ist sehr
rein, und die vornehmste, für welche man Sorge
tragen muß, damit sie nicht trocken werde. Ist
nun alles in Ordnung; so befeuchtet man noch
Abends die Mauer, und macht sie noch einige mal
naß, zuvörderst, wenn sehr warmes Wetter ist;
damit

damit am folgenden Morgen der Anwurf von
Kalk gut und vest anklebe, und man frisch darauf
fortarbeiten und sein Werk ausführen könne.

§. 8.

Was bisher vom Frescomalen erinnert worden, ist gleichsam nur eine Grundlegung zu dieser
Kunst, bey welcher ich es auch bewenden lasse,
und nicht willens bin, diejenigen Geheimnisse zu
ergründen, welche einigen Künstlern besonders eigen und heilig sind. Man hat nicht Ursache, sie
darum zu beneiden; denn da die bewunderungs-
würdigen Gemälde der alten italiänischen Frescomaler ohne solche neu erfundene Kunstgriffe ans
Licht getreten sind; so wird man sie wohl noch entbehren können, und dieses um so mehr, als dadurch
die Raphaele, Bonarotti und andre unsterbliche Männer noch nicht übertroffen werden. Hat
aber jemand das Glück, das Geheimniß zu entdecken, wie man mit Zinnober und feinem Lack,
mit den grünen und andern, nicht Erd- sondern
Kunstfarben umgehn und sie bereiten könne, daß
sie wie Erd- oder Mineralfarben zum Fresco taugen; wie das Vitriolöl feurig den Farben das un-
reine und rauhe Wesen benehme; wie man Eyer-
schalen zum weißen Grund anwende; was man
durch die Chymie noch weiter für Vortheile verschaffen könne; wie man durch die Anlegung verschiedener weißen Grundlegungen der Mälerey einen Vorzug und Beyfall zuweg bringe; dergleichen
geheimnißvolle Künstler haben ohne Zweifel mehr
Mittel, als andre, ihre Arbeiten vollkommen zu
machen,

machen, und sich einigen Ruhm zuwege zu bringen. Dadurch aber laufen sie vielen den Rang
nicht ab, welche wie die Alten, ohne so viel Geheimnisse und doch künstlich arbeiten.

Da ich von verschiedenen weißen Farben zum
Grundlegen Erwähnung gethan habe; so muß ich
hier anmerken, daß dergleichen Malereyen zuweilen, des Anfangs erhaltenen Beyfalls ungeachtet,
endlich sehr übel aussehen; sie verwandeln sich oftmals in garstige Pflaster und mißfällige Sude-
leyen; und wie oft verfährt man nicht mit allerhand Vermischungen der Farben, die wohlgefallen?. Dadurch werden aber nur ungeschickte Beobachter aus dem großen Haufen verblendet; wahre
Kenner hingegen halten sich bey einem so bezau-
berten ersten Anblick nicht auf, sie finden alles,
was darinn Tadel verdient.

Endlich wollen wir noch diejenige Art von
Malerey kennen lernen, die man Grau in Grau
nennt. Man reibt die kohlschwarze und reine
weiße Farbe, eine jede insonderheit. Aus diesen
beyden macht man wenigstens drey Mittelfarben,
davon eine heller als die andre seyn muß. Will
man hernach sehen, wie sie gelingen, so macht man
damit einen Versuch, und streicht sie auf einen
gebrannten Ziegel. Andre mischen feine Erden
von Geschirren darunter, welche noch andre zuweilen zu ihrem Grunde brauchen. Jedoch alles
lauft auf einerley Wirkung hinaus.

Die metallartigen Malereyen erfordern beynahe auch gedachte Ordnung. Hierzu dient das
Erden-

Erdengelb zum Dunkeln, das durch die Schatten-
erde vermischt wird, oder, wie es andern beliebt,
durch Schwarz oder Feilgenblau.

Begleiten nun Genie, Freude, Fleiß und
Aufmerksamkeit die bisher gezeigte Art zu malen;
so kann der Künstler seine Werke im Fresco gewiß
glücklich vollenden; daher, glaube ich, werden sich
Anfänger mit diesen wenigen Blättern um so mehr
befriedigen, als sie darinn den Weg schon vor Augen sehen, worauf sie zu dieser Kunst ungehindert
gelangen können, welche bereits schon vor 2140
Jahren in Griechenland im Flore gewesen, wie
uns Pausanias davon überzeuget.   Er redet
vom berühmtesten Frescomaler zu Athen, vem
Euphranor, einem Zeitverwandten des Zeuxis
und Parrhasius, welche ohngefähr 364 Jahre
vor der christlichen Zeitrechnung gelebt haben.
Dieser Euphranor, und nicht Euphenor, wie
ihn einige nennen, hatte zu Athen nach verschiedenen Werken, auch zwölf Götter, dann die
Schlachten bey Leuctra und Mantinäa, auch den
Theseus, wie vor ihm Parrhasius, auf frischen
Mauren gemalt.   Ein Ludius zierte mit solcher
Kunst den Tempel der Juno zu Ardäa sehr lange
vor Erbauung der Stadt Rom.   Mauren und
frischer Kalk waren die Grundlage seiner Farben.
Ein andrer Ludius malte auf gleiche Weise in
Rom zu Zeiten des Kaisers Augustus, und stellte
diese damals wenig mehr bekannte unvergleichliche
Kunst auf Kalk zu malen wiederum her. Was
man wünschte, das verschaffte sein Pinsel. Lust-
gärten, Auen, Paläste, Berge, Fischteiche, Felsen,

fen, Flüsse, Spaziergänge, Lustfahrten zu Wasser und zu Lande, Lastvieh, Fuhrwesen, Jagden, Weingärten, Arbeitsleute u. s. f. Mit wenig Kosten zierte er ganze große Wände. Die Stafeleygemälde auf Holz aber waren den Künstlern weit nützlicher, und man schätzte sie deswegen höher, weil solche Stücke von einem Orte zum andern gebracht und Feuersgefahren entrissen werden konnten. Apelles und Protogenes hatten für sich in ihren Wohnungen keine Gemälde, und es gefiel wenigen, ganze Mauren malen zu lassen, ob sie gleich der Natur und Kunst gemäß erschienen. Petronius erzählt, er sey an der Thüre des Tricmelions einen großen Hund gewahr worden, der ihn erschreckt habe. Die Kette und die Figur, nebst der Beyschrift, habe ihn fast zur Flucht gebracht, als er gewahr wurde, daß er an der Wand mit den Worten: cave canem, gemalt gewesen.

An dem Alterthum der Malerey in Fresco läßt sich um so weniger zweifeln, weil die Alten nur mit Wasserfarben auf Holz, oder endlich in die frischen Mauren gemalt haben, und die Oelfarben erst vor 300 Jahren vom Johann Van Ei

net, erfunden worden. Die größeste Kunst bestund nur in den Gemälden, in welchen keine Kunst erschien.

Maxima deinde erit ars, nihil artis inesse videri.
Fresnoy, v. 439.

III. Der

III.

Der Kenner der Kunſt
im Traume.

Es iſt ſchwer, an diejenigen Gegenſtände nicht
mehr zu gedenken, deren Bilder man durch
einen langwierigen Umgang ſeiner Einbildung eingeprägt hat. Sie ſchweben uns immer vor unſern Augen, und es würde eine vergebliche Mühe
ſeyn, uns dieſelben aus dem Sinne zu ſchlagen.
Sie kommen, und gehen, wie die Meereswellen,
die nicht eher ruhen, als bis ſich der Wind gelegt hat.

Dieſes iſt die Urſache eines Traumes, der
mir heute gegen Morgen allerhand Geſichter
vorſtellte.

Ich befand mich in einem großen Bilderſaale,
worinn ich auf der einen Seite nichts als Gemälde
von itzt lebenden Malern erblickte; auf der andern
aber auf lauter Kunſtſtücke von alten Meiſtern
gelockt wurde. Unter jenen fand ich Leute, welche
ſich mit Zeichnen und Malen beſchäfftigten; auf
der andern Gegend aber befand ſich bloß ein eiß-
grauer Mann, der ſehr langſam arbeitete. Seine
Pinſelſtriche waren über die Maaßen fein und
zart.

Ich unterhielt mich alſo mit der Betrachtung
der lebendigen Maler. Im Angeſichte des erſtern,
den ich beobachtete, nahm ich nichts als Stolz

II. Band. Ji und

und Hochmuth wahr. Seine Kleidung verrieth
ihn, daß er ein Fremder sey.   Ich durfte es
nicht wagen, ihn zu fragen: warum alle Gesichtsbildungen, die er malte, ohne Unterschied
des Alters, des Standes und Geschlechts nichts anders als eine fröhliche und lächelnde Mine zeigten?
Ein so munteres und lustiges Wesen herrschte in
allen seinen Figuren; Geistliche und Weltliche,
Hohe und Niedere, Gerichts = und Rathsperso-
nen verriethen ein gewisses Lächeln. Ueberhaupt
stellte ein jedes Mannsbild einen aufgeblasenen
Stutzer vor.

Das weibliche Geschlecht bekam unter seinem
Pinsel nichts als die Blicke, Wendungen und gekünstelten Bewegungen verbuhlter Frauen und
Mägdchen.   Seine Kleidung stimmte mit der
Art der Angesichter überein.   Alle mögliche,
frische, bunte und glühende Farben glänzten
aller Orten.   Keine einzige Falte war in Ruhe.
Alle flatterten, so zu sagen, um die Wette, sich
über einander empor zu schwingen.   Nirgends
konnte ich eine sanfte, schöne, ruhige und anständige
Natur wahrnehmen.

An der Seite dieses freundlichen Künstlers
befand sich ein mühsamer, fleißiger und ernsthafter Arbeiter, der jenen mit Ehrfurcht bewunderte, und ihm nachahmte.   Seine Kleidung
und sein Betragen aber schien etwas Einfältiges zu
verrathen.

Der

Der dritte brachte mich faſt zum Lachen. Seine Tracht und Geſichtsbildung war phantaſtiſch. Was er malte, zeigte eine ſonderbare Geſchicklichkeit zum grotesken Geſchmack. Er erſchrak zuweilen beym Anblick ſeiner eigenen Gemälde, wie Scaramuz oder der Affe vor dem Spiegel. Seine Schildereyen kamen mir überhaupt als ſo viel ſchreckbare Träume und angenehme Ungeheuer vor.

Der vierte von dieſen Künſtlern machte mich abſonderlich aufmerkſam. Seine Hand gieng ſo leicht und hurtig fort, daß ſie nichts ausführte. Die Schönheit einer Abbildung, welche der Nachwelt zum Denkmaal dienen ſollte, verſchwand eher, als die Perſon, die er abſchilderte. Seine Eilfertigkeit verſchaffte ihm ſeinen Unterhalt; daher nahm er ſich die Zeit nicht, ſeine Pinſel und Farben rein zu halten. Aus ſeiner Mine konnte ich ſchließen, daß er ein Geizhals ſey.

Ich verfüge mich zu einem andern, der eine ſolche Gemüthsart zu erkennen gab, welche von jener himmelweit unterſchieden war. Man nennte ihn den Aemſigen, und ſeine Figuren waren zur Verwunderung ausgearbeitet. Jedes Haar und jedes geringſte Zeichen konnte in ſeinen Geſichtern wahrgenommen werden. In andern Arbeiten erſchien auch das kleinſte Geräth. Er hätte eine ganze Wand mit ſeinen Gemälden bedeckt. Darunter ſah ich verſchiedene Nachtſtücke, worinn die Figuren meiſtens bey angezündeten Kerzen erſchie-

nen

und Hochmuth wahr. Seine Kleidung verrieth
ihn, daß er ein Fremder sey. Ich durfte es
nicht wagen, ihn zu fragen: warum alle Gesichtsbildungen, die er malte, ohne Unterschied
des Alters, des Standes und Geschlechts nichts anders als eine fröhliche und lächelnde Mine zeigten?
Ein so munteres und lustiges Wesen herrschte in
allen seinen Figuren; Geistliche und Weltliche,
Hohe und Niedere, Gerichts- und Rathsperso-
nen verriethen ein gewisses Lächeln. Ueberhaupt
stellte ein jedes Mannsbild einen aufgeblasenen
Stutzer vor.

Das weibliche Geschlecht bekam unter seinem
Pinsel nichts als die Blicke, Wendungen und gekünstelten Bewegungen verbuhlter Frauen und
Mägdchen. Seine Kleidung stimmte mit der
Art der Angesichter überein. Alle mögliche,
frische, bunte und glühende Farben glänzten
aller Orten. Keine einzige Falte war in Ruhe.
Alle flatterten, so zu sagen, um die Wette, sich
über einander empor zu schwingen. Nirgends
konnte ich eine sanfte, schöne, ruhige und anständige
Natur wahrnehmen.

An der Seite dieses freundlichen Künstlers
befand sich ein mühsamer, fleißiger und ernsthafter Arbeiter, der jenen mit Ehrfurcht bewunderte, und ihm nachahmte. Seine Kleidung
und sein Betragen aber schien etwas Einfältiges zu
verrathen.

Der

Der dritte brächte mich fast zum Lachen.
Seine Tracht und Gesichtsbildung war phantastisch. Was er malte, zeigte eine sonderbare
Geschicklichkeit zum grotesken Geschmack. Er
erschrak zuweilen beym Anblick seiner eigenen Gemälde, wie Scaramuß oder der Affe vor dem
Spiegel. Seine Schildereyen kamen mir überhaupt als so viel schreckbare Träume und angenehme Ungeheuer vor.

Der vierte von diesen Künstlern machte mich
absonderlich aufmerksam. Seine Hand gieng
so leicht und hurtig fort, daß sie nichts ausführte.
Die Schönheit einer Abbildung, welche der Nachwelt zum Denkmaal dienen sollte, verschwand eher,
als die Person, die er abschilderte. Seine Eilfertigkeit verschaffte ihm seinen Unterhalt; daher
nahm er sich die Zeit nicht, seine Pinsel und Farben rein zu halten. Aus seiner Mine konnte ich
schließen, daß er ein Geizhals sey.

Ich verfügte mich zu einem andern, der eine
solche Gemüthsart zu erkennen gab, welche von
jener himmelweit unterschieden war. Man nennte ihn den Aemsigen, und seine Figuren waren zur
Verwunderung ausgearbeitet. Jedes Haar und
jedes geringste Zeichen konnte in seinen Gesichtern
wahrgenommen werden. In andern Arbeiten
erschien auch das kleinste Geräth. Er hätte eine
ganze Wand mit seinen Gemälden bedeckt. Darunter sah ich verschiedene Nachtstücke, worinn die
Figuren meistens bey angezündeten Kerzen erschie-

nen, und durch die ungefähr dazu gekommenen
Sonnenstralen so sehr schimmerten, daß ich beym
ersten Anblick erschrak, und Feuer schrye.

Im ganzen Saale war eine so große Menge
von Malereyen, daß ich sie nicht einmal alle betrachten konnte. Ein sonderbarer Mann aber zog meine Blicke auf sich. Er übermalte die schönsten
Gemälde sehr mühsam, ohnerachtet er niemals ein
Original verfertiget hatte. Je stärker einige Züge
waren, desto mehr überstrich er dieselben, und ver-
grösserte alle Fehler, weil er die Farben gleichsam
vergiftete. Ungeachtet dieses ungeschickten thörichten Verfahrens nahm er sich nicht die Mühe, die
alten großen Meister eines Anblicks zu würdigen,
weswegen man ihn auch Neidhard nannte.

Mein Auge besah alles nur obenhin, und gerieth endlich auf die andre Seite, wo es mir vor-
kam, als befände ich mich unter einer Menge von
allerhand Leuten. Alle gemalte Figuren, die ich
betrachtete, stunden gleichsam in Fleisch und Bein
lebendig vor meinen Augen. Ganze Reihen von
den herrlichsten Stücken prangeten auf den Wänden. Ein scharfsichtiger munterer Künstler wies
mit dem Finger darauf, und sagte: dies ist Guido, und dies Raphael; dort steht Annibal und
hier Correggio, Sarto, Vinci, Rubens.
Nichts als die vornehmsten Alten zierten die
Mauren. Ihr Unterschied bestund nur in der
Größe, in der Gesichtsbildung, in den Mienen,
Farben und Kleidungen, ausserdem schien alles
leben-

lebendig, so, daß man sagen konnte, daß hier weiter nichts nöthig wäre, als der Athem und die
Sprache.

Unversehens erblickte ich einen ehrlichen guten Alten, der von einem Gemälde zum andern
herum schlich, verschiedene Theile ihrer Anlage
überfuhr, und dadurch mich aufmerksam machte.
Sein Pinsel kam mir so leicht vor, daß ich seine
Züge und Striche nicht wahrnehmen konnte. Er
überfuhr eine Gegend unzählige Male; dennoch
blieb alles unverändert. Durch seine ununterbrochene Beschäfftigung löschte er doch kaum nur
den geringsten verblendenden Glanz des Gemäldes aus. Er setzte ein so natürliches Braun in
die Schatten, und linderte die Farben so gut, daß
jede Figur vollkommner wurde, als sie bey ihrer ersten Entstehung auf der Stafeley gewesen war. Je
mehr ich diesen Alten, seine langen über die Stirne hangenden grauen Haare und alle seine Unternehmung betrachtete, desto mehr ward ich begierig, ihn zu kennen. Ich erfuhr endlich, daß er
die Zeit selbst sey.

Ungefähr öffnete sich eine Thüre, durch welche ich einen fleißigen Mann mit der Palette in
der Hand erblickte. Als ich hinein trat und ihm
meine Betrachtungen erzählte; so erhielt ich von
ihm folgende Antwort: Gedanken, Nachsinnen,
Träume, Betrachtungen, Einfälle, Hirngespinnste, alle diese Dinge dienen zur Nachahmung, zur
Erfindung und zur Kunst. Gesetzt aber, es wä-

ren

ren zween Maler von ausnehmender Stärke und
Geschicklichkeit, so entstünde die Frage nicht, welcher besser sey? weil sie beyde gut sind; sondern
man würde fragen, welcher witziger, vernünftiger und listiger nachahme und male?

Der Pinsel, die Farben, Zeichnung, ja die
Natur selbst ist beyden bekannt. Würde nun diesen Künstlern ein Gegenstand zur Nachahmung
angeordnet; die Stücke befänden sich endlich vor
den Augen der Kenner; diese wären einstimmig,
daß sie die Natur vollkommen getroffen und die
Kunst erschöpft hätten; so würde die Frage nicht
entstehen, wo die Kunst am vorzüglichsten herrsche; sondern über welches Stück die Vernunft
sich mehr, als über das andre, erfreuen müsse?
Dein Gespräche, versetzte ich, ist so räthselhaft,
daß ich es nicht begreife.

Ich setze den Fall, fuhr er fort, unsre bekannte liebenswürdige Laura sollte von zween
gleichstarken Malern abgebildet werden. Ist
es nicht wahr, daß beyde sie mit ihrem reizenden,
jedoch immer halb offnen Munde schildern würden? Sie gäben sich Mühe, die Abbildung wie
Raphael und Giulio Romano zu verfertigen,
welche noch heute in der Barberinischen Gallerie
zu Rom zur Verwunderung aller Künstler vorhanden und ewig bleiben wird. Es ist dir bekannt, daß Laura die Lippen fast niemals zu schliessen pflegt; sondern meistens gleichsam in Gedanken den Mund ein wenig öffnet,

Was

Was folget hieraus? Ihre Schönheit, sagte ich, würde dabey nichts verlieren. Beyde Bildnisse würden ein allgemeines Vergnügen erwecken.

Wenn aber ich dieselbe abzubilden hätte, so dürfte meine Erfindung bey dir vermuthlich mehr Beyfall finden, als die Kunst zweener Künstler. Der fast allezeit halb öffene Mund vermindert zuweilen ihr schönes Ansehen. Diese der Schönheit ein wenig nachtheilige Gewohnheit, so sehr sie auch die Aenlichkeit vollkommen macht, müßte vermieden werden, ohne ihren Mund zu schließen. Hier hilft nun die Kunst nichts, sondern Witz, Verstand und List muß den Pinsel führen. Ich malte sie zwar mit ungeschlossenen Lippen; ihre Wendung aber sollte das Angesicht so vorstellen, als wenn sie mit ihrer Freundinn ganz munter redete.

Hier wirst du nun gewahr, daß der offene Mund keine üble Gewohnheit bedeutet, sondern daß er in einem wirklichen Gespräche sich eröffnet. Ist mein Einfall Kunst oder List? gehört er zur Malerkunst, oder zur Vernunftlehre? dergleichen listige Erfindung kann man durch die Zeichnungskunst nicht lernen. Also muß ein Künstler, wie du siehst, witzig, erfindsam, oder wenn ich mich so ausdrücken darf, ein schlauer Fuchs seyn, und das Geheimniß verstehen, sich so gar die Mängel und Fehler seines Gegenstandes zu Nutze zu machen.

Ji 4 Dieses

Dieses Gespräche machte in meinen Gedanken einen so tiefen Eindruck, daß ich erwachte, und demselben mit Vergnügen nachhieng, auch bald das Glück hatte, um dergleichen neu erfundenes Bildniß mit Verwunderung der Natur, Kunst und List des Malers anzutreffen, es zu betrachten, und mit Ehrfurcht für den freundlich redenden Gegenstand des Gemäldes hochzuschätzen.

So vielerley Gegenstände, mich mit den Künsten zu unterhalten, gaben mir zu allerhand Betrachtungen Anlaß; bald stellte ich mir den falschen Witz und den Irrthum, bald die Einfalt und die Unwahrheiten vor; denn alles, was in Gemälden von der Wahrheit abweicht, ist Unwahrheit. Bald sah ich den gothischen Geschmack, die Barbarey, den gemißbräuchten Fleiß, den Eigensinn, die verworrene Einbildung und die von diesen mannichfaltigen Eigenschaften abstammende sämmtliche Verwandtschaft der Maler und ihrer Gemälde. Ich würde kein Ende finden, wenn ich alle Ungeheuer beschreiben wollte, die von der großen Menge dieser Abkömmlinge herrühren. Der heitere Witz, die Wahrheit und Unwahrheit allein tragen die Fahnen, unter denen die Künstler zu stehen pflegen.

Der

Der Witz und die Wahrheit haben eine solche genaue Verbindung mit einander, daß man sie nicht leicht getrennt sehen wird. Die Unwahrheit aber, wird durch den Glanz der Wahrheit verdunkelt. Je mehr diese sich jener nähert; desto mehr verliert sie von ihrem Daseyn. Die Spuren der Unwahrheit werden so gar ausgelöscht, und ihre ganze Figur verschwindet. Die Natur und die Klugheit sind allezeit einerley Sinnes gewesen.

Nunquam aliud natura, aliud sapientia dixit.

Ji 5 **IV. Vom**

Dieses Gespräche machte in meinen Gedanken einen so tiefen Eindruck, daß ich erwachte, und demselben mit Vergnügen nachhieng, auch bald das Glück hatte, um dergleichen neu erfundenes Bildniß mit Verwunderung der Natur, Kunst und List des Malers anzutreffen, es zu betrachten, und mit Ehrfurcht für den freundlich redenden Gegenstand des Gemäldes hochzuschätzen.

So vielerley Gegenstände, mich mit den Künsten zu unterhalten, gaben mir zu allerhand Betrachtungen Anlaß; bald stellte ich mir den falschen Witz und den Irrthum, bald die Einfalt und die Unwahrheiten vor; denn alles, was in Gemälden von der Wahrheit abweicht, ist Unwahrheit. Bald sah ich den gothischen Geschmack, die Barbarey, den gemißbrauchten Fleiß, den Eigensinn, die verworrene Einbildung und die von diesen mannichfaltigen Eigenschaften abstammende sämmtliche Verwandtschaft der Maler und ihrer Gemälde. Ich würde kein Ende finden, wenn ich alle Ungeheuer beschreiben wollte, die von der großen Menge dieser Abkömmlinge herrühren. Der heitere Witz, die Wahrheit und Unwahrheit allein tragen die Fahnen, unter denen die Künstler zu stehen pflegen.

Der

Der Witz und die Wahrheit haben eine solche genaue Verbindung mit einander, daß man sie nicht leicht getrennt sehen wird. Die Unwahrheit aber wird durch den Glanz der Wahrheit verdunkelt. Je mehr diese sich jener nähert; desto mehr verliert sie von ihrem Daseyn. Die Spuren der Unwahrheit werden so gar ausgelöscht, und ihre ganze Figur verschwindet. Die Natur und die Klugheit sind allezeit einerley Sinnes gewesen.

Nunquam aliud natura, aliud sapientia dixit.

IV. Vom

IV.

Vom Aufnehmen und dem Verfalle
der freyen Künste.

Wir lernen aus der Geschichte, daß auf alle
für die Künste und schönen Wissenschaften
glückliche Jahrhunderte beynahe keine andern Zeiten gefolget sind, als in welchen die Barbarey
die Stelle des guten Geschmackes eingenommen
hat. Sollte man die allgemeinen Ursachen dieser Veränderung, dieses Wechsels und dieser
Folge nicht entdecken können? Wenn die Eifersucht und der beständig hervordringende Stolz
mancher Völker den allgemeinen Ruf nicht allezeit mehr oder weniger darunter posaunen ließen;
so fänden wir unter dritthalb tausend Jahren nur
drey oder vier Jahrhunderte, in welchen die Künste
und Wissenschaften in der besten Blüte gestanden
haben. Das erste Jahrhundert in Griechenland
unter Philippen und Alexandern; das andre in
Rom unter dem Cäsar und Augustus; eines unter
Leo dem X in Italien und endlich unsre Zeiten.

Wenn man diese glückseligen und sonderbaren
Reihen der Geschichte erwäget, und wahrnimmt,
daß so viele große Künstler und vortreffliche Geister fast nur auf einen Zeitpunkt zusammen treffen; so ist es ganz natürlich, daß man auf die
Frage verfallen muß: warum doch solche seltene

Köpfe

Köpfe beynahe allemal Zeitgenossen gewesen sind?
Man sollte glauben, die erschöpfte Natur habe
lange ausruhen müssen, ehe sie solche reife Früchte
hervorgebracht hätte.

Es ist nicht leicht, auf diese Frage mit zureichenden Gründen zu antworten, von welchen Pa-
terkulus keine wahren, sondern nur wahrscheinliche
an die Hand giebt: und Cicero sagt, daß die
Künste, wenn sie auf den höchsten Grad gestiegen
wären, veralteten und hinfällig würden. Was
Seneka vorbringt, hat gar keinen zureichenden
Grund. Er schiebt alles auf die Eifersucht der
Götter. Vielleicht wäre seine Meynung gründlicher, wenn er die Eifersucht der Götter der Erden und der Nationen darunter verstanden hätte.

Man sagt freylich fast in allen Ländern schon
seit vielen Jahrhunderten, daß der Schutz gros-
ser und mächtiger Fürsten die großen Männer
bilde, und es fehle da nicht an Virgilen, wo es
Mäcenen giebt. Allein, diese Ursache ist nicht
trifftig genug. Denn obgleich die Wohlthaten
einen Nacheifer erwecken, und geschickten Leuten
oftmals Zeit, Lust, Muße und Bequemlichkeit
zum Arbeiten verschaffen; so geben sie doch weder Genie, noch Kunst. Der Anblick einer Belohnung kann weder eine Seele erheben, noch ihr
einige erhabenen Gedanken einflößen.

Wenn man durch die Freygebigkeit eines
Wohlthäters reich geworden, so ist man zwar äm-

sig

fig auf Bequemlichkeit bedacht; denkt man aber
darum besser? viele römische Kaiser wollten Re=
dner und Dichter seyn; dennoch erweckte ihre
Neigung weder einen Cicero, noch einen Virgil.
Dieser große Dichter würde dem ohngeachtet groß
geblieben seyn, wenn ihn gleich Mäcenas nie ge=
kannt hätte. Leo X hat Raphaelen die Kunst
nicht eingeflößt, sondern ihm nur Hülfsmittel und
Gelegenheit verschafft, dieselbige ans Licht zu brin=
gen. Sein Blick auf die bonarottischen Werke
war weder ein Mäcenas, noch ein Leo X. Ra=
phael bezahlte seinem Gastwirth die schuldige
Zeche mit einem Gemälde, das er auf einen Faß=
boden hinmalte, und welches heute noch für un=
schätzbar gehalten wird. Wer war denn hier der
Wohlthäter? der, welcher seine Kunst so hoch
trieb? oder der Wirth, sein Glaubiger? Nein!
Raphaels Genie, und zum Glück ein alter Faß=
boden. An seinem Propheten war sein Schneider
die Ursache, dem er sein Kleid schuldig blieb, und
dem er sich endlich auf vieles Mahnen und Drohen
anheischig machen mußte, in einer Kirche zu Rom
etwas zu malen, daß er die Schuld tilgen konnte.
Also verfertigte er den Propheten in der Augusti=
nerkirche zu Rom, den Bonarotti selbst damals
zum Schrecken des Gläubigers weit über die
Schuld erhob, und den von der Zeit an alle Welt
für ein Wunderwerk der Kunst rühmte. Also
sind es keinesweges die Wohlthaten, denen man
große Künstler verdanken muß. Es giebt viele,
die keine genossen haben; viele, die in Gram und
Elend

Elend lebten, und dennoch erhabene Werke zu
Stande brachten, wie Correggio. Das Feuer,
welches große Männer belebt, wird weder nach
dem Belieben eines Fürsten angezündet, noch aus
gelöscht. Heinrich der VIII, König in England,
bekannte es öffentlich, daß er nach Belieben My=
lorde, aber keinen Holbein machen könne.

Suchen wir nun andre Ursachen, die den
Künsten einigen Wachsthum verschaffen; so giebt
sich die öffentliche Staatsfreyheit für eine solche
Beförderinn an. Allein die große Freyheit man=
cher Völker, welche in den Künsten nicht weit ge=
kommen sind, überzeuget uns des Gegentheils.

Diesen moralischen Ursachen fügt man andre
natürliche bey, und gläubt, das Clima, oder eine
gewisse Milderung der Luft, trage zur Erhebung
der Geister das ihrige bey, so wie eine andre sie
niederschlägt. Allein, das kann man doch nicht
begreifen, daß sich in einer und derselbigen Land=
schaft plötzlich eine ganz neue Luft ausbreite, die
den Kindern eine Kraft einflöße, welcher den Vä=
tern unbekannt gewesen, und in ihrer kurzen
Dauer deren Fähigkeit so gar verschieden mache;
noch, wie sich diese Luft gewissen Personen mit=
theile, ohne, daß der übrige Theil des Volks et=
was davon gewahr werde.

Man findet in der That Jahrhunderte, die
an großen Geistern fruchtbarer sind, als andre;
es giebt aber nicht ein einziges, das nicht zum we=
nigsten

nigsten einen aufzuweisen hätte. Wir müssen also wahrscheinlichere Gründe dieser Fruchtbarkeit suchen, als die bisher erwähnten sind. Wir werden sie auch unfehlbar entdecken, wenn wir uns überzeugen lassen, daß man sie in der Vereinigung vieler glücklicher Umstände suchen müsse, welche zusammen beytragen, daß sich unter dem Volk eine allgemeine Freude, ein allgemeines Vergnügen, eine herrschende Zufriedenheit, und eine gewisse Muße ausbreite, die dem Geist verstattet, sich völlig auseinander zu wickeln.

Die Dichtkunst, die Malerey und alle schönen Künste sind Kinder der Freude und des Vergnügens,

> Animo deducta sereno,

wie Ovidius sagt. Es ist wohl wahr, daß der Schmerz und die Traurigkeit zuweilen auch traurige Werke veranlassen können: aber das kann man doch nicht läugnen, daß eine langwierige Schwermuth den Geist niederschlägt, und ihn zu geistreichen Arbeiten ungeschickt macht.

Wenn ein Staat blühend ist; wenn alles zu seiner Größe beyträgt; wenn ruhmvolle Glücksfälle seine Ruhe sichern, wenn der Ueberfluß regiert; wenn das Regiment gelind ist; alsdann ist die Freude vollständig und allgemein. Diejenigen, welche große Gemüthsgaben besitzen, bearbeiten auch dieselben. Leben sie vergnügt und ruhig, so gehen sie noch weiter, als es ihnen in einem

nem nicht so ruhigen Staate gelungen wäre. Andre, ob sie schon mit dergleichen Gaben nicht versehen sind, erkennen doch ihren Werth, bewundern sie, und ermuntern folglich die witzigen Köpfe in ihren Arbeiten. Die Ehre und Belohnungen endlich, die sowohl den Gelehrten, als Künstlern mehr Bequemlichkeit und Muße verschaffen,
setzen sie vollends in die glückliche Nothwendigkeit,
immer weiter zu gehn. Alle diese günstigen Umstände kamen in denen berühmten Jahrhunderten,
deren wir oben gedacht haben, zusammen. Die
Geschichte solcher Zeiten bestätiget diesen Satz.

Nachdem Griechenland von der furchtbaren
Macht der Perser befreyt war, so dachte es weiter auf nichts, als auf den ruhigen Genuß der
Früchte seiner Siege und des Friedens. Als
Athen im Flore stand, so dachten die von Natur
geistreichen Einwohner an nichts, als an Vergnügen und an die schönen Künste, die Kinder des
Vergnügens. Daraus entstunden die großen
Männer, welche die Nachwelt so sehr bewundert
hat. Als aber Antipater durch seine Gewaltthätigkeiten Athen auf das äußerste bedrängte, so
giengen fast alle Wissenschaften und Künste zu
Grunde.

Kaum hatte Rom durch den Untergang der
Stadt Carthago ein wenig Luft bekommen; so
fanden die Römer an den griechischen Wissenschaften und Künsten ihr Vergnügen. Die Siege
des Pompejus und Cäsars machten die Römer zu
Her-

Herren über die ganze Welt; also kamen durch die allgemeine Freude auch die Künste in Flor. Als Augustus feindlich zu regieren anfieng; so überließ man sich gänzlich dem Vergnügen, und damals kamen die schönen Künste zu demjenigen Grade der Vollkommenheit, welche die Bewunderung aller Folgezeiten gewesen ist.

Unter Leo des X Regierung. war Italien ruhig und reich; daher blühten auch die Künste. Nach seinem Tode ward Rom geplündert, Florenz, das italiänische Athen, dienstbar gemacht, und die Künste in äußersten Verfall gestürzt.

So bald unsre theuerste Theresia die Waffen niederlegen konnte, so bald kamen ihre Länder in Flor, die Gemüthsgaben wurden bearbeitet, und die Künste und Wissenschaften kamen empor. Die allgemeine Wohlfahrt reichte diesen die Hände, und Theresiens Schutz, Großmuth und landesmütterliche Sorge unterstützte alles mit den herrlichsten Hülfsmittel.

Nichts als die Kriege, die Unfruchtbarkeit der Länder, die rauhe Witterung und andres Ungemach, sind es, die jene Säuglinge des allgemeinen Wohls im Wachsthum hindern können.

Allein, auch mitten im Frieden, mitten im Vergnügen und Wohlfahrt eines Staates giebt es verborgene Feinde, wie das Gewürm in den schönsten Früchten und Blumen. Die Begierde zum Scharfsinn; das Bestreben nach falschem Witz, nach dem Gekünstelten, Gezwungenen und Uebertriebenen stürzte die Künste bald nach den

Zeiten

Zeiten des Augustus vielmehr, als des Tiberius und des Nero Grausamkeit. Cicero, zum Beyspiel, erwähnet in seinem Brutus, daß Phalereus der erste gewesen, welcher angefangen habe, die griechische Beredsamkeit zu vernichten, weil er lieber den Ohren gefallen, als das Herz zu rühren suchen wollte. Er machte die Beredsamkeit weichlich und weibisch, und zog diese falsche Anmuth der wahrhaften Majestät vor, welche sie begleiten soll.

Quintilian schreibt, daß die Redner nichts mehr suchten, als wie sie kurze und scheinbare Sinnsprüche hervorbringen möchten. Cicero sagt, daß solche Schreibart zerrissenen Besen ähnlich und eben so beschaffen sey, wie eine Mauer ohne Sand und Kalk. Diese ist eigentlich der Verfall der Kunst. Nimmt nun in der Malerey lauter Witz, Künsteley, Mode und eigensinnige Manier überhand; so eilt sie ihrem Untergange mitten in der Freude entgegen. Die Liebe zu witzigen Einfällen und zum Scheinwitz hat zu allen Zeiten den bedaurenswürdigsten Geschmack empor gebracht, die natürlichen Gaben der Vernunft vergiftet, und die großen Geister verdrungen.

Wenn Homer vom Kriege der Riesen wider die Götter singet, so erkläret er uns, daß die Kinder der Erden die Unsterblichen anzugreifen gedroht haben. Sie fiengen auch schon an Berge auf Berge zu thürmen, den Himmel besteigen und

II. Band. Kk stür-

stürmen zu können. Homer setzt endlich hinzu: Sie würden ihren Endzweck auch ohne Zweifel erreicht haben, wenn sie das männliche Alter erreicht hätten. In der That, was konnte man von solchen ungeheuren Menschen nicht gewärtig seyn, welche jährlich um eine Elle dicker, und um vier Ellen höher wurden, im dreyzehnten Jahre ihres Alters aber schon so stark waren, daß sie Berge wegtragen konnten? Diese übermäßige Größe und diese unbezwingliche Stärke rechtfertigte gewisser Maaßen ihren Hochmuth, und entschuldigte ihre Verwegenheit. Man sieht ganz deutlich, daß eine solche unüberwindliche Macht gemeiniglich von Gewalt, Ungerechtigkeit, Mißgunst, Hoffahrt, Neid und Zorn begleitet ist; die Bescheidenheit aber und die Tugend, wie die Vernunft überhaupt, für Eigenschaften schwacher Menschen angesehen werden. Dieser Riesenkrieg setzte niemand in Erstaunen. Wenn man aber Zwerge dergleichen Gewaltthätigkeiten unternehmen gesehen hätte; so würde niemand ohne Lachen davon geredet, und Homer selbst nicht gesagt haben: daß sie ohne Zweifel den Himmel gestürmt hätten. Denn die Kräfte erfordern mit dem Endzweck ein gewisses Verhältniß.

Was im Alterthum so lächerlich schien, geschieht zu unsern Zeiten, und verursacht mehr Gelächter. Alle Riesen, worunter ich alle große Männer von dritthalb tausend Jahren her bis heute verstehe, waren sehr entfernt, die griechi-

schen, römischen und italiänischen Kunstwerke zu
verachten. Sie verehrten und bewunderten dieselben, und hatten dafür eine ewige Hochachtung.
Seit einigen Jahren aber sind Leute, nicht etwan
Zwerge, sondern noch kleinere Geschöpfe aufgestanden, welche nur mit Muth und Verwegenheit bewaffnet, wider alle antike Denkmaale, wider alle
große Kunststücke, wider den griechischen, römischen, italiänischen, wahren Geschmack, selbst
wider die schöne Natur die Fahne aufstecken und
zum Sturm blasen, um die verwerflichsten Muster ihrer eigenen mühseligen Schöpfung empor zu
heben. Sie rufen sogar aus: wir haben keine
Griechen, keine Römer und keine Italiäner von
nöthen; alle diese sollen kommen, die Künste und
schönen Wissenschaften von uns zu lernen. Sie
sind nicht zufrieden, alles zu verachten, was sie
weder verstehen, noch niemals gesehen haben.
Sie verunstalten, verderben und vertilgen noch
vieles, was in ihre Gewalt geräth. Sind dergleichen Irrwische nicht Ursache des Verfalls der
Künste? Sollte man diesen unsern Lieblingen
des Staats nicht zu Hülfe kommen, ihre Laufbahn
rein halten, die Verführer verscheuchen und die
Künste beschützen? Aber nur Geduld! die Gefahr
ist nicht so groß. Jene glänzenden und schimmernden Bemühungen sind ein Rauch vom glimmenden Stroh, der auf eine kurze Zeit alles verdunkelt, umnebelt, selbst verschwindet, und alles bis
auf kleine Kennzeichen seines gewesenen Daseyns
unbeschädiget an Ort und Stelle zurück läßt.

Kk 2 Troß

Troß der nur gar zu sehr geäufferten Neigung einiger Personen gegen diejenigen Fehler, die den Verfall der Künste befördern, giebt es zum größten Glück doch noch einige berühmte Leute, welche die wahren Schönheiten dem Schein= wiße vorziehen, der andre verblendet. Ja es giebt Augen, welche die Kunst im Gyps höher zu schätzen wissen, als die schlechte Kunst in glänzendem Metall. Sie unterscheiden Meister von Schülern, und nehmen wahr, daß, wenn jene Ungeschickten nur Vernünftlern und stolzen Wiß= lingen folgen: diese das Unnatürliche und Träu= merische vermeiden; womit ein aufgeblasenes Vorurtheil seine Puppe zu schmücken sich aus blof= fer Gnade gegen die Materie beschäfftiget. Das Parallel gab uns der Cavalier Ghezzi, der bey= den Theilen zu gefallen zwo Magdalenen verfer= tigte, und der allergeschmücktesten das Zeichen der Schmeicheley anhieng, die ungeheuchelt na= türliche aber für sein Werk hielt.

Die verdunkelte Wahrheit stralet immer durch die Wolken hervor, sie läßt sich zuweilen wider Hoffen und Vermuthen ihrer Lästerer sehen; sie zeigt sich in vollem Glanze; viel wird bene= belt, und an der andern Seite wird es Tag. Diese räthselhaften Gedanken führen mich unter Staub und Schutt, wo mich ein zerstümmelter Fuß vom Phidias mehr erquickt, und wenn er auch nur von Erde zusammengekleibt wäre, als eine ganze goldene Figur von einem jungen Her=

kules,

kules, deſſen Kopf alt, der Hals mager und lang,
die Bruſt jung und die Gliedmaaßen bis auf den
Boden mit Wolle ausgeſtopft ſind. Salvator
Roſa lehrt mich dergleichen Geſchmack verken=
nen. Ich kehre zu meinen zerfallnen Mauer=
trümmern zurück:

Die Ueberbleibſel zerbrochener Bildſäulen,
die man unter zertrümmerten Stein= und Sand=
haufen der alten Stadt Rom hervor zog, brach=
ten die Kenntniß der Bildhauer= Maler= und
Baukunſt zurück. Dieſes erweiſet, daß kein Un=
gemach dieſe Künſte habe vertilgen können. Um=
ſonſt bemühte ſich die Zeit, ſie einer ewigen Ver=
geſſenheit zu überliefern. Was haben wir alſo
zu befürchten, daß obenerwähnte Zwerge ihnen
ſchaden können? Ein einziger guter Pinſel und ein
einziger wohlgehärteter Meiſel kann ſolche Künſte
im Flore und Wachsthum erhalten, ja ſo gar ihr
Reich erweitern.

Künſtler von geprüftem gutem Geſchmacke
werden gewiß in ein lautes Gelächter ausbrechen,
wenn ſie gewahr werden, daß ein andrer hoch=
müthiger Kunſtverwandter ſeiner Juno das ma=
jeſtätiſche Anſehn, die ungekünſtelte und anſtän=
dige Kleidung und die natürliche Zierde weg=
nimmt, und ſie dagegen mit ſchwarzen Schön=
pfläſterchen, mit rother und weißer Schminke und
mit einer lächelnden Miene verſieht, ihr die Mo=
defalbeln, die Staatskleider und das ganze Ge=
räth des höchſten Putzes aufbürdet.

Ein

Ein solches Lachen giebt zu erkennen, daß die
Kunst noch nicht im Verfall sey, sondern zum
Trotz dergleichen verwahrloseten Geschmackes sich
noch aufrecht erhalte. Es giebt mehr Beyspiele,
welche den Flor der Künste beweisen, wenn gleich
ein mittelmäßiger Maler, wie Horaz sagt, in sein
Gemälde, welches einen Cypressenbaum oder eine
Landesgegend vorstellt, noch so verliebt wäre, daß
er den Raphael zum Zeugen seiner Kunst vor
Augen zu sehen wünschte, ihn auch aus dem Elysium herausforderte, oder auch durch den Merkurius an der Hand geführt erschien. Raphael
überreichte ihm seine Palette und seine Pinsel, und
bekannte dabey, daß in allen seinen eigenen Gemälden weder einiger Geschmack, noch etwas Edles, weder Schönheit, noch Genie zu finden sey.
Er ersuchte den Maler, daß er seine Erfindungen
zurechte bringen, seine Zeichnungen verbessern,
seine Contraste und Figuren verändern, und über
alle Theile den erhabenen Charakter, den er nicht
habe errathen können, ausbreiten möchte. Bildete sich nun ein solcher Maler ein, daß er Raphaelen willfahren und ihn nach seinem Verlangen bedienen könne; was würde das ganze Reich
der Malerkunst von ihm für eine Meynung hegen? Gesetzt auch, daß er Raphaels Pinsel und
Palette ergriffe, so würde man dennoch bald wahrnehmen, daß sowohl die Farbe als der Pinsel in
seiner Hand Saft und Kraft verlieren, und alles
rauch, stumpf und hölzern wird.

Sind

Sind unter uns dergleichen Gesinnungen in Achtung und in der Gewohnheit; so können wir uns getrost schmeicheln, daß die Kunst nicht im Verfalle sey, sondern daß sich ihr Wachsthum ausbreite, und nichts anders von uns fodere, als daß wir uns jederzeit bey den vortrefflichsten antiken Urbildern aufhalten sollen. Bey diesen können wir uns jederzeit darauf verlassen, daß wir auf dem rechten Wege sind, unsern Geschmack zu bilden; hingegen den kürzesten Weg verfolgen, den Geschmack zu verderben, wenn wir anfangen von jenem abzuweichen.

Wollte sich nun Jemand in den Sinn kommen lassen, sich wider meine Säße zu empören; so wird mir ein solcher Gegner eben so gleichgültig vorkommen, als allerhand Wunderwerke, so dieses Jahrhundert zu erzeugen sehr geschäfftig ist. Man will sie weder tadeln, noch mit einiger Bewunderung ehren. Einige wollen nicht alle üblichen Manieren für Grundsätze der Kunst angeben, sondern die Wahrheit der Grundsätze durch die Uebung bestätigen. Wenn eine Kunst vestgesetzt ist; so sind derselben Lehrer die besten, welche die Regeln durch die Muster rechtfertigen, aus welchen sie die Regeln gezogen haben. Diese verursachen Verwunderung, machen gelehrt, und stellen die Mutter der Klugheit vor.

Was antworten wir aber benenjenigen, welche uns wider die Nachahmung des Antiken ihre

Kk 4 Ein-

Einwendungen entgegen setzen? Sie glauben zu behaupten, daß, wer in der Kunst vortrefflich zu werden verlangt, nichts als die Natur nachzuahmen und sie zur Wegweiserinn und zum Muster seiner Werke zu wählen habe. Diese Natur, sey uns zwar durch die Griechen, auf der rechten Seite, vorgestellt worden; allein, ihre Werke wären doch nichts anders, als Copien oder Nachbilder der Natur. Daher haben wir nicht Ursache, die Natur in den Kunststücken zu suchen; denn sie selbst steht uns immer vor Augen; sie möge nun das Original oder das Urbild seyn, welches man zurathe ziehen und studiren solle. Ein Landschaftmaler müsse nicht auf die Arbeiten eines Artois, eines Poußins, eines Claudius, oder Titians Achtung geben, sondern die Lagen und Gegenden der natürlichen Aussichten selbst studiren und nachahmen.

Diese Einwendung ist in Absicht auf diejenigen Künstler, welchen das Antike nicht bekannt werden kann, nicht allerdings zu widersprechen. Sie ist für sie ein gründlicher Lehrsatz, wodurch sie aber noch nicht zur Vollkommenheit der Kunst gelangen. Damit ich also meinen Gegnern die Antwort nicht schuldig bleibe; so will ich die Malerkunst selbst zum Zeugen annehmen, damit sie meine Gesinnung durch ihre Beyspiele unterstütze. Die alten deutschen großen Maler wurden einzig und allein durch die Nachahmung der Natur berühmt und in ihrer Kunst vortrefflich.

Nichts

Nichts als die Natur diente ihnen zum Muster ihrer Arbeiten; dagegen die alten Italiäner
bey Betrachtung und Nachahmung der Natur,
auch das Antique zu Hülfe genommen haben.
Raphael, und überhaupt die römische Schule,
haben dieses mit jener vereiniget, und sich beyde zu Nutzen gemacht. Sie brachten ihre Kunst
zu einem so zierlichen und erhabenen Grade, welchen andre Landesleute zu Hause nicht erreichen konnten; weil es nicht genug ist, die Natur allein nachzuahmen, sondern noch erfodert
wird, daß man die Natur mit Unterschied und
Wahl nachahmen müsse. Die Natur zeigt
uns zwar die Wahrheit, sie läßt uns aber nicht
einsehen, wie wir das Vortreffliche wählen sollen. Nur die Kunst lehret uns diese glückliche
Wahl, und bey den Alten allein findet man die
Muster dieser so nothwendigen Kunst, welche
die großen Maler über die andern erhebt.

Wir dürfen uns also nicht schämen, auf alle
diejenigen sehr aufmerksam zu seyn, welche vor
uns die Natur studirt und gut gekannt haben.
Eine große Anzahl von geschickten Wegweisern
steht vor unsern Augen. Alle sind unabläßlich
bereit, uns zu begleiten und uns von allen Irrwegen zurück zu halten. Alles trägt zur Ermunterung bey. Es ist auch kein so günstiges Jahrhundert für uns, als das gegenwärtige. Alle
unsre Vorfahren haben sich bemüht, gleichsam

Kk 5

nur

nur ihre Nachkömmlinge zu unterrichten. Das Alterthum zeigt uns seine Muster; die letztern Zeiten versehen uns mit manchen neuen Modellen, die des Alterthums nicht unwürdig sind. Obschon diese, und jene unsre Meister sind; so müssen wir uns nicht bloß nur damit begnügen, daß wir beständig ihre Schüler sind. Wir müssen sie zu gleicher Zeit als Vorbilder zum Nachahmen, und als unsre Mitarbeiter betrachten, die uns in einen Wetteifer setzen, sie zu überwinden. Die Bahn, auf welcher sie ihr Ziel erreicht haben, ist noch frey und ungehindert; wir können sie noch einholen, oder ihnen gar den Rang ablaufen. Die weite Entfernung, welche wir zwischen ihnen und uns gewahr werden, muß uns nicht abschrecken. Freylich haben wir einen weiten Weg vor uns; hingegen haben wir weit mehr Hülfsmittel, welche uns alle unsre Vorfahren verschaffen; und wenn wir sie nicht einholen, so können wir ihnen doch nahe kommen. Nach großen Männern sind uns noch rühmliche Stellen übrig geblieben. Kann man gleich den Vorzug vor ihnen nicht erlangen; so ist es schon lobenswürdig, ihnen nachzufolgen, sagt Quintilian. Wenn Jemand in der Schlacht den Ruhm eines Achilles nicht erreichen kann; so ist er doch damit zufrieden, wenn er dem Ajax oder dem Diomedes gleich kommt.

Man

Man muß überhaupt den Muth nicht sinken lassen. Das große Ansehn und der bevestigte Ruhm des Michelagnolo Bonarotti hat Raphaelen nicht abgeschreckt, seine Schritte zu verdoppeln, um ihn zu übertreffen. Raphaels großer Name schwächte den Eifer des Correggio keinesweges. Obgleich niemand tüchtiger, als Quesnoy war, seine Nachfolger in Verzweiflung zu stürzen, so sind ihm doch viele nahe gekommen. Wenn nun die Nachfolger eben die Krone verdienen, welche die Vorfahren ziert; so verbleibet diesen die ihrige doch unverletzt, und verlieret von ihrem Glanze nicht das geringste.

V.

Vom Verdienſte der alten italiäni-
ſchen und deutſchen Maler.

Die Kriegsheere beſtehn aus verſchiedenen
Schaaren, davon jede von einem beſondern Anführer nach einerley Vorſchrift zum
Kampf unterrichtet wird. Die Reuterey, das
Fußvolk, die leichten Truppen, die Länder, ihre
Tracht, ihre Waffen, und ihre Art zu fechten,
mögen auch ſo ſehr unterſchieden ſeyn, als ſie wollen; ſo laſſen Kenner der Kriegskunſt ſowohl
dem Befehlshaber, als dem Gemeinen jederzeit
Gerechtigkeit wiederfahren; auch ſogar Feinde
verachten einander nicht.

Sollte mich wohl jemand einer Ausſchweifung beſchuldigen, wenn ich die Menge der Künſtler in verſchiedenen Ländern mit der Beſchaffen-
heit der Kriegsvölker vergleiche? Da es doch ausgemacht iſt, daß einerley Natur, einerley Kunſt
und einerley Geſetze über dieſe herrſchen. Alſo
können dieſe ſo gut Künſtler, als jene Helden
werden.

Was ſehe ich aber für einen weiten Weg vor
mir, auf den Grund des Lobes zu kommen, welches die Wetteiferer der Künſte in einem jeden
Lande verdienen? Mein Reiſegefährte ſoll Pauſanias ſeyn; dieſer griechiſche Schriftſteller wird
mich

mich in das Vaterland der vornehmſten Künſtler
und zu ihren Werken führen.

Pauſanias, von Cäſarea in Kappadocien,
beſchrieb vor beynahe tauſend und ſiebenhundert
Jahren ſeine Reiſen durch Griechenland, heute
Morea, und andre nahe Länder. Seine Aufmerkſamkeit war nur auf die Pracht, auf alle
Schätze von allen Gemälden, Bildſäulen und
andre Kunſtſtücke gerichtet. Er giebt uns von
allem einen richtigen Begriff, und erzählt, er habe
auf ſeinem Zuge durch die vornehmſten Provin-
zen mehr als zweytauſend und achthundert Statüen geſehen, ſo viel er nämlich in der unüberſeh-
lichen Menge habe wahrnehmen können.

Er redet von drey und dreyßig Coloſſen, oder
mehr als rieſenmäßigen Bildſäulen. Nur drey
ſah er von Holz, und mehr als dreyßig von Erz.
Statüen zu Pferde von Metall traf er zwey und
dreyßig an. Hölzerne Figuren zählte er nur vier
und ſiebenzig, eiſerne zwey, ſteinerne drey, und
eine von Gyps. Alle andre waren von Marmor, worunter einige von Silber, eine einzige aber von Golde war. Verſchiedene waren gar
von Elfenbein, Marmor, Erz, Holz und Golde
zuſammengeſetzt. Unter der großen Anzahl erblickte er nur eine einzige Copie, oder ein Nach-
bild: dies Baßirilievi oder halberhabene Figuren
übertrafen das Vermögen ſeiner Aufmerkſamkeit.
Löwen, Tyger, Ochſen, Ziegen und viele andre
Thiere von Metall, worunter verſchiedene ihre
gehö-

gehörige Lebensgröße hatten, kamen ihm bis vierzig Stücke vor Augen.

Ein goldener Pfau mit Edelſteinen beſetzt, welchen der Kaiſer Adrian der Juno geopfert hatte, war ein ſonderbares Denkmaal.

Dieſer gelehrte Beobachter kam aber nicht in alle Städte von Griechenland. Man kann alſo noch beynahe ſiebenhundert Tempel, ohne ſo viel Altäre, Kapellen, Siegesbogen, Ehrenſäulen und Grabmäler hinzuſetzen, wovon Griechenland damals gleichſam wimmelte. Dieſes wird ohne Zweifel genug ſeyn, die Pracht der Griechen, und die unendliche Anzahl der größeſten Kunſtſtücke begreiflich zu machen.

Ich gehe noch weiter. Nachdem die Römer ſchon dreyhundert Jahre Zeit gehabt hatten, die koſtbarſten Stücke aller Künſte aus Griechenland nach Rom zu überbringen; ſo gab ſich Pauſanias alle nur erſinnliche Mühe, alles fleiſſig aufzuſchreiben. Nero allein ließ, zum Beyſpiel, aus der einzigen Stadt Delphis fünfhundert Statüen wegführen. Allein die Römer müſſen vielmehr die Malereyen, als die Bildhauereyen geraubt haben. Pauſanias traf nicht mehr als vierzig gemalte Abbildungen, achtzig Gemälde und Freſcomalereyen an.

Daß aber die Griechen der Bildhauerkunſt mehr, als der Malerey geneigt geweſen ſind, ſcheint Pauſanias ſelbſt zu erweiſen, da er nur

von

von funfzehen berühmten Malern, hingegen von
hundert und neun und ſechzig Bildhauern Meldung thut. Plinius kann dieſer Rechnung nicht
entgegen geſetzt werden, wenn er von hundert und drey und dreyßig griechiſchen Malern
ſpricht. Denn dieſe ſind meiſtens aus Aſien, aus
Sicilien, aus Großgriechenland und beynahe aus
dem ganzen Königreich Neapel. Pauſanias
aber ſchränkt ſich nur in den Ländern ein, welche
man heute Morea und Achaja nennt; allein auch
in dieſen konnte er nicht aller Orten durchreiſen.

So wenige nun von allen griechiſchen Schätzen nach Rom gekommen ſeyn mögen; ſo viel
Nutzen haben doch die Römer daraus ziehen und
ſich in den Künſten hervorthun können. Nur
ein Blick auf ſolche Gemälde, Statüen, Bruſtbilder und Köpfe konnte den Geſchmack der Römer verbeſſern; um wie viel mehr Vortheile
mußte Rom von griechiſchen Künſtlern ſelbſt erlangen, welche ſich nach und nach in Rom zahlreich einfanden, die Künſte pflanzten, ausbreite-
ten, und bis zur Vollkommenheit erhoben?
Dieſe Umſtände ſind der Urſprung des römiſchen
und des übrigen italiäniſchen Geſchmackes, den
man mit Recht einen Abkömmling des griechiſchen nennen kann.

Reiſen wir nun ein wenig in Deutſchland
herum, um auch daſelbſt unſern Künſten nachzu-
ſpüren; ſo finden wir mehr als einen deutſchen
Pauſanias. Wie viele haben nicht die Schätze

und

und Kunststücke unsrer Landsleute beschrieben?
Ich will nicht von den Zeiten der alten Griechen,
sondern von mittern Jahrhunderten reden, in welchen Italien wiederum zu blühen anfieng, wie wir
bald hören werden. Man verwundert sich billig
über die Menge der deutschen Kunstwerke, und
hat Gelegenheit, die Griechen, Römer und andre
Italiäner nicht immerfort allein hochzuachten. Da
ich aber hier mich über ihren Ruhm auszubreiten
gedenke; so höre und sehe ich schon die Kenner
und Liebhaber des griechischen und römischen Geschmackes einher schleichen, und mich sowohl als
alle Deutsche über die Achsel ansehen. Sie kommen den deutschen Künstlern sehr nahe. Sie
setzen ihren Vorzug, ihre Zeichnung, Erfindung
und Anlage, ja überhaupt ihre Arbeit so weit herab, als so sehr sie jene griechische und italiänische
erheben. Sie sprechen dem deutschen unermüdeten Fleiße das Lob beynahe schlechterdings ab,
welches die Römer durch die Nachahmung der
Griechen, und nach diesen die Italiäner durch die
Nachahmung der Römer und Griechen verdient
haben. Die Maler der alten deutschen Schulen,
sagen sie, erreichen das Edle, das Erhabene der
römischen Schule nirgends. Wie sehr sind nicht
Raphael von Urbino und Albrecht Dürer, ob
sie schon die vornehmsten Künstler ihres Vaterlandes, auch Zeitverwandte und durch ihren gegen-
seitigen Ruhm gepriesene Freunde waren, in ihren
Werken unterschieden? Man setzt aber hinzu, daß,
wenn Dürer und andre deutsche große Künstler

Ita-

Italien gesehen hätten, sie vielleicht auch Raphaele, Bonarotti, Sarto und s. w. geworden wären.

Dieser Ausspruch der Italiäner selbst gereichet unsern Deutschen zu so viel Ehre, daß ich sie mehr bewundere, als die so sehr gelobten Italiäner. Haben gewisse Deutsche Rom nicht gesehen, und sind dennoch große Meister geworden; so verdienen sie mehr Ruhm, als wenn sie Rom gesehen hätten, und größer zurückgekommen wären.

Niemand denket daran, daß die Schwierigkeiten, welche die Deutschen in ihrem Vaterlande beständig antrafen, die Beschwerlichkeiten der römischen Maler unendlich übertroffen haben. Diese Anmerkung verdient einige Betrachtung.

Die Geschichte lehret uns, daß nach dem Sturz und Falle der römischen Monarchie die Barbarey in Italien viele Jahrhunderte geherrschet und sich niemand getraut habe, seinen Witz, Verstand und Geist zu prüfen, geschweige denn zu gebrauchen. Achthundert Jahre waren vorbey, als die Zeiten eines Pabst Julius II, eines Leo X und eines Clemens VII erschienen, in welchen sich alles aufheiterte. Eine neue Denkungsart in den Künsten nahm die Oberhand, und ihr ausgestreuter Saame sproß reichlich hervor. Unter dem mächtigen Schutz und vermittelst der großmüthigen Zuneigung dieser unsterblichen Häupter zu allen Wissenschaften und Künsten erhoben sich

große

große und geſchickte Männer, denen ſie nach ihrem
Verdienſte und Werth ihre huldreiche Hand bo-
then. Dadurch blüheten die Künſte in Sicherheit und Ruhe; ſie kamen in Anſehn und Hochachtung; ſie breiteten ſich aus, und ihr Ruhm
ſchwang ſich durch ganz Europa. Fremde Fürſten wurden auf ſie bald aufmerkſam, und durch
Schutz und Huld lockten ſie kleine Pflanzſchulen
in ihre Länder.

Deutſchland hatte damals ſchon Leute, welche,
ohne Rom zu ſehen, um die Ehre kämpften, die
Rom und Italien in Anſehn brachte. Dürer,
Holbein und andre Deutſche genoſſen die Hülfe,
Schutz, Huld und Ehre der größeſten Fürſten,
und man ließ ihnen Gerechtigkeit wiederfahren.

Wie ungleich waren hingegen die Mittel, wodurch die deutſchen und italiäniſchen Künſtler ſich
erhoben? Wie verſchieden trafen ſie ſolche nicht an?
Auf was für eine ſich ſehr unterſcheidende Art bemühten ſie ſich in der Nachahmung der Natur,
ihrem Genie zu Hülfe zu kommen? Rom ſtellte
den Seinigen die erhabenſten Muſter in griechiſchen Statüen zur Nachahmung der Natur vor
Augen. Deutſchland war mit nichts als mit gothiſchen Werken verſehen, welche dem Anblicke
der Künſtler gefährlich und unbrauchbar waren.
Man entfernte ſich dadurch von der ſchönen Natur
eben ſo weit, als griechiſche Kunſtſtücke derſelben
nahe kamen.

Die

Die Natur war die Lehrmeisterinn der Grie=
chen, und eben so, sagt man, konnten auch die
Deutschen von ihr sich unterrichten lassen. Der
Satz ist unwidersprechlich, und könnte allen Künst=
lern zur Lehre dienen. Ja! die Deutschen stu=
dirten die Natur; allein sie ist nicht an allen Or=
ten die schöne und auf gleiche Art sichtbare
Natur.

Die griechische Kleidung ist griechisch, und
läßt die Natur sehen. Deutsche Kleidungen ver=
bergen sie sorgfältig. Erziehung, Gebräuche,
Tugend und Ausgelassenheit; Hitze, Regen, Frost
und Winde sind die Ursache verschiedener Kleider=
trachten! Die Lage der Länder macht den Unter=
schied des Gewandes. Die Römer ahmten den
Griechen nach. Die alten Celten bedeckten sich
mit Viehhäuten und allerhand Fellen. Die Grie=
chen waren oft nackend, und wurden dadurch Bild=
hauer und Maler, die alten Germanier hingegen
abgehärtete wilde Krieger. Endlich kam die
Ueppigkeit, und die Lust zum Staate; dieser
schnitt ihnen das Gewand zu, als wenn sie die
Form ihres Körpers verbessern und ansehnlicher
machen wollten.

In solchen Umständen kam es niemanden in
den Sinn, die schöne Natur eines menschlichen
Leibes, das Verhältniß seiner Theile, die Lage,
die Bewegung, die Umrisse der Muskeln, die er=
habene Schönheit nur obenhin zu beobachten.

Die griechischen Kleidungen wurden dem Leibe gemäß sehr leicht und ungezwungen verfertiget.
Man konnte darunter alle Theile des Körpers, ja
so gar die Formen der Muskeln wahrnehmen.
Die Schauspiele wurden vielfältig durch nackende
Tänzer, Fechter, Ringer und Pantomimen vorgestellt. Feste, Bäder und andre Lustbarkeiten
reizten das Auge ohne Aufhören, die Natur nachzuzeichnen. Alles war eine Schule der Kunst;
alles diente zum Muster und Modell. Der Künstler konnte aller Orten sehen, betrachten, vergleichen, den Unterschied anmerken, wählen und nachahmen. Er wurde mit den Meisterstücken der
Natur bekannt. Seine Fähigkeit und sein Genie machte aus ihm einen Künstler, der weder
was ungestaltetes mehr sehen, noch ungeschicktes
mehr nachahmen, schildern oder malen konnte.
Alles mußte der schönen Natur änlich werden.
Die unzählige Menge von Kunststücken wurde
täglich größer. Griechenland zeigte an, daß alles fast nur zur Nachahmung der Natur und zur
Vermehrung der Pracht gereizet habe.

Wie weit waren die Griechen von dem lächerlichen Eigensinn gewisser modernen Künstler
entfernt, welchen an der schönen Natur selbst fast
nichts mehr gelegen zu seyn scheint. Es wird
meinen Lesern nicht anstößig seyn, daß ich das Antike mit dem heutigen Kunstwesen vergleiche. Ich
rede hier bloß von eingebildeten Gesetzgebern des
Geschmacks: Die Natur, oder der schönste menschliche

liche Körper dient ihnen heut zu Tage nur zu einem Gerippe, und gleichsam zu einem Gliedermann, den sie niemals nach der schönen Natur,
sondern nach ihrer eigensinnigen Kunst kleiden,
putzen und schmücken. Sie ahmen nur den Einfällen, Grillen und Träumen eines feurigen, stolzen und ungeschickten Modezeichners nach. Vom
Kopfe bis auf die Zehen muß die Natur sich in
das enge Modell ihrer Einbildung hineinzwingen
lassen. Die Abbildung einer großen Matrone
stellt dem Anblicke weiter nichts vor, als ein ansehnliches Bild voller Falten, verschiedenen cosme-
tischen Vorrath von großen Kleinigkeiten, irgendswo eine Hand, und endlich ein langes im Gemälde gesuchtes Angesicht nach der Mode des Erfinders. Nach dem Wegweiser der Malerhand
darf man nicht fragen.

Die Griechen und Römer, die alten Italiäner und Deutschen gaben sich durch ganze Jahrhunderte hindurch alle nur ersinnliche Mühe, die
ganze Macht ihrer Kunst nach der Natur und ihrem Fingerzeige einzuleiten, anzuwenden, und ihr
getreu zu folgen. Heut zu Tage aber muß die
Natur dem Eigensinn, der Vorspiegelung und
dem Traume des berufenen Künstlers sich unterwerfen, nach seiner Mode sich putzen, kleiden,
und in einem närrischen Aufzuge sich sehen lassen,
wie dieses itzo bey vielen schon gebräuchlich ist.

Jedoch ich kehre wieder zu den alten Römern zurück. Der Hochmuth dieses damals un-

über-

überwindlichen Volkes sah Capua, Carthago und
Corinth mit so mißgünstigen Augen an, daß es
diese zwey verheerte, und jenes in das äusserste
Elend stürzte, damit keines mehr sich wider Rom
empören könnte. Dieses war aber noch nicht genug. Rom konnte ganz Griechenland, ohne
Verdruß, ohne Eifersucht und ohne Neid nicht
ansehn; es erkannte den Werth der Künste, die
Pracht, die Vorzüge und den Ruhm dieses welt-
gepriesenen Staates, oder so viel griechischer besonderer Staaten. Der Untergang dieser grossen Halbinsel wurde zu Rom beschlossen. Griechenland mußte klein werden, und Rom auf desselben Trümmern sich bevestigen. Alles, was
Griechisch hieß, wurde entweder unterdrückt oder
entführt. Die Geschichte überzeuget uns, daß
die Kunststücke zu Corinth in ganze Ströme von
Erz, Silber und Gold haben zerfließen müssen,
um nur Rom groß zu machen. Kunststücke,
Künstler und Künste wanderten auch dahin; Alles, was zur Verherrlichung dieser Stadt dienen
konnte, wurde dahin gelockt oder geschleppt.

Die griechischen Künste fanden bald ihre
Verehrer, Nachahmer und Schüler. Da aber
diese sich an das ewige Nachschildern allein ge-
wöhnten, und darzu gleichsam als Sklaven gezwungen wurden; so dachten sie selten an das Erfinden. Sie arbeiteten mit Zwange, damit sie
nur ihren täglichen Unterhalt verdienen möchten.

Es

Es gab noch keine, oder aufs höchſte nur ſchlechte
römiſche Originale.

Auguſtus, ein Schutzgott der Wiſſenſchaften
und Künſte, gab endlich den Römern Anlaß, nach
und nach ſich mit dem griechiſchen Geſchmack und
Genie bekannt zu machen.

So groß auch die Majeſtät dieſes Reiches
faſt über die ganze Welt war, ſo klein wurde deſ‑
ſelben Anſehn; die Künſte verſchwanden eben ſo,
wie die ganze Macht. Die Wuth der wiſigothi‑
ſchen Barbaren begrub zu Rom die Künſte un‑
ter dem Schütt der prächtigſten Gebäude. Die‑
ſes fürchterliche Volk begegnete den Römern mit
eben den Bezeugungen, womit die Griechen von
den Römern geehrt wurden. Alles gieng, wie
dort, auch hier zu Grunde. Man fand Rom
nicht mehr in Rom. Unſchuldiges, unglückſeli‑
ges Reich der Künſte! Sein Verfall war nicht
genug; das Schickſal verheerte es ſogar, und ſuch‑
te ſeine Vergeſſenheit zu verewigen.

Das Heiligſte unter den Menſchen, der Eifer
der Religion, die ſonſt ein Freund der Künſte, da‑
bey aber ein unverſöhnlicher Feind des Heyden‑
thums iſt, vollzog endlich zum Leidweſen der Künſt‑
ler die Zerſtörung der vortrefflichſten Bildſäulen.
Alle Statüen der Götter und Helden wurden als
ſo viele von Menſchenhänden verfertigte Götzen‑
bilder der Heyden in Staub und Aſche verwan‑
delt. Hadrians Tempel, der in Schutt verkehrt

worden

worden war, mußte zum Bau und zur Verzierung der alten Sanct Peterskirche seine Trümmern hergeben.   Wie viel geschmolzene mosaische und andre unschätzbare Werke wurden zernichtet, um alle Spuren der Abgötterey zu vertilgen? Es gieng noch weiter.   Totila begrub
endlich ganz Rom in Rom, alles wurde der Erde
gleich gemacht; der Pflug schnitt ein, wo Paläste
gestanden, und eröffnete manchem Kunststücke den
Weg aus Grotten, das Tagelicht wieder zu sehen.

Achthundert Jahre wurde diesem elenden Zustande zugesehen, bis eine Morgenröthe aufgieng,
woburch die Künste wiederum getröstet wurden.
Die herrlichsten Bruchstücke und Ueberbleibsel
der Kunst wurden nach und nach aus ihren unseligen Grotten und Gräbern hervorgebracht;
Werke der alten Griechen kamen an das Tagelicht, und erweckten die Verwunderung der Beobachter.   Neue Griechen selbst reiseten herbey.
In- und ausländische Künstler wurden ermuntert,
Pinsel und Meisel rege, und die Schüler zur
Nachahmung begierig: Die neu erworbene
Kenntniß, welche von der Natur unterstützt wurde, gieng mit ihnen zu Werke; man arbeitete
dem Antiquen nach, woburch die richtigen Umrisse, das Feine, Zarte, Erhabene, Edle, das
Lebhafte, Wahre, Ungezwungene, das Gehörige
der Stellungen, Wendungen und Gebärden, die
natürlichen Contraste und Charaktere entstunden.   Einer folgte dem andern ehrbegierig nach;
alle

alle aber hielten sich am Leitfaden des griechischen Alterthums, um nicht irre zu gehen.

Die alleinige Betrachtung des Nebenmenschen verschaffte in Italien sowohl, wie anderwärts, nicht mehr viele Vortheile. Die Kleidungen waren in Europa lächerlich, verstellt, gothisch und barbarisch. Zu Rom studirte man die griechischen Kunststücke auf eben die Art, wie vormals Protogenes und Polykletus die schöne Natur suchten und betrachteten; sie erwählten die ausgesuchtesten Theile und setzten sie zusammen. Auf diese Art wurden sie die Schöpfer der vortrefflichsten Muster und Modelle zu ihren künftigen Arbeiten.

Dieser Schattenriß der italiänischen neuen Erfindsamkeit, so schwach er auch seyn mag, giebt uns dennoch die starken Hülfsmittel zu erkennen, wodurch zu Rom, zu Florenz, zu Pisa und in andern Städten endlich die Künste wiederum auferweckt worden.

Was hatten aber unterdessen unsre Deutschen im Vaterlande für Muster, Vorbilder und Hülfsmittel, sich zur Vollkommenheit der Kunst den Weg zu bahnen? Ihr Genie reizte sie unvermerkt und ohne Vorbedacht zum Zeichnen, Malen und Bildhauen. Sie konnten in der Natur nicht wählen, weil sie keine ausstudirte, mit tiefsinniger Wahl und scharfsichtiger Mühe zusammengesetzte Modelle hatten. Alles mußte gut

genug

genug ſeyn, ihre Kunſtbegierde zu nähren und zu
unterhalten. Dennoch ſind zuweilen Deutſche
mit ihren Werken erſchienen, welche ſo gar zu
Rom bey den vornehmſten Künſtlern Erſtaunen
erweckt, und ſie nicht ſelten zur Nachahmung ſolcher deutſchen Arbeit gereizt haben. Raphael
und ſeine Schule bewunderte Dürers Pinſel,
Reißfeder und Grabſtichel; ſie machten ſich davon auch nicht wenig zu Nußen.

Albrecht Dürer könnte in ſeiner Vaterſtadt
nicht ſo wählen, wie die Griechen und Römer unter ihrem, ſo zu ſagen, zahlreichen Volke von
Marmor, welches man in ganzen Figuren, Bruſt-
ſtücken, Köpfen und halberhabenen Arbeiten
nach Belieben ſehen konnte. Dürer nahm,
was er fand, indem ihm keine andre Freyheit erlaubt war; die Verſchiedenheit des Alters, des
Geſchlechtes, der Stärke, der Anmuth und andrer Eigenſchaften ſtand ihm niemals vor Augen,
daß er eines durch das andre hätte verbeſſern können. Sitten und Gebräuche ließen ihn keines
von den feinſten Bildniſſen nach der Abſicht auf
ſeine Kunſt erwählen. Er mußte den Grund
zu ſeinen Wiſſenſchaften dem Gegenſtande gemäß
legen. Wie war es ihm alſo möglich einzuſehen,
ob das Nackende, welches er zeichnete, eine ſchöne
oder nur eine leidliche Natur ſey? Mehrere Modelle mußten ihm alſo helfen, daß er den Unterſchied des Schönen von dem noch Schönern
wahrnehmen konnte. Viele Modelle von einem
ſtarken

ſtarken Manne, den er malen wollte, konnten dem
Farneſiſchen Herkules an Werth nicht beykommen, weil er ihn niemals geſehen hatte.

Die menſchlichen Begriffe beziehen ſich auf
das Sichtbare. Wir ſind nicht vermögend, uns
eine wahre Geſtalt einzubilden, ohne auf ein Weſen, das wir geſehen haben, zurück zu denken.
Wer die ſchönſte Geſtalt in der Einbildung zu
ſehen gedenket, der muß ſie in der Natur gefunden und betrachtet haben; und dann wird es ihm
möglich zu begreifen, was der ſchönen Natur
mangelt, wenn ſie die ſchönſte ſeyn ſoll. Wer
aber die ſchöne Natur für die ſchönſte erkennet,
der hat keine ſchönere geſehen, und die leibliche
muß ihm wie die ſchöne vorkommen. Jenem
wird alſo die Bemühung, die ſchöne Geſtalt in
der Abbildung mehr zu verſchönern, möglich, und
leicht ſeyn; indem dieſer, welcher nämlich die
ſchöne Natur für die ſchönſte anſieht, nur fähig iſt,
die leibliche ſchön zu ſchildern. Dieſer wird von
der ſchönen Geſtalt nicht mehr zu der ſchönſten
hinauf gerathen, da jener über die ſchönſte nicht
hinaus gelangen kann. Sollte aber einer wie
der andre noch etwas ſchöners vermuthen; ſo
würden ſich beyde in ihrem Vorſtellung betrügen.

Man handelt allerdings wider die Vernunft
und wider die Beſcheidenheit, wenn man von einem Künſtler die Abbildung einer Sache begehrt,
deren Form ihm nicht bekannt iſt, weil er ſie weder ſieht, noch geſehen hat. Er iſt nicht vermögend,

gend, mit fremden Augen zu sehen; zwingt er
sich aber aus Gefälligkeit, damit zu sehen; so geht
er wie ein Blinder einher: Wem sollte es aber
einfallen zu denken, daß ein Blinder sicher gehen
könne? Die Natur, oder eine gute Nachahmung
derselben allein, kann den Künstler leiten und ihm
seine Begriffe bilden.

Der Maler von der alten deutschen Schule
ward nur von der Natur geleitet. Nach ihr
bildete er sich seine Ideen oder Begriffe. Er
ahmte keine Nachahmung nach. Er selbst ward
der Schöpfer seiner Kunst gleichsam in seiner
Einsamkeit. Er zeichnete nach der Natur so,
wie er sie antraf, ganz richtig und genau so lange
fort, bis ihm eine schönere Natur höhere Begriffe
in den Kopf setzte.

Ist dieser Deutsche, deswegen nicht eben so
achtungswürdig, eben so wahrhaft, und in dem
Grade der Natur, die er gesehen hatte und sich
seine Begriffe davon machte, nicht eben so weit
gekommen, als der römische Maler, sein Zeit-
verwandter? Schwerlich wird man dieses widersprechen, ob er gleich nicht so edel und so erhaben ist. Die bereits oben erwähnten Anmerkungen geben uns Gelegenheit, die Ursache wahrzunehmen, warum er es nicht habe seyn können.
Die auserwählte Natur mußte er entbehren; die
zusammengesetzten Schönheiten der griechischen
antiquen Werke waren ihm unbekannt; er hatte
sie niemals gesehen; und eben diese dienten dem
römi-

römischen Zeichner zum Leitfaden, Muster und Modell. Hätte der Deutsche in gleichen Umständen gelebt, so würde sein Genie, sein Witz und Verstand ihn eben dahin geführt haben, wo sich der Römer befand, vielleicht hätte er ihn übertroffen. Holbein wird allerdings dem Raphael in vielen Stücken verglichen.

Der römische Maler war, wie wir gesehen haben, mit so viel Vortheilen versehen, daß er es in dem Erhabenen der Zeichnung dem Deutschen zuvor that. Hingegen übertraf der Deutsche nicht selten den Römer im Colorit. Dieses konnte man vom antiquen Marmor zu Rom nicht lernen. Griechische Gemälde aber hatte die Zeit dermaaßen weggeräumt, daß keine, oder nur einige übrig geblieben sind, die sehr gemißhandelt worden. Der Römer mußte also, wie der Deutsche, nur die vor Augen stehende Natur nachahmen, damit er seinen griechischen Marmor nach ihrem Colorit malen könnte, welchen er allerdings nur wegen der vortrefflichen Umrisse studirt hatte. Diese Beobachtung aber hat nur Statt, wenn man einen oder den andern von römischen und deutschen Malern in Vergleichung setzt. Albrecht Dürer hat Raphaelen im wahren Colorit nicht übertroffen, außer vielleicht in seiner ersten peruginischen Manier, die Raphael endlich ganz verlassen hatte.

Ich weis es indessen, daß gewisse deutsche und andre Malerschulen keine Mühe sparen, die italiänischen alten und neuen Künstler in allen

Thei-

Theilen anzupacken und zu verachten. Dieses hilft aber der Kunst nicht empor. Ihr Bestreben ist allezeit so fruchtlos, als des Neides, der sich selbst verzehrt. Genug, wenn man den Deutschen darinn Gerechtigkeit wiederfahren läßt, worinn man sie ihnen nicht absprechen kann. Es würde ihnen zu keiner Ehre gereichen, wenn ihr Ruhm nur auf der Verachtung der Italiäner gegründet wäre. Die deutschen Künstler haben zur Verschönerung ihres Verdienstes und Ruhms nicht nöthig, ihre Zuflucht zum niederträchtigen Hülfsmittel der Verachtung ihrer Wetteiferer zu nehmen. Genug, wenn sie sich mit demjenigen, was oben erwähnt worden entschuldigen und alles Lob verdienen können.

Italien wird Deutschland deswegen nicht verachten, daß es keine Palmbäume und Cypressen hervorbringet, oder daß es nicht griechisch oder römisch, sondern deutsch redet. Der Unterschied ist allen Ländern gemein und eigen, daß nicht alles in allen Welttheilen gefunden werde. Fürstliche Paläste, Gallerien, Bibliotheken und Akademien in Deutschland würden für mich das Wort reden, wenn ich behaupten wollte, daß, so bald ein deutscher Künstler sich mit dem Antiquen und Raphaels Geschmack in Rom beschäfftiget hat, er vor dem Ansehn eines italiänischen Meisters sich keineswegs mehr zu scheuen habe. Der Beweis liegt am Tage, und er wird durch Kunststücke unsrer Zeiten bestätiget. Wir haben Kunststücke vor Augen, welche

che dieses oder jenen Kenners und Liebhabers
Beyfall nicht vonnöthen haben. Solche Beobachter eines Gemäldes bekommen Gelegenheit,
Sachen zu bewundern, die sie vormals nicht gesehen haben. Deutsche große Männer zu Rom,
und Italiäner von Verdiensten in Deutschland,
lassen uns über ihren Vorzug ganz unentschlossen.
Dergleichen berühmte Künstler sind in allen Theilen der Welt geehrt. Um ihnen also ihr Recht
wiederfahren zu lassen, so verweise ich den Leser
auf ihre Werke, die sie gemeiniglich auf Befehl
mit ihren rühmlichen Namen geziert haben. Was
hilft es zur Aufnahme der Kunst, wenn ich erzähle, daß Maytens alle Höfe von Deutschland
durch seine Werke verherrlichet hat? Was entsteht daraus, wenn ich zahlreiche Reihen von Abbildungen der meisten Fürsten und Herren in
Deutschland, ja so gar die ruhmwürdigen Namen
der Maler und Bildhauer anzeige, welche Deutschland so sehr viel Ehre machen. Ich rede von
deutschen großen Künstlern und Künstlerinnen,
welche zu Rom, zu Venedig, in Spanien und
in England sich Ruhm und Reichthum erwerben.
Wenn ich, wie Pausanias, alle unsre großen
Männer anmerken sollte; so würden wir zwar ihren Ruhm, aber nicht ihre Werke wahrnehmen;
so wenig mir davon bekannt sind, so wenig will
ich anzeigen, wo man das Vergnügen genießen
kann, sie zu sehen. Am kaiserlichen Hofe zu
Wien prangen große Ordensgeschichte vom Maytens. Viele große Landschaften vom Joseph
Rosa;

Roſa; in Sachſen Dietrich und andre; zu
Rom und im Eſcurial viele Freſco vom Mengs
und Maron; in Wien und vielen Kirchen in
Hungarn machen unſerm Capuziner Norbert und
Herr Mauren eine Menge geiſtliche Kirchenge-
ſchichte viel Ehre.   Tuſch hat den Adel ſehr
oft mit Beyfall bedient.   Dieſe und noch viel
hundert deutſche verdiente Männer haben nicht
Urſache, denenjenigen Ausländern einen Weihrauch anzuzünden, welche ihren Pinſel meiſtens
nur der Wolluſt, den neu erfundenen, gekünſtelten, gewundenen, tanzenden, pantomimiſchen
manierirten Moden und National-Gratien widmen, dadurch aber aus den Schranken der ſchönen,
anmuthigen und ungezwungenen Natur herumflattern, und ſich immer mehr von Geſchmack eines Raphaels, Correggio und Guido entfernen, auch ihrem eigenen geſchickten und beſcheidenen Landsmann Anlaß geben, den Geſchmack
ſeiner vorigen Anführer mit Gewalt zu vergeſſen.
Damit er der römiſchen Schule, ſo gar einem
deutſchen Mengs, Maron, oder einem Battoni
von Luca nachahmen könne. Dieſer Herr, Laurent Pecheux von Lion, ein verdientes Mitglied
unſrer Akademie von St. Lucas zu Rom führt mich
auf den Gedanken, daß es kein Irrthum ſey,
wenn man alles, was in den Künſten ein National-
Geſchmack heißen kann, allerdings verwirft; weil
meiſtens nur ein manierirtes Weſen und wenig
Wahrheit, noch weniger aber Natur darinn
herrſcht, die doch in der ganzen Welt nur einerley

ley sind, wovon erwähnter Geschmack fast allezeit
geflissentlich abweicht, sich selbst wohl gefällt und
zu einem unauslöschlichen Vorurtheil wird, welches
dann frohlockend ausruft: Italien, das so sehr be-
rufene Italien, habe nichts aufzuweisen, was dem
neuen Geschmacke beykomme; seine Kunst sey mittelmäßig, matt, kalt, beynahe erstorben u. s. f.

Zum Lobe der deutschen Künstler kann man ohne
Anstand beyfügen, daß, wenn das Glück sie nach
Rom führt, sie nicht selten die Römer und andre
in der Kunst weit übertreffen. Zuvörderst, wenn
sie sich das Antike und Raphaels Werke zu Nuße
machen. Der Beweis liegt am Tage. Was schon
viele von ältern Deutschen bestätiget haben, wird
noch mehr durch die Kunststücke unsrer heutigen
großen Künstler bekräftiget, die wir vor Augen haben. Rom beneidet uns einen Maytens und einen Messerschmid, einen Herrn Antonio
Raphael, Mengs und einen Antonio Maron,
und erfreut sich mit uns über einen Pater Norbert, den Capuciner, welche alle sowohl in Italien,
als in Deutschland studirt haben.

Unterdessen giebt es itzo viele deutsche Künstler,
welche das Glück noch nicht nach Italien geführt hat,
die in größern Ruhm, als viele Italiäner und Ausländer sind. Auch in diesem Falle wird meine Meynung durch einen berühmten Dietrich, durch unsern über alle seine Vorältern, nämlich den Gae-
tano, Girolamo, Arrigo, Salvator und andre
siegenden unvergleichlichen Joseph Rosa, durch

II. Band. Mm einen

einen Oeſer, Sambach, und viele andre beſtätiget.

Dieſe und andre Landsleute haben keine Urſache, diejenigen Ausländer anzubeten, welche ihren
Pinſel meiſtens nur der Wolluſt, den neu erfundenen, gekünſtelten, gewundenen, tanzenden, pantomimiſchen, manierirten Nationalgratien widmen, dadurch aber aus den Schranken der ſchönen, ungezwungenen, anmuthigen Natur herumflattern, und
ſich immer mehr vom Raphael, Correggio und
Guido entfernen, auch ihrem eignen geſchickten
und beſcheidenen Schüler und Künſtler Laurent
Pecheur von Lion Anlaß geben, den Geſchmack
ſeiner Lehrer mit Gewalt zu vergeſſen, damit er
nicht ſowohl der römiſchen Schule, ſondern auch einem deutſchen Mengs und einem Battoni von
Luca nachahmen könne. Dieſer geſchickte Mann
leitet mich auf den Gedanken, daß es kein Irrthum
ſey, wenn man alles, was in den Künſten ein Nationalgeſchmack*) heißen kann, allerdings verwirft,
weil meiſtens nur ein manierirtes Weſen und wenig Wahrheit, noch weniger aber Natur darinn
ſteckt, welche in der ganzen Welt nur einerley ſind,
wovon ermeldeter Geſchmack oftmals oder faſt allezeit gefliſſentlich abweicht, ſich ſelbſt wohl gefällt und

zu

*) Ich mache hier zwiſchen dem Nationalgenie
und dem Nationalgeſchmack einen Unterſchied.
Jener iſt die ſonderbare Fähigkeit der Künſtler, dieſer aber eine Manier, die einer von dem andern
annimmt, blindlings nachahmt, und endlich alle
ſeine Miteiferer in einerley Weg einleitet.

zu einem unauslöschlichen Vorurtheil wird, welches dann frohlockend ausruft: Italien, das so be-
rufene Italien, habe nichts aufzuweisen, was dem
neuen Geschmacke beykomme; seine Kunst sey mittelmäßig, matt, kalt und beynahe erstorben u. s. w.

Wo der Nationalgeschmack sich unter die Künste menget, und unter denselben vesten Fuß fasset,
da kann nicht mehr anders gedacht werden; dort
nahet sich die Kunst dem Untergange, ohne in Grotten, wie vormals das Antike für die Nachwelt, begraben zu werden.

Ich weis, daß in Italien keine Bernini, Maratti, Lutti, Bianchi, Conca, Benefiali und
David mehr vorhanden sind; und gesetzt auch,
man würde in Italien keine Orlandi, Masucci,
Guilielmi, Battoni, Bottani, Sterne, van
Vitelli, ja sogar die ganze Akademie von Sant
Luca mehr antreffen; gesetzt, ein Scirocco hätte
alles verjagt, so blieb es doch immer bey der Frage:
Ob in Italien nichts mehr zu lernen sey? Man bedauerte die alten Deutschen, daß sie Rom nicht gesehen haben. Geschah es deswegen, weil sie den Raphael, Bonarotti, Julius und andre nicht gesehen haben? Nein! sondern weil ihnen die griechischen Kunststücke und das Antike überhaupt unbekannt blieben, wodurch jene Künstler groß geworden, und durch ihre Werke auch ihnen zum Muster
hätten dienen können. Diese Ursache bestehet
heute noch, und lockt immer noch nach Rom.

Rei-

Reiset ein Künstler dahin, sich durch seine Ge=
schicklichkeit bis zur Vollkommenheit empor zu
schwingen; so wird er nicht so viel um berühmte
lebende Professoren, als um die Werke der Alten,
und um ihre Lehrmeister, und die antiken Ueber=
bleibsel fragen. Diese werden seine Wißbegierde
nähren. Diese werden ihm den Weg zeigen, ei=
nen oder den andern großen Meister zu seinem Leh=
rer zu wählen, entweder ein Raphael, Maratti,
oder Guercino zu werden.

Jeder Anblick der alten Werke zeigt ihm neue
Vortheile und Geheimnisse, seine Kunst zu verbes=
sern. Er lernt sie nicht von dem Künstler, son=
dern von seinen Werken. Findet er aber beyde
zugleich; so kann er sich glücklich schätzen.

Der Künstler leuchtet ihm mit seinem Lichte vor,
beleuchtet ihm verschiedene Gegenstände, die er mit
offnen Augen, wie es leider oftmals geschieht, nicht
wahrnehmen würde. Dergleichen Wegweiser,
wenn wir nicht von Stolz, Vorurtheil und einem
Nationalgeschmack eingenommen sind, und uns
dergleichen Unrath nicht die Augen verkleistert, tref=
fen wir in Rom zu allen Zeiten an: Gesetzt, es
wären auch nur ungeschickte Finger, welche auf den
Apollo, auf den Antinous, Laokoon, Herkules,
Apollino, Gladiator, auf die Urania, Flora,
oder auf Raphaelen, Fiamengen und andre
Wunderwerke der Künste deuteten.

Wird aber das Reisegeld eines solchen wandern=
den Künstlers täglich geringer, mangelt es ihm an
Hülfe

Hülfe und Mitteln, sich Leinwand, Farben, Pinsel
oder Marmor, Meisel und Brod zu verschaffen; so
hat seine Lehrbegierde ein Ende. Er eilet zu leichten und schlechten Mustern, seiner Noth zu steuern.
Seine Zurückreise wird beschlossen; er kommt im
Vaterlande an, und weis weniger, als vorher; die
Menge der Kunststücke hat ihn betäubt; daher entsteht das Vorurtheil, daß in Rom nichts zu lernen
sey.

Die Künste erfordern Aufmunterung, Unterhalt und Geld. Weil aber dieses in das Fach der
Kaufmannschaft gehört; so mögen die Künste
schmachten, und wenn man endlich Gemälde, Bild-
säulen oder Denkmaale verfertigen muß; so findet
man Leute genug, wie mancher Geldhungriger zu
sagen pflegt, sich bedienen zu lassen. Genug, wenn
die Farben nur bunt sind; wenn der weiße Marmor nur eine Figur vorstellt; wenn nur alles zusammen in kurzer Zeit ohne viele Kosten verfertiget
ist; wer sieht mehr darauf? Die Kuppel ist vollendet, und ist schön. Was ist da gemalt? Alles ist
schön. Was ist da vorgestellt? Nichts als Schönheit.

Ich betrachtete einen Platfond mit Verwunderung. Ein ansehnlicher, prächtiger, und wie es
mich dünkte, ein würdiger Kenner der Malerey
befand sich neben mir in gleicher Beschäfftigung.
Ich wagte es, ihn um seine Meynung zu fragen.
Allein, wie erschrak ich, als mich seine hochtrabende
Antwort beynahe zu Boden warf. Er sagte näm-

lich:

lich: Wenn dieſes Gemälde in einem Schloſſe von
meiner Herrſchaft wäre; ſo ließ ich es morgen herunter werfen. Er ſah mich dabey gebietheriſch an,
meinen Beyfall zu vernehmen. Ich antwortete
aber: daß ich anders zu Werk gehen würde. Wie?
Was? Mit dieſer? — Ich ließe, fuhr ich fort,
vorher einen neuen Saal aufbauen; das Gewölbe
darinn malen, und wenn alles beſſer ausfiele, als
dieſes; dann gäbe ich erſt Befehl, dieſes herunter
zu werfen; oder ich ließ zu Ehren der Kunſt beyde
unbeſchädigt ſtehen. Das Ding, verſetzte der Jun-
ker, hat gewiß mehr, als zwey tauſend Ducaten
und viele Zeit gekoſtet. Mein Hofmaler, einer
der größten Künſtler, hätte es in vierzehn Tagen,
und eine jede Klaſter um einen Thaler beſſer verfertiget.

Wenn in großen Schlöſſern nur dergleichen
Schutzgötter der Künſte wohnen; wie iſt es möglich, daß mehr ein Fattorino, geſchweige denn ein
Maler das Gerüſte zur Arbeit beſteige, und nicht
Pinſel, Pallete, Farben und Cartonen in einen
Winkel werfe? Man möchte erſtaunen, wenn
man den Ackersmann für dergleichen Goldvögte
ſchwitzen ſieht. Ich bewundre den Künſtler, welcher für einen ſolchen umnebelten Götzen ſich bis
auf die Bank eines Tagelöhners erniedriget, und
um einen Biſſen Brod ſich täglich das Genicke faſt
zerrenkt, endlich aber dadurch ſeine Kunſt und
ſich ſelber verdunkelt.

Ich

Ich weis, daß viele zu meinen Gedanken unendlich mehr hinzudenken werden, ohne den Stoff
zu einem gelehrten Kopfbrechen zu suchen. Sie
werden fragen: Warum viele deutsche große
Künstler nicht im Vaterlande sind? Warum sie
bey den Nachbarn reichen Unterhalt finden? Warum Fremde unter uns ihr Glück machen, ohne der
Kunst zu helfen? Warum viele geschickte Künstler auf der richtigen Bahn der Künste in Deutschland umkehren, um dem großen Haufen um Brod
nachzulaufen? Warum nur der schlechte und
wohlfeile, nicht aber der geschickteste erwählt werde? Warum nicht die Werke, sondern die Empfehlung, oder das Kleid in Achtung kommen?
Warum nur das Pantoffelholz oder eine ausgehöhlte Marmorbüchse oben schwimmen, Edelsteine
aber zu Grunde gehen? Warum jede neue Mode
oder manierirte Arbeit den größten Künstler nie-
derschlage. Warum? — Wie viele warum
hört man? Wie viele weis der Leser selbst, auf
welche er die Antwort lieber schuldig bleibt, als sie
erklärt.

Ich will noch hinzusetzen: Warum man heut
zu Tage die größten Künstler nicht loben, und die
elenden nicht tadeln dürfe? Warum es erlaubt ist,
laut über einen Maratti zu spotten, und einen
Pnuel öffentlich zu loben. Warum überhaupt
alles umgekehrt seyn müß?

Virgilius giebt uns eine zuverläſſige Antwort. "Die Kunſt war da, ſagt er, die Wohnung arm, die Großmuth aber war nirgends zu
Hauſe."

Ars fuerat, pauperque domus, nec nota
potentum
Munera. — — —

Ende des zweyten Theils.

Register
der merkwürdigsten Sachen.

I. bedeutet den ersten; II. den zweyten Band;

die Ziffer hingegen die Seitenzahl.

A.

Anfangs-

Register.

Augen-

                                        E. Eigens

E.

F.

Register.

H. Haare

Regiſter.

H.

Kinn

II. B.   Nn   Licht

Por-

nier

Register.

Vul.

Verbeſſerungen des II. Bandes.

S. 10. Z. 14. lies wird. S. 38. Z. 26. l. aufhebt. S. 41. Z. 19. l. Alle Fontane. S. 136. Z. 21. l. quanto. S. 237 Z. 19. l. Proportionen. S. 238. Z. 4. l. Fenſtern gemacht. S. 241. Z. 16. l. Coloſſenmäßig. S. 291. Z. 24. l. Ludwig XIV. Carls Patin. S. 320. Z. 6. l. Zeichnungen. S. 321. Z. 3. l. Vrbinas. S. 444. Z. 18. l. Beſchädigungen.

Lightning Source UK Ltd.
Milton Keynes UK
UKHW051807210219
337443UK00020B/128/P